밴후저는 하나님과 성경에 관한 논의에 이어 성령의 역사와 더불어 해석학의 의미를 검토하고, 자신의 해석학을 문화와 변증학의 영역으로까지 확장한다. 또한 복음에 대한 가장 설득력 있는 주장은 개인과 공동체의 십자가적인 삶이며, 해석자는 복음에 대한 증인이요 순교자가 되어야 한다고 역설한다. 성경신학과 성경해석학뿐 아니라 조직신학 주제들의 현대적 논의에 관심이 많은 목회자, 신학생 그리고 일반 독자들에게 일독을 권한다.

김길성 전 총신대학교 조직신학 교수

「제일신학」은 전문가주의의 포로가 되었던 해석학을 삼위일체 하나님의 의사소통 행위라는 전제를 통해 자유롭게 만들어, 이를 성경을 진지하고 책임감 있게 읽는 모든 이의 것으로 만들어 준다. 신론, 성경론, 해석학, 삼위일체론을 함께 사유하는 가운데 촘촘하면서도 친절하게 짜 놓은 밴후저의 신학적 틀 속에서, 독자는 그리스도인으로서 살아가는 데 필요한 상상력과 통찰을 찾을 뿐 아니라, 교리와 성경신학과 문화 이론 사이의 듬성듬성한 골을 알차게 메울 수 있는 소중한 실천적 지혜도 배울 것이다.

김진혁 횃불트리니티신학대학원대학교 조직신학 교수

이 책은 제일신학, 즉 신학적 해석학을 제안한다. 하나님의 자존성과 본질로부터 신학을 시작할 것인지 반대로 성경으로부터 시작할 것인지를 놓고 긴장을 거듭하는 현 신학계에, 하나님 중심적 성경 해석에 근거한 신학을 통해 양자를 종합하려는 야심 찬 시도를 제안한다. 또한 그 제안의 적용 여부를 몇 가지 실험적인 예를 통해 검증하는 데도 성공한다. 일종의 창의적인 신학 방법론이 책 전반을 지배하고 있다.

유태화 백석대학교 기독신학대학원 조직신학 교수

신학적 해석학 영역에서 탁월한 학문성을 인정받는 밴후저의 「제일신학」은 포기할 수 없고 잊힐 수 없는 복음의 맛을 포스트모던 문화와 언어의 테이블에 잘 차려 놓은 기독교 변증해석학 세트 메뉴와 같다. 치열하게 살아가는 현대인에게 '복음을 따라 성경적으로 산다는 것이 무엇인지'를 말하기 원한다면, 이 책은 목회자, 신학생, 평신도가 입어야 할 '오늘의 전신갑주'와 다름없다. 이에 기쁨과 소신을 갖고 일독을 추천한다.

허주 아세아연합신학대학교 신약학 교수

제일
신학

케빈 밴후저 | 김재영 옮김

IVP

한국기독학생회(IVF : InterVarsity Christian Fellowship)는
캠퍼스와 세상 속의 하나님 나라 운동을 비전으로
캠퍼스 복음화, 기독 학사 운동, 세계 선교를 사명으로 삼고 있는
초교파적, 복음적인 신앙 운동체입니다.

IVF는 전국 각 대학에서 활동하고 있으며
이에 대한 자세한 사항은
100-619 서울중앙우체국 사서함 1960호 IVF
(전화 333-7363)로 문의해 주시기 바랍니다.

IVP는 InterVarsity Press의 약어로
한국기독학생회(IVF)의 출판부를 뜻합니다.

본서의 전부 혹은 일부는 서면 인가 없이 복사
(프린트 · 제록스 · 마스터 · 사진 및 기타)할 수 없습니다.

Originally published by InterVarsity Press
as *First Theology* by Kevin J. Vanhoozer.
ⓒ 2002 by Kevin J. Vanhoozer.
Translated and printed by permission of InterVarsity Press,
P. O. Box 1400, Downers Grove, IL 60515-1426, U. S. A.

Korean Edition ⓒ 2007, 2017 by Korea InterVarsity Press
C. P. O. Box 327, Seoul, Korea.

First Theology

Kevin J. Vanhoozer

차례

감수의 글   7

한국어판 서문   11

감사의 말   15

서문: 첫 번째 생각들   19

  1장 – 제일신학   27
       포스트모던 작업실에서의 묵상

제1부   하나님

  2장 – 삼위일체는 종교 신학에 속하는가?   69
       루비콘 강에서의 낚시와 하나님의 '정체성'

  3장 – 하나님의 사랑   109
       조직신학 안에서의 위치, 의미, 기능

  4장 – 유효한 부르심인가, 인과적 효과인가?   145
       소명, 주권, 병발적 은혜

제2부   성경

  5장 – 하나님의 강력한 화행   189
       오늘날의 성경론

  6장 – 화행에서 성경 행위로   235
       담론의 언약과 언약의 담론

제3부 해석학

7장 – 성령의 조명　　　　　　　　　　　　　　　　301
　　　특별 계시와 일반 해석학

8장 – 우물가의 독자　　　　　　　　　　　　　　　343
　　　요한복음 4장에 대한 반응

9장 – 목격자 증언의 해석학　　　　　　　　　　　375
　　　요한복음 21:20-24과 저자의 죽음

10장 – 바디 피어싱, 자연적 의미, 신학적 해석의 과제　　401
　　　요한복음 19:34에 대한 해석학적 설교문

11장 – 세상은 잘 연출된 무대인가?　　　　　　　449
　　　신학, 문화, 해석학

12장 – 진리에 대한 판가름　　　　　　　　　　　489
　　　선교, 순교, 십자가의 인식론

인명색인　　　　　　　　　　　　　　　　　　543
주제색인　　　　　　　　　　　　　　　　　　549

감수의 글

밴후저는 읽을 때마다 참 독창적인 사상가라는 생각을 하게 된다. 지식과 독서의 폭이 넓을 뿐 아니라 그 광범위한 것들을 꿰어서 신학의 보배를 만들어 내는 기교 또한 놀랍다. 이번에 번역 소개하는 밴후저의 논문 모음집은 그의 그런 기교를 유감없이 보여 주는 수작들이다. 사상의 원석들을 잘 다듬어서 하나의 신학적 체계를 세워 나가는 과정이 고스란히 배어 있는 글들이다. 그런 면에서 이 책은 신학을 한다는 것이 무엇인지, 또 어떻게 신학적 작업을 해 가야 할 것인지에 대한 좋은 본과 도전을 제공해 준다.

자칫 산만할 수 있는 논문 모음집의 약점을 보완하도록 그의 글 속에서 일관된 맥을 형성하는 한 가지 반복적인 주제를 찾을 수 있는데, 그것은 다름 아닌 하나님의 소통적 행위의 통로로서의 성경과 그 해석이다. 밴후저는 하나님의 주권성을 자신의 신학의 근간으로 삼으면서, 하나님의 자유와 그분의 사랑, 그분의 비의존적 부르심과 그 자유의사적 효과 등의 관계를 어떻게 병합할 수 있을지를 소통적 행위의 관점에서 풀어 간다. 밴후저가 극복하려는 것은 하나님과 세계의 관계를 원인과 효과의 관계로 푸는 인과적 차원의 설명 방식이다. 이를 넘어서 밴후저는 '임발적'(advenient), 소통적

(communicative) 관계의 설명 방식을 대안으로 제시한다. 여기에서 성경은 하나님의 임발적, 소통적 행위의 중심 고리 역할을 담당한다. 하나님의 뜻에 따라 성령이 말씀에 임하고, 말씀을 섬길 때 사람들 속에 말씀의 효과를 일으키게 된다.

밴후저의 제안을 따르면 성경 해석은 단순한 물리적 설명을 넘어 인격적 소통 행위자이신 하나님과의 관계 맺음과 변화 속으로 들어가는 과정이 된다. 이를 위해 밴후저는 성경의 영감성을 힘써 변호한다. 성경의 영감에 대한 기능주의적 이해를 지닌 학자들은 텍스트 자체가 영감의 대상이라기보다 믿는 자(독자 또는 신앙공동체)가 영감의 대상이라고 주장한다. 곧 영감을 텍스트의 성격으로 보기보다 텍스트의 효과적 활용과 연결하는 것이다. 이렇게 될 때 공동체적 정경으로서의 성경의 권위는 해석하는 공동체의 권위와 동일시된다. 그러나 한 공동체가 하나님을 잘못 해석할 수 있다는 것이 성경 속의 불신실한 백성을 통해서도 예시되기에, 그렇다면 과연 어떤 해석 공동체는 바른 해석의 권위를 가지는가 또는 하나님의 말씀이 사람들 속에 소기의 소통적 효과를 일으키지 않았다고 해서 그 신적 특성인 하나님의 의도적 행위 자체를 부정해야 하는가와 같은 밴후저의 질문들은 대단히 의미심장하다.

우리는 성경을 통해 말씀하시는 소통 행위자인 하나님을 무시한 채 어떠한 해석 행위도 할 수 없다. 비록 밴후저는 이것을 '성경'의 해석과 관련하여 이야기하지만, 그의 시각이 가지는 함의는 '성경 해석'을 넘어 오늘날 '저자의 죽음'을 부르짖는 포스트모던 해석의 사조 속에 반드시 필요한 시정제의 역할을 수행하기도 한다.

한 걸음 더 나아가서 밴후저는 성경의 복합 장르적(polygeneric) 특성을 강조한다. 성경 텍스트를 통한 하나님의 소통적 행위는 어느 한 가지 방식으로 제한되지 않는다. 따라서 우리는 성경 속에서 다양한 화행(speech-act)적 특성을 가진 하나님의 말씀을 들을 수 있다. 우리가 이런 성경 텍스트의 특성을 잘 이해하는 것은 신학을 풍성하게 만든다. 밴후저는 그런 점에서 지나친 명제 중심적 접근과 같이 어느 한 부분만으로 전체를 삼으려는 것이 성경 해석과 신학에 공히 큰 과오일 수밖에 없음을 잘 지적한다.

밴후저가 강조하는 또 다른 요소는 독자의 축이다. 성경 텍스트를 통한 하나님의 소통적 의도는 독자의 인격적이고 책임 있는 반응 속에서 완성된다.

그런 점에서 밴후저는 독자의 중요한 자질로 '주목'(attention)을 거론한다. 이는 텍스트가 가지는 소통적 목적이 자신에게서 수행될 수 있도록 허용하는 자세를 가리킨다. 그렇게 할 때 텍스트는 독자에게 보상한다. 밴후저는 이를 법적 판가름의 과정에 연결해서, 해석자가 저자나 텍스트를 판가름하는 것뿐만 아니라, 텍스트가 해석자를 판가름한다는 것을 강조한다. 그렇게 될 때 텍스트는 그 자체의 공허한 외침으로 머무르지 않게 되고, 독자 또한 마음대로 텍스트를 주무르는 횡포자를 넘어서 진정한 하나의 의사소통이 이루어지는 과정에 정당한 참여자로 초청받게 된다.

이런 과정이 잘 이루어질 때, 신학은 '해석학적 신학'(hermeneutical theology)이 되고, 해석학은 또한 '신학적 해석학'(theological hermeneutics)이 된다. 다르게 말하자면, 신학은 성경과 별개로 하나님을 논할 수 없으며, 또한 성경만을 논하기 위해 그것을 하나님으로부터 이탈시켜서도 안 된다. 이것이 '제일신학'(First Theology)의 핵심 논제다. 밴후저는 신학이 하나님에 대해 말하는 것은 '물러서서 바라봄'(looking at)이 아니라 '따라가면서 바라봄'(looking along)이라는 것을 강조한다. 하나님의 '자존적' 정체성(*idem*-identity)뿐만 아니라, 시간 속에 그리고 내러티브적 전개 속에 드러나는 하나님의 '본위적' 정체성(*ipse*-identity)을 잘 이해하는 것이 우리의 신학 작업에서 얼마나 중요한지를 치밀하고도 설득력 있게 잘 지적해 주는 것이 이 책의 가장 귀한 기여다.

이 책을 통해 우리는 많은 것을 배울 수 있다. 신학의 원석들을 다듬는 면에서부터 그것들을 꿰어 내는 면에 이르기까지 숙련된 재능과 열정과 섬세함을 겸비한 한 사상가와의 대화를 즐길 수 있다. 그 과정 속에서 우리는 무수히 많은 새로운 말을 만나게 된다. 그것들에 놀라기보다는 즐기는 법을 익히면 좋을 것이다. 이 까다로운 책의 번역을 인내로 감당한 김재영 목사의 도움이 그런 면에서 크게 돋보인다. 매우 전문적인 역주는 역자의 폭넓은 독서를 보여 주며 복잡한 개념들의 지도를 잘 그려 준다. 더 돋보이는 것은 밴후저의 거침없는 전문 용어 사용과 때로는 사전을 무색하게 만드는 창의적인 조어(造語)들을 훌륭하게 소화해 냄으로써, 이 책을 한국 독자들을 위해 매우 가독성 높게 만들어 준다는 점이다. 따라서 번역 자체가 초문화적 상황 속에서 사상을 다루는 일을 어떻게 해야 할 것인지를 보여 주는 좋은 본보기가 된다.

 밴후저의 말처럼 "삼위일체 하나님은 인격적이며 초월적인 의사소통 행위자이시다." 우리는 그분과의 영광스러운 관계 속으로 부름을 받아 나아가서 그분을 송축하며 그분께 영광을 돌린다. 그러나 또한 동시에 우리는 그 성격이 무엇인지, 또 어떻게 이루어지는지를 말하지 않을 수 없다. 이것을 밝히는 데 있어서, 이 책은 살아 있는 열정과 학문적 치밀함을 동시에 갖춘 수작이다.

국제신학대학원대학교 신약학 교수
최승락

한국어판 서문

「제일신학」(*First Theology*)은 완성된 작품이 아니라 신학적 밑그림에 해당하는 책입니다. 이 책은 현재 작업 중인 나의 신학 방법론에 관한 이야기를 들려줍니다. 이 책은 모더니티와 포스트모더니티에서의 신학적 상황에 대해, 개혁주의 전통에 속한 믿음을 가진 한 사람의 복음주의 신학자로서 나름대로 응답한 내용입니다.

나는 오늘날 도발적이며 복잡한 지적·문화적 지형을 거치는 그리스도인들(특히 신학생들!)의 '천로 역정'(pilgrim's progress)을 돕기 위해 이 글들을 썼습니다.

나 자신이 신학을 연구하는 데 있어서 하나님의 말씀과 행하심의 절대적인 우위성을 굳게 믿기 때문에, 이 글들은 '복음주의적'입니다. 예수 그리스도 안에서 하나님이 행하신 바에 대한 좋은 소식이 최우선입니다. 복음은, 신학의 첫 번째 원리라는 의미에서 그리고 그 복음에 대한 권위로 인정되었고 위탁된 증거로서의 성경이 신학의 으뜸이며 최종적인, 즉 핵심적이며 결정적인 권위라는 의미에서 공히 제1신학입니다.

거의 20년 동안 내 머리 속을 떠나지 않던 질문이, '한 사람의 사고와 삶에서 성경적이 된다는 것이 무엇인가?'라는 것이었습니다. 나는 자신이 성경적이라고 주장하는 모든 신학자와 기독교 단체를 진지하게 받아들입니다. 그렇지만, 궁극적으로 그러한 모든 주장은 성경에 의해서뿐만 아니라 전통에 의해서도 판단되어야 합니다.

이 글들은 또한 보편적(catholic)입니다. 그 이유는 내가 여러 세대와 다양한 문화에 걸쳐 존재하는 교회 가운데 역사하시는 성령님을 적극적으로 인정하기 때문입니다. 신학의 근거는 성령으로 말미암아 창조된 교회에 성경을 통해 말씀하시는 성령님이십니다.

복음주의 신학자로서, 나는 정경적 맥락 가운데 자리잡은 복음 메시지에 우선권을 부여합니다. 개혁주의 신학자로서, 나는 말씀과 성령을 함께 붙잡는 것이 필수적이라고 고백합니다. 보편적 신학자로서, 나는 새로운 문화와 지적인 정황들 가운데서 충실하게 말씀을 듣도록 촉진하는 교회 전통에서 성령님이 행하시는 방식을 또한 인정합니다.

마지막으로 소위 후기 보수주의(post-conservative) 신학자로서, 나는 성경의 진리가 그 명제적 내용뿐만 아니라 문학적 형태들도 포함한다고 믿습니다. 신학의 과제—말씀에 대한 주해에 비추어 우리의 경험을 해석하는 일—는 이성과 상상력을 똑같이 포함합니다. 상상력은 우리로 하여금 성경 본문을 분석하고 '주시하도록' 해줄 뿐만 아니라 그 본문에 내재하여 살고 그 본문을 '따라 보도록' 해줍니다. 이는 모든 문화 가운데서 그리스도인들이 개발시켜야 할 기술입니다.

상상력의 중요성을 강조한다고 해서 내가 포스트모더니즘적인 걸까요? 꼭 그렇지는 않습니다. 신학은 결코 어떤 문화나 지성 운동에 지나치게 고착되어서는 안 됩니다. 제1신학은 신학을 신학적으로 하려는 하나의 시도를 나타냅니다. 이는 기독교 교리의 관점에서 현대 세계에 대해 생각한다는 의미이지, 반대의 의미가 아닙니다. 신학의 목적은 인기를 끌거나 심지어 그럴듯해지는 것이 아니라, 진리와 생명의 길을 어떻게 가는가에 대해 제자들에게 가르치는 것입니다. 이러한 엄격한 요구 조건에 비추어 볼 때, 모더니티와 포스트모더니티는 모두 순례자의 진보가 아니라 퇴보가, 즉 예수 그리스도께서 구현하신 길과 진리와 생명을 놓치는 게 될 것입니다.

이 책의 거의 모든 장은 이런저런 방식으로 현대적 상황에서 그리고 현대적 상황에 적절하고 적합한 방식으로 개혁주의 신학의 어떤 주제들을 회복시키거나 재진술하고자 합니다. 이는 특히 성경과 해석학과 관련하여 그렇습니다. 세속적인 사고에 포로가 되는 일을 막기 위해, 나는 성경 해석학에 대해 신학적으로 생각하려고 노력해 왔습니다. 이는 신론의 관점에서 성경과 성경 해석에 관해 생각한다는 의미입니다. 제1신학은 신학을 할 때 가장 중요한 주도권이 하나님께 있다고 주장합니다. 좀더 정확히 말하자면, '태초에 하나님의 소통 행위가 있었다'는 것입니다. 만물은 하나님의 담론(discourse)으로 시작됩니다. 즉, 말씀하시며 말씀을 통해 행하시는 하나님과 더불어서, 아니 그분의 말씀(Word)으로 시작됩니다.

하나님이 말씀하시니, 그렇게 되었습니다. 창조는 독특한 하나님의 화행(speech act)입니다. 기이하게도, 20세기의 소위 '말씀의 신학자들'이라는 사람들이 말씀하시는 하나님이라는 개념을 사실상 진지하게 취급하지 않았습니다. 이와는 대조적으로, 나는 하나님의 소통(communicating)이 구원 이야기의 핵심이라고 봅니다. 성부와 성자와 성령으로서 자신을 영원히 전하시는(communicates) 하나님이, 자신에 관한 무엇인가를 자유롭게 창조하시고 그것을 피조물인 사람에게 소통하시려고 선택하셨습니다. 제1신학은 우리가 하나님과 맺는 가장 중요한 관계들이 소통적이며 언약적이라고 주장합니다.

하나님 및 복음과 더불어 시작한다는 것은 삼위일체 하나님의 위격과 사역과 더불어 시작하는 것입니다. 나는 내재적 삼위일체(하나님의 내적 관계)와 경륜적 삼위일체(하나님의 외적 사역) 모두 소통 행위와 관계의 관점에서 가장 잘 표현된다고 믿습니다. 다시 말해서, 복음은 소통에 대한 삼위일체 경륜의 외적 표출입니다. 이 책에서 내가 전개하는 하나님의 소통과 신학적 해석학에 대한 설명들은 하나님을 말씀하시는 분, 선포되는 말씀(speech), 수용의 힘으로 인식한다는 점에서 분명히 삼위일체적입니다. 성부 하나님은 궁극적인 저자(Ultimate Author)이시며, 성자 하나님은 결정적인 말씀(definitive Word)이시고, 성령 하나님은 올바른 들음과 이해를 이루어내는 효력이십니다.

나는 「제일신학」이 진행중인 작품이라고 언급했습니다. 사실, 나의 최근

책인 "*The Drama of Doctrine*"은 이 책에서 시작된 프로젝트를 완결 하고 있습니다. 그 책에서 나는 그리스도인의 삶이 '하나님의 드라마' (theodrama) 가운데서 말하고 행하는 문제임을 주장하는데, 이 '하나님의 드라마'는 성령을 통해 그리스도 안에서 새로워진 창조 세계에서 행하시는 하나님의 큰 일을 말합니다. 나는 교리가 진행중인 구속(救贖)의 드라마에 교회가 적절하게 참여하도록 만드는 지침이라고 믿습니다.

그리고 교리에 대한 이러한 정의는 내가 지금 신학의 가장 중요한 기여라고 여기는 바를 알려 줍니다. 이는 성경에서 추출한 추상적 진리들의 이론적 체계를 구축하는 것이 아니라, 오늘날의 그리스도인들로 하여금 성경에 대한 도제(apprenticeship)가 되어 그리스도 안에 그리고 정경의 구체적인 본문들에 구현된 동일한 지혜를 새로운 정황에서도 구현할 수 있도록 해주는 것입니다.

물론 지혜는 아시아의 문화적 정황에서 잘 알려진 것입니다. 그러나 서구는, 적어도 근대에는 정보와 지식에 지나치게 집착하면서 대개 지혜를 간과해 왔습니다. 오늘날 우리는 정보에 '잠겨 있습니다.' 신학은 성경적 지식을 전달하는 일 이상의 것을 해야 합니다. 신학은 그리스도인 개인과 공동체에게 새로운 무대들에 성경 드라마의 대본을 올려 연출하는 방법을 가르쳐야 합니다. 나는 지혜에 대한 이러한 새로운 강조가 복음주의적이며 개혁주의적이라고 믿습니다. 적어도 존 칼뱅은 신학이 목회적 목적을, 즉 의로움으로 행하도록 훈련하는 일을 섬겨야 한다는 사실에 동의할 것입니다.

그래서 나는 「제일신학」을 한 순례자가 다른 순례자에게 전하는 것으로서 한국 교회에 드립니다. 이 책에 수록된 글들은 성경과 해석학이 나의 믿음과 삶과 생각에서 하나님의 말씀을 이해하고 그 말씀에 반응하고, 좀더 중요하게는, 그 말씀에 부합하도록 하는 데 어떻게 도움을 주었는지 상세히 전하고 있습니다. 여러분이 하나님과 동행하는 삶으로 가는 진리의 길을 말하고자 할 때 이 책이 유익하기를 바랍니다.

케빈 밴후저

감사의 말

이 책에 포함된 대부분의 장들은 다른 곳에서 발표되었던 글들이다. 그 중 일부는 근본적으로 바꾸지 않았지만, 다른 장들은 전체로 묶는 과정에서 논의의 중심 입장들을 반영하고 강화하기 위해 어느 정도 다시 썼다. 리젠트 칼리지(Regent College)의 로버트 클레멘츠(Rob Clements)에게 특별한 감사를 드린다. 그는 내가 흩어진 생각들을 모아서 이와 같이 통일된 선집을 만들어 하나이자 여러 개로 나뉜 문제를 해결하도록 가장 먼저 격려해 주었다.

이 선집의 제목이 된 제1장은 본래 1999년 10월에 휘튼(Wheaton) 대학에서 열린 성경에 대한 허드슨 아머딩과 칼 아머딩 연례 강연회(Hudson Armerding and Carl Armerding annual lecture on Scripture)의 개회 강연으로 행해진 것이다. 그 강연 원고는 이 책에 포함되면서 상당히 수정되었다.

나와 출판사는 이 책에 사용된 자료를 다시 출간할 수 있도록 허락해 준 데 대해 다음의 관계자들에게 감사를 드린다.

제2장은 Kevin Vanhoozer, ed., *The Trinity in a Pluralistic Age: Theological Essays on Culture and Religion* (Grand Rapids, Mich.: Eerdmans, 1997), pp. 41-71에 실린 것이다.

제3장은 Kevin Vanhoozer, ed., *Nothing Greater, Nothing Better: Theological Essays on the Love of God* (Grand Rapids, Mich.: Eerdmans, 2001), pp. 1-29에 처음으로 실린 글을 조금 수정한 것이다.

제4장은 케임브리지에 있는 틴데일 하우스(Tyndale House)에서 열리는 연례 신학 강연회에서 행한 강연으로, *The Tyndale Bulletin* 48(1998): 213-251에 처음 실린 것이다.

제5장은 본래 1994년 성경 및 신학 연구를 위한 틴데일 펠로우십 (Tyndale Fellowship for Biblical and Theological Research)의 희년 모임에서 전해졌으며, Philip E. Satterthwaite and David F. Wright, eds., *A Pathway into the Holy Scripture* (Grand Rapids, Mich.: Eerdmans, 1994), pp. 143-181에 처음 실린 것이다.

제6장은 1998년 4월 영국 첼튼햄(Cheltenham)에서 개최된 화행 이론과 성경 해석 협회에서 처음으로 발표했던 논문을 상당 부분 수정한 것이다. 먼저 Craig Bartholomew, ed., *After Pentecost: Language and Biblical Interpretation* (Grand Rapids, Mich.: Zondervan, 2001)에 실렸다. 이 책은 영국과 유럽에서는 Paternoster Press, Carlisle, U. K.에서 출간되었다.

제7장은 원래 1994년 휘튼 대학 신학 컨퍼런스에서 발표되었으며, Roger Lundin, ed., *Disciplining Hermeneutics: Interpretation in Christian Perspective* (Grand Rapids, Mich.: Eerdmans, 1997), pp. 131-165에, 달라스 윌라드(Dallas Willard)의 응답과 함께 처음 실렸다.

제8장은 "The Reader in New Testament Interpretation"이라는 제목으로, Joel Green, ed., *Hearing the New Testament: Strategies for Interpretation* (Grand Rapids, Mich.: Eerdmans, 1995), pp. 301-328에 처음 실렸다. 영국과 유럽에서는 Paternoster Press, Carlisle, U. K.에서 출간되었다.

제9장은 A. Graeme Auld, ed., *Understanding Poets and Prophets: Essays in Honour of George Wishart Anderson* (Sheffield, U. K.: JSOT, 1993), pp. 366-387에 처음 실렸다.

제10장은 원래 2000년 노스 파크 신학교(North Park Theological Seminary)에서 열린 성경에 대한 신학적 해석에 관한 노스 파크 심포지엄에

서 발표되었으며, *Ex Auditu: An International Journal of Theological Interpretation of Scripture* 16(2000): 1-29에 데이비드 커닝엄(David S. Cunningham)의 응답과 함께 실렸다.

    제11장은 먼저 D. A. Carson and John Woodbridge, eds., *God and Culture* (Grand Rapids, Mich.: Eerdmans, 1993, 「하나님과 문화」, 크리스챤다이제스트), pp. 1-30에 실렸다.

    제12장은 Kevin Vanhoozer and Andrew Kirk, eds., *To Stake a Claim: Mission and the Western Crisis of Knowledge* (Maryknoll, N. Y.: Orbis, 1999), pp. 120-156에 처음 실렸다.

서문: 첫 번째 생각들

19세기의 영향력 있는 무신론자였던 루드비히 포이어바흐(Ludwig Feuerbach)는 자신의 생각의 진행을 다음과 같이 요약한 적이 있다. "신은 나의 첫 번째 생각이었으며, 이성은 나의 두 번째 생각, 사람이 나의 세 번째이자 마지막 생각이었다."[1] 물론 포이어바흐는 '신'이 사실은 사람들이 가장 귀중하게 여기는 것의 투영(projection)이라고 믿었다. 따라서 포이어바흐는 인간론이 신학의 '열쇠'(secret)라고 말한다. 그럼에도 신학자들은 포이어바흐가 한 가지 출발점에서 다른 주제로 생각을 진행하는 것을 모방해 왔으며, 특히 현대 신학자들은 이성과 인간의 경험을 근거로 하나님에 대해 말하는 데 능숙했다.

이 책은 포이어바흐가 출발했던 자리에서 출발하되 하나님을 우리의 첫 번째 생각으로 계속해서 유지하고자 노력한다. 그러나 어떻게 그렇게 할까? 신학을 할 때, 하나님은 우리의 첫 번째 생각이 되어야 하며, 성경은 우리의

---

[1] 다음에서 재인용함. Hans Küng, *Does God Exist? An Answer for Today* (London: Collins, 1980), p. 192.

두 번째 생각이, 해석학은 우리의 세 번째이자 마지막 생각이 되어야 한다. 그렇지만, 문제들은 사실 그렇게 단순하지도 순서적이지도 않다. 신학을 한다는 것은 이 세 가지 생각 모두를 함께 그리고 동시에 포함한다. 이 선집은 신학을 한다는 것이 무엇인가에 대해, 한 사람의 신학과 삶에서 성경적이 된다는 것이 무엇을 의미하며 하나님의 영광을 위해 하나님의 이름으로 말하고 행한다는 것이 무엇을 의미하는가에 대해 내가 지난 수년 동안 해 온 여러 생각을 대변한다.

이 책은 하나님과 해석학에 관한 책이다. 이 책은 신학에 대해서는 해석학적이어야 하며 해석학에 대해서는 신학적이어야 한다는 하나의 진술이다. 정확히 말하자면, 이 책은 하나님과 성경과 해석학에 대한 물음들을 하나의 문제로 다루는 것이 중요하다는 논증이다. 복잡한 이 문제가 내가 말하는 "제1신학"을 정의해 준다. 신학적 해석학에 착수하는 것은 유명한 해석학적 순환 논법을 신학적으로 적용하는 것을 인정한다는 의미다. "나는 이해하기 위해 믿어야 하지만, 또한 믿기 위해 이해해야 한다." 신학적 해석학은 하나님에 대한 우리의 교리가 우리의 성경 해석 방식에 영향을 미친다는 사실과 동시에 성경에 대한 우리의 해석이 우리의 신론에 영향을 미친다는 사실을 인정하는 것이다. 이는 신학을 '하나님 중심적인 성경 해석'으로 여긴다면 필연적으로 도출되는 결과다.

우리는 성경에 대한 권위 있는 증거와 별개로 하나님에 대해—적어도 그렇게 오래도록—생각해서는 안 된다. 마찬가지로, 우리는 성경을 지은 저자로서의 하나님과 그 중심 주제와 별개로 성경에 대해—적어도 그렇게 오래도록—생각해서는 안 된다. 또한 우리는 기독교 교리나 성경 주해와 별개로 해석학에 대해—성경을 해석하는 일에 대해—생각해서는 안 된다.

내용 개관

제1장은 이 책에 있는 다양한 글을 하나로 묶는 통합적인 주제인 "제1신학" 프로젝트 혹은 신학적 해석학 프로젝트를 소개한다. 이 장은 또한 이 책 다른 곳에서 좀더 충분히 다루어 질 주제들인, 신학에 대한 포스트모더니즘의 도전, 성경 해석과 신학에서의 상상력의 중대한 역할, 하나님의 화행들의 다양한 집합으로서의 성경이라는 개념, 성경 본문들 속에서 살아감으로써

지혜를 배우는 일의 중요성 등을 소개한다.

제1부의 세 장은 하나님을 사랑이 있으며 주권적인 삼위일체적 의사소통 행위자로 제시한다. 이 세 장은 내가 나중에 성경과 해석학에 대해 말하게 될 내용의 신학적 기반을 함께 제공한다. 제2장은 우리가 하나님을 어떻게 정의하는가의 문제를 제기하며, 삼위일체 하나님이 다른 종교들에서 숭배되는 신(들)과 '동일한가'를 묻는다. 나는 삼위일체론이 기독교의 하나님을 독특하게 성부와 성자와 성령으로 정의한다고 주장한다. 그러나 세 위격 사이의 구별이 세 위격의 영원한 사귐(내재적 삼위일체)이나 공동의 역사적 사역(경륜적 삼위일체의 '사명들')을 모호하게 해서는 안 된다. 삼위일체적 의사소통 행위자로서의 하나님은 하나님이 아닌 창조된 세계와의 사귐을 위해 자신의 바깥으로 나오신다.

삼위일체 하나님의 정체성과 사귐(communion)이라는 주제는 제3장에 있는 하나님의 사랑과 하나님과 세계의 관계에 초점을 맞추게 한다. 나는 무한하고 완전한 존재라는 사상에 근거한 철학자의 신 개념이 성경에서 입증된 삼위일체 하나님의 자기 계시의 내러티브적 확인에 따라 수정될 필요가 있다고 주장한다. 나는 또한 삼위일체 하나님이 사랑이 있으시며(인격적) 주권적(초월적)이시라고 주장한다. 이는 세계를 실제적인 의미에서 하나님의 '몸'으로 묘사하는 '범재신론적' 신학자들이 그리고 하나님의 사랑은 하나님의 통제를 배제한다고 주장하는 '열린 신관' 신학자들이 반대하는 주장이다. 하나님의 사랑은 제1신학에서의 이상적인 사례 연구다. 즉, 우리가 하나님의 사랑을 파악하는 방법은 우리가 성경을 해석하는 방법에 영향을 미치며, 그 역도 사실이다.

제4장은, 유효한 부르심(effectual call)을 고찰한다. 유효한 부르심은 사랑이 있으며 주권적인 하나님의 의사소통 행위로서, 죄인을 하나님께로 이끄는 불가항력적이며 은혜로운 이끄심을 천명하는 개혁주의 교리다. 여기서의 주된 과제는 하나님의 의사소통적 행위자성(communicative agency)이 비인격적인 인과성(impersonal causation)과는 질적으로 다름을 보여 주는 것이다. 사람들에 대한 하나님의 유효한 부르심이라는 개념은, 하나님과 세계의 관계를 검토하고 다양한 형태의 유일신론과 범재신론들 사이의 차이점을 평가하는 데 또 하나의 탁월한 사례 연구를 제공한다. 게다가 하나님의 내

적 소명과 외적 소명 사이의 구별은 다시 한 번 하나님의 의사소통 행위에 초점을 맞추고, 하나님이 말로 무엇을 행하시는가 라는 주제를 다시 소개할 수 있는 여지를 만들어 준다.

제2부를 구성하는 장들은 의사소통 행위자이신 하나님 자신에 대한 고찰에서, 하나님의 의사소통 행위의 일종으로서의 성경 즉 하나님의 기록된 말씀으로 화제를 돌린다. 제5장은 성경론, 특히 소위 성경 원리(Scripture principle)를 분석하며, 신론과 성경론이 함께 성립하거나 함께 무너진다는 앞의 제안을 다시 언급한다. 그러나 이번에는 초점이 섭리론에 있다. 나는 성경 자체가 하나님의 '강력한 행위'(mighty act)로서 그분의 구원 계획의 필수적인 요소라고 주장한다. 복음은 "말씀이 육신이 되시는 것"과 말씀이 **언어가** 되는 것(a word made verbal) 모두를 요구한다.

제6장은 신학적 해석학에 대한 열 가지 논제를 갖추고 있으며, 성경에 있는 하나님의 의사소통 행위라는 주제에 대한 작은 전집(mini-*summa*)의 역할을 한다. 이 장은 또한 이 선집의 가장 중요한 개념이라고 할 수 있는 발화수반행위(illocution, 발화자가 무엇인가를 말하는 가운데서 행하는 것)에 대한 확장된 분석을 포함한다. 나의 논제는 하나님의 의사소통 행위―성경적 관점에서 하나님과 세계의 관계에 대해 생각하기 위한 핵심 개념―는 본질적으로 하나님의 발화수반행위들의 문제라는 것이다. 그러나 여기에서조차도 철학의 역할은 부수적이다. 내가 철학적 개념들을 사용하는 것은 궁극적으로 신학적 원리들의, 구체적으로 형식적 원리(정경)와 질료적 원리(언약)의 영향을 받는다.

이 책의 가장 긴 부분인 제3부의 글들은 성경 해석학의 다양한 측면을 다룬다. 그러나 이 부분이 '하나님'과 '성경'에 반하여 해석 이론을 다룬다고 여기는 것은 잘못일 것이다. 반대로, 이 책의 중심 기조는 신학적으로 표현할 때 해석학이 정확히 하나님과 성경을 함께 고찰할 수 있는 최적의 자리라는 것이다. 이는 성경 해석에서의 성령의 역할을 다루는 제7장에서 명백해진다. 성경을 신학적으로 해석하는 일은 성경의 단어들을 다루는 것 이상의 일을, 본문 해석의 규칙들을 다루는 것 그 이상의 일을 포함한다. 해석자들은 수용적인 정신, 즉 성령의 역사에 의지하는 가능성도 지녀야 한다. 또한 성경을 해석할 때 성령의 역사를 인정하는 것과 '오직 성경'(*sola scriptura*)을 천명하는 것 사이에는 아무런 모순도 존재하지 않는다. 이는 성경 안에서의 그리고 성경을 통한 하나님의 의사소통 행위가 말씀(Word)과 성령을 포함하는 삼위일체적인 것이기 때문이다.

이어지는 세 장은 요한복음에서 취해진 세 개의 다른 본문에 대한 주석학적 고찰들을 나타낸다. 그렇게 함으로써, 그 고찰들은 신학적 해석학에 대한 나의 접근 방법이 성경 본문들에 적용되었을 때, 어떻게 작용하는지에 대한 실례로서 기여한다. 제8장은 성경 읽기 과정을 사마리아 여인이 우물가에서 예수님을 만나는 일(요 4장)에 비유한다. 제9장은 성경 읽기 과정을 예수님의 십자가 처형에 대한 사랑하는 제자의 증거(요 21:20-24)에 비추어 검토한다. 제10장은 교회 안에서 그리고 교회를 위해서, 성경 읽기의 목적들과 기준들을 성찰하기 위해 요한의 수난 기사에서 '창으로 옆구리를 찌르는'(body piercing) 장면에 초점을 맞춘다. 이 장은 또한 신학적 해석의 성격에 대한 다섯 개의 논제를 더 제공하며, 본문의 '신학적이며 본래적인' 의미가 갖는 권위에 대해 의견을 진술한다.

제11장과 제12장은 나의 신학적 해석학을 각각 문화와 변증학에 대한 고찰에 적용하고자 한다. 따라서 두 장은 성경적 의미와 지식과 진리를 전유(appropriating)하고 '수행'(performing)하라는 권고들로 간주할 수 있을 것이다. 제11장은, (1) 문화는 주해되고 해석될 필요가 있으며 (2) 성경을 해석하는 일은 동시대의 문화와 성경적인 대항문화 구성에 대한 비평적 분석을 포함한다는 두 가지를 주장한다. 마지막으로 제12장은 지식과 진리의 개념들에 대한 포스트모던 비평들을 고찰하면서, 복음에 대한 가장 설득력 있는 진리 주장은 개인과 공동체의 십자가적인 삶이라는 견지에서의 수행적 해석(performative interpretation)을 요구한다고 주장한다. 해석들은 궁극적으로 삶의 시련들에 의해서 점검되는 것이다. 그리스도인 해석자들의 목표는 진리에 대한 사도적 증언을 굳게 붙잡는 것이며, 그렇게 함으로써 자신이 증인이 되는 것이다.

공통 주제들

이 책에 나오는 글 각각을 이어지는 글들과 연결하는 순차적인 진행 이외에도 몇 가지의 횡단면적인 주제들이 있다.

첫째, 이 글들은 분명하게 삼위일체적이다. 앞으로 보게 되겠지만, '하나님'을 분석하는(parsing) 기독교 특유의 방식은 우리가 성경과 성경 해석 과정을 이해하는 방식에 중요한 함의들을 지닌다. 간단히 말해서, 기독교의 신학적 해석학은 삼위일체적이어야 한다.

둘째, 이 글들 가운데 상당수가 흔히 포스트모던이라고 기술되는 현대의 상황에 대한 안목을 가지고 쓰였다. 포스트모던 사상에는 많은 다양성이 존재한다. 그러나 내가 거부하려는 것은 '글로 쓰인 하나님의 죽음'(the death of God put into writing)으로 특징지을 수 있는 해체주의적 다양성이다. 이 견해에 따르면, 모든 것이 언어 유희일 뿐이다. '의미'나 '진리'는 초월적 권위를 전혀 지니지 않으며, 단지 사회적 관례들을 결정하는 권력을 가진 자들이 휘두르는 도구들일 뿐이다. 그러나 이 글들은 '글로 쓰인 하나님의 섭리'를 천명하는 다른 전제에서 시작한다. 이 표현을 통해서 나는 "제1신학"의 중심 주제인 하나님의 의사소통 행위를 강조하려는 것이다.

그리스도인들이 믿는 하나님은 말씀으로 자신을 알리실 뿐 아니라, 자신의 말씀에서, 그 말씀을 가지고 그리고 말씀을 통해 세상에서 인간들과 관계를 맺고 일들을 행하신다. 물론 단지 글만이 아니라 구두상의 담론도 마찬가지다. 어떤 의미에서, 이 글들은 신학적 환희의 찬가—은혜로우며 강력한 하나님의 말씀을 찬양하는 기쁨—의 절정인 이사야 55:11에 대한 신학적 고찰들이다. "내 입에서 나가는 말도 이와 같이 헛되이 내게로 되돌아오지 아니하고 나의 기뻐하는 뜻을 이루며 내가 보낸 일에 형통함이니라."

하나님의 말씀은 사랑의 삼위일체적인 역사다. 각 페이지에서 부각되는 하나님에 대한 이해는 또한 하나님의 살아 있는 말씀(Word)이신 예수 그리스도를 섬기는 말씀과 성령 안에서 사람들과 관계를 맺고 사람들과 상호 작용하시는 의사소통 행위자에 대한 이해다. **삼위일체 하나님은 인격적이며 초월적인 의사소통 행위자이시다.**

셋째, 성경은 이 글들에서 삼위일체적 의사소통 행위로 나타난다. 여기에서 핵심적으로 중요한 것은 하나님의 의사소통 행위의 우선권이다. 하나님의 부르심·언약·명령은 우리의 응답·순종·따름에 우선한다. 인간의 의사소통적 응답보다 하나님의 의사소통 행위가 우선한다는 사실은 성경 해석과 마찬가지로 해석학에 대해서도 몇 가지 중요한 함의를 지닌다.

넷째, 성경 해석자들 역시 의사소통 행위자들이다. 이는 본문들과 발화수반행위들에 참여하고 그에 대해 반응하는 것이 그 행위에 사로잡히는 것이기 때문이다. 전문 신학자에 의해서건, 목회자에 의해서건, 평신도에 의해서건, 성경 해석은 궁극적으로 읽는 일 이상을 요구하기 때문에 의사소통 행위는 다시 영향을 끼치는 개념이다. 기록된 하나님의 말씀을 이해하고 그에 반응하는 일은 우리 편에서의 의사소통 행위를 포함한다. 그 일은 성경이 우리에게 가리키는 부활하신 주님, 살아 계신 말씀(Word)에 대한 우리의 구체적인 관계를 포함한다.

마지막으로, "제1신학"이 성경에 있는 하나님의 우선적인 의사소통 행위에 대한 반응을 포함하는 한, 하나님의 그 행위는 개인과 공동의 수행, 즉 **말씀 행하기**(doing the Word)를 요구한다. 최종적으로 따져 볼 때, 이 본문들에 대한 적절한 반응은 그 본문의 저자이신 하나님의 삼위일체적 삶이 보여주는 것과 같은 사귐을 나타내는 삶을 창출하는 것을 의미한다. 그럼으로써 등장하는 것이 바로 우리의 기독교적 증거의 본질적인 부분이며, 그 궁극적인 목표를 달성하기 위한 기독교적 지혜를 담고 있는 신학함의 개념인 하나님의 영광을 위해 세상에서 그 말씀을 살아내는 것이다. 하나님 중심적인 성경 해석으로서의 신학은, 우리를 예수 그리스도의 진리를 따르는 자요 증인으로, 심지어는 순교자로 만든다.

1장 제일신학

포스트모던 작업실에서의 묵상

아리스토텔레스의 유명한 말처럼, 성공하고 싶은 사람들은 올바른 예비적 물음을 던져야 한다. 신학과 신학적 방법과 관련해서는 올바른 예비적 물음이 무엇일까? 구체적으로, 신학은 하나님으로부터 시작해야 할까 아니면 하나님의 말씀으로부터 시작해야 할까? 이 둘 중 어느 하나로 시작하는 것이 가능하긴 할까?

현대의 많은 신학자는 프롤레고메나(prolegomena)에 괄목할 만한 열정을 바쳤다. 프롤레고메나란 우리가 신학 자체를 하기에 앞서서 취급되어야 할 것을 말한다. 현대의 신학자들은, 올바른 예비적 물음에 냉백히 프롤레고메나를 내포해야 했다. 결국 현대 과학의 성공은 그 과학적 방법에 대한 헌신에서 비롯된 것처럼 보였다.[1] 그러나 모더니티의 퇴조와 더불어, 다른 학자들은 아리스토텔레스의 탐구에 대해 약간 다르게 대답하는 경향이 있다.

우리가 신학적으로 성공하고자 한다면, 당장 하나님에 대해 말하기 시작해야 할까? 아니면 우리가 그에 앞서서 말하거나 행해야 할 다른 어떤 것이 있을까? 구체적으로 말해서, 어느 것이 먼저일까? 신론일까 성경론일까? 한편으로, 하나님으로부터 시작하는 것은 "우리가 어떻게 하나님에 대해 아는가?"라는 물음을 유발하며, 성경으로부터 시작하는 것은 "어째서 다른 본문이 아닌 이 특정 본문인가?"라는 물음을 유발한다. 다른 한편으로, 하나님께 호소하지 않고 성경을 경전으로 취급하는 것이 어렵듯이, 성경에 호소하지 않고서는 하나님에 대해 말하기가 어렵다.

정확히 바로 이러한 딜레마가 하나님, 성경, 해석학을 하나의 문제로 만드는 것이다. 그렇지만 이 딜레마로부터, 프롤레고메나를 넘어서서 신학을 할 수 있는 가능성 즉 신학의 내용이 신학의 방법에 영향을 주게끔 만드는 방식으로 하나님에 대해 말하는 것이 기인한다. 이 대안적 입장을 나는 **제1신학**(first theology)이라 부른다.

제1철학

근대 이전의 제1철학: 형이상학. 아리스토텔레스는 올바른 예비적 물음이 무엇인가를 알았다. 그것은 '제1원리들'에 대한 물음, 즉 궁극적 실재의 본질에 대한 물음인 형이상학이었고, 대부분의 고대 철학자들은 이에 동의했다. 어떤 사람들은 "모든 것은 물이다"라고 말했으며, 다른 사람들은 "모든 것은 공기다" 혹은 "모든 것은 불이다"라고 제안했다. 아리스토텔레스의 입장에서는, 만물이 "존재"라고 주장했다. 오늘날 우리가 사물들에 대해 생각하는 데 여전히 사용하는 많은 범주인 실체(substance), 본질(essence), 실존(existence) 등이 아리스토텔레스로부터 비롯된 것이다.

따라서 실재의 본질을 결정하는 것이 고대 세계가 가장 중요하다고 여긴 쟁점인 고대 세계의 '제1철학'(first philosophy)이었다. 우리는 한 시대의 제1철학이 무엇인지를 확인함으로써 그 시대에 대해 상당히 많은 것을 말할 수 있다. 실로, 전근대, 근대, 탈근대 시대를 구분하는 임시적인 방식은 정확히 각 시기가 그 자체의 제1철학을 무엇이라고 간주하느냐에 기반을 두고 있다.

---

1) 내 말은 현대 신학자들이 과학적 방법을 채택했다는 것이 아니라 그들이 신학에 대해서 그와 비슷한 어떤 것을 추구했다는 뜻이다. 조직신학자들이 볼 때, 이 사실은 종종 어떤 개념적 도식(예를 들어, 실존주의, 과정철학 등)을 채택하여 그 도식의 범주들을 성경의 의미나 인간 경험의 의미를 결정하는 분석적 도구로 사용한다는 것을 의미했다[David Tracy, "Theological Method", in *Christian Theology: An Introduction to its Traditions and Tasks*, ed. Peter C. Hodgson and Robert H. King, 2nd ed. (Philadelphia: Fortress, 1985), pp. 35-60를 보라]. 성경 연구 분야에서, 과학적 방법은 다양한 '비평' 방법들로 대변된다.

제1철학의 이러한 대변혁들은 본래의 철학을 훨씬 넘어서 느껴진다. 그 전환들은 학회와 단체를 통해 퍼짐으로써 마침내 교회에서도 느끼게 된다.

그러므로 12세기와 13세기의 아리스토텔레스의 위업과 영향력에 비추어 볼 때, 중세의 많은 신학자가 형이상학을, 혹은 그들의 경우에 하나님의 '존재'에 대한 물음을 제1신학으로 삼는 경향이 있었다는 사실은 전혀 놀랍지 않다.[2] 분명 성경은 신학의 중요한 심지어 권위적이기까지 한 자료였지만, 유일한 자료는 아니었다. 토머스 아퀴나스와 같은 신학자들은, 사람이 이성(reason)만으로도 하나님의 본질과 실존에 관한(하나님의 존재의 본성에 관한) 어떤 지식을 획득할 수 있다고 믿었다.

근대의 제1철학: 인식론. 모더니티 및 계몽주의의 도래와 더불어서 모든 것은 바뀐다. 이성의 시대의 뜨거운 쟁점은 인식의 본성과 가능성에 대한 것이었다. 어떻게 내가 알 수 있을까? 나의 신념이 단순한 견해에 불과하지 않다는 것을 내가 어떻게 보여 줄 수 있을까? 그와 같은 비판적 환경에서, 중요한 것은 올바른 예비적 물음들이 아니라 올바른 절차들이다. 철학의 우선 순위상의 이러한 변화는 르네 데카르트의 고전의 긴 제목 전체를 보면 알 수 있다. 그 제목은 「이성을 바르게 사용하여 학문 연구에서 진리에 도달하는 방법에 대한 담론」(*Discourse on the Method of Rightly Conducting Reason and Reaching the Truth in the Sciences*)이다. 이 작품은 많은 사람에게 인식의 토대들에 대한 근대적 추구의 축소판이 된다.[3] 어떤 사람의 전문적 지식을 요하는 주장들을 정당화하는 것은 더 이상 권위적인 자료들에 대한 호소가 아니라 이 정보가 어떤 식으로 처리되었는가에 대한 기술(description)이다. 이 점에 있어서는, 자연 과학의 성공이 전형적(paradigmatic)이다. 그리하여 과학적인 방법은 다른 학문 분야들의 선망의 대상이 되었다. 근대인

---

2) 물론 이것은 일종의 일반화이다. 마찬가지로 중세 신학에서, 언어와 논리의 최우선성에 대해 상당한 변론을 형성할 수 있다. 예를 들어, T. F. Torrance는 많은 중세 신학의 특징을 이루는 '학문적 열정'—엄밀하고 분석적인 훈련에 대한 애정—에 관심을 기울일 것을 촉구한다[Torrance, *Theological Science* (Oxford: Oxford University Press, 1969), p. 56]. 그럼에도 불구하고, 그러한 분석의 핵심은 신적 실재에 대한 인식을 획득하려는 것이었다. Immanuel Kant에 의해 이루어진 비판 운동— 있는 그대로의 사물에 대한 인식이 문젯거리가 되었던 모더니티의 전형—은 중세 신학자들이 예리하게 느꼈던 문제가 아니다.

3) J. Cottingham, ed., *The Cambridge Companion to Descartes* (Cambridge: Cambridge University Press, 1986)를 보라.

들에게 중요한 것은 자신의 신념들을 정당화할 수 있는 능력을 갖는 것이다. 그러므로 그것은 내용(matter)에 대한 방법의 우위며, 형이상학에 대한 인식론의 우위다. 반 하비(Van Harvey)는 그의 책 「역사가와 믿는 자」(*The Historian and the Believer*)에서 충분한 증거를 토대로 하지 않은 채 무엇인가를 믿는 것은 사실상 **부도덕하다**고 주장함으로써, 모더니티를 변호한다.[4]

하비는 우선적으로 역사가들에 대해 생각하지만, 동일한 요구 사항들이 주석가들이나 신학자들 또는 근대 시대의 다른 누구에게나 적용되었다. 바로 그러한 이유 때문에, 약 200년이 지난 후에도 많은 학문 종사자가 여전히 성경의 신빙성에 대한 '비평적' 물음들에 깊이 빠져 있는 것이다. 예를 들어, 소위 '지저스 세미나'(Jesus Seminar)를 구성하는 성경학자들은 사도적 증언에 속하는 예수님으로부터 실제적이며 비판적으로 재구성된 예수님을 구별하는 몇 가지 과학적 방법에 의존한다. 이 학자들은 본문의 분명한 의미보다는 자신들의 과학적 방법을 더 믿는다. 따라서 예수님에 대해 그들이 안다고 주장하는 것은 성경 **때문**(because of the Bible)인 것만큼이나 성경**에도 불구하고**(in spite of the Bible)이다. 그러나 내가 볼 때, 예수님에 대해 그들이 아는 것은 성경의 증언을 신뢰하는 사람들이 아는 것보다 많지 않고 오히려 **적다**. 지혜로워야 한다고 주장하는 사람일수록 회의론자가 되었다. 일찍이 있었던, 성경 비평의 신망에 대한 한 가지 그리고 특히 효과적이었던 공격은 흥미롭게도 루이스(C. S. Lewis)의 공격이었다.

루이스의 작업실과 근대의 비평

루이스의 "작업실에서의 명상"(Meditation in a Toolshed)은 1945년 7월에 지역 신문(*Coventry Evening Telegraph*)을 위해 썼던 짧은 작품들 가운데 하나다. 이 기고문은 본질적으로 하나의 간략한 비유인데, 그 비유에서 루이스는 어두운 작업실에 들어가는 간단한 경험을 회상하면서 그 의미를 설명한다. 그렇지만 예수님의 세상을 전복시키는 이야기들과 마찬가지로, 루이스의 간략한 내러티브는 근대라는 성전에서 지식을 교환해 주는 자들의

---

4) Van Harvey, *The Historian and the Believer: The Morality of Historical Knowledge and Christina Belief* (New York: Macmillan, 1966).

가판대를 뒤엎는다.

그 에피소드는 간단히 말하면 다음과 같다. 한 사람(루이스)이 작업실 안으로 들어간다. 그리고 문을 닫는다. 그 안은 매우 어둡다. 오직 한 줄기의 광선만 눈에 들어온다. 처음에 그 사람은 그 광선만을 보고, 그 광선 가운데 떠도는 먼지들만을 본다. 그런 다음 그는 그 광선에 발을 들여 놓는다. 순식간에 이전의 광경은 다 사라져 버린다. 그는 작업실도 볼 수 없고 광선도 볼 수 없다. 그러나 바깥에 서 있는 나뭇가지들에서 넘실대는 짙푸른 잎사귀들을 보며, 그것을 넘어서 닫혀 있는 문의 꼭대기에 불규칙하게 갈라진 틈 사이로 태양을 본다.

참으로 단순한 이야기다. 그러나 그 이야기는 실제로 무엇에 대해 말하는 것일까? 그리고 어디에 그 이야기의 의미가 놓여 있을까? 그 비유는 루이스의 명상과 더불어서 다름 아닌 인식의 본질(인식론)에 천착하고 있으며, 비유의 의미는 루이스가 구별하는 무엇을 **물러서서** 바라봄(looking at)과 무엇을 **따라가면서** 살펴봄(looking along)의 차이에 있다. 루이스는 근대 세계에서 모든 특권이 사물을 바라보는 자들에게 있음을 지적한다. 그 사람들은 경험으로부터 한 걸음 물러서서, 그 경험에 대해 자신들의 분석-비평적 기술들을 가한다. 사물들을 **물러서서** 바라본다는 것은 감정과 이해 관계를 배제한, 한 마디로 **초연한** 상태에서 사물들을 관조한다는 뜻이다. 그것이 바로 근대에 성경이 처한 운명이었다. 대부분의 성경학자들은 성경을 **따라가면서** 보는 대신에 **물러서서** 바라본다. 그래서 그들은 성경의 저자에 대한, 구성에 대한, 역사적 신빙성에 대한 물음들을 가지고 성경을 바라보았다.

그러나 왜 그렇게 하면 안 되는 것일까? 만일 근대가 뛰어난 이론의 시대이며 방법에 대한 확대된 담론이라면, 인식론이 아무런 도전 없이 사실상 제1철학으로 군림한다면, 어째서 신학을 성경에 대한 비평적 연구로부터 시작할 수 없는 것일까? 최소한 나는 두 가지 이유를 생각할 수 있다. 첫째, 이 접근 방법은 하나의 '대결별'(great divorce)—학문의 세계와 교회 사이의, 학문 연구를 위한 성경 읽기와 경건을 위한 성경 읽기 사이의, 이성과 믿음 사

---

5) C. S. Lewis, "Meditation in a Toolshed", in *God in the Dock* (Grand Rapids, Mich.: Eerdmans, 1970), p. 213.

이의 고통스런 분리—로 이끌기 때문이다.

둘째, 비평적 접근 방법은 인식을 약속하지만 주지는 않기 때문이다. 대신에 우리가 얻게 되는 것은 인식에 대한 축약된, 단선적인(short-circuited) 대용물이다. 그 작업실 안에서 우리가 제1철학을 '물러서서 바라보며' 고상해진다면, 무엇을 알게 될지 상상해 보라. 그 경우, 광선에 대한 '진짜' 이야기—메타내러티브(metanarrative)—는 그 광선이 전적으로 먼지투성이라는 것이다. 그 이상의 어떠한 계시도 공인된 견해에 의해 기각될 것이다. 그 견해는 우리가 **물러서서** 그 빛을 바라봄으로써 얻는 것이다. 루이스의 말을 빌자면, "**물러서서** 사물을 바라보는 사람들은 모두 자기 식으로 본다. 그에 비해, **따라가면서** 사물을 살펴보는 사람들은 단지 보이는 것에 눈이 휘둥그레진다." 따라서 **물러서서 바라보는 것**은 근대 지성적 사고의 끈질긴 유혹인, 우리의 이론들이 우리가 볼 수 있는 모든 것을 보며 알 수 있는 모든 것을 안다는 신념의 희생물이 되어 버린다. 이 유혹을 가리키는 전문 용어가 **환원주의**(reductionism)이며, 그에 해당하는 신학적 용어는 **교만**이다.[6]

다른 곳에서 루이스는 보는 것과 맛보는 것을 대조하는 관점에서 두 가지 바라봄의 구별을 논의한다. '보는 것'은 이론적 인식을 대변한다. 왜냐하면, 인식은 방법론적인 절차들을 따름으로써 획득되기 때문이다. 그에 반해, 맛보는 것은 개인적인 접촉을 통해 획득되는 지식을 대변한다. 왜냐하면 그 지식은 직접적인 경험을 통해 획득되기 때문이다.[7] 후자에 해당하는 종류의 모든 지식을 전자에 속하는 지식으로 환원하는 것은 개탄할 만한 잘못일 것이다. 친구를 아는 것이나 자기 자식을 아는 것은 다양한 분석 수단을 통해 모은 정보로 축소될 수 없는 것이다. 그러므로 광선에 대한 그의 은유를 생각해 볼 때, 루이스는 아마도 나의 출발하는 물음을 다음과 같이 재구성했을 것이다. 하나님을 인식하는 것은 **바라보는 것**에 더 가까울까, 아니면 **맛보는 것**에 더 가까울까? 다시 말해서, 신학은 추상적이며 명제적인 지식에서 출발해야

---

6) 환원주의는 '오로지' 설명의 관점에서만 생각하는 경향이 있다. 예를 들어, 정신(mind)은 '오로지' 작동 중인 뇌의 문제일 뿐이며, 사랑은 '단지' 진화 심리학의 반영일 뿐이다. 환원주의(정신의 정욕이랄까?)는 뚜렷한 이론적 유혹이다.
7) 영어 단어 *theory*는 헬라어 동사인 *theoreō*, '바라보다'에서 유래한다. 이론들(theories)은 말하자면 우리에게 우리가 정신의 눈을 가지고 바라보는 것을 말해 준다.

할까, 아니면 구체적이며 인격적인 지식에서 출발해야 할까?

적당한 때가 되면, 이 물음으로 되돌아 올 것이다. 이에 앞서, 포스트모던 시대의 제1철학의 운명에 대해 살펴보아야 할 것이다.

포스트모던 작업실과 근대의 비평

종합적인 이론적 인식이라는 목표와 더불어서, '물러서서 바라보기'의 인식론은 어느 정도 지속적으로 최소한 학문의 어떤 영역들에서는 제1철학의 위상을 누리고 있다. 그러나 대체로, 포스트모던 비평가들과 철학자들은 '순수 시각'(innocent eye)이라는 신화를 타파해 버렸다. 우리가 사물들—하나님, 세계, 우리 자신—을 바라보는 중립적이며 공명정대하다고 가정하는 절차들이 사실은 중립적이지 않고 치우쳐 있으며, 이해타산에 기울어 있으며, 정치적으로 물들어 있는 것이다. 자크 데리다(Jacques Derrida)는 궁극적 실재에 대한 참된 기술(記述))이라고 주장하는 형이상학이 실질적으로는 세계에 대해 백인 서구 남성 학문 세계가 생각하는 방식의 투영, 하나의 '백색 신화'일뿐이라고 말한다. 포스트모던 작업실에서 일어나는 일은 사물들이 하나로 묶이는 것이 아니라 **나뉜다**는 것이다. 구체적으로, 신념 체계들이 해체된다. 해체자는 물건들이 어떻게 작용하는지 알고 싶어서 물건들을 분해하는 호기심 많은 소년처럼, 세계관들의 내면적 작용과 그 수사학적 책략들을 폭로하기 위해 세계관들을 헤집어 놓는다. 포스트모던주의자들이 다양한 세계관의 배후에서 발견하는 것은 정치적인 이해 관계들과 권력 쟁취의 방편들이다. 지식에 대한 이들 포스트모던 불신자들의 입장에서는, 철학은 진리에 관한 것이 아니라 권력, 수사학, 이데올로기에 관한 것이다.

근대의 객관적인 인식론들에 대한 포스트모던 비평이 철학의 종밀을 의미하지는 않는다. 사실, 포스트모더니티를 이해하는 최상의 길들 가운데 하나는 포스트모던주의자들이 가장 관심을 기울이는 것이 무엇이며 어떻게 그들이 자신의 목표들을 추구하는지 규명하는 것이다. 그렇다면, 포스트모던주의자들이 제1철학으로 여기는 것은 무엇일까? 아직까지는 명백한 선두 주자가 부상하지 않았지만, 세 개의 개연성 있는 후보들이 있는 것 같다.

제1철학으로서의 언어: "텍스트 바깥에는 아무 것도 존재하지 않는다." 그 첫 번째 후보는 언어다. "모든 것은 언어다." 사실 나는 이렇게 말한 포스트모던주의자는 한 사람도 보지 못했다. (이 말은 지나치게 보편적이며 형이상학적인 것처럼 들린다.) 그럼에도 불구하고, 그 말은 많은 포스트모던주의자가 생각하는 것에 대한 첫 번째 근사치치고는 그리 나쁘지 않다. "텍스트 바깥에는 아무 것도 존재하지 않는다"[8]라고 선언하는 데리다의 말은 내 생각에 그와 비슷한 무엇인가를 함축한다고 여겨진다. 데리다가 의미하는 바는 우리가 사물들의 실제 모습에 대해 비언어적으로는 절대로 접근할 수 없다는 것이라고 나는 생각한다. 우리는 반드시 어떤 언어에 토대를 두고서 사물들에 대해 말하고 생각하며, 이 언어는 (데리다가 볼 때) 주로 임의적인 사회적 관례의 문제다. 우리의 단어들은 실질적으로 실재 세계에 연결되어 있지 않다. 그와 반대로, 단어들은 사물들을 가리킴으로써가 아니라 다른 단어들로부터 **변별됨으로써**(by differing) 의미를 획득한다. 데리다가 볼 때, 언어는 말하는 자들이 인간 경험에 **부과하는** 변별 체계 — 구분들과 연관들의 한 유형 — 다. 언어가 없이는, 우리는 구체적인 것이든 추상적인 것이든, 사물들에 대해 생각조차 할 수 없다. 그러므로 우리가 생각하는 것은 무엇이든지 간에, 언제나/이미 우리가 사용하는 언어 체계에 의해 형성된다.

따라서 언어가 제1철학이다. 이는 언어에 선행하는 것이 없고, 언어만큼 근본적인 것도 없기 때문이다. "텍스트 바깥에는 아무 것도 존재하지 않는다." 이 진술을 오해하거나 희화하지 않는 것이 중요하다. 데리다는 야구공들과 서점들과 찐빵들이 존재하지 않는다고 말하는 것이 아니다. 그가 말하는 바는 오히려 우리가 이러한 것들에 대해서 알고 있는 그 무엇이 언어학적으로 말해서 문화적 구성물이라는 의미다.

포스트모던 작업실에서는 모든 창문이 널빤지로 둘러 막혀 있다. 스며 들어오는 아무런 빛도 없고 오직 언어만 있다. 그리고 언어는 더 이상 세계를 표상하지 않으며, 들여보내지도 않는다. 언어의 작업실 바깥에 있는 것은 어느 것도 순전하게 들어오지 못한다. 언어는 사상과 경험 모두를 오염시킨다. 어쩌면 낡은 작업실 벽에 여기 저기 금이 가 있을 수 있다. 그러나 자연 광선은 전혀 들어오지 못한다. 왜냐하면, 절단된 유리 조각들 — 언어의 프리즘 — 이 모든 광선을 차단하기 때문이다. 루이스의 광선 그 자체는 더 이상 백색광

---

8) Jacques Derrida, *Of Grammatology* (Baltimore: Johns Hopkins University Press, 1976), p. 158.

(white light, 공정한 판단이라는 뜻을 중의적으로 가지고 있으며, 여기에서는 자연 광선이라는 말이 어울린다―역주)이 아니라 해체된 빛, 유색 스펙트럼의 깨어진 파편들로 이루어진다. 포스트모던 작업실에서는 아무 것도 자연적으로 주어진 것으로 간주되지 않는다. 그 대신에 모든 것이 언어 체계에 의해 새겨지고 '표시된다.' 인간의 경험은 그 언어 체계 안에서 살며 움직이며 존재한다. 포스트모던 작업실에서 우리는 왜곡된 형상을 실재로 오해하는 우상 판매업자나 모든 형상에 대해 의문을 품는 우상 파괴주의자가 되어야 한다.

포스트모던 익살꾼은 **프리즘**(prism)이란 단어의 어원이 헬라어 '프리조'(*prizo*), 즉 '(톱으로) 켜다, 썰다'라는 동사에서 나왔음을 지적하면서 크게 즐거워할 것임에 틀림없다. 왜냐하면 켠다는 것은 모든 것이 잘려서 기표들(signifiers)의 임의적인 체계 가운데 존재하는 기호들(signs, 쉽게 말하자면 표 혹은 표시들―역주)로 변할 수 있다는 사실에 대한 적절한 은유이기 때문이다. 그러므로 언어는 포스트모던 작업실에서 제1철학의 첫 번째 후보가 된다. '왔노라, 썰었노라, 해체했노라.'

윤리학: 타자에 대한 정의. 포스트모던주의자들은 전형적으로 언어가 이데올로기적인 무기나 사회적 억압의 도구로 휘둘러질 수 있는 무수한 방식에 대해 매우 민감하다. 수사학(rhetoric)이 논리를 대신한다. 지금은 진리를 증명하기보다 사람들을 설득하는 것이 훨씬 더 중요하다. 따라서 설득을 위해 언어를 사용하는 기술인 수사학은 포스트모던 시대의 제1철학의 두 번째 후보인 윤리학으로 이어주는 다리가 된다.

윤리학에 대해 포스트모더니티에서 제1철학으로 섬길 것을 요청하는 것은 가장 일반적으로 유대인 철학자인 임마누엘 레비나스(Emmanuel Lévinas)와 연결된다. **윤리학**이라는 말로 레비나스가 의미하는 바는 도덕적 가치들의 어떤 체계와는 전혀 다른 것이다. 레비나스가 볼 때, 윤리학은 체계들과 전혀 관계가 없다. 레비나스가 억압적이라고 따라서 비윤리적이라고 간주하는 것은 관념들의, 가치들의, 신학의! '체계들'이다. 이론적인 체계들은 생각을 포로화하는 반면에, 윤리학은 '타자'를 있는 그대로 인정한다. 본질적으로, 윤리학은 타자의 특수성(particularity)을 존중하는 일과 관련된다. 그러므로 레비나스가 생각할 때, 우리가 해서는 안 될 한 가지는 하나님, 타자들, 세계를 '파악'(comprehend, 이 말은 대상을 생각으로 붙잡는다는 의미로, 포로나 종으로 삼는다는 함의를 지닌다. 그러므로 이론적 풀이라는 '이해'보다는 이론적 장악이라는 '파악'으로 번역한다—역주)하려고 시도하는 것이다.

레비나스는 이론적으로 세계를 휘어잡아 군림하려는 시도를 '헬라적 사고'라고 부르는데, 이는 대체로 그러한 시도가 서구 전통의 전형이기 때문이다. 철학은 전통적으로 실재를 '알고자'(보고자, 파악하고자, 이론화하고자) 노력해 왔다. 레비나스의 견해에 따르면, 윤리학은 언어 체계들이나 사고 체계들이 가지는, 사물들을 삼켜 버리는(totalize, 레비나스가 볼 때 totalize는 하나의 틀이나 개념 속에 모든 것을 우격다짐으로 집어넣어서 개인이나 개개의 대상이 지닌 얼굴 즉 특수성을 지워버리고 똑같은 것으로 만들어 버린다는 뜻이다. 말 그대로는 전체화 혹은 전체주의화라고 할 수 있지만, 의미상으로는 통괄화, 일괄화, 일원화, 몰개성화, 단일체계화 등에 가깝다. 레비나스는 total-이라는 말로 전체주의적 강제성을 강조하려고 했던 것 같다. 이러한 강제적 일괄화에 반대해서 레비나스는 개별자, 즉 타자에 대한 무한 개방성을 주장한다—역주) 경향에 저항하는 일과 관련되어 있다. 실로 윤리학은, 철학이 형이상학과 인식론에 얽매여 있는 한, 철학 자체에 대해 의문을 갖는다. 형이상학과 인식론은 둘 다 모든 형태의 타자성을 '마찬가지'인 것(the 'Same'), 즉 우리의 철학 체계들과 정치 체계들이 '선한 것'(good), '진실'(true)인 것으로 분류하는 내용으로 축소하려 한다.

루이스와 레비나스는 적어도 이 점에서 동의하고 있다. 즉 근대는 그릇되게도 인식을 일종의 '봄'(seeing)과 동일시한다는 것이다. '보는' 것(to see) 혹은 감지하는 것(to apprehend)은 **붙잡는 것**(grasp)—본질적으로 폭력적인 몸짓—이다.[9] 만일 우리가 무엇인가를 '감지'한다면, 그것은 '타자'로 남지 않게 된다. 타자는 정확히 우리의 개념적 장악을 피하고 있다. 근대가 접했던 유혹은 우리가 '볼' 수 있는 것 혹은 '감지'할 수 있는 것으로 실재를 축소하려는 것이라고 레비나스는 말한다. 그는 "생각의 수고가 사물들과 사람들의

---

9) Lévinas의 이미지를 사용하자면, 철학은 타자성이 동일성으로 바뀌는 연금술이다. [in Simon Critchley, *The Ethics of Deconstruction: Derrida and Levinas* (Oxford: Blackwell, 1992), p. 6].

타자성을 끌어들이는 데 성공하고 있다"라고 말한다.[10] 레비나스의 관심은 사도 바울의 관심과 정반대다. 그것은 '모든 생각을 사로잡는 것'이 아니라 '사로잡힌 모든 생각을 해방시키는 것'이다. 레비나스가 볼 때, 제1철학은 타자를 대신하여 단지 한 체계의 또 다른 조각으로 격하시키지 말라는 윤리적 호소로 구성된다.[11]

제1철학으로서의 미학: 꾸밈의 영역. 어떤 포스트모던주의자들은 언어가 일괄화(totalization)할 잠재성을 지닌다는 이유로 언어를 거부하지만, 다른 포스트모던주의자들은 언어를 가지고 유희하기를 더 좋아한다. 여기에서 우리는 포스트모던 작업실에서 진행되는 일이 사물들이 흩어져 가는 것임을 기억할 필요가 있다. 케임브리지 대학교에서 가르치는 신학자인 던 큐피트 (Don Cupitt)는 오늘날의 신학이 거칠게 말해서 20세기 초반에 물리학과 회화가 하던 일을 한다고 믿는다(20세기 초에 이루어진 아인슈타인과 같은 현대 물리학의 등장과 피카소와 같은 큐비즘의 등장을 말한다-역주). **그것은 그 자체의 대상들을 분해하는 일이다.** 이 사실은 신학의 대상에게도 해당된다. 큐피트가 볼 때, '하나님'은 말하는 방식의 산물, 담론의 발명품일 뿐이다. 그는 "언어에 의해 이루어진 일상 세계가 우리에게 존재할 수 있는 유일한 실재 세계다"라고 말한다.[12] 그렇지만 큐피트가 볼 때, "모든 것이 언어"라는 사실은 나쁜 소식이 아니다. 오히려 인간이 스스로의 창의성을 축하할 수 있는 더없이 좋은 구실이다.

큐피트가 적절하게 제목을 붙인 「최후의 철학」(*The Last Philosophy*)이라는 책에서, 그는 우리에게 "사물들의 있는 그대로의 존재 방식"에 대한 탐구를 내버리라고 촉구한다. '실재'에 대한 추구는 우리를 불행하게만 만들 것이다. 우리에게 철학이 말해 줄 수 있는 '그 이상'(Beyond)은 전혀 없다. 형이상학은 단어들과 개념들을 사용하는 일종의 상상의 속임수다. 간단히 말해서, 철학은 일종의 문학적 구성물, 일종의 예술 작품, 일단의 은유로 경험

---

10) Emmanuel Lévinas, "Ethics as First Philosophy", in *A Lévinas Reader*, ed. Sean Hand (Oxford: Blackwell, 1989), p. 79.
11) 타자를 타자로 존중하기 위해, 우리는 타자를 다른 어떤 것과 같은 것(the same-as-something-else)이나 나와 같은 것(the same-as-me)의 범주로 축소해서는 안 된다.
12) Don Cupitt, *The Last Philosophy* (London: SCM Press, 1995), p. 6.

의 혼돈 상태로부터 어떤 질서가 창조되도록 도와주는 것이다. 그러므로 형이상학과 인식론은 이전에 가지고 있던 특권들을 포기하고, 자신들도 다른 창의적인 문학 작품들과 마찬가지로 허구임을 인정해야 한다.[13] 큐피트는 우리의 형이상학—우리의 메타내러티브들—이 공교한 허구들에 지나지 않기에, 일단 진실이 빠져나가면 그것들은 그 명성을 상실하고 '허물어진다' (undone)고 주장한다. 남는 것은 철학적 폐허 가운데서 흘러나오는 말이다. 큐피트는 그럼에도 불구하고 뻔뻔하다. "내게는 여러분에게 말해 줄 더 높은 세계는 전혀 존재하지 않는다."[14]

그러므로 작업실 바깥에 놓인 것을 볼 여지조차 없이, 큐피트는 내부를 다시 장식하는 것으로 만족한다. 그의 포스트모던 신학은 진리에 대한 탐구—대상들을 실제 있는 그대로 바라보려는 추구—를 포기하는 대신에 언어적 '기술들과 솜씨들'을 취한다. 그러한 포스트모던 신학의 산물들인 이야기들, 교리들은 계시된 진리의 직인이 아니라 오히려 '예루살렘 산(産)' 혹은 '케임브리지 산' 직인이 찍혀 있다. 우리 시대를 위한 믿음을 다시 고안해 내고, '치장하는 일'(make believe)에 가담하는 것은 우리에게 달려 있다고 큐피트는 말한다.

자신의 '최후의 철학' 덕분에, 자신이 허위 진리들을 효과적으로 비신화화했다는 큐피트의 가정의 배후에는 깊지만 아이러니컬한 불일치가 놓여 있다. 인식 일반에 대한 큐피트의 회의적 태도를 인간 조건의 진실이 무엇인가를 안다는 그의 암묵적인 주장과 조화시키기는 어려운 일이다. 큐피트는 인간이 궁극적으로 생물학적 존재들이라고 주장한다. 우리가 접근하는 유일한 종류의 세계관은 말하는 동물의 세계관이다. 더욱이 "말하는 동물이 된다고 해서 잘못된 점은 전혀 존재하지 않는다."[15] (아마 루이스도 이 말에 동의할 것이다. 그렇지만, 그는 좀 다른 의미로 동의했을 것이다.) 생물학적 자연주의를 고수함으로써, 큐피트는 모든 의도와 목적이라는 측면에서 플라톤의

---

13) Cupitt는 이 시점에서 모순에 빠진다. 이는 그가 노력하면 할수록, 우리에게 '실제로' 있는 것 즉 "언어로 이루어진 사건들의 시작도 없고 끝도 없고 바깥도 없는 흐름"(앞의 책, p. 25)을 말할 수밖에 없기 때문이다. 나는 기독교 신학적 대안을 말할 필요도 없고, 고대와 근대의 대안들에 비교해서 이 진술이 가진 수사학적 장점들이 과연 무엇인지를 결정하는 일은 독자들에게 남겨 두겠다.
14) 같은 책, p. 8.
15) 같은 책, p. 2.

동굴로 회귀해 버렸다. 그리하여 오로지 동굴의 벽에 비친 그림자들만이 실재라고 주장하는 것이다. 큐피트와 같이 미학을 제1철학으로 보는 사람들이 볼 때, 신학은 단지 동굴 거주자가 동굴 벽에 손의 그림자를 비추어 만들어 내는 그림자 게임에 불과하다.

성경 해석에 대한 함의들: 이데올로기 비평. 우리가 이상의 세 가지 선택 사항 가운데 어느 것을 제1철학으로 왕좌에 올리든지 포스트모더니티는 성경 해석에 위기를 초래하며, 따라서 성경을 하나의 자료로 사용하여 하나님에 대한 인식을 추구하는 신학자에게도 위기를 불러일으킨다. 앞으로 보게 되듯, 포스트모더니티는 마찬가지로 성경 본문들에 대한 하나의 새로운 접근 방법인 이데올로기 비평을 발생시킨다.

포스트모던주의자들의 입장에서 중차대한 해석상의 물음은 간단히 말해 이것이다. 즉, 한 가지 해석을 다른 해석보다 더 나은 것으로 만드는 것이 무엇이냐 하는 것이다. 만일 언어가 의미와 진실에 대한 우리의 접근을 막는다면, 해석들은 우리에게 본문 자체에 대해서보다는 독자들에 대해―독자들의 이해 관계와 성향에 대해―더 많은 것을 말해 주는 것이 된다. 우리가 솔직하다면, 우리는 본문이 무엇을 의미하며 말하는지에 대해 말하기를 중단하고, 우리가 그 본문으로 하여금 무엇을 의미하게 **할 것인지**에 대해 말해야 할 것이다. 다른 책에서 나는 포스트모더니티가 단순히 의구심의 해석학[hermeneutics of suspicion, 의구심의 해석학은 의심의 해석학(hermeneutics of doubt)과 확실하게 구별되어야 한다. 의심의 해석학은 '불신의 해석학'에 가깝지만, suspicion은 그 대상에 대해서 혐의를 가지는 것을 말한다. 강영안은 '혐의의 해석학'으로 번역한다―역주]의 새로운 장을 대변한다기보다 해석학 자체에 대한 근본적으로 새로운 의구심(suspicion, 혐의를 가지다는 뜻임)을 대변한다고 주장했다.[16] 해석들 혹은 해석하는 방법들은 순전하지 않다. 그 점에서는 본문들도 마찬가지다. 각각의 본문과 해석의 배후에는 인종, 성별 혹은 계급에서 비롯된 편향성들이 자리한다. 따라서 의미와 진리라는 개념들은 당파적인 정치 투쟁들 안으로 흡수된다.

---

16) Kevin Vanhoozer, *Is There a Meaning in This Text?: The Bible, the Reader and the Morality of Literary Knowledge* (Grand Rapids, Mich.: Zondervan, 1998), 「이 텍스트에 의미는 있는가?」 (IVP 역간)를 보라.

이러한 통찰과 더불어서, 포스트모더니티는 본문의 의미가 어떻게 정치 권력에 봉사하는가를 분석하는 새로운 형태의 성경 비평을 탄생시켰다.[17] 포스트모던 비평가는 언어상의 관계들 저변에 깔린 권력 관계들을 폭로하기 위해 각각의 성경 해석뿐만 아니라 성경 본문을 분해하고 분석한다.

큐피트처럼, 미학을 자신들의 제1철학으로 삼는 경향이 있는 사람들은 창의적 읽기를 요청함으로써 곳곳에 스며든 이데올로기적 성격에 응답한다. 그 수많은 이데올로기 가운데 어느 한 가지를 지나치게 진지하게 취급하지 않는다면, 수백 가지의 이데올로기가 만발하게 하자. 어째서 성경을 당신이 선호하는 생활 방식을 지원하는 방식으로 읽으면 안 된단 말인가? 다른 모든 사람의 읽기도 편향성의 투영에 불과할 뿐이다. 모든 것은 독자의 정체성에 대해 상대적이다. 어떤 사람은 성경을 마르크스주의적 관점에서 읽으며, 어떤 사람은 자본주의적 관점에서 읽는다. 또 어떤 사람들은 이성애(異性愛)적 편향성을 가지고 읽으며, 다른 사람들은 동성애적 시각을 가지고 읽는다. 또 다른 사람들은 칼뱅주의적 관점에서, 다른 사람들은 아르미니우스주의적 관점에서 읽는다. 포스트모더니즘은 독자들에게 마음 내키는 대로 성경을 이끌어 갈 수 있는 허가서를 내주고 있다.

다른 한편, 미학보다는 윤리학을 자신의 제1철학으로 삼는 사람들은 이데올로기의 편만함에 대해 대답할 때 다혈질적이지 않다. 본문들과 그 해석들이 이러 저러한 이데올로기의 지배를 받는다는 생각에 대한 포스트모더니즘의 윤리 중심적 대답은 저항하는 것이다. 만약 읽는 일이 궁극적으로 하나의 정치적 사건이자 권력 투쟁이라면, 윤리적 대처는 본문의 타자성을 옹호하고, 지나치게 강력해져서 그 본문을 집어삼키려는 위협을 지닌 해석들을 무너뜨리는 것이다. 예를 들어, 월터 브루그만(Walter Brueggemann)은 구약 성경에 대한 다원주의적 접근 방법을 주창한다. 이 말은 이해 관계에서 벗어나는 해석이란 전혀 없음을 인정하며, 거대한 해석 틀들에 포섭되기를 거부하는 성경 본문들의 '타자성'을 헌신적으로 보호한다는 의미다.[18] 레비나스

---

17) 권력 봉사의 맥락에서 의미를 분석한다는 것은 곧 '이데올로기'를 분석하는 것이다. John B. Thompson, *Ideology and Modern Culture: Critical Social Theory in the Era of Mass Communication* (Palo Alto, Calif.: Stanford University Press, 1990), p. 7를 보라.

를 추종하면서, 브루그만과 같은 포스트모던주의자들은 전형적으로 어떤 한 본문을 '통달'(master)했다는 어떠한 주장에 대해서도 저항한다. 이데올로기적 해석에 대한 윤리적 대응은 주변부로 밀려난 읽기들을 위해, 억압받는 자들을 위해 항변하는 것이다.

누구의 해석을 가장 중시하며, 그 이유는 무엇일까? 포스트모던 시대에, 어떤 확신을 가지고 대답할 수 있는 목소리들은 점점 줄어든다. 이 현저한 변화는 학문 세계에도 영향을 미친다. 포스트모던 성경 비평가들이 볼 때, 근대의 대부분 동안 성경 연구 분야들을 지배해 온 역사 비평적 접근도 다른 어떤 방법과 마찬가지로 이데올로기적이다. 포스트모던주의자들은 방법과 학문과 객관성에 대한 근대의 호소들에 대해서는 전혀 귀를 기울이지 않는다. 이러한 호소들은 특별한 이해 집단들 편에서의, 특히 백인이며 교육받은 남성들 편에서의 특별한 항변들일 뿐이다. 따라서 성경에 대한 그리고 다른 어떤 본문들에 대한 해석은 우리 시대에 와서 이데올로기 전쟁의 한 종류가 되어 버렸다. 우리는, 우리 모두는, 야간에 주해의 군대들(exegetical armies)이 격돌하는 언어의 참호들 속에 갇혀 버렸다. (여기에서 현대 세계에 대한 나의 읽기는 끝을 맺고자 한다.)

제1신학

기독교 교의학에서 성경이 차지하는 중심성은, 신학자들이 해석의 관행과 원리에 대한 논쟁에서 기득권을 가지고 있음을 의미한다. 그러나 지금까지 살펴보았듯이, 이미 복잡한 과제였던 것이 포스트모던 시대에 들어와서는 훨씬 더 복잡해졌다. 성경 해석의 어려움을 고려할 때, 평신도인들은 어쩌면 하나님에 대해 좀더 직접적으로 인식하기를 바라는 일에 대해 용서를 받을 수 있을지도 모르겠다. 그렇지만, 성경 해석이라는 과제를 피하면서 신학을 하는 방법이 있지 않은가? 그리하여 우리는 출발점들에 대한 애초의 물음

---

18) Walter Brueggemann, *Texts Under Negotiation: The Bible and Postmodern Imagination* (Minneapolis: Fortress, 1993)과 *Theology of the Old Testament: Testimony, Dispute, Advocacy* (Minneapolis: Fortress, 1997, 「구약신학」, CLC 역간), pp. 61-114를 보라.

19) 물론 Calvin과 Hodge가 볼 때는, 사람의 정신에 있는 하나님 관념의 현존성 그 자체가 우리가 하나님 자신의 형상으로 지음 받은 사실의 한 기능이다.

들로 복귀하게 되었다. 해체의 그늘진 골짜기에서, 우리는 무엇으로 우리의 '제1신학'을 삼아야 할까? 하나님(신적 실재, 존재 및 형이상학)으로 시작할 수 있을까? 아니면 성경(신적 계시, 증언 및 인식론)으로 시작해야 할까?

성경과 별개로 하나님을 생각하는 일: '신성에 대한 감각'. 하나님의 실존성과 본성에 대한 우리의 직관들을 가지고, 즉 칼뱅이 말하는 '신성에 대한 감각'(sensus divinitatis)을 가지고 시작한다면 어떻게 될까? 칼뱅에 따르면, 하나님에 대한 인식은 인간의 정신에 심겨 있다. 그렇다면, 찰스 핫지(Charles Hodge)가 말하듯이 "정신에 자리잡은"(lies in the mind) 하나님에 대한 관념을 가지고 시작하면 안 되는 것일까? 어떤 '가장 완전한 존재자'에 대한 관념을 가지고 시작하는 철학적 신학의 유구한 전통이 존재한다. 그 전통은 그 관념으로부터 영원성, 선하심, 불변성과 같은 여러 가지 신적 속성을 연역한다. 그 결과 무한히 완전한 어떤 존재자라는 개념에 대한 물음이 올바른 예비적 신학상의 물음이 되는 걸까? 그 물음에 대해 긍정적으로 대답하는 것은 철학자의 유신론(theism)을 추구하는 것이다.

그러나 철학자들의 하나님이 아브라함, 이삭, 야곱의 하나님과 동일시될 수 있는가는 미해결의 문제다.[20] 어떤 최고 존재자의 일반적인 속성들을 확인하는 것은, 여호와의 언약적 신실성이나 삼위일체 하나님 혹은 죄인들을 용서하시려는 성부 하나님의 의향을 파악하는 것과 전혀 별개의 문제다. 칼뱅 자신도 신학함에 대한 이러한 접근 방법에 대해 중요한 반론을 제기한다. 즉 '신성에 대한 감각'이 죄에 물들어 있다는 것이다. "사람들은 하나님이 자신을 제공하시는 그대로 하나님을 파악하지 않는다.…사람들은 자신의 육적인 우매함이라는 잣대로 하나님을 재고, 자신이 미리 가지고 있는 어림짐작으로 하나님을 뜯어 맞추면서, 하나님을 상상한다."[21] 그러므로 신의 완전하심에 대한 개념에서부터 시작하는 위험성은 우리 자신의 생각이 뒤범벅이며 왜곡되었다는 것이다. 자신을 신학자라고 생각하면서, 우리는 오히려 우상숭배자가 된다. 포스트모던주의자들은 명확하게 **성경적** 요점을 지니고 있다.

---

20) 철학자들의 하나님을 아브라함과 이삭과 야곱의 하나님과 훌륭하게 구별한 사람은 Blaise Pascal이었다.

21) John Calvin, *Institutes of the Christian Religion*, ed. John T. McNeil (Philadelphia: Westminster Press, 1960) 1.4.1(어순은 약간 수정했음). 「기독교 강요」(크리스챤다이제스트).

즉 우리가 자신의 견해를 기반으로 하나님에 대해 말하는 것은, 하나님에 대해 밝혀주기보다 우리 자신과 우리의 사회적 위치와 죄악성에 대해 더 많이 드러낸다.

절대자에 대한 우리의 견해를 기반으로 신학을 하는 데는 그 이상의 난점이 존재한다. 이는 우리가 어떻게 '완전함'을 정의하느냐 하는 것이다. 현재 유행하는 하나님에 대한 모델들을 생각해 보라. 그 모델들 가운데 상당수는 우리 문화가 현재 완전함이나 궁극적 가치로 여기는 것을 반영한다.[22] 그 모델들이 '가장 완전한 존재'로서의 하나님에 대해 생각하려는 시도들인 것처럼 보이지만, 사실 그 모델들은 '아래로부터' 시작하는 것이다. 즉, 인간의 경험과 문화로부터 시작한다. 그 모델들은 자체의 선입관에 부합하며 정치적 입장에 맞는 부분들만을 성경 기사에서 취해 권위적인 것으로 여기는 경향이 있다.

샐리 맥페이그(Sallie McFague)가 이에 해당하는 예다. 맥페이그는 신학이 현대 상황에 대해 가장 설득력 있게 말하는 하나님에 대한 은유들을 사용함으로써 현대 문제들을 가장 잘 검토할 수 있다고 믿는다. 그녀는 자신의 책 「하나님에 대한 모델들」(Models of God)에서 신학에 대한 자신의 접근 방법을 설명한다. 신학자들은 하나님에 대한 정보를 얻기 위해서가 아니라 오히려 신학이 어떻게 행해져야 하는가에 대한 모델로서, 즉 이미지들을 가지고 은유적으로 성경을 바라보아야 한다. 신학은 "원칙적으로 기독교의 주장을 강력하게, 종합적으로 그리고 동시대적으로 표현하려는 시도로부터 비롯된 몇 가지 기본적인 은유와 모델에 대한 상술(詳述)이다."[23] 맥페이그는 '기독교의 주장'을 우주가 무관심하거나 악의적이지 않다는 주장 및 '생명과 성취의 측면에 존재하는' 권능이 있다는 주장과 동일시한다.[24] 그러나 우리의 세계적이며 생태적인 상황이 성경 저자들의 상황과는 다르기 때문에, 맥페이그는 우리 시대의 필요들에 더 잘 부응하는 식으로 이 주장을 표현하는 새

---

22) 이러한 것들 가운데 대표적인 것이 바로 사랑이다. 하나님의 사랑에 대한 몇 가지 현대적 접근 방법에 대한 평가를 위해서는, 제3장을 보라.
23) Sallie McFague, *Models of God: Theology for an Ecological, Nuclear Age* (Philadelphia: Fortress, 1987), p. 11.
24) 같은 책, p. 10.

로운 은유들과 이미지들을 사용할 자유를 우리에게 선언한다. 특히, 맥페이그는 신학자들이 하나님을 '아버지'로 묘사하는 '구식의 압제적인' 은유들(지나치게 가부장적인)이나 왕과 왕국의 맥락에서 하나님과 세계의 관계를 그리는 은유들(지나치게 위계질서적인)을 포기하기를 바란다. 맥페이그가 볼 때 신학은 **대부분** 허구이지만, 어떤 허구들은 다른 허구들보다 덜 압제적이다.

무엇이 신학자 맥페이그가 하나님에 대해 말하는 내용을 규제할까? 성경도 아니며, 신학 전통도 아니다. 맥페이그가 하나님에 대해 말하는 기준은 변화를 불러일으키는 사랑에 대한 그녀의 경험이다. 그녀는 어떻게 해서든지 그 경험을 예수님에 대한 이야기에 연결시킨다. 결국 따지고 보면, 맥페이그는 자신의 가치들과 경험을 하나님에 대한 (성경 저자들을 포함한) 다른 모든 사람의 경험과 견해를 평가하는 기준으로 사용한다. 그녀가 하나님에 대해 생각하는 방식들의 다원성을 인정하지만, 교리상의 알곡과 쭉정이를 가려내는 데 자신의 실용적 기준—이러한 하나님 모델이 변혁적 사랑의 대의를 진작시킬까?—을 의지할 때 이 사실은 그녀를 괴롭히지는 않는다.[25] 불행하게도, 성육신과 속죄와 같은 개념들은 맥페이그의 신학적 쓰레기통에 들어가고 만다. 신인(God-man)이 대리인으로서 우리의 죄를 위해 죽었다는 개념이 플라톤 철학의 맥락에서는 이해될 수 있겠지만, 오늘날의 맥락에서는 '우리에게 불필요한 구원'을 제공할 뿐이다.[26] 맥페이그가 볼 때, 희생적 대속의 이미지나 죽었다가 부활하는 신들의 이미지는 결코 우리의 상황에 초점을 맞추지 않는다. 그러므로 우리는 그러한 이미지들을 버릴 수 있다. 실로 맥페이그의 성경 활용은 확실히 제퍼슨주의적(Jeffersonian, 토머스 제퍼슨이 성경을 읽으면서 자신의 이신론적 생각에 맞추어 성경을 재단하고 재편하려 했던 일에 빗댄 말이다—역주)이다. 그녀의 방법은 성경을 가위로 오리고 붙이면서 우리 문화의 가려운 부분들을 긁어주지 않는 부분들은 잘라내버리는 일에 해당한다.

맥페이그는 성경이 성가시게도 하나님을 특히 "주"라고 말하는 경향이

---

25) 예수님에 대한 이야기는 분명히 하나님의 구원의 권능을 표현해 주지만, 이 권능이 무엇이냐를 결정하기 위한 진정한 시금석은 McFague 자신의 경험이 될 수는 없는 것 같다.
26) McFague, *Models of God*, p. 54.

있음을 지적한다. 하나님이 인류를 위해서 법을 내려준다는 생각은 맥페이그가 볼 때 너무나 압제적이다. 그녀는 하나님을 주님으로서가 아니라 세상에 대한 연인으로서, 그리고 세계에 대해서 주님(상전)의 영역으로서가 아니라 오히려 하나님의 몸으로서 생각하기를 선호한다. 이 '하나님의 몸' 모델은 우리 시대의 문화적인 감수성들을 설파해 나갈 때, 특히 우리가 지구의 환경 위기에 대처하고자 노력할 때 훨씬 더 유용하다. 맥페이그는 자신의 책의 논제를 이렇게 설명한다. "**하나님의 몸**은 우리가 직면한 환경적인 혹은 지구상의 위기에 대한 분석으로 시작한다.…나의 기여는 몸의 모델, 즉 우리 지구상의 다른 모든 것에게 우리를 상호의존적 관계들로 연합시키는 모델이다. 내 자신의 여정에서, 나는 몸이 기독교에, 페미니즘에, 환경학에 핵심적임을 발견했다. 이 유기적 모델은…21세기를 위한 가부장제를 넘어선 기독교 신학을 제시한다."[27]

그러므로 하나님에 대한 맥페이그의 사상은 뚜렷하게 여성적이다. 그리고 그녀는 자신의 몸과 접촉하고 있다. 이 접근 방법은 "하나님"이 단지 인간의 가치들을 어떤 천상적 인물에 투영한 것이라는 포이어바흐의 비판에 대한 방어로 제시해 줄 수 있는 것이 거의 없다. 그럼에도 불구하고, 맥페이그의 예는 시사적이다. 그 예는 우리에게 하나님을 우리 자신의 형상대로 만들려는 신학의 끊임없는 유혹에 대해 일깨워 준다. 이 이야기의 교훈은 명백하다. 즉, 규제받지 않는 '하나님에 대한 감각'은 쉽게 시대의 이데올로기들의 먹잇감이 된다는 것이다.

하나님을 떠나서 성경을 생각하는 일: '문자적 의미'. 위의 전략을 뒤집어서 신론과 '신성에 대한 감각'(*sensus divinitatis*)에서 시작하지 않고, 성경과 그 문자적 의미(*sensus literalis*)에서 시작할 수 있음까? 언뜻 보기에 이 접근은 좀더 유망해 보인다. 왜냐하면, 우리에게 필요한 것은 하나님에 대해 우리가 말하는 내용을 규제해 주는 독립적인 어떤 기준이기 때문이다. 이것이 바로 정확히 정경에 해당하는 헬라어인 '카논'(*canon*)이 의미하는 바다. '카논'은 하나님에 대한 우리의 담론이 제대로 부합되는 것인지를 결정하는 '측정용 막대기', 즉 하나의 자(尺)다. 신학을 본문의 '명백한' 혹은 '자연스러운' 의미

---

27) 같은 책, p. 10.

에 대한 상식적 읽기에서 시작하는 것이 좋지 않겠는가?

좀더 면밀히 검토해 보면, 이 접근 방법에도 문제점들이 있다. 우선 문자적 의미라는 것은 근대 세계에서 역사적 의미로, 혹은 '단지 인간적인' 의미라는 것으로 귀착되어 버렸다. 역사상의 저자들의 말을 가지고서 '아래로부터' 출발하는 성경학자들은, 하나님의 말씀을 발견하기 위해 야곱의 사다리를 오르는 것이 불가능한 것은 아니지만 어렵다고 본다. '단지 인간적인' 의미에만 집중하는 그러한 초점은 궁극적으로 **정경적** 기능의 유실(流失)을 초래한다. 역사상의 저자들의 말은 신적 권위를 전달하지 못한다.

포스트모던주의자들이 신속하게 지적하듯이, 두 번째 문제는 상식이란 것이 진짜로 일반적이지도 않고, 전혀 보편적이지도 않다는 것이다. 오히려 상식은 일종의 사회 문화적 구축물이다. 한 사회의 '명백한' 혹은 '자연스러운' 읽기가 다른 사회에서는 잘못된 해석일 수도 있다. 간단히 말해서, '문자적 의미'에 집중하는 것은 '신성에 대한 감각'이 제공하는 문제와 동일한 문제로 이끈다. 즉, 우리의 직관들과 해석들이 똑같이 기껏해야 문화적 상대성에, 가장 좋지 않게는 죄악된 우상 숭배에 종속되었음을 확인하게 되는 것이다. "성경으로 돌아가자"라는 말은 훌륭한 구호일 수 있다. 그러나 포스트모더니즘의 의구심은 우리가 실상은 애굽으로 되돌아가는 것이 아닌가, 어떤 특정한 성경 교사나 신학 전통의 또는 교단의 해석이라는 굴레로 되돌아가는 것이 아닌가 하는 것이다.

단순히 자신이 성경에서 출발한다고 주장하는 것은 대단한 말이 아니다. 우선 대부분의 이단들도 똑같은 주장을 한다. 둘째로, 우리는 성경 본문의 종류의 다원성을 인정해야 한다. 성경에는 구약과 신약이 있으며, 사복음서가 있고, 열두 가지 이상의 주요한 문학 장르의 유형들이 있다. 우리가 성경의 문학적·역사적·신학적 다양성에 대해 공정을 기하면서 성경을 읽고 이해하는 일에 접근할 수 있을까? 우리가 '가장 완전한 말씀'으로서의 성경에서 출발하고 싶을 수 있겠지만, 그 출발점만으로는 그 많은 해석상의 접근 방법 가운데 어느 것을 차용하는지 말할 수 없다. '성경에 따라서' 신학을 한다는 것은 무슨 뜻일까?

성경에 있는 문학적 장르의 다양성에 대한 이러한 인식이 바로 샐리 맥페이그처럼, 존 골딩게이(John Goldingay)가 복수 형태로 '모델들'(models for Scripture)[28]에 대해 말하기를 선호하는 이유다. 맥페이그가 하나님에 대한 특정 이미지나 은유가 주도하는 것을 꺼리듯이, 골딩게이도 성경의 특정 모델이나 범주가 다른 모델들이나 범주들을 잠식하게 만들기를 꺼린다. 예를 들어, 우리가 성경을 가지고 출발하는 수단으로서 합당하게 호소할 수 있는 몇 가지 모델, 즉 '계시', '영감', '권위', '증거'를 생각해 보자. 문제는 이러한 용어들 가운데 어느 것도 성경 전체를 망라할 수 있는 적절한 용어가 될 수 없다는 점이라고 골딩게이는 말한다. 골딩게이는 이 용어들 각각에 대해서 성경의 일부만이 적합하다고 주장한다. 예를 들어, **증거**(witness)는 내러티브를 묘사하는 데 가장 적합하며, **영감**(inspired)은 예언서들에 가장 잘 적용되며, **권위**(authority)는 하나님이 자신을 알리셨던 사건들을 반영하는 본문들에 해당된다. 골딩게이의 결론은 신학자들이 전통적으로 성경에 대한 교리를 형성해 왔던 대부분의 방식들 자체가 비성경적이라는 것이다. 그러므로 성경에 따라서 신학을 한다는 것은 보기보다 훨씬 어려운 것이다.

데이비드 켈지의 작업실: '하나님과 성경'의 모델들

우리는 막다른 골목에 다다른 것 같다. 하나님이나 성경을 가지고 출발하는 것은 결국 이데올로기적 왜곡에 종속되어 경쟁하는 모델들의 다원성으로 이끌어 가는, '신성에 대한 감각'이나 '문자적 의미' 위에 신학을 세우는 것이다. 이제 다시금 칠판으로 혹은 더 좋게는 작업실로 되돌아가야 할 시간이다. 그리고 이번에는 예일 대학교 신학부의 뒷마당에 있는 작업실로 들어가 보자. 오랫동안 예일 대학교의 신학부 교수였던 데이비드 켈지(David Kelsey)는 내가 "제1신학"이라고 일컫는 것에서 대도약을 이루었다.[29] 그의 중요한 책인 「교리 입증: 현대 신학에 나타난 성경 활용 방식들」(*Proving Doctrine: The Uses of Scripture in Modern Theology*)[30]은 다양한 신학자가 자신의 신학적 주장들을 뒷받침하기 위해 어떻게 성경의 권위에 호소하는가에 대해 면밀히 관찰하는 분석이다. 이 책은 신학자들이 무엇에 대해 말하는가에 대

---

28) John Goldingay, *Models for Scripture* (Grand Rapids, Mich,: Eerdmans, 1994).
29) 비록 하나님에 대한 견해들과 성경에 대한 견해들 사이의 연결에 초점을 맞추면서, Kelsey가 내가 이 단계에서 활용하는 바로 그 문제점을 다루긴 하지만, Kelsey는 "제1신학"이라는 용어는 차용하지 않는다.

한 연구서가 아니라 신학자들이 성경을 가지고 무엇을 하는가에 대한 탁월한 연구서다. 따라서 성경 활용에 대해 강조점을 둔 책이다.

켈지의 책은 신학자들이 매우 다른 여러 방식으로 성경에 호소한다는 사실을 설득력 있게 보여 준다. 그 교훈은 성경의 권위에 대한 단 한 가지의 개념은 없다는 것이다. 오히려 성경의 권위라는 말이 실제 실천상으로 의미하는 바는 신학자마다 다르다는 것이다.

성경을 ~으로 보기. 내가 보기에 켈지는 올바른 예비적 물음을 제기했다. 그는 신학자들이 성경으로부터 교리를 '입증하기' 전에 한 가지 중요한 조처를 취한다는 사실을 정확하게 인지했다. 켈지는 이 조처를 성경에 대한 "조망"[construal, 여기에서 construal은 켈지가 그의 책에서 독특하게 사용하는 단어로, 현상이나 사태나 대상을 ~으로 바라본다는 의미다. 그래서 '조망'으로 번역한다. 이 말은 뒤에 나오는 구상적 판단(imaginative judgment)과 같은 맥락에서 사용되는 말이다—역주]이라고 부른다. 성경을 권위적인 것으로 사용하기에 앞서, 신학자들은 성경을 **어떻게** 권위적인 것으로 끌어들일 것인가에 대해, 즉 교리**로**, 신화**로**, 역사**로**, 이야기 등**으로** 끌어들일 것에 대해 판단을 내린다. 성경을 그와 같은 것**으로** 본다는 것은 성경을 그런 식으로 조망하는 것이다. 그러므로 켈지의 첫 번째 업적은 성경에 대한 수많은 서로 다른 조망 방식을 문서로 증명하여 어떻게 성경이 실제로 하나의 신학적 권위로 작용하도록 사용되는가를 설명하는 데 도움을 주었다는 점이다.

슬프게도 모델이 더 많을수록, 더 많은 다원성이 존재하게 된다! 그러나 켈지의 연구가 제공하는 진정한 공로는 신학적 접근 방법들이 어디에서 나뉘는가 하는 핵심 지점을 성공적으로 확인했다는 데 있다. 그 분할선은 단순히 보수주의자들과 자유주의자들이나, 성경의 권위를 인정하는 자들과 그렇지 않은 자들 사이에 있는 것이 아니다. 왜냐하면 보수주의자들과 자유주의자들 공히 성경을 어떤 식으로든 조망해야 하기 때문이다. 켈지가 발견한 것은, 실제로 신학자들이 하나님과 성경에 대한 견해를 형성할 때 그 둘을 **함께**

---

30) David Kelsey, Proving Doctrine: *The Uses of Scripture in Modern Theology*(Harrisburg, Penn. : Trinity Press International, 1999). 초판은 *The Uses of Scripture in Recent Theology*라는 제목으로 1975년에 필라델피아에 있는 Fortress Press에서 간행되었다. 제2판은, 다만 새 판에 여섯 쪽의 서언이 첨가된 것을 빼고는 동일하다.

묶어서 형성한다는 것이다. 그리하여 누군가 성경이 어떤 식—가르침, 역사, 신화 등—으로 권위적인지를 결정하게 될 때, 그 사람은 동시에 하나님이 성경에 그리고 그리스도인 공동체에 어떤 식으로 개입하시는가를 판단하게 된다. 간단히 말해서, 신학적 접근 방법들은 하나님이 자신의 말씀을 통해 공동체 안에 임재하시는 양식에 대한 쟁점을 놓고서 갈린다는 것이다. 켈지는 세 가지 가능성을 확인한다. 성경 안에 그리고 성경을 통한 하나님의 임재는, [하나님의 임재를 진리의 임재 같은 것이라고 여기는 워필드(B. B. Warfield)의 경우처럼] 관념의 양식으로, (하나님의 임재를 다른 한 인격의 임재와 같은 것이라고 여기는 칼 바르트의 경우처럼) 구체적인 실현성의 양식으로, (하나님의 임재를 일종의 실존적 가능성의 현존과 같은 것으로 여기는 루돌프 불트만의 경우처럼) 이상적 가능성의 양식으로 조망될 수 있다.[31]

우리는 켈지의 사례 연구 몇 가지를 검토함으로써 그가 의중에 두는 것이 무엇인지를 가장 잘 알 수 있을 것이다. 워필드의 경우, 성경은 계시된 명제들을 포함하기 때문에 권위적인 경전이다. 워필드는 성경을 교리**로** 취급하며, 하나님을 진리의 계시자**로** 바라본다. 워필드의 신론과 워필드의 성경론은 서로를 함축한다. 다른 예로서 불트만은 믿음을 자기 이해의 양식**으로**, 성경은 믿음에 속하는 자기 이해의 표현**으로** 생각한다. 이 견해에서 하나님은 역사 가운데서 일들을 행하시는 인격적 행위자가 아니라 새로운 인간적 가능성의 배후에 존재하는 힘이다. 따라서 불트만은 역사로서의 성경에 호소하지 않고, 인간 실존을 변혁시킬 힘을 표현하며 소유하는 신화로서의 성경에 호소한다. 다시 핵심은 하나님에 대한 한 사람의 견해와 성경에 대한 그 사람의 견해가 상호 **내포적**이라는 것이다.

하나님과 성경의 이러한 상호 함축성을 설명하는 것이 제1신학의 과제를 규정한다. 그러므로 내가 그 개념을 쓰듯이, **제1신학은 하나님과 성경의 관계의 성격을 다룬다**. 우리가 켈지의 작업실에서 발견하는 것은 그 유명한 해석학적 순환 논법에 대한 신학적 변주다. 하나님에 대한 우리의 시각이 성경에 대한 우리의 시각에 영향을 주듯이, 성경에 대한 우리의 시각은 하나님에 대한 우리의 시각에 영향을 준다.

---

31) Kelsey, *Proving Doctrine*, p. 161을 보라.

신앙 공동체의 감각. 하나님과 성경의 관계를 이러저러한 방식으로 해석하겠다는 한 신학자의 결정을 켈지는 어떻게 설명할까? 어떻게 기독교 신학자들이 본문이 권위적임에 동의하면서도 그 본문이 그 권위를 행사하는 방식—역사, 교리, 신화 등으로—에 대해서는 동의하지 않을 수 있을까? 켈지는 각각의 신학자가 그리고 그 점에 있어서는 각각의 신자가 참여하는 기독교 공동체에 근거해서 기독교가 무엇인가에 대한 구상적 판단[imaginative judgment, 여기에서 'imaginative judgment'는 일종의 연상이나 구상을 말한다. '생각 속에서 내려지는 창의적 판단'이라는 말로, 우리말에서 '상상'이 가진 부정적이며 약한 뉘앙스 때문에 구상적(具象的) 판단으로 번역한다—역주]을 내린다고 주장한다. 켈지에 따르면, 결정적인 중요성을 가진 것은 본문 주해가 아니라 그 신학자가 신앙인들 가운데서의 하나님의 임재가 신앙인들이 성경과 씨름하는 방식에 어떻게 연결되었다고 느끼느냐 하는 신학자의 감각(sense), 의식(sense)을 표현하려고 노력하는 '본문 이전'(pre-text)의 구상적 판단이다.[32] 그러므로 켈지가 제1로 여기는 것은 '문자적 의미'가 아니라 '신앙 공동체의 감각'(*sensus fidelium*), 즉 하나님이 성경을 통해 자신들의 공동체에 어떤 식으로 임재하시는가에 대한 신앙인들의 감각이다.

내가 판단해 볼 때, 현대 신학에서의 성경 활용 방식들에 대한 켈지의 연구는 커다란 방법론적 도약을 대표한다. 그 연구는 탁월한 분석이다. 동시에 신학적 중립성에 대한 그의 자기변호에도 불구하고, 나는 그가 두 가지 치명적인 후퇴를 하고 있다고 생각한다.[33]

첫째, 켈지는 단 한 가지 조망의 맥락에서만 해당 신학자의 접근 방법을 기술하는 경향이 있다. 다시 말해서, 그는 각각의 신학자가 모든 것을 포함하는 단 하나의 조망으로 성경 **전체**를 다룬다고 가정한다. 더욱이 켈지는 그러한 단일 조망 방식들을 정상적인 것으로 받아들이면서, 성경의 어떤 부분들

---

32) Kelsey의 말을 그대로 인용하자면 다음과 같다. "(성경을 어떤 식으로 조망하느냐에 대한) 이러한 결단들은 신앙 공동체에서의 하나님의 임재가 교회의 공동체 생활 가운데서의 성경 활용과 상호 연결된 양식을 어떻게 가장 잘 조망하느냐에 대한 한 신학자의 사전 판단에 의해 결정적으로 형성된다"(같은 책, p. 167).
33) 초판과 신판 모두에서, Kelsey는 아무런 **구성적인** 신학적 지적을 하지 않으며, 자신의 분석은 (거의) 순전히 기술적(descriptive)이라고 주장한다. 나는 그의 항변이 지나치다고 생각한다.

은 다른 조망 방식들보다는 어떤 특정 조망 방식들에 더 잘 부합될 가능성을 결코 인정하지 않는 것 같다.[34] 이리하여 많은 신학자가 성경의 특정 부분을 향해 기울어지는 경향이 있어서 그 부분에 비추어 성경 전체를 해석한다는 말처럼 보인다. 예를 들어, 워필드는 성경 전체를 교리로 취급하는 경향이 있다. 마찬가지로 한스 프라이(Hans Frei)와 여타의 학자들은 칼 바르트가 성경 전체를 삼위일체 하나님의 내러티브적 전개로 취급한다고 주장한다. 불트만의 실존주의 신학에 대한 자연스러운 짝은 역사를 무시하는 듯한 성경의 지혜 문학이 분명할 것이다.

신학자들을 그들이 선호하는 경향이 있는 성경 장르들과 짝을 맺어 주는 일은 흥미로운 대학원 수준의 게임이다. 프리드리히 슐라이어마허? 그는 성경 전체를 마치 모두가 시편인 것처럼 읽는 경향이 있다. 볼프하르트 판넨베르크? 그에게 중요한 것은 묵시론의 맥락에서 성경을 읽는 것이다. 그리고 다른 신학자? 기타 등등이다. 그러나 이 연습은 심각한 요점을 지닌다. 그 연습은 조직신학자들이 얼마나 쉽게 환원주의의 먹잇감이 될 수 있는지, 즉 신학적 인식의 전체적인 풍성함을 우리의 범주라는 상자 속에 집어넣을 수 있다고 생각하는 유혹을 우리에게 일깨워 주는 일을 한다. 성경과 신학의 관계에 대해, 이렇게 한 가지 크기로 모든 것을 맞추는 접근 방법이 지니는 문제점은 두 가지다. 하나는 그것이 환원주의적(reductionistic)이라는 것이며, 다른 하나는 (골딩게이가 보여 주듯) 비성경적이라는 것이다. 우리는 성경 **전체**를 신화로, 혹은 역사로, 혹은 교리로, 혹은 다른 **어떤** 한 가지 것으로만 보아서는 안 된다. 이러한 생각에 대해서는 나중에 살펴보도록 하겠다.

켈지의 분석이 지니는 두 번째 문제점은 하나님과 성경의 관계에 대한 한 신학자의 구상적 조망이 언제나 '본문보다 앞서는 것'이어야 한다는 그의 근본적인 가정이다. 신앙공동체의 감각, 즉 기독교적인 것이란 무엇에 관한 것인가에 대한 교회의 인상은 우리가 본문을 주해하면서 익히는 것이 아니라 기독교 공동체에 참여하면서 익히는 것이다.[35] 이 점에 대해서 켈지는 아주

---

34) 내 생각에, Kelsey가 이 후자의 가능성을 주장하지 않는 이유는, 그가 그 상정 방식들이 '본문 이전적'이라고 즉 본문 주해를 통해 알게 된 것이 아니라고 확신하기 때문이다. 만일 본문이 한 신학자의 성경에 대한 구상적 상정의 결정적인 요인이 아니라면, 성경이 여러 다른 종류의 본문으로 작성되었다는 사실은 거의 중요하지 않게 된다.

분명하다. 그러나 제1신학이 이러한 '신앙 공동체의 감각'에, 신앙 공동체의 구상적, '본문 이전' 판단에 의존해야 할까? 이 물음에 그렇다고 대답하는 것은 신학적 권위를 성경보다 공동체에 할당하는 것이 될 것이다.[36] 나는 더 나은 길에 대한 실마리들이 우리가 이미 방문했던 작업실 안에 있다고 믿는다.

작업실로 되돌아가서: 하나님의 소통 행위로서의 성경

어떤 일에 성공하기 위해서는 올바른 예비적 물음을 물어야겠지만, 올바른 연장통도 필요할 것이다. 윈스턴 처칠(Winston Churchill)은 언젠가 세계대전을 치르는 과정에서 "우리에게 연장들을 달라, 그러면 그 일을 끝낼 것이다"라고 선언했다. 마찬가지로, 기독교 신학자들도 언어와 본문 해석의 본성에 대한 일종의 전쟁인 '문화 전쟁'을 치르고 있다. 성경론은 포스트모던 최전방에서 격전이 치러지면서 발생한 이 전쟁의 최대 희생자일 것이다.

언어의 연장통: 비트겐슈타인. 신학자가 일을 마치거나 진정으로 일을 시작하기 위해서는 어떤 종류의 연장들이 필요할까? 신학자는 어떤 종류의 연장통을 가지고 작업을 해야 할까? 철학자 루드비히 비트겐슈타인은 지금은 유명해진 언어와 연장통 사이의 유비를 끌어냈다. "연장통에 있는 연장들에 대해 생각해 보라. 연장통에는 망치와 펜치와 톱과 스크루드라이버와 접착제 통과 못들과 나사못들이 있다. 단어들의 기능은 그러한 대상들의 기능처럼 다양하다."[37] 비트겐슈타인의 요점은, 다른 활동들이나 "삶의 형식들"에

---

35) 흥미롭게도, Kelsey는 '전통'의 구조가 '확정적으로 주어져 있음'(과 한 사람의 구상적 상정 방식에 대해서도 어떤 '견제 사항들'을 부과할 수 있는 힘)을 천명하면서도 성경에 대해서는 그렇지 않다 (*Proving Doctrine*, p. 174).

36) 신앙 공동체의 판단에 맡기는 가장 강력한 주장은 교회의 실천들을 성령이 역사하신 결과로 보는 것이다. 실로, 최근 들어서 가톨릭과 복음주의 신학 센터(Center of Catholic and Evangelical Theology)와 연결되어 있는 신학자 집단이 성령론적 교회론이 "제1신학"의 최적의 후보라고 주장했다. 예를 들어, James J. Buckley and David Yeago, eds., *Knowing the Triune God: The Work of the Spirit in the Practices of the Church* (Grand Rapids, Mich.: Eerdmans, 2001)와 Reinhard Hutter, *Suffering Divine Things: Theology as Church Practice* (Grand Rapids, Mich.: Eerdmans, 2000)를 보라. 이 선택 사항에 대한 충분한 논의는 이 장의 범위를 넘어서며, 나는 다른 곳에서 이 제안을 검토했다. Kevin Vanhoozer, *The Drama of Doctrine: A Canonical-Linguistic Approach to Christian Theology* (Louisville, Ky.: Westminster John Knox), 제4장.

37) Ludwig Wittgenstein, *Philosophical Investigations*, 3rd ed., trans. G. E. M. Anscombe (Oxford: Blackwell, 1958), ∬11.

맞는 언어의 다른 활용법들 즉 명령이나 주문을 내리고 사건을 보도하며 이 야기를 하고, 농담을 하며, 감사하고, 인사하는 등의 용례들이 있다는 것이 다.[38] 비트겐슈타인은 비록 대부분은 아니지만 많은 철학 문제가 언어가 쓰 이는 방식에 대한 혼동들에서 비롯된다고 믿었다. 특히 그는 사람들이 언어 를 가지고 행하는 많은 일을 어느 한 가지 기능(이를테면, 지시하기 혹은 세 계를 '그리기')으로 환원하는 일을 거부했다.

아마도 비트겐슈타인은, 켈지가 신학자들이 성경을 실제로 어떻게 사용 하는가에 대한 자신의 분석에 근거해서 성경이 오직 한 가지 '언어 게임'만 을 한다고 제안한 것을 미심쩍은 눈으로 보았을 것이다. 왜냐하면, 켈지 역시 도 성경을 본질적으로 한 가지 기능만을, 즉 **기독교 정체성을 형성하는** 일만을 행한다고 보기 때문이다.[39] 성경을 활용하는 다양한 방식에 대한 그의 인식 에도 불구하고, 켈지는 성경을 진정으로 '경전'으로 만드는 것은 이 단 한 가 지 핵심적 기능이라고 암시한다. 그런 다음에 켈지는 말씀 안에서의 그리고 그 말씀을 통한 하나님의 임재 양식에 대한 단 한 가지 조망만을 제공한다. 그래서 다원성에 대한 그들의 확연한 매료에도 불구하고, 나는 포스트모던 주의자들 역시도 성경 언어에 대해서만이 아니라 좀더 일반적으로 언어에 대해서 비다원적(nonplural) 맥락에서 바라보는 경향을 지닌다고 믿는다.

한편으로, 포스트모던주의자들에게는 언어의 연장통이 문화적 마귀들 (cultural demons)이 빠져 나오는 판도라의 상자인 것처럼 보인다. 그리고 다른 한편으로, 세계를 구축하는 언어의 힘에 대한 강조를 선호해서 언어로 부터 다른 많은 기능(이를테면, 실재를 지시하기, 대변하기)을 박탈해 버리 는 경향이 있다. 간단히 말해서, 최소한 포스트모더니즘 사상의 대륙적 특징 들의 영향을 받은 자들에게 나타나는 경향은 **모든** 언어를 '허구'로, 일종의 노리개로 바라보려는 것이다.[40] 언어가 포스트모더니티의 제1철학일 수는 있겠지만, 언어는 궁극적으로 절망의 철학으로 인도한다. 왜냐하면, 만일 언 어가 실재 세계로 통하는 출구가 전혀 없는 미로—우리가 말하는 것에 아무 것도 존재하지 않는—라면 궁극적으로 우리가 말하는 것은 그 어떤 것도 실

---

38) 같은 책, ∬23.
39) Kelsey, *Proving Doctrine*, pp. 90-96를 보라.

질적으로 중요하지 않기 때문이다. 언어는 "죽음에 이르는 병"이 된다.[41]

이와 대조적으로 그리스도인들은 언어가 하나님으로부터 온 선물이라고 믿으면서, 언어라는 연장통에 접근해야 한다. 분명 언어의 이데올로기적 활용에 대해 포스트모던주의자들이 말하는 상당 부분은 사실이다. 그러나 이는 인간의 타락성 때문이다. 언어는 창조의 다른 모든 선한 선물이 그러하듯이 부패할 수 있다. 물론 그것은 연장이 아니라 그 연장을 사용하는 자의 잘못이다. 부패한 사람은 부패한 목적들을 위해서 언어를 사용할 수 있다. 거짓말을 한다든지, 다른 사람들을 조작하고 조종하려 한다든지, 하나님에 대한 거짓 이미지들과 개념들을 만들어 낸다든지 하는 일을 할 수 있다. 사실이 이렇다 할지라도, 언어에 대한 하나님의 애초의 의도—언어의 설계된 계획—는 훨씬 더 긍정적이었다. 그것은 세계를 탐구하고, 다른 사람들과 상호 작용하며, 하나님을 아는 일을 위한 도구가 되었어야 한다. 그러므로 우리는 언어에 대한 포스트모더니즘적 절망에 대해 기독교적 **기쁨**으로 대응해야 한다. 그리고 우리가 언어를 즐거워할 수 있는 핵심적인 이유는, 언어가 하나님이 주신 것임을 (그래서 믿을 만한 것임을) 믿기 때문이며, 우리가 우리의 운문들과 명제들과 기도들 모두가 가리키는, 언어 너머의 무엇인가가 즉 창조주와 창조된 질서의 실재가 존재한다고 믿기 때문이다.[42]

---

40) 포스트모더니티에는 다양한 흐름이 존재한다. 예를 들어, 다음 책에서는 여덟 가지 유형의 포스트모던 신학이 제시되어 있다. Kevin Vanhoozer, ed., *The Cambridge Companion to Postmodern Theology* (Cambridge: Cambridge University Press, 2003). 특히 Nancey Murphy는 포스트모던 사상의 '앵글로-아메리칸' 계보를 확인하는데, 그녀는 이 흐름을 여러 철학자 가운데서도 Wittgenstein과 J. L. Austin과 같은 철학자들과 연결시킨다. Nancey Murphy, *Anglo-American Postmodernity: Philosophical Perspectives on Science, Religion, and Ethics* (Boulder, Colo.: Westview, 1997)를 보라.
41) Søren Kierkegaard의 작품들 가운데 하나에 대한 이러한 암시는 의도적인 것이다. 나는 Kierkegaard의 소위 삶의 미적 양식 혹은 비헌신적 양식에 대한 비판은 혜안이자 예언적인 것으로서 포스트모던 시대에 결실을 맺게 된 경향들에 대한 매우 인상적일 만큼 적절한 비판이었다고 믿는다. Ronald L. Hall, *Word and Spirit: A Kierkegaardian Critique of the Modern Age* (Bloomington: Indiana University Press, 1993)를 보라. 나는 또한 이 책의 제12장, "진리에 대한 심리들"에서 기독교 진리 주장들에 대한 하나의 동지로서 Kierkegaard를 불러들인다.
42) 언어와 세계의 관계와 관련해서, 우리는 절대주의적이거나 무정부주의적인 관점에서의 사고를 피해야 한다. 언어는 완전한 도구도 무용지물의 도구도 아니다. 언어는 오히려 적당한 도구일 뿐이다. 언어에 다듬어지지 않은 측면들이 있을 수 있지만, 그럼에도 언어는 신학적인 작업을 비롯한 대부분의 일이 이루어지도록 해줄 수 있다.

만일 언어가 많은 일을 행한다면, 어째서 신학자들은 마치 성경이 오직 한 가지 일만을 행하는 것처럼 전형적으로 오직 하나의 조망만으로 성경을 읽는 것일까? 바로 이 점에서 나는 켈지의 입장을 존중하면서도 켈지와 작별을 고할 수밖에 없다. 켈지의 연장통은 몇 가지 필수적인 연장들을 빠뜨리고 있다. 성경에 있는 모든 것을 내러티브로든지, 교리로든지, 역사로든지, 다른 어떤 종류의 것으로든지, 오직 한 종류의 '연장'인 듯 취급하는 것이 반드시 환원주의적인 것은 아니다. 그러므로 연장통이라는 비트겐슈타인의 은유를 신중하게 취급하기 위해, 단어들과 문장들과 본문들로 이루어질 수 있는 많은 일에 천착해야 할 것이다.

성경: 하나님은 성경의 단어들을 가지고 무슨 일을 하시는가? 언어를 하나의 연장으로 보는 시각에서 발언(speech)을 사람이 일을 행하는 한 방식으로 보는 시각으로의 이행은 간단하지만 매우 귀중한 진전이다. 비트겐슈타인 등의 철학자들이 우리에게 보여 주는 것은 단어들이 단 한 가지 일ㅡ말하자면, 세계를 표현하는ㅡ만을 하지 않으며, 우리가 단어들을 가지고 많은 일을 행할 수 있다는 것이다. 그러므로 말하기와 쓰기는 내가 말하는 소통 행위의 형태들이라고 여길 수 있을 것이다.[43] 또한 만일 언어 사용이 행위의 한 형태라면, 우리는 우리가 단어들을 가지고 행하는 일들의 윤리적 함의들에 대해서도 생각할 수 있을 것이다. 화자들/저자들과 청자들/독자들 모두는 의사소통상의 책임을 지닌다. 소통 행위를 하는 자들(communicative agents)은 자신의 주장을 입증할 책임을 지닌다. 그렇지만, 소통 행위를 받는 자들(recipients)이나 관찰하는 자들은 다른 사람의 말에 대해 공정해야 할 책임을 지닌다. 독자의 탄생과 창의성을 경축하는 시대에, 저자들이 주변부로 밀려난 목소리들 가운데 어떤 식으로 등장하는지를 보는 것은 그리 어렵지 않다.[44] 어떤 저자ㅡ포스트모더니티에서 가장 주변부화 된 타자라고 주장할 수

---

43) 소통 행위는 메시지들을 전달함에 있어서 우리가 행하는 바와 관계가 있다. 예를 들어, 우리는 정보를 알리거나, 경고하거나, 질문하거나, 약속할 수 있다. 어떤 소통 행위들은 말이 없이도 행해질 수 있음에 주목하기 바란다. 우리는 단순히 우리의 두 팔을 흔듦으로써도 누군가에게 경고할 수 있다. 그러나 좀더 정교한 형태의 소통 행위들은 언어의 사용을 요청한다. 말하자면, 육체 언어(body language, 몸짓, 표정, 태도를 통해서 표현하는 명시적 혹은 비명시적 언어ㅡ역주)만을 가지고 인식의 성격을 논한다는 것은 불가능하다. 소통 행위에 대한 좀더 광범위한 취급으로는 이 책의 제6장 "화행에서 성경 행위로의 이행: 담론의 언약과 언약의 담론"을 보라.

있는—를 공정하게 대하는 것은, 읽는 자의 의견들과 생각들을 본문 위에 슬그머니 올려놓는 대신에 본문에서 저자가 말하고 행한 바를 인정한다는 의미다.[45] 나는 이것이 바로 황금률과 제9계명, "너는 거짓 증거하지 말라"의 함의라고 본다.

신학에 대한 적용은 명백할 수밖에 없다. 거룩한 가르침(sacra doctrina)이 거룩한 글(sacra pagina)에 결속되어 있는 한, 신학자들은 성경에 있는 다양한 언어 사용에 즉 서로 다른 여러 가지 종류의 '화행'에 대해 공정해야 한다. 그러나 이것이 전부는 아니다. 우리는 또한 성경에 견주어서 하나님의 임재 양식을 바라보아야 한다. 나는 하나님이 정확히 소통 행위자로서, 성경의 궁극적인 저자로서 성경 안에 임재하신다고 제안한다. 그러므로 성경의 다양한 소통 행위들 배후에 있는 작인성(agency)은 그 소통 행위의 인간 저자들만이 아니라 궁극적으로는 하나님으로부터 기인한다고 보아야 한다.[46] 성경은 하나님이 인간의 언어를 가지고 행하시는 일에 대한 폭넓은 레퍼토리를 포함한다.

만약 켈지가 내 견해를 검토한다면, 아마도 내가 성경을 하나님의 소통 행위들의 무지개로 여긴다고 말했을 것이다. 이러한 조망의 주요 장점은, 이 시각이 본문 이전에 이루어지는 결정이나 문화적 구성으로부터가 아니라 본문으로부터 도출된다는 점이다.[47] 성경 자체는 하나님을 언어 행위자(speech agent)—그분의 말씀이 율법과 예언자들을 통해 이스라엘에게로, 그 다음으로는 예수 그리스도의 인격과 그분의 복음 가운데서 세상에게로 임하는 그런 분—로 묘사한다. 물론 하나님이 소통을 행하시는 능력은 우리가 소통을

---

44) 소통 행위에 대한 책임이라는 개념은 언어에 대한 포스트모더니즘적 관심을 윤리와 타자성 존중에 대한 포스트모더니즘적 관심과 효과적으로 맺어 준다.
45) 이것이 이 책 제8장과 제9장의 중심적인 주제들 가운데 하나다.
46) 나는 성경을 인간의 화행들의 집합으로 보는 시각에서부터 성경을 하나님의 소통 행위의 한 작품으로 보는 시각으로의, 이 중요한 이행을 제6장에서 좀더 충분하게 다룬다. 또한 Nicholas Wolterstorff, *Divine Discourse: Philosophical Reflections on the Claim That God Speaks* (Cambridge: Cambridge University Press, 1995)를 보라.
47) 현실은 좀더 복잡할 수 있다. 성경은 실로 교회에 의해서 '거룩하다'고 여겨지며, 많은 그리스도인은 교회의 관행들에 참여함으로써 성경을 그와 같은 것으로 취급하기를 배운다. 그러나 나의 요지는 두 가지다. 첫째, 성경에 대한 교회의 인식이 성경을 거룩하게 **만드는** 힘이 아니라는 것이다. 둘째, 교회의 응답을 요청하는 것은 성령의 사역과 더불어서, 본문 자체의 주장들이라는 것이다.

행하는 능력을 훨씬 능가한다. 우리의 말들은 종종 실패하여 아무런 반응도 얻어내지 못하지만, 하나님은 자신의 말씀(his Word)과 더불어 성령을 보내시어 그 말씀이 보냄 받은 목적들을 틀림없이 달성하게 하실 수 있다. 또한 하나님은 자신에 관한 정보만이 아니라 자신을 소통하신다. 하나님이 궁극적으로 우리에게 소통하시려는 것은 구원, 즉 신적 생명에의 참여다. 하나님은 그리스도의 영을 소통하기 원하신다.

하나님의 소통 행위 개념은 신학에서와 그리스도인의 생활에서의 성경의 역할을 명료하게 하며, 또한 그 권위를 풍요롭게 한다. 앞서 우리는 신학자들이 일정하게 하나님과 성경을 **함께 묶어서** 생각한다는 사실을 살펴보았다. 또한 우리는 성경의 어느 한 부분이나 측면을 더 높여서 하나님이 일반적으로 성경을 통해 우리와 관계 맺으시는 방식의 모델로 삼는 경향이 있음을 살펴보았다. 이와 대조적으로, 내가 추천하는 견해는 한 가지 모델의 맥락에서만(오직 교리로서만, 혹은 역사로서만, 혹은 신화로서만 등) 성경의 권위를 이해하는 방식을 거부한다. 그 대신에 성경은 다면적 권위(multifaceted authority)를 지닌다. 성경의 약속들은 신뢰되어야 하며, 명령들은 순종되어야 하며, 노래들은 불러야 하고, 가르침들은 믿어져야 한다.

나는 하나님과 성경을 함께 묶어서 바라보는 최선의 길은 하나님을 소통 행위자로 인정하고, 성경을 그분의 소통 행위로 인정하는 것이라고 주장한다. 제1신학과 관련되는 한, 이러한 조망의 장점은 우리가 성경과 별개로 하나님을 논할 수 없다는 것 또는 하나님과 성경의 관계로부터 성경을 이탈시킬 때 성경을 불공정하게 대하는 것이라는 암묵적인 논지에 있다. 그러므로 성경이 하나님의 소통 행위의 일종이라면, 성경을 사용함으로써, 우리는 단지 하나님에 관한 정보만을 다루는 것이 아니라 오히려 하나님 자신—소통 행위중의 하나님—과 얘기를 나누는 것이다. 하나님의 소통 행위 개념은 하나님과 성경의 해소될 수 없는 결속을 형성한다.

성경-시적(the biblical-poetic) **상상력의 회복**. 앞서 나는 포스트모더니티에서 제1철학의 역할에 대한 세 개의 그럴듯한 후보들이 있다고 제안했다. 소통 행위 개념은 말하는 자들과 듣는 자들 공히 언어로 이루어지는 바에 대해 책임이 있다는 주장과 더불어서 그 후보들 중 처음 둘—언어와 윤리학—을 확보하고 있다. 세 번째 후보인 미학은 어떤가? 이미 살펴보았듯이, 포스트모던주의자들은 우리의 본문—각각 나름의 방식대로 언어적인 구성물인—들과 해석들의 꾸며지는 성격을 예리하게 의식한다. 흥미롭게도, 켈지는 신학자가 성경을 사용하는 결정적인 요소가 하나님의 임재 양식에 대한 그 사람의 **구상적** 조망이라고 지적한다.[48] 나는 실로 신학에 미학과 상상력이 정당하게 해야 할 역할이 있다고 믿는다. 그러나 켈지와 반대로, 나는 우선적으로 성경이 상상을 가능케 한다고 믿지만 동시에 억제한다고도 믿는다. 마찬가지로, 급진적인 포스트모던주의자들과 반대로, 나는 상상력이 허구의 힘 이상의 것을 내포한다고 믿는다. 하나님이 상상력을 단순히 공상하는 능력—**존재하지 않는** 것을 보는 수단—으로서가 아니라, 각별히 감각들만으로는 관찰할 수 없을 때 **존재하는** 그 무엇을 볼 수 있게 하는 수단으로 설계하셨다고 말할 수는 없는 것일까?[49]

이데올로기 비평이 궁극적으로 상상력을 폄하한다는 사실은 포스트모더니티의 두 번째 큰 아이러니다. (첫 번째 아이러니는 포스트모던주의자가 타자에 대한 정의를 설파하면서도 궁극적으로는 저자의 목소리를 제거해 버린다는 것이다.) 큐피트와 맥페이그 같은 포스트모던주의자들이 은유와 이야기 타령을 하면서도 결국 그것들이 실제 허구적인 구성물임을 우리가 아는지라 실제로는 그런 것들을 믿을 수 없다고 주장하여 은유와 이야기로부터 의미를 고갈시킨다는 사실은 아이러니하다. 상상력에 대한 이러한 교양인인 척하는 회의론은 신기하게도 교양이 낮은 대중 문화에서 연애 상대를 발견한다. 2000년 가을의 텔레비전 프로그램 구성에 대해 생각해 보라. 시사주간지 "타임"(*Time*)에 따르면, 새로운 36개의 쇼 가운데 하나만이 청소년을 대상으로 하고 있었다. 그리고 그 가운데 의미심장하게 새로운 방식으로 인간조건을 조명하는 쇼는 전무했다. 그것은 '재미없는 쇼를 잇달아 방영하는' 슬픈 경우였다. 우리의 영혼들은 영양 실조에 걸렸다. 우리는 영적인 영양 부족으로, 이미지 결핍증으로 고생한다. 상상력의 핏줄 가운데 극히 중요한 이

---

48) Kelsey, *Proving Doctrine*, p. 159.
49) 신학에서의 상상력의 역할을 다루는 글들과 책들의 목록은 늘어간다. 예를 들어, John McIntyre, *Faith, Theology, and Imagination* (Edinburgh: Handsel, 1987) 및 Trevor Hart, "Imagination and Responsible Reading", in *Renewing Biblical Interpretation*, ed., Craig Bartholomew (Grand Rapids, Mich.: Zondervan, 2000)을 보라.

야기들이 결핍되어 권태와 우울과 죽음의 문화를 초래하는 것이다.[50]

이와 유사한 상상력의 빈곤 증세는 성경 주해와 신학 분야의 절대적인 특징이기도 하다. 근대와 포스트모던 시대의 성경 해석은 공히 다양한 유형의 분석이나 '해체'가 지배했다. 근대 성경 비평학자는 (멀리 물러서서) 성경을 **응시하고**, 성경을 층별로 켜켜이 분해하여 그 구성 부분들을 폭로한다. 포스트모던 성경 비평학자는 성경에 대한 **해석들**을 바라보고 분해하여, 그 해석들의 이데올로기적 토대를 폭로한다. 이 둘 중 어느 읽기 방식도 본문을 의미를 담지하는 전체로, 순일(純一)한 상상력을 지닌 문학 작품으로 인정하지 못한다. 루이스의 구분으로 되돌아가서, 근대의 성경 비평도, 포스트모던 성경 비평도, 성경 본문의 결을 **따라가면서** 살피지 않는다.

루이스는 책을 읽는 일에서 신학자에게 유익한 멘토로 기여할 수 있다. 루이스와 같은 문학 비평가들이 신학자들과 공유하는 것은 최소한 위대한 문학에 대한 관심이다. 성경은 위대한 문학보다 더했으면 더했지, 결코 못하지 않다. 물러서서 바라보는 태도와 따라가면서 보는 태도를 구별함으로써 루이스가 성경 해석에 대해 제기하는 문제는, 신학자들이 성경의 문학적 성격에 대해, 일종의 복합적인 텍스트 행위로서의 그 위상에 대해, 성경 메시지를 구축하고 회복하는 일에서의 상상력의 역할에 대해 충분히 집중했느냐 하는 것이다.

우리가 성경의 빛줄기들을 물러서서 바라볼 뿐만 아니라 그 빛줄기들을 **따라가면서** 읽도록 성경을 해석할 수 있을까? 모더니티에 대해서든 포스트모더니티에 대해서든 과도하게 반응하지 않는 것이 중요하다. 신학자들은 교리나 이야기의 기치 아래 강제적으로 행진하도록 강요되어서는 안 된다. 신학자들은 한편으로 명제적 지식을 얻기 위해 읽는 일과 다른 한편으로 인격적 지식을 얻기 위해 읽는 일 사이에서 선택하는 일을 거부해야 한다. 무엇보다도, 신학자들은 하나님과 성경의 관계를 오직 보거나 맛보는 맥락에서만 바라보는 일에 저항해야 한다. 결국 우리는 명제적인, '눈으로 보는' 지식만이 아니라, 인격적인 '입으로 맛보는' 지식도 원한다. "여호와의 선하심을 맛보고 알지어다." 루이스의 말을 빌리면, "우리는 모든 것을 따라가면서도

---

50) 문화에 대한 신학적 해석에서의 좀더 확대된 시도로는 이 책의 제11장을 보라.

보고 물러서서도 보아야 한다."[51]

성경 본문들을 '보는' 다양한 방식(자료들을, 양식을, 편집을, 전승사를, 수사를, 문법을 바라보는 방식들)은 비판적 이성의 기능들이다. 반면에, "따라가면서 보는 것"은 상상력의 위업이며 기능이다. 그것은 보고 경험하고 생각하는 여러 다른 방식에 돌입하는 우리의 능력과 관계된다. 상상력은 다른 세계들로 들어가는 우리의 포구(浦口)이다. 특히 상상력은 우리가 본문의 세계에 들어갈 수 있도록, 성경을 그 다양한 본문의 성격에 따라 읽을 수 있도록 해준다.[52] 진정한 해석은 성경을 바깥에서 바라보는 문제가 아니라 성경을 따라가면서 보고, 그렇게 함으로써 성경 본문들이 하듯이 하나님과 세계와 우리 자신을 보는 것(seeing)이다. 우리는 오직 그처럼 따라가며 봄으로써만 성경에서 하나님이 말씀하시고 행하시는 바를 식별할 수 있다.

신학은 성경이 보는 것처럼 실재를 보는 기술을 다시 익혀야 한다. 이 일에는 다른 여러 가지에도 상상력을 재활시키는 일이 포함된다. 칼뱅은 성경을 "믿음의 안경"이라고 일컬었다. 나는 이 안경이 한 가지 렌즈가 아니라 여러 렌즈로 구성되었다고만 덧붙이고자 한다. 성경 본문을 따라가면서 본다는 것은 성경의 다양한 문학적 양식에 대한 견습생이 되는 것이다. 믿음의 안경은 우리가 본문을 따라가며 볼 수 있도록, 성경 역사와 예언과 율법과 묵시와 복음이라는 양식의 렌즈들을 통해 우리의 세계와 자신을 볼 수 있도록 해준다. 이것들이 바로 우리의 세계관을 알려 주고 변혁하는 본문들이다.

제1신학으로서의 신학적 해석학: 성경의 의미. 이제 우리는 우리가 처음 시작할 때 물었던 물음인 "신학이 하나님으로 시작해야 하는가, 아니면 하나님의 말씀으로 시작해야 하는가?"에 답할 수 있는 위치에 놓이게 되었다. 그 대답은 둘 다 아니라는 것이다. 나는 기독교 신학자들이 이 사악한 양자택일 방식을 거부하는 대신 두 가지 접근 방식을 모두 인정해야 한다고 주장해 왔다. 우리는 하나님을 알기 위해 그분의 소통 행위로서 성경을 해석한다. 우리는

---

51) Lewis, "Meditation in a Toolshed", p. 215.
52) Paul Ricoeur는 구조화 된 작품으로서의 본문과 '본문의 세계'를 구분한다. 비록 그가 '(물러서서) 바라보는 것'과 '따라가면서 바라보는 것' 사이의 Lewis의 구분을 차용하거나 암시하지 않지만, 나는 Ricoeur가 비슷한 점을 지적한다고 본다. 우리는 작품으로서의 본문을 분석할 수 있지만, 본문의 세계에는 오직 공감적 상상력(sympathetic imagination)의 노력을 통해서만 들어갈 수 있다.

하나님에 대한 우리의 인식이 성경에 대한 우리의 접근 방식에 영향을 주도록 열어 놓아야 한다.[53] 여기에 분명 순환성이 있다. 그러나 우리가 우리의 해석들이란 것이 수정 가능하며, 궁극적으로 우리가 본문을 책임 있게 대해야 한다는 사실을 기억하는 한, 그 순환은 악순환이 아니다.[54] 문제의 순환은 자주 왕복 여행을 하는 여행자의 순환과 같은 것이다. 우리가 같은 장소들을 방문할 수도 있다. 그러나 우리는 여행하면서 더 지혜로워지기 때문에 새로운 것들을 보게 된다.

그러므로 신학은 하나님 중심적인 성경 해석학이다. 따라서 해석학적 신학(hermeneutical theology, 성경 해석을 통해 신학을 하는 것)과 신학적 해석학(theological hermeneutics, 기독교 교리를 가지고 해석의 원리들과 실천을 검토하는 일)은 똑같이 근본적이다. 그러므로 나는 신학적 해석학을 제1신학의 후보로 제안한다. 내가 그냥 '해석학'이라고 말하지 않았음에 주목하기 바란다. 오히려 나는 하나님을 삼위일체적 소통 행위자로 그리고 성경을 하나님의 소통 행위의 성문화된 자리(written locus)로 인식함으로써 시작되는 성경 해석에 대한, 특유하게 기독교적이며 신학적인 말하자면 삼위일체적인 접근 방법을 옹호한다.[55]

이제 하나의 반론이 생긴다. 내가 단지 성경에 대한 또 하나의 모델을, 켈지가 수행하는 사례 연구에 하나의 사례를 더 세우는 것은 아닐까? 이것이 생각을 포로화하고 성경의 풍성함을 단지 한 차원에만 국한시키는 또 하나의 근시안적 체계는 아닐까? 나는 그렇게 생각하지 않는다. 왜냐하면 내가

---

53) 나는 신론과 성경론 사이에 입증 가능하며 본질적인 연결이 있다고 확신한다. 소위 열린 신관(openness of God)에 대한 현재의 논란은 하나의 적절한 실례를 제공한다. 하나님에 대한 성경의 숨어들은 문자적으로 해석하느냐 비유적으로 해석하느냐에 대한 주혜밍의 결정들은 히브리어와 헬라어의 문법에 의해서만이 아니라 신학에 의해서도 영향을 받는다. 이 논란의 한 측면에 대한 분석으로는, 이 책 제3장을 보라.
54) 다른 곳에서 나는 언어학적이며 문학적인 소양을 갖춘 독자들과 성령의 거룩하게 하시는 역사를 통해 해석의 덕목들을 개발하고자 하는 독자들이 본문의 명확한 의미에 대한 (절대적이 아닌) 적합한 인식에 도달할 수 있을 것이라고 주장했다(참고. Vanhoozer, *Is Therea Meaning in This Text?* 제6-7장). 본문을 책임 있게 대하는 것은 저자가 자신의 말들을 가지고 말하며 행하는 바를 공정하게 대할 해석자의 책임을 말하는 또 하나의 방식이다.
55) 물론 예수 그리스도는 육체가 되신 하나님의 말씀이다. 그러므로 성육하신 예수님의 삶은 마찬가지로 하나님의 소통 행위다. 그러나 핵심은 우리가 그분에 관한 사도적(신적으로 권위가 공인된) 증언에 천착함으로써만이 그리스도와 더불어 시작할 수 있다는 것이다.

성경을 하나님의 소통 행위로 바라보는 전체적인 모델을 제안했지만, 소통 행위 개념을 통해 우리가 다른 모델들로는 불가능한 방식으로 성경의 언어와 문학의 광범위한 다양성을 인정하고 감상할 수 있기 때문이다. 소통 행위라는 것은 특정한 조망들의 다원성을 포괄한다. 실로 소통 행위의 장점은 정확히 하나님이 그분의 말씀 가운데서 임재하시고 활동하시는 여러 방식—명령하시고, 약속하시고, 경고하시고, 위로하시는 등의 일들—에 대해 공정하게 대할 수 있는 그 능력에 있다. 소통 행위는 또한 하나님과 성경을 혼동함이 없이 그리고 하나를 다른 하나로 축소하는 일이 없이, 하나님과 성경의 본질적인 연합을 생각할 수 있게 해준다. 마지막으로 하나님의 소통 행위 개념은, 상상력을 통해, 우리를 위해 신적 저자가 실행하신 여러 방식—하나님과 세계와 우리 자신을 보고 생각하는—으로 들어가는 일의 중요성을 부각한다.

신학에서는 무엇이 성공일까?

성공하기를 원하는 자들은 올바른 예비적 물음들을 던져야 한다고 나는 말했다. 그런 다음에, 나는 그 예비적인 물음들을 검토했다. 이제는 신학의 작업실에서는 무엇을 성공으로 간주하는가를 물을 필요가 있다. 만일 신학적 해석학이 출발점이 되는 "제1신학"이라면, 신학의 적절한 끝(목적)은 무엇일까? 좀더 편하게 말해서, 성경론 더 나아가서 재구축된 성경론은 무엇에 유익할까? 신학에서 그리고 신학적 해석학에서는 무엇을 성공이라고 여길까?

지혜: 본문을 따라 살기. 포스트모던 상황은 신학자들을 그들의 교의학적 혼수상태에서, 좀더 정확히 말하면 교리나 체계가 신학의 모든 것이며 모든 목적이라는 꿈에서 깨어나게 만들었다. 나는 성경이 지식을 위한 정보집 훨씬 이상이며, 신적으로 계시된 정보 그 이상이라고 주장해 왔다. 성경은 성령과 진리 안에서 읽는 사람들에게 그 효과를 계속해서 내는 하나님의 소통 행위들의 모음집이다.

하나님의 소통 행위로서의 성경에 우리는 어떻게 반응해야 할까? 모든 소통 행위에는 똑같이 그리고 반대편에서의 소통 응답이 있다. 물론 꼭 그런 것만은 아니다. 독자들이 언제나 뉴턴의 제3운동 법칙에 따라 행동하는 것은 아니다. 그렇지만 호응하는 독자들은 적합한 태도로, 즉 본문 자체가 행하는 바에 적합한 태도로 성경 본문에 반응해야 한다. 하나님이 단어들을 가지고 많은 일을 행하시기 때문에, 우리의 응답들 역시도 다양할 것이다. 즉 우리는 교리를 긍정해야 하며, 율법에 순종해야 하며, 약속에 대한 소망을 굳게 붙잡아야 하며, 복음을 즐거워해야 한다. 제1신학은 본문을 따라가면서 **바라볼** 뿐만 아니라, **살아감**의 문제, 말씀을 행하는 문제, 실행하는 지식(performance knowledge)의 문제다.

인간은 무엇을 성공으로 간주할까? 누가 '가장 성공할 것 같은' 인물일까? 성공하고자 한다면, 우리는 인간 조건에 대한 프롤레고메나에 착수해야 한다. 인류에 대한 올바른 예비적 물음들은 무엇일까? 인간에 대한 분류인 호모 사피엔스(*Homo sapiens*)가 하나의 실마리를 제공한다. 사피엔스—지혜—는 인간들에게 유익한 것이다. 지혜는 정보 이상이며, 명제적 지식 이상이다. 지혜는 삶으로 체득된 지식, 실행하는 지식이다.[56] 신학 연구에 대한 궁극적인 정당화는 교리가 우리 자신에게 유익하며 우리의 영혼에도 유익하다는 것이다.[57] 교리는 단순히 정보에 대한 진술이나 심지어 지식에 대한 진술이 아니라 지혜에 대한 진술이다. 그 지혜는 예수 그리스도 안에서 알려진 하나님의 지혜. 기독교 교리는 적용되면 사람들을 번영으로, 풍성한 삶으로 인도하는 바로 그 중대한 핵심적인 지식을 낳는다.

우리가 지혜를 익히지(learn) 않으면, 즉 전유하여 실행하지 않으면, 지혜는 자력으로 활동할 수 없다. 익혀지지 않은 지혜는 꿰뚫어보지 않고 물러서서 바라보는 자가 쓰는 독서용 안경이나 마찬가지로 쓸모 없는 것이다. 만일 우리가 본문을 따라서 바라보지도 살아가지도 않는다면, 성경 권위에 대한 우리의 교리들도 쓸모 없을 것이다. 그리고 우리는 '값싼 무오론'과 더불어 남게 될 것이다. 그것은 그 자신이 진리이신 분께 마땅히 부합하는 제자도 없이, 성경의 진실성을 고백하는 것이다.

올바른 예비적 물음: 올바름. 그러므로 신학에서의 성공은 삶에서의 성공과 연결된다. 만일 우리가 아리스토텔레스에게 자문을 구하지 않고 성경에 자

---

56) 나는 다음 책에서 실행하는 지식(performance knowledge)이라는 주제를 좀더 길게 다룬다. Vanhoozer, *Drama of Doctrine*, 제4, 7 및 8장.
57) Ellen Charry는 다음 책에서 이 점을 똑똑히 자각시킨다. Ellen Charry, *By the Renewing of Your Minds: The Pastoral Function of Christian Doctrine*(Oxford: Oxford University Press, 1997).

문을 구한다면, 가장 중요한 올바른 예비적 물음은 어떻게 하나님과 바른 관계를 맺는가 임을 알 수 있다.

물론 올바른 예비적 물음을 던진다는 것이 성공의 충분 조건은 아니다. 우리에게는 또한 정확한 답변이 필요하다. 성경은 그 답변을 선포한다. 우리가 성경 본문을 따라가면서 살펴본다면, 그리스도를 보게 될 것이다. 본문에 따라서 살아간다면, 우리는 그리스도를 만나고 배우게 될 것이다. 믿음은 말씀을 들음으로 임한다. 인간의 번영은 말씀을 행함으로써, 즉 약속의 말씀을 신뢰하고 분부하신 말씀에 순종함으로써 온다. 신학에서의 성공은 하나님과 바르게 되느냐의 문제다.

한 사람이 하나님과 올바른 관계 가운데 서게 될 때, 그 사람의 다른 모든 관계도 바르게 된다. 하나님에 의해 우리 자신이 용서받았음을 알면서, 우리는 다른 사람들을 용서하도록 권능을 부여받는다. 이 역시도 성경에 대한 우리의 '체득된 지식'의 일부분이다. 실로, 성경 해석의 궁극적인 목적이 하나님과, 다른 이들과 그리고 자기 자신과 올바른 관계를 획득하는 것이라고 말해도 전혀 과장이 아닐 것이다. 결국 기독교 진리는 기독교 사랑을 뒷받침하는 것이다. 만일 내가 개혁자들과 전문 신학자들의 혀로 말할지라도, 그리스도에 대한 인격적인 믿음이 없다면, 나의 신학은 울리는 꽹과리 소리에 불과할 뿐이다. 만일 내게 분석하는 능력과 앞뒤가 꼭 들어맞는 신학적 개념 체계를 만들어 낼 만한 은사가 있어서 자유주의적 반론들을 잠재울 수 있더라도, 하나님에 대한 인격적 소망이 없다면 나는 아무 것도 아니다. 만일 내가 타락 전 예정설과 타락 후 예정설 사이의 논쟁을 해소하는 일과 성경의 무오성을 수호하는 일에, 웨스트민스터 소요리문답을 익히고 대요리문답까지도 익히는 일에 내 자신을 바쳐서 그 신앙고백을 심지어 거꾸로도 다 외울 수 있더라도, 사랑이 없다면 나는 아무 것도 얻지 못한 것이다.

제1철학들은 마침내 왔다가 간다. 신학적 방법론의 경향들도 마찬가지다. 나는 다음 세대가 결정하게 될 것에 최우선 순위나 중요성이 있는지를 예견할 수 없다. 내가 아는 것은 유일하게 이것이다. 즉, 오늘날의 그리스도인들에게 하나님의 권위 있는 언어 행위들로서의 성경에 신실하게 응답하는 것보다 더 중요한 과제는 없다는 사실이다. 이는 그 책이 거룩하기 때문이 아니라 주님이 거룩하시기 때문이며, 성경이 그분의 말씀이기 때문이며, 우리가 예수 그리스도를 알게 되는 주요 수단이기 때문이다. 성경을 올바르게 해석하는 사람들—본문을 따라가면서 살펴보고 살아가는 사람들, 쓰여 있는 말들을 따라서 살아 계신 말씀에 이르게 되는 사람들—은 올바르게 질서를 잡은 사랑을 할 것이며, 올바르게 질서를 잡은 인생을 살게 될 것이다. 실로 제1신학은 바로 우리의 **처음 사랑**과 긴밀하게 엮여 있기 때문에 문제가 되는 것이다. 사도 바울은 그의 제1신학이나 처음 사랑에 대해 아무런 의심도 우리에게 남기지 않는다. "[내가] 또한 모든 것을 해로 여김은 내 주 그리스도 예수를 아는 지식이 가장 고상하기 때문이라"(빌 3:8).

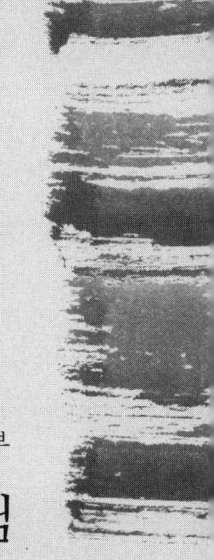

제**1**부

하나님

2장 삼위일체는 종교 신학에 속하는가?
루비콘 강에서의 낚시와 하나님의 '정체성'

어떤 이유로 종교 다원주의와 종교 신학 논쟁에서 강들과 다리들이 현저하게 그 모습을 드러내고 있다. 마하트마 간디(Mahatma Gandhi)는 강의 유비를 사용했던 첫 번째 사람들 가운데 하나였다. 그는 이렇게 말했다. "우리가 다른 사람들과 똑같은 큰 강물들에서 마실 수 있지만, 똑같은 잔을 사용할 필요는 없다." "종교의 영혼은 하나다. 그러나 그 영혼은 다양한 형태 속에 들어 있다."[1] "똑같고…하나이며…동등하다." 모든 종교는 똑같은 하나님을 가리키는가? 기독교의 하나님이 다른 종교들의 지시 대상과 동일한가? 라는 이 물음은 근본적으로 하나님의 정체성(identity)에 대한 물음이다.

세 개의 강-그리고 네 번째 강

라이문도 파니카(Raimundo Panikkar)는 기독교와 다른 종교들 사이의 역사를 세 개의 성스러운 강을 가지고 상징화했다. 요단 강은 이스라엘의 특

---

1) 다음에서 재인용함. Bruce Demarest, *General Revelation: Historical Views and Contemporary Issues*(Grand Rapids, Mich.: Zondervan, 1982), p. 255.

수한 사건들을 여호와께 그리고 예수를 성부께 연결하는 그 모든 역사적 관련성 때문에 배타주의—기독교가 유일한 참 종교라는 전통적 신념—를 대표한다. 티베르 강은 중세의 십자군 운동들과 근대의 선교 운동들과 더불어서, 독특하게 서구 기독교 세계의 의식 구조(mentality)를 상징한다. 모든 길이 로마로 통하듯, 모든 강—종교들—은 기독교로 통한다. 1965년 제2차 바티칸 공의회에서 인정된 "비기독교적 종교들과 교회의 관계에 대한 선언문"(Declaration on the Relation of the Church to Non-Christian Religions)은 공식적인 포용주의(inclusivism)를 로마 가톨릭 교회의 입장으로 만들었다.[2] 포용주의자들은 기독교가 다른 종교들에서 참된 것은 포용한다는 입장을 취한다.

파니카에 따르면, 요단 강이나 티베르 강의 의식 구조는 어느 것도 다른 종교들의 '타자성'을 적절하게 인식하지도 존중하지도 못한다. 많은 원천으로부터 형성되었으며, 수많은 출구로 갈려 나가는 갠지스 강은 현시대의 다원주의를 대표한다. 즉, 기독교는 여러 개의 타당한 종교 가운데 하나다. 여기에서 파니카는 교리적 기독교(doctrinal Christianity)나 제도적 기독교 세계(institutional Christendom)에 대해서가 아니라, '기독교적인 것' 즉 대부분의 인류가 공유하는 신비적이며 영적인 신앙의 핵심에 대해 말하고 싶어 한다.[3] 파니카와 종교 다원주의에 대한 그의 삼위일체적 해결에 대해서는 적당한 때에 되돌아가도록 하자.

그런데 네 번째 강이 언급된다. 종교들의 다원성을 의식하는 현시대의 그리스도인들은 폴 니터(Paul Knitter)가 말하는 "신학적 루비콘 강"(theological Rubicon) 앞에 서 있다. "그 강을 건넌다는 것은 다른 종교들이 구원사(salvation history)에서 귀중하며 구원을 가져다주는 역할뿐만 아니라 어쩌면 기독교의 역할과 동일한 역할을 할 가능성을 명확하게, 단호하게 인정하는 것을 의미한다.…그것은 만일 다른 종교들이 기독교에서 성취를

---

2) David Wright, "The Watershed of Vatican II: Catholic Approached to Religious Pluralism", in *One God, One Lord: Christianity in a World of Religious Pluralism*, ed. Andrew D. Clarke and Bruce W. Winter (Grand Rapids, Mich.: Baker, 1992), pp. 207-226를 보라.

3) Raimundo Panikkar, "*The Jordan, the Tiber and the Ganges*", *in The Myth of Christian Uniqueness: Toward a Pluralistic Theology of Religions*, ed. John Hick and Paul F. Knitter (Maryknoll, N. Y.: Orbis, 1987), pp. 87-116를 보라.

보아야 한다면, 기독교도 마찬가지로 다른 종교들 가운데서 성취를 보아야 함을 인정하는 것이다."[4]

니터는 신학자들이 배타주의나 포용주의에서 다원주의적 입장으로 넘어가는 전형적인 세 개의 주요 전략—루비콘 강을 건너는 세 개의 다리—을 지적한다. 첫째는, 지식과 신념들 일반에 대한 점증하는 역사적이며 문화적인 상대성에 대한 각성이다. 이 다리 위에 올라서서 볼 때, 배타주의자들과 포용주의자들은 기독교의 절대성에 대한 그들의 숨 가쁜 진리 주장들을 가지고 우쭐대는 것으로 나타난다. 적어도 존 번연(John Bunyan)은 다음과 같이 씀으로써 이 다리에 한 발을 내디뎠다. **"유대인들과 무어인들과 이교도들**은 모두 다 각자 자기의 종교가 가장 옳다고 생각한다. 그렇다면 우리가 우리의 신앙과 그리스도와 성경 역시도 가장 옳다고 생각한다면 어떻게 되겠는가?"[5] 두 번째 다리는 신학적인 것이다. 그것은 신적 신비성이 우리의 언어적이며 개념적인 원천들에까지도 확대되었다는 사실에 대한 각성이다. 기독교의 신앙 고백 형식들도 마찬가지로 그 점에서 예외가 아니다. 기독교의 신앙 고백 형식들이라고 해서 신적 사실(the divine Fact)에 접근하는 데 특권을 소유하는 것은 전혀 아니다. 세 번째 다리는 정의와 인간의 복지에 대한 공통적인 관심사다. 그것은 성격상 윤리정치적(ethicopolitical)이다. 이 점은 한스 큉에 의해 가장 잘 표명되었다. "종교들 사이의 평화가 없이는 세계 평화란 있을 수 없으며, 종교들 사이의 대화가 없이는 종교들 사이의 평화가 있을 수 없으며, 서로에 대한 정확한 지식이 없이는 종교들 사이의 대화가 있을 수 없다."[6]

동일자와 타자: 정통성은 반드시 압제적인가?

나는 기독교 신학자들도 다른 종교들이 온정과 공정과 존중 가운데 다루

---

4) Paul Knitter, "Toward a Liberation Theology of Religions", in *The Myth of Christian Uniqueness: Toward a Pluralistic Theology of Religions*, ed. John Hick and Paul F. Knitter (Maryknoll, N. Y.: Orbis, 1987), p. 225.
5) 다음 책에서 재인용함. William C. Placher, *Unapologetic Theology: A Christian Voice in a Pluralistic Conversation* (Louisville, Ky.: Westminster/John Knox Press, 1989), p. 15.
6) Hans Küng, "Christianity and World Religions: Dialogue with Islam", in *Toward a Universal Theology of Religion*, ed. Leonard Swidler (Maryknoll, N. Y.: Orbis, 1987), p. 194.

어져야 한다는 사실에 동의할 수 있음을 당연한 것으로 여길 것이다. 그러나 이러한 덕목들은 정확히 무엇을 수반하는 것일까? 기독교의 모든 진리 주장이 다른 종교들의 순전성을 공격하는 것은 아닐까? 각자 모든 이가 내가 견지하는 의견과 똑같은 의견(ortho-doxa)을 견지해야 할까, 아니면 난폭한 공격을 받아야 할까? 정통성은 반드시 압제적일까?

'타자' 끌어들이기. 누가 타자일까? 타자는 '우리'가 아닌 '그들'이다. 서구 기독교 사회에서, 16세기까지는 이 타자라는 말이 '이교도'를 의미했으며, 이성의 시대 동안에는 '(아직 계몽되지 못한) 미개인'(unenlightened)을 의미했고, 19세기에는 '원시인'을 의미했으며, 20세기에는 '(우리와) 다른 사람'(different)을 의미했다.[7] 그리고 우리 시대에 와서, 타자는 무엇보다도 그것을 이해하고자 하는 우리의 어쭙잖은 시도들을 거절하는 일종의 해석학적 문제, 종종 완고하게 버티는 고질적인 해석상의 난제다.

엠마누엘 레비나스(Emmanuel Lévinas)는 서구 철학을 전체주의화하는 그리고 전체주의적인 담론이라고 비난한다. 사고(thought)란 다름 아닌 타자가 동일자(the Same)로 격하되는 폭력이다. 그러므로 타자들에 대한 지식은 자신에 대한 지식이 된다. '헬라적인 것'은 언어를 대변하며, 개념 즉 보편적인 것의 지배를 대변한다.[8] '헬라적' 사고에서, 타자는 억압되며 의식(consciousness)에 의해 포획된다. 다름(difference)은 길들여진다. 철학은 많은 것을 하나로, 타자를 동일자로 축소한다. '동일성'(identity)은 '다름'에 대한 반대로 규정되기 때문에, 철학의 임무는 타자성을 극복하는 것이 된다. 그렇게 조망해 보았을 때, 철학은 순전한 마주 대하기(encounter)가 아니라 일종의 정복에 대한 보고서다.

레비나스가 볼 때, 타자의 얼굴은 궁극적으로 철학의 파악을 벗어나 빠져나간다.[9] 타자의 얼굴은 타자와 자신의 해소될 수 없는 차이를 선포한다. "나는 그를 내 것으로 만들 수도 없으며, 그에 대한 나의 인식으로 축소할 수도

---

7) 여기에서 나는 그의 책에서 탐구된 Bernard McGrane의 유형론을 따른다. Bernard McGrane, *Beyond Anthropology: Society and the Other* (New York: Columbia University Press, 1989).

8) Robert Gibbs, *Correlations in Rozenzweig and Lévinas* (Princeton, N. J.: Princeton University Press, 1992), 제7장을 보라.

9) Emmanuel Lévinas, "Ethics as First Philosophy", in *The Lévinas Reader*, ed. Sean Hand (Oxford: Blackwell, 1989), pp. 75-87를 보라.

없다."¹⁰⁾ 전체성(totality)의 자리에 다원성이 자리한다. 다원성은 구성원들을 어떤 부류들과 동화하는, 어떤 것들에 한 통속인 것으로 만드는 논리를 포기한다. 타자의 얼굴은 그 자체가 무한한 목적이다.¹¹⁾ 우리의 실재 파악 능력보다는 타자에 대한 나의 무한한 의무가 앞선다. 즉 타자의 타자성을 보호하는 것이 최우선적인 윤리적 명령이며, 아마 사랑한다는 것은 무엇인가에 대한 기술(記述)일 것이다.¹²⁾

신학과 타자. 나에 의해서 간단하게 동화될 수 없는 어떤 한 타자가 존재한다는 사실은 인식론적이며 윤리적인 도전을 제시한다. 조직신학자들은 어떻게 대답해 왔을까? 다원주의자들은 아직까지도 루비콘 강을 건너지 않은 신학자들을 향해 두 가지 비난을 퍼붓는다. 첫 번째는, 구원론에 대한 비판이다. 기독교 신학은 배타주의적이라는 것이다. 윌프리드 캔트웰 스미스(Wilfred Cantwell Smith)는 좁은 길에 속하는 신학자들의 편협한 사고방식에 대해 다음과 같이 분노를 표현한다. "실제로 세상에 나가서 헌신적이며 지성적인 동료 인간들에게 '우리는 구원받았고 너희는 저주받았다'라고 말한다는 것은 도덕적으로 불가능한 일이다."¹³⁾ 두 번째는, 인식론상의 비판이다. 기독교 신학은 억압적이라는 것이다. 흥미롭게도, 이 비판은 흔히 배타주의자에게만이 아니라 포용주의자들에게도 향한다. 예를 들어, 존 힉(John Hick)과 조지 린드벡(George Lindbeck)은 공히 "익명의 그리스도인"이라는 칼 라너(Karl Rahner)의 개념이 배타주의만큼이나 제국주의적이며, 비그리스도인들에게 심하게 거슬린다고 주장한다.¹⁴⁾ 포용주의자도 타자를 억지로 그 타자가 인정하지 않는 범주에 집어넣는다고 주장한다. 그 점과 관련하여 적절하게 큉은 그리스도인들이 "익명의 무슬림들"이라고 불리는 것을 좋아할지 묻는다.¹⁵⁾

---

10) Gibbs, *Correlations*, p. 165.
11) 같은 책, p. 159를 보라. "Lévinas가 볼 때, 윤리성은 하나의 타자의 얼굴 앞에서 나에게 책무를 지운다. 보편성에 대한 나의 반론은 궁극적으로 특유한 개별자로서의 내 자신을 위해서가 아니라 그 개별성이 상실된 다른 인격자를 위한 것이다."
12) 같은 책, p. 184. "사랑은 사랑 받는 자에 대한 무한 책임에 나를 묶으며, 그 책임을 만들어 낸다."
13) 다음에서 재인용함. Placher, *Unapologetic Theology*, p. 16.
14) 마찬가지로, Gavin D'Costa, "Theology of Religions", in *The Modern Theologians*, ed. David F. Ford, vol. 2 (Oxford: Blackwell, 1989), p. 282 n. 28도 보라.
15) Küng, "Christianity and World Religions", p. 203.

타자의 문제에 직면해서 기독교 신학자들이 채택할 수 있는 전략으로는 두 가지가 있는 것 같다. 그것은 개종(conversion) 아니면 대화(conversation)다. 타자를 동일자 속으로 밀어 넣어 개조함으로써, 개종은 이론적 측면에서 '헬라적' 사고가 타자에게 행하는 바를 실천적으로 타자에게 행한다. 데이비드 트레이시(David Tracy)는 두 번째 전략을 선호하는 다원주의자들을 대변해서 다음과 같이 말한다. "나는 우리가 다른 큰 도리들(the other great ways)과의 진지한 대화 없이는 하나의 기독교적 조직신학을 시도할 수 없게 될 시대에 빠르게 접근하고 있다고 믿는다." 신학은 그 지평들 안에 모든 인간의 종교 경험을 포함할 필요가 있다. 윌프리드 캔트웰 스미스는 신학이 종교들의 역사로부터 분리될 수 없음을 주장하는 또 하나의 학자다. "이제부터는 기독교 신앙상의 진지한 어떠한 지성적 진술이라 할지라도…다른 종교들의 어떤 가르침을 포함해야 한다. 우리는 창조 교리에 의해 은하수가 존재한다는 사실을 설명한다. 그러나 바가바드 기타(Bhagavad Gita)가 존재한다는 사실은 어떻게 설명하는가?"[17] 파니카와 같은 다원주의자들은, '헬라적' 사고가 메말라 버린 강바닥을 드러내는 이 때에 기독교 신학자들이 동양의 자료들에 친숙해지는 것이 좋을 것이라고 생각한다. 교부들이 헬라 철학을 가지고 했던 작업은 오늘날의 신학이 나아갈 길을 가리킨다. 존 콥(John Cobb)은 오늘날 아시아의 종교들과의 대화적(dialogical) 관계가 "동양의 지혜에 참여하고 씨름함으로써 다시금 새롭게 개념화할 수 있는 유사한 기회"를 보여 준다고 주장한다.[18]

'낚시': 대화의 성격

그러므로 조직신학자에 대한 다원주의자의 도전은 타자와, 다른 종교들과 성의 있게 대화에 돌입하라는 것이다. 어째서 대화일까? 큉의 답변은 간결함의 모델이다. "'전쟁 때문이다.' 나는 진실로 종교 대화에 대한 대안은 이

---

16) David Tracy, *Dialogue with the Other: The Inter-religious Dialogue*, Louvain Theological and Pastoral Monographs (Grand Rapids, Mich.: Eerdmans, 1991), p. xi.
17) Wilfred Cantwell Smith, "The Christian in a Religiously Plural World." in *Christianity and Other Religions*, ed. John Hick and Brian Hebblethwaithe (London: Collins, 1980), p. 100.
18) John B. Cobb Jr., "The Religions." in *Christian Theology: An Introduction to Its Traditions and Tasks*, ed. Peter C. Hodgson and Robert H. King (Philadelphia: Fortress, 1985), p. 371.

것이라고 믿는다."[19] 잠시 동안 이것이 타자와의 대화에 돌입해야 할 충분한 이유라고 가정하면서, 대화의 성격과 함의에 대해 물을 필요가 있다.

도박이자 헌신으로서의 대화. 종교 대화에 임할 때 우리는 무엇에 헌신해야 할까? 최소한 합리적인 대화에 함의된 형식적인 기준들에 대해서는 헌신해야 한다. 즉, 그것은 우리가 제출하는 것을 기꺼이 입증하려는 태도와 그에 답하여 상대방이 말할 수 있는 바에 대해 제약을 가하지 않는 것이다. 위르겐 몰트만(Jürgen Moltmann)은, 진지한 대화에서는 "상대방의 비판적 검색에 개방되지 않은 더 높은 권위에 의지함으로써 어려운 문제들을 피하는 일은 전혀 있을 수 없다"라고 말한다.[20] 그러므로 더 나아가서 대화에 임한다는 것은 대화자가 바뀌지 않은 채 나오지 않을 가능성을 함의한다. 실로 대화를 치르는 온전한 대가는 오직 바로 여기에서 드러난다. 즉, 우리가 우리의 가장 소중한 신념들을 걸 준비를 해야 한다는 것이다. 제임스 디노이다(James DiNoida)는 종교 대화에 황금률을 적용한다. 너희는 다른 사람들이 너희에게 해주기를 바라는 대로 그들에게 행하라.

그러나 타자를 공정하게 대하기 위해, 종교 대화는 핵심 주제의 공통성을 전제로 한다는 다원주의자들의 가정을 우리가 따라야 하는 것일까? 진정 다원주의적 정신으로 대화에 임하기 위해서는, 우리가 그 전에 우리의 모든 헌신을 저지해야 하는 걸까? 대화가 진리에 대한 수단이라는 다원주의적 가정은 모든 종교가 실제로 동일한 근본적 실재에 대한 표현들이라는 전제에 근거한다. 그러나 **과연** 타자는 다양한 종교가 모두 똑같은 것에 대해 말하고 있다는 다원주의적 전제에 의해서만 최선의 서비스를 받는 것일까?

비다원주의적 대화의 전범으로서 낚시꾼. 다원주의자들에게 반대하면서, 나는 타자와 머리를 맞대는 대안적인 전범으로서 '완벽한 낚시꾼'에 대한 아이작 월튼(Izaak Walton)의 기술(記述)을 취하고자 한다. 그의 「완벽한 낚시꾼」(*The Compleat Angler*)의 처음 몇 장은 각각 자신들의 스포츠의 상대적인 장점들에 대한 낚시꾼과 사냥꾼과 매사냥꾼의 대화로 구성되어 있다. 월

---

19) Küng, "Christianity and World Religions", p. 194.
20) Jürgen Moltmann, "Is 'Pluralistic Theology' Useful for the Dialogue of World Religions?" in *The Myth of Christian Uniqueness Reconsidered: The Myth of a Pluralistic Theory of Religions*, ed. Gavin D'Costa (Maryknoll, N. Y.: Orbis, 1990), p. 153.

튼의 작품은 종교적 다원주의에 대한 또 하나의 대화록인 고트홀트 레싱(Gotthold Lessing)의 「지혜자 나단」(*Nathan the Wise*)을 생각나게 한다. 월튼 자신은 종교적인 중용을 믿었던 그레이트 튜(Great Tew)라 불린 지식인 그룹에 속해 있었다. 이미 적시되었다시피, 낚시꾼들(Anglers)은 월튼의 책에서 앵글리칸들(Anglicans, 영국 국교도들 즉 성공회 신자를 의미한다—역주)에 대한 명백한 은유다.[21]

낚시꾼은 헌신되어 있다. 그러나 그는 기꺼이 다른 사람들에 대해 관용하며, 다음의 인용문이 입증해 주듯, 자신의 입장을 확신만이 아니라 겸손과 유머를 가지고서 주장한다. "낚시(Angling, 직역하면 낚시지만, 성공회 신자로 살아간다는 의미다—역주)는 우리 구주의 성육신만큼이나 오래된 것이다. 왜냐하면 예언자 **아모스**가 **낚시 바늘들**(fishhooks)에 대해 언급하기 때문이다.…"(p. 23). 월튼은 또한 독자에게 강들에 대한 짧막한 관조를 제공한다. 강변에 앉는 일은 관조의 최적지에 앉는 것이다(p. 24). 그리고 세상에서 인간의 행복이 되는 것이 관조인지 행동인지에 대한 논란에 대해, 월튼은 둘 다 낚시 기술에서 하나로 만난다고 주장한다(p. 24). 어떤 하나의 시각을 획득하려고 노력한다는 뉘앙스를 지니면서, 낚시는 신학적 루비콘 강의 강변에 서 있으며, 갠지스 강의 강둑에 앉은 사람의 관조적 태도를 대변한다.

하나님의 '정체성'에 대해

다음에서 나는 종교 다원주의 문제를 구원론에서 엄밀한 의미에서의 신학으로(즉, 신론—역주) 재배치하고자 한다. 나는 '다른 종교들이 기독교 신앙이 관계된 실재와 똑같은 실재에 관계되었는가?'라는 물음과 관련해서, 세 가지 선택 사항—배타주의, 포용주의, 다원주의—을 검토할 것이다. 신학적 루비콘 강을 건너서 다원주의적인 종교 신학으로 들어간다는 것은 하나님의 정체성 문제에 대해 어떤 입장을 취한다는 뜻이다. 물론 '정체성'(identity)은 수적인 하나됨, 존재론적인 동일성 혹은 시간상의 항구성(permanence), 자기 지속성을 지닌 위격적 정체성 등의 다양한 의미를 지닐 수 있다.

---

21) Izaak Walton, *The Compleat Angler* (London: J. M. Dent, 1993), p. xviii에 대한 소개 글에서, Jonquil Bevan 역시도 그렇게 본다. 그 다음에 나오는 언급들은 이 판에 따른 것이다.

두 가지 정체성. 나는 두 가지 정체성을 대조하고자 한다. 나는 폴 리쾨르(Paul Ricoeur)를 따라서, 그 정체성을 라틴어 '이뎀'(*idem*=sameness)과 '입세'(*ipse*=selfhood)라는 말로 표시하고자 한다.[22] 나는 하나님의 두 가지 정체성을 구분하는 로버트 젠슨(Robert Jenson)의 구분 위에 리쾨르의 구분을 덧씌우고자 한다. 이러한 병치는 자의적인 것이 아니다. 왜냐하면 리쾨르와 젠슨 두 사람은 모두 시간을 통과하거나 거쳐 가면서 유지되는 정체성 문제에 관심을 기울이기 때문이다. 젠슨은, 각각이 영원을 조망하는 서로 다른 방식들에 의해서, 하나님의 두 가지 정체성을 구분한다. 과거와 미래의 연합으로서 모든 영원은 광범위하게 보아 두 가지 가운데 하나가 될 것이다[여기에서 모든 영원(every eternity)이란 사람들이 영원에 대해 생각하는 모든 방식을 의미한다—역주]. 즉, "시작의 지속성"(Persistence of the Beginning)이나 "종말에 대한 예기"(Anticipation of the End) 중 하나다(여기에서 젠슨이 말하는 '시작의 지속'과 '종말에 대한 예기'는 각각 '과거의 출발 그대로 지속되는 정체성'과 '미래를 향해 그 끝을 바라보면서 전개되는 정체성'을 말한다. 즉 하나는 과거 중심적이고 다른 하나는 미래 중심적이며, 하나는 동일성 중심적이자 다른 하나는 내러티브적 발전성 중심적이다—역주). 왜냐하면 종교는 시간성이 갖는 궁극적인 의미로부터 도피하려는 시도이거나 그 의미를 신뢰하려는 시도 가운데 하나이기 때문이다.[23]

젠슨이 "시작의 지속 류의 하나님"(Persistence of the Beginning kind of God)이라고 부르는 것을 나는 자존적 정체성, 즉 동일성(the Same)의 표시 아래 있는 정체성의 하나님이라고 부를 것이다. 자존적 정체성의 하나님은 철학자들의 하나님이며, '완전한 존재자'의 속성들을 드러냄으로써 확인된다. 하나님에 대한 이러한 '헬라적' 해석은 시간의 흐름 위에 있는 존재의 무시간적 근거, 부동의 동자(an Unmoved Mover)를 상정한다. 이 최고 실체(supreme Substance)는 고전적 유신론에서 변할 수 없는 하나님이 되었다.

---

22) Paul Ricoeur, *Oneself as Another*, trans. Kathleen Blarney (Chicago: University of Chicago Press, 1992). *idem*-identity는 동일 정체성 혹은 자존적 정체성, *ipse*-identity는 격위(格位) 정체성 혹은 본위적 정체성이라고 번역할 수 있을 것이다—역주.

23) Robert W. Jenson, *The Triune Identity: God According to the Gospel* (Philadelphia: Fortress, 1982).

아리스토텔레스와 고전 논리학의 전통에서, 정체성은 같음(sameness)이다. 그것은 타자성(otherness)의 배제다. 그리하여 존재(Being)를 하나의 영원한 자기 동일적 단일성(eternal self-same unity)이라고 보는 '헬라적' 해석은 일원론적 존재론으로 진행해 나간다. 이 관점에서 볼 때, 모든 분화는 비존재(nonbeing)를 향한 성향인 것으로 간주되어야 한다.

이미 살펴보았듯이, 레비나스는 서구 사상사를 정확히 정체성에 대한 추구로 즉 다름을 배제하고 타자를 동일함으로 환원하는 과정으로 읽는다. 젠슨의 견해에 따르면, 아우구스티누스는 삼위일체의 세 위격을 신적 실체에 연결하되, 동등하게 연결할 뿐만 아니라 **동일하게**(identically) 연결한다. 따라서 위격들 사이의 차이점들은 하나님의 존재와는 무관하다.[24] 따라서 "헬라적 해석의 유산은 스콜라철학자들이 '자연'(natural) 신학이라고 부르게 된 것, 즉 이방인들과 공유하는 유일하신 하나님에 대해 가정된 일단의 진리로 받아들여졌다."[25]

젠슨의 "종말에 대한 예기 류의 하나님"은 리쾨르가 인격적 동일성(personal identity), 동일성보다는 자기 지속성에 속하는 정체성(the identity of self-constancy)에 대한 논의에서 본위적 정체성이라고 일컫는 바와 놀랍게도 비슷하다. 하나님은 이스라엘 백성에게 자신을 여호와로 확인하시며, 자신의 고유 명사를 하나의 약속에 묶어 놓으신다. 하나님의 정체성은 실체의 동일성과 연결되기보다 오히려 자신이 하는 말을 행하시는 그분의 권능과 연결된다. 하나님에 대한 '히브리적' 해석은 하나님을 시간과 별개로 동떨어져서 성립하는 하나님으로서가 아니라 시간을 **통과해 나가면서** 신실하게 서 있는 분으로 본다. 하나님이 참되신 것은 그분이 바깥에 대해서 미동도 하지 않기 때문이 아니라 시간 가운데서 그리고 시간의 끝에 가서도 믿을 만하게 의지할 수 있는 분이기 때문이다. 젠슨은 이렇게 말한다. "그분의 존재의 연속성은 규정된 실체의 연속성이 아니다. 즉 그분의 존재를 규정하는 어떤 특성들이 태초부터 끝까지 지속된다는 그러한 연속성이 아니다.

---

24) "니케아 종교 회의가 그러한 하나님을 삼위일체라고 일컬을 때, 그들은 삼위일체적 관계들과 차이점들 **때문에** 그 하나님을 그렇게 명명했다. 그러나 Augustine이 그러한 하나님을 삼위일체라고 일컬을 때는, 그러한 사실들에도 **불구하고** 그렇게 명명한 것이다"(같은 책, p. 119).
25) 같은 책, p. 117.

그분의 존재의 연속성은 오히려 소위 우리가 '인격적'이라고 부르는 종류의 연속성이다. 그 연속성은 그분의 이전의 행위들 가운데서 이루어진 약속들에 대한 그분의 나중 행위들의 신실함에 의해서, 그분의 말들과 헌신들 가운데서 확립되는 연속성이다."[26]

본위적 정체성—자기됨(selfhood)—은 단지 똑같음이 아니다. 하나의 자기가 된다는 것은 시간 속에서 간섭받지 않고 연결되는 지속성을 누리는 것 이상이다. 그리고 하나의 자기가 되기 위해서는 시간을 통해 유지되는 항구성(permanence)의 어떤 원리 원칙이 있어야 한다.[27] 그러나 단순히 동일한 것의 연속성이 아닌, 시간 가운데서의 영구성에 속하는 종류가 존재할까? 여기에서 젠슨의 설명은 내러티브적 정체성에 대한 리쾨르의 이론에 의해 튼실하게 보강될 수 있다. 내러티브적 정체성 이론은 시간 속에서의 항구성 원리 원칙에 대한 탐구를 '무엇이냐?'(What?)라는 질문보다는 '누구냐?'(Who?)라는 질문에 연결한다.[28] 문제의 그 원리 원칙은 한 사람의 말을 지키는 것이다. 똑같은 것의 연속성과 우정의 지속성 혹은 어떤 약속의 지속성은 전혀 별개의 것이다. 자신의 말에 대한 자신의 지속성에 중심을 두는 본위적 정체성은 타자성을 배제하지 않고 오히려 요구한다.

다원주의자들은 대화를, 즉 타자를 자신으로 환원하기보다는 타자의 다름(alterity)과 마주 대하기를 주장한다. 그러나 아이러니하게도 루비콘 강을 건너간 대부분의 신학자들은 하나님에 대한 복음의 내러티브적 정체 확인(narrative identification)의 특수한 점들과 타자성을 어떤 미적지근하며, 천편일률적이며, 통일되어 있는 혹은 '일원론적인'(monistic) 다원주의로 환원

---

26) 같은 책, p. 40.
27) 자기 연속성(self-continuity)의 문제에 대한 철학적 논의로는, Terence Penelhum, "Personal Identity", *The Encyclopedia of Philosophy*, ed. Paul Edwards (London : Collier Macmillan, 1967), 6:95-107를 보라.
28) Ricoeur는 인격적 정체성 안에도 동일성의 한 측면, 즉 독특성(character)이 있음을 인정한다. 독특성은 내가 변화시킬 수 없는 나의 실존의 측면들과 관계되어 있다. 그의 말을 빌리면, "독특성은 참으로 '누군가'의 '무엇'이다(*Oneself as Another*, p. 122). 하나님의 행위들에 대한 이야기들은 그분이 어떤 분인가를 만들어 주는 것이 아니라 그분이 영원부터 어떤 분이며 언제나 어떤 분일 것인가를 계시해 준다는 점에 주목하라. 그러나 내가 주장하는 것은 내러티브들이 필수적인 매개물이라는 것이다. 즉, 존재론적인 반성만으로는 우리가 다른 신들에 반대되거나 대조되는 기독교적 하나님을 확인할 수 없다.

해 버린다. 그러한 다원주의 가운데서 하나님에 대한 기독교적 정체 확인에 포함된 차이점들이 동일성(the Same)이라는 비관용적 범주 아래서 때로는 난폭하게 삼켜져 버린다.

다양한 종교가 똑같은 하나님(神)을 가리키는 것일까? 판넨베르크는 신의 행위들에 기초해서 다양한 속성을 귀속시키는 그 주체(subject)가 누구인지를 확인할 때, 기독교가 신에 관한 어떤 일반적인 관념을 전제로 해야 한다고 주장한다. 성경에서는, 하나님('elohim)에 대한 일반적인 관념이 여호와만이 하나님이라는 진술을 뒷받침한다(사 43:10-11). 이 일반적인 관념의 내용이라는 것은 우주의 기원인 영원하며 무한한 자라는 철학자들의 하나님인 것 같다. 판넨베르크가 볼 때, 이것이 하나님에 관한 모든 종교적 담화에 전제된 최소 조건이다. 그러나 판넨베르크는 뒤이어서 하나님에 대한 이 최소한의 개념이 "그분의 역사적 행위들 가운데서 그 자체를 계시하는 하나님의 본질과 동일한 것은 아니다"라고 주장한다.[29] 오직 그분의 더 진행되는 계시에서만이 하나님은 "하나님이라는 것이 무엇을 의미하는지"를 우리에게 보여 준다.[30]

하나의 실체(entity)는 한정된 묘사를 통해서나, 고유 명사와 명칭들을 사용해서 확인될 수 있다. 한정된 묘사는 단일 원소를 지닌 한 집합(集合)을 만들어 냄으로써 어떤 특정한 개인을 가리킨다(예를 들어, **첫 번째**, **사람**, **걷다**, **달**). 고유 명사들도 마찬가지로 개인을 가리키지만, 그 개인에 대한 아무런 정보도 제공하지 않으면서 지칭한다(예를 들어, 닐 암스트롱). 젠슨은 이렇게 말한다. "삼위일체론은 '성부, 성자, 성령'이라는 고유 명사로 구성되며,… 그리고 부합되게끔 확인해 나가는 기술들(descriptions)의 정교한 발전과 분석으로 구성된다."[31] 두 성경 안에는 하나님에 대한 어떤 중심적인 확인 기술들이 있다. 구약 성경에서 하나님은 '이스라엘을 애굽에서 인도하여 낸 분'(신 5:6)으로 알려져 있다. 그리고 신약 성경에서는, '예수를 죽은 자 가운데

---

29) Wolfhart Pannenberg, *Systematic Theology*, trans. Geoffrey W. Bromiley (Grand Rapids, Mich.: Eerdmans, 1991), 1:394.「판넨베르크의 조직신학」(은성).
30) 같은 책.
31) Jenson, *Triune Identity*, p. 4. 출 20:2과 비교해 보라. 거기에서는 하나님의 이름과 그분의 역사들에 대한 진술이 맞물린다.

서 살리신 분'(롬 4:24)으로 알려져 있다.

루비콘 강을 건너서 다원주의 종교 신학으로 들어간 사람들은 대개 종교적 언어의 지시 대상(즉 하나님—역주)에 대한 다른 서술에 근거하여 그렇게 했다. 한정적인 기술에 의해 신의 정체성을 확인하는 작업이 지닌 문제점은 그러한 서술들이 불가피하게 교리들로 발전해 나간다는 것이라고 그들은 말한다. 그리고 세계사가 보여 주다시피, 교리적인 기술들은 분열을 초래한다. 만일 종교적 언어의 지시 대상이라는 것이 정확한 교리적 기술에 의해 얻어지는 것이라면, 하나님에 대한 대부분의 다른 기술들은 허위가 된다. 교리적 기술에 대한 하나의 대안으로서, 모리스 와일즈(Maurice Wiles)는 종교적 언어의 지시 대상에 대한 '인과론'(causal theory)을 제안한다. 그 이론에 따르면, "종교적 언어의 지시 대상은 문제의 대상에 대한 정확한 규정에 의해 얻어지는 것이 아니라 말하는 자를 의도된 지시 대상에 연결하는 인과-역사적(causal-historical) 관계들에 의해 얻어진다."[32] 이 인과론에 따르면, 하나님에 대한 언급을 고정시키는 것은 소수의 신비주의자나 성자들의 종교적 경험이다. 그 경험은 어떤 구원론적 효과들—변화된 행동과 변화된 성품—과 연결된다. 이러한 정착 경험을 소유하지 못한 다른 사람들은, 그럼에도 불구하고, 이전의 화자들로부터 그 종교적 지시 언어를 '빌어'(borrow) 올 수 있다. 인과론을 주창하는 자들은 확인 기술들은 이미 '하나님'(神)으로 지칭되는 것을 좀더 정확하게 규정하려는 시도에 해당한다고 주장한다. 그러므로 사람들이 '하나님'에 관해 서로 다른 것들을 말한다는 사실로부터 그들이 서로 다른 '신들'을 가리킨다고 결론을 내릴 필요는 없다는 것이다. 즉, "히브리인들의 신, 아랍인들의 신, 힌두교도들의 신은…**비록 그 신의 본성에 대한 신념상 의미 있게 중첩되는 것이 전혀 없다 할지라도**, 모두 동일한 존재자에 대한 다른 이름일 수 있다."[33]

사랑으로서의 하나님이란 생각에 대하여. 그러나 존 서얼(John Searle)과 같은 서술 중심 이론가들(descriptivists)은 "연속되는 의사 소통 가운데서, 지시성(reference)을 확보하는 유일한 의도성이 각 화자가 이전 화자가 가리

---

32) Maurice Wiles, *Christian Theology and Inter-religious Dialogue*(London: SCM Press, 1992), p. 39.

키려 했던 것과 똑같은 대상을 가리키려고 의도하는 경우라고 가정하는 것"은 타당치 않다고 본다.[34] 그렇다면 화자들은 명칭들을 사용할 수 있음에도 그 명칭에 따라 명명되는 사물의 유형에 대해서는 아무 것도 모를 것이기 때문이다. 예를 들어, 인과적 지시 이론(causal theory of reference)에 의존하는 다원주의자가 어떻게 "하나님은 사랑이시다"라고 말할 수 있는지는 알기 어렵다. 만일 **하나님**이라는 말과 연결된 어떤 최소한의 기술이 존재하지 않는다면, 우리가 덧없는 느낌을 언급하는 것인지 아니면 창조주의 권능(the power of the whole, 창조주 하나님을 가리키는 데이비드 트레이시의 독특한 용법이다-역주)을 언급하는 것인지 어떻게 알 수 있을까? 젠슨은 이렇게 쓴다. "우리가 하나님이 **누구**인지 혹은 **어느** 신인지를 구체적으로 언급할 때만 '하나님이 계신다'라는 말은 하나의 위협이나 약속이나 해결이나 수수께끼가 되는 것이다."[35]

조지 린드벡에 따르면, '사랑'은 특정 맥락을 떠나면 모든 의미를 상실해 버린다. "의미 있는 것들은 '사랑'과 '하나님'께 그 구체적이며 때때로 모순되는 의미들을 제공하는 이야기와 믿음과 의식(儀式)과 행위의 독특한 유형들이다."[36] 아마도 불교 신자들과 힌두교 신자들의 하나님도 세상을 사랑할 것이다. 그러나 오직 그리스도인은 하나님을 인류를 대신해서 인류를 위해서 죽는 분으로 확인한다. 다른 한편으로, 하나님에 대한 내러티브적 정체 확인은 '사랑'에 내용을 주는 동시에 사랑을 하나님께로부터 기인하는 것으로

---

33) Richard B. Miller, "The Reference of 'God'", *Faith and Philosophy* 3 (1986): 14. John Searle은 자신의 책, *Intentionality: An Essay in the Philosophy of Mind* (Cambridge: Cambridge University Press, 1983)에서, 화자(speakers)들이 언급하기 때문에, 언급은 오직 의도된 내용이 지시 대상(referent)에 부합할 때에만 성공적이라고 주장한다. Searle이 볼 때, 중요한 것은 명칭과 관련된 의도적 기술이다[다음과 비교해 보라. William Alston, "Referring to God", *Divine Nature and Human Language* (Ithaca, N. Y.: Cornell University Press, 1989), pp. 103-117]. 언급에 대한 기술 중심 이론(descriptivist theory of reference)과 인과 중심 이론(causal theory of reference) 사이의 논쟁은 상당히 전문적이다. 인과론에 대한 진술을 보려면 Saul Kripke, *Naming and Necessity* (Cambridge, Mass.: Harvard University Press, 1972)를, 기술 중심 이론에 대한 변호를 보려면 Searle, *Intentionality*, 특히 제8-9장을 보라.
34) Searle, *Intentionality*, p,. 249.
35) Jenson, *Triune Identity*, p. xi.
36) George A. Lindbeck, *The Nature of Doctrine: Religion and Theology in a Postliberal Age* (Philadelphia: Westminster Press, 1984), p. 42.

돌릴 수 있다. 삼위일체론은 기독교적 하나님에 대한 내러티브적 정체 확인의 결과다.[37] 복음서들은 어떤 행위들과 활동 유형을 귀속시킴으로써 하나님을 경륜적 삼위일체로, 즉 성령과 아들을 통해 세계에 관여하시는 분으로 '그린다'(figure). 존재론적 삼위일체—삼위일체 하나님의 영원성에 대한 신념—는 새로운 이 경륜적 그림에 대한 '새로운 그림'이다[figuration, refiguration, configuration은 상상의 기능을 표현하는 리쾨르의 독특한 용어들로, 상상이 생각과 달리 개념화하지 않고 형상화를 통해 대상을 제시하되, 일차적으로 그렸던 그림(형상화)을 수정해서 다시 그려 내고(재형상화), 통합적으로 다시금 새로 그려 내는(통합 형상화) 과정을 거친다는 것이다. 여기서는 주로 '그리기, 다시 그리기, 새로 그리기'로 번역한다—역주].

종교 다원주의에 대한 논란은 **유일하신** 하나님의 자존적 정체성에서부터 출발하기 때문에, 즉 **동일성**을 전제로 출발하기 때문에 난국에 봉착한다. 다원주의 종교 신학에서, 하나님은 종교 경험으로부터 끌어들임으로써 혹은 철학적 반성을 통해서 존재론적으로 감정된다. 즉, 다양한 '경륜적'(economic) 관계들은 하나님의 정체성을 이루는 구성적 계시들이라기보다는 **유일하신** 하나님에 대해 우연적인 것으로 간주된다. 그러나 교부들은 그 유일하신 하나님을 성부, 성자, 성령의 다원성으로 확인했다. 그들은 하나님에 대해 하나이심(oneness)과 셋이심(threeness)의 맥락에서 동등하게 생각했다. 그리고 그들은 내러티브가 하나님에 대한 철학적 정체 파악을 명료화하고 수정하도록 허락함으로써 그렇게 했다.

종교 신학

근대 초기의 종교 철학자들은 참 종교는 자연적이며, 합리적이며, 모든 사람에게 해당하는 것이라고 제안했다. 칸트와 같은 철학자들이 볼 때, 제도적인 종교(ecclesiastical religion, 합리적인 종교에 대칭되는 종교로서 칸트가 역사 속에서 우연적으로 세워진 종교를 가리키는 말로, 교회라는 말과는 관

---

37) 내러티브를 강조함으로써, 나는 하나님을 확인함에 있어서 성경 문학의 다른 유형들의 규범적 기능을 배제하지 않으려 한다. 그러나 내러티브는 '사랑'과 '권능'과 같은 속성들이 구체적인 내러티브적 묘사가 없이는 결여할 수도 있을 어떤 특성(specificity)을 이러한 개념들에게 덧붙여준다.

계가 없다-역주)를 구별하는 특수한 성격들은 단지 부차적인 특성들-역사의 우연들-이며, 따라서 비본질적인 것이었다. 20세기의 종교 신학은 차이점들을 보전하면서 특수성의 거치는 것을 협상하는 측면에서 더 잘 하고 있을까? 비록 기독교 신학자들이 언제나 다른 종교들에 관한 '가르침들'(doctrines)-예를 들어, 다른 종교들도 어떤 진리를 가르친다거나, 다른 종교들은 허위라거나, 다른 종교들은 기독교에 의해 성취된다는 등의 가르침들-을 가지고 있지만, 종교들에 대해 '신학'이 시도된 것은 합리적 종교의 쇠퇴와 더불어 비롯된 상당히 최근의 일이다.[38]

다원주의적 종교 신학. 간략하게 말해서, 다원주의 종교 신학은 기독교 신앙을 포기하지 않으면서 타종교들의 타당성을 인정하는 것을 목표로 한다. 종교 다원주의자들은 모든 종교가 궁극적으로 동일한 진리를 가리킨다고 믿는다. 존 힉의 다원주의적 가설은 칸트로부터 실마리를 가져온다. 즉, 종교들은 실재(the Real)를 경험하는 문화에 따른 상대적 방식이라는 것이다. "다원주의적 가설에 따르면, 우리가 어떤 특정 종교 전통에서 알려진 대로-여호와나 아도나이(Adonai)나, 하늘의 아버지나, 성삼위일체나, 알라(Allah)나, 시바(Shiva)나, 비쉬누(Vishnu) 등-하나님에 대해 말할 때, 실재를 인간적으로 경험한 페르소나(*persona*, 면모-역주)에 대해 말하는 것이다."[39] 계시, 즉 우리가 인지하는 실재는 언제나 현상적이다. 그러나 실재 자체(*an sich*)는 인간적 경험과 범주들을 넘어선다. 그렇지 않다면, 우리는 "보고된 모든 경험을 환각적인 것으로 간주하거나 다른 전통들에서 발생하는 경험들에 대해 환각적인 것으로 치부해 버리고, 우리 자신의 종교 경험의 흐름에 있는 것의 진정성만을 인정하는 고백적 입장으로 복귀하게" 될 것이다.[40] 그러나 이

---

[38] J. A. DiNoia, *The Diversity of Religions* (Washington, D. C.: Catholic University of America Press, 1992), 제1장을 보라. 종교들의 역사와 종교 신학의 발전에 대해서는, Paul Knitter, *Toward a Protestant Theology of Religions: A Case Study of Paul Althaus and Contemporary Attitudes* (Marburg: N. G. Elwert, 1974) 및 Heinz Schlette, *Towards a Theology of Religions* (New York: Herder & Herder, 1966)를 보라. 종교들의 역사에 대한 신학에 대해서는, Pannenberg, *Systematic Theology*를 보라.

[39] John Hick, *An Interpretation of Religion: Human Responses to the Transcendent* (London: Macmillan, 1989), p. 258. Hick은 자신의 다원주의적 가설을 삼위일체에 대한 양태론적 조망이라고 바르게 본다(pp. 271-72).

[40] 같은 책, p. 249.

러한 두 가지 선택 사항 중 어느 것도 힉에게는 '현실적'으로 보이지 않는다. 왜 그럴까?

다원주의자는 종교들 사이의 '대략적인 등가성'(rough parity)에 대한 확신 같은 것을 가지고 종교 대화를 시작한다. 다원주의자의 입장에서는, 다른 종교와의 진정한 대화에 돌입한다는 것은 상대 종교에 어떤 진리가 있음을 인정한다는 의미다.[41] 다원주의자에 따르면, 포용주의자들은 종교적 진리 주장들에 이르러서는 (예를 들어, 구원자로서의 예수님의 최종성에 대한 진리 주장) 배타주의자들만큼이나 일원론적이다. 포용주의자들은 단지 자신들의 견해가 배타주의적 구원론의 틀에서보다 더 많은 사람이 구원받도록 만든다는 사실을 인정하고 싶을 뿐이다.

'세계' 종교 신학. 힉은 모든 종교를 동일한 진리에 이르는 길로 보는 반면에, 고든 카우프만(Gordon Kaufman)은 진리가 오직 대화 과정에서만 떠오른다고 믿는다. "나는 이것을 진리에 대한 '다원주의적' 혹은 '대화적' 개념이라고 부른다."[42] 그러나 참으로 카우프만은 여기에서 진리 개념을 진리를 획득하는 방식과 혼동하고 있다. 결국에는, 진리가 여전히 다원주의자가 말하는 진리이기 때문이다. 모든 종교는 동일 진리에 이르는 동등하게 타당한 길들이다.

그러므로 많은 다원주의자가 이제 공개적으로 '세계' 종교 신학 혹은 '보편' 종교 신학을 옹호한다는 사실은 전혀 놀라운 일이 아니다. 윌프리드 캔트웰 스미스는 만일 그 신학이 모든 종교로부터 자료들을 끌어온다면, 그 종교 신학은 '보편적'이라고 주장한다. 그리고 로스 리트(N. Ross Reat)와 에드먼드 페리(Edmund F. Perry)의 「세계 신학」(*A World Theology*)에는, 다원주의 종교 신학들의 일원론적인 성향이 확실하게 드러난다. 그들의 논제는 간단하고 명료하다. 즉, 세계 종교들은 인간의 동일한 중심적인 영적 실재— '하나님'(神)—에 대한 서로 다른 표현이라는 것이다. 인간의 중심적인 영적 실재로서의 '하나님'은 "총괄적으로 한 사람의 삶에 의미와 목적을 확인시켜

---

41) Langdon B. Gilkey, "The Pluralism of Religions." in *God, Truth and Reality: Essays in Honour of John Hick*, ed. Arvind Sharma (New York: St. Martin's, 1993), p. 111.

42) Gordon Kaufman, "Religious Diversity and Religious Truth." in *God, Truth and Reality: Essays in Honour of John Hick*, ed. Arvind Sharma (New York: St. Martin's, 1993), p. 158.

야 할 인간적인 필요성의 한 표현"이다.[43] 따라서 '하나님'은 부정할 수 없으며, 바람직한 것이다. 모든 종교가 인정하다시피, 또한 '하나님'은 궁극적으로 이해하기 어렵다.

이 마지막 차원인 이해의 어려움은 그 저자들이 지적하듯, 세계 신학에서 지극히 중요하다. "그러므로, 각 종교는 그 중심에 어떤 역설을 담고 있다. 한편으로, 각 종교는 자신이 궁극적 실재를 총체적으로 파악하고 있음을 부인한다. 다른 한편으로, 각 종교는 궁극적 실재에 대한 최상의 통로와 이해와 관계를 소유한다고 주장한다. 이 역설은 어느 종교가 분별해 왔던 것 혹은 책임 있게 인정했던 것 그 이상을 예시한다."[44] 하나의 세계 신학에 대해 변론하고 있음에도 불구하고, 리트와 페리는 자신들이 "보편성의 제단(祭壇) 위에서 특수성을 희생시키라고 격려하려는" 의도가 아니라고 주장한다.[45] 동일한 중심적인 영적 실재에 대한 상징적 표현들로서 여러 종교는 상호 배타적이기보다는 상호 보완적일 수 있다는 것이다.[46]

삼위일체가 그러한 틀에 맞을 수 있을까? 흥미롭게도, 그 저자들이 예수님의 위격과 사역이 하나님을 계시한다는 기독교 신념을 바르게 인정함에도 불구하고, 그들은 기독교의 '신중심성'(theocentricity)이 "그리스도 안에서 이루어진 하나님의 계시—그 실재는 그리스도 안에 계시된 모든 것을 능가하는—까지도 하나님에 대해 상대적"이라는 사실을 의미한다고 주장한다.[47] 예수님이 유일한 길과 진리라는 기독교 주장은 "오직 하나님만이 절대적이라는 기독교의 신중심적 공리와 모순된다."[48] 삼위일체론은, 각별히 하나님의 '위격성'(personhood)이 인류의 중심적인 영적 실재의 보편적으로 증거된 특성이 아님을 알게 될 때, 그러한 도식에 잘 맞지 않는다.[49]

---

43) N. Ross Reat and Edmund F. Perry, *A World Theology: The Central Spiritual Reality of Humankind* (Cambridge: Cambridge University Press, 1991), p. 9.
44) 같은 책, p. 22.
45) 같은 책, p. 311.
46) 같은 책, p. 23.
47) 같은 책, p. 206.
48) 같은 책, p. 207.
49) 나는 기독교에 대한 그 저자들의 66페이지짜리 장에서 삼위일체에 대한 단 한 차례의 간략한 언급만을 발견했을 뿐이다.

다원주의적이며 보편적인 종교 신학에 대한 반론. 다원주의 종교 신학이나 세계 종교 신학이 정통 신학보다 '타자'에 대해 어떤 식으로든 덜 배타적이며 덜 억압적일까? 그렇지 않다. 여기에는 몇 가지 이유가 있다.

세계 신학은 종교적으로 특수한 것과 다른 것을 수용할까 아니면 없애버릴까? 상당수의 비평가는 다원주의가 결단코 어떤 배타주의적인 태도를 피하지 못하며, 다만 그 배타주의를 기독교에서부터 근대 서구의 자유주의로 바꾸었을 뿐이라고 주장한다. 카우프만에 따르면, 종교적인 진리 주장들과 관련되는 한, "그 모든 주장은 **본질적으로 동일한 것**으로 귀결된다"라고 설명하는 한, 힉의 입장은 "전적으로 획일적"이라는 것이다.[50] 여러 비평가는 다원주의가 종교를 어떤 류(genus) 개념으로 부당하게 취급한다고 개탄한다.[51] 그러므로 다원주의자가 종교의 핵심을 규정하는 그 정도만큼, 종교라는 개념 자체는 배타적이 될 수밖에 없다. 즉 어떤 현상들은 포함되고, 다른 현상들은 배제되는 것이다. 예를 들어, 큉은 "우리가 주술이나 무당, 연금술과 같은 것들을, 하나님의 실존성에 대한 신념과 동일한 층위에 놓을 수는 없다"[52]라고 분명히 한다. 그러나 어째서 그렇게 할 수 없는 걸까? 이는 그러한 현상들이 대부분의 다원주의자들이 속한 현 시대의 자유주의적 지적 전통에 부합하지 않기 때문이다.[53]

다원주의 종교 신학이 어떤 현상들을 배제하는 것만은 아니다. 다원주의 종교 신학이 인정하는 현상들 역시도 주도적인 해석의 틀에 맞아야 한다. 개빈 디코스타(Gavin D'Costa)는 다원주의가 "종교들 스스로가 이해하는 자

---

50) Kaufman, "Religious Diversity", p. 162.
51) John Milbank, "The End of Dialogue", in *The Myth of Christian Uniqueness Reconsidered: The Myth of a Pluralistic Theory of Religions*, ed. Gavin D'Costa (Maryknoll, N.Y.: Orbis, 1990), pp. 174-191, Alister E. McGrath, "The Christian Church's Response to Pluralism", *Journal of the Evangelical Theological Society* 35 (1992): 487-501를 그리고 특히 Robert T. Osborne, "From Theology to Religion", *Modern Theology* 8 (1992): 75-88를 보라.
52) Hans Küng, "What Is True Religion? Toward an Ecumenical Criteriology", in *Toward a Universal Theology of Religion*, ed. Leonard Swidler (Maryknoll, N. Y.: Orbis, 1987), p. 236.
53) John V. Apczynski, "John Hick's Theocentrism: Revolutionary or Implicitly Exclusivistic?" *Modern Theology* 8 (1992): 39-52를 보라. Robert T. Osborne은 '종교'라는 생각 자체가 본래 다른 종교 현상들에 대한 기독교의 투영이었고 그런 다음에 기독교를 '참된 종교'의 최상의 표본으로 보는 것이 가능하게 되었기 때문에 억압적이라고 주장한다. Osborne, "Frome Theology to Religion"을 보라.

기 이해에 충실하기보다 다원주의 체계 자체의 조건들에 종교들을 통합하려고" 제안하는 한, 다원주의는 제국주의적이며 절대주의적이라고 비판한다.[54] 캐스린 태너(Kathryn Tanner)는 다원주의가 종교간 대화를 도와주기보다 방해하는 식민주의적 담론 형태라고 본다. "식민주의 담론이 그 '타자들'을 구축해 나가는 일반적인 방식을 흉내냄으로써, 종교간 대화를 위한 전제로서 신앙 내용들과 규범들, 혹은 종교적 언어의 지시 대상의 일치성(identity)를 고집하는 다원주의 담론은 **타자로서의** 다른 종교들에 대한 존경을 침해한다고 나는 주장한다."[55]

다원주의 신학은 그 신학을 뒷받침하는 구체적인 종교적 실천이 없는 신학일까, 아니면 새로운 종교적 믿음의 표현일까? 판넨베르크는 스미스가 그의 종교 신학을 종교 전통들과 동떨어진 하나님에 대한 지식으로 시작한다는 점을 염려한다. 그러나 그러한 지식은 어디에서 오겠는가? 니터 및 여타의 다원주의자들은 '참' 종교에 대한 해방 운동가-실용주의 기준을 사용한다. 즉, 교리가 아니라 인류 복지에 대한 관심이 종교적 협력과 종교 비판 모두를 위한 근거를 제공한다는 것이다. 그러나 이러한 입장은 배타주의적인 종교 신학일 뿐만 아니라 모든 면에서 이데올로기적이다.

큉은 종교의 진리를 판단할 수 있는 일반적인 윤리적 기준으로서 '후마눔'(humanum, 인간적인 것, 인간성, 인도주의적인 것—역주)을 제안한다. 참된 종교는 "비인간적으로 여겨지는 것"은 추천하지 않을 것이라고 그는 말한다.[56] 누구에게 그렇게 여겨지는 것일까? 나는 큉이 염두에 둔 어떤 "인도주의적인 근대주의자들"에게 독신 생활이 식인종만큼 비인도주의적인 것으로 여겨지지 않는다 해도 그리 놀라지 않을 것이다. 비록 큉이 근본적인 물음은 "인류에게 무엇이 유익한가?"라는 것이라고 올바르게 인식한다 할지라도, 그는 "인류가 참으로 인간적이 되도록 도와주는 것"[57]이라는 자기의 대답이 부적절하다는 점은 보지 못한다. 종교들 가운데서 분쟁이 되는 내용이

---

54) Gavin D'Costa, *The Myth of Christian Uniqueness Reconsidered: The Myth of a Pluralistic Theory of Religions*, ed. Gavin D'Costa (Maryknoll, N. Y.: Orbis, 1990), p. ix.
55) Kathryn Tanner, "Respect for Other Religions: A Christian Antidote to Colonialist Discourse", *Modern Theology* 9 (1993): 1.
56) Küng, "What Is True Religion?" p. 240.
57) 같은 책, p. 242.

과연 후마눔의 성격과 의미와 목표일까?

물론 큉은 후마눔에 대한 자신의 고유한 비전을 가지고 있다. 그것은 "무엇이든지 인간의 신체-심리적, 개인-사회적 인간성 가운데서 인류를 분명하게 보호하며, 치유하며, 성취시키는 것"이다.[58] 그러나 폴 에디(Paul Eddy)가 지적하다시피, 큉의 해방 운동가적 기준은 임의적인 선호와 다르다고 보기 힘들다. 대화의 테이블에서, 우리는 어떤 식으로든지 간에 "이해관계에 따라 치우쳐진" 관점을 버리고 모든 개념을 수용하든지, "아니면 다양한 대화적 관점들이 평가될 수 있는 어떤 메타 비판적인 시금석을 인정한다."[59]

아마도 다원주의적 종교 신학이 지닌 단조로움은 그 신학의 가장 열악한 오점일 것이다 — 종교는 결코 지루해서는 안 되는 것이다! 그런데 힉은 종교적 신앙 내용과 실천의 풍성한 양탄자를 (천연 재질이 전혀 들어가지 않고 전부 합성 섬유로 된) 깔개로 만들어 버린다. 힉은 교리의 유의미성을 폄하한다. 종교적 진리는 이해의 문제가 아니라 변혁의 문제라는 것이다. 그러나 우리를 변혁하는 것이 무엇인지를 구체적으로 적시한다는 것은 매우 어려운 문제다. 디노이아(J. A. DiNoia)는 다원주의자들이 "구원의 교리들에 있어서 다른 문화와의 편차들을 어떤 무규정적인 공동 목표의 방향으로 균일화하는" 경향이 있다고 불평한다.[60] 케네스 수린(Kenneth Surin)도 마찬가지로 그 피할 수 없는 결과 — 차별성들이 단지 문화적인 문제가 되어버리는 결과 — 에 주목한다. "독백적인 다원주의가 서서히 그러나 가차 없이 전 세계적인 에큐메니즘의 이름으로 타자를 — **어떠한** 타자라 할지라도 — 길들이고, 동화시킨다."[61]

---

58. 같은 책.
59) Paul R. Eddy, "Paul Knitter's Theology of Religions: A Survey and Evangelical Response", *Evangelical Quarterly* 65 (1993): 243.
60. DiNoia, *Diversity of Religions*, p. 48.
61) Kenneth Surin, "A 'Politics of Speech': Religious Pluralism in the Age of McDonald.'" in *The Myth of Christian Uniqueness Reconsidered: The Myth of a Pluralistic Theory of Religion*, ed. Gavin D'Costa (Maryknoll, N. Y.: Orbis, 1990), p. 200.

삼위일체적 종교 신학?

하나와 여럿의 문제에 대한 독특한 해결책을 지닌 삼위일체가 종교 신학에서 좀더 꾸준하게 언급되지 않는다는 사실은 놀라운 일이다.[62] 이 글은 이 빈 자리를 메우려는 시도다. 나의 의도는 구원론보다는 '하나님'의 정체성 문제에 초점을 맞춤으로써 좀더 직접적인 방식으로 종교 다원주의 문제에 삼위일체 신학의 자원들을 적용하려는 것이다.[63]

레이문도 파니카: 종교들의 '페리코레시스'. 파니카는 그 일반적인 법칙에 예외적이게도 삼위일체에 호소하며, 삼위일체가 인간이 지닌 모든 종교의 중심을 차지한다고 믿는 다원주의자이다.[64] 파니카는 내가 이미 언급한 것과 똑같은 이유들 가운데 몇 가지 때문에 '통일적인' 다원주의를 비판한다. 가장 주목할 만하게는 종교에 대한 어떤 합리적인 보편적 이론이 바람직하다는 그 전제를 비판한다. 보편 이론(독백)에 대한 서구의 추구는 인간의 종교성을 표출하는 하나의 길일뿐이다. 참된 다원주의(대화)는 그 정의상 어떤 공통 분모에 근거하거나 더 높은 종합에서 해소되어 버릴 수 없는 상호 배타적인 근본 체계들의 문제다. 진리 자체는 다원주의적이다. 파니카의 말은 절대적인 진리란 전혀 없다는 뜻이다.

파니카는 동양 사상, 특히 힌두교의 비이원론적인 혹은 불이일원론적인 [advaitist, 힌두교의 베단타학파 가운데 가장 유력한 학설로 '절대불이설'이라고도 한다. 현상계는 허망한 것이며, 유일실재자(唯一實在者)의 환영(幻影)에 불과하다는 가우다파다의 주장을 샹카라가 체계화한 것이다—편집자 주] 전통이 고대 그리스의 이원론적 철학보다는 기독교의 삼위일체적 사상에 더 적합하다고 믿는다. (갠지스 강에 의해 상징화 되는) '기독 인간됨'

---

62) D'Costa는 삼위일체가 "기독교 종교 신학에서 거의 언급되지 않는다"라고 지적한다(D'Costa, "Theology of Religion", p. 287).

63) David Burrell은 *Myth of Christian Uniqueness Reconsidered*를 리뷰하면서, 처음 두 장이 "우리의 삼위일체적 신앙에 대한 더 심오한 기독교적 전용이 예시적인 방식으로 그러한 [종교간] 대화를 열어 줄 것이라는" 우리의 예감을 확인해 준다[*Modern Theology* 9 (1993): 309].

64) Raimundo Panikkar, *The Trinity and the Religious Experience of Man: Icon-Person-Mystery* (Maryknoll, N. Y.: Orbis, 1973), p. viii. Rowan Williams는 삼위일체에 대한 Panikkar의 책이 "우리 세기의 삼위일체에 대한 최상의 책 가운데 하나이며 가장 적게 읽히는 묵상들"이라고 판단한다 ["Trinity and Pluralism." in *The Myth of Christian Uniqueness Reconsidered: The Myth of a Pluralistic Theology of Religions*, ed. Gavin D'Costa (Maryknoll, N. Y.: Orbis, 1990), p. 3].

[Christianness, 파니카는 그의 논의에서, 특별히 Christendom, Christianity, Christianness라는 세 용어를 사용하는데, 각각 문화와 제도로서의 기독교, 종교로서의 기독교, 기독인간성(혹은 기독성)을 가리킨다. 그는 Christianness를 종교성의 핵심으로 본다. 그가 Christness(기독성)라는 말 대신에 Christianness라는 말을 선호한 이유는 기본적인 인간됨과 그리스도성의 합을 인간의 종교성 혹은 영성의 핵심으로 보기 때문이다—역주]은 기독교의 제도적 형태나 교리적 형태가 아니라 종교의 신비적 알맹이를 가리킨다. 파니카는 어떤 보편적인 종교 이론보다는 '실재에 대한' 초자연적인 '우주적 확신'을 종교간 대화와 협력의 기반으로 삼고자 한다. 각각의 구체적인 종교는 전체에 대한 오직 한 가지 관점, 한 가지 창(窓)만을 제공할 뿐이다. 우리가 부분을 통해 전체를 보고 있음을 의식하는 것이 중요하다. 왜냐하면 오직 그렇게 할 때만 우리가 타자도 전체에 대한 하나의 전망을 가질 수 있음을 인정할 수 있기 때문이다.

같은 기준을 가지고 잴 수 없는 종교들의 바로 그러한 비교 불가능성(incommensurability)이 일종의 삼위일체적 페리코레시스(perichoresis, 위격들 사이의 상호 점유 혹은 상호 교류의 의미로, 세 위격이 각자의 개체성을 유지하는 한편 각 위격은 다른 두 위격의 생명을 공유함을 의미한다. 각 위격은 각각의 독특하게 구별되는 정체성을 유지하면서도 다른 위격들을 통찰하며 또한 다른 위격들에 의해 통찰된다—편집자 주)를 위한 조건이며, 이 조건 가운데서 각 종교는 타자의 한 차원이 된다. 왜냐하면, 각 종교는 인간 경험 전체를 한 가지 구체적인 면에서 대변하기 때문이다. 타자와 나는 둘 다 전체를 보되, 한 가지 특정한 측면 아래서만 본다. "기독교는 최고 존재자에 대한 고유 명시기 아니다. '하나님'(神)은 보통 명사다.…이 모든 사실은 기독교 세계 및 기독 종교와는 다른 기독 인간됨의 가능성을 시사한다.… '그리스도'는 '도처에서 역사하며, 실재가 존재하는 곳이면 어느 곳에서든지 잡힐 듯 말 듯 현존하는' 신-인간적 신비(the divine-human mystery)의 상징이다."[65]

---

65) Panikkar, "The Jordan, the Tiber and the Ganges", pp. 106, 113. 또는 Demarest가 풀어서 설명하듯이, "그리스도는 그리스도인들에 의해 예수라고 고백되지만 다른 종교들에서는 다른 이름들로 알려진 비역사적 로고스다"(*General Revelation*, p. 221).

배타주의와 포용주의와 통합적인 다원주의의 일원론에 반대하면서, 파니카는 실재를 근본적으로 자유로운(즉 생각에 의해 동화되는 일로부터 자유로운) 것으로 보는 시각을 제안한다. 그렇지만 실재는 신뢰할 수 있는 것이다. 왜냐하면 실재는 질서가 잡혔기 때문이다. 물론 그 질서는 어떤 체계의 위계 질서라기보다는 음악의 조화와 훨씬 더 비슷하지만 말이다. "화합은 하나임도 다원성도 아니다. 화합은 다르기를 그치지 않으면서, 하나로 변하지 않으면서, 더 높은 수준으로 종합되지도 않는, 하나를 향한 여럿의 역동이다.…만일 소리들의 다원성이 전혀 없거나 그러한 소리들이 단 하나의 음높이로 합쳐진다면, 화성적인 일치는 전혀 없는 것이다."66)

파니카가 볼 때, 이 조화에 대한 기독교적 상징이 바로 삼위일체다. 성부는 명명할 수 없는 절대자를 대변한다. 성자는 사람들이 참여하는 신적 위격(divine Person)이다. 성령은 명명할 수 없는 절대자와 이름 붙여진 인격들이 참여하는 하나됨(unity)의 원리다. 따라서 삼위일체는 '신인주의'(theandrism)의 상징이다. 신인주의는 "신적인 것과 인간적인 것 사이의… 친밀하며 완벽한 하나됨이며…그것은 여기와 아래에 있는 모든 것이 향해서 나아가는 목표다."67) 실재는 '신인적'이다. 그리고 각 존재자는 그리스도의 현현(christophany)이며, 전체의 본질적인 한 부분이다. (하나님과 인류라는) 두 개의 실재가 있는 것도 아니며, (하나님이나 인류라는) 하나의 실재만 있는 것도 아니다. 이것이 바로 우파니샤드(Upanishads)의 중심 메시지다. "하나님은 만물 안에 있다. 그리고 만물은 하나님 안에 있다." 그것은 말이나 개념으로 전달될 수 없는 것이다. 우리는 영적인 경험의 깊이 가운데서 직접적으로 하나님을 안다.

서구 신학은 진리들의 참된 다원성(자유로서의 성령)보다는 로고스(생각/의식)를 지나치게 강조함으로써 우주적인 조화에 대한 이 감각을 상실해 버렸다. "내가 궁극적으로 반대하는 것은, 기독교 삼위일체적 용어로 말하자면 **로고스**의 전체적인 지배이며 성령의 종속 혹은 철학적인 용어로 말해서 어떠

---

66) Raimundo Panikkar, "The Invisible Harmony: A Universal Theory of Religion or a Cosmic Confidence in Reality?" in T*oward a Universal Theology of Religion*, ed. Leonard Swidler (Maryknoll, N. Y.: Orbis, 1987), p. 145.

67) Panikkar, *Trinity and Religious Experience*, p. 71.

한 형태의 일원론이다."[68] 파니카는 실재 그 자체가 다원주의적임을 견지하는 비이원론적, 불이일원론적 태도를 채택한다. "그러한 존재자는 비록 로고스 혹은 최고 지혜(a Supreme Intelligence)가 '에워싸거나' '공존한다' 할지라도, 의식(意識)으로 환원될 필요는 없다."[69] 존재와 의식의 동등함을 부인함으로써, 파니카는 타자를 생각에 동화하지 말고 타자를 타자되게 하라는 레비나스의 명령에 대한 한 가지 가능한 답변을 제시한다. 파니카는 만일 로고스가 존재의 명료성이라면 성령은 존재의 불투명성이라고 말한다. 하나님까지도 전체적인 이해에 저항하는 불투명성을 지닌다. "정확히 이것이 바로 자유의 자리이며, 다원주의의 기반이다."[70]

가이스트 혹은 게슈탈트: 성령의 형태들에 대한 형상화. 신학과 종교 다원주의의 일반 주제에 대한 상당수의 최근 작업이, '충성과 개방성'의 딜레마 즉 다른 종교와의 대화를 추진하면서도 자신의 종교에 신실할 수 있는가의 문제를 다루면서 파니카의 선도를 따라간다. 비록 그들이 삼위일체적이라고 주장하지만, 그들 각자는 기독론과 성령론 사이에 어떤 비판적인 거리를 조심스럽게 유지한다.

먼저 파니카의 삼위일체적 다원주의에 대한 소논문인 로완 윌리엄스(Rowan Williams)의 "삼위일체와 다원주의"(Trinity and Pluralism)에서 시작하자. 삼위일체는 형식(=로고스)과 실현(=성령)의 상존하는 발생적 원천으로 여겨진다. 그러나 "형식"은 결코 구체적인 실현들에 의해서 다함이 없고, 제약되지도 않는다. 파니카가 볼 때, **그리스도**는 구체적인 인격의 이름이며 **동시에** 모든 인류의 잠재적인 장래 모양이다. 그러나 성령은 이 형식이 "인류 자체의 다양성과 마찬가지로 광범위한 다양성 가운데서"[71] 실현되는 과정이다. 성부 하나님이 예수의 정체성을 구성하듯이, 성령 하나님은 (다른 의미에서) 교회의 과정을 구성한다.[72] 윌리엄스는 "그리스도"의 신비가 지금까지 기독교에 알려지지 않은 형식들, 우리가 다른 종교들과 조우하면서 발

---

68) Panikkar, "Invisible Harmony", p. 124.
69) Panikkar, "The Jordan, the Tiber and the Ganges", p. 109.
70) Panikkar, "Invisible Harmony", p. 130.
71) Rowan Williams, "Trinity and Pluralism", in *The Myth of Christian Uniqueness Reconsidered: The Myth of a Pluralistic Theory of Religions*, ed. Gavin D'Costa (Maryknoll, N. Y.: Orbis, 1990), p. 8.

견할 수 있는 형식들 가운데서 실현될 것이라는 파니카의 의견에 동의하는 것 같다.

파니카처럼, 마이클 반즈(Micheal Barnes)는 통일적인 다원주의를 피하고자 한다. 그는 배타주의, 포용주의, '독백적' 다원주의를 넘어서는 길인 '대화적' 다원주의를 제안한다.[73] 파니카처럼, 반즈는 종교를 경쟁 체계를 이루는 것으로 보지 않고, 인간이 되는 서로 다른 길들을 대표하는 것으로 본다. 각 종교는 사람들이 변화에 대처하고 고난을 감내할 수 있도록 해주는 독특한 언어와 실천을 가지고 있다. 종교들은 신앙 내용들의 층위에서가 아니라 (더 심오한) 인간 종교성의 상호 인격적인 층위에서 하나가 된다. 종교들은 다른 종교들과의 대화를 통해서 자신들을 더 잘 이해한다. 그래서 반즈의 종교 신학의 근저에는, 성령 중심적인 종교들의 해석(페리코레시스) 이론이 놓여 있다. 종교간 대화는 인간의 공통적인 종교성에 기반을 두고 진행되며, 그것이 바로 성령의 역사다.

주로 헤겔(G. W. F. Hegel)에게서 끌어오는 피터 하지슨(Peter Hodgson)은 마찬가지로 신적 가이스트(*Geist*) — 혹은 그의 용어로는, 신적 게슈탈트(*Gestalt*) — 가 시간대마다 (그리고 각 종교들에서) 다른 형태를 취한다고 믿는다. 하지슨은 하나님이 자유의 여러 형태로 역사 가운데 현존하신다고 주장한다.

그러나 우리는 여기에서 한 가지 문제를 접하게 된다. 이 문제는 랭든 길키(Langdon Gilkey)가 가장 잘 진술했는데, 구체적인 기독교적 맥락으로부터 성령을 '규제 해제하려는'(deregulate) 모든 시도가 직면하는 문제다. 즉, 우리 주변의 다원성 가운데는, "그것들이 마귀적이기 때문에…관용되지 않는 종교 형식들이 있다."[74] 카스트, 소비주의, 성차별주의, 인종차별주의 등

---

72) Rowan Williams, "Trinity and Ontology", in *Christ, Ethics and Tragedy: Essays in Honour of Donald MacKinnon*, ed. Kenneth Surin (Cambridge: Cambridge University Press, 1989), pp. 71-93를 보라.

73) Michael Barnes, *Religions in Conversation: Christian Identity and Christian Pluralism* (London: SPCK, 1989), pp. 172ff.

74) Langdon B. Gilkey, "Plurality and Its Theological Implications", in *The Myth of Christian Uniqueness: Toward a Pluralistic Theology of Religions*, ed. John Hick and Paul Knitter (Maryknoll, N. Y.: Orbis, 1989), p. 44.

은 종교의 '어두운 측면'을 대변한다. 길키는 다원주의의 딜레마를 인식한다. 즉, 저항하기 위해서는 어떤 종류의 궁극적 가치를 주장해야 하는데, 이는 적어도 암묵적으로는 실재에 대한 다른 견해들이 잘못되었음을 함의하는 '세계관'을 주장하는 것이 된다. 다원주의자는 종교적인 것을 상대화하기 원하며 **또 동시에** 마귀적인 것에 저항하기를 원한다.

이론적으로는 이 딜레마를 해소한다는 것이 어렵지만, 실제적으로는 '상대적 절대성'[75]을 드러낸다. 하지슨은 이 말에 동의한다. "절대주의와 상대주의를 넘어서는 길은…어떤 식으론가 변혁적이며 해방적인 실천에의 참여를 통해 발견될 수 있을 것이다."[76]

구체적으로, 하나님은 '자유 가운데서 사랑하시는 분'이다. 하지슨은 이 바르트의 공식을 특유의 헤겔적인 것으로 변형시킨다. **성령**은 하나님이 세상과 관계를 맺으시며, 세상의 소외를 감당하시고, 그 차이를 변모시키는 (transfigure, 저자는 변화산 사건을 암시하게 위해 이 표현을 사용한다—역주) 과정을 가리키는 간단한 용어다. 그러나 우리가 어떻게 신적인 것과 마귀적인 것 사이의 차이를, 자유의 형식들과 파시즘의 형식들의 차이를 말할 수 있을까? 분명 실천의 형태는 예수라는 인물에 의해서 대변되는, 동일성, 차이성, 매개라는 변증법적 과정을 드러낼 때마다 "자유 가운데서 이루어지는 사랑"으로 여겨질 수 있다. "사랑은 관계에 의해 매개되는 연합을 낳으며, 그러므로 구별을 낳는다."[77] 의미심장하게도, 하지슨은 '세계'를 다름의 순간과 동일시한다. 세계가 신적 생명 가운데 있는 한 순간인 것은 정확히 세계가 하나님이 아니기 때문이다. "하나님은 하나님의 정체성이며, 하나님 아님(not-God)은 하나님과 세계 사이에 발생하는 사건이다."[78]

신적 생명 안에서의 두 번째 순간으로서 '하나님의 아들'을 '세계'로 대체한 것은 하지슨의 신학이 더 이상 기독교적이지 않다는 것을 의미하는 걸까? 하지슨은 신학이 전통적으로 예수에 대한 "우상 숭배적인 집착"을 드러냈다고 답변한다.[79] 그는 신학자들이 이 집착에 저항해야 하는 여러 가지 이유를

---

75) 같은 책, p. 47.
76) Peter C. Hodgson, *God in History: Shapes of Freedom* (Nashville: Abingdon, 1989), p. 41.
77) 같은 책, p. 99.
78) 같은 책, p. 106.

든다. 그 이유로는 성육신 기독론의 개념적인 난점들뿐만 아니라 유대인 박해의 슬픈 역사, 페미니즘, 종교 다원주의 등이 있다. 그러나 우리를 예수님께 묶는 끈들을 풀어 놓으면서도, 하지슨은 "하나님의 세계에 대한 사랑과 고난과 변혁적 수용"에 대해 말한다.[80] 그 수용은 단번에 모두 나타나는 것이 아니라, 아무도 배타적인 타당성을 주장할 수 없는 다원적인 여러 형태로 나타난다. 그리스도인들에게는, 세상에 대한 하나님의 사랑을 분별할 수 있는 전형적인 '형태'가 예수님의 삶과 죽음이다. 그분의 십자가는 '신적 게슈탈트'를 구성한다. 그러나 '하나님'은 기독교적인 실천만이 아니라 해방하시는 실천(praxis)의 다양한 모든 형태 가운데서 변형을 가져오는 방식으로 현존하신다. "하나님은 다른 종교들에서도 형태를 취하시며, 다른 종교들의 주장도 우리의 주장만큼이나 정당한 것이다."[81]

하지슨의 처리 방식은 하나님을 "자유 가운데서 사랑하시는 분"으로 보는 이러한 게슈탈트의 근거가 무엇인지를 묻게 만든다. 어떻게 우리가 하나님이 사랑이심을, 이 하나님(혹은 저 하나님)으로서의 신의 자기 정체 규정을 떠나 모든 종교에서 동일한 하나님이 역사하고 계심을 알 수 있을까? 결국, 신적인 게슈탈트는 형성될 수도 있고 훼손될 수도 있다. 그리고 자유는 성령(*Heilige Geist*)의 선물일까 아니면 헤겔 정신(*Geist*)의 필연적인 종착점일까? 사랑의 신비는 다름 아닌 헤겔적 변증법의 신비일 뿐일까?

누구의 삼위일체? 어떤 성령? 어느 다원주의인가? 다원주의 종교 신학들을 하나로 묶는 것은 '보편화하는 자'(universalizer)로서의 성령의 역할인 것 같다. 성령은 존재(성부)를 로고스(성자)로 환원하는 일을 거부한다. 따라서 어떠한 종교 '형태'도 실재를 충만히 포착한다고 주장할 수 없다. 디코스타는 "성령론이, 그리스도의 특수성이 인류 역사에서 하나님의 보편적 활동과 연결되게 한다"[82]라고 말한다. 디코스타는 다원주의의 우군(友軍)이 아님에도 불구하고 (요 16장과 같은 구절들에 근거해서) 신적 계시가 예수의 역사

---

79) 같은 책.
80) 같은 책, p. 107.
81) 같은 책, p. 214.
82) Gavin D'Costa, "Christ, the Trinity and Religious Plurality." in *The Myth of Christian Uniqueness Reconsidered: The Myth of a Pluralistic Theory of Religions*, ed. Gavin D'Costa (MaryKnoll, N. Y.: Orbis, 1990), p. 19.

가 가지는 특수성들에 제한되지 않는다고, 즉 성령이 우리를 **더** 많은 진리 가운데로 인도하실 것이라고 믿는다. 성령은 "임의로 불기" 때문에, 성령의 활동은 기독교에 제약될 수 없다.

이러한 삼위일체적 종교 신학에 대해 물어야 할 기본적인 물음은 어떤 식으로 그리고 어느 정도로 그 성령이 예수 그리스도의 영이 되느냐 하는 것이다. 브루스 데머리스트(Bruce Demarest)는 파니카가 "성령"이라고 일컫는 것은 기독교 신학에서가 아니라 오히려 사변 철학에서 도출된 것이라고 주장한다. 그는 인간이 초월적 실재와 본질적으로 동일하다는 범신론적이며 일원론적인 힌두교의 시각을 파니카가 채택한 것을 기독교 신앙과 동양 영성의 "거룩치 못한 연합"이라고 주장한다.[83] 데머리스트의 평가를 다소 누그러뜨려서, 우리는 파니카가 서구의 (이성 중심의) 일원론을 동양의 (영 중심의) 일원론으로 바꿔 버렸다고 말할 수 있을 것이다. 분명 파니카는 우주적이며 조화로운 연합에 대한 자신의 비전을 형이상학적인 일원론과 구별하려 할 것이다. 그러나 다원주의처럼 보이는 것은 더욱 선명치 않은 일원론일 뿐이다. 그 일원론에서는, 모든 것이 일종의 형이상학적 페리코레시스 가운데서 이루어지는 다른 모든 것의 혼합이다. 실로 티모시 브래드쇼(Timothy Bradshaw)는 만일 다양한 종교가 공통적인 삼위일체론을 갖고 있다면, 그것은 하나님과 세계의 다리를 건설하려는 종속론적인 혹은 우주론적인 종류의 삼위일체론일 뿐이라고 주장했다.[84]

마찬가지로, 존 밀방크(John Milbank)는 삼위일체적 다원주의와 신-베단타학파적 다원주의(New-Vedantic pluralism)를 동일시하려는 파니카의 시도가 정통 삼위일체 신학에 미흡하다고 믿는다. 파니카의 비이원론적 다원주의는 차이점들을 직면해야 할 실재로 인정하지만, 초월자가 '무관심한' 현존성이자 권능인 한, 타자의 가치를 평가하는 데 실패하고 있다. 밀방크가 볼 때, 기독교적 삼위일체론에서만 "타자에 대한 존중을 달성할 수 있으며, 이 타자성을 순수하게 이웃의 차이로 완결 짓고 확보할 수 있다."[85]

---

83) Demarest, *General Revelation*, p. 223.
84) Timothy Bradshaw, "The Ontological Trinity", *Scottish Journal of Theology* 29 (1976): 301-310. Bradshaw는 "과연 삼위일체에 대한 '정통적' 공식이 종교들의 역사에서 그 자체에 병행되는 것들을 가지고 있는가?"를 묻는 것은 전적으로 다른 물음이라고 말한다(p. 305).

디코스타는 다음의 공식을 제안한다. 그 공식은 종교 다원주의를 논함에 있어서 진리의 기준들이 언제나 전통 특유의 것(tradition-specific)임을 보여주려는 것이다. "소위 중립적인 제안은 특수성을 감소시키는 만큼 그 유용성이 줄어든다."[86] 나는 우리가 '성령론적 다원주의'에 관한 앞의 비판들에 대해서도 마찬가지 공식으로 정리할 수 있다고 믿는다. '성령'의 특수성을 감소시키는 만큼 종교 신학에서의 그 유용성은 줄어든다.[87] 만일 성령의 활동이 말 그대로 보편적이라면, 우리는 신적인 것과 마귀적인 것을 구별할 수 없게 될 것이다. 윌리엄스는 이 점을 인정하는 것 같다. 그래서 그는 만일 하지슨이 신적 게슈탈트라고 일컫는 그리스도적 원리(Christic principle)가 '인간의 공동선'에 대한 현재 버전들에 대해 도전할 능력을 가지고 있다면 "그 자체의 중심적이며 **역사적으로** 특유한 삼위일체적 통찰의 이름으로" 그렇게 해야 한다고 말하면서, 말씀과 성령 둘 다의 필요성에 대한 개혁주의적 강조를 은근히 끌어낸다.[88]

하나님 '이야기하기': 내러티브에서 존재론으로

신앙 간의 대화를 할 때 기독교의 목표는 하나님을 '이야기하며' 그분의 내적이며 외적인 삼위일체적 관계들 가운데서(즉, 하나님의 존재와 행위들 가운데서) 사랑이신 분으로 정의하는 내러티브로 타자를 초대하는 것이다. 나는 충성과 개방성이라는 딜레마(즉, 어떻게 확신들을 유지하면서 **동시에** 대화를 견지할 수 있는가)를 해소하는 데 기여하는 것으로서 '하나님 이야기하기'에 대한 다음의 언급들을 제시한다. 나는 다원주의 종교 신학들이 전형

---

85) Milbank, "End of Dialogue", p. 188. Williams는 동의하지 않는다. 그래서 그는 Panikkar의 존재론의 핵심은 "차이점들은 중요하다"라고 말함으로써 압축될 수 있다고 말한다("Trinity and Pluralism", p. 4).
86) Gavin D'Costa, "Whose Objectivity? Which Neutrality?" *Religious Studies* 29 (1993): 81.
87) 세례 요한은 예수님과 관련해서 자신의 줄어드는 역할을 인정했지만—"그는 흥하여야 하겠고 나는 쇠하여야 하리라"(요 3:30), 예수님이 성령에 대한 자신의 지위와 관련하여 마찬가지의 양보를 하시지 않았다는 사실은 주목할 만하다. 그와 반대로 예수님은 성령에 대해 이렇게 말씀하신다. "그가 나를 증언할 것이요"(요 15:26), "그가 내 영광을 나타내리니"(요 16:14).
88) Williams, "Trinity and Pluralism", p. 10. 그는 또한 다음과 같이 언급한다. "하나의 통합적 실재로서 '그리스도적 사실'(christic fact)에 대한 증거는 인간성을 제약하거나 짓뭉개버리는 것에 대항한 투쟁에 활용될 수 있는 일종의 비판적 인간 표준의 가능성을 믿음들의 세계에 제안한다"(p. 9).

적으로 하나님의 정체성 가운데 자존적 정체성(*idem*) 개념을 가지고 작업한 다고 주장했다. 그 개념은 내러티브의 매개 없이 존재론을 논하려는 것이다. 이제 나는 하나님의 정체를 삼위일체로 규명하는 성경 내러티브는 차이점들이 축소되지도 억눌리지도 않으며, 화목케 되는 – '구원 받는' – 존재론을 야기한다는 이전의 나의 제안을 발전시키고자 한다.

내러티브적 정체성: 삼위일체 하나님. 빌헬름 딜타이(Wilhelm Dilthey)를 따라서, 리쾨르는 내러티브가 삶의 역사 가운데 드러나면서 인격적 정체성을 표출한다고 지적한다. 그 독특성의 정체성(the identity of the character, 'character'는 저자가 우선적으로 'uniqueness'의 의미로 사용한 단어다. 여기서 각각의 독특성을 가진 성격, 성품, 인물이 나오게 된다. 각각의 성격, 성품, 인물이 고유한 개성 즉 독특성이며, 이는 내러티브의 진행을 통해 드러나는 개별자들의 정체성이다 – 역주)은 "플롯의 정체성과 연결해서 구성되었다."[89] 플롯은 이질적인 사건들과 인물들을 하나의 유의미한 전체로 '통합적으로 새롭게 그려 내는' 방법이다. 그러므로 (파니카의 경우처럼 형이상학이 아니라) 내러티브가 일치와 불일치를 매개한다. 내러티브의 작용은 "로크가 모순되는 것으로 보았던 범주들인 정체성과 다양성을 화해시키는 전적으로 독창적인 역동적 정체성이라는 개념을 발전시켰다." 그 독특성의 정체성은 내러티브의 역할에 지대하게 의존하기 때문에, 리쾨르가 "독특성은…그 자체가 플롯들이다"라고 주장할 정도다.[90]

각 사람의 삶의 역사는 타자들의 역사들에 '얽혀' 있다. "자기 일관성은 각 사람이 타자들이 그 사람을 **의지할** 수 있도록 자신을 처신해 나가는 방식이다."[91] 내러티브적 정체 확인은 동일함과 관련해서는 그 차이점(성격, 시간 내에서의 항구 불변성)을 가지고 그리고 타자와 관련해서는 그 변증법(신실성, 시간을 통한 자기 일관성)을 가지고 자신을 드러낸다[여기에서 논의되는 (사람이나 하나님의) 정체성과 관련된 구분들의 난해성은, identity, character, same 등의 의미의 장에서의, 영어와 우리말 사이의 차이점과 중복성에서도 기인하는 바가 많다. 좀더 쉽게 표현하자면, 리쾨르와 밴후저는

---

89) Ricoeur, *Oneself as Another*, p. 143.
90) 같은 책.
91) 같은 책, p. 165.

정체성과 관련해서 원래 그대로 고정된 정체성(the Same)과 달리 이야기의 줄거리와 짜임새(즉 내러티브)를 통해 나타나는 정체성은 '그대로임'의 정체성이 아니라 독특한 '됨됨이'의 정체성, 시간 속에 흔들림 없이 '자리잡음'의 정체성, '한결같음'의 정체성이라는 것이다. 즉, 내면적인 '원래 그대로의 정체성'과 관련해서는 내러티브적 줄거리와 짜임새가 독특성이나 시간 가운데서도 흔들림 없이 자리잡은 것으로 확인되는 정체성을 보여 주며, 타자들과의 외적인 관계와 관련해서는 시간이 흘러가면서도 그 관계 속에서 한결같음(fidelity, one's self-constancy through time)을 통해 드러나는 정체성을 보여 준다는 것이다—역주]

이제 나는 젠슨의 "복음에 따른 하나님"이 자기 동일성의 본래적 정체성보다는, 자기 항상성의 본위적 정체성을 드러낸다는 이전의 의견을 개진하고자 한다. 하나님의 정체성에 대한 물음과 관련해서, 우리는 동일성의 문제를 하나님의 하나이심과 연결할 수 있으며, 자기됨(selfhood)이나 본위성(ipseity)의 문제를 하나님의 셋이심의 문제와 연결할 수 있다. 만일 인물(character)이 플롯이라면, 우리는(어떤 암묵적인 윤리적 목적을 지닌, 어떤 류의 전체로서 형상화 된) 오직 그분의 행위들에 기초해서만 하나님을 정의할 수 있다. 그러나 이것이 정확히 우리가 성경에서 가지는 것이다. 구약 성경은 하나님을 이스라엘을 애굽으로부터 건져내겠다는 자신의 약속을 지키신 분으로 그리고 이스라엘을 회복시키겠다는 자기의 약속을 지키실 분으로 정의한다. 복음서들은 하나님을 자신의 아들을 죽은 자들 가운데서 일으켜 세우신 분으로 그리고 그 아들에게 우주적인 왕국을 주겠다고 약속하신 분으로 정의한다. 성경 내러티브들은 하나님께 '역동적 정체성'을 부여한다. 즉 하나님의 정체성은 그분의 사역에 대한 그분의 자기 일관성의 문제다. 하나님의 정체성은 단지 어떤 규정되지 않은 실체의 자존성의 한 기능이 아니라 한 자아의 본위성의 한 기능이다.[92]

물론 하나님의 내러티브적 정체성은 세 개의 서로 연결된 삶의 이야기, 즉 성부와 성자와 성령의 이야기들이 있는 것 같다는 사실로 인해 복잡해진다.

---

92) 이 말은 신적 자존성을 부인하려는 뜻이 아니다. 하나님은 우주 역사의 플롯이 전개되면서 어떤 정체성을 '획득'하시는 것이 아니다. 오히려 하나님의 관계성들의 이야기가 하나님이 언제나 누구셨으며, 누구시며, 누구이실 것인가를 보여 준다.

그러나 여기에서도 세 위격 사이의 차이점들과 관계들은 내러티브에 의해 표출된다. 하나님이 누구시며 어떤 분인가는 복음서들이 이야기하는 성부와 성자와 성령의 얽혀진 삶의 역사들의 한 기능이다. 젠슨은 세 위격의 차이점들과 관계들을 하나님의 정체성과 무관한 것으로 만드는 공식들에 대해 비판적이다. 그러한 시도들은 무시간성의 맥락에서 (과거의 지속성과 연결된 본래적 정체성의 맥락에서) 신성을 형이상학적으로 해석하는 것들이다. 오히려, 하나님의 영원성을 형상화하는 것은 오로지 경륜적 삼위일체에 대한 내러티브적 그림, 즉 예수님과 성령의 시간 내적 사명들에 대한 이야기다.

판넨베르크는 하나님의 통일성이 실체로서 생각되든지(예를 들어, 아우구스티누스, 아퀴나스, 개신교 정통주의에 의해서) 주체로서 생각되든지(예를 들어, 헤겔, 바르트) 간에, 그 사실을 불문하고 하나님의 본질적인 통일성 개념으로부터 위격들의 셋이심을 도출하려 한다고 서방 신학자들과 동방 신학자들 모두를 비판한다. 판넨베르크는 전통적인 순서를 뒤집는다. "삼위일체 하나님의 본질과 속성들에 대한 물음과 더불어서만, 이 하나님의 통일성이 하나의 주제가 되는 것이다."[93] 그러나 판넨베르크는 말하자면, 경륜(적 삼위일체)을 확장함으로써 그리고 갑바도기아 교부들이 그랬듯이, 기원이나 원인의 맥락에서만이 아니라 말씀과 성령의 전체적인 사역에 비추어서 삼위일체적 관계들을 고찰함으로써 전통을 넘어 서고자 한다.

성부, 성자, 성령의 정체성을 구성하는 것은 단지 양식이나 기원(예를 들어, 낳음, 숨을 내쉼)이 아니라, 그 위격들의 다면적인 관계의 총합이다. 만일 위격들이 그 위격들 상호간의 관계들에 존재하는 무엇이라고 한다면, 이 관계들의 풍성함을 오직 기원(起源)의 관계들만으로 축소하는 것은 부당한 일이다. "위격들은 단순히 어느 한 관계와만 동일하지 않다. 각 위격은 많은 관계의 촉매이다."[94] 성부는 성자의 승리에 의존하며, 성자는 성부가 자신을 보내 주심에 의지한다. 판넨베르크는 내재적 삼위일체가 경륜적 삼위일체라는 라너의 공식을 받아들인다. 하나님이 구원사에서 자기 계시 안에 계심은, 그분의 영원한 본성 가운데서도 똑같으시다. 하나님의 통일성은 구원사 가운

---

93) Pannenberg, *Systematic Theology*, 1:229.
94) 같은 책, 1:320.

데서의 성부, 성자, 성령의 사역들에 대한 새로운 그림에 의해서만 규정될 수 있다. 이 새로운 그림은 필연적으로 성격상 내러티브적이다. "독특성은 플롯이다"라는 리쾨르의 통찰은 하나님의 존재론적 통일성이 역사 속에서의 하나님의 삼위일체적 자기 현시로부터 도출된다는 말이다. 종교 다원주의의 하나님은 원래 그대로일 수 있지만, 기독교 신앙의 삼위일체 하나님은 독특성을 지니신다.

만일 예수님이 진실로 하나님의 결정적인 계시라면, 하나님은 오직 역사 전체가 동일한 십자가와 부활의 형태를 나타내는 경우에만 그분의 말씀에 대해 참될 수 있다. 성령은 능욕 당하시고 높임 받으신 그리스도의 영이다. 파니카를 비롯한 여타의 다원주의자들은 성령을 성자와 연결하는 이 끈을 약화시키려 한다. 그렇지만 성부, 성자, 성령의 다양한 관계를 고려한 '확장된 경륜'에 대한 읽기가 성령을 독립적인 순회 전도자가 아니라 그리스도의 대사로 새롭게 그려 낸다고 나는 믿는다.

존재론적 성찰: 사랑과 결혼. 삼위일체 하나님에 대한 내러티브적 정체 확인은 그 절정과 결론이 "하나님은 사랑이시다"라는 외침에 이르는 존재론적 성찰로 이끈다. 이러한 정체를 확인하는 기술(description)이 다른 공허한 관념화의 운명을 피하게 되는 유일한 이유는 하나님의 사랑이 구체적인 내러티브적 상술(specification)을 통해 주어지기 때문이다. 즉, "하나님은 사랑이시다"라는 말의 의미는 성부, 성자, 성령의 사귐으로서 하나님을 내러티브적으로 새롭게 그려 내는 일과 연결된다.

삼위일체의 내러티브는 다른 삶의 역사들과도 얽혀 있다. 성부의 신성은, 그분이 사랑을 선택하시고 자신을 사랑과 동일시하는 한, 자신의 말씀과 세계 둘 다를 지키는 기능이다. 예수님은 성부께, "아버지의 이름으로 그들을 보전하사"라고 요청하신다(요 17:11). 삼위일체적 정체성은 비강압적인 방식으로 타자들을 포용한다. 타자의 잘 됨은, 하나님이 타자들에게 약속의 말씀을 하셨을 뿐만 아니라 약속의 말씀이 되시는 한, 하나님의 정체성을 구성한다. 삼위일체 하나님의 함께 어울림 가운데 존재하심은 과거가 지속된 본래적 정체성이 아니다. 세 위격 사이에는 역동적인 관계들이 존재한다. 그 관계들은 단순한 인과적 관계가 아니라 (지키고, 순종하고, 거주하고, 영화롭게 하는) 신실함의 관계다. 성부의 정체성은 성령을 보내고 아버지의 이름으로 그들을 지키시겠다는 제자들에 대한 성자의 약속과 관계 있다.

결혼 또한 약속의 말에 의해 구성되는 '함께 어울림 가운데 존재함'이다. 결혼에는 같음(한 몸)과 다름(구별되는 두 인격체) 둘 다에 대한 인식이 있다. "이 비밀이 크도다"(엡 5:32). 혹시 삼위일체의 정체성을 예시할 만큼 크다는 말일까? 내가 지금 주저하면서 표현하려는 바는 결혼의 존재론, 사랑의 구체적인 형식이다. 결혼을 구성하는 것은 한 사람의 서약들과 약속한 말에 대한 그의 신실함(fidelity)이다. 하나님을 성부, 성자, 성령으로 확인하는 복음서 내러티브들은 삼위일체적 삶을 인식하는 존재론적 성찰을 요청하고 형성하며, 이 삼위일체적 삶은 인과적 관계들이 아닌 언약적 관계들—하나님이 누구시며 어떤 사랑이신가를 우리가 이해할 수 있도록 도와주는 관계들—에 의해 이루어진다.

밀방크는 최근 폭력의 존재론에 대한 유일한 대안은 평화의 존재론이라고 주장했다. 폭력의 존재론이란, 모든 것이 똑같음으로 환원되거나 그렇지 않으면 아예 다른 것으로 치부되어 갈등의 대립 관계로 치닫는 존재론을 말하며, 평화의 존재론이란 예수님에 대한 내러티브에서 부상하는 존재론이다.[95] 여기에서 나는 다원주의 종교 신학이 유일하신 하나님의 본래적 정체성으로 시작하면서 많음(the Many)을 똑같음(the Same)으로 환원하는 폭력을 피하지 못했다고 주장해 왔다. 반면에, 삼위일체적인 본위적 정체성 가운데서는 타자를 배제하지 않고 피조물은 그 창조주와 **정확히 그 다름 가운데** 있도록 하겠다는 하나님의 언약적 약속에 의해 평화와 조화를 획득한다. (삼위일체적 삶에 대해 내적 외적으로) 다름은 성실(fidelity)과 사귐(fellowship)의 조건이다.

대화의 성격과 '충성과 개방'의 딜레마. 타자의 타자성을 동화하기보다 존중하는 진정한 다원주의는 오직 삼위일체적 기반들 위에서만 가능하다. 이 점은 한 사람의 윤리학과 인식론이 존재론에 뿌리박고 있다는 사실에서 비롯된다. 그러므로 삼위일체는 대화를 막기는커녕 오히려 타자와의 신앙간 대화의 선험적 조건이다. 삼위일체가 없다면, 신학적 대화는 만개(滿開)되어야 할 필연적인 특수성(로고스, 그리스도)과 필연적인 정신(사랑, 성령)을 결

---

95) John Milbank, *Theology and Social Theory* (Oxford: Blackwell, 1990), pp. 427-430.

여하게 된다. 우리의 낚시꾼 대화의 딜레마는 최소한 더욱 더 명확해진다. 그는 구별되는 특징들을 염두에 두는 동시에 차이점들에 대해 열려야 하는 것이다.

자비심을 가지고 개념적으로와 신앙 고백적으로 가능한 한 모든 입장과 평화롭게 지내려 할 수는 있겠지만, 우리는 또 동시에 자비심을 유지하면서 여전히 남아 있는 차이점들을 일일이 나열해야 한다. 디노이아는 핵심을 찌르는 말을 한다. "차이점들을 인정한다는 것은 불화를 촉진한다는 말이 아니다. 그것은 다른 사람들을 진지하게 취급하는 방식이다."[96] 그러므로 다름을 지닌 타자들을 인정한다는 것은 그리스도인들에게 주어진 윤리적 명령이다. 태너는 차이점들을 구원하는 수단으로서 창조론에 호소한다. 즉, 우리는 그들 역시 하나님의 피조물이기 때문에 타자들을 존중해야 한다는 것이다. "근본적인 신앙 내용들이나 궁극적인 지시 대상에서의 정체성은 다양한 사람들의 서로 다른 신념 체계들을 존중하기 위한 전제 조건이 결코 아니다."[97] 인식론과 관련해서, 우리는 타자를 집어 삼켜서는 안 되며, 우리의 신념 내용들을 기꺼이 비판적으로 검토하도록 제시해야 하는 한, 타자에게 우리를 **내주어야** 한다. 우리는 우리의 신학적인 구성물들이 언제나 잠정적인 것이며, 그러한 것들을 가지고는 그 어떤 것으로도 신성한 물고기(sacred fish)를 낚지 못한다는 사실을 기억해야 한다.

낚시꾼은 다른 스포츠들이 있음을 인정하지만, 그럼에도 불구하고 자신의 스포츠(혹은 기술이나 종교)가 우월하다고—자신뿐만 아니라 다른 모든 이에게도 '참'이라고—확신한다. 그의 과업은 폭력적인 수사학이나 조종을 통해서가 아니라 설득을 통해, 자신의 '입장'(angle)을 통해서 본 대로의 세상이 가능하며, 바람직하며, 참되다고 다른 사람들을 납득시키는 것이다. 삼위일체적 삶을 모델로 하는 대화 형태는 전수된 유산(과거의 지속성에 해당하는 교리)을 방어하는 일보다는 강압적이지 않은 방식으로 '다름을 내려놓는'(*katallage* 혹은 '화해'의 어원론적 의미) 여러 가지 방식을 탐구하는 데 더 관심을 기울일 것이다. 그러한 화해는 오직 대가를 지불하고서만 얻을 수

---

96) DiNoia, *Diversity of Religions*, p. 169.
97) Tanner, "Respect for Other Religions", p. 15.

있다. 그 대가란 다름, 부정적인 것, 어쩌면 지적인 고문에 노출되는 일이다. 참된 대화는 기독교적 사랑의 담론만이 아니라 그 실천을 요구한다. 진실로, 이러한 삼위일체적인 성찰들에 비추어 볼 때, 타자에게 그리고 다름에 대해 자신을 개방함으로써**만** 우리가 참으로 우리의 기독교적 특성들에 충실하게 되는 것이라고 말할 수 있지 않을까?

불완전한 낚시꾼: 남은 문제들

나는 루비콘 강에서, 강을 건너지 않고, 물이 무릎까지 차도록 강물에 들어가서, 어떤 관점을 얻고자 노력하면서, 질문들을 던지면서, 낚시를 해 왔다. 나 자신의 입장에 대해서만이 아니라 다른 사람들의 입장에 대한 다음의 의문들은 계속해서 남아 있다.

사랑과 타자. 타자에 대한 하나님의 사랑의 성격과 범위는 무엇일까? "하나님은 사랑이시다"라는 말은 보편적인 구원 의지를 수반하는 것일까? 실제로 신적인 삶으로부터 배제될 것은 전혀 없는 것일까? 마귀적인 것까지라도 비강압적인 방식으로 길들여질 수 있을까? (그리고 그러한 입장에 대한 어떤 성경적 뒷받침이 존재할까?) 그리고 우리는 어떤 수단에 의해 하나님의 사랑에 사로잡히게 되는 것일까? 하나님의 창조주 되심에 의해서일까? 하나님의 구원자 되심에 의해서일까? 아니면 간단히 말해서 성령님에 의해서일까?

성령과 성자. 포용주의자들과 다원주의자들 모두, 성령은 보편적으로 활동하시기 때문에, 그리스도인들은 다른 종교들 가운데서 성령을 분별해 내려고 노력해야 한다고 주장한다. 그러나 만일 성령의 활동이 진정으로 보편적이라면, 어째서 그 활동이 세계에 있는 종교들에만 제약되어야 할까? 그리고 만일 하나님의 구원의 의지가 참으로 보편적이라면, 우리는 더 이상 구원의 수단을 종교들에만 국한할 수 없을 것이다. 그리하여 성령이 진실로 편재하신다면, 우리는 어떻게 하나님의 성령을 식별할 수 있을까? 삼위일체 하나님에 대한 내러티브적 정체 확인은 성령을 그리스도—단순히 로고스가 아니라 십자가에 못박히고 부활하신 그리스도—의 영으로 제시하지 않는가? 오순절 사건 자체는 말할 필요도 없고, 요한복음 7:39("예수께서 아직 영광을 받지 않으셨으므로 성령이 아직 그들에게 계시지 아니하시더라")과 같은 구절들을 우리가 달리 어떻게 진지하게 취급해야 한단 말인가? 헤겔의 보편적인 영이 실로 그 거룩한 성령일까? 아마도 이제는 종교 신학을 위해서, 말씀과 성령의 불가분리성에 대한 개혁주의의 강조를 그리고 특히 성령의 증거에 대한 가르침을 재천명해야 할 때인 것 같다.

다시, 하나님의 정체성에 대해서. 다원주의는, 하나님에 대한 다양한 이름과 천명이 동일한 하나님에 대해 말하는 양식일 뿐이라고 주장하는 한, 의미론적 양태론(Sabellianism)의 잘못을 범하는 것이다. 그러나 판넨베르크는 철학적 개념이자 일반적인 용어로서 **하나님**(神)에 최소한의 정체 확인을 묘사하는 지속적인 타당성이 있다고 본다(예를 들어, 하나님은 존재자들의 배후에 있는 존재, 우주의 기원이시다). 그렇다면 다양한 종교는 그 '동일한' 하나님에 관해 어느 정도 비슷한 것일까?

다른 종교들이 한 분 하나님(창조주)을 인정하는 한, 그 종교들이 하나님의 정체성에 대한 묘사는 아니지만 어떤 참된 묘사를 가지고 있다는 점에 대해 판넨베르크에게 동의할 수 있다. 그것은 부분적으로 참이다. 그리고 그렇기 때문에 상대적인 적절성을 지닌다. 그러나 어느 정도까지 상대적일까? 얼마나 적절할까? 칼 브라텐(Carl Braaten)이 나의 우려를 표현해 준다. "이 시점에서 내가 가지는 공개적인 질문들 가운데 하나는 어떻게 판넨베르크가 기독론적 동기에서 나온 기독교의 삼위일체론을 다른 종교들의 하나님 이해와 연결하는가이다."[98] 무슬림이 그리스도인과 동일한 하나님께 기도하는 것일까? 판넨베르크는 그 질문에 움츠러들지 않지만, 질문에 대해 답변하지도 않는다. "이것은 우리에 의해서가 아니라 하나님에 의해 결정되어야 할 문제다."[99]

---

98) Carl Braaten, "The Problem of the Absoluteness of Christianity." in *Worldview and Warrants: Plurality and Authority in Theology*, ed. William Schweiker and Per M. Anderson (Lanham, Md.: University Press of America, 1987), p. 65. 또는 그가 다른 곳에서 진술하듯이, "문제는 그리스도와 별개인 하나님 경험이 그리스도 안에 있는 하나님 경험과 어떻게 연결되느냐 하는 것이다" ["The Place of Christianity Among the World Religions: Pannenberg's Theology of Religions", in *The Theology of Wolfhart Pannenberg*, ed. Carl Braaten and Philip Clayton (Minneapolis: Augsburg, 1988), p. 310].

99) Wolfhart Pannenberg, "Religious Pluralism and Conflicting Truth Claims: The Problem of a Theology of the World Religions", in *The Myth of Christian Uniqueness Reconsidered: The Myth of a Pluralistic Theory of Religions*, ed. Gavin D'Costa (Maryknoll, N. Y.: Orbis, 1990), p. 103.

결론

결론은 삼위일체가 하나님의 정체성에 대한 기독교적 답변이라는 것이다. 유일한 창조주 하나님은 성부, 성자, 성령이시다. 이것은 배타적인 동시에 다원주의적인 정체 확인이다. 하나 가운데 셋(three-in-one)이신 이 하나님이 자신이 아닌 다른 것—피조물—과 언약을 맺으셨기 때문에, 하나님의 정체성 또한 포용주의적이다. 삼위일체는 거치는 것(*skandalon*)이기는커녕 종교간 대화를 위한 선험적 조건이며, 우리가 타자에 대해 두려워하지 않고 폭력을 행사하지 않으면서, 극히 진지하게 타자를 받아들일 수 있도록 해주는 존재론적 조건이다.

월튼(Walton)의 작품에서, 낚시꾼은 자신의 대화 상대들인 사냥꾼과 매사냥꾼들에게 낚시질이야말로 최상의 레크리에이션이라고 납득시킨다. 그는 강압하지 않고 설득한다.[100] 수사는 이야기의 일부다. 낚시꾼은 열정적인 동시에 유려하다. 그러나 그가 진짜로 행하는 것은 자신의 이야기와 실천 가운데서 낚시질의 성격에 대해 그 실상이 그의 말을 듣는 자들에게 드러날 수 있도록 **증거하는** 일이다. 그는 자신의 대화 상대자들이 낚시꾼의 세계에 들어오도록 초청한다. 그리고 그들은 묵상으로부터 그리고 자연과의 조화 가운데 살아감으로부터 임하는 자유를 경험한다.

그러나 사도 바울이 지적하듯, 강들은 위험하다(고전 11:26). 낚시꾼은 깊은 물이 자신을 삼키지 않도록 주의해야 한다. 그러나 요한복음 7:38-39에서 성령으로 확인되는 생명의 강물은 하나님의 도성(都城)을 관통하며 흐른다(계 22:1). 만일 이 성령을 보편적으로 획득될 수 있다면, 이는 모든 종교가 동일한 큰 강물에서 마시기 때문이 아니라, 역사의 조건들 가운데서 성령이 한 반석으로부터 솟구쳐 나왔기 때문이다(고전 10:4). 성령에 있는 생명, '생수의 강들'은 예수를 믿는 사람들의 마음으로부터 흘러나오는 것이다.

---

100) 참고. Eddy의 논평. "관용, 비관용의 문제는 진리 주장의 문제가 아니라 **태도**의 문제다"("Paul Knitter's Theology of Religions", p. 239).

3장 하나님의 사랑
조직신학에서의 그 위치와 의미와 기능

흔히 사랑의 반대는 미움이 아니라 무관심이라고들 한다. 기독교 복음의 하나님은 결코 인류를 향해 무관심하지 않으시다. 물론 인류가 언제나 찬사를 하나님께 되돌려드리는 것은 아니다. 실로 기독교 신학자들이 이 주제를 모호하고 흐릿하거나 서툴게 취급했음을 미루어 볼 때, 그들은 하나님의 사랑이라는 개념에 대해 그들 스스로 좀 무관심했다. 즉, 부주의하고 분명치 않았다.

하나님의 사랑에 대해 정의를 내리고 자리매김하는 일은 기독교 교의학의 끊임없는 과제이며 상시적인 도전이라는 말은 절대 과장이 아니다. 그렇지만 하나님의 사랑이라는 주제가 어디에 속하는지에 대해서는 현재 거의 일치된 견해가 없다. 하나님의 사랑은 하나님의 존재의 한 측면일까? 아니면 삼위일체나 섭리 혹은 속죄론과 같은, 어떤 다른 제목 아래서 다루어야 하는 것일까? 하나님의 사랑이 다뤄지는 다양한 제목은 그 사랑의 의미와 기능에 대해 우리에게 무엇을 말하는 걸까?

하나님의 사랑은 일반적으로 '하나님과 세계'의 관계를 그리고 특별하게는 성육신을 강조한다. 하나님의 사랑은 성경의 중심 주제들 가운데 하나라고 말할 수 있다. 하나님의 사랑은 다시금 우리를 제1신학의 문제에 들어가도록 만드는 것 같다. 믿는 자들 가운데서의 하나님의 임재 양식을 조망한다는 것은 하나님의 사랑의 본성을 규정하는 일이기 때문이다.

비록 하나님의 사랑이라는 것이 무엇인지를 서술하는 일은 여전히 신비에 속하는 일이겠지만, 그렇다고 해서 인간사에서 일어나는 사랑에 호소하는 것을 막을 수는 없다. '사랑'은 각 시대마다 시와 발라드와 철학적 논문들의 주제였다. 사랑은 윤리학과 하나님의 은혜로운 주도적 행위에 대한 인간의 적절한 응답을 논하는 신학적 논의들의 분명한 주제였다. 그러나 그 말이 사용되는 빈도는 그 말의 유의미함과 반비례한다. 산업 사회에서의 생활에 대한 신랄한 풍자로 1936년에 나왔던 영화 "모던 타임즈"(Modern Times)에서, 찰리 채플린(Charlie Chaplin)은 위험천만한 빠르기로 수십 번씩 사랑이라는 말을 반복하여 "그것은 사랑이야"라고 노래한다. "그것은 사랑, 사랑, 사랑, 사랑, 사랑, 사랑, 사랑, 사랑, 사랑, 사랑, 사랑, 사랑, 사랑, 사랑이야." 그 말을 단순하게 반복함으로써, 그 말의 가치는 냉혹하고 가차 없이 떨어져 버린다. 그러므로 사랑이 무엇이며, 사랑이 하나님에 대해 어떤 식으로 긍정될 수 있는가를 말한다는 것은 바로 근대와 포스트모던 시대에 매우 난감한 일이 되어 버렸다.[1]

현시대의 사상가들이 고대의 사상가들보다 이 노력을 하는 데 어떠한 이점을 가지고 있다고 가정하는 것은 시대의 순서를 가지고 논단(論斷)하는 속물적 언동이다. 그럼에도 불구하고, 그 수가 점점 늘어가는 기독교 신학자들이 하나님의 사랑을 이해하는 데 커다란 진척이 이루어졌으며, 기독교 신학 전반에 걸쳐서 패러다임 혁명을 수반할 만큼 의미심장한 발걸음을 내디뎠다고 주장한다. 내가 말하는 것은 하나님의 사랑을 **실체적 속성들**(substantival attributes)의 맥락에서가 아니라 **인격 간의 관계들**(interpersonal relations)의 맥락에서 보아야 한다는 제안이다.[2] 일찍이 1962년에 존 매킨타이어

---

1) 아마 다른 어떠한 신학적 주제보다도 하나님의 사랑이라는 주제가, 특히 교리가 인간의 관념들의 투영에 불과하다는 Ludwig von Feuerbach의 의구심의 대상일 것이다.
2) 예를 들어, Philip Clayton, "The Case for Christian Panentheism", *Dialog* 37 (1998), pp. 201-208를 보라. 참고. Vincent Brümmer의 촌평: "Aristotle 이래로, 우리의 지적 전통은 오직 두 종류의 실재인 실체들과 속성들만 존재한다는 존재론적 편견에 물들어 버렸다"[*The Model of Love: A Study in Philosophical Theology*(Cambridge: Cambridge University Press, 1993). p. 33].

(John McIntyre)는 "그 말을 부당하게 하나의 속성과 협소하게 동일시하는" 하나님의 사랑 개념에 모든 가치를 다 부여하기가 지극히 어려움을 확인했다.[3] 좀더 근래에, 빈센트 브뤼머(Vincent Brümmer)는 기독교 전통에서 "사랑이 일반적으로 인격자들 사이의 관계라기보다 다른 인격자를 향한 한 인격자의 태도로 취급되어 왔다"라고 관찰했다.[4]

샐리 맥페이그에 따르면, 기독교의 본질적인 핵심은 나사렛 예수의 삶과 죽음에 바탕을 둔 새 생명의 변혁적 사건 즉 "하나님의 변화시키는 사랑의 사건"이다.[5] 하나님의 사랑을 조망하는 이러한 새로운 패러다임은 '하나님과 세계'의 관계 자체에 대한 수정을, 다시 말해서 신학 전체의 수정을 수반한다. 좀더 정확히 말하자면, 맥페이그가 염두에 둔 전환은 일방적인 주권의 맥락에서 '하나님과 세계'의 관계를 바라보는 태도에서 쌍방적인 사귐을 강조하는 태도로의 변화를 포함한다. 예를 들어, 그녀는 세계를 하나님의 "몸"으로 그리고 세계사를 "모든 것을 포괄하는 사랑"의 과정으로 본다.[6]

좀더 대중적인 수준에서, 「하나님의 개방성」(*The Openness of God: A Biblical Challenge to the Traditional Understanding of God*)의 저자들은 마찬가지로 하나님의 사랑에 대한 새로운 이해가 전통적 유신론의 토대들을 뒤흔든다고 주장한다. "신론에 대한 비판적 재평가와 적절한 재구성의 새로운 길이 지성계를 휩쓸고 있다."[7] 하나님의 사랑과 같이 신학적 패러다임의 혁명적 변화의 중심에 놓인 개념에 대해서는 마땅히 진지하게 고찰해야 한

---

3) John McIntyre, *On the Love of God* (London: Collins, 1962), p. 34.
4) Brümmer, *Model of Love*, p. 33.
5) Sallie McFague, "An Epilogue: The Christian Paradigm." in *Christian Theology: An Introduction to Its Traditions and Tasks*, ed. Peter Hodgson and Robert King, 2nd ed. (Philadelphia: Fortress, 1985), p. 382. McFague가 볼 때, 세계와 하나님의 관계에 대한 종합적인 해석인 한, 기독교는 그 자체가 하나의 패러다임이라는 점에 주목하라.
6) Sallie McFague, *The Body of God: An Ecological Theology* (London: SCM Press, 1993), p. 160. McFague는 세계를 하나님의 몸으로 말하면서, 자신이 더 이상 예수님의 몸을 독점적인 유의미성을 지닌 것으로 고려하지 않는다는 점을 인정한다. 그녀의 패러다임 전환은 고전적 유신론뿐만 아니라 고전적 기독론에서도 괄목할 만한 수정을 요구하고 있다. "첫 번째 조처는 나사렛 예수와 관련해서 성육신을 상대화하는 것이며, 두 번째 조처는 우주와 관련해서 성육신을 극대화하는 것이다. 다시 말해서, 이 제안은 모든 곳에서 예수를 우리가 발견하는 것의 패러다임으로 여기자는 것이다. 존재하는 모든 것은 하나님의 성례전이다"(p. 162). 앞으로 살펴보겠지만 상당수의 글이 성육신 교리를 떠나서는 하나님의 사랑을 논하기가 어렵다고 여긴다.

다. 하나님의 사랑이라는 개념이 전통적인 기독교 유신론(Christian theism)의 해체를 가져온다는 것이 진정 맞는 말일까?

역사적 개관: 지금 우리는 어디에 있는가?

패러다임상의 혁명들은 오직 '정규 과학'을 배경으로 할 때만, 혹은 신학의 경우 기독교 전통을 배경으로 할 때만 눈에 드러난다.[8] 그렇다면 초기의 신학자들은 하나님의 사랑을 어떻게 이해했을까?

속성과 행위로서의 하나님의 사랑. 고전적 유신론—하나님과 세계의 관계를 이해하는 고전적 모델—은 이중적인 기원을 가지고 있다. 하나는 성경이며, 다른 하나는 고대 철학이다. 신학은 대부분 이스라엘의 역사와 예수 그리스도의 역사 가운데서 행하신 하나님에 대한 이야기—본질적으로 창조주의 피조물, 그분의 공동체, 자녀에 대한 그분의 사랑 이야기—를 완전한 존재자에 대한 고대 헬라적 개념들에 조화하려는 시도였다.

플라톤에 따르면, 사랑은 내가 지금 소유하지 못한 것에 대한 욕망(eros)이거나 내가 지금 가진 것을 앞으로 잃지 않으려는 욕망이다. 사랑은 '언제나 가난하며', 언제나 핍절하다. 아우구스티누스는 사랑이 본질적으로 궁극적 행복에 대한 욕망이라는 점에서 플라톤의 의견에 동의한다. 그러나 아우구스티누스가 볼 때, 하나님에 대한 사랑만이 실망을 가져다주지 않을 것이다. 다른 모든 것에 대한 사랑은 소멸되거나 죽어버린다. 그러므로 오직 하나님만이 다른 어떤 것을 위해서가 아니라, 그분 자체를 위해서 사랑 받아 마땅한 분이다. 지금 인간의 삶은 제한되어 있다. 인간은 죽을 수밖에 없다. 그렇다면 어떻게 하나님이 우리를 사랑하실 수 있을까? 플라톤에 따르면, 신들은 사랑할 수가 없다. 왜냐하면 신들에게는 결핍된 것이 전혀 없기 때문이다.[9] 그것은 마치 하나님께 사람이라는 피조물이 **필요**하지 않은 것과 같다. 완전한 존재라는 개념으로부터는 하나님이 스스로를 누리는 데 더해질 수 있는

---

7) Clark Pinnock, Richard Rice, John Sanders, William Hasker and David Basinger, *The Openness of God: A Biblical Challenge to the Traditional Understanding of God* (Downers Grove, Ill.: InterVarsity Press, 1994), p. 9.

8) '정규 과학', '패러다임', '과학 혁명'과 같은 언어와 개념들은 Thomas S. Kuhn의 영향력 있는 저서로 거슬러 올라간다. Thomas S. Kuhn, *The Structure of Scientific Revolutions*, 2nd ed. (Chicago: University of Chicago Press, 1970).

3장 하나님의 사랑 | 113

것이 아무 것도 없다는 사실이 따라오기 때문이다. 그렇지만, 성경을 보면, 하나님이 우리를 사랑하신다는 사실은 명확하다. 하나님의 사랑의 역설에 대한 아우구스티누스의 해결책은 완전히 신적인 종류의 사랑, 주는 사랑(a gift-love), 즉 '아가페'(*agape*)를 상정하는 것이다.

고대의 스토아철학자들과 전체 쾌락주의 전통에서, 행복은 방해받지 않는 열락(bliss)의 문제다. 지혜로운 사람은 세상의 변화들에 의해 교란되지 않는 법을 익히는 사람이다. 지혜로운 사람에게는 '파토스'(*pathos*)가 결핍되어 있다. 그래서 그러한 사람은 정념(passion)이 없는 사람이며, 이성의 법칙을 뒤엎을 만한 변화들에 의해서도 영향을 받지 않는다. 니콜라스 월터스토프(Nicholas Wolterstorff)는 "스토아철학자들은 행복을 '에로스'의 제거에 놓인 것으로 보았던 데 비해, 아우구스티누스는 행복이 에로스를 만족시키는 데 놓여 있다고 보는 플라톤 전통에 서 있었다"라고 평한다.[10] 그렇지만, 둘 다 '파토스'—이성과 기쁨을 '뒤흔드는' 어떠한 감정적인 사건—가 유일한 지혜이신 하나님의 삶에는 전혀 없다는 데 동의한다.

따라서 하나님의 삶은 열락과 시혜(beneficence)의 삶이다. 혹은 월터스토프가 풀어서 말하다시피, 하나님의 삶은 "고통을 전혀 모르는 무감정"(non-suffering apathy)의 삶이다.[11] 월터스토프의 말을 그대로 인용하면, "하나님은 열락에 가득 찬, 고통을 전혀 모르는 '아파테이아'(*apatheia*)에 영원히 거하신다."[12] 아우구스티누스의 하나님은 "정념도 없고, 갈망도 모르며,

---

9) *Model of Love*, pp. 110-120에 있는 Plato의 대화에 대한 Brümmer의 논의를 보라.
10) Nicholas Wolterstorff, "Suffering Love", in *Philosophy and the Christian Faith*, ed. Thomas V. Morris (Notre Dame, Ind.: University of Notre Dame Press, 1990), pp. 205-206. Wolterstorff는 Augustine과 스토아철학자들 사이의 중요한 또 다른 차이점을 지적한다. Augustine이 볼 때, 인간 죄악성의 실재는 어떤 식의 슬픔이 적절한 것이며 마땅한 것인지를 함의한다. 무감정의 이상은 이 세상의 삶 가운데서 그리스도인들에게는 부적절한 것이라고 Augustine은 생각했다. 왜냐하면 무감정적이 된다는 것은 죄에 대한 회개보다는 죄를 향한 무관심을 유지하는 일이 포함될 수 있기 때문이다.
11) 같은 책, p. 198. 여기에서 무감정이 전문 용어로 기능하고 있음에 주목하는 것이 중요하다. Augustine은, 지혜로운 사람은 공포와 슬픔과 같은 정념들을 경험할 수 있다고 보았다. 그러나 자신의 요점은 더 지혜로운 사람이라면, 이러한 정념들이 자신의 사유에 마땅하지 않게 영향을 끼치지 못하도록 할 것이라는 점이다. 그러나 인간의 슬픔에 대한 경험은 하나님의 영원한 열락을 퇴색시키는 것 같다. 그러므로 Augustine이 무감정을 소원할 때, 그는 감정 없는 상태, 감각이 없는 상태가 아니라 끊임없는 기쁨의 상태를 바라는 것이다.
12) 같은 책, p. 209.

고난에 대해서는 이방인인, 스토아철학의 현자와 놀라우리만치 유사한 모습으로 나타난다."[13] 기독교 전통에서, 하나님은 '고통을 느끼지 않으신다'(impassible)고 널리 주장되어 왔다. 고전적인 신학 패러다임에서, 성경과 고전 철학은 일치한다. 즉, 자존하는 생명을 가진 완전자는 고통을 당할 수 없다는 것이다. 성경이 감정이나 고통을 하나님께 돌리는 것 같은 곳에서, 전통은 즉시 그러한 언어는 틀림없이 비유적인 것이라고 결론을 내렸다. 이런 식으로, 고전적 유신론은 성경이 하나님의 사랑에 관해 말하는 것을 조망해 주는 일종의 신학적 해석학으로서 기능한다.

그렇다면 하나님은 어떻게 무고한 자의 고통이나 자신의 독생자의 고난을 '처리'하실까? 물론 하나님은 전지(全知)하시다. 그러나 우리는 어떻게 슬픔, 상처, 고통, 죽음과 같은 손실을 포함하는 사건들에 대해 하나님이 아신다는 것을 특징 지워야 할까? 월터스토프는 하나님의 불감성(impassibility) 개념의 배후에 놓인 뿌리 깊은 전제가 하나님은 자신이 아닌 어떤 것에 의해서도 제약받지 않으신다는 것이라고 믿는다. 다메섹의 요한이 말하듯이, 만일 정념이 '다른 어떤 것에 의해 어떤 것 가운데 유발된 움직임'이라면 그리고 만일 하나님이 다른 것에 의해 제약을 받지 않는 분이라면 하나님께는 정념이 전혀 없어야 한다. 월터스토프가 제기하는 질문은 간단히 말해서 이것이다. 만일 하나님이 자신 이외의 다른 어떤 것에 의해서도 영향을 받으실 수 없다면, 우리는 인간의 고난과 손실에 대한 하나님의 아심을 이해할 수 있을까? 이것은 하나님이 아실 수 있는 것일까, 아니면 없는 것일까? 어떤 의미에서 고난을 경험하지 않으시는 하나님이 우리 인간 세계에서 일어나는 구체적인 고난의 예들을 '아신다'고 말할 수 있을까? 좀더 예리하게 말해서, 공감하실 수 없는 하나님이 사랑하신다고 우리가 말할 수 있을까?

아우구스티누스의 특징을 이루는 동일한 고전적 강조점들 가운데 많은 것이 거의 천 년 후에 토머스 아퀴나스(Thomas Aquinas)에게서 발견될 수 있다. 하나님의 존재와 뜻은 무제약적(unconditioned)이다. 하나님은 변하실 수 없다. 왜냐하면 하나님은 완전하시기 때문이다(신의 불변성 교리). 무

---

13) 같은 책, p. 210. Wolterstorff는 Augustine의 사상에서 바로 여기에 긴장이 놓여 있다고 여긴다. 한편으로, 악의 현존성은 인간 가운데 고통스런 자각(정념)을 가져다준다. 반면에, 하나님은 악을 의식하고 계실 때조차도 열락의 상태를 유지하신다.

엇을 행하시거나 허용하시는, 하나님의 뜻이 발생하는 모든 일에 대한 최종적인 설명이다(신의 주권 교리). 그러나 이러한 불변항들로부터, 새로운 패러다임의 주창자들처럼, "그러므로 [고전적 패러다임에서] 세계에 대한 하나님의 관계는 지배와 통제의 관계다"라고 추론을 내리는 것이 올바른 것일까?[14]

아퀴나스에 따르면, 하나님의 사랑은 정확히 무엇일까? 그의 「신학대전」(*Summa Theologiae*)의 20번째 문항은 신의 사랑에 대하여(*de amore Dei*) 다루며, 충분히 의미심장하게 19번째 문항인 "하나님께 있는 의지"에 대한 문항을 뒤따른다. 아퀴나스가 볼 때, 하나님의 사랑은 하나님이 선을 원하시는 것(God's willing the good)이다. 하나님은 선의적(*bene volere*='선을 원하심')이시다. 누군가를 사랑한다는 것은 그 사람에게 선을 바란다는 것이다. 진정 하나님은 온 세상을 사랑하실까? 그렇다. 왜냐하면, 하나님은 존재하는 각각의 것에 대해 어떤 선을 바라고 계시기 때문이다. 그러나 하나님은 다른 것들보다 어떤 것들을 더 사랑하신다. "이는 그분의 사랑이 사물들의 원인이기 때문이다.…어떤 것이 다른 것보다 더 낫기 때문이 아니라 하나님이 그것에 대해 더 많은 선을 바라시는 것이다."[15] 중요하게, 아퀴나스는 하나님이 어떤 것을 사랑하심으로써 그 속에 있는 선에 **응답**하신다고 믿은 것이 아니라 어떤 것에 대한 하나님의 사랑이 그 선함의 **원인**이라고 믿었다.

그러므로 전통적 견해에 의하면, 하나님은 선을 할당해 주시지만, 자신이 가져다주시는 그 선에서 즐거움이나 기쁨을 취하시지 않는다(그렇게 하는 것은 하나님의 즐거움을 세상에 있는 것에 대해 조건적인 것으로 만들 수 있기 때문이다). 하나님이 기쁨을 취하시는 대상은 선의를 베푸시는 그 자신의 행위인 것으로 드러난다. 고전적 유신론은 하나님을 그리되, 결과들을 기뻐하는 공리주의자나 실용주의자가 아니라 단지 자신의 선하신 뜻에서만 즐거움을 취하는—근대의 스토아철학자인—칸트주의자로 그린다. 월터스토프는 그러한 그림이 일관성이 있음을 인정하면서도, 그것이 성경적이라고는

---

14) Richard Rice, "Biblical Support for a New Perspective", in *The Openness of God: A Biblical Challenge to the Traditional Understanding of God*, by Pinnock et al. (Downers Grove, Ill.: InterVarsity Press, 1994), p. 11.

15) Thomas Aquinas, *Summa Theologiae*, ed. and trans. Thomas Gilby (London: Eyre & Spottiswoode, 1963), 5:65.

보지 않는다.[16]

 (아리스토텔레스를 따라서) 아퀴나스가 볼 때, 하나님은 세계를 움직이시지만 세계에 의해서 움직여지시지는 않는다. 이것은 단지 하나님이 불변하시며, 비감정적이시라는 것이 무슨 뜻인지를 진술하는 또 다른 방식일 뿐이다. 하나님은 하나의 돌기둥과 같고, 인간들은 돌기둥과의 어떤 관계 가운데 존재한다고 아퀴나스는 말한다. 그 기둥이 우리의 좌편이나 우편이나 앞이나 뒤에 있을 수 있지만, 그 돌기둥에 대한 우리의 관련성은 우리에게 존재하는 것이지 돌기둥 자체에 있는 것이 아니다(우리가 움직이는 것이지, 그 돌기둥이 움직이는 것은 아니라는 말이다―역주). 마찬가지로, 우리가 하나님의 자비나 진노를 경험할 수 있는데, 이는 변하시는 하나님을 가리키는 것이 아니라 하나님에 대한 우리의 관계를 말해줄 뿐이다. "변하는 것은 우리가 하나님의 뜻을 경험하는 방식이다."[17] 하나님의 뜻에 대해서, 오직 하나님의 선하심만이 그 의지를 움직일 수 있다. 불변성과 불감성 개념은 여기에서 수렴된다. 즉, 하나님의 뜻은 그분 외부의 어떤 것에 의해서 영향을 받거나 변화될 수 없다. 리처드 크릴(Richard Creel)의 멋진 표현을 빌리면, 하나님은 "유발(誘發)당하는 일을 용인하실 수 없다."[18] 이 사실은 아주 중요한 분석적 요점이다. 즉, 불변성이 움직일 수 없음을 의미하지 않듯이, 불감성은 무감각하다는 뜻이 아니다. 우리는 하나님을 움직일 수 없지만(초월적: 세상의 원인들에 의해 저촉을 받지 않으심), 그럼에도 불구하고, 하나님은 원동자(mover)이시다(내재적: 세상에서 활동하시며 세상에 임재하심). 이 두 개념의 원래 의도는 어떠한 피조물도 그 자체의 힘으로는 하나님을 움직일 수도, 영향을 줄 수도, 바꿀 수도 없음을 주장하려는 것이다.[19]

---

16) 전통적 견해와 수정주의적 견해 모두 자연 계시와 특별 계시의 조합에서, 즉 신의 완전성 개념과 성경 이야기 흐름의 조합에서 이루어지는 것 같다. 하나님이 자신의 선한 뜻을 가치 있게 여기신다는 개념은, 엡 1장이 증거하듯, 전적으로 성경적 뒷받침이 없는 것이 아니다. "그 기쁘신 뜻대로,…그의 뜻의 결정대로 일하시는 이의 계획을 따라"(1:5, 11), "그의 영광의 찬송이 되게 하려 하심이라.…그의 영광을 찬송하게 하려 하심이라"(1:12, 14).

17) Richard E. Creel, "Immutability and Impassibility", in *A Companion to Philosophy of Religion*, ed. Philip L. Quinn and Charles Taliaferro (Oxford: Blackwell, 1997), p. 317. 또한 Creel의 좀 더 종합적인 이전의 작품을 보라. *Divine Impassibility*(Cambridge: Cambridge University Press, 1986).

18) Creel, "Immutability and Impassibility", p. 314.

20세기의 발전들: 호응성과 관계. 많은 20세기의 발전은 하나님의 사랑을 신의 주권성의 맥락, 즉 하나님이 일방적으로 의지하시고 선을 행하시는 능력의 맥락에서 바라보았던 고전적 패러다임의 쇠퇴를 몰고 왔다. 문제는 하나님이 사랑하신다는 사실이 아니라 오히려 하나님의 사랑이라는 것이 도대체 무엇이냐 하는 것이다. 그렇다면 랭든 길키가 말하는 하나님의 사랑이라는 개념에 대한 현대 신학의 "헬라인들과의 전쟁"의 효과는 무엇일까.[20]

과정철학은 형이상학적 프로젝트—아메바에서부터 절대자에 이르는 실재의 모든 것을 이해하는 범주들에 대한 종합적 진술을 구축하는 일—에 대한 단호한 헌신과, '하나님과 세계'의 관계에 대한 고전적 유신론 모델에 대한 비판에서 두드러진다. 과정철학의 시각에서 볼 때, 다양한 종류의 개별 실체로 가득 차 있는 우주에 대한 고전적 그림은 실재에 대한 다른 질서들을, 비물질적인 질서들은 말할 것도 없고 물리적 세계의 역동적이며 상호 연결되어 있는 성격을 포착하지 못한다. 과정철학은 고전적 유신론이 하나님을 세계 질서 너머에 존재하는('초월해 있는') 무한한 완전성을 가진 영적이며 인격적인 실체로 그린다고 주장한다.

조지 뉴랜즈(George Newlands)는 다음과 같이 올바르게 논평한다. "믿음은 특히 루터와 현대 실존주의 전통의 중심적인 신학적 주제였다. 희망은 미래 지향적 신학의 새로운 약속으로 등장했다.···사랑은 미국에서 특히 과정적 사고의 전면에 등장했다."[21] 찰스 하트숀(Charles Hartshorne)은 알프레드 노트 화이트헤드(Alfred North Whitehead)의 철학에서 끌어오는 신학자로서, 신의 완전성의 본질에 대해 다시 생각하려고 노력했다. 하나님은 "모든 것 위에" 있는 분으로서가 아니라 "모든 것과 접촉하며" 있는 분으로 생각되어야 한다고 하트숀은 말한다. 우주는 각각 자체적으로 완결되며, 따

---

19) *Summa Theologiae*의 영역본 편집자인 Thomas Gilby는 *Summa Theologiae*의 전체 구조가 Karl Barth가 기독론을 탕자의 비유에 비추어서 '먼 타국에 가는 길'과 '귀향'의 두 부분으로 읽는 것과 비슷하게 '나감'과 '되돌아옴'으로 볼 수 있다고 주장한다. Gilby는 하나님의 사랑이 본질적으로 벗됨의 문제, 한 사람이 다른 사람들에게 좋은 것을 전해 주려는 뜻에서 나누는 나눔의 문제라고 제시한다.
20) Langdon Gilkey, "God", in *Christian Theology: Introduction to Its Traditions and Tasks*, ed. Peter Hodgson and Robert King, 2nd ed. (Philadelphia: Fortress, 1985), p. 105.
21) George Newlans, *Theology of the Love of God* (Atlanta: John Knox Press, 1980), p. 37.

로 구분된 실체들의 집합이 아니라 각 실체가 다른 실체들과의 연관성 덕택에 존재하는 광대한 유기적 체제다. 하나님은 이 사회적 체제 위에 계시기 때문이 아니라 중심에 계시기 때문에 하나님인 것이라고 하트숀은 말한다. 간단히 말해서, 하나님은 발생하는 모든 것에 대해 연관을 맺고 계시기 때문에 하나님이다. 이러한 의미에서, 우리는 '하나님이 사랑이심'을 긍정할 수 있다. 즉, "사랑한다는 것은 다른 실체들의 기쁨을 기뻐하고, 슬픔을 슬퍼하는 것이다. 그리하여 사랑받는 것들에 의해 영향을 받는다."[22]

과정신학자들은 하나님을 시간성, 발전, 변화, 연관성, 상호의존성과 같은 자신들의 새로운 형이상학적 범주의 맥락에서 생각한다. 그들은 이 점에 대해 사과할 아무런 까닭이 없다고 여긴다. (결국, 고전적 유신론자들도 그들만의 형이상학적 범주들을 가지지 않았던가?) 그들은 이러한 속성들 가운데 많은 것이 우리가 하나님의 사랑을 이해하고자 한다면 본질적인 것이기 때문이라고 주장할 것이다. 과정적 세계 안에서 사랑은 더 이상 일방적인 시혜의 문제가 아니다.[23] 그와 반대로, 사랑은 한 사람이 기꺼이 변화를 감당하는—고통을 감내하는—관계에 돌입함을 의미한다. 폴 피디스(Paul Fiddes)가 말하듯이, "사랑한다는 것은 사랑받는 자가 행하는 것이 한 사람의 경험을 변경하는 그러한 관계에 들어간다는 것이다."[24]

고전적 유신론은 또한 엄밀한 의미에서의 신학자들에 의해서도 비판을 받는다. 20세기는 삼위일체 신학에서 일종의 르네상스를 목도했다. 이 사실은 하나님의 사랑이라는 우리의 주제와 관련하여 두 가지 효과를 지녔다. 우선, 삼위일체 신학은 구원의 경륜(하나님의 세 위격)보다는 '완전한 존재자'(유일하신 하나님의 본성)의 개념으로 시작하는 신론에 대한 접근 방법들에 도전한다. 둘째, 삼위일체에 대한 동방 정교의 접근 방식들에 대한 새로운 관

---

22) Charles Hartshorne, *A Natural Theology for Our Time* (La Salle, Ill.: Open Court, 1967), p. 75. Hartshone은 자신의 견해를 '범재신론'이라고 일컬었다. 이는 하나님과 동일한 것이 아닌 '모든 것'이 그럼에도 불구하고 하나님 '안에' 있음을 가리키기 위한 말이다. 또한 그의 *The Divine Relativity: A Social Concept of God* (New Haven, Conn.: Yale University Press, 1948)도 보라.
23) 주권적인 하나님의 전통적 모델에 대한 비판을 보려면, John Cobb and David Ray Griffin, *Process Theology: An Introductory Exposition* (Philadelphia: Westminster Press, 1976)을 보라.
24) Paul S. Fiddes, *The Creative Suffering of God* (Oxford: Clarendon, 1988), p. 50. 과정신학적 견해상, 사랑은 그것이 한 존재자의 구성에 본질적인 측면 가운데 있는 관련성인 한, 형이상학적 현상일 뿐만 아니라 윤리적 현상이기도 한 것 같다.

심은 몇몇 신학자로 하여금 하나님의 존재를 삼위일체적 관계들의 맥락에서 재규정하도록 이끌었다. 존 지지울라스(John Zizioulas)는 갑바도기아 교부들이 실체(subtance)보다는 **위격**(person)을 최우선적인 존재론적 범주로 삼았다고 주장한다.[25] 그러므로 서로의 사랑이 자기 충족성보다 더 기본적-실재에 더 근본적-인 것이다. 그러므로 과정적 사고에서처럼, 관계성(relationality)이라는 동일 주제가 전면에 부상한다. 그러나 그렇게 된 이유들은 전적으로 기독교 신학 자체에서 비롯된 것이다.

칼 바르트(Karl Barth)의 신학은 완전한 존재자의 본성에 대한 추상적 사변보다는 하나님의 구체적인 행위들에서 시작하는 유사한 경향을 내비친다. 바르트가 볼 때, 하나님은 오직 자신을 통해서만, 즉 예수 그리스도 안에서 자신을 계시하시는 것을 통해서만 알려질 수 있다. 진실로 하나님에 대해 알 수 있는 모든 것은 오직 예수 그리스도를 통한 그분의 계시를 기반으로 해서만 알려진다. 그러므로 우리는 예수 그리스도 안에서의 그분의 '행위'를 기반으로 해서만 하나님의 존재를 논할 수 있다. 그 행위는, 계시와 화해 둘 다를 포용하는, 모든 것을 다 껴안는 행위이다. 예수님의 생애와 죽음과 부활을 기반으로 하는 것을 제외하고 하나님에 대해 생각하는 것을 엄격하게 거부하면서, 바르트는 하나님이 본질적으로 타자를 위해 자기 바깥으로 진출하시는 분이라는 결론에 이른다. 하나님은 "자유 가운데서 사랑하시는 분"이다. 그리하여 바르트가 볼 때, "사랑"과 "자유"라는 두 속성은 하나님의 속성들의 전 범위를 다 규정하는 것이다.[26]

우리의 목적상 매우 흥미롭게도, 뉴랜즈는 칼 바르트의 「교회 교의학」(*Church Dogmatics*, 대한기독교서회 역간)이 인간을 대신한 그리스도 안에서의 하나님의 행위에 관심을 기울이기 때문에, 그 전체를 하나님의 사랑의 신학이라고 묘사할 수 있을 것이라고 제안한다.[27] 그러나 예수 그리스도 안에서의 하나님의 행위에 초점을 맞춤으로써 등장하게 되는 가장 놀랄 만한

---

25) John Zizioulas, *Being as Communion: Studies in Personhood and the Church* (London: Darton, Longman & Todd, 1985).
26) Karl Barth, *Church Dogmatics* 2/1, trans T. H. L. Parker, W. B. Johnson, Harold Knight and J. L. M. Haire (Edinburgh: T. & T. Clark, 1957)를 보라.
27) Newlands, *Theology of the Love of God*, p. 46.

주제는 하나님 자신이 고통을 당하시고 '죽으셨다'는 위르겐 몰트만(Jürgen Moltmann)의 테제일 것이다. 만일 그리스도의 십자가가 하나님에 관한 올바른 진술의 최고 기준이라면, 우리는 어쨌든지 하나님이 세상을 사랑하시기 때문에 고통을 당하신다고 주장해야 한다. 고통을 당하실 수 없는 하나님은 "어떠한 인간보다도 형편 없으며…또한 사랑이 없는 존재자이다"라고 몰트만은 진술한다.[28]

세 가지 각기 다른 20세기의 신학 발전이 하나님의 불변성과 불감성에 대한 몰트만의 비판을 뒷받침 해준다. 알리스터 맥그래스(Alister McGrath)는 '항의하는 무신론'(아우슈비츠 동안 하나님은 어디에 계셨는가?)과 루터의 십자가 신학에 대한 재발견 그리고 복음을 헬라적 사고의 맥락에서 형성하기보다는 그와 별개로 존중하려는 '교리사'(history of dogma) 운동의 점증하는 영향을 언급한다.[29] 이러한 것들이 함께 어우러져서 빚어진 공격에 비추어 볼 때, 고전적인 유신론자들이 무감정적이며 일방적인 선의로서의 하나님의 사랑이라는 말의 타당성을 변호하기란 점점 더 어려워진다.

우리가 신학에서 현재 이루어지는 패러다임 전환의 기원을 추적할 때, 주변 문화에서 일어나는 사회 정치적 발전들의 의의를 무시해서는 안 된다. 몇 가지 운동은 신학적인 만큼이나 사회 정치적이라고 주장될 수 있다.

마르크시즘 및 여타의 사회 이론들은 억압받는 자들의 곤경에 대한 우리의 집단적 의식을 제기했다. 정의와 연대와 같은 사상들의 힘은 그 자취를 따라 일어나는 사회적 변동들 가운데서 드러난다. 죄와 화해의 사회적 층위들을 강조하면서, 해방신학자들은 고전적 신학의 패러다임이 어떤 제도적 억압 형태들과 공범 관계를 이루는 것은 아닌지에 대해 심각한 문제들을 제기했다. 신론의 최종적인 결론은 가난하고 압제받는 자들과의 하나님의 연대 및 동일시(identification)에 대한 새로운 강조였다. 그 고전적 유신론의 하나님과 달리, 해방신학의 하나님은 멀리 떨어져 계시지 않고, 해방하는 활동이

---

28) Jürgen Moltmann, *The Crucified God* (London: SCM Press, 1974), p. 222. 「십자가에 달리신 하나님」(한국신학연구소).
29) Alister McGrath, *Christian Theology: An Introduction*, 2nd ed. (Oxford: Blackwell, 1997), p. 251, 「역사 속의 신학」(대한기독교서회). Fiddes도 고난당하시는 하나님에 대해 말하는 경향을 설명하기 위해 비슷한 요인들을 열거한다(그의 *Creative Suffering of God*, pp. 12-15를 보라).

있는 곳이면 어느 곳에서든지 활발하게 활동하시며 임재해 계신다.

여성신학들은 여성들의 관심사들이 전통 조직신학에서 조직적으로 억압받아 왔다는 신념으로 단합했다. 하나님의 사랑에 대한 고전적인 견해도 마찬가지로 왜곡되었으며, 남성에 의해 작성된 남성 중심적인 것일까? 고전적 유신론의 하나님은 '왕의 사랑'(royal love)을 하시는 하나님이다. 그 사랑은 (선의적임에도 불구하고) 실제로는 통제 가운데 역사하는 군주적 '제공과 보호'에 해당하는 사랑이다. 그렇지만 선의를 베푸는 독재자라 할지라도 여전히 독재자일 뿐이다. 많은 여성신학자가 볼 때, 고전적 유신론의 하나님은 멀리 떨어져서 영향을 받지 않으면서 사랑을 하시는 하나님, 간단히 말해서 **남성적** 투영(male projection)이다.

캐서린 라쿠냐(Catherine LaCugna)는 여성신학을 대변하는 삼위일체론을 재천명하고, 어울림(communion)으로서의 하나님의 존재가 위격들이 서로에 대해 종속될 수 있다는 식의 어떠한 제안도 배제한다고 주장한다. 그녀의 관점에서, 서구 삼위일체 신학의 기본적인 문제점은 그 신학이 '위격'이나 '관계'에 앞서 '존재'를 생각하려고 시도하는 실체 중심적 존재론(substance ontology)에서 시작한다는 것이다. 라쿠냐는 실체 중심적 형이상학과 가부장적 정치는 서로를 강화한다고 믿는다. "남성에 대한 여성의 종속은 가부장제에 뿌리 깊게 작용하는 인격성의 개념이 지니는 한 병적 증상이다. 즉, 완전한 인격자는 자기 충족적이라는 것이다."[30] 그러나 삼위일체 신학의 요점은 하나님의 본질이 다른 위격들과의 관계 가운데 존재한다는 것이다.

그리고 위격들에 대한 것만이 문제가 아니다. 샐리 맥페이그는 하나님이 세계와 맺으시는 관계는 영이 육체와 맺는 관계와 같다고 주장한다. 세속 과학자가 진화적인 발전이라고 일컫는 바는, 맥페이그가 볼 때 신학적인 관점에서 볼 때, 하나님의 만물에 대한 포괄적이며 비위계적인 사랑 이야기다. 맥페이그는 세계에 대한 하나님의 관계를 형상화하는 여러 모델을 제시하는데, 그 가운데 하나님을 '사랑에 빠진 분'으로 연상하는 모델도 있다. 그렇지만

---

30) Catherine Mowry LaCugna, "God in Communion with Us", in *Freeing Theology: The Essentials of Theology in Feminist Perspective*, ed. Catherine Mowry LaCugna (San Francisco: HarperCollins, 1993), p. 91.

맥페이그가 염두에 둔 사랑은 '아가페'가 아니다. 많은 페미니스트가 볼 때, 여성들에 관한 한, 여성들은 남성들보다 자기희생으로서의 사랑을 이상으로 보는 태도에 더 많이 기울어져 있다는 식으로 말하는 것은 아주 오도된 것이다. 실로 어떤 페미니스트들은 여성들이 거의 아무 것도 아닌 처지가 될 정도까지 자신들을 **지나치게 많이** 내어 줄 가능성이 있다고 믿는다.[31] 여성신학자들과 윤리학자들은 사랑이라는 말이 자신을 내어 주는 측면을 지니면서도 동시에 "사랑의 상호 인격적이며 관계적인 측면들을 가능하게 만들며 완성하는 상호성(mutuality)이나 호혜성(reciprocity)을 새롭게 강조"하도록 다시 새롭게 사랑을 정의하는 방식들을 추구해 왔다.[32]

맥페이그에 따르면, 사랑은 아무개가 그저 누구이기 때문에 가치 있는 사람으로 여기는 것(그리고 가치 있는 사람임을 발견하게 되는 것)이다. 단순히 다른 자들에게 선을 바라시는 하나님은 아직은 '사랑에 빠진 분'이 아니다. 맥페이그가 볼 때, 하나님이 세상을 사랑하신다는 것은 하나님이 세상을 가치 있는 것으로 여기고, 그 세상과 재결합하기를 원하신다는 것이다. 그러므로 하나님의 사랑은 하나님 안에 있는 세상을 향한 어떤 절박함을 함의한다. 이는 세상이 사랑으로 응답하는 것과 세상이 온전한 것 둘 다가 하나님을 온전하게 만드는 데 필수적이기 때문이다.[34] 특히, 사랑받는 자로서의 하나님이 자신이 사랑하는 세상으로부터 필요로 하는 응답은 협력이다. "그러므로 사랑하는 자로서의 하나님 모델은 하나님이 세상을 구원하는 일에 우리의 도움을 필요로 하심을 함의한다!"[35]

지금까지 나는 신학적 패러다임들의 초기 혁명에 가까운 일을 개관하려고 노력해 왔다. 우리가 보았다시피, 유신론에 대한 비판이 이루어진 이후,

---

31) Lisa Sowle Cahill, "Feminism and Christian Ethics", in *Freeing Theology*, p. 217.
32) 같은 책. William Madges에 따르면, 가톨릭 신학자들은 하나님의 자기애(즉, 삼위일체의 하나됨과 공동체성)를 강조하고, 개신교도들은 타자애(즉, 자기 희생)을 강조하는 반면에, 페미니스트들은 사랑을 상호성으로 보는 대안적 정의를 옹호해 왔다[William Madges, "Love", in *A New Handbook of Chrisitian Theology*, ed. Donald W. Musser and Joseph L. Price (Nashiville: Abingdon, 1992), p. 300].
33) Sallie McFague, *Models of God: Theology for an Ecological, Nuclear Age* (Philadelphia: Fortress, 1987), p. 130.
34) McFague는 우리가 '변화'를 하나님의 속성의 하나로 보아야 한다고 주장한다(같은 책, p. 134).
35) 같은 책, p. 135.

하나님의 사랑이라는 개념은 시대에 뒤쳐지지 않게 보완되어야 할 부분이 많이 있다. 관계성, 상호성, 포괄성과 같은 주제들은 과정신학과 삼위일체신학과 해방신학과 여성신학에서 상당히 독립적으로 등장했다. 20세기의 신학자들은 현대 문화에 친숙한 용어들인, 공감, 동정, 상호성, 유대, 포괄성과 같은 말로 하나님의 사랑을 주해한다. 그러나 사상사(思想史)와 더불어서, 문화는 계속 진행되며 하나님의 사랑에 대한 이야기도 마찬가지다.

「기독교 신학」(*Christian Theology: An Introduction to Its Traditions and Tasks*)의 저자들은 계몽주의가 패러다임 전환을 위한 분수령이었다고 생각한다. 그리고 그 점은 근대 신학에서 입증되었다. 그렇지만 하나님의 사랑에 대한 기독교적 사고의 패러다임 전환은 다른 패러다임의 변화, 즉 근대에서 **포스트모던**으로의 변화와 복잡하게 교차된다. 사랑의 의미는 포스트모던 글쓰기에서 또 다른 변화를 겪으면서, '과분함'(excess)과 '자기 포기'의 의미를 획득한다. 예를 들어, 장 뤽 마리옹(Jean-Luc Marion)은 사랑으로서의 하나님은 자신을 주시기 때문에, 신학은 하나님을 생각으로 품어 내려는(conceive) 모든 형이상학적 시도를 포기해야 한다고 제안한다. 이는 사랑이란 것이 정확히 반드시 '있어'야 하는 것은 아니기 때문이다. 왜냐하면, 하나님의 자기 소통은 순전한 선물이자 과분함이며, 있음(Being)과 엮일 수 없기 때문이다.[36] 마리옹의 책에 대한 서문에서, 데이비드 트레이시는 현대 신학의 과제는 "있음을 넘어선 아가페"의 과분한 실재를 생각하는 것이라고 결론을 내린다.[37] 트레이시는 과분함으로서의 사랑이라는 이 포스트모던 주제를 '흘러 넘침'(overflow)으로서의 하나님의 사랑에 대한 신플라톤주의적 은유의 복구라고 해석한다.[38] "사랑은 처음에는 위반(transgression)으로, 그 다음에는 과분함으로 그리고 마지막으로 순전한 선물의 위반적인 과분함으로 포스트모더니티에 참여한다."[39]

하나님의 사랑이 포스트모더니티에서 어떤 모습이 될 것인지는 아직 분

---

36) Anders Nygren의 *agape* 혹은 '주어지는 사랑'의 의미를 사랑을 '선물'로 보는 포스트모더니즘적 취급과 비교, 대조해 보는 것도 흥미로울 것이다.
37) David Tracy, 다음 책에 대한 서문. Jean-Luc Marion, *God Without Being*, trans. Thomas A. Carlson (Chicago: University of Chicago Press, 1991), p. xv.
38) David Tracy, *On Naming the Present: God, Hermeneutics and Church* (Maryknoll, N. Y.: Orbis, 1994), p. 56.

명하지 않다. 그러나 한 가지는 분명하다. 포스트모던 신학에서 하나님의 사랑은, 그것이 "있음을 넘어서며" "관계성을 넘어서는" 한, 그 중세와 근대의 선례들을 뛰어넘는다는 사실이다.[40]

핵심 쟁점들

하나님의 사랑이라는 개념은 신론의 토대이면서도 기이하게 신론에 대해 파괴적이다. 조직신학에서 하나님의 사랑이라는 개념은 제대로 맞아떨어지는 곳이 하나도 없는 것 같다. 그러면 조직신학에서 하나님의 사랑의 위치가 그 의미와 역할에 대해 지니는 의의는 무엇일까?

구성. 조직신학의 구조와 관련하여, 하나님의 사랑은 구별된 교리상의 주제(즉, 주제들 가운데 하나)이기도 하며, 개별 교리들 사이의 통합점이나 주제상의 일치를 제공하는 구성적 원리로서의 역할을 하기도 한다. 다소 놀랍게도, 후자를 택하는 신학자들은 거의 없었다. 그 대신에 대부분의 중세와 후기 종교개혁의 조직신학자들은, 하나님의 사랑을 논할 때 하나님의 속성들이라는 제목에 속하는 종속 주제의 하나로 다룬다.

고전적 패러다임 가운데서 이루어지는 하나님의 사랑에 대한 대부분의 논의들은 '하나님의 존재'라는 제목 아래서 이루어진다. 이러한 위치는 아마도 다른 종류의 존재자들은 다른 본질들과 속성들을 지닌다는, 저변에 깔린 실체론적 형이상학을 반영할 것이다. 선행하는 쟁점은 우리가 하나님의 존재를 논할 때에 '완전한 존재자'라는 개념에서부터 시작하느냐, 아니면 구원에 대한 성경의 이야기에서부터 시작하느냐 하는 것이다. 물론 무한히 완전하신 신이 아브라함과 이삭과 야곱의 하나님이라는 사실은 그 논의에 스며있다. 그리고 고전적 패러다임은 출발에서부터 그러한 사실을 전제로 한다. 그렇지만, 우리가 이미 살펴보았듯이, '완전한 존재자'라는 개념은 절대적인 것이 아니라 문화의 변화무쌍함에 종속된다(완전의 개념에 대한 고대의 아리스토텔레스와 근대의 하트숀의 주장의 다른 견해들을 비교해 보라).

아퀴나스의 「신학대전」의 구성은 그가 먼저 하나님에 대해 계신 그대로

---

39) 같은 책, p. 44.
40) 같은 책.

를 머릿속으로 그린 다음에야 비로소 그분의 피조물들과의 관계 가운데서 그분을 생각하고 있음을 보여 준다. 아퀴나스는 물음 2-26에서 하나님의 단일한 존재('유일하신 하나님')라는 속성들을 검토하는 데 스스로를 제한한다. 그리고 우리가 언급했듯이, 아퀴나스는 하나님의 사랑을 의지 즉 선의의 맥락에서 정의한다. 삼위일체는 물음 27 이전까지 진지한 관심을 받지 못한다. 신의 존재론이 거의 그려진 다음에야 비로소 다루어진다. 하나님의 사랑이 유일하신 하나님의 의지라는 제목 아래서 논의될 뿐만 아니라, 삼위일체가 세상과는 무관한 자기 충족적인 신적 공동체로 제시된다.

존 매킨타이어에 따르면, 하나님의 사랑은 기독교 신학의 지배적인 범주여야 할 뿐만 아니라 그러한 것으로 **여겨져야** 한다.[41] 고전적 패러다임에 대한 의문점은, 하나님의 사랑이 비록 무한하며 인격적(비록 단수적이지만)인 존재자의 다양한 신적 속성 가운데 하나일 뿐이라 할지라도, 이런 식으로 신학을 구조화할 수 있느냐 하는 것이다. 바르트의 「교회 교의학」에서는 (하나님의 사랑이라는 주제가) 신학을 구조화하는 데 좀더 근접해 있다. 이는 바르트가 하나님의 존재를 실체론적인 형이상학의 맥락에서가 아니라, 그리스도 안에서의 하나님의 계시라는 맥락에서 규정하기 때문이다. 하나님이 행위 가운데 존재하신다(즉 성육신)는 기초 위에서, 바르트는 하나님이 본질적으로 다른 자들과의 사귐을 위해 자신의 바깥으로 나오는 분이라고, 혹은 간단히 말해서 "자유 가운데서 사랑하시는 분"이라고 결론을 내린다. 「교회 교의학」에서, 사랑은 다른 신적 속성들을 규제하는 일종의 '지배적 속성'으로 작용한다. 그리고 자신의 신학 구조와 관련해서, 바르트는 신적 속성들에 대한 논의를 제2권으로 유보한다. 다시 말해서, 바르트는 하나님의 자기 계시와 삼위일체론 다음에 하나님의 존재와 속성들에 대해 논의한다.[42]

의미: 속성, 태도, 행위, 관계? 지금까지 우리는 하나님의 사랑이 어떻게 현대 신학의 패러다임 혁명에 얽혀 있는지를 살펴보았다. 이제 덧붙일 필요가 있는 것은 그 패러다임 혁명이 사실상 사랑을 이해하는 모델들의 혁명이라는 사실이다.

---

41) John McIntyre, *On the Love of God* (London: Collins, 1962), pp. 32-33.
42) 그리하여 Barth는 자신의 *Church Dogmatics* 제1권을 하나님의 말씀에 대한 논의에 할애한다.

맥페이그에 따르면, 모든 신학적 언어는 은유적이며, 그 목적은 '하나님과 세계' 관계의 성격을 표출하는 것이다. '하나님은 세상을 사랑하신다.' 하나님의 사랑은 두 층위에서 모델들 및 은유들과 서로 교차한다. 첫째, 하나님의 사랑은 하나님과 세계를 어떤 식으로 생각해야 하는지에 대한 일반적인 성격에 대한 묘사다. 그러므로 하나님의 사랑은 '하나님과 세계' 관계의 한 은유가 된다. 실로, 상당 정도 사랑의 모델은 한 사람의 신론에서 다른 많은 것을 결정하는 지배적인 은유로 기능한다. 그러나 이것이 그 이야기의 전부가 아니다. 하나님의 사랑의 의미는 무엇일까? 여기에서 너무나도 많은 현대 신학자가 은유들을 사용한다. 하나님의 사랑을 이해한다는 것은 한 가지 근원적 은유인 관계성에 대한 다양한 표상들(예를 들어, 선의, 상호성)을 형성하는 우리의 능력에 달려 있다.[43]

매킨타이어는 어느 한 은유가 하나님의 사랑이라는 개념에 충분한 가치를 제공해 줄 수는 없다고 주장한다. 따라서 그는 하나님의 사랑을 바라보는 여섯 가지의 다른 모델을 검토한다. 그것들은 관심(concern), 헌신(commitment), 소통(communication), 공동체(community), 참여(involvement), 동일시(identification)다. 이에 대해서, 맥페이그는 '하나님과 세계'의 관계를 그리는 데 비교적 적합한 은유들의 수는 수없이 많다고 믿는다. 그 많은 선택 사항 가운데서, 맥페이그는 특별히 우리 시대와 같은 '핵시대, 환경 시대'에 이 관계의 성격을 가장 잘 전달해 주는 어머니, 사랑에 빠진 자, 친구라는 세 가지 은유를 택한다.

브뤼머는 인간의 사랑에 대한 여러 가지 모델―낭만적 사랑, 신비적 사랑, 구애적 사랑, 이웃 사랑―을 검토한다. 그러나 궁극적으로 그는 문자적인 정의를 선호한다. "사랑은 그 본성상 자유롭고 상호적인 주고받음의 관계여야 한다. 그렇지 않다면, 사랑은 전혀 사랑일 수 없다."[45] 그러나 그렇게 말함으로써, 브뤼머는 사랑에 관한 다른 정의 중 어느 한 정의에 대한 자기의 선호를 진술할 뿐이다. 그가 더 구체적인 논증 없이 이 정의를 받아들이는 한, 하

---

43) McFague가 하나님의 사랑을 하나의 은유로 취급하는데 비해, Brümmer는 그것을 하나의 모델과 개념으로 번갈아 가면서 취급하며, McIntyre는 일종의 복합적인 개념으로 다룬다.
44) McFague, *Models of God*, chaps. 4-6을 보라.
45) Brümmer, *Model of Love*, p. 161.

나님의 사랑에 대한 그의 논의는 '하나님의 사랑을 서술한다는 것이 무슨 의미인가?'라는 핵심적인 문제를 불러들이는 모험을 초래한다.

전통적 유신론의 고전적 모델은 하나님의 사랑을 **주권적인 의지**, 즉 선의—누군가의 선을 바라고 그 선을 위해 행동하는 의도와 능력—의 맥락에서 생각한다. 브뤼머는 그러한 전통이 하나님의 사랑을 '관계적이기보다는 태도의 문제'에 속하는 것으로 생각한다고 불평한다. 그는 서구 사상이 "관계들에 대한 조직적인 맹점 때문에 어려움을 겪는다"라고 말한다.[46] 선의라는 전통적 그림에 대한 그의 기본적인 비판은 그러한 사랑이 **비인격적**이라는 것이다. 브뤼머는 누군가의 선을 바란다는 것은 순수하게 인격적인 관계의 일례로서의 자격 요건을 거의 갖추지 못하며, 그러한 것은 상호적이기보다는 일방적인 조종이라고 말하는 것이 더 정확할 것이라고 본다.[47]

그러나 전통적인 신학자들은 주권적인 의지로서의 하나님의 사랑이라는 개념이 '비인격적'이라는 제안을 그리 반가워하지 않는다. 예를 들어, 오거스터스 스트롱(Augustus Strong)은 "사랑이라는 말로 우리가 의미하는 바는, 하나님이 영원히 자신을 소통하시도록 움직이게 만드는 신적 본성의 속성을 의미한다"라고 진술한다.[48] 이 자기 소통은 (성육신에서와 같이) 하나님으로부터 기원하며, 비록 그 사랑의 대상들이 호응하는 데 실패하더라도 ("자기 땅에 오매 자기 백성이 영접하지 아니했으나", 요 1:11) 주도적인 사랑으로 간주되는 것이다. 역시 스트롱에게만이 아니라 아마도 그 외의 대부분의 기독교 전통에서도, 사랑은 모든 것을 포괄하는 신적 속성이 아님에 주목하라. "하나님이 사랑"이신 것은 사실이다. 그러나 요한일서는 또한 우리에게 "하나님이 빛이시다"(요일 1:5) 라고 전해 준다. 스트롱은 "빛", 즉 신의 거룩성을 더 넓은 범주에 속하는 속성으로 본다. 왜냐하면 사랑은 하나님의 거룩성을 포함하지 않지만, 거룩성은 하나님의 사랑을 포함하기 때문이다.[49]

실로 하나님의 사랑이라는 개념이 하나님의 관계성을 강조하는 경향이

---

46) 같은 책, p. 33.
47) 같은 책, pp. 156-163. Fiddes는 동의하면서, 인격적이며 사랑하시는 하나님의 개념이 또한 하나님의 고난을 수반한다고 덧붙인다. 전통 신학은 오로지 "사랑을 다른 사람을 향한 선의의 태도와 행위로서만 간주함으로써" 이 결론을 피하고 있다(*Creative Suffering of God*, p. 17).
48) Augustus H. Strong, *Systematic Theology*(Valley Forge, Penn.: Judson Press, 1907), p. 268.

있지만, 거룩성의 강조는 인간 세계에 대한 하나님의 연결이 아니라 하나님의 분리에 주어진다. 거룩성에 대한 이러한 강조가 하나님의 내재성보다는 초월성(그분의 타자성, 구별, 분리됨)을 그분의 존재에 더욱 근본적인 것으로 만들어주는지는 여전히 의문이다.[50]

하나님이 "사랑"이시며 동시에 "빛"이시기도 하다는 사실은 사랑에 대한 어느 한 가지 정의 때문에 다른 모든 정의를 배제하지 않도록 하라는 매킨타이어의 주의(注意)를 일깨워 준다. 사랑에 대한 독백적인 접근 방식은 환원주의적이 될 수밖에 없다. 하나님의 사랑에 대한 고전적 모델은 신의 내재성을 희생하면서 초월성을 강조하여 환원주의의 먹잇감이 되어버린 것일까?

매킨타이어의 여섯 가지 모델 가운데 두 가지인 관심과 참여를 함께 묶어서 본다면, 고전적 견해에 가장 잘 부합할 수 있다. 세상에 대한 하나님의 사랑은 관심이 행동으로, 동정심이 수난으로 옮겨 가는 것을 의미한다. 이것은 성육신과 십자가에서 절정에 달하는 자기 소통과 동일시이다. 하나님의 사랑의 이러한 측면들에 대한 매킨타이어의 논의는 고전적 모델에 대한 몇 가지 희화(戱畵)를 해소하는 데 유용하다. 예를 들어, 하나님의 불변성은, 무운동성을 의미하는 것이 아니라 하나님이 철저하게 자기 일관적이시며 신뢰할 만하다는 것을 의미한다. 더욱이, 자기 일관성은 "다른 상황들에 대한 다양한 전체적인 반응과도 양립 가능한" 것이다.[51]

빈센트 브뤼머는 선의로서의 혹은 '주는 사랑'으로서의 하나님의 사랑이라는 고전적 모델이 납득 가능한지를 질문함으로써 오늘날 많은 사람을 대변한다. 만일 하나님께 아무런 욕망이 없다면, 하나님은 우리가 그분의 사랑에 응답하는 일을 필요로 하지 않거나 바라지도 않으실 것이다. 그러나 만일 사랑이 소통일 뿐만 아니라 어울림이라면, 하나님의 사랑이 일방적인 현상이라고 말하는 것 즉 받지 않고 주기만 한다고 제시하는 것은 전적으로 부적절한 것 같다.[52] 이미 살펴보았듯이, 브뤼머 자신은 사랑을 쌍방향 교류가 이

---

49) 같은 책.
50) 그러나 아마도 하나님의 사랑을 한 편보다 다른 편을 사랑하는 것으로 분류하기보다는 그 자체가 초월적이며 내재적인 것으로 보는 것이 더 나을 것이다.
51) McIntyre, *On the Love of God*, p. 57. 신의 무고통성에 대해서, McIntyre는 하나님이 '그의 본성에 적합한' 방식으로 고통을 겪으신다는 매혹적인 제안을 우리에게 남겨 준다. 물론 그는 이 방식이 어떤 식일지에 대해서는 우리에게 말해 주지 않지만 말이다(p. 56).

루어지는 관계로 정의한다.

물론 **관계**라는 말만으로는 그다지 생각에 트임을 주지 않는다. 세상에는 여러 종류의 관계가 존재한다. 예를 들어, 인과성은 관계들 전체를 망라하는 말이다.[53] 그러나 비인격적인 인과적 관계들은 사랑의 관계들과 전혀 상관이 없다. 왜냐하면 후자는 상호 인격적인 관계이기 때문이다. 그렇지만 이러한 관계들에 대해서도 더 정확성을 기할 필요가 있다. 왜냐하면 많은 유형의 상호 인격적인 관계(예를 들어, 부모와 자녀의 관계, 친구 관계, 친구와 적의 관계)가 존재하기 때문이며, 이러한 관계들 가운데 어떤 것들은 인과적인 관계들과 유사하기 때문이다(예를 들어, 주인과 종의 관계). 이러한 상호 인격적인 관계들 가운데 어느 것이 진정한 사랑인지 그래서 하나님의 사랑에 대한 적절한 은유가 될 지를 알 수 있을까?

관계적인 견해의 대변자들은 대개 그러한 사랑을 **상호적인**, **호혜적인**, **포용적인** 같은 형용사들을 가지고 수식한다. 물론 이러한 범주들이 정의(正義)의 개념('빛'?)을 넘어서는 것인지에 대해서는 논란의 여지가 있지만 말이다. 이미 살펴보았듯이, 브뤼머는 다음과 같은 조건부 정의를 제공한다. "사랑은 그 본성상 서로 자유롭게 주고받는 관계여야 한다. 그렇지 않으면, 그것은 전혀 사랑이 아니다."[54] 나는 이 정의가 오히려 알쏭달쏭해 보인다. 먼저, 브뤼머는 어떤 은유나 모델을 우리에게 제공하기보다는 사랑의 '본성'을 제시함으로써 그 자신의 방법론적 경계선들을 위반하는 것 같다. 좀더 심각한 것은 그의 정의가 일관되게 여겨지지 않는다는 것이다. 만일 사랑이 관계라면, 보답 없는 사랑이라는 개념은 불가능하게 된다. 왜냐하면 사랑의 제의가 보답이 없이 되돌아온다면, 거기에는 상호성이 전혀 없는 것이 되기 때문이다. 그리고 상호성이 전혀 없다는 것은, 서로 자유롭게 주고받음이 전혀 없으며, 관계도 전혀 없고, 따라서 사랑이 전혀 없는 것이기 때문이다. 만일 브뤼머가 정확하다면, 우리가 원수들을 어떻게 사랑하는지 안다는 것은 지극히 어렵게 된다. 만일 사랑이 정확히 그런 상호 관계라면, 우리는 그런 상호 관계들

---

52) 다음을 보라. John Burnaby, *Amor Dei: A Study of the Religion of St. Augustine* (London: Hodder & Stoughton, 1938), p. 307.
53) Aquinas는 Aristotle를 따라서, 인과율의 네 가지 유형을 구분한다.
54) Brümmer, *Model of Love*, p. 161.

가운데 들어오기를 거절하는 사람들을 어떻게 사랑할 수 있을까?

분명 브뤼머의 모델 그 자체로는 그렇게 하지를 못한다. 반면에, 만일 보답되지 않는 사랑과 같은 것이 있다면, 사랑은 단순하게 관계성과 동일시 될 수 없는 것이다. 유일한 대안은 하나님의 사랑이 사랑받는 자 편에서의 순수한 반응을 언제나 일정하게 낳는 관계들을 일방적으로 **창출해 내는** 성질을 가지고 있다는 주장일 것이다. 그러나 그것은 또 다른 신학적 논쟁 거리다.[55]

이러한 개념상의 문제점들은 우리로 하여금 순수하게 사랑하는 모든 인격적 관계는 상호성과 호혜성의 성격을 지녀야 한다는 브뤼머의 기본 가정으로 되돌아가게 만든다. 진정, 순수하게 사랑하는 모든 인격적 관계가 반드시 대칭적으로 균형 잡혀야만 하는 것일까? 그 관계들이 **정확하게** 대칭을 이루어야 하는 것일까? (그리고 어떻게 우리가 이렇게 되도록 결정할 수 있을까?) 어머니가 자신의 갓난아기로부터의 어떤 반응을 진실로 바랄 수는 있겠지만, 그 갓난아기의 반응의 질은 '상호성'이나 '호혜성'이라는 말로 묘사될 수 있는 그러한 종류의 것이 못 된다. 또한 피조물들에 대한 창조주의 관계가 상호성과 호혜성의 맥락에서 생각되어야 하는지는 그리 자명하지 않다. 그리고 우리가 이러한 조건들을 받아들인다 할지라도, 오로지 상호성과 호혜성만이 정의의 개념을 넘어서서 우리를 사랑의 개념으로 이끈다는 보장도 거의 없다. 결국 상호성과 호혜성이 '눈에는 눈'보다 더 나은 건 무엇일까?

기능: 비판적 원리 대 구성적 원리. 성경을 해석하되 하나님의 사랑을 극대화하는 방향으로 해석해야 한다는 것은 대부분의 현대 신학에서 사실상 기정사실이 되어 버렸다. 이것은 아우구스티누스의 유명한 해석 규칙에 꼭 같이 부합되지는 않는다. 아우구스티누스는 "하나님의 사랑을 가장 잘 촉진하는 해석을 선택하라"라고 말했다. 그에 비해, 현대의 해석 규칙은 '사랑으로서의 하나님에 대한 이해를 가장 잘 촉진하는 해석을 선택하라'가 될 것이다. 그러나 이미 살펴보았듯이, (1) "사랑"은 하나님이 세계와 어떻게 관계를 맺으시는가에 대한 유일한 모델이 아니다. 그리고 (2) 어떻게 우리가 하나님의 사랑을 이해해야 하는가에 대해서는 최소한 두 가지의 의미 있는 제안이 있

---

55) 물론 나는 불가항력적인 은혜의 개념을 가리킨다. 그것이 또한 쟁점의 핵심이다. 이미 살펴보았듯이, Brümmer가 문제 삼은 일방적인 사랑의 개념의 문제는 그것이 우리를 신의 조종의 '대상들'로 만듦으로써 우리를 비인격화시킨다는 것이다(pp. 136-137).

다. 신학자들이 교리상 다른 주제들에 대해 논의할 때에 하나님의 사랑이라는 개념을 어떤 식으로 사용하는지 보여 주는 두 개의 구체적인 예를 살펴보는 것이 유익할 것이다. 하나님의 사랑은 현대 신학에서 비판적 원리로서 그리고 동시에 구성적 원리로서의 역할을 한다.

에드워드 팔리(Edward Farley)는 성경 원리(Scripture principle)에 대한 탁월한 해체서라 할 수 있는 자신의 책 「교회적 성찰」(Ecclesial Reflection)에서, 고전적인 정통주의 신학 방법에 반대하기 위한 논의의 중요한 점에서 하나님의 사랑에 호소한다. 그는 고전적 정통주의 신학 방법을 "인용에 의한 논증"으로 치부해 버린다.[56] 정확히 팔리는 성경 원리가 근거하는 구원사라는 전제, 즉 하나님이 주권적으로 인간의 역사에 개입하신다는 전제에 도전함으로써 성경 원리의 논리를 공박한다.

성경 정경의 작성을 포함하여, 하나님이 구원사를 지휘하실 수 있다는 생각은 하나님이 역사의 모든 것을 통제하시거나 일부만을 통제하신다는 사실을 함의한다. 만일 우리가 하나님의 주권적인 뜻이 역사의 일부에만 적용된다고 말한다면, 우리는 하나님이 역사의 나머지의 유익에 대해서는 바라지 않으신다고(사랑하거나 구원하지 않으신다고) 결론을 내려야 한다. 반면에, 만일 하나님의 주권적인 뜻이 보편적이라고 말한다면, 역사의 공포들도 구원하시는 사건들로서 하나님에 대해 동일한 관련성을 지니게 된다. 그 어떤 경우에든지, 고전적 유신론이 악의 문제에서 무너지고 만다고 팔리는 생각한다. 즉, 하나님이 세계의 일부에 대해서만 사랑하는 방식으로 참여하시거나 발생하는 모든 것이 하나님의 뜻의 결과이거나, 그 어느 경우에든지 우리는 하나님이 사랑이시라고 말할 수 없다는 것이다.

다시 말해서, 팔리는 다음의 딜레마를 우리에게 제시한다. 즉, 하나님은 주권적이시거나 사랑이시라는 것이다. 만일 하나님이 사랑이시라면, 그 말에 담긴 함의는 하나님이 역사를 통제하시지 않는다는 것이다. (성경 작성의

---

56) Edward Farley, *Ecclesial Reflection: An Anatomy of Theological Method* (Philadelphia: Fortress, 1982). 유사한 지적들이 Edward Farley와 Peter Hudson의 글, "Scripture and Tradition"에서 이루어진다. 이 글은 다음에 수록되어 있다. *Christian Theology: An Introduction to Its Traditions and Tasks*, ed. Peter Hodgson and Robert King, 2nd ed. (Philadelphia: Fortress, 1985), pp. 61-87.

과정에 대해서도 마찬가지로 통제하지 않으신다는 것이다.) 팔리는 독자들이 자신의 의견에 동의할 것을 기대한다. 즉, 하나님의 통제냐 아니면 하나님의 사랑이냐를 결정함에 직면했을 때, "사실 전혀 선택할 것이 없다."[57] 현재 세계에 필요한 것은 사랑이다.

그러나 팔리는 무엇이 하나님의 사랑의 의미가 되어야 한다고 가정하는 것일까? 신의 사랑과 신의 주권성 사이에 진정 모순이 존재하는 것일까? 토머스 아퀴나스에 따르면 그렇지 않다. 이미 살펴보았듯이, 전통적으로 하나님의 사랑은 선을 의도하고 **발휘하는** 하나님의 확고한 결심을 의미한다. 정확히 바로 이것을 팔리의 하나님은 할 수가 없다. 팔리의 하나님은 선을 원할 수는 있겠지만 의도할 수는 없다. 팔리의 하나님, 본질적으로 과정신학의 하나님은 협력을 요청할 수는 있지만 좋은 일을 위해서나 나쁜 일을 위해서나 인간의 역사에 일방적으로 개입할 수 없다. 팔리에게 할 수 있는 질문은, 만일 하나님이 인류의 선을 위해 일방적으로 **행하실 수 없다면** 우리가 하나님이 사랑이시라고 긍정할 때 의미하는 바는 무엇인가? 하는 것이다. 그러므로 전통적 모델이 타당한 통찰을 보전한다면, 하나님은 오직 자신이 **주님**일(자유롭고 주권적일) 경우에만 사랑하실 수 있다. 물론 팔리는, 사랑은 상처받을 수 있는 가능성을 포함한다고 가정하면서, 우리가 하나님의 주권과 상련(sympathy) 사이에서 선택해야 한다고 믿는다.

내가 이미 암시했듯이, 하나님의 사랑이 기독교 전통을 수정하는 지렛대로 적용되어 온 두 번째 방식이 있다. 신의 감수성이 언뜻 보기에 신론에서 다소 언저리에 속하는 주제인 것처럼, 신학의 패러다임 혁명을 초래하기에는 별 볼일 없는 교두보인 것처럼 보일 수 있다. 그러나 이미 살펴보았듯이, 기본적인 쟁점은 이것이다. 즉, 하나님이 외적인 것에 의해 자신의 존재나 의지나 본성이나 감정들에 영향을 받으실 수 있을까? 하는 것이다. 하나님 아닌 것이 하나님을 제약할 수 있을까? 하나님이 사랑이시라면 그리고 사랑이 상련('함께 고통 받음')을 의미한다면, 이는 실로 하나님이 세계에서 발생하는 것에 의해 영향을 받으시는 것이 되는 것일까? 하나님이 '변화를 겪으시는' 것이 되는 것일까? 피디스는 하트숀에게 동의하면서, 사랑이 "경험에의

---

57) 같은 책, p. 156.

동참"이기 때문에 고통받는 자들에 대한 하나님의 사랑은 그 고통받는 자에 대한 하나님의 실질적인 참여를 포함해야 한다고 주장한다. 그러나 하나님이 자기 백성의 불신앙과 불순종 때문에 슬퍼하고 고통받으실 수 있겠지만, 그럼에도 불구하고 하나님은 여전히 하나님으로 남아 계신다. 그러나 그 고통이 변화를 수반한다는 점에 주목하라. "사랑한다는 것은 사랑받는 자가 행하는 바가 사랑하는 자의 경험을 바꾸는 관계로 들어간다는 것이다."[58]

주목할 만한 사실은 피디스가 과정신학의 방향으로 어떤 다리들을 세우는 것이 적합하다고 본다는 점이다. 사랑은 "본질적으로 상호성이다."[59] 사랑에 대한 이 견해에서, 하나님과 세계는 **파트너**다. 이 제안은 아마도 대부분의 고전적 유신론자들의 몸을 부들부들 떨게 만드는 제안일 것이다. 관계 중심적 유신론(relational theism)이 지니는 함의들에 대한 이 같은 진술은 또한 두드러지는 도전을 분명하게 밝힌다. 즉, 하나님의 사랑을 하나님 아닌 것에 의해 하나님이 변화를 겪는 일의 맥락에서 본다면, 하나님이 이러한 의미에서 사랑하시면서 여전히 **하나님**으로 남으실 수 있을까? 그리스도인들은 사랑으로서의 하나님과 주님으로서의 하나님 사이를 진짜 선택해야만 하는 것일까?

현재 진행되는 논의들 가운데서 이 둘 중 어느 것 하나라도 기꺼이 포기하겠다는 목소리는 거의 없다. 진정한 쟁점은 사랑과 주되심(lordship)의 의미에 관한 것이다. 즉, 사랑의 하나님이 어떤 식으로 하나님의 주권을 수식(수정, 조절)하느냐? 하는 것이다.

이 두 예는 현재 진행되는 유신론에서 범재신론으로의 좀더 거대한 패러다임 전환에 비교해서는 무색해진다. 대개 범재신론자라고 하는 사람들에게 하나님과 세계의 관계에 대한 유신론적 모델들을 포기하도록 부채질하는 것이 바로 하나님의 사랑이라는 주제다.[60] 다시금, 그 주장의 기본적인 요점은

---

58) Fiddes, *Creative Suffering of God*, p. 50. 신학 언어의 본성, 특히 비유가 이 책 안에 있는 많은 에세이의 쟁점이다. 그 도전하는 바는 신인동형론에 굴복하지 않으면서 하나님에 대해 이해할 수 있도록 말해야 한다는 것이다. Fiddes의 논평은 흥미로운 점검 사례를 하나 제공한다. 즉, 우리가 어떻게 하나님이 경험을 갖는다는 생각을 이해해야 할까 혹은 하나님의 본성에 적절한 방식으로 고통을 경험하신다는 생각을 이해해야 할까 하는 것이다.
59) 같은 책, p. 173.

하나님이 세계와 맺으시는 관계의 성격과 관련된다. 그리고 특히 과연 하나님이 자신의 피조물들이 뜻하고 행하는 것 때문에 변화를 겪으시는지의 여부와 관련된다.

많은 범재신론자와 마찬가지로, 「하나님의 개방성」의 저자들은 하나님과 창조된 인간들 사이에 "진정한 상호 작용"과 "진정한 대화"가 존재한다고 주장한다. 하나님은 피조물들의 입력을 수용하는 데 '열려' 있다. 역사의 진행 과정은 하나님의 산물이나 하나님의 행위의 산물만이 아니라 인간이 하나님과 협력하거나 (하지 않은) 결과이다. 하나님은 행하실 뿐만 아니라 **반응**하시기도 한다. 하나님 편에서의 진정한 반응이 없다면, 하나님과 세계의 관계의 순전함은 심각한 위험에 빠지게 될 것이다.

클락 피녹(Clark Pinnock)은 자신의 목적이 "삼위일체 하나님과 하나님과 인간 사이의 언약 둘 다에 담긴 상호성과 관계성에 좀더 공정을 기하려는 것"이라고 선언하면서, 비슷한 주제들을 표출한다.[61] 피녹이 볼 때, 하나님은 자유로우시며 자신의 생명에 어떤 차이를 만들어 낼 수 있는 자유로운 의지들을 가지고 존재자들을 창조하실 수 있다는 의미에서 주권적이시다. 만일 하나님이 더 이상 자신의 외부에 있는 모든 것에 의해 조건 지워지지도 영향받지도 않으신다면, 이는 오직 자신이 그렇게 되기를 의도하셨기 때문이다. 다시 말해서, 하나님은 인간 역사의 영향들에 대해 '열리기를' 뜻하신다는 것이다.[62]

---

60) '관계적 유신론'(relational theism)에 대한 소위 열린 신관이 '유신론'에 속하는지, 아니면 '범재신론'에 속하는지의 여부는 열려 있는(!) 의문이다. 개방적인 하나님에 대한 주창자들은 과정신학자들과 스스로 거리를 두기 위해 조심하지만 모든 범재신론자(예를 들어, Moltmann)가 과정신학자들인 것은 아님을 깨닫는 것이 중요하다. Philip Clayton이 그의 글 "Case for Christian Panentheism", *Dialog* 37 (1998): 201-208에서 스케치하는 입장은, 특히 Clayton이 범재신론을 순수하게 기독교적인 것으로 유지하기 위해서 가하는 '수정들'에 비추어 볼 때, 열린 신관 신학자들의 입장과 매우 유사한 것 같다.
61) Clark Pinnock, "Systematic Theology", in *The Openness of God: A Biblical Challenge to the Traditional Understanding of God*, by Pinnock et. al. (Downers Grove, Ill.: InterVarsity Press, 1994), p. 101.
62) Pinnock의 말은 이렇게 되어 있다. "하나님은 본성과 본질상으로는 불변하시지만, 경험과 지식과 행위의 측면에서는 그렇지 않다"(p. 118). "하나님에 대한 열린 관점은 권능과 통제보다는 관대하심과 감수성과 상처받을 수 있는 가능성 등의 자질을 강조한다"(p. 125).

'실체'와 '불변성'이 고대의 해석 틀에 속하는 범주였듯이, '개방성'이라는 범주를 문화적으로 영향을 받는 해석학의 일부로 볼 수밖에 없을 것이다. 사실상 우리는 열린 신관을 단 한 가지의 중요한 차이점을 가진 '완전한 존재자'의 한 종(species)으로 생각할 수 있을 것이다. 즉, 현대의 사상과 감성의 맥락에서, '완전함'은 연결되지 않음의 맥락에서가 아니라 '최대한 연결되어 있음'(most-relatedness)의 맥락에서 이해된다. 예를 들어, 찰스 하트숀이 볼 때, 제한적인 존재자들이 **일부**에만 연결되었기 때문에 **일부**에만 유익을 끼칠 수 있는 반면에, 하나님은 존재하는 **모든** 것에 연결되었기 때문에 완전한 존재자이시다. 그러므로 범재신론이나 관계 중심적 유신론이, '완전한 존재자' 개념의 역사상의 새로운 발전이라기보다 하나님에 대한 성경적 가르침의 회복을 대변하는 것인지는 그리 분명하지 않다. 하나님의 사랑에 대해 생각하는 범재신론적 방식—열린 신관—은 성경의 증거에 비추어 이루어지는 철학적 개념들에 대한 수정일까 아니면 현대 사상의 틀들에 비추어 이루어지는 성경적 증거에 대한 해석일까? 열린 신관은 성경 자료들로의 복귀일까 아니면 단지 사랑에 대한 하나의 개념화를 다른 개념화로 대체하는 것뿐일까?

고전적 유신론과 관련하여 배를 포기하는 것이 과연 필요한 일일까? 존 매킨타이어는 하나님의 사랑을 지나치게 배타적으로 이해하는 데 대한 응답으로 「하나님의 사랑에 대하여」(On the Love of God)를 쓰게 되었다. (그 책은 오직 '합당한' 자들—회중의 한 분파—만이 감히 참여할 수 있었던 한 고교회의 성찬 예식에 대한 이야기로 시작한다.) 대략 30년이 흘러가면서, 문화적 정황은 극적으로 바뀌었다. 실로 새로운 패러다임에서 하나님의 사랑이라는 개념에 온전한 가치를 부여하는 일이 가지는 최고의 난점은, 그 일이 부당하게도 그 말을 하나의 속성이 아니라 (매킨타이어의 말을 풀어서 쓰자면) **관계**와 협소하게 동일시한다는 점일 것이다. 왜냐하면, 하나님의 사랑은 이제 철저하게 **포괄적인 것**('열려 있음')으로 여겨지기 때문이다. 이제 성찬식의 테이블 주변에는 아무런 울타리도 없다. 하나님의 사귐은 신실한 언약의 일꾼들에게만이 아니라, 신실하든 그렇지 않든 다른 종교 전통에 속한 자들에게까지도 확대된다.[63]

이상의 개관은 하나님의 사랑을 한 가지로만 정의하는 것이 별로 권장할 만한 일이 못된다는 결론을 내리게 만들 수 있을 것이다. 다른 많은 교리와 마찬가지로, 그 개념은 그 개념을 생성한 내러티브에 충분하게 미치지 못한다. 그렇다면 여섯 개의 모델을 함께 엮은 매킨타이어의 방법이 브뤼머의 전반적인 관계 중심적 모델보다는 선호할 만한 것일 수 있다. 하나님의 사랑에 관해 성경이 말하는 바에 공정을 기하고자 한다면, 우리는 최소한 세 가지를 말해야 할 것이다. 하나는 하나님의 사랑이 하나님이 **소유하신** 어떤 것이라는 사실이며, 다른 하나는 하나님의 사랑이 하나님이 **행하시는** 어떤 것이라는 사실이며, 또 다른 하나는 하나님의 사랑이 하나님의 **어떠하심**을 말하는 것이라는 사실이다. 그리고 아마도 하나님의 사랑은 우리가 아직 생각해 내지 못한 어떤 방식으로, 유신론과 마찬가지로 범재신론에서 현재 제안되는 범주들을 뛰어넘을 것이다.

하나님의 사랑: 어울림 지향적인 소통 행위

고전적 유신론에서, 하나님의 사랑은 하나님의 주권적인 의지의 문제인 **선의**─타자의 유익을 위해 의도하고 행동하는 것─의 문제다. 유신론자들은 하나님의 사랑이 효력 있는 행위의(의도하고 행하는) 문제라고 주장하는 반면에, 범재신론자들은 하나님의 사랑은 정서적 공감(affective empathy)에 더 가까운 문제라고 주장한다("나는 너의 고통을 느낀다").[64]

처음에 시작하면서 나는 사랑의 반대는 무관심이라고 언급했다. 무관심한 사람은 '먹은 귀를 들이댄다.' 이 어구는 말하는 사람의 소통 행위의 허망함을 놀라울 만큼 잘 묘사한다. 누군가 주도적으로 소통하는 일이 전적으로 결핍된 침묵은 무관심의 또 다른 표현이다. 성경에 묘사된 하나님은 화자나 청자로서 무관심과는 거의 거리가 멀다. 그와 반대로, 하나님은, 활발한 화자이자 청자로서, 인간들과 대화하시는 분으로 묘사되어 있다. 하나님의 임재는 공간적이거나 실체적이지 않고 **소통적**이다. 그것은 인격적인 말 건넴과

---

63) 급박한 목회상의 문제점은, 비록 그 점을 평가한다는 것이 현재의 글의 범위를 넘어서는 것이기는 하지만, 하나님의 사랑에 대한 새로운 이해의 실천적 중요성과 관련된다. Ellen Charry의 말을 빌자면, 우리와 함께 고통을 당하시는 하나님을 믿는다는 것이 "우리의 영혼에 유익한" 것일까?

64) 참고. Edward Farley, *Divine Empathy: A Theology of God* (Minneapolis: Fortress, 1996), chap. 20.

대답의 임재다. "오라, 우리가 서로 변론하자"(사 1:18). 그러므로 나는 좀더 광범위한 '하나님과 세계'의 관계를 이해하기 위한 실마리로서 그리고 어쩌면 그 열쇠로서, 하나님의 소통 행위에 초점을 맞추자고 제안한다.

원인자(causal agent)로서의 하나님에 대한 그림이 고전적 유신론을 장악한다. 선을 의도하시는 하나님을 인과율의 맥락에서 바라보게 될 때, 신적인 사랑을 인격적 관계 맺음의 개념과 화해시킨다는 것은 어려운 일이 된다. 물론 아퀴나스와 같은 유신론자들은 하나님의 주님으로서의 사랑—자신의 피조물들에 대한 그분의 주권적 돌보심—이 그 피조물의 본성에 따라 다양해진다는 점을 알았다. 하나님은 무생물계에 대해서도 선을 의도하시지만, 인간들을 위해 선을 의도하시는 것과는 똑같지 않다. 나는 고전적인 유신론과 범재신론의 난국을 타개해 나갈 수 있는 한 가지 방법이 하나님을 **소통적** 행위자로 여기는 것이라고 제안한다. 인간들에 대한 하나님의 주님으로서의 사랑은 대개 소통 행위의 형태를 취한다고 나는 믿는다.

한편으로, 소통 행위는 현저하게 인격적이다. 인간이 이야기를 하고, 약속을 하고, 묻고 답하고, 감정을 교환하고, 기도하고 찬양하는 일과 같은 활동들을 벌일 때보다 더 인간적(인격적)인 때는 결코 없다. 소통 행위로서 마지막 두 가지 형태는 각별히 인간이 하나님에 대해 갖는 관계와 연결된다. 그렇지만 하나님도 약속하기, 명령하기, 묻고 답하기와 같은 소통 행위들을 통해 인간들과 관계를 맺으신다. 간단히 말해서, 하나님은 화자로서 그리고 청자로서 인간 세계에 잇대어 관계를 맺으신다.[65]

더욱이 하나님의 소통 행위는 완벽하다. 이사야 55:11에 따르면, 하나님의 말씀은 결코 공허하지 않고 언제나 그 보내진 목적을 달성한다. 하나님의 말씀의 효과성에 대한 이 천명의 직접적인 문맥을 또한 살펴보라. 이사야 55:8-9은 여호와의 방법과 인간의 방법을, 여호와의 생각과 인간의 생각을 대조한다. 하나님의 방법과 생각과 마찬가지로, 하나님의 소통 행위는 우리의 소통 행위보다 '더 높다.' 그렇지만 동시에 바로 그 소통의 목적은 다른 이

---

65) 이 장과 다음 장에서의 나의 초점은 '하나님과 세계' 관계의 하부 주제인 하나님과 인간의 관계에 있다. 따라서 하나님의 소통 행위에 대한 나의 강조를 적어도 비인간적인 세계와 관련하여 하나님의 인과적 작인성을 부인하는 것으로 여기지 말기 바란다.

들과 관계를 맺는 데 있다.

하나님이 인간을 위해 의도하시는 그 선은 어울림이다. 즉, 서로의 사귐과 하나님과의 사귐이다. 하나님이 자신의 백성들에 대해서 추구하시는 것이 진정한 인격적 관계라는 핵심적인 사실에 우리의 시선을 집중하도록 요청한다는 점에서 '열린' 신관 주창자들은 전적으로 옳다. 그러나 이 통찰은 그리 혁명적인 것이 아니다. 왜냐하면 아퀴나스조차도 만물이 하나님의 사랑에 의해 하나님의 생명에 참여하도록 이끌리는 우주적인 어울림을 바라보았기 때문이다.

고전적 유신론자들과 열린 신관 대변자들 모두가 인정할 필요가 있는 것은 하나님이 자신의 사랑의 목적을 실현하시는 수단이다. 하나님의 사랑은 인과성의 맥락에서나 상호성의 맥락에서가 아니라, 오히려 소통과 자기 소통의 맥락에서 가장 잘 이해될 수 있다. 나의 소통적 유신론의 관점에서 보았을 때, 하나님은 비인격적인 원인으로서가 아니라 즉 위르겐 하버마스(Jürgen Habermas)가 "전략적" 행위라고 칭한 것의 배후에 있는 힘으로서가 아니라, 오히려 사람에게 꼭 맞는 방식으로 효과적인 행위를 하시는 알맞은 소통적 행위자로서 초월해 계신다. 물론 몇몇 포스트모던주의자는 언어를 사람을 은밀하게 조종하는 수단으로 보지만, 이러한 식의 언어 사용은 언어에 대한 하나님의 '계획 의도'에 어긋나는 것이다. 언어에 대한 계획 의도는 도구적 행위의 수단이 되기보다 소통적 행위의 수단이 되도록 하는 것이었다. 소통 행위 가운데서 하나님이 불러일으키시는 것은 **이해**이며, 또한 그 선행 조건으로서의 믿음이다.[66]

그러므로 소통 행위는 이해를 목적으로 한다. 그리고 이해는 특정 유형의 소통, 마음들의 만남 즉 한 사람의 행위의 목적들과 의도들이 다른 사람에 의해 확인되는 만남을 대표한다. 언어는 인사를 하는 일에서부터 정부를 구성하는 일에 이르기까지의 단순한 소통 행위들과 복잡한 소통 행위들을 수행하는 매우 복잡다단한 원천이다. 물론 모든 소통 행위가 언어적인 것은 아니다. 실로 복음을 설교하는 일만이 아니라 복음의 내용 자체―말씀이 우리를

---

66) 이 점에 대해서 나는 '유효한 부르심'에 대한 Calvin의 개념과 관련하여 제4장에서 좀더 충분히 논의하고 있다.

위해 육신이 되셨다―도 하나님의 소통 행위로 볼 수 있다. 즉 하나님의 이 소통 행위는 말씀이신 예수 그리스도의 나타나심이다. 그 말씀은 그에 수반된 '숨'(에너지, 권능) 혹은 성령 덕택에 우리 존재의 한 가운데로 영접된다. 이 복음 행위의 목적은 다름 아닌 어울림―그리스도 안에서 하나님과의 연합―이다. 믿음과 이해 둘 다 하나님의 말씀(God's Word)을 들음에서 온다(롬 10:17).

소통하는 것은 다른 사람에게 무엇인가를 나누어 주는 것, 전하는 것이다. 언어학과 커뮤니케이션학에서 (그리고 흔히 조직신학에서도!) 소통되는 것은 **정보**다. 생명과 물리학의 맥락에서는, 소통되는 것이 **생명** 혹은 **에너지**다. 흥미롭게도, 하나님이 자신의 말씀(Word)과 성령을 통해서 '소통'하시는 것은 정보(진리)와 에너지(영) 둘 다를 포함한다. 인간은 구원을 위해, 즉 하나님의 생명에 참여하기 위해 둘 다를 필요로 한다. 이 사실은 '공유하다'라는 **커뮤니케이션**의 어원과 일치한다.

이 부분에서 감당해야 할 과제는 하나님의 사랑에 대해, 따라서 '하나님과 세계'의 관계에 대해, 어울림으로부터 나와서 어울림으로 이끄는 소통 행위의 맥락에서 생각하는 터전을 마련해야 한다는 것이다. 다음 장은 특히 하나님이 사랑이시면서 동시에 주권적이심을 볼 수 있는 한 가지 소통 행위인 유효한 부르심에 대한 심도 있는 분석을 제공한다.

하나님은 그 자신 가운데서 그리고 그 자신만으로 (그러므로 세계와는 독립적으로) 온전하신 하나님이다. 성부, 성자, 성령은 소통과 어울림의 사귐 가운데 존재하신다. "태초에 말씀이 계시니라." 또는 오히려 태초에 하나님의 삼위일체적 소통적 작인성과 행위가 있었다. 소통적 유신론은 하나님을 전범적인 소통 행위자로, 즉 영원히 나셨고 육체를 입으셨고 말로 표현되고 글로 쓰인 그분의 말씀(his Word)이 언제나 일정하게 그 보냄 받은 목적을 달성하는 그러한 분으로서 인정한다. 자신의 자비로운 사랑의 신비 가운데서, 하나님은 주도적으로 소통을 하시며 그리하여 정보와 에너지와 생명을 공유하심으로써 자신이 아닌 ('바깥의') 것과 관계를 맺으신다.

이제 우리가 애초에 물었던 물음으로 되돌아 갈 시간이다. 하나님의 사랑은 하나님이 우리와 고통을 공유하신다는 사실을, 우리와 더불어 고난을 겪으신다는 사실을, 우리에게 일어나는 일이 그분이 '변화를 겪으신다'라고 말할 수 있을 정도로 하나님께 영향을 준다는 사실을 함의할까? 실로 어울림 지향적인 소통 작용으로서의 하나님의 사랑에 대한 나의 강조점은, 대화에 대한 강조와 더불어서, 하나님이 우리가 말하고 행하는 바에 의해 영향을 받으시며 우리의 소통 행위들이 있고 없음이 하나님이 응답하시는 조건임을 시사한다.

    나의 입장을 간략하게 요약하겠다. 하나님은 주로 자신의 소통 행위를 통해 이해(와 믿음)를 불러일으키심으로써 자신의 백성을 사랑하신다. 이 행위는 단순히 정보를 전달하는 문제가 아니라, 약속을 하고, 명령을 내리고, 경고를 발하며, 위로하고, 달래는 일이다. 핵심은 하나님이 말을 통한 조종으로가 아니라 이성과 의지와 상상력과 감정을 지닌 인격자들에게 적합한 방식으로 이해(믿음, 소망, 위로 등)를 가져오신다는 것이다. 소통적 유신론과 관련하여, 하나님의 '개방성'의 문제는, 만일 하나님이 자신과 대화하는 인간들의 소통적 행위들에 의해 영향을 받지 않으신다면 자신의 백성들에 대한 하나님의 관계가 진정으로 사랑일 수 있는가 하는 것이다.

    다음 장에서 논의하겠지만, 하나님의 소통 행위는 그 행위의 상대자인 인간의 소통 행위와 비교가 되지 않을 정도로 효과적이다. 그러나 당장에 적절한 물음은, 인간의 소통 행위들이 아무리 효과적이라 할지라도 하나님께 영향을 미치는 능력이 어느 정도인가 하는 것이다. 분명 하나님을 향하게 되었을 때, 명령하거나 책망하는 것과 같은 인간의 언어 행위들은 부적절한 것이다. 현재 논란이 되는 문제는 **알리는 일**(informing)이 하나님과 관련해서 적절한가 하는 것이다. 즉, 하나님이 새로운 것들을 배우실 수 있을까? 하나님의 전지성의 본질은 복잡하며, 이 장의 범위를 넘어서는 것이다. 그러므로 나는 하나님의 개방성에 관한 물음에 대해 나의 답변을 종속적인 한 가지 문제로 국한할 것이다. 그 문제는, 만일 사람이 말하거나 행하는 것이 하나님께 영향을 끼치거나 저촉되지 않는다면 진정한 인격적 어울림이 성립될 수 있는가 하는 것이다.

    소통 및 어울림과 같은 '함께 함'(communal)의 개념들에 자랑스러운 지위를 허용하는 입장이, 그럼에도 불구하고 하나님의 불감성 개념을 긍정하기를 원한다는 사실이 놀라움으로 다가올 수도 있겠지만, 그것은 실로 사실이다. 그러나 모든 것은 신의 불감성이 무엇을 뜻하느냐에 달려 있다. 나는 한 가지 실마리가 예수님의 죄 없으심(impeccability)과의 어떤 병행성에 있다고 믿는다.

히브리서 기자는 우리들이 그렇듯이 예수님도 참으로 시험을 받으셨지만 여전히 죄가 없으셨다고 말한다(히 4:15). 예수님이 시험에 '열려' 계셨다는 사실과 확실히 죄를 짓지 않으셨다는 사실 사이에는 전혀 모순이 없다. 비록 어떤 사람들은 예수님이 시험의 힘을 느끼지 못했음에 틀림없다고 말하기도 하지만, 다른 사람들은 시험에 저항하는 당사자는 시험의 힘을 충분히 느낀다고 주장한다. 또는 오거스터스 스트롱이 제시했던 이미지를 사용하자면, 무적의 군대라 할지라도 공격이 오면 그 공격을 감당해야 하듯이, 예수님도 죄가 없으시지만 진정한 시험을 감당하셔야 했다. 나는 무엇인가 그와 유사한 입장을 신의 불감성에 대해 말할 수 있다고 믿는다.[67]

성경을 보면, 하나님이 자신의 백성들을 가엾게 여기는 일에 '열려' 계심이 분명하다. 하나님의 진노와 동정 사이의 긴장을 묘사하는 한 놀라운 단락에서, 우리는 "내 마음이 내 속에서 진저리를 친다(recoils, 개역개정판은 '돌아서')"(호 11:8)라는 말씀을 읽을 수 있다. 하나님은 자신의 백성들의 고통의 강도를 느끼신다. "내가 애굽에 있는 내 백성의 고통을 분명히 보고 그들이 그들의 감독자로 말미암아 부르짖음을 듣고 그 근심을 알고"(출 3:7). 그렇지만, 예수님이 죄를 짓지 않으면서도 그 시험의 힘을 느끼시듯이, 하나님은 자신의 존재나 의지나 지식의 변화를 겪지 않으면서도 인간의 경험의 강도를 느끼신다.

불감성은 하나님이 느끼시지 못한다는 뜻이 아니라 결코 격정에 의해 **삼켜지거나 압도당하지** 않으신다는 뜻이다. 비록 어떤 감정들이 하나님께 **생겨날** 수 있지만, 하나님은 그 감정들에 **지배당하지** 않으신다. 그러므로 엄밀한 의미에서 하나님이 인간의 슬픔을 경험하시지만, 그럼에도 불구하고 무감동

---

[67] 죄 짓는 일이 없으면서 인간의 연약함에 동참하신 예수님의 경험은 하나님의 무고통성을 이해하는 데 일종의 선례를 보여 준다. 그러므로 인간 예수의 경험들을 수행하는 '자아'는 신적 위격, "I am"("나는 스스로 있는 자"라는 여호와의 독특한 신성 주장을 가리키지만, 신약 성경 특히 요한복음의 문맥에 나오는 "나는…이다"와 연결되어 있다. "I am sayings"에 대한 신약 신학의 논의를 참고하라—역주)이었다. Jacques Dupuis, *Who Do You Say That I Am? Introduction to Christology*(Maryknoll, N. Y.: Orbis, 1994), chap. 5에 있는 예수님의 '인간적' 심리에 대한 논의를 보라.

적(apathetic)이시라고 말하는 것이 전혀 모순되지 않는다. (이 경험이 하나님의 이성과 의지 혹은 지혜를 저해하지 않기 때문이다.) 하나님은 순전하게 자신의 소통 행위를 통해서 인간과 관계를 맺으시지만, 인간이 행하는 어떤 것도 하나님의 주도적인 소통성과 하나님의 소통 행위들에 영향을 주지 못한다. 실로, 우리가 자유를 토머스 아퀴나스처럼 자기 결정 즉 "자신의 행위에 대한 그 사람의 완전한 지배"(*dominium sui actus*)라는 말로 정의한다면, 하나님의 불감성은 그분의 자유의 조건이 될 수도 있다.[68] 만일 하나님이 행하시는 바가 인간이 말하고 행하는 것에 의해 결정적으로 정해지고 영향을 받는다면, 하나님은 자유로우시지 않다. 그러나 핵심 요점은 하나님이 자신의 백성들 가운데서 어떤 소통 효과들—특히 믿음, 이해, 위로—을 불러일으킴으로써 선을 의도하시는 주권적 소통 행위자라는 것이다.

정리하면, 하나님의 사랑에 대한 기독교 신학은 삼위일체론과 하나님의 소통 행위 개념 둘 다에 대해 말할 것을 우리에게 요구한다. 다른 곳에서 나는 이러한 개념들이 서로 연결되어 있다고 주장했다. 즉, 성자와 성령은 성부가 소통하시는 수단들이다.[69] 그렇지만 하나님이 행하시는 모든 것은 또한 사랑하심이다. 이는 특히 하나님의 소통 행위에 해당하는 일이다. 하나님은 사랑이시다. 그리고 그분의 말씀—육신이 되신 말씀과 언어가 되신 말씀 둘 다—은 사랑의 중요한 행위이며 진척되는 역사다. 이것이 그만큼 그리고 어울림으로 이끄는 소통 행위 개념이 마침내 우리를 성경론으로 인도하는 만큼, 하나님의 사랑이라는 주제는 다시 한 번 우리로 하여금 "제1신학"의 문제에 맞닥뜨리도록 만드는 것 같다.

결론: 은유와 형이상학 사이

브뤼머와 맥페이그는 은유들이 하나님 자신의 본성이 아니라 우리가 하나님과 연결되는 방식을 기술한다는 데 동의한다.[70] 사랑의 모델 역시 전혀

---

(68) Aquinas, *Summa Contra Gentiles* 2.22를 보라.
(69) 이것이 Kevin Vanhoozer, *Is There a Meaning in This Text? The Bible, the Reader and the Morality of Literary Knowledge*(Grand Rapids, Mich.: Zondervan, 1998), 제2부가 다루는 내용이다. 또한 삼위일체론이 소통 행위에 포함되는 것을 이해하기 위한 패러다임으로 기능한다는 주장에 대해서는 이 책의 제6장을 보라.

예외가 아니다. 그러한 접근 방법이 필연적으로 우리가 하나님을 사랑하는 방식과 하나님이 우리를 사랑하시는 방식 사이의 구별을 말소해 버리는 것은 아닐까? 하나님을 '사랑하시는 분'이나 '어머니'(혹은 '아버지')로 생각하는 것이 하나님이 우리를 사랑하시는 방식과 우리가 서로 사랑하는 방식을 혼동하는 위험을 초래하는 것은 아닐까? 신인동형론(Anthropomorphism)은 새로운 패러다임을 따르는 신학에서조차도 언제나 현존하는 위험이다.

그러나 만일 하나님의 말씀이 하나님에 관한 진술(God-talk)의 최종 기준이자 통제 수단이라면, 기독교 신학은 성경적 증거에 유의해야만 한다. 성경은 지속적으로 그러한 배려를 받을 자격이 없는 사람들을 위해서, 창조 세계 안에서, 예수 그리스도 안에서, 십자가 위에서, 성령을 통해 자신을 쏟아 붓는 하나님께 주목하도록 우리의 시선을 끈다. 만일 이 복음, 이 구원의 이야기─창조 세계에 대한 그리고 그 무엇보다도 언약의 피조물에 대한 하나님의 값진 희생적 사랑의 이야기─가 그리스도인의 삶과 생각을 규제하는 지배적 이야기라면, 우리에게는 신적 실재가 무엇과 같은가에 대한 귀중한 시금석이 있는 것이다. 그러므로 기독교 신학자들은 그것이 고대에서 비롯되었든지 근대나 포스트모더니티에서 비롯되었든지 완전한 존재자에 대한 자신들의 선(先)개념들이 성경 본문의 비평적 테스트를 받을 각오를 해야 한다. 그저 어떠한 모델이나 은유가 그러한 일을 할 수 있는 것은 아니다.

우리가 은유를 넘어서 형이상학으로, 언어를 넘어서 실재에 이를 수 있을까? 사랑이 단순히 '하나님과 세계'의 관계만이 아니라 하나님 자신의 존재도 기술할 수 있을까? 나는 사랑이 그럴 수 있으며, 그렇게 한다고 믿는다. 자네트 마틴 소스키스(Janet Martin Soskice)가 지적하다시피, 과학의 모델들과 은유들은 실재를 망라하진 못 해도 참으로 가리킬 수는 있다. 종교적 은유들도 유사하게 "실재를 묘사한다"(reality depicting).[71] 사랑의 은유는 적절

---

70) Brümmer는 다음과 같이 진술한다. "하나님에 대해 말하는 데 사용된 은유들과 모델들은 우선적으로 관계 중심적이다. 즉 그것들은 우리가 하나님께 어떤 식으로 연결되어야 하는지 그 방식들을 시사해 주기 위해 의도되었다"(*Model of Love*, p. 19).

71) Janet Martin Soskice, *Metaphor and Religious Language* (Oxford: Oxford University Press, 1984).

하게 하나님의 존재를 기술하되, 오직 성경 내러티브 즉 예수 그리스도에 대해 얘기된 역사가 **사랑**이라는 말의 활용을 규제하도록 허락할 경우에만 그렇게 한다. 예수 그리스도의 복음에 대한 내러티브들이 신학적 사고를 단련할 때, 우리는 "그보다 더 큰 것은 생각될 수 없는" 존재라는 안셀무스(Anselm)의 하나님에 대한 유명한 정의를 성 빅터의 리처드(Richard of St. Victor)가 교정한 데 박수갈채를 보낼 수 있을 것이다. 리처드는 삼위일체의 내재적 관계들에 초점을 맞추면서, 그러한 하나님은 "아무 것도 그보다 더 큰 것이 존재할 수 없을 정도로 크시며,…그보다 더 선한 것이 있을 수 없는 그러한 종류의" 사랑으로 사랑하신다고 주장했다.[72]

그렇다면 조직신학에서 하나님의 사랑의 자리는 무엇일까? 하나님의 사랑은 현상 유지를 위한 쐐기로서 기여할까? 아니면, 패러다임 혁명을 위한 비판적인 지렛대를 제공할까? 아직은 말하기에 너무 이르다. 아마도 이 장의 교훈은 하나님의 사랑이 하나의 신학적 체계 가운데 어느 한 자리를 차지해서는 안 되고 모든 자리를 차지해야 한다는 점일 것이다. 신학자의 과제는, 한 가지 교리적 주제 아래 하나님의 사랑을 자리매김해 주려고 노력하기보다, 하나님의 사랑이라는 주제의 무진장함(inexhaustibility)을 증거하는 것이다. 하나님의 사랑을 증거한다는 것은 기독교 신학자의 최상의 특권이자 최고의 책임이다.

---

72) Richard of St. Victor, *On the Trinity* 3.2[in *Richard of St. Victor*, trans. Grover A. Zinn (New York: Paulist, 1979). p. 325].

4장 유효한 부르심인가, 인과적 효과인가?
소명, 주권, 병발적 은혜

조직신학상의 모든 교리의 배후에는 하나님이 세계와 어떤 식으로 관계를 맺으시는가에 대한 가정들이 자리잡고 있다. 이 관계를 어떤 식으로 생각하느냐에 관해 결정을 내리는 것이 한 사람의 신학을 형성하는 가장 중요한 요소라고 말할 수 있을 것이다. 폴 틸리히(Paul Tillich)는 하나님께 접근하는 두 가지 방식을 구별하기 위해 종교 철학의 두 가지 유형에 대해 말했다. 하나는 낯선 사람을 만나는 방식이며, 다른 하나는 소외감을 극복하는 방식이다.[1] 첫 번째 방식인 우주론적 방식은 하나님을 세계와 접촉할 수 있는 (혹은 않을 수 있는) 인격적 존재자로 생각한다. 두 번째 방식인 존재론적 방식은 세계를 언제나/이미 하나님 '안에' 실존하는 것으로 생각한다.

오늘날 기독교 신학자들은 '유신론'과 '범재신론' 사이의 유사한 선택에 직면해 있다. 우리가 현재 패러다임 혁명의 와중에 있다고 말하는 것은 다소 과장일 수 있겠지만, 전통적인 신론—고전적 유신론—이 위기에 빠진 것만

---

1) Paul Tillich, "Two Types of Philosophy of Religion." in *Theology and Culture* (Oxford: Oxford University Press, 1959), pp. 10-29.

은 분명하다. 고전적 유신론에 대한 찬성이냐 반대냐 하는 선택에 직면해서, 자유주의적인 그리고 보수주의적인 다양한 교단적 특색을 지닌 신학자들은 점차적으로 배를 포기하고 갈아타고 있다.[2]

그것이 폭넓은 화폭에 나타난 정경(情景)이다. 그 화폭에 나는 몇 가지 붓 작업을 하려고 한다. 물론 그 작업을 하면서 대부분 작은 부분에만 나의 시각을 제한하겠지만 말이다. '하나님과 세계'의 관계에 대한 상충적인 그림들에 관심을 갖기는 하지만, 나의 초점은 구원의 은혜에 있게 될 것이다. 그러므로 나는 신학적 개념들의 말썽 많은 막내둥이 베냐민(Benjamin)이라고 할 수 있는 개혁주의의 유효한 부르심(effectual call) 교리를 검토할 것이다. 그리고 그렇게 하면서, 이 교리가 더 폭넓은 '하나님과 세계'의 관계에 대한 이해에 어떤 식으로 물들어 있는지 혹은 이 교리 자체가 그 이해에 어떤 영향을 주는지를 유의할 것이다.

주권적인 낯선 사람: 유신론적 초월성의 몇 가지 문제점

폴 틸리히가 기술하는 하나님께 접근하는 첫 번째 방식인 낯선 사람을 만나는 방식에 대해서는 대개 세 가지 비판이 적용된다. 즉, 그 방식은 비성경적이며, 신성 모독적이며, 비과학적이라는 것이다.

예를 들어, 클락 피녹(Clark Pinnock)은 고전적 유신론이 헬라 철학의 독이 든 우물물을 너무 많이 들이켰다고 주장한다. 결과적으로, 하나님을 불변하는 전능성으로 여기는 고전적 유신론의 개념은, 역동적이며 사랑하시는 하나님에 대한 성경의 그림에서 아주 멀리 떨어져 있다.[3] 마찬가지로, 칼 바르트 역시 개혁파 정통주의에 대해 거친 판단을 내린다. "이 세기들의 교의학은 이미 대상 자체로부터 취한 것이 아닌 동시대의 철학들로부터 취한 형태에 너무 단단하게 얽매여 버렸다."[4] 고전적 유신론이 지닌 근본적인 문제

---

2) 때로는 오늘날 고전적 유신론에 관심을 기울이는 유일한 사람이 조직신학자들이라기보다 오로지 종교 분석철학자들(analytic philosophers of religion)인 것처럼 여겨진다.
3) Clark Pinnock: "무엇보다도 하나님은 사랑이시다. 그러므로 하나님은 동양의 독재자처럼 모든 것을 통제하심으로써가 아니라 상호성의 조건들 아래서 인류에게 구원과 영원한 생명을 제공하심으로써 자신의 권능을 표현하신다"[다음 책의 서론. *The Grace of God, the Will of Man* (Grand Rapids, Mich.: Zondervan, 1989), pp. x-xi].
4) Karl Barth, 다음 책의 서론. Heinrich Heppe, *Reformed Dogmatics*(Grand Rapids, Mich.: Baker, 1978), p. vi.「개혁파 정통 교의학」(크리스챤다이제스트).

점은, 그 유신론이 그릇되게도 '하나님과 세계'의 관계를 결정론적이며 비인격적인 맥락에서 생각하는 것이라고 피녹은 믿는다.

둘째로, 틸리히는 유신론이 하나님을 최고 존재자로 여기기 때문에, 하나님을 우주의 시설물 일부와 동일시하고 하나님을 생각으로 품을 수 있다고 믿는 일종의 우상 숭배에 빠져 버린다고 주장한다. 하나님이 '주권적' 존재자이시며, 발생하는 모든 것을 그분의 뜻(decrees)이 결정한다는 것은 사태를 복잡하게 만드는 것일 뿐이다. 만일 하나님이 세계에 초자연적으로 개입하신다면, 어째서 세상에는 고난과 악이 존재하는 걸까? 마찬가지로 여성신학자들과 과정신학자들은 유신론의 군주적인 하나님 묘사가 가부장제와 사회적인 억압을 암묵적으로 승인한다고 비난한다.

그러나 현시대의 많은 신학자가 유신론적 패러다임을 버리는 가장 설득력 있는 이유는, 아마 그 패러다임과 현대 과학이 세계에 관해 우리들에게 가르치는 바가 상충되는 것처럼 보이기 때문일 것이다. "전승을 통해 받아들여진 기독교 교리 전체는 초자연적인 인과적 개입이라는 가정 위에 세워졌다고 말하는 것이 안전할 것이다."[5] 그렇지만, 현대 신학자들 중에 신의 개입이라는 관점에서 '하나님과 세계'의 관계를 설정하려는 신학자는 거의 없을 것이다. 프리드리히 슐라이어마허(Friedrich Schleiermacher)는 하나님이 자연적인 원인들을 무시하고 행동하시거나 보완하신다고 여기는 것은 잘못이라고 판단함으로써 전체 신학 전통에 영향을 끼쳤다. 이는 하나님을 생각하되 하나님이 효력 있는 인과 작용(efficient cause)을 행사하신다는 식으로 생각하는 것은 하나님을 피조물들에게나 어울리는 방식으로 생각하는 것이기 때문이다. "종교의 유익을 위해서는, 하나의 사실을 해석할 때 그 사실이 하나님께 절대적으로 의존해 있으므로 그 사실이 자연 체계에 의해 조건 지워져 있음을 배제할 정도로 해석할 필요는 결코 없을 것이다"[6] [슐라이어마허의 말은, 이를테면 기적과 같은 것을 해석할 때 기적은 오직 하나님의 행위들에만 의존하며 자연 자체의 완결된 맥락과는 연관되지 않는다고 보는 생각을 배격한다는 말이다. 그는 사실상 종교(하나님)와 완결된 하나의 체계로

---

5) Herrey Hopper, *Understanding Modern Theology, vol. 2, Reinterpreting Christian Faith for Changing Worlds* (Philadelphia: Fortress, 1987), p. 34.

6) Friedrich Schleiermacher, *The Christian Faith* (Edinburgh: T. & T. Clark, 1928), p. 178.

서의 자연을 분리하는 것이다―역주.]

이 세 가지 문제점을 종합해 볼 때, 고전적 유신론에 대한 주요 불만은 그 유신론이 '하나님과 세계'의 관계를 효력 있는 인과성의 맥락에서 그린다는 사실이다. 실로, 소위 7세기 개혁파 스콜라신학은 '인과적 분석'(causal analysis)으로 묘사되어 왔다. "죄인들이 어떻게 은혜를 얻는가?"라는 물음이 실제로 어떤 인과적인 설명을 요구하는 경우일까? '하나님과 세계'의 관계를 조망하는 이러한 방식은 오늘날 도전받고 있다. 따라서 우리의 문제는 이것이다. 만일 하나님이 자연에 개입하시지 않는다면, 유효한 부르심에 대해서는 어떻게 설명할 수 있을까?

어째서 유효한 부르심인가?

어째서 유신론에 대한 도전을 유효한 부르심이라는 제목 아래서 논의할까? 어째서 유효한 부르심이 하나님과 세계의 관계를 생각하는 방식에 대한 논의로 들어가는 그리고 그 논의들을 통과하는 흥미로운 길을 우리에게 제공한다고 생각할까?

첫째, 유효한 부르심은 근본적인 문제, 곧 하나님이 인간 세계와 관련을 맺으시는 방식을 축약해서 보여 주기 때문이다. 이처럼, 이 주제는 유신론과 범재신론 각각의 장점들을 탐구할 수 있는 흥미로운 시험적 사례를 제공한다.[7]

둘째, 유효한 부르심은 어떻게 하나님의 은혜가 세상에 변화를 불러일으키는가라는 구체적인 문제에 우리가 집중하도록 만들기 때문이다. 다시 말해서, 이 주제는 하나님이 세계와 어떤 식으로 관련을 맺으시는가에 대한 개혁주의의 묘사를, 많은 사람이 그 묘사의 가장 이론이 분분하고 취약한 점인 은혜와 인간의 자유의 관계에서 검토하도록 만든다.

그리고 마지막으로, 유효한 부르심은 '하나님과 세계'의 일반적인 관계에 대해 생각하는 더 나은 길로 나아갈 중요한 실마리를 제공하기 때문이다. 만일 하나님이 어떻게 인간 본성의 법칙들을 위반하지 않으면서 인간들 가운

---

[7] D. M. Bailie는 신자들이 어떻게 은혜를 받는가에 대한 전형적인 실례로서 성육신을 생각하지만, 나는 유효한 부르심이 더 나은 모델이라고 제안한다. 즉, 유효한 부르심은 은혜의 패러독스의 축소판이다.

데서 역사하실 수 있는지를 이해할 수 있다면, 우리는 아마 하나님이 어떻게 더 넓은 세계에서 그 세계의 본성의 법칙들을 위반하지 않으면서 행하실 수 있는지를 더 잘 볼 수 있게 될 것이다. 나는 일반적인 하나님의 행위 개념과 구체적인 하나님의 부르심의 개념을 함께 묶어서 생각할 때 서로를 풍성하게 만들어 줄 수 있으리라고 믿는다.

부르심: 이 교리의 본질

칼뱅. 칼뱅은 그의 「기독교 강요」 제3권, '우리가 그리스도의 은혜를 받는 방법'에서, 선택의 교리를 다룬 직후에 곧바로 하나님의 부르심에 대해 논의한다. 진실로, 하나님의 부르심은 하나님의 선택을 '확증'하고, '증언'하며, '명백히 한다.' 로마서 8:29-30의 순서를 따르면서, 칼뱅은 하나님이 먼저 선택하시고, 그 다음에 부르시고, 그 다음에 의롭다 하신다고 주장한다. "또 미리 정하신 그들을 또한 부르시고, 부르신 그들을 또한 의롭다 하시고…"(롬 8:30). 칼뱅은 "부르심의 방식 자체가 그 부르심이 오직 은혜에만 의존한다는 사실을 보여 준다"(3.24.2)라는 또 하나의 사실을 계속해서 지적한다. 이 방식이 무엇일까? 칼뱅이 볼 때, 부르심은 말씀(Word)의 선포**와** 성령의 조명으로 구성된다. 이는 두 가지 종류의 부르심—한편으로 말씀의 '외적인 선포'(outward preaching)에 연결된 일반적인 부르심과, 다른 한편으로 택함 받은 자들에게만 주어지며 성령님 덕택에 "선포된 말씀이 그들의 마음속에 내주하게 만드는" 특별한, 내적인 부르심—이 있다는 칼뱅의 나중 진술을 설명해 준다(3.24.8). "청함을 받은 자는 많되, 택함을 입은 자는 적으니라"(마 22:14).[8]

17세기 개혁주의의 견해. 17세기에, 유효한 부르심은 구원의 서정(*ordo salutis*)에서 특권적 지위를 획득했다. 왜냐하면, 부르심은 한 사람이 그리스

---

8) Calvin은 우리가 은혜를 받는 방식에 대한 자신의 생각을 이끌어 가기 위해 하나의 성경적 은유(부르심)를 채택한다. 그렇지만 그는 또한 철학자의 언어로 말할 수 있다. 그는 구원에 대한 성경의 가르침에 인과 작용에 대한 아리스토텔레스의 분석을 적용하면서, 우리의 칭의의 동력인(efficient cause)은 성부 하나님의 사랑이며, 그 질료인(material cause)은 그리스도의 순종이며, 그 도구인(instrumental cause)은 성령의 조명이며, 그 최종인(final cause)은 하나님의 관대한 아량의 영광이라고 주장한다[*Institutes of the Christian Religion*, ed. John T. McNeil (Philadelphia: Westminster Press, 1960) 3.14.21, 「기독교강요」, 크리스챤다이제스트].

도와 연합하는 효과를 발휘하며, 다른 모든 복이 흘러나오는 출발점이기 때문이다. 보카치오(*vocatio*, 부르심)는 "말씀의 선포와 성령의 능력을 통해 하나님이 사람을 죄의 상태로부터 은혜의 상태로 이끄시는 하나님의 행위다."[9] 유효한 부르심은 전능하신 성령의 내적인 권능으로 말미암아 외적인 부르심을 '넘어서 그리고 그 위에서' 발생한다. 동시에, 성령님의 부르심을 유효하게 만드는 그 말씀은 "은혜로 부르시는 하나님의 부르심을 외적으로 선포하는 것과 동일한 말씀이다."[10] 내적 부르심은 사실상 중생과 분리될 수 없다: "그러므로 부르심은 성령의 행위다. 그 행위에 의해…성령님은 새로운 사람을 창조하신다.…따라서 그러한 부르심의 직접적인 효과는 인간 본성의 중생이다."[11]

20세기 개혁주의의 견해. 유효한 부르심에 대해 개혁주의가 다루어 온 방식은 300년 동안 그다지 변하지 않았다. 그러나 세 가지 점은 특별히 언급할 만하다.

1. **유효한 부르심은 하나님의 역사다.** 부르심은 하나님의 영원한 목적의 시간 내적인 집행을 대표한다.[12] 그러므로 그것은 인간의 역사에 개입하는 무엇이다.[13]

2. **유효한 부르심은 사실상 중생과 구분할 수 없다.**[14] 부르심은 창조적 혹은 재창조적이다. "구원에로의 하나님의 부르심은 야기적(causative)이며 효율적이다."[15] 오직 하나님만이 자신의 죄악 가운데 죽어 있는 타락한 사람들이

---

9) Heinrich Heppe, *Reformed Dogmatics* (Grand Rapids, Mich.: Baker, 1978), p. 510.
10) 같은 책, p. 510.
11) 같은 책.
12) 부르심에 대한 성경적 용어들을 좀더 폭넓게 다룬 것을 위해서는, 다음 책을 보라. Bruce Demarest, *The Cross and Salvation* (Wheaton, Ill.: Crossway, 1997, 「십자가와 구원」, 부흥과개혁사), pp. 216-218. John Murray는 "부르다"와 "부르심"에 대한 대부분의 신약 성경의 언급들이 복음의 보편적인 부르심이 아니라 그리스도께 연합시키는 유효한 부르심에 해당한다고 주장한다. "부르심은 하나님의 그리고 오직 하나님만의 행위다"[Murray, *Redemption Accomplished and Applied* (Grand Rapids, Mich.: Eerdmans, 1955), p. 89].
13) 정확히 말해서, 그것은 성부 하나님의 주권적 행위다. 성부 하나님은 "유효한 부르심에 있어서 특별한 작인이시다"(Murray, *Redemption Accomplished*, p. 89). Anthony A. Hoekema는 이에 동의하면서, 유효한 부르심을 "복음의 부르심을 듣는 자가 회개와 믿음과 순종으로 하나님의 소환 명령에 응답할 수 있게 하는, 그분의 성령을 통한 하나님의 주권적 행위"라고 정의한다[*Saved by Grace*(Grand Rapids, Mich.: Eerdmans, 1989), p. 86, 「개혁주의 구원론」, CLC].

하나님과의 언약적 사귐의 삶으로 방향을 돌리고 새롭게 하는 데 필요한 철저한 변화를 일으키실 수 있다. 니고데모와의 대화에서, 예수님은 만일 "성령으로 나지 아니하면"(요 3:5) 아무도 하늘 나라에 들어갈 수 없다고 말씀하신다.

3. 유효한 부르심은 복음 전파를 통한 부르심에 "근거한다." 내적 부르심은 "선포된 말씀을 통해 매개되는 하나님의 권능의 역사"다.[16]

이 글의 다음 항목들에 이어지는 내용은 복음을 통한 부르심—복음 설파—과 유효한 부르심 사이의 정밀한 관계를 명확히 하기 위한 하나의 시도다.

인과적 효과? 신의 주권성과 인간의 책임

인과율 개념은 기독교에 대한 도움일까 아니면 트로이의 목마일까? 이 개념에 대해 우리는 아리스토텔레스에 대한 아퀴나스의 전반적인 전용에 대해 일컫는, "철학의 물이…신학의 포도주로 바뀌었다"라고 말할 수 있을까?[17]

하나의 반론: 유효한 부르심은 비인격적 원인이다. 원인이란 "어떤 변화를 낳는 에너지의 행사다."[18] 유효한 부르심에 의해 이루어진 인과적 효과의 **종류**는 다름 아닌 "마음의 변화"다. 만일 인간의 반응이 그 부르심의 효과라면, 하나님이 비인격적인 방식으로 인간 인격자들에게 관계하신다는 사실이 되는 것일까? 만일 인간 존재자가 자신의 존재를 하나님께 의존하면서도 책임 있는 결정들을 내릴 수 있는 피조물인 동시에 인격자(person)라면, 어째서 유효한 부르심을 오직 하나님으로부터만 비롯되는 것으로 여기는 걸까? 더욱이 하나님의 초월성에 대한 유신론적 이해에 비추어 볼 때, 분명 하나님의 행위는 그 어떠한 것일지라도 시공간상의 인과적 네트워크 '바깥'으로부터

---

14) Augustus Strong, Herman Bavinck, Hoekema 및 대부분의 17세기 개혁주의 신학이 그렇게 본다. 그러나 Louis Berkhof는 유효한 부르심이 중생 이후에 뒤따라온다고 말하기를 선호한다 [*Systematic Theology*(Edinburgh: Banner of Truth Trust, 1958), p. 471, 「조직신학」, 크리스챤다이제스트]. 그리고 John Murray는 유효한 부르심이 중생에 선행한다고 본다(*Redemption*, pp. 115, 119-120, 「구속론」, 성광문화사).

15) Demarest, *Cross and Salvation*, p. 217.

16) 같은 책, p. 221.

17) 다음 책에서 재인용함. Brian Davies, *The Thought of Thomas Aquinas* (Oxford: Clarendon, 1992), p. 11.

18) Augustus Strong, *Systematic Theology*(Valley Forge, Penn.: Judson Press, 1907), p. 815.

오는 개입이 아닐까?

실로 유효한 부르심을 하나의 인과적 효과로 보는 것이 공정할까? 원인이 그 효과와 관련 있듯이, 하나님도 세계와 관련이 **있는** 걸까? 구원의 은혜는 비인격적인 힘일까? 아퀴나스는, 아리스토텔레스가 그의 「자연철학」(*Physics*)에서 자연의 진행 추이(natural processes)를 조사하기 위해 사용했던 개념의 틀을, 인간 자유의 도덕적이며 심리적인 진행 추이에 적용했다. 아퀴나스가 볼 때, 효과는 성격상 그 원인이 그 자체를 연출해 내는 것일 뿐이다. "어떠한 존재도 그 특정한 본성의 한계들을 넘어서 행동할 수는 없다. 왜냐하면 분명히 그 원인은 언제나 반드시 그 효과보다 상위 능력에 속하는 것이기 때문이다."[19] 그러므로 은혜는 "인간들 가운데서 그들이 신적 본성에 동참하는 자가 되는 지점까지 그들을 그들의 인간 본성 이상으로 일으켜 세우는 하나님의 역사"다.[20] 여기에서 아퀴나스는 아리스토텔레스의 원동자론(doctrine of the Prime Mover)을 불러들인다. "그것은 실제로 운동—변화와 실증(instantiation)—이다. 성 토마스는 형이상학적 패턴에 은혜를 자리매김하기 위해 여기에서 출발한다."[21] 은혜는 초자연적인 효과를 낳는, 인간 본성 너머와 인간 본성 위에 있는 초자연적인 원인이다.

그렇다면 은혜는 인간의 자유와 **모순되는**(contravene) 것일까? 그렇지 않다. 은혜는 인간의 자유가, 그렇지 않다면, 할 수 없는 바를 행할 수 있게 해준다. 만일 나로 하여금 나의 행위들을 이행하도록 만들기 위해 내게 가해지는 것이 **세상에서** 아무 것도 없다면, 나의 행위들은 자유로운 것이다. 아퀴나스가 볼 때, 자유하다는 의미는 "어떤 다른 **피조물**의 영향 아래 있지 않다는 것이다. 그것은 **우주의 다른 어떤 부분들**에 대해서도 독립적이라는 것이다. 하나님으로부터는 독립적인 것이 아니며 그럴 수도 없다."[22] 그러나 아퀴나스는 보조(assistance)라는 말로 은혜에 대해서도 말한다.[23] 이 경우에, 은혜

---

19) Thomas Aquinas, *Summa Theologiae* Ia2ae.112.1. 주의: 중대되는 복잡성의 위계적 층위들로 구성된 세계에 대한 좀더 새로운 과학적 그림이 이 그림과 경쟁하고 있다.
20) Davies, *Thought of Thomas Aquinas*, p. 30.
21) Cornelius Ernst, 다음 책의 서론. Aquinas, *Summa Theologiae*, p. 30.
22) Herbert McCabe도 마찬가지다. Davies, *Thought of Thomas Aquinas*, p. 177에 인용되었다.
23) Aquinas는 또한 중생의 은혜를 한 사람의 행위들의 원천—그 사람의 존재 자체—과 그럼으로써 그의 품행을 변화시키는 신학적 덕성들의 주입으로 본다.

는 "작용인(efficient cause)의 방식으로서가 아니라 형상인(formal cause)의 방식으로" 영혼에 작용한다. "그래서 순백(whiteness)은 어떤 것을 희게 만들며, 정의(justice)는 어느 누군가를 정의롭게 만든다."[24]

구원의 은혜에 대해 진술하면서 개혁주의는 인과성의 언어와 개념을 계속해서 사용했다. 그 진술들은 사람이 구원의 신앙을 갖게 되는 것이 하나님과 인간이 협력하는 사건이라는 신인협력설(synergism)을 논박하기 위해, 구원하시는 은혜의 불가항력성(irresistibility)이라는 아우구스티누스의 주제를 재천명했다. 그렇지만 단동설(monergism)은 하나님의 뜻이 인간의 의지를 움직이는 데 필요하며 충분한 원인이라고 주장한다. "태양이 결코 소경에게 빛을 주지 못한다 할지라도 태양의 빛 자체는 효과적이듯이, 부르심도 멸망하는 자들에게는 그렇지 않더라도 그 자체로 언제나 유효하다."[25]

웨스트민스터 신앙고백에 따르면(10.2), 유효한 부르심은 '마음'에서 일어나는 변화 즉 우리의 동기와 성향들의 바로 그 원천에서 일어나는 변화인 중생을 포함한다. 루이스 벌코프는 이렇게 말한다. "부르심과 중생이 원인과 효과로서 서로 연결되어 있다는 어떤 느낌이 있다."[26] 더욱이 중생은 '의식의 저변에서' 일어난다. 안토니 후크마(Anthony Hoekema)는 사람의 마음의 변화를 잠재의식에 자리매김한다.[27] 이것은 문제가 있다. 왜냐하면, 이런 식의 생각은 외적인 부르심으로서의 말씀의 필수성에 의문을 제기하며, 은혜가 인간의 본성을 거스르며 작용하기보다 인간의 본성과 함께 역사하는 것이 아닌가 하는 의심을 불러일으키기 때문이다.

만일 인간의 반응이 그 부르심을 유효하게 만드는 것이라면, 그 부르심은 본래적인 효력을 결여한 초청에 불과할 것이다. 그러므로 구원을 전적으로 하나님의 탓으로 돌리기 위해, 개혁주의 신학자들은 믿음이 "그 '원인'이 아니라 직접적인 '중생의 효과'"이며, "유효한 부르심이나 중생에 의해 발생하

---

24) Aquinas, *Summa Theologiae* Ia2ae.110.2.
25) Heppe, *Reformed Dogmatics*, p. 517. 심지어 개혁주의 신학자들까지도 지적해 왔다시피, 불가항력적(irresistible)이라는 용어는 불행스러운 것이다[예를 들어, A. A. Hodge, *Outlines of Theology* (Grand Rapids, Mich.: Zondervan, 1972), p. 452]. 은혜는 저항될 수 있다. 그러나 궁극적으로 하나님의 부르심은 효과적일 것이다. 즉, 그 부르심은 그 보냄 받은 목적을 달성한다(사 55:11).
26) Berkhof, *Systematic Theology*, p. 470.
27) Hoekema, *Saved by Grace*, p. 104.

는" 것이라고 주장했다.[28] 설교 및 전도(preaching)는 믿음의 도구적 원인이다. 그러나 오직 유효하게 만드는 성령의 작용인(作用因)과 결합했을 때만 그렇다. 진실로 회심은 두 가지 원인인 도덕적 원인과 '물리적' 원인을 포함한다.[29] "물리적"이라는 말로, 교의학자들이 예를 들어 사도행전 16:14에서 루디아에 대해 언급되는 내용을 포착하려 했다고 나는 생각한다. "주께서 그 마음을 열어 바울의 말을 따르게 하신지라." 브루스 데머리스트는 "하나님의 권능에 의해 루디아의 마음이 열린 일은 그녀가 그리스도께로 오게 되는 일의 작용인이었다"라고 평한다.[30] 부르심을 기술하기 위해 이전의 교의학에서 사용되던 몇몇 언어는 어떤 강제를 심지어는 폭력—인간의 자유에 **저촉되는 일**—까지 제시한다. 예를 들어, 마르틴 하이데거(Martin Heidegger, 이 하이데거는 독일 현대 실존철학자 하이데거가 아니라 17세기 개혁주의 신학자 하이데거이다—역주)는 말씀이 그 과정 가운데 마음에서 취소될 수 없는 변화를 일으키면서 마음을 열 뿐만 아니라 '공격한다'고 말한다.

다른 신학자들은 유효한 부르심이라는 생각 자체가 '기독교의 아류'(sub-Christian)에 해당하는 것이라고 배격한다. 예를 들어, 「하나님의 개방성」의 저자들은 '하나님과 세계'의 관계에 대한 전통적인 묘사가 여러 가지 점에서 결핍되어 있다고 주장한다. "세계에 대한 하나님의 관계는…완전 장악과 통제의 관계다."[31] 하나님은 우주의 사건들과 인간의 반응들로부터 "본질적으로 아무런 영향을 받지 않은 채" 계신다. 그러므로 하나님과 사람들 사이에 진정한 대화는 전혀 없는 것이다.[32] 이 저자들이 볼 때, 유효하게 부르시는 하나님은 사실상 세상을 사랑하실 수 없다. 왜냐하면 그들은 사랑이 상호적이며 호혜적이며 비강압적인 관계들의 문제라고 말하기 때문이다. 세계와 의지(will)의 원동자로서의 하나님이라는 유신론의 근본적인 은유는 궁극적으로 인류와 언약을 맺고 계시는 하나님에 대한 성경적 그림과는 양립될 수 없

---

28) Heppe, *Reformed Dogmatics*, p. 527.
29) 소치니파 교도들(Socinians)에게 반대하면서 개혁주의 신학자들은 회심이 도덕적 설득 이상의 것이라고 주장한다.
30) Demarest, *Cross and Salvation*, p. 223.
31) Richard Rice, "Biblical Support for a New Perspective." in *The Openness of God: A Biblical Challenge to the Traditional Understanding of God*, by Clark Pinnock et al. (Downers Grove, Ill.: InterVarsity Press, 1994), p. 11.

다. 중생에 대한 칼뱅의 견해를 평한 에밀 브루너(Emil Brunner)는 그 반론을 정리해 준다. "**하나님과 사람 사이의 인격적 관계는 일종의 인과적 관계가 되어 버렸다. 하나님은 그 원인이며, 믿음은 그 효과인 것이다.**"[33]

하나의 대안: 보편적이며 잠재적으로 유효한 부르심 혹은 선행적 은혜. 하나님의 개입하시는 은혜와 초자연적인 인과 개념에 관해서는, 복음주의자들 사이에도 상당한 불일치가 존재한다. 그렇다면 비개혁주의 복음주의자들과 현대의 비복음주의 신학자들은 인류와 하나님의 은혜의 관계를 어떻게 이해할까?[34]

열린 신관을 견지하는 소위 자유 의지 유신론자들이 볼 때, 하나님은 피조물들의 자율(autonomy)을 존중하는 방식으로 인간들에게 반응하시며 상호작용하신다.[35] 이 신학자들에게는 오직 한 가지 은혜, 한 가지 부르심, 하나님이 세계와 관계를 맺으시는 한 가지 방식만이 있을 뿐이다. 하나님은 영혼에 대해 지속적이며 매력적인 힘―일종의 신적인 중력―을 행사하신다. 이 보편적인 부르심은 창조 세계 자체와 양심, 또 그리스도에 대한 선포와 같은 다양한 매개물을 통해 임한다. 그러므로 은혜는 '선행적'(prevenient)이다. 즉, 한 사람이 회개하고 믿는 능력에 '앞서 오는' 것이다.

이 견해에 의하면, 하나님의 부르심은 모든 인류에게 구원의 가능성(잠재적인 구원)을 제공한다.[36] 그리하여 충분한 은혜는 죄인이 그 은혜에 협력하

---

32) 또한 은혜가 자연에 반대되거나 분리된다는 주장은 자연에 있는 신성에 대한 감각을 상실한 데 책임이 있다. 아이러니하게도 초자연주의는 세속화로 이끌어 갔다. 그래서 Jürgen Moltmann은 이렇게 말한다. "하나님에 대한 개념이 더 초월적이 될수록, 세계를 해석하던 용어들은 더 내재적이 되었다. 절대 주체의 유일신론을 통해서, 하나님은 점차 세계와의 연결점을 빼앗겼으며 세계는 점차 세속화되었다" [*God in Creation*(San Francisco: Harper & Row, 1985), p. 1, 「창조 안에 계신 하나님」, 한국신학연구소]. 나는 하나님을 인과 작용의 맥락에서 생각하는 일이 그렇게 할 수 있었을 것임을 인정하지만, 소통 작인으로서의 하나님을 강조하는 것은 그렇지 않다고 믿는다.
33) Emil Brunner, *Dogmatics*, vol. 1, *The Christian Doctrine of God*, trans. Olive Wyon (Philadelphia: Westminster Press, 1950), p. 315.
34) 나는 고전적 아르미니우스주의자들도 고전적 유신론자들이었음을 안다. 다시 말해서, 한 사람의 유신론자이면서도 선행 은혜를 견지하는 일이 가능하다는 말이다. 그러나 나는 이 글의 범위 내에서는 아퀴나스에게도 고전적 아르미니우스주의에 대해서도 공정을 기할 수 없었다. 그러나 범재신론을 향한 현대 신학의 일반적인 추세에 대한 나의 주장은 이러한 생략 때문에 영향을 받지는 않았다.
35) Pinnock, "From Augustine to Arminius: A Pilgrimage in Theology," in *Grace of God*, p. 27를 보라.

고 그 은혜를 증대시킬 경우에만 유효하게 된다.[37] 사람이 협력하게 될 때, 구원의 잠재력은 현실화되고 그 사람에게는 하나의 현실(reality)이 된다. 간단히 말해서, 모든 사람에게 공통적으로 존재하는 하나님의 충분한 은혜를 한 개인에게 유효하게 만들어주는 것은 바로 그 사람의 반응―자유 의지의 행사―이다. 피녹은 이렇게 말한다. "하나님의 은혜는 진정으로 사람들에게 확장될 수 있다. 그러나 만일 그 은혜가 믿음의 반응을 만나지 않는다면…그 은혜는 전혀 구원의 효력을 갖지 못한다."[38] 물론 하나님의 부르심이 조건적으로 유효하다고 말하는 것은 그 부르심이 본래적으로 무력하다(ineffectual)고 말하는 것과 같은 것이다. 그 점을 좀더 긍정적으로 표현하자면, 하나님의 은혜는 "비조종적이며 비강압적"(non-manipulative and non-coercive)이다.[39]

위와 같은 견해가 초대교회 초기 500년 동안의 에큐메니컬 공의회들(ecumenical councils)과 교부들의 고전적인 일치였을까? 에큐메니컬 의견 일치에 대한 토마스 오든(Thomas Oden)의 이해를 요약하면, 언제나/이미 존재하는 선행 은혜(prevenient grace)에 협력하는 자들은 은혜가 유효하게 되는 것을 발견할 것이다. 은혜는 인간의 자유와 협력하며, 하나님은 복음을 통한 부르심에 응답하는 자들을 선택하신다.[40] "은혜는 나의 활발한 반응을 이끌어내기 위해 작용한다. 그리고 애쓰는 나의 노력은 은혜로 말미암아 가능해진다.…이러한 에큐메니컬 의견 일치는 의지의 자유와 은혜의 유효성을 단단히 함께 견지했다."[41](여기에서 에큐메니컬은 현대의 WCC 운동과 더불

---

36) 보편적 선행 은혜의 개념은 대부분의 비개혁주 신학자들이 가정했던 구원의 은혜가 민주화 되는 전조다.
37) "은혜는 인간의 의지에 동의(consent)를 낳을 수 있는 충분한 힘을 그 자체로 가지고 있다고 판단될 수 있을 것이다. 그러나 이 힘이 부분적이기 때문에, 은혜는 자유로운 인간의 의지적 협력이 없이는 행위를 이룰 수 없다. 그러므로 은혜가 그 효과를 가질 수 있는 것은 자유 의지에 달려 있다"(Apol. Conf. Remonstr., 다음에서 재인용함. Hodge, Outlines of Theology, p. 455).
38) Clark Pinnock, 다음 책의 서론. Grace Unlimited, ed. Clark Pinnock (Minneapolis: Bethany, 1975), p. 15. 주의: 이 책의 제목은 하나님의 은혜의 범위가 무제한적이라는 저자들의 신념을 나타낸다. 그러나 그것이 은혜의 힘에서도 무제한적인 것 같지는 않다. 은혜가 그 범위나 권능에 있어서 무제한적이 되는 유일한 길은 모든 사람이 유효한 부르심을 받게 되는 보편구원론을 택하는 길일 것이다.
39) 같은 책. 다른 곳에서 Pinnock이 말하듯, "우리는 하나님이 행하실 뿐만 아니라 반응하시기도 한다고 믿는다"(Grace of God, p. x).

어 비롯된 에큐메니즘을 말하는 것이 아니라, 동방 정교회와 서방 교회가 분열되기 이전의 보편 교회 상태를 일컫는다-역주)

만일 오든이 정확하다면, 우리는 과정신학도 그 에큐메니컬 의견 일치에 포함시킬 수 있을 것이다! 이는 실제로 과정신학자들이 복음을 통한 부르심이라는 개념을 형이상학적인 원리로 만들기 때문이다. 여기에서 틸리히(Paul Tillich)가 말하는 두 가지 유형 가운데 두 번째의 것인, 우리가 신비스럽게도 그분으로부터 소외되어 버린 우리 존재의 근원으로서의 하나님께로 돌아가도록 하자.

틸리히와 슐라이어마허 그리고 다른 많은 현대 신학자는 하나님이 우리가 언제나/이미 연관되어 있는 분이라는 데 동의한다. 예를 들어, 슐라이어마허는 하나님을 사람들이 "절대적으로 의존"하고 있다고 느끼는 분으로 생각했다. 물론 그는 세계에 대한 하나님의 관계를 초자연적인 인과(因果)의 맥락에서 생각하기를 싫어했다. 하나님은 다른 존재자들 곁에 있는 한 존재자가 아니라, 우리가 그 사실을 의식하든지 안 하든지 간에, 우리가 우리의 길을 유지할 때 계속해서 경험하는 어떤 에너지다. "하나님의 모든 은혜는 언제나 선행적이다."[42] 그러므로 대부분의 현대 신학에서, 선행적 은혜는 **존재론**에 속하는 문제가 되어 버렸다.

과정신학은 현재 많은 비개혁주의 신학자들이 '하나님과 세계'의 관계를 조망하는 방식의, 아마도, 논리적인 결론에 해당하는 것을 대변한다. 하나님은 세계사의 진행 방향에 참여하는 창조적인 참여자이시며, 존재자들이 선(the good)—말하자면, 더 큰 자아 실현으로 이끄는 일—을 택하도록 설득하는 우주적 공동체의 리더이시다. 신의 초월성은 발생하는 개개의 모든 것에 잇대어 연관을 맺으시는 하나님의 능력으로 이해된다. 하나님은 우주의 통

---

40) Thomas Oden, *The Transforming Power of God's Grace*(Nashville : Abingdon, 1993). Oden은 '부르심을 받은' 다수와 '택함을 받은' 소수의 차이점을 하나님의 선행하는 의지(antecedent will)와 결과적인 의지(consequent will)의 맥락에서 설명한다. "구원하시겠다는 하나님의 결과적인 의지는 선행하는 의지와 동일한 하나님의 은혜를 제공한다. 유일한 차이점이 하나 있는데, 그것은 하나님의 구속 의지가 인간의 반응에 **뒤이어서 혹은 결과적으로** 일어난다는 것이다"(p. 89)

41) 같은 책, pp. 97, 113. Oden은 이렇게 쓰고 있다. "은혜와 자유의 협력 작용이 믿음의 교회의 일치하는 가르침이 되었다는 사실은 제3에큐메니컬 교회 회의에서 분명해진다"(p. 98).

42) Schleiermacher, *Christian Faith*, p. 485, n. 2.

치자로서 일하는 분이 아니며, 또한 인과적 능력(causal power)이 아니라 사랑과 설득의 능력으로 일하시는 우주의 구애자(wooer)이시다. 그래서 역사의 진행은 하나님과 세계의 대화 형태를 취한다. 하나님과 세계는 함께 대화하며 서로를 "향유한다".[43] 하나님이 세계와 더불어 일하시는 방식은 우주적인 대화를 **개최하심**으로써이다. 그러므로 우리는 은혜가 **합발적**(convenient)이라고 말해야 한다. 즉, 작인적으로(causally)가 아니라 대화적으로 그 효과를 달성한다는 것이다.[44](여기에서 밴후저는 convene, conversation이라는 말을 가지고 신조어를 만들고 있다. 기본적인 뜻은 서로 모여서 대화하고 합의하여 발생한다는 뜻이다. 창발, 병발, 임발 등등과 압운을 맞추기 위해서 합발적으로 번역한다-역주)

마찬가지로 몰트만(Moltmann)은 전통적인 이원성들을 문제 삼는다.[45] 만일 하나님이 세상에 대해 내재적이시라면 그리고 만일 세상이 하나님에 대해 내재적이라면, 우리는 "원인들이라는 용어로 생각하기를 아예 중단해야 한다."[46] 우리는 더 이상 "유발하고" "만들고" "결정한다"는 말과 같은 일방적인 관계들의 맥락에서가 아니라, "내주하고" "참여하고" "동반한다"는 식의 상호 호혜적인 관계들의 맥락에서 생각해야 한다.[47]

범재신론적 정신-신체 유비와 '병발하는' 은혜

틸리히와 과정신학자들과 몰트만 등은 모두 범재신론의 역마차에 올라타

---

43) John Cobb Jr. and David Ray Griffin, *Process Theology: An Introductory Exposition* (Philadelphia: Westminster Press, 1976), p. 56를 보라.
44) D. R. Griffin, "Relativism, Divine Causation and Biblical Theology." in *God's Activity in the World*, ed. O. C. Thomas (Chico, Calif.: Scholars Press, 1983), p. 132.
45) 예를 들면, 창조/구속, 자연/초자연, 그리고 그러한 이원성들이 세워지는 토대로서 은혜가 자연을 완성한다는 이원적인 원리를 말한다. Moltmann은 은혜가 영원한 영광을 위해 자연을 예비시킨다는 새로운 원리를 제안하며, 그리스도와 우주 둘 다가 성령의 권능 안에서 메시아적인 목표를 향해 움직여 나간다고 주장한다(*God in Creation*, p 9).
46) 같은 책, p. 14.
47) 다시 말해서, '하나님과 세계'의 관계는 상호 관통과 페리코레시스의 삼위일체적 관계들을 반영한다. Moltmann은 이렇게 말한다. "창조에 대한 삼위일체적 개념은 유일신론과 범재신론에 있는 진리의 요소들을 통합한다. 범재신론에서, 세계를 창조하시는 하나님은 또한 그 세계 안에 거하신다. 그리고 역으로 그분이 창조하신 세계는 그분 안에 실존한다"(같은 책, p. 98). 이 글의 건설적인 부분에서 나는 유효한 부르심에 대한 삼위일체적 해석을 시도한다.

고 있다. 그렇다면 범재신론은 무엇이며, 어째서 그렇게 많은 사람이 범재신론에 대해 그처럼 멋진 말들을 하는 것일까?

범재신론이라는 신학적 개념. 범재신론은 어떤 의미에서 세계가 하나님 **안에** 있지만 하나님은 그 세계를 초월하신다는 견해다. 이는 어떻게 물질 세계 안에 하나님을 위한 "공간을 만드는가"라는 문제에 대한 참신한 해결책이다. 즉 하나님 안에 공간을 만듦으로써 해결한 것이다! 창조주 하나님에 관한 언급은 하나님과 세계 사이의 확연하며 확고한 구별을 함의하지 않고, 오히려 "세계 **안에서** 하나님의 임재를 그리고 하나님 **안에** 있는 세계의 현존"을 인식하는 것이다.[48] 범재신론은 **지속적인 창조**(continuous creation) 개념─하나님이 시간이 흘러가면서 자신의 목적들을 실현하시기 위해 자연에 과정들을 세워 놓으셨다는 생각─과 잘 맞아떨어진다. 그것은 마치 하나님이 세계의 "바깥으로부터" 세계에 개입하셔야 한다는 것이 아니라, "과학에 의해서 드러난 과정들 그 자체가 하나님의 창조주로서의 행하심"이라는 것이다.[49]

병발성이라는 철학적 개념. 범재신론은 전통적인 '하나님과 세계'의 관계만이 아니라 개혁주의 신학이 자연과 은혜의 관계에 대해 생각해 왔던 방식까지도 뒤집어 버린다. 우리가 유효한 부르심이라는 교리를 재천명하고 재진술할 수 있을까? 아니면, 그 교리를 포기해야 하는 것일까? 내가 문헌을 살펴보았을 때는, 그 교리에 대한 17세기의 취급 이상의 진전이 이루어진 것을 보지 못했다. 그러나 이 글의 나머지에서 나는 유효한 부르심에 대해 언급될 수 있는 두 가지의 새로운 점을 탐구할 것이다. 그 둘 각각은 상당히 최신의 철학 개념에 근거한다. 그 두 가지 새로운 점은 (1) 유효한 부르심은 외적인 부르심에 **병발한다**(supervenes)는 사실과, (2) 유효한 부르심은 독특한 소통력(unique communicative force)을 지닌 **화행**(speech act)이라는 것이다. 우리가 기억하듯, 당면 과제는 하나님을 한편으로는 단순한 물리적 원인으로, 다른 한편으로는 비효과적인 영향력으로 환원하는 일을 피하자는 것이다.

폴 리쾨르의 말대로, "해석은 개념들의 작품이다." 이미 살펴보았듯이, 고전적 유신론은 원인의 개념이 신학에 봉사하도록 만들었다. 오늘날 신학과

---

48) 같은 책, p. 13. 참고. pp. 98, 103.
49) Arthur Peacocke, *Theology for a Scientific Age*, 2nd ed. (Minneapolis: Fortress, 1993), p. 176.

과학의 대화에 새로운 장을 여는 한 가지 매력적인 새로운 개념이 등장했다. 'supervene'이라는 말은 새뮤얼 존슨(Samuel Johnson)의 1775년판 사전에 "외부에서 부가되다"(to come as an extraneous addition)라는 의미로 등장한다. 이 단어의 어원은 병발성(supervenience) 개념—'위로부터 옴'(coming from above)—이 하나님의 초자연적인 작인성을 설명하는 데 적합한가에 대해 의구심을 갖게 할 수도 있을 것이다. 사실상 그 단어의 현대적 용법은 위로부터 임하는 것과는 전혀 무관하다.

철학자들은 병발성 개념을 도덕적이며 정신적인 현상들에 대한 자연주의적이되 비환원주의적인 설명들을 제공하는 데 사용한다.[50] 그 주요 사상은 동일 실체나 동일 사건을 기술하는 두 쌍의 속성 사이의 어떤 관계를 담고 있다. 해어(R. M. Hare)는 1952년에 현대 도덕 철학에 병발성을 도입했다. 우리가 "성 프랜시스(St. Francis)는 선한 사람이었다"라고 말한다고 가정해 보자. 이에 대해서 해어는 다음과 같이 쓴다. "이 말을 하면서, 동시에 성 프랜시스와 똑같은 상황에 처했으며 똑같이 행동했으나 그가 선한 사람이 아니었다는 점만 성 프랜시스와 달랐던 사람이 있을 수 있으리라고 주장하는 것은 논리적으로 불가능하다."[51] 병발성은 성격적 특성들과 한편으로는 그 '선함'의, 다른 한편으로는 행위 유형들의 관계다. 해어의 요지는 도덕적 특성들과 도덕과 무관한 특성들 사이에 필연적인 상관관계가 있다는 것이다. 이것이 병발성의 핵심 사상이다. A가 선함과 같은 도덕적 특성들을 대변하고, B가 도덕과 무관한 특성들(예를 들어, 동물들을 먹이고 구제에 돈을 베푸는 일과 같은 행위들)을 대변한다고 할 때, 'B 특성들에서의 차이점들이 없으면 A 특성들에서의 차이점들도 전혀 없다.' 성 프랜시스의 선함이 그가 짐승들을 먹인 일이나 그의 청빈에 **따라 결정되긴 하지만**, 그의 선함이 이러한 행위들로 **환원될** 수는 없는 것이다. 결국 따지자면, 가난하게 된 일이 선한 것과 똑같지는 않은 것이다.

사실상 병발성은 심리 철학(philosophy of mind)에서 그 독특성을 획득

---

50) John Divers, "Recent Work: Supervenience." in *Philosophical Books* 39 (1998): 89-91; E. E. Savellos and U. D. Yancin, ed. *Supervenience: New Essays* (Cambridge: Cambridge University Press, 1995)를 보라.

51) R. M. Hare, *The Language of Morals* (Oxford: Clarendon, 1952).

했다. 의식(意識)과 같은 정신적 특성들은 두뇌의 상태와 같은 물리적 특성들 위에 병발한다. 생각들은 신경 작용들 및 여타의 저변에서 발생하는 물리적 사건들에 **의존하지만**, 이러한 물리적 사건들과 **동일한** 것은 아니며 생각들을 오로지 두뇌 상태만으로 설명할 수 있는 것도 아니다. 즉, 병발적 특성들은 더 낮은 층위의, 하부에서 발생하는 특성들의 관점으로 설명될 수 없다.[52] 정신적인 현상을 물리적 현상으로 환원할 수 없는 이 명백한 환원 불가능성이 바로 병발성 관계를, 말하자면 인과성 관계와 구별시켜 주는 것이다. 물리적 사건들과 정신적 사건들의 관계는 인과적이 아니다. 이미 아퀴나스가 올바르게 지적했다시피, 정확히 하나의 효과(예를 들어, 의식)는 그 원인(신경 작용) 보다 더 클 수 없기 때문이다. 병발성은 오히려 전체가 각 부분들의 총합보다 큰 '부분과 전체'의 관계와 더 유사하다.[53] [supervenience는 하나의 층위의 전체를 넘어서서 더불어 발생함을 말하므로 병발(竝發)로 번역한다—역주]

다른 누구보다도 그 개념에 대해 더 많은 글을 써 온 김재권은 병발성이 20세기 초의 진화론 지지자들 가운데서 유행했던 창발론(doctrine of emergence)과 유사하다고 본다. "기본적인 물리화학적 프로세스들이 어떤 적합한 종류의 복잡성의 층위를 획득하게 될 때, 정신성(mentality)과 같은 진정 새로운 특성들이 '창발적'(emergent) 특성들로서 출현하게 된다."[54]

예를 들어, 세포는 하나의 창발적 현상으로, 비록 더 극미한 원자 단위들로 이루어졌다 할지라도 그 자체의 학문(생화학)을 가지고 있는 세계에 속하는 구별된 실체다. 그렇지만 하나의 세포의 행태를 물리학의 법칙들을 가지고 설명할 수는 없다. 마찬가지로, 물은 미시 물리적(microphysical) 표층에

---

52) 분석철학자이며 그 개념이 주도적인 주창자들 가운데 한 사람인 김재권은 이렇게 말한다. "어떤 것이 존재하는지 혹은 그것이 어떤 특성들을 가지고 있는지의 여부는, 존재하는 다른 것들에 그리고 그것들이 어떤 종류인가에 달려있거나 그에 의해 결정된다"["Concepts of Supervenience," in *Supervenience and Mind* (Cambridge: Cambridge University Press, 1993), p. 53].
53) 병발성이 도덕론과 물리학과 같이 아주 다양한 분야에 적용되는 주제 중립적인 개념이라는 사실에 주목하기 바란다. 미학의 일례는 이것이다. 음악의 아름다움은 소리들의 이어짐 위에서 병발한다. 그렇지만, 우리는 미학을 (그리고 미의 개념을) 물리학과 소리 파장들의 표층과 동일시하거나 그것으로 환원하려 하지는 않을 것이다.
54) 김재권, "Supervenience as a Philosophical Concept," in *Supervenience and Mind*, p 134; 김재권, "Downward Causation in Emergentism and Nonreductive Physicalism," in *Emergence or Reduction?* ed. Ansgar Berkermann, Hans Flohr and 김재권 (Berlin: De Gruyter, 1992).

서는 물질을 구성하는 기본 미립자들과 원자들로 구성되어 있다. 그러나 H_2O의 분자 층위(molecular level)에서는 '젖음', '설탕을 분해할 수 있는 힘'과 같은 특성들을 발견할 수 있다. 여전히 더 높은 층위들에서 그리고 적합한 조건들 아래서, 우리는 물이 한 사람을 기독 교회 안으로 입회하게끔 허락하는 특성을 갖는다는 것을 발견한다. 또는 성경학계에서 한 가지 예를 취하자면, (병발성은 분과의 장벽들을 인정하지 않는다!) 기독교의 정경은 구약과 신약을 이루는 특정 텍스트들로부터 창발한다(혹은 그 텍스트들 위에 병발한다). 그리고 물론 정경적인 의미가 이 텍스트들에 의존해 있기는 하지만, 그 의미는 각 권들로 축소되거나 각 권들의 맥락으로 설명될 수 없다. 반대로, 정경 비평은 그 자체의 주해 방법과 설명 도구들의 짝을 가지는 그 나름의 학문이다.

세계에 대한 하나님의 부르심과 인과적 접속점: 정신과 신체 유비. 그렇지만, 병발성 개념이 '하나님과 세계'의 관계를 신학자들이 생각하는 데 어떻게도 울 수 있을까? '범재신론적 유비'는 하나님을 우리와 같은 인격자로 생각할 것을 요청하며, 우리가 몸을 가지고 행하는 행위와 하나님이 세계에 행하시는 행위 사이를 병렬 관계로 볼 것을 요청한다. 각별히, 그 유비는 세계를 하나님의 몸으로 그리고 하나님을 세계의 정신 혹은 영혼으로 생각할 것을 요청한다.[55] 정신 활동이 물리적 프로세스들 위에서 병발하듯이, 신의 행위는 자연의 프로세스들 위에서 병발한다.

흥미롭게도 하인리히 헤페(Heinrich Heppe)는 택함 받은 자들의 부르심을 영혼과 육체의 연합에 비유한다.[56] 그러므로 '정신과 육체' 관계의 유비에 내가 호소하는 것은 정통주의의 선례가 있는 셈이다. 그리고 물론 교회를 그리스도의 "영"에 결합된 그리스도의 "몸"으로 보는 그림 가운데 **성경적 선례**도 있다(고전 12:13). 이미 살펴보았듯이, 유효한 부르심은 그 자체가 '외적'인 부르심과 '내적'인 부르심이라는 두 가지의 특성들을 가지고 있다. "엄

---

55) Philip Clayton에 따르면, "이제는 이 유비가 범재신론 편에서 의미심장한 논의를 제시하는 것 같다"[*God and Contemporary Science*(Edinburgh: Edinburgh University Press, 1997), p. 242].
56) Heppe, *Reformed Dogmatics*, p. 511. "중생에 의해서, 하나님 및 그분의 성령과의 은혜로운 연합의 결과로서, 더욱이 새로운 생명이 택함 받은 자들 속에 넣어진다. 영혼이 몸에 대해 갖는 관계는 하나님이 영혼에 대해 갖는 관계와 같다"(p. 519).

밀히 말해서 단 하나의 부르심이 있다. 그러나 그 부르심의 원인과 매체는 두 가지다. 하나는 사람이 말씀을 바깥에서 선포하는 도구적인 것이며, 다른 하나는 성령이 마음에 내면적으로 기록하시는 주요한 부르심이다."[57] 이 관계를 병발성의 맥락에서 조망하는 것이 정확한 일일까? '정신과 육체' 관계의 유비는 신의 초월성과 내재성을 형상화하는 최선의 방법일까?

당면 과제는 정신과 육체 사이의, 신의 행위(부르심)와 인간의 행위(반응) 사이의 소위 '인과적 접속점'(causal joint)에 대해 생각해 보는 것이다. 병발성이 그 문제를 해결해 줄까 아니면 예시할 뿐일까? 구체적으로 말해서, 우리가 물리적인 것 위에서 정신적인 것의 병발성을 긍정하면서 **동시에** 정신이 정신적이며 물리적인 효과들을 일으킨다고 말할 수 있을까? 간단히 말해서, 우리가 하부 발생의 영역(신체, 세계, 외적인 부르심)에 대립하는 것으로서 상부 발생[병발]의 영역(정신, 하나님, 내적인 부르심)의 유효성을 유지할 수 있을까? 현대의 철학적 논의에서, 정신적 원인(mental cause)의 개념은 뜨겁게 논란이 되는 쟁점이다.

입장들에 대한 간략한 유형론. '정신과 육체'의 관계에 대한 전통적 입장―데카르트의 이원론―은 '하나님과 세계'의 관계에 대한 고전적 유신론의 견해를 기이하게도 닮았다. 두 경우 모두에서 우리가 보는 것은 두 종류임에도 상호 작용하는 실재로 이루어진 두 개의 분리된 영역들에 대한 모습이다. 즉, 두 경우 모두 소위 인과적 접속점의 문제를 우리에게 제시한다. 데카르트가 정신과 육체가 만나는 곳이라고 믿었던 송과선(pineal gland)에서는 무슨 일이 진행되는 것일까? 내가 손가락을 까딱하겠다고 결심하고 손가락을 까딱거리는 일을 일으키는 일은 어떻게 일어나는 것일까? 비슷한 문제가 하나님과 세계의 관계에 해당된다. 신학에서 송과선에 해당하는 것―신적인 것과 인간적인 것이 접촉하는 자리―은 아마도 말씀의 선포나 성례의 집행(혹은 성육신)일까?

요점은 고전적 유신론에 따르면, 창조주와 피조물, 자연과 은혜 사이에 근

---

57) 같은 책, p. 518. Demarest는 구원에로의 하나님의 유일한 부르심을 "두 관점에서 고찰할 수 있을 것"이라고 말한다. 그 관점들은 외적 혹은 복음을 통한 부르심과 내적 혹은 유효한 부르심이다(Demarest, *Cross and Salvation*, p. 218). 나중에 나는 이 입장을 '정신과 육체'의 관계에 대한 논의에서 나오는 "변칙적 일원론"의 입장과 연결할 것이다.

본적인 이원성이 존재한다는 것이다. 그러므로 인과적 접속점은 **존재론적** 틈에 다리를 놓는다. 이 정도로, 유효한 부르심은 한 종류의 실재가 다른 종류의 실재에 들어가서, 그렇지 않았다면 달리 실현되지 않았을 어떤 효과를 낳는 개입과 유사한 점이 있다. 이 견해에서, 구원의 은혜는 필연적으로 **간섭적**(intervenient)이다.[58]

정신과 육체 관계에 대한 논란의 다른 극단에는 부수현상론자들(epiphenomenalists)이 있다. 그들은 정신적 현상이 단지 그렇게 보이는 것일 뿐이라고 주장한다. 그 실질적인 인과 작용은 물리적인 두뇌상의 프로세스들에 의해 실행되는 것이라고 그들은 본다. 병발적 관계들 대신에, 이 입장은 정신적인 것과 물리적인 것 사이의 조직적인 동일성을 상정한다. 그 최종 결과는 오직 물리적인 실재(혹은 오히려 미시 물리적 실재)만을 인정하는 존재론적 환원주의다.[59]

현대 과학은 신학자들과 여타의 사람들이 '하나님과 세계'의 관계에 대한 자신들의 생각을 어떻게 수정하는지와 관련하여 중심적인 요인이 되어 왔다. 빈틈들(the gaps)이 거의 없게 된다면, 어떻게 우리가 빈틈들에서 역사하시는 하나님(the God of the gaps, 창조 세계에서, 우주의 자연 법칙들로 설명하지 못하는 부분들을 하나님이 설명해 주실 수 있다는 사실을 표현하는 말 – 역주)에 대해서 생각할 수 있겠는가? 하나님의 '강력한 행위들'(mighty

---

[58] 데카르트 학파(Cartesian)의 이원론 아래서는 물리적 현상에 대한 완벽한 물리학 이론이 성립할 수 없다. 왜냐하면, 물리적 영역은 정신적 영역으로부터 오는 영향력에 개방되어 있기 때문이다. "그럴 경우 우리는 **데카르트 학파의 상호작용주의가 물리적 영역의 인과적 완결성을 위반한다**고 말할 수 있다"(김재권, *Supervenience and Mind*, p. 336). 정확히 동일한 불만이 신적 인과성 사상을 향해 퍼부어진다. Moltmann은 정의(定義)들이 관계보다 분리로부터 도출될 경우, 그 결과는 다른 용어(**영혼**)에 의한 한 용어(**육체**)의 지배적 군림이라고 경고한다. Descartes는 '정신과 육체'의 관계를 "지배하기와 소유의 일방적 관계인 것으로" 기술한다(Moltmann, *God in Creation*, p. 251). "인간의 주체를 신령화하고 인간의 육체를 도구화하는" 경향은 하나님을 생각하되 인과적 개입들을 통해 세계를 통제하면서 세계 위에 있는 자로 보는 경향과 병행된다. Barth조차도 '영혼과 육체'의 관계의 질서 있는 연합을 상위화(superordination)와 하위화(subordination)의 맥락에서 보았다 (참고. 병발과 하부 발생). 피코크는 이 그림을 가지고 다른 문제점을 제기한다. 즉, 자연을 "자연의 법칙들"에 의해 통제되는 폐쇄적인 기계적 체계로 보는 견해가 시대에 뒤졌다는 것이다. 신의 개입 개념에 대한 피코크의 비판을 위해서는, 그의 다음 책을 보라. *Theology for a Scientific Age*, pp. 141-143.

[59] 환원주의자들은 우리가 보통 정신적인 것을 (생각, 결정, 의도 등의 용어로) 말하는 방식이 뒤로 밀려나고, 마침내 성공적인 두뇌 과학에 의해 대체되었다고 주장한다.

acts)이라는 개념이 기이하게 들리고 구식이 되지 못하도록 우리가 막을 수 있을까? 신학적인 면에서 '정신과 육체'의 관계에 대한 부수현상론자들과 어울리는 입장은 던 큐피트와 같은 비실재론적 입장이다. 하나님은 그저 사랑하는 사람들 사이에서 발생하는 그런 것**일 뿐**이다. 즉, 하나님에 대한 말은 사람들에 대한 이야기로 환원될 수 있다. 그러므로 신의 도움을 고대하는 것이 부적절하듯이 신적 원인(divine causality)에 대해 말하는 것도 부적절한 일이다. 유효한 부르심은, 이 견해에서는, 양심이라는 말로 또 좀더 극단적으로는 소속하고자 하는 사회생물학적 충동이라는 말로 설명될 것이다. 루드비히 포이어바흐에게 종교의 열쇠가 무신론이었듯이, 부수현상론자들에게는 정신의 열쇠가 물리주의(physicalism)이다.[60]

이제 범재신론적 유비에 이르게 되었다. 범재신론은 우리가 방금 살펴보았던 유신론적 선택 사항들과 무신론적 선택 사항들 사이의 어딘가에 자리 잡고 있다. 이 세 번째 견해로 볼 때, 단순히 인과적 접속점을 인정한다는 **사실**—하나님이 세계 가운데서 행하신다는 사실, 정신이 육체와는 구별된다는 사실을 인정하는 것—만으로는 불충분하다. 물리적 사건들의 인과적 연관 관계와 '하나님과 정신'(God-mind)이 어떻게 상호 작용하는지에 대한 타당성 있는 진술이 없이는, 그러한 상호 작용이 있다는 사실을 진정으로 주장할 수 없기 때문이다.[61]

범재신론은 "전체 체계들과 그 체계들의 부분들이 서로를 좌우하고 있음을 인정한다"는 의미에서 전일적 세계관(a holistic worldview)이다.[62] 각 학문은 다른 종류의 실재를 분석하는 것이 아니라 실재—각각 그 자체의 환원

---

60) 김재권은 Jonathan Edwards의 경우에는 그 상황이 정확히 역전된다고 지적한다. 즉, 하나님이 창조 행위가 사물들의 진정한 원인이며, 물질적인 부분들 사이에서 획득되는 인과적 관계들은 부수현상적 인과 작용의 사례들이 된다. 불이 연기를 불러일으키지 않고, 오히려 하나님이 불을 유발하시고 그 다음에 하나님이 연기를 유발하신다(김재권, "Epiphenomenal and Supervenient Causation." in *Supervenience and Mind*, p. 92).
61) 참고 Peacocke: "그에 대한 더 이상의 설명이 없이 인간 행위에 대해 그 유비를 단순하게 주장하는 것과 마찬가지로 유비적으로 신의 행위에 대해 주장하는 것은 후자의 가능성에 대해 여전히 회의적이게 만든다"(*Theology for a Scientific Age*, p 150).
62) Nancey Murphy, *Beyond Liberalism and Fundamentalism: How Modern and Postmodern Philosophy Set the Theological Agenda* (Valley Forge, Penn.: Trinity Press International, 1996), p. 44.

될 수 없는 핵심(integrity)을 가지고 있는—의 다른 층위를 분석한다. 신학은 실재의 거의 모든 것을 포함하는 층위에서 실재를 다루는 학문이다.[63] 낸시 머피(Nancey Murphy)의 말을 빌자면, 신학은 특히 뛰어난 병발적 분야(supervenient discipline)이다.[64](여기에서 낸시 머피가 한 말은 신학이 '상위발생적' 분야라는 뜻이다—역주)

'정신과 육체'의 유비에 대해서, 정신적인 것이 물리적인 것 위에 병발한다고 말하는 대부분의 사람들은 비환원적 물리주의자들(nonreductive physicalists)이다. 즉, 그들은 자연이 더 높은 층위들은 더 낮은 층위들로 환원될 수 없는 복잡한 체계들의 위계 질서라고 믿는 자연주의자들이다.[65] 비록 비환원적 물리주의자들은 세계가 근본적으로 물리적이라고 (물리적 실체들로 이루어졌으며, 물리 법칙들에 의해 지배된다고) 믿지만, 그들은 이러한 프로세스들을 과도하게 원자 중심적으로 그리고 기계적으로 보는 견해를 지닌 환원적 물질주의(reductive materialism)는 배격한다. "존재론적 상상력은 극미한 당구공들에 대한 그림에 의해 애초에 무효화되어 버렸다."[66]

비환원적 물리주의는 간단히 두뇌 활동이라는 말로 설명될 수 없는 진정 새로운 어떤 것이 정신의 층위에서 진행되고 있음을 인정한다.[67] 이것이 영혼의 실존성에 대한 입증은 아니다. 반대로, 비환원적 물리주의자들은 정신적인 특성들을 '지니는' 영적인 '것'(hypostasis)이 있을 필요가 전혀 없다고 주장할 것이다. 그럼에도 불구하고, 몇몇 사람은 이것이 경쟁 이론들보다는 자료들에 대해 더 큰 설명 능력을 낳는다는 근거 위에서 정신적인 것의 실재

---

63) Murphy가 설명하듯, 이 말은 신학이 단순히 우주 전체에 대한 학문이라고 말하는 것이 아니라, 오히려 "창조된 우주의 행태가 실재의 어떤 부가적 종류, 이를테면 하나님과의 연관성을 떠나서는 설명될 수 없다"는 것이다(p. 119).
64) Murphy: "하나의 병발적 학문 분야로서, 신학은 과학 안에서 발생하되 오직 과학만으로는 대답될 수 없는 물음들에 답할 수 있다"(같은 책, p. 156).
65) 비환원적 물리주의에 대한 간략한 역사를 위해서는, Nancey Murphy, *Anglo-American Postmodernity: Philosophical Perspectives on Science, Religion and Ethics* (Boulder, Colo.: Westview, 1997), pp. 94-96를 보라.
66) R. W. Sellers, 같은 책, p. 195에서 재인용함. 흥미롭게도 아마 고전적 유신론도 최소한 세계에 대한 그 관점과 관련해서는 유사한 점이 있다고 비판받을 수 있을 것이다.
67) "비환원적 물리주의자와 창발론자 모두에게, 물리적 기초들은 그 자체만으로도 상위 층위 특성들의 출현에 충분하다"(김재권, "The Nonreductivist's Trouble with Mental Causation." in *Supervenience and Mind*, p. 347)

성을 주장한다.[68]

도널드 데이비드슨(Donald Davidson)은 그의 많이 논의되는 논문 "정신적 사건들"(Mental Events)에서, 정신적인 사건들은 물리적 사건들과 동일하지만 정신적 특성들은 그 사건들을 기술하는 데 우리가 차용하는 개념들에 의존한다고 주장한다. 이것은 미묘하지만 중요한 지적이다. 즉, 비환원적 물리주의자는 정신적 특성들의 주체로서 두 번째 종류의 실재(영혼)를 상정하지는 않지만, "오히려 하나의 복잡한 물리적이며 사회적인 유기체인 것으로 이해되는 전체 인격(the entire person)에 정신적이며 영적인 특성들을 귀속시킨다."[69] 정신적인 것도 영적인 것도 환영(幻影)이 아니다. 철학하는 것도 기도하는 것도 작동 중인 두뇌의 문제로 격하될 수 없다! 데이비드슨은 또한 이러한 정신적 개념들(예를 들면, 의도, 이유)과 우리가 물리적인 사건들(예를 들면, 질량, 힘)을 기술하는 데 사용하는 개념들의 사이에는 어떤 법칙과 같은 상관관계들이 없다고 주장한다. 과학은 정신적인 것을 물리적인 것의 언어로 설명할 수 있는 법칙들을 형성할 수 없다. 그러므로 그는 정신적인 것을 물리적인 것으로 환원하기를 꺼린다. 그렇지만, 동시에 그는 존재론의 층위에서 이원론은 배격한다. 그는 자신의 혼성적 입장을 "변칙적 일원론"(anomalous monism)이라고 부르기로 결심한다.

데이비드슨의 논의에 대한 주요 반론은 그것이 정신적인 것을 원인의 측면에서 무기력하게 만드는 것 같다는 점이다. 정신적인 개념들을 가지고 하나의 사건을 기술하는 것과 정신적 측면이 바로 인과적 측면에서 유효하게 만든다고 말하는 것은 전혀 별개의 문제이기 때문이다.[70]

변칙적 일원론과 하나님의 부르심 사이에는 흥미로운 병행점이 존재한다. "개혁주의 신학자들은 종종 복음을 통한 부르심과 유효한 부르심을 하나의 부르심의 두 측면 혹은 두 양상이라고 말한다."[71] 유효한 부르심은 복음을 통한 부르심에 의존하지만, 그 부르심으로 환원할 수 없다. 이 사실은 유효한

---

[68] "정신적 인과 작용의 반대자들에게 대항해서, 나는 관념이 관념에 의해 일어나는 일(idea-idea causation)이 지닌 설명력이 신경물리학적 설명보다 계속해서 훨씬 더 큰 한, 우리가 관념에 의한 관념의 인과 작용의 우월성과 필수불가결함을 확실하게 주장해야 한다고 주장한다"(Clayton, *God and Contemporary Science*, p. 255).

[69] Murphy, *Beyond Liberalism*, p. 150.

부르심이 외적 부르심 위에서 병발한다는, 하나님의 말씀이 인간의 말 위에서 병발한다는 뜻일까? 이 제안이 지닌 한 가지 난점은, B에 변화가 일어나면 A에도 변화가 나타나는 공동 변화 테제(covariation thesis)다. 만일 요구되는 물리적 기반들이 마련된다면, 그 기반들 위에서 병발하는 정신적 사건들도 반드시 있어야 한다. 그러나 하나님의 부르심과 관련해서는 명백한 반론이 존재한다. 개혁주의 신학자들은 선포된 말씀이 사효적[*ex opere operato*, 성례가 교회의 의향에 따라 집전되면 집전자의 개인적인 성덕(聖德)과 관계없이 은총이 성례를 통해 반드시 전해진다는 가톨릭의 가르침—편집자 주]으로 작용한다는 사실을 거부한다. 선포가 이루어지는 곳마다, 하나님은 언제나 반드시 구원하시는 작업을 행하셔야 한다고 못박는 것은 효과상 하나님의 자유를 부인하는 것이다. 그렇게 된다면, 우리는 주님의 지혜를 이런 식으로 재작성해야 할 것이다. "부름을 받은 사람들이 많으니, **그 많은 수가 택함을 받았느니라**."[72]

내가 이미 병발성 개념에 대한 주요 전문가들 가운데 한 사람으로 인정한 바 있던 김재권은, 정신적 인과 작용(mental causation)에 병발성 개념을 적

---

70) Fred Dretscke는 유리창을 부술 만큼 높은 도 음을 내면서 의미를 지닌 말로 노래하는 한 소프라노의 예를 든다. 그 의미는 그 유리를 깨뜨리는 음파의 특성들과는 전혀 무관하다. "정신적 인과 작용에 대한 두려움은 모든 내용적 특성들(예를 들면, 욕구들, 신념들)이 그 소프라노가 내는 높은 도의 특성들과 같을 것이라는 사실이다"[L. R. Baker, "Metaphysics and Mental Causation", in *Mental Causation*, ed. John Heil and Alfred R. Mele(Oxford: Clarendon, 1993), p. 76]. 학술 논문들에 있는 그에 대한 논의는 여기에서 더 살펴보기에 지나치게 전문적이다. 그러므로 몇 가지 현저한 요점만을 지적한다. Robert Audi는 우리가 정신적 원인을 지지적(sustaining) 원인으로 보자는 유익한 제안을 한다. 지지적 원인이란 비록 그 자체로는 사건들을 촉발하지 않을 수도 있지만 행위자들로 하여금 어떤 식으로 행동하게 만드는 원인들을 말한다. 이 제안은 '은혜의 상태'에 있는 일에 흥미로운 새 스핀(spin)을 제공한다.
71) Hoekema, *Saved by Grace*, p. 88. Herman Bavinck는 이렇게 말한다. "하나님이 외적인 부르심을 통해 선포되는 것을 허락하신다는 말과 하나님이 내적인 부르심 가운데서 성령을 통해 듣는 자들의 마음에 새기신다는 말은 같은 말이다"(Hoekema, *Saved by Grace*, p. 89에서 재인용함). 인간 인격자는 이제 일반적으로 두 가지 양상을 지니는 심신 상관적(psychosomatic) 통일체로 여겨진다.
72) 김재권의 환원주의적 결론들을 피하기 위해, 몇몇 학자는 정신적 특성들이 "다면적으로 실현될 수 있다"라고 지적한다. 즉, 똑같은 정신적 특성이 여러 다른 물리적 사건들에 의해서 실현되거나 그 위에서 병발할 수 있다는 것이다. 김재권은 어떤 물리적 실현이 부재할 경우 정신적 특성은 그 자리에 존재할 수 없을 것이라고 주장함으로써 이 움직임을 반박한다. 김재권은 또한 '설명을 통한 배제'의 원칙을 옹호한다. 이 원칙은 단 한 개의 설명 대상에 대해서는 단 한 개의 완벽하며 독립적인 설명만이 가능하다(한 가지 완벽한 설명이 있다면, 다른 모든 설명은 배제된다)고 말한다.

용하는 것에 대해 심각한 의심을 가지고 있다. 본질적으로, 그는 '거시적 인과 작용'(macrocausation)의 모든 예는 부수 현상적이며, 궁극적으로 미시 인과적 즉 미시 물리적 관계들의 맥락에서 설명될 수 있다고 믿는다.[73] 김재권은 심리학적 특성들은 그 하부 발생적 특성들로 환원될 수 없다는 주장을 이원론 이데올로기의 잔재로 본다. 그의 판단은 이것이다. "데카르트주의와 같은 비환원적 물리주의는 정신적 인과 작용의 바위로 인해 침몰한다."[74]

어떻게 비물리적 사건(예를 들면, 하나의 생각, 하나의 부르심)이 인과적으로 물리적 프로세스들의 진행에 영향을 줄 수 있을까? 이전 세대들은 인과 작용은 언제나 상향적(bottom-up)이라고 가정했다. 즉, 자연의 기본적인 힘들은 뉴턴의 물리학 법칙들에 의해서 기술되었다. 이 견해에서, 하나님은 하나의 운동자로서 바깥으로부터 인과의 연관 관계 속으로 들어와 변화를 시작하는 범기계적(quasi-mechanical) 작용력으로 생각되어야 했다.[75] 적어도 김재권의 생각에서는, 병발성이 계속해서 상향식 인과 작용을 가정한다. 김재권의 우주에서, 거시적 인과 작용은 미시적 인과 작용(microcausation)으로 환원된다. 그러나 우리들 중 많은 사람이 말하고 싶어 하는 것―아마도 우리가 미치고 싶지 않은 한, 말해야 할 것―은 의식이 세계에서 어떤 실질적인 차이를 만들어낸다는 사실이다. 실로 상당수의 사상가가 거시적 인과 작용의 유효성을 부인하는 것은 지적 자살에 해당한다고 믿는다.[76] 필요한 것은 비환원적인 병발적 인과 작용이라는 생각이다.[77]

---

73) 난점은 환원주의의 위험을 피하는 방식으로 의존 관계를 포착하기가 어렵다는 것이다. 각 사건의 특성은 미시 물리적 사건들과 특성들에 대해 병발하기 때문에, 거시 물리적 특성들이 어떤 것에 대해 어떻게 인과적으로 연관되는지를 보기란 어려운 일이다.
74) 김재권, *Supervenience and Mind*, p. 339.
75) Murphy 자신은 우리가 양자 층위(quantum level)에서 하나님의 참여를 강조해야 한다고 믿는다. 그 층위에서 우리는 과학과 상충할 필요가 없는 하나님의 행위에 대해 생각할 수 있다는 것이다. 그녀의 다음 글을 보라. "Divine Action in the Natural Order: Buridan's Ass and Schroedinger's Cat." in *Chaos and Complexity: Scientific Perspectives on Divine Action*, ed. R. J. Russell and Arthur Peacocke (Vatican City: Vatican Observatory and Center for Theology and the Natural Sciences, 1995), pp. 325-357. 그러나 Clayton은 그러한 하나님의 행위의 개념이 사실상 바로 상향식 개념이며, 그것은 가능하지만 개연성이 없다고 반대한다. 즉 그에 대해서는 경험적 증거가 없으며, 있을 수도 없다.
76) 참고. L. R. Baker: "거시적 특성들이 인과적 유효성을 결여한다는 결론은 인지적인 면에서 망연자실한 것이다"("Metaphysics and Mental Causation", p. 90)

만일 실질적이 된다는 것이 인과적 힘을 갖는 것이라면, 무엇이 참된 인과적 이야기일까? 실제로 무엇이 자연 세계를, 인간의 의지를 움직이는 것일까? 인간은 거시적 인과 작용의 층위에서 살아간다. 실로, 화학과 다른 학문들에서의 많은 특성은 좀더 기본적 특성들 위에서 병발한다. 그렇지만, 온도나 자기력 등이 그 자체의 설명을 심지어 그 자체의 인과적 힘을 가지고 있음을 누가 부인한단 말인가?[78] 그렇다면, 정신적 특성들과 영적 특성들에 대해서는 어째서 똑같이 말하면 안되는 것일까?[79] 우리는 대부분 자신의 행위들을 미시 물리학과 두뇌 화학의 맥락에서가 아니라 동기들, 욕구들 그리고 이유들의 맥락에서 설명한다. 그리고 성경 내러티브도 마찬가지다. 심지어 그 내러티브가 하나님의 작인성을 연상하게 만드는 경우도 마찬가지다. 그러나 이미 살펴보았듯이, 다른 사람들은 거시적 인과 작용의 실질을 전복시키기 위해 병발성 개념을 불러들인다. "어정쩡하고 우둔한 철학자들이 보는 것이 항상 존재론의 미스터리를 푸는 열쇠인 것은 아니다."[80] 똑같은 의구심이 말할 필요도 없이 성경을 읽는 어정쩡한 독자들에게도 적용된다.

범재신론자의 한 사람인 아서 피코크(Arthur Peacocke)는 하나님이 세계에 영향을 미치는 방식이 정신이 육체에 영향을 미치는 방식과 유사하며, 그 방식은 다시 어떤 전체가 그 자체의 부분들에게 영향을 미치는 방식과 유사하다고 제안한다.[81] 피코크는 어떤 체계들은 그 체계들을 구성하는 부분들에 대해 인과적인 힘을 지닌다고 주장한다. 예를 들어, 환경 체계가 유기체에 영향을 미치는 방식에 대해 생각해 보라. 자연 도태를 통해 어떤 동물의 환경은 오랜 시간에 걸쳐서 한 종(species)의 DNA에 영향을 줄 수 있다. **하향적** 인과 작용(또한 '위에서 아래로의', '전체와 부분의' 혹은 '병발적' 인과 작용

---

77) Berent Enç, "Nonreducible Supervenient Causation", *Supervenience: New Essays*, ed. E. F. Savellos and U. D. Yançin (Cambridge: Cambridge University Press, 1995), pp. 169-186를 보라.
78) Tyler Burge에 따르면, "우리의 철학 연구 바깥에서, 우리 모두는 부수현상주의가 참이 아님을 안다"["Mind-Body Causation and Explanation", in *Mental Causation*, ed. John Heil and A. R. Mele (Oxford: Clarendon, 1993), p. 118].
79) Baker, "Metaphysics and Mental Causation", p. 93.
80) Enç, "Nonreducible Supervenient Causation", p. 175에서 인용함.
81) Peacocke, *Theology for a Scientific Age*, p. 161.

이라고 불리는)은 비개입적 용어로 신의 행위에 대해 말할 수 있는 가능성을 열어 준다. 왜냐하면 피코크가 볼때 신의 행위는 어느 한 대상이 다른 대상들의 층위에서 작용하는 것과 같지 않고, 오히려 전체의 층위에서 작용하는 행위와 같기 때문이다.

피코크는 범재신론과 병발성이 어째서 그처럼 양립할 수 있는 개념들인지를 우리가 볼 수 있도록 도와준다. 범재신론은 세계가 하나님 안에 있지만, 하나님은 세계보다 더 크시다고 말한다. 그에 비해서 병발성 혹은 하향적 인과 작용은 하나님이 세계 위에서 행하시지만, 무엇보다 중요한 정황으로서 전체의 층위에서만 행하신다고 제시한다. "만일 하나님이 이 전체성의 병발적 층위에서 '세계'와 더불어 상호 작용하신다면, 하나님은 실존하는 수많은 하부 층위들에서 작용하는…법칙들과 규칙성들을 폐지하지 않으시면서도 '위에서 아래로의' 방식으로 인과의 측면에서 효과적이실 수 있을 것이다."[82] 간단히 말해서, 하나님의 활동은 자연의 프로세스들 자체 위에서 병발하신다.

브래드 칼렌버그(Brad Kallenberg)는 인간 세계에서의 하나님의 행위는 마찬가지로 개인들이 그 부분을 이루는 공동체 전체의 층위에 위치한다고 주장한다.[83] 그래서 실재의 다른 층위들에서처럼, "실질적인 특성들은 고립된 개별 인간들에 관한 현상들에 주목해서는 설명될 수 없는 [사회적] 복잡성의 층위에서 창출된다."[84] 칼렌버그의 요점은 이것이다. "그리스도의 정신"이 "그리스도의 몸"에서 병발한다는 것이다. "'교회'에서 벗어난 개인들은… 기독교 공동체 안에서 하나님에 의해 합주되는 그 독특한 인과적 영향력들을 놓치게 된다."[85] 교회 바깥에서는, 우리가 하나님의 '정신적 인과 작용'으

---

82) 같은 책, p. 159. 만일 세계가 하나님의 몸이라면, 전체로서의 세계의 상태들의 연속은 또한 하나님의 생각 속에서의 연속이다. 반면에, Murphy는 하나님과 세계 사이의 원인 접속점을 양자 물리학의 층위에 자리매김한다. 양자의 층위에서, 자연 자체는 명확하지 않다. 나비 효과에 비추어서, 하나님이 거시 물리적 변화들을 일으키기 위해 미시 물리적 층위에 개입하시는 것으로 생각하는 일은 가능하다(예를 들면, 홍해가 갈라진 일을 엘니뇨 효과 탓으로, 회심을 두뇌 신경들의 자극 탓으로).

83) 공동체는 실재의 다른 층위들과 마찬가지로 그 자체의 학문과 개념 집합(사회학, 사회 이론, 이데올로기 등)을 지닌 더 높은 상위 층위들 가운데 하나임에 주목하라.

84) Brad J. Kallenberg, "Unstuck from Yale: Theological Method after Lindbeck", *Scottish Journal of Theology* 50 (1997): 210.

85) 같은 글, p. 214.

로부터 혜택을 입지 못할 것이다.

하향적 인과 작용은 무엇이 잘못되었을까? 정신이 물리적인 것에 의존하면서 동시에 물리적인 것에 영향을 미치는 독립적인 인과적 힘들을 행사할 수 있는지는 알기 어렵다. 김재권은 동일한 사건에 대해 두 개의 구별된 충분 원인을 인정하기를 꺼린다. 정신이 독립적으로 사태들을 유발한다고 믿는 것은 오스틴 파러(Austin Farrer)의 이중 작인성(double agency)과 같은 개념을 지지하는 것이다. 김재권의 입장에서, 그는 모든 더 높은 층위의 프로세스들은 토대가 되는 물리적 프로세스들로부터 비롯하며 거기에 근거한다고 믿는다. 그와 다르게 말하는 것은 자연 질서에 다른 종류의 인과를 도입하는 것이며, 따라서 물리적 영역의 인과적 완결성(causal closure)을 깨뜨리는 것이다. 만일 우리가 '더 상위의 힘들'(예를 들면, 심적 에너지들, 영혼들, 하나님)을 기꺼이 수용하고자 한다면, 김재권에게 '그렇다면 당신은 어째서 자신을 비환원적 물리주의자라고 일컫는가? 그 점에 대해 당신은 어째서 병발성을 내세우는가?'라고 물어 보라.

병발성은 정신적 인과 작용의 실재를 구원할까? 만일 그렇지 않다면, 어째서 범재신론자의 '정신과 육체'의 유비가 '하나님과 세계'의 관계의 성격을 조명해 줄 수 있는지를 알기가 어렵다. 우리에게는 병발성에 대한 결론적인 비과학적인 후기(後記)가 필요할지도 모르겠다. 다행스럽게도, 그 비슷한 것을 필립 클레이턴(Philip Clayton)이 최근에 제공했다. 클레이턴은 신학이 진정으로 의식의 환원불가능성을 논증하는 일에 이해관계가 걸려 있다고 믿는다. 그러나 최종적으로 따져볼 때 신학자는 하나님의 '정신'(mind)이 세계와 그 프로세스들을 **초월한다고** 주장해야 한다. '하나님과 세계'의 관계에 이를 때, 신학적 실재론자들은 심지어 비환원적인 종류에 속하는 것이라 할지라도 물리주의자들일 수는 없다.[86]

우리는 신학이 과학과 모순된다고 결론을 내려야 할까? 꼭 그런 것만은 아니다. 클레이턴은 과학의 결과들이 형이상학적 해석들을 선택하는 **기초를 위태롭게 한다**.[87] 과학은 자연이라는 책에 관한 주해상의 자료들을 제공하지

---

86) 만일 이것이 하나님의 인과 작용은 이 세계의 프로세스들의 맥락에서 설명될 수 없다는 의미라면, 우리가 어떻게 궁극적으로 어떤 식의 이원론에 빠지는 일을 피하겠는가? 이 물음에 대한 Clayton의 답변은 그다지 명확하지 않다.

만, 형이상학은 (그리고 신학은!) 해석학을 공급한다고 말할 수 있을 것이다. 루돌프 불트만이 성경학자들에 대해 언급한 말이 똑같이 과학자들에게도 적용된다. 전제들이 없는 주해는 불가능하다. 물리주의는 과학적 테제가 아니라 형이상학적 테제다. '하나님과 세계'의 관계에 대한 물음은 마찬가지로 과학에 의해서도 불충분하게 결정된다.[88]

병발성에 대해서는 어떤가? 그것은 과학적인 개념일까 아니면 형이상학적인 개념일까? 그 개념을 비판하는 사람들은 병발성이 그 배후에 놓인 의존적 관계에 대한 구체적인 기술에 실패하기 때문에, "두 층위의 특성이 어떤 식으론가 연결되어 있다는 믿음을 표현하는 헛소리에 불과하다"라고 말한다.[89] 정신과 육체 사이에 어떤 식의 비대칭적인 관계가 있는 것 같기는 한데, 어째서 물리적인 것을 좀더 존재론적으로 기본적이라고 여겨야 할까? 어째서 우리가 물리적 세계의 인과적 완결성을 받아들여야 할까?

선행 은혜와 병발 은혜: 피녹에서 피코크로

피코크는 자신의 견해가 '전체로서의 세계 위에서만' 신의 행위를 허용한다는 점을 인정한다. 이는 우리로 하여금 '일반적인 부르심'을 넘어가지 못하게 만든다. 심지어 선행 은혜에 대한 피녹의 강조도 우리를 그 이상으로 넘어가게 만들지는 않는다. 자유 의지 유신론자에 따르면, 하나님은 각각의 실체(entity)를 자신에게 이끌기 위해 개개의 모든 개별 실체와 더불어 그 배후에서 일을 하신다. 범재신론자에 따르면, 하나님은 전체로서의 세계에 대해 체계적인 영향력을 행사하신다. 선행 은혜와 병발 은혜 모두 보편적으로 적용되며, 우리가 **계속적인 구원**(continuous salvation, '계속적인 구원'이란 '계속적인 창조'에 빗대어 밴후저가 만든 말이다. 계속적인 창조란 창조가 한 번에 다 이루어진 사건이 아니라 계속해서 진행되는 과정이라는 말인데, 이와 비슷하게 범재신론자들과 자유 의지 유신론자들은 구원이 유일회적인

---

87) Clayton, *God and Contemporary Science*, p. 259.
88) Clayton이 볼 때, 과학에 대한 신학적 보완은 "범재신론을 성경적 유신론의 정신으로 더 가까이 가게 만든다는 점에 주목하라(같은 책, p. 260). 하나님은 단지 신적 특성들의 창발적 세트가 아니라 그분 자체로 하나의 존재자이시다.
89) *Supervenience: New Essays*, p. 9에서 인용함.

사건이 아니라 지속적인 하나의 과정이라고 본다—역주)을 말하도록 자극하는 것 같다. 그렇다면, 구원을 적용하는 성령의 역할은 무엇일까?

전통적인 견해에서, 성령은 신자들에게 은혜를 나누어주시는 분이다. 은혜의 주입은 에너지의 전이를 닮았다. 그렇다면, 성령은 실로 어떤 물리적인 힘 비슷한 것이다. 더 좋게는, 하나님은 사랑으로서 사람들에게 자유롭게 응답하도록 힘을 불어 넣으시면서, 어떤 힘의 장(field)처럼 개개인에 대해 행하신다.

피코크는 에너지라는 말보다는 정보의 전달(또 다른 종류의 '영광스런 상호 교환')이라는 맥락에서 하향적 인과 작용을 바라보기를 선호한다.[90] 하나님은 정보를 투입하심으로써, 특별 계시(지나치게 개입적임)가 아니라 자신의 의도들을 실현하시기 위해 자연의 프로세스들이 자체 내에 설치한 성향들을 통해 점진적으로 세계와 상호 작용하신다.[91] 하나님은 자연 세계의 진화적 역사에 있는 '의미의 패턴들'을 통해 자신의 의도들을 소통하신다. 그러므로 우리는, 말하자면 하위적인 생명 형태들로부터 인류가 창발(emergence, 하위 층위를 넘어서서 생겨나는 창조적인 출현을 말한다—역주)하게 된 일에 드러난 하나님의 의도들을 보아야 한다. 이 견해에서는, 성령은 창조 세계의 작동 시스템이나 소프트웨어에 더 가깝다. 요약하면, 하나님은 자연 세계의 구성을 통해 인류에게 소통하신다는 것이다.[92]

그러나 성육신에 대한 피코크의 진술은, 병발성이 결국 우리를 한정된 이

---

90) Peacocke는 John Westerdale Bowker의 *The Sense of God* (Oxford: Clarendon, 1973)을 "정보 투입"(information input)이라는 용어로 하나님의 행위를 바라본 첫 번째 작품으로 여긴다.
91) 실로 '자연'신학과 '계시'신학의 구별은 Peacoke가 볼 때 지나치게 이원론적이다. 나는 그가 계시가 보편사 위에 병발한다고 말하려 할 것이라고 생각한다.
92) Peacoke는 하나님이 물질/에너지의 투입 없이 하나의 전체로서의 세계에 어떻게 정보를 투입하시는지 말하기 어렵다는 점을 인정한다. "이것이 내게 '인과적 접속점' 수수께끼의 궁극적 층위라고 여겨진다"(Theology for a Scientific Age, p. 164). 범재신론에 대한 좀더 명확한 삼위일체적 버전으로는, Moltmann, *God in Creation*을 보라. Moltmann에게서 나타나는 많은 주제는 비록 이 글의 범위를 넘어서기는 하지만, 이 글에 연결되어 있다. Moltmann은 세계를 더 상위 층위들이 소통을 위해 더 상위적인 능력들을 소유한 개방적 체계들의 역동적 관계로 바라본다(p. 240). 그의 견해에 따르면, '영'은 개방적 체계들 안에서의 조직화의 형식들이며 소통의 양태들이다(p. 263). Moltmann은 '육신과 영혼'의 관계의 문제를 자신의 삼위일체의 페리코레시스 신학의 맥락에서 다시 생각한다(p. 259). 생명은 교환이다. 즉 소통과 어울림이다. 생명 혹은 영은 개인들 **사이**에서 발생하는 것이다(p. 266). 비록 여기에서는 그 점을 검토할 수 없지만, Moltmann은 성령이 창조주이신 영 위에서 병발하는 것으로 본 것 같다.

신론(qualified deism)을 넘어서도록 이끄는 데는 실패한 것이 아닌가 하는 의구심을 갖게 만든다. 결국 따지고 볼 때, 하나님은 오직 "전체로서의 세계"(the world-as-a-whole) 위에서만 행하신다.[93] 피코크가 볼 때, 성육신은 하나님이 낯선 이방인으로서 바깥에서부터 폐쇄된 연관 관계 안으로 들어오시는 것이 아니라, 창조 세계의 자연적인 프로세스들 안에서부터 예수라는 사람 가운데 창발하는 어떤 신적 특성들에 해당하는 것이다.[94] 예수는 전적으로 하나님을 알려주는 사람, "궁극적인 창발"이었다고 피코크는 말한다.[95] 그러므로 성육신은 하나의 기적이 아니라 하나님이 창조 세계에 투입하시는 정보가 진화적 과정을 통해 하나님의 의도들을 구현해 내는 각별히 순전한 사례다.

그러므로 예수 그리스도 안에서의 그 '성육신'은 창조적이며, 창조하는 진화 과정의 완성이라고 말할 수 있을 것이다. 만일 예수 그리스도가 하나님의 의미에 대한 자기표현이라면, 세상에서 이러한 가치들을 가진 종류의 인격자를 불러내는 것(evoking)이 바로 창조에서의 하나님의 목적이라고 할 수 있을 것이다.[96]

하나님의 불러내심에 대한 피코크의 언급은 다시 유효한 부르심이라는 개념을 생각하게 만든다. 피코크가 볼 때, 하나님의 부르심은 예수와 같은 사람들을 낳기 위해서 하나의 전체로서의 세계 위에서 작용한다. 문제는 그러한 견해가 기독교 신앙에 맞느냐 하는 것이다. 그 현존과 활동이 언제나 오로지 선행적이거나 병발적인 하나님과 인격적인 관계를 맺는다는 것이 있음직

---

93) Peacocke, *Theology for a Scientific Age*, p. 163.
94) Peacocke는 성육신을 "하나님의 창조의 전 과정을 특성화하는 지속적 창출을 실증하는 것으로" 이해한다["The Incarnation of the Informing Self-Expressive Word of God." in *Religion and Science: History, Method, Dialogue*, ed. W. M. Richardson and W. J. Wildman (New York: Routledge, 1996), p. 331]. 창조는 예수 그리스도와 같이 창조적 과정의 정점으로 여겨질 수 있는 인격자들을 지닌, 하나님의 단일한 "대가적 행위"(master act)라는 Maurice Wiles의 생각과의 유사성에 주목하라.
95) Clayton도 마찬가지다. Clayton, *God and Contemporary Science*, p. 225. 참고. Peacocke, "Incarnation", p. 332.
96) Peacocke, *Theology for a Scientific Age*, p. 334.

한 일이기는 한 것일까?

하나님의 소통 행위와 임발적 은혜

(advene, advenient, advenience는 '임하여 발생한다'는 뜻으로, 창발, 병발과 압운을 맞추어서 임발로 번역할 수 있다—역주)

니콜라스 월터스토프(Nicholas Wolterstorff)는 자신의 책 「하나님의 담론」(*Divine Discourse*)에서 '하나님이 말씀하신다'는 주장에 대한 일련의 고무적인 철학적 반성을 제공한다.[97] 나도 마찬가지로 이 주장에 대해 어떤 신학적 성찰들을 제공하고자 한다. 이 글의 종결 부분은 '하나님과 세계'의 관계에 대한 새로운 그림을 제시할 자리가 못된다. 그러므로 다음에 이어지는 글은 불가피하게 다소 스케치가 될 것이다. 간략하게나마, 나는 인과 작용의 맥락에서보다는 소통의 맥락에서 '하나님과 세계'의 관계에 대해 생각해 볼 것을 제안한다. 부르심은 맹목적인 힘이 아니라 소통적인 힘을 행사한다.

우리가 기억하듯, 당면 과제는 유신론이 비성경적이며, 신성모독적이며, 비과학적이라는 비판에 응답하는 것이다. 두 번째 도전은 하나님의 부르심의 특수한 효능을 설명해야 한다는 것이다. 나는 화행(speech act) 개념이 유효한 부르심의 성격과 세계에 대한 하나님의 전반적인 관계의 성격을 에너지와 정보 둘 다의 맥락에서 해명할 수 있게 한다고 믿는다. 더욱이 화행론(speech act theory)은 우리가 이전에 논의했던 주제들에 대해 새로운 빛을 던져준다. 그 주제들은, (1) 유효한 부르심이 어떻게 중생(重生)과 관련될 수 있는가? (2) 유효한 부르심이 어떻게 내적이며 또한 외적일 수 있는가? (3) 성령의 조명은 말씀의 조명과 어떻게 연결되는가? 이다.

소환 명령: 주권적인 화행. 화행들에 대한 고찰은 20세기 언어철학에 속한다. 그 주요 핵심은 말을 함으로써 우리가 또한 어떤 일들을 **행한다**는 것이다. 단어들은 단순히 (사물에게 이름을 붙여서) 칭하는 것이 아니며, 문장들은 단순히 진술하는 것이 아니다. 오히려 언어를 사용하면서, 우리는 상당히 많은 것—질문, 명령, 경고, 요청, 저주, 축복 등—을 행한다. 화행은 명제적인 내용과 발화수반력(illocutionary force)—또는 소통 행위의 '질료'와 '에너

---

97) Nicholas Wolterstorff, *Divine Discourse* (Cambridge: Cambridge University Press, 1995).

지'—이라는 두 가지 측면을 지닌다.[98] 이 논의에서 핵심 역할을 하는 개념은 발화수반행위(illocution)이다. 발화수반행위는 단어들을 단순히 발설만 하는 것이 아니라, 단어들을 발설**하면서** 우리가 하는 일과 관련된다. 위르겐 하버마스처럼, 우리는 소통적 화행들을 '전략적 행위들'과 구분할 수 있을 것이다. 전자는 소통에 목적을 두지만, 후자는 오직 조종에 목적을 둔다. 세계에 어떤 결과를 불러일으키는 것과 이해를 가져오는 것은 전혀 별개의 일이다. 나의 주장은 하나님의 유효한 부르심은 인과적 행위가 아니라 소통적 행위라는 것이다.

아르미니우스주의자들(Arminians)은 부르심에 해당하는 신약 성경의 언어가 믿게 된 사람들을 '호명하는 일'(naming)에 속하는 문제라고 본다. 반면에 존 머리는, 로마서 8:30에 대해 언급하면서, 유효한 부르심을 소환 명령(summons)과 동일시한다. "구원을 실질적으로 소유하게 되는 일은 하나님 편에서 나오는 유효한 소환 명령에서부터 출발한다. 그리고 이 소환은 하나님의 명령이기 때문에 그 중심에 그 명령을 유효하게 만드는 작용 효능을 지닌다."[99] (아르미니우스주의의 '호명'은 사람들이 믿었음에 응하여 그들의 이름을 부르는 데 강조점이 있는 반면, 개혁주의는 사람들이 영적으로 죽은 상태여서 마치 죽은 나사로를 불러내신 예수님의 명령이 그 자체 안에 유효케 하는 능력을 지닌다는, 부르심이 지닌 능력과 효능에 강조점이 있다—역주)

'소환'은 '초대'보다 훨씬 더 강력한 부분이다. 예수님이 그 제자들을 차마시기에 초대하지 않고 오히려 "나를 따르라"라고 말씀하셨다는 사실이 중요하다. 아우구스티누스는 다른 성경적 예들 가운데서 유효한 부르심의 사상을 찾았다. 예수님은 "나사로야, 나오라"(요 11:43) 라고 명하신다. 이것은 죽은 자들을 말 그대로 깨우는 화행이다. 아우구스티누스는, 하나님이 어떤 사람을 새로운 생명으로 불러 내실 때마다 유사한 일이 일어난다고 본다. 그러나 누구나 다 멋진 소환 명령을 내릴 수 있는 것은 아니다. 여기에는 이를테면 내가 여러분을 소환할 수 있는 권위를 가지고 있다는 식의 어떤 진리 조건들이 전제되어 있다. 물론 오직 하나님만이 "내가 너를 의롭다고 선언하노

---

98) 완벽한 분석을 위해서는, John Searle, *Speech Acts: An Essay in the Philosophy of Language* (Cambridge: Cambridge University Press, 1969)를 보라.
99) Murray, *Redemption Accomplished and Applied*, p. 86.

라"와 같은 말들을 할 권한을 가지고 계신다.[100]

유효한 부르심과 '소통적 접속점.' 한 사람의 마음을 변화시키는 은혜는 에너지에 해당할까, 아니면 정보에 해당할까? 나는 둘 다라고 믿는다. 그리고 화행론은 어째서 그런지를 볼 수 있게 해준다. 하나님의 부르심은 정확히 말씀 가운데서 그리고 말씀을 통해서 어떤 종류의 이해를 불러일으킨다는 점에서 유효하다. 소환하는 말씀은 명제적 내용(질료)과 발화수반력(에너지) 둘 다를 가지고 있다.

앞서 우리는 병발 개념을 제창하는 몇몇 사람이 정신적인 특성들에 대해 독립적인 원인을(따라서 독립적인 실재를) 할애한다는 것을 살펴보았다. 그들의 중심적인 주장을 다시 보면, "정신적인 인과 작용이 인간 경험의 현상들에 대해 가장 잘 이해할 수 있게 해준다"라는 것이다.[101] 그러나 정신적인 인과 작용이 실질적으로 의미하는 바가 무엇일까? 어떻게 생각들이 다른 생각들을 '유발'(cause)할까? 이를테면, '2+2'라는 생각은 '4'라는 생각을 유발할까? 예수님이 제자들을 소환하시는 일이 그들이 따르는 일을 **유발**할까?

고전적 유신론은 하나님을 운동자(a mover)로 본다. 인과 작용은 다른 것에 영향을 주는 관계(transitive relation)다. 즉 'x가 y를 밀어낸다, 당긴다, 때린다, 얼린다, 구원한다'라는 식의 관계다. 소통 역시도 다른 것에 영향을 주는 관계다. (**x가 y에게 말을 건넨다.**) 그렇지만, 소통이 인과적일까? 나는 하나님이 소통적 작인이라고 주장했다. 나는 언어가 "창발적인 것"(emergent property)이라는 칼렌버그의 말에 동의하지만, 하나님이 사회적 층위에서 어떻게 병발하시는가에 대해 그가 말하는 것보다 더 많은 것을 말할 수 있다고 믿는다. 실로 인간은 언어에 의해서 '존재론적으로 성립되어' 있다. 그리고 이 통찰은 유효한 부르심이 어떻게 인간의 마음에 변화를 불러일으키는가에 대한 물음에 전적으로 다른 견해를 제공한다. 칼렌버그를 넘어서서, 어째서 우리가 하나님을 기독교 언어 공동체의 한 구성원으로 보면 안 되는 걸까? 결국 따지자면, 하나님에 대한 가장 흔한 성경적 묘사들 가운데 하나는 '말씀 하시는 분'(speaker)이다. '그분이 먼저 우리에게 말씀하셨

---

100) 내 견해로는, 칭의(구원의 서정상 다음 교리) 역시 상당히 하나님의 화행에 해당한다.
101) Clayton, *God and Contemporary Science*, p. 256.

기 때문에 우리가 말을 한다.'

유효한 부르심의 교리는 우리로 하여금 그림들을 바꿔서 인과적 접속점에 대해서가 아니라 **소통적** 접속점에 대해 생각하고, 소통이 **해석**(interpretation)으로 발생하는 지점을 확인하도록 촉구한다. 그러므로 유효한 부르심은 하나님이 어떻게 인간 세계와 상호 작용하시는가에 대한 중대한 실마리를 제공한다. 내 생각에, 개혁주의자들은 하나님의 말씀과 하나님의 은혜의 역사 사이의 연관성을 강조한다는 점에서 옳았다.

말 건넴과 '임발적 은혜'. 그러나 만일 소통적 접속점을 이해하고자 한다면, 하나님의 말씀이 세상에 들어올 때 무슨 일이 일어나는지를 설명해야 한다. 화행철학은 유익하게도 **말씀** 사건들(word events)에 대해 생각할 수 있게 하는 일단의 개념들을 제공한다. 진실로 세상에 임하는 것은 말씀이며, 정보를 알리고 능력을 주는 말씀—한 마디로 유효한 말씀—에 임하는 것은 성령이시다. 아마도 '하나님과 세계'의 관계를 바라볼 수 있는 가장 적절한 길은 **임함**(advent)이라는 말일 것이다.

하나님의 말씀이 임할 때 그 말씀이 변화를 불러일으킨다는 점은 분명하다. 사도행전 16:14은 루디아의 중생이 바울의 복음 선포를 통해 발생했음을 보여 준다. 그러므로 새 사람의 가능성들이 진정으로 창발한다. 하지만, 순전히 자연적인 프로세스들에서 창발하는 것은 아니다. 많은 것이 역사에서 창발하되, 에버하르트 융엘(Eberhard Jüngel)이 인식하듯이, 구체적으로 소통 행위에서 창발한다. "말씀은 역사적 실재 같은 어떤 것이 가능하게 되는 방식으로, 그 말씀이 실존의 자연적 정황에 개입하기 때문에 역사적 실재의 실질적 핵심인 것으로 여겨져야 한다."[102] 그럴 경우, 세계는 밀폐되어 닫힌 체계가 아니라 해석학적으로 열린 체계다.[103] 이 체계가 움직이게 되는 방식은 하나님의 소통적이며 자기 소통적인 행위를 통한 것이다.[104]

그렇다. 하나님은 의지를 '기울이시며 결정하신다.' 그러나 17세기의 신

---

102) Eberhard Jüngel, *God as the Mystery of the World* (Edinburgh: T. & T. Clark, 1983), p. 189.
103) "그것은(하나님을 위해서와 그분의 장래를 위해서) 열려 있는 하나의 체계로 이해되어야 한다" (Moltmann, *God in Creation*, p. 103).
104) 철학자인 G. E. von Wright는 작인성이 한 체계 안에서 변화를 시작하는 힘이라고 주장한다. 하나님을 말씀하시는 분으로 긍정하는 것은 하나님이 언어 체계들을 움직이신다고 주장하는 것이다[*Explanation and Understanding* (Ithaca, N. Y.: Cornell University Press, 1971)].

학자들도 하나님이 "선포된 말씀의 증거와 진리와 선함을 살펴주기 위해서 의지를 움직이신다"라는 사실을 알았다.[105] 그러므로 하나님의 소통 행위는 누군가가 나무나 돌에 작업할 경우에나 적합한 종류의 행위인 도구적 행위와는 전적으로 다른 종류의 행위에 속한다. 하나님의 은혜의 역사는 인간 본성과 일치한다.[106]

예수님은 "아버지께서 이끌지 아니하시면 아무도 내게 올 수 없[다]"는 자신의 진술 다음에 즉시로 이사야 54:13을 인용하여 그 말씀을 한정하신다. "선지자의 글에 그들이 다 하나님의 가르치심을 받으리라 기록되었은즉 아버지께 듣고 배운 사람마다 내게로 오느니라"(요 6:44-45). 다시 말해서, 아버지의 이끌어 주심은 인과적인 것이 아니라 소통적인 것이다. 말씀 자체가 일종의 힘을 지닌다. 그러므로 은혜에 대해서 우리는 **메시지**가 곧 매개체라고 말할 수 있을 것이다.

나는 화행철학에서 끌어온 어떤 개념들이 말씀 사건에서 일어나는 바를 더 잘 이해할 수 있게 해준다고 믿는다. 또한 나는 바로 이 개념들이 좀더 광범위한 '하나님과 세계'의 관계에 대한 모델 구성에 도움을 줄 수 있지 않을까 생각한다. 복음 선포에서 우리에게 있는 것은 **내러티브적** 발화수반행위다. 이야기를 풀어 놓는 가운데 우리가 행하는 것은 무엇일까? 우리는 하나의 세계를 펼쳐 놓으며, 그 세계를 바라보고 평가하는 길을 권장한다.[107] 한 문예비평가는 내러티브의 발화수반력을 "이데올로기적 교훈"(ideological instruction)이라고 기술한다.[108] 이야기들은 정보만을 제공하는 것이 아니라 문화적 정보도 제공한다. 이야기들은 인간이 되는 길을 훈련시킨다. 심지어 세속의 이야기들도 때로 우리의 양심을 찌르며, 개과천선(改過遷善)하게 만

---

105) Heppe, Reformed Dogmatics, p. 520.
106) 하나님의 성령은 인간의 본성을 위반하지 않고, "하나님 자신이 친히 세우신, 우리의 자유롭고 합리적이며 도덕적인 본성의 법칙들의 온전함에 완벽하게 일치하게 행하신다"(Hodge, Outlines of Theology, p. 452.)
107) M. L. Pratt, Towards a Speech Act Theory of Literary Discourse (Bloomington: Indiana University Press, 1977)를 보라.
108) S. S. Lanser, The Narrative Act: Point of View in Prose Fiction (Princeton, N. J.: Princeton University Press, 1981)을 보라. 나는 다음 책에서 내러티브 발화수반행위를 논의했다. Kevin Vanhoozer, Is There a Meaning in This Text? The Bible, the Reader and the Morality of Literary Knowledge(Grand Rapids, Mich.: Zondervan, 1998), p. 341.

들 수 있다. 하물며 복음서 내러티브들이랴.

융엘은 말이나 담론을 건네는 사건이, 담론과 담론을 하는 주체와 담론이 건네지는 대상 사이의 구체적인 관계가 된다고 관찰한다. 그리스도 안에 계신 하나님에 대한 진술에서 그리고 그 진술을 통해서 무엇인가 특별한 일이 일어난다. 그렇게 해서 일어나는 일은 곧 하나님이 말로 임하시는 것이다. "하나님의 인성(God's humanity)은 진술되는 하나의 이야기로서 세계 안에 그 자체를 들여보낸다."[109] 오직 내러티브를 통해서만 우리가 인류의 어떤 '창발적 가능성들'을 표출하고, 그런 다음에 실현할 수 있다고 융엘은 말한다. "이야기를 듣는 자는 반드시 실존적으로 그 말을 통해 이 이야기 속으로 끌려들어와야 한다. 이는 정확히 그 이야기가 그분의 이야기이기도 하기 때문이다. 그리고 이 일은 듣는 자가 이 이야기에 부응하는 바를 **행할** 수 있기에 앞서서 일어나야 한다."[110] 융엘이 볼 때, 복음서 내러티브는 예수님에 대한 이야기 속으로 사람들을 끌어들임으로써 그들이 그리스도와 연합하도록 효과적으로 불러낸다.

그렇다면, 유효한 부르심이 선포된 말씀 위에서 병발한다고 말할 수 있을까? 아니다. 왜냐하면, 이렇게 말하는 것은 입증할 수 있는 것 이상을 입증하는 게 되기 때문이다. 이야기를 듣는 자가 누구나 다 자동적으로 그리스도와 연합되는 것은 아니다. 외적인 부르심과 내적인 부르심 사이에 연관성은 있지만, 병발적이지는 않다.[111] 앞서 살펴보았듯이, 변칙적 일원론은 동일한 사건을 두 가지 짝으로 나눌 수 있는 특성들로 기술할 수 있다고 주장하지만, 유효한 부르심의 경우에는 하나(외적 부르심)가 다른 하나(내적 부르심)를 언제나 반드시 낳는 것은 아니다.

그렇다면, 우리는 복음을 통한 부르심과 유효한 부르심의 관계를 어떻게 이해해야 할까? 만일 하나님이 우리 인간의 본성에 적합한 방식으로 우리를 소통적으로 다루신다면, 어떤 소통 행위들에서 그 행위들을 유효하게 만드는 것은 무엇일까? 그것이 단순한 메시지가 아니라 진리일 수 있을까? 찰스

---

109) Jüngel, *God as the Mystery*, p. 302.
110) 같은 책, p. 309.
111) 만일 우리가 Murphy를 따라 병발 관계—당연히 성령의 현존성을 포함할 수 있는—도 주변 환경들에 의존한다고 한정한다면 아마도 그럴 것이다.

피니(Charles Finney)는 설교자와 마찬가지로 성령도 진리를 제시하는 것 이상은 아무 것도 할 수 없다고 믿었다. 그와 반대로 아퀴나스는 진리가 그 자체의 설득력을 지닌다고 믿는다. 일단 우리가 논리적 진리들을 이해하게 될 때 그 진리들에 대해 동의할 수밖에 없듯이, 우리가 선이라고 여기는 것에 끌릴 수밖에 없다는 것이다. 다른 한편으로, 진리는 그 자체로 종종 우리를 변화시키는 데 무능력한 것처럼 보인다. 빛만으로는 소경이 볼 수 있게 만들 수 없다. 우리에게 필요한 것은 그렇게 해주시는 성령의 조명이다. 개혁주의 전통이 말씀과 성령이라는 말로 유효한 부르심을 논의했던 데는 이유가 있었던 것이다.

성령의 역사는 진리를 조명하는 것이 아니라 정신을 조명하는 것이다. 조명을 받는 자는 수동적이면서 동시에 능동적이기도 하다. 즉 이해하게 되면서 이해하는 것이다. "여기에서 우리는 하나님의 유효하게 하심과 인간의 활동 사이의 연결을 인지한다."[112] 그러나 우리는 좀더 밀고 들어가야겠다. 성령의 유효하게 하심은 정확히 무엇으로 이루어지는 것일까? 만일 무엇인가를 덧붙이시는 것이라면, 성령은 말씀에 무엇을 더하시는 것일까?

나는 성령론과 발화효과행위들(perlocutions) 사이에 어떤 연결점이 있다고 본다. 화행론으로 되돌아가서, 발화효과행위란 우리가 우리의 화행에 **의해** 불러일으키는 것이다. 말은 빈번히 어떤 주장을 제공하지만, 주장들은 동의를 얻고자 하는 것이다. 발화효과행위들은 어떤 화행을 듣는 자에게 일어나는 효과와 관계된다.[113] 그러므로 성령의 주요 역할은 **말씀을 섬기는 일**(to minister the Word)이라고 나는 믿는다. 구원의 적용은 최우선적으로 발화효과행위들을 가져오도록 복음의 명제적 내용과 복음의 '발화수반행위력' 모두를 적용하는 일이다. 이 경우 그 효과들에는 중생, 이해 그리고 그리스도와의 연합이 포함된다. 그러므로 바울이 하나님의 말씀을 "성령의 검"(엡 6:17)이라고 기술하는 것은 의미가 있다. 소환 명령이 유효하게 되기 위해 요구되는 것은 단지 정보를 나누는 일도, 기계적 에너지를 전달하는 일도 아니며, 전체적인 화행의 영향(그 소통력을 더불어 지니는 메시지)이다. 칼

---

112) Strong, *Systematic Theology*, p. 822.
113) 발화수반행위—화자가 말로써 행한 바—는 화행의 객관적 측면이다. 발화효과행위—그 화행의 의도된 효과—는 그 화행의 주관적 측면이다.

바르트에 따르면, "들음의 주님"(Lord of the hearing)이신 성령님은 다름 아닌 하나님의 주권성의 주관적 실재(subjective reality)이다. 유효한 부르심은 말씀과 성령의 결합, 발화수반행위와 발화효과행위의 결합이라는 말로 가장 잘 이해된다.

그렇다면, 성령은 말씀 위에 병발하실까? 나는 이 물음에 대해 제한적으로만 긍정할 수 있을 뿐이다. 왜냐하면, 성령의 부르심은 외적인 부르심에 의존하되 그 부르심으로 환원할 수 없지만, 그럼에도 불구하고 중생이 일어나지 않으면서 복음이 선포되는 일이 가능하기 때문이다. 그러므로 **임발한다**가 더 정확한 용어가 될 것이다. 이는 하나님이 뜻하실 때 그리고 뜻하신 곳에서 성령이 말씀에 임하시기 때문이다. 성령은 진리를 유효하게 만들기 위해 진리 위에 '임발하신다'.[114]

임발적 은혜에 대해 내가 접해 본 최상의 유비는 헬렌 켈러(Helen Keller)의 자서전에 나온다. 그녀의 문제―어떻게 눈이 멀고 귀가 먼 사람이 언어를 이해할 수 있는가―는 그 마음이 어두워졌으며 그 귀가 하나님의 부르심에 대해 닫힌 죄인의 문제와 병행되는 문제점이다. 그리고 실제로 헬렌 켈러는 자신이 이해하게 된 일을 일종의 종교적 회심의 언어로 쓰고 있다.[115]

그녀의 선생님이 헬렌에게 처음 왔을 때, 그 선생님은 헬렌의 손에 단어들을 일일이 써주었다. 헬렌은 다양한 단어를 표현하는 손가락의 움직임들을

---

114) 사무르(Samur) 학파의 대변자들은, 성령께서 의지가 실천적 이성을 틀림없이 따를 수 있도록 정신을 조명하신다고 주장했다. 인간의 의지에 대한 성령의 직접적인 작용은 전혀 없다. 성령은 오직 지성이라는 매개를 통해서만 역사한다. 주류 개혁주의자들은 전형적으로 이 주장을 부인하고, 성령이 마찬가지로 인간의 의지에 대해서도 직접 작용하신다고 주장했다. Berkhof는 성령의 영향력이 진리의 영향력과 똑같지 않다고 진술한다.

여기에서 우리가 보는 것은 말씀의 '정보'를 옹호하는 사람들과 성령의 '에너지'를 특별하게 여기는 사람들 사이의 대립이다. 아마도 우리는 다음과 같은 점들을 관찰함으로써 이 비판(성령의 역할은 단순히 인식적인 것으로 간주되고, 말씀이 의지가 아니라 지성에 직접 향한다는 비판)에서 벗어날 수 있을 것이다. (1) 화행들은 명제적 내용과 지적인 동의만이 아니라 그 이상의 것을 포함한다. (2) 인식론은 그 자체가 다양한 방식으로 윤리학에 빚지고 있다. (3) 소환 명령이라는 화행은 명제적인 내용과 발화수반력 둘 다를, 즉 말씀과 성령 둘 다를 동시에 지닌다. 성령이 진리를 통해 역사하신다는 사실 이외에, 영혼에 대한 성령의 직접적인 영향이 있음을 보여 주는 여섯 개의 논증에 대해서는 다음을 보라. Hodge, *Outlines of Theology*, p. 451.

115) Helen Keller의 생애에 대한 영화는 "The Miracle Worker"라는 제목이 붙여졌다. 이것은 그녀의 선생님을 가리키는 말이다. 나는 그 선생님이 단어를 가지고 Helen을 효과적으로 섬겨서 이해를 발생시켰다는 점에서 성령과 짝을 이룬다고 생각한다.

흉내 내는 법을 배웠다. 그러나 이 움직임들이 단어들이었음을 깨닫지 못했다. 어느 날 헬렌의 선생님은 헬렌의 한 손을 뿜어 나오는 물 밑에 대고서 다른 한 손에 물이라는 단어를 써주었다. 그리하여 언어의 신비가 드러나게 되었다. 나중에 헬렌은 이렇게 썼다. "그때 나는 'w-a-t-e-r'라는 것이 내 손 위에 흘러내리던 놀랍고 시원한 어떤 것을 의미한다는 것을 알았다. 생생한 단어가 내 영혼을 흔들어 깨웠으며, 그 영혼에 빛과 소망과 기쁨을 주었으며, 그 영혼을 해방시켰다!"[116] 이것은 전혀 비인격적인 물리적 힘이 아니라 소통 행위들이 어떻게 해방하는 효과를 달성할 수 있는지에 대한 놀라운 실례다. 헬렌의 선생님, 성령님과 같은 기적을 일으키는 이가 말씀을 섬겨서 이해를 불러일으킨 것이다.

결론: 소통적 작인성과 하나님의 주권

하나님, 말씀하시는 분. 내가 지금 어떤 유형의 조직신학을 제창하는 것일까? 하나님을 세계 위에서 병발하시는 분으로 바라보는 존재론적, 범재신론적 유형일까? 아니면 하나님을 우리 세계에 대해 낯선 한 이방인으로 바라보는 우주론적, 초자연주의적 유형일까? 사실 나는 이 두 방식 가운데 어느 것도 따르지 않았다. 나는 오히려 하나님이 주권적인 화자(話者)로서 말로 사실을 발화하고, 의미나 의사를 소통하는 화행을 하시며, 그 화행의 발화효과를 이루어내시는 분으로 보는 소통적 유신론을 선호했다. 하나님이 하시는 말씀은 어떤 차이를 만들어 낸다. 그러나 이 차이를 비인격적인 인과 작용이라는 말로 기술하는 것은 왜곡이라 할 수 있다. 만일 하나님의 부르심을 인과(因果)의 언어로 기술해야 한다면 그것은 반드시 소통적인 종류에 속해야 할 것이며, 따라서 인격적이어야 한다. 하나님은 말씀 안에서 그리고 말씀으로 세계에 임하신다. 정확히 말해서, 하나님은 말씀과 성령이라는 '양손'을 가지고 세계와 관련을 맺으신다.

주권성과 병발성. 유신론자들과 범재신론자들이 구원의 은혜를 해석하는 다양한 방식에서 볼 때, 언뜻 보기에 주권성과 병발성 사이에는 어떤 긴장이 있는 것 같다. 병발적 은혜는 궁극적으로 볼 때 성례전적이다. 왜냐하면, 하

---

[116] Helen Keller, *The Story of My Life* (New York: Signet, 1988), p. 18.

나님을 매개하고 그것이 무엇이든지 간에 예수를 '그리스도'로 만드는 것을 매개하는 것은 기독교의 정경이 아니라 오히려 우주이기 때문이다.[117] 일관성 있는 범재신론적 신학은 하나님의 (부분적으로만 효과적이지만) 일반적인 소통상의 의도를 대표하는 것이 전체로서의 세계라고 주장해야 한다.

그러나 유신론자의 입장에서 볼 때, 하나님의 소통적 행위들 전부는 그분의 자유로운 사랑으로부터 기원한다. 하나님의 말씀은 하나님의 소통적이며 자기 소통적인 은혜로운 행위다. 세상의 미시 물리적 차원에서든 거시 물리적 차원에서든 간에, 세상에 있는 어느 것도 하나님의 말씀을 제약하거나 하나님으로 하여금 말씀을 발하시도록 강제할 수 있는 것은 전혀 없다. 발화효과행위들은 발화수반행위들로부터 '창발'하지만, 그 효과들이 필연적으로 그렇게 창발하는 것은 아니다. 내적 부르심이 필연적으로 외적인 부르심을 동반해야 한다고 말하는 것은 하나님의 자유를 더럽히는 게 될 것이다. 엄밀한 의미에서의 혹은 '강한' 의미에서의 병발성에는 신의 주권성을 위한 여지가 거의 없다. 정리하자면, 유효한 부르심이 복음을 통한 부르심에서 병발한다고 말하는 것은 신학적으로 부정확한 말이다.

고전적이며 소통적인 유신론. 마지막으로 물어야 할 질문은 이것이다. 내가 유효한 부르심을 해명할 때, '그 대상 자체로부터가 아니라 현대 철학들로부터 취한 형식'(17세기 신학에 대한 바르트의 염려)으로 답변했을까? 아니다. 왜냐하면, '대상 자체'(유효한 부르심, 구원과 관련하여 하나님이 세계와 맺는 관계)가 하나의 소통 행위의 형태, 즉 육신이 되신 말씀이신 예수 그리스도로부터 취해졌기 때문이다.

하나님의 초월성과 내재성은 소통적 작인성의 맥락에서 유익하게 생각될 수 있다. 하나님의 초월성은 그분이 소통 행위를 시작하고 완결하실 수 있다는 것에 대한 내용이다. 그렇지만, 하나님과 세계 사이의 거리—우리 편에서는 무한한 질적 거리—는 소통 행위를 통해 가로지를 수 있다. 하나님의 자기 계시는 '임발적'이다. 비록 세상은 그분을 알지 못했지만, 예수님은 자기 백성들에게 오셨다. 그러므로 하나님의 말씀이 임하신 것은 낯선 개입이 아니

---

117) Peacoke가 그렇다. 그래서 그는 우주를 일종의 성례전으로 본다(*Theology for a Scientific Age*, p. 192).

다. 반대로, 만일 하나님이 이방인이시라면, 그것은 인류가 하나님께 등을 돌림으로써 그분을 그렇게 만들었기 때문일 뿐이다.

나는 유효한 부르심이라는 교리가 하나님의 효력 있는 인과 작용에 대한 고전적 유신론의 그림과 하나님의 병발적 인과 작용에 대한 현대의 범재신론적 그림 둘 다를 거부한다고 주장했다. 이 교리는 오히려 우리로 하여금 '하나님과 세계'의 관계 자체를 다시 생각해 보도록 이끈다. 나는 조직신학을 향한 한 가지 결실 있는 길이 하나님을 소통적 작인으로 생각하는 것이라고 제시했다. 그렇게 할 때, (성육신과 더불어서) 유효한 부르심은 하나님이 좀더 일반적으로 세계와 어떻게 관련을 맺으시는가에 대한 패러다임이 된다. 그 다음 단계 그리고 이번 경우가 아닌 다음 기회를 위해 미루어야 했던 단계는 하나님의 소통 행위라는 맥락에서 또 다른 중심적인 기독교 교리들(예를 들어, 창조, 섭리, 칭의, 삼위일체)을 재고해 보는 일일 것이다.[118]

---

118) 궁극적으로 하나님이 소통하시기를 원하는 것은 자신이다. 이미 살펴보았듯이, 유효한 부르심은 우리를 그리스도와의 연합으로 안내하며, 그렇게 함으로써 삼위일체 하나님과의 사귐으로 이끈다.

제2부
성경

5장 하나님의 강력한 화행

오늘날의 성경론

> 이러므로 우리가 하나님께 끊임없이 감사함은
> 너희가 우리에게 들은 바 하나님의 말씀을 받을 때에
> 사람의 말로 받지 아니하고 하나님의 말씀으로 받음이니 진실로 그러하도다.
> 이 말씀이 또한 너희 믿는 자 가운데에서 역사하느니라.
> 데살로니가전서 2:13

성경론은 무엇을 이루고자 하는가? 기독교 신학의 소임이 어떻게 예수가 그 '그리스도'인가를 보여 주는 것이라면, 성경에 대한 논의의 소임은 어떻게 성경이 '하나님의 말씀'인가 혹은 '하나님의 말씀'과 연결되는가를 보여 주는 것이다. 성경론은 말들(the words)과 그 말씀(the Word)의 관계에 대해서와 이 관계를 어떻게 정당하게 '하나님의' 말씀이라고 말할 수 있는지에 대해 설명하려는 시도다. 성경론은 성경의 언어와 문학이 어떻게 하나님의 말씀에 참여하는지를 보여 주려 한다. 따라서 그러한 시도들은 '하나님의 말씀'의 의미와 위치에 대한 이해를 전제로 한다.

왜 성경론인가?

'성경 원리.' 소위 성경 원리는 성경이 하나님의 말씀과 동일시되어야 한다는 역사적 정통적 견해를 대변한다. 개혁주의 신앙고백서들은 성경론에 대해 따로 글을 작성함으로써 성경 권위에 대한 관심을 종종 표현했다.[1] 칼뱅의 진술이 대표적이다. "우리는 하나님의 입에서 나와 우리에게 주어진 그 말씀과 관계를 가져야 한다.···하나님의 뜻은 사도들과 예언자들의 입을 통

해 우리에게 발언되는 것이다.…그들의 입은 우리에게 유일하게 참되신 하나님의 입이다."[2]

계몽주의 이래로, 다양한 형태의 성경 비평이 성경을 하나님의 계시와 동일시하는 생각을 조금씩 무너뜨렸다. 성경의 언어와 전승들이 인간의 역사에 뿌리박고 있음이 점차 명백해지고, 성경이 하나님의 영감된(God-breathed) 산물이 아니라 사람이 만든 것으로 나타나는 데까지 이르렀다. 1881년에, 윌리엄 로버트슨 스미스(William Robertson Smith)는 다른 책들에 적용되었던 것과 똑같은 역사적 문학적 분석 방법들을 성경 연구에 적용할 것을 권고했다. 이 제안은 마침내 스코틀랜드에서 그를 이단 혐의로 재판에 회부되게까지 만들었다. 그 다음 10년 동안 미국에서는, 미장로교회가 찰스 브릭스(Charles A. Briggs)를 마찬가지로 이단으로 고소했다. 이는 그가 축자 영감설(verbal inspiration)을 거부했기 때문이다. 브릭스는 자신을 변호하면서 주해상의 논의와 역사적 논의를 모두 사용했다. 즉, 성경의 가르침도 현상도 축자 영감설을 지지하지 않으며, 축자 영감설이나 무오설이 교부들과 개혁자들의 견해를 반영하지도 않는다는 것이다. 미연합장로교회(the Presbyterian Church in the United Church) 총회는 세 차례(1910년, 1916년, 1923년)에 걸쳐 그에 답함으로써 성경의 무오류성이 교회의 '본질적인 교리'라고 선언했다.[3]

성경 원리의 쇠락을 가져온 주요 요인들 가운데 하나는 역사 비평의 등장이었다. 아마도 문서상으로는 그리 제대로 입증되지 않았을 사실은, 성경 원리에 대한 논란이 본질적으로 신학적이었다는 것이다. 이는 성경에 관한 논란에 처한 바가 궁극적으로는 한 사람의 신론(doctrine of God)이기 때문이

---

1) 참고. Karl Barth: "성경 원리는 실제로 개혁파 교회의 모든 상당히 중요한 신앙고백서의 서두에 다소 예리하게 그리고 천명하는 식으로 표현되어 있다"[*Church Dogmatics* 1/2, trans. G. T. Thomson and Harold Knight(Edinburgh: T. & T. Clark, 1975), p. 547.]
2) John Calvin, *Commentaries*, Library of Christian Classics, ed. Joseph Haroutunian (Philadelphia: Westminster Press, 1958), p. 83. Clavin은 벧전 1:25을 주해한다. "오직 주의 말씀은 세세토록 있도다 했으니, 너희에게 전한 복음이 곧 이 말씀이니라."
3) George Marsden, *Reforming Fundamentalism: Fuller Seminary and the New Evangelicalism* (Grand Rapids, Mich.: Eerdmans, 1987), p. 112; Jack B. Rogers and Donald K. McKim, *The Authority and Interpretation of the Bible: An Historical Approach* (San Francisco: Harper & Row, 1979), pp. 348-361를 보라.

다.[4] 그러므로 나는 이 글에서 성경 원리에 반대하는 주경학적 논의나 역사적 논의보다는 신학적 논의를 더 많이 다루고자 한다.

신론에서 성경론과 관련된 가장 중요한 측면 하나를 꼽는다면, 그것은 하나님의 섭리일 것이다. 실로 교황 레오 8세는 성경과 학문 세계에 대한 자신의 1893년도 칙서 제목을 "최상의 섭리를 하시는 하나님"(*Providentissimus Deus*)이라고 붙였다. 그 칙서는 다음과 같이 진술한다. "교회가 성스러운 것으로 그리고 정경적인 것으로 받아들이는 모든 책과 각 권 전체는 성령의 구술(dictation)에 따라 쓰였습니다."[5] 교황 레오 8세는 단순히 개신교 종교 개혁의 신앙고백서들과 트렌트 종교회의의 반(反)종교개혁 문서인 "성경과 전통에 대한 교령"(*Decree on Scripture and Tradition*, 1546)의 특징을 이루는 성경과 계시에 대한 동일시를 반복했다. 이 후자의 문서에서 레오 8세는 "성령의 구술에 따라"라는 말을 빌려 왔다. 성경론의 근본적인 쟁점은 성경의 단어들에 하나님이 개입하시는 방식에 관한 것, 따라서 세계에서의 하나님의 활동 방식에 관한 것이다.

성경'론'의 본질. 알리스터 맥그라스에 따르면, 교리는 사회적(social), 인지적(cognitive), 경험적(experiential), 언어적(linguistic)인 네 가지 본질적 요소를 지닌 통합적 개념이다.[6] 첫째, 교리는 한 공동체의 자기 이해 혹은 정체성에 대한 위협들에 대응하여 일어난다. 명백히 성경론은 사회적 분계선의 수단―그것도 일종의 보복성을 지닌 수단―으로 기능해 왔다! 근본주의, 복음주의, 자유주의, 후기자유주의, 정통주의, 신정통주의는 대개 성경에 대한 각자의 입장에 근거해서 구별된다. 한 학파의 복음주의자들은 다른 부류의 복음주의자들에게 공정을 기하기가 어렵다. 성경의 권위에 대한 다양한

---

4) 이신론이 점차 인기를 끌면서 성경 비평이 등장해서 번성했다는 사실이 그저 우연의 일치일까? 또는, 계시와 영감에 대한 고전적 견해들이 유신론을 전제로 한다는 사실이 단순히 우연의 일치일까? 우리 시대에, 유신론은 다양한 형태의 범재신론에 자리를 내어 준 것 같다. (범재신론은 하나님이 주님으로서 세계 '위에' 계시지 않고 오히려 세계가 하나님 '안에' 있으며, 그 하나님은 세계의 내적 근거로 봉사한다는 사상이다.) 이 광범위한 신학적 정황이 성경론에 어떻게 영향을 주는가에 대한 작업이 시급히 요청된다.

5) John Baillie, *The Idea of Revelation in Recent Thought* (New York: Columbia University Press, 1956), p. 31에서 재인용함.

6) Alister McGrath, *The Genesis of Doctrine: A Study in the Foundation of Doctrinal Criticism* (Oxford: Blackwell, 1990), chap. 3.

입장에 대한 가브리엘 팩커(Gabriel Fackre)의 세심한 분류는 무오류성(inerrancy)에도 다양한 종류가 있음을 확인한다.[7] 오늘날의 상황은 5세기와 6세기의 기독론 논쟁들에 비견될 수 있다. 그 논쟁들은 기독론의 어휘를 확대시켰다.

둘째, 교리는 공동체의 기초 내러티브에 대한 의문들에 대답함으로써 발생한다. 교리는 그 내러티브를 해석하면서, 성경 내러티브 자체가 제시하는 '개념적 틀'을 제공한다. 성경 내러티브에는 생각을 요청하는, 즉 교리 형성을 요청하는 개념적 하부 구조가 존재한다. 성경론에 대한 논쟁에서 논란을 일으키는 것이 바로 이 개념적 하부 구조다. 100년 전에 워필드(B. B. Warfield)는 다음과 같이 썼다. "성경의 영감이라는 주제는 최근 논의에서 많이 혼동되는 주제다."[8] 좀더 최근 들어서, 에드워드 팔리(Edward Farley)와 피터 호지슨(Peter Hodgson)은 다음과 같이 쓴다. "우리는 성경 교리의 적절한 재구성이 현대 신학에 의해 아직 달성되지 않았다고는 믿지 않는다."[9] 이어지는 나의 테제는 하나님의 화행 개념이 이 판단이 허위임을 입증한다는 것이다.

'강력한 화행들.' 성경론은 계시론, 섭리론, 성령론 등의 다른 교리들의 전체적인 네트워크에 비쳐 보았을 때만 이해될 수 있다. 나는 화행 개념이 계시, 영감, 무오성(infallibility)이라는 고전적 범주들을 통합하고 해석하는 데 유익한 개념이라고 믿는다. 무엇보다도, 화행 개념은 우리가 계시를 말할 때 '하나님의 하시는 말씀'으로서의 계시와 '하나님의 하시는 행위'로서의 계시 사이의 왜소한 이분법을 넘어설 수 있게 해준다. 이는 **화행**이라는 범주가 말하기(saying)도 일종의 행위(a doing)임을 인정하며, 사람들이 '말하기'를 통해 많은 일을 할 수 있음을 확인시켜 주기 때문이다.

성경신학 운동은 전형적으로 행위들과 하나님의 말씀하심 사이를 구분했

---

7) Gabriel Fackre, *The Christian Story: A Pastoral Systematics* (Grand Rapids, Mich.: Eerdmans, 1987), 2:61-75를 보라.
8) Benjamin B. Warfield, *The Inspiration and the Authority of the Bible* (Phillipsburg, N. J.: Presbyterian & Reformed, 1979), p. 105.
9) Edward Farley and Peter Hodgson, "Scripture and Tradition." in *Christian Theology: An Introduction to Its Traditions and Tasks*, 2nd ed. ed. Peter Hodgson and Robert King (Philadelphia: Fortress, 1985), p. 81.

다. "신약 성경은 예수님의 권위와 그를 포함하는 하나님의 강력한 행위들의 권위 외에는 어떠한 권위도 가지고 있지 않다."[10] 맞는 말이고, 좋은 말이다. 그러나 하나님의 강력한 행위들(mighty acts)의 성격에 대해서는 불일치가 있다. 많은 현대 신학자가 볼 때, 역사는 하나님의 행위들의 활동 무대며 따라서 하나님의 자기 계시를 이해하는 데 적합한 범주다. 이 견해에 의하면, 성경은 계시 자체가 아니라 계시에 대한 하나의 증거일 뿐이다. 라이트(G. E. Wright)에 따르면, "하나님의 말씀"이 "성경의 핵심은 하나님으로부터 주어진 일련의 가르침들"이라는 뜻으로 해석된다면, "그럴 경우 하나님의 말씀은 확실히 잘못된 개념이다."[11] 이러한 이분법은 다른 신학자들에게서도 나타난다.

성경신학 운동이 텍스트 **배후에 있는** '하나님의 행위'에 주목했던 반면, 칼 바르트는 하나님이 자신을 알리신 것은 오직 예수 그리스도의 유일한 역사를 통해서라고 주장했다. 볼프하르트 판넨베르크는 역사 안에서의 계시 사상에 대한 또 다른 변형을 보여 준다. 하나님은 '모든 것을 결정하는 실재'이시기 때문에, 역사의 **모든 것**이 하나님의 계시다. 그러나 예수님의 부활은 역사의 목적(end)을 예고하기 때문에, 하나님이 그리스도 안에서 계시된다고 말할 수도 있다. 판넨베르크가 볼 때, 성경 텍스트들은 역사의 최종적인 형태를 예고하기 때문에, 하나님의 본성과 목적을 예고하는 한 약속적(promissory)이다. 성경은 하나님의 말씀에 대한 (그에 대한 예기라는 의미에서의) 증거다.

이 세 가지 접근 방법의 공통점은 각각 특별하고 유일하며 보편적인 역사에 자리잡은, 성경과 하나님의 강력한 행위(들) 사이의 개념적 구분이다. 그러나 이전의 성경신학 운동이 '하나님의 행위' 개념을 표현하는 데 어려움이 있었듯이, 오늘날에도 '하나님의 말씀'의 성격에 대해 혼동이 존재한다. 불트만이 볼 때, '하나님의 말씀'은 인간의 주관성의 깊은 내면에 감추어진, [의식이나 존재를 일깨우며 불러 세우는—역자 첨가] 환기적 소통행위다.[불트

---

10) Oliver O'Donovan, *On the Thirty-nine Articles: A Conversation with Tudor Christianity* (Exeter, U. K.: Paternoster, 1986), p. 51.
11) G. E. Wright, "God Who Acts." in *God's Activity in the World*, ed. Owen C. Thomas (Chico, Calif.: Scholars Press, 1983), p. 25.

만이 볼 때, 계시(=말씀)는 인지할 내용이 없는 말 걸기, 말 건넴(환기)이다. 그것은 누군가가 "이봐요!", "보시오!"라고 말하는 것과 같다. 말은 건네지지만, 그 내용은 전혀 없는 환기(喚起)다—역주] 바르트의 신학에서, 말씀은 마찬가지로 정의(定義)가 결여되어 있다. 이는 하나님이 자신을 공개하시는(self-disclosure) 적절한 의미론적 순간이 충분히 분석되지 않은 채로 남기 때문이다[바르트 역시 말씀(the Word)에 대해 말한다. 이와 관련하여 밴후저가 생각하는 바는, 바르트가 성경에 있는 말씀들의 실제 의미가 그리스도의 계시와 어떻게 연결되는지를 좀더 세심하게 분석했어야 한다는 것이다. 바르트는 성경의 말씀들이 그리스도를 가리키는 것이 '기적'이라고 말한다. 하지만 밴후저가 생각할 때, 성경의 말씀들이 예수 그리스도를 가리키는 것이 기적이 아니라 실질적으로 독자들이 그 말씀들을 통해 자신에게 말씀하시는 바를 알게 되고 받아들이게 되는 것이 기적이다. 밴후저는 바르트의 말씀에 대한 분석이 여기에 이르지 않았다고 말하는 것이다—역주]. 그와 동시에, 말씀이 하나님의 '강력한 행위'라는 강조점은 상실되어서는 안 된다. 대신에 하나님의 말씀과 하나님의 행위는 함께 묶어서 생각해야 한다.

하나님의 화행 개념은 하나님의 활동의 성격과 성경 언어의 성격 둘 다의 문제에 초점을 맞춘다. 구체적으로 그 개념은 하나님이 어떻게 성경 저작(the production of Scripture)에 참여하셨으며, 그리하여 계시에 대한 역사적 실현주의 모델(historical-actualist model)과 언어적 개념중심 모델(verbal-conceptualist model)사이의 파괴적인 이분법인 '행하시는 하나님'과 '말씀하시는 하나님' 사이의 이원론을 극복하는가를 설명한다. 성경은 단순히 하나님의 행위들에 대한 낭독이 아니며, 활기 없는 명제들로만 이루어진 책도 아니다. 오히려 성경은 그 화행들이 말하는 바를 통해, 여러 가지 권위 있는 인지적, 영적, 사회적 기능들을 달성하는 신적이며 인간적인 화행들로 구성되어 있다.

하나의 길. "…그가 그의 도(his ways)를 가지고 우리에게 가르치실 것이니라. 우리가 그의 길로(in his paths) 행하리라 하리니…"(미 4:2). 이 구절에 대한 칼뱅의 설명은 매우 시사적이다. "하나님의 교회는 오직 하나님의 말씀이 다스리는 곳에만, 하나님이 자신의 목소리로 구원의 길을 보여 주시는 곳에만 세워질 수 있다."[12] 성경론에 이르는 길은 간단하지도 수월하지도 않다. 그 길은 신론—특히 섭리론—과 교차하며, 언어 및 문학의 성격에 대한 이론들과 교차한다. 이는, 만일 성경론의 소임이 진정으로 어떻게 그리고 왜 성경이 '하나님'의 '말씀'인지를 설명하는 것이라면, 마땅히 그래야 하기 때문이다. 이후에 나는 먼저 '받아들여 오는 견해' 및 그 견해를 재진술하려는 최근의 몇몇 복음주의권의 시도와 연결된 문제점들을 개관할 것이다. 그 다음에는, 신론이 성경론에 대한 한 사람의 이해에 결정적이 되는 여러 이유를 살펴볼 것이다. 그리고 마지막으로 나는 성경을 하나님의 계시적 말씀으로 생각하면서 소통 행위 모델을 제안할 것이다. 나는 성경이 하나님의 구원의 말씀을 소통하는, 하나님의 강력한 화행들의 다양한 집적물(collection)이라고 주장할 것이다.

내가 제안하는 길은 세 개의 테제와 하나의 추론(corollary)으로 인도한다. 첫째, 성경에 대한 한 사람의 견해는 언제나 그가 하나님에 대해 갖는 견해와 서로 밀접하게 연결된다. 즉, 섭리론 없는 성경론은 없다. 대부분의 신학자들은 하나님이 성경에 어떻게 개입하시느냐에 대한 자신의 조망 가운데서, 성경의 어느 특정한 장르로 이끌린다.

둘째, 나는 '동일성 테제'(identity thesis)에 대한 한 가지 버전을 변호할 것이다. 즉 성경은, 물론 어떤 의미인지 규정되어야겠지만, 어떤 의미에서 실제로 하나님의 말씀이다. 성경의 무오성을 인정하는 사람들은 종종 성경을 우주의 비밀들을 드러내는 일종의 부적처럼 보는 성경에 대한 유사 주술적 견해를 지녔다는 비난을 받는다. 성경 원리가 성경 숭배(bibliolatry)로 빠질 수도 있음은 사실이다. 그러나 나는 하나님의 소통 행위들을 그릇되게 하나님의 존재 자체로 여기지 않는 한, 성경을 하나님의 말씀과 동일시한다고 해서 반드시 성경 숭배에 빠지는 것은 아니라고 주장할 것이다. 하나님의 말씀은 소통 행위 중에 계신 하나님이다. 그리고 그 소통 행위들 가운데 어떤 소통 행위들이 언어적일 수 없어야 할 하등의 이유가 없다. 이 사실은 명제적 계시와 인격적 계시 사이의 이분법이, 거의 한 세기 동안의 논란이 함의하듯 그렇게 어렵고 확고한 것은 아님을 의미한다. 우리는 성경에서 '체계'냐 '구세주'냐를 선택해야 하는 준엄한 선택에 직면해 있지 않다. 그러므로 하나님

---

12) Calvin, *Commentaries*, p. 79.

의 강력한 화행들에 초점을 맞추는 복음주의적 성경관에 대한 에큐메니컬한 가능성들이 존재한다. 만일 좌편에 선 복음주의자들이나 우편에 선 복음주의자들로 하여금 불필요한 차이점들을 해소할 수 있는 수단을 발견할 수 있게 해준다면, 이 장은 성공했다고 볼 수 있을 것이다.

셋째, 주로 바르트에 의해 자극을 받은 상당수의 신학자들은 성경의 권위를 기능적인 관점에서, 즉 우리를 그리스도께로 인도하는 수단으로 본다. 이 견해에 따르면, 진리는 믿음과 실천의 문제가 될 것이다. 하나님의 강력한 화행들에 대한 초점은 약간 광범위하다. 성경은 분명히 과학 교과서가 아니다. 그렇다고 해서 성경이 그리스도에 대한 하나의 증거로 봉사하는 일에만 제한되지도 않는다. 우주 중심적인 것도 그리스도 중심적인 것도 아니며, 오히려 성경은 하나님의 언약을 중심으로 한다. 언약에는 우주가 포함되며, 그리스도께서 그 중심이다. 그러나 **언약적 효력**(covenantal efficacy)은 하나님이 성경과 더불어서, 성경에서 그리고 성경을 통해서 행하시는 모든 일을 망라하는 더욱 종합적인 용어다. 그러므로 우리가 성경 안에서 소유하는 것은, 하나님이 자신의 언약 백성들의 교리적, 도덕적, 영적 복지를 위해 필수적이며 충분하다고 여기셨던 모든 것이다.

마지막으로, 우리가 다룰 것은 하나의 추론이다. 어째서 성경론이 중요한가 하는 것이다. 여기에서 성경**에 나오는** 하나의 길에 대해 말하는 것이 더욱 정확할 것이다. 성경원리는 교의학과 윤리학 모두의 규범이기 때문에 중요하다. 기독교 교의학의 소임은 다름 아닌 "하나님의 말씀의 내용을 펼쳐 보이고 제시하는 것"이다.[13] 마찬가지로, 기독교 윤리학의 소임도 개인적·사회적 실천에서 말씀의 내용을 펼쳐 보이고 제시하는 것이다. 성경론은 신학적 추상화(abstraction)와는 거리가 멀다. "성경을 하나님의 말씀과 동일시하는" 사람들은 "그들의 삶에서 성경의 권위에 순복하는 일에 깊은 관심을 기울인다."[14]

---

13) Barth, *Church Dogmatics* 1/2, p. 853.
14) David Edwards and John Stott, *Evangelical Essentials: A Liberal-Evangelical Dialogue* (London: Hodder & Stoughton, 1988), p. 104에 나오는 '복음주의자들'에 대한 John Stott의 정의.

성경론의 어제와 오늘

성경에 대한 종교개혁의 이해는 다양하게 해석되어 왔다. 어떤 사람들은 개신교 정통주의와의 연속적 요소들을 강조하고, 다른 사람들은 개신교 정통주의와의 불연속성을 강조한다.[15] 내가 가리키는 '공인된 견해'(received view)라는 말은 워필드로 대표되는 (구)프린스턴학파의 성경론과 그에 대한 현시대의 재진술들을 가리킨다.[16] 내가 지금 여기에서 관심을 기울이는 것은 이 견해가 어느 정도 개혁자들의 견해를 대표하는지에 대한 역사적인 물음이 아니라 이 입장의 신학적인 토대에 관한 것이다. 어쨌든, 공인된 견해는 성경론이 똑같은 열기로 맹렬하게 공격받고 변호하면서 19세기 말에 취한 형태였다. 20세기에 들어와서 그 교리의 발전에 대한 이야기는 극소수의 예외를 제외하고는 19세기의 입장들을 공고히 하는 이야기였다. 그러므로 이러나저러나 공인된 견해는 성경론에 관한 논란에서 계속 시금석으로 작용한다.[17] 이 항목에서, 나는 공인된 견해의 발전과 그 견해의 문제점들 그리고 현대 복음주의의 수정들과 대안들을 검토하고자 한다.

'공인된 견해.' 공인된 견해의 구성 요소들 — 명제적 계시, 축자 영감 및 무오한 권위 — 은 말할 필요도 없이 친숙한 것이므로, 간략하게 설명해도 될 것이다.[18] 역시 그 핵심은 일종의 '동일성 테제' — 성경이 **곧** 하나님의 말씀이라

---

15) 예를 들어, William J. Abraham은 Warfield-Packer의 견해가 "신학적으로 실질적 혁신들을 포함한다"라고 주장한다[*The Divine Inspiration of Holy Scripture*(Oxford: Oxford University Press, 1981), p. 16]. Rogers와 McKim도 마찬가지다. 반대 관점을 위해서는 John Woodbridge, *Biblical Authority: A Critique of the Rogers/McKim Proposal*(Grand Rapids, Mich.: Zondervan, 1982) 및 Richard Muller, *Post-Reformation Reformed Dogmatics*, vol. 2, *Holy Scripture: The Cognitive Foundation of Theology*(Grand Rapids, Mich.: Baker, 1993)를 보라.
16) 공인된 견해는 대략 100년 전에 Warfield에 의해 체계적으로 발전되었다. 그리고 그 견해는 1940년대 미국에서의 복음주의의 출현과 1944년 Tyndale Fellowship의 설립에 중요한 요인이기도 했다.
17) 계시에 대한 공인된 견해가 얼마나 편만했는지는 John Baillie의 논평에 잘 예시되었다고 볼 수 있다. 19세기 대륙의 개신교가 계시로부터 도피한 것을 언급하면서, Baillie는 다음과 같이 썼다. "이 사상가들은 마치 계시가 보편적으로 하나님의 권위에 의한 진리의 언어적 혹은 개념적 소통으로 이해되기 때문에, 오로지 그 용어 자체를 포기함으로써만 그들이 효과적으로 이 잘못된[원문대로임] 의미로부터 물러날 수 있으리라고 느꼈던 것 같다"(*Idea of Revelation*, p 15).
18) 이 입장에 대한 종합적인 재진술을 위해서는, Carl F. H. Henry, *God, Revelation and Authority*, vols. 1-3 (Waco, Tex.: Word, 1976-1979)를 보라. 참고. Walter Elwell, ed., *Handbook of Evangelical Theologians*(Grand Rapids, Mich.: Baker, 1993)에 실린 Packer와 Warfield의 글들.

는 신념—다.

1. 명제적 계시. 아마도 가장 중요한 그리고 이론이 분분한 주장은 하나님이 성경에서 언어로 자신을 계시하신다는 주장일 것이다. 그 강조점은 정경에 형성되어 있는 계시된 진리들을 통한 하나님의 자기 소통(God's self-communication)에 있다. 계시는 주로 교리나 '성스러운 가르침'(sacred teaching)의 문제다. 성경을 권위적인 것으로 만드는 것은 성경의 인지적 내용이다.

물론 공인된 견해를 희화화하지 않도록 주의해야 할 것이다. 예를 들어, 패커(Packer)는 성경 원리가 자립적이지 않음을 인정한다. "[성경이 계시다]라는 천명이 역사 속에서의 하나님의 구원 사역 및 성령의 조명하시며 해석하시는 사역에 연결되지 않는 한, 이 천명도 신학적으로 미완결인 것이다."[19]

2. 축자 영감. 성경은 하나님의 말씀 그 자체다. 하나님은 그 최종 결과가 자신의 신성한 의도를 드러내도록 성경이 작성되는 과정을 감독하셨다. 그러나 인간 저자들과 그들의 의도는 무시되지 않았다. "성경은, 그 단어들이 사람들에 의해 기록되었으며 그 인간적 기원의 표시들이 지워질 수 없도록 각인되었다 할지라도, 하나님의 말씀들 즉 하나님의 생각과 의지의 적절한 표현이 되도록 성령의 영향 아래서 기록되었다."[20] 우리는 이것을 [칼 바르트의 "간접적 동일성 테제"(indirect identity thesis)나 제임스 바(James Barr)의 "비동일성 테제"(non-identity thesis)에 반대되는] '직접적 동일성 테제'라고 부를 수 있을 것이다. 그러나 구술설(dictation theory)이 필연적으로 동일성 테제로부터 나온다고 추론하는 것은 정확하지 않을 것이다. 실로 워필드는 그러한 결론을 막기 위해, 두 가지의 중요한 조건을 제시한다.

첫째, 워필드는 성경론에 대해 칼케돈적 유비(Chalcedonian analogy)를 도출해 내는 일에 매우 신중을 기한다. "신적인 것과 인간적인 것 사이의 위격적 연합은 성경에 전혀 존재하지 않는다. 우리는 성령의 '성문화'(inscripturation) 역사와 하나님의 아들의 성육신을 나란히 놓을 수 없다."[21]

---

19) J. I. Packer, "Scripture", in *New Dictionary of Theology*, ed. Sinclair Ferguson, D. F. Wright and J. I. Packer (Leicester, U. K.: InterVarsity Press, 1988), p. 628.
20) Warfield, *Inspiration and Authority*, p. 173.
21) 같은 책, p. 162.

워필드는 단지 막연한 유비성만을 인정한다. 비록 둘 다 신적 요인들과 인간적 요인들의 연합을 포함하긴 하지만, 하나에서는 "그 요인들이 연합하여 신적-인간적 인격자(Divine-human person)를 구성하는 반면, 다른 하나에서는 그 요인들이 협력하여 신적-인간적 사역(Divine-human work)을 수행한다."[22] 둘째, 워필드는 성경 작성에서의 인간적 작인성(human agency)의 실질을 천명하는 데 신중을 기한다. 그의 견해는 기계적인 구술이라기보다는 동시발생 개념(conception of concursus, concursus는 하나님이라는 일차적인 원인이 인간이나 피조물이라는 이차적인 원인과 동시에 발생하거나 어우러진다는 뜻이다—역주)을 수반한다.[23]

3. **무오한 권위.** 패커에 따르면, 성경은 도구적으로만(기능적으로만)이 아니라 본래적으로도(내용적으로도) 하나님의 말씀이다. 하나님이 거짓말을 하실 수 없기 때문에(히 6:18), 하나님이 무지하실 수 없기 때문에(히 4:13), 성경은 오류가 없을 것이라고 볼 수 있다. 고든 루이스(Gordon Lewis)와 브루스 디매리스트는 인간 저자들이 어떤 "인식론상의 기적"(epistemological miracle)으로 말미암아 오류로부터 보호받았다고 주장한다. 그 기적을 그들은 성령에게 돌린다. 그러나 그들은 성령의 영향력을 비인격적인 기계적 영향력이 아니라 오히려 "값진 인격적 관계들"과 같은 것으로 여긴다.[24] 그럼에도 불구하고, 이 견해는 성경의 모든 부분을 그 목적이 하나님과 세계에 관한 참된 주장들을 하는 데 있는 가르침의 형태로 보는 경향이 있다. '경성적'(hard) 성경의 권위는 성경이 믿음의 문제들에 대해서만이 아니라 역사와 과학의 문제들에 대해서도 참되게 말한다고 주장한다.

공인된 견해의 문제점들. 공인된 견해는 철저한 비판을 받아 왔다. 여기에서 나는 두 개의 서로 반대되는 관점인 칼 바르트의 신정통주의와 제임스 바의 신자유주의에서 온 비판들에 대해서만 집중하고자 한다.

1. **'명제들'이 지닌 신학적 문제점들.** 바르트에 따르면, "계시"라는 말은 "말

---

22) 같은 책.
23) B. B. Warfield, "The Divine and Human in the Bible." in *Selected Shorter Writings*, ed. John E. Meeter (Nutley, N. J.: Presbyterian & Reformed, 1970), 2:547.
24) Gordon Lewis and Bruce Demarest, *Integrative Theology* (Grand Rapids, Mich.: Zondervan, 1987), 1:162.

씀이 육신이 되었다"라는 말이다.[25] 공인된 견해는 한 인격자에 대한 명제들을 인격적 마주침(personal encounter) 위에 두는 잘못을 범한다. 계시는 그리스도의 인격과의 혹은 하나님의 강력한 행위들과의 비개념적이며 인격적인 마주침이다. 존 베일리는 이렇게 말한다. "하나님은 우리에게 소통에 의해 정보를 제공하시지 않는다. 그분이 우리에게 주시는 것은 어울림 가운데 계신 당신 자신이다."[26] 혹은 그가 다른 곳에서 말하듯이, 계시는 언제나 "주체로부터 주체에게로"(from subject to subject) 임하는 것이다.[27] 그러므로 하나님의 계시에 부합하는 종류의 지식은 특수한 종류의 자료들에 대한 지식(무엇에 관한 지식)이 아니라 인격적 관계에 속하는 지식(사귐을 통해서 아는 지식)이다.

조지 헌싱거(George Hunsinger)의 이해에 따르면, 바르트는 성경 언어가 오직 은혜의 유비에 의해서만 그 계시적 주제 내용(하나님의 말씀)을 가리킨다고 주장한다. "인간의 언어 그 자체의 무능함이, 바로 인간의 언어는 본래적으로 하나님을 가리킬 수 있는 능력을 지닌다고 가정하는 경향이 있는 문자주의로부터 바르트의 견해를 분리한다."[28] 이 말에는 명제적 계시가, 말하자면 성경 언어에 대한 '자연신학'으로 이끈다는 염려가 개재된 것 같다. 만일 성경이 계시 그 자체라면, 이 계시는 인간의 이성에 의해 분별되며 그리스도의 진리는 역사적이며 과학적인 탐구 조사에 의해 획득될 수 있다. 동일성 테제와 자연신학에 대한 바르트의 태도는 간단히 표현하자면, '아니오!'(Nein)이다.

전적으로 다른 시각에서, 제임스 바는 '하나님의 말씀'에 전혀 호소하지 않고도 경전으로서의 성경의 지위에 대해 완벽하게 훌륭한 진술을 할 수 있다고 믿는다. 제임스 바가 볼 때, 성경은 하나님으로부터 인류에게로 향하는 진행이 아니라, 하나님 백성의 종교 전통을 이해하고 전수하기 위해 인간들이 노력한 것의 기록이다.[29] 자연과 사회와 역사의 프로세스에 대한 경쟁적

---

25) Barth, *Church Dogmatics* 1/1, p. 119.
26) Baillie, *Idea of Revelation*, p. 47.
27) 같은 책, p. 24.
28) George Hunsinger, *How to Read Karl Barth: The Shape of His Theology* (Oxford: Oxford University Press, 1991), p. 43.
29) James Barr, *The Bible in the Modern World* (London: SCM Press, 1973), p. 120.

인 서술과 함께 근대의 학문은 명제적 권위를 지닌 문헌으로서의 성경의 지위를 끄집어 내렸다. 성경에 대한 역사 비평 연구는 학자들로 하여금 성경이 다른 텍스트들과 동일한 종류의 역사적이며 문화적인 상대성을 드러낸다고 믿게 만들었다. 성경은 하나님의 계시에 대한 인간의 응답일까? "내가 보기에 진짜 문제점은 하나님에 관한 인간의 전승에 선행하는, 그래서 바로 그 전승을 계속해서 낳게 만드는, 하나님으로부터의 어떤 소통이나 계시에 전혀 접근할 수 없으며 파악할 수단도 전혀 없다는 것이다."[30]

전하고자 하는 메시지는 명확하다. 인간의 언어가 있는 곳에 하나님은 계시지 않다는 것이다. (비록 바르트는 인간의 언어가 하나님의 말씀을 제공하는 기적의 가능성을 인정하지만, 제임스 바는 그렇지 않다.)

2. **예언적 패러다임이 지닌 신학적 문제점들.** 성경 원리는 또한 축자 영감설에 대한 '예언적 패러다임'을 낳는다고 여겨진다. 상당수의 현대 신학자들은 이 패러다임이 성경의 인간적 성격(humanity)과 영적 성격(spirituality) 둘 다를 거부하는, 말씀에 대한 가현주의적 견해(docetic view)를 향하는 경향이 있다고 믿는다.

바르트는 성령께서 말씀하실 수 있는 바를 인간의 언어가 말하는 것으로 제한하는, 영감에 대한 어떠한 식의 '물질화'(materializing)에 대해서도 반대한다. 축자 영감설에 대한 공인된 견해에 반대해서, 바르트는 인간의 언어와 하나님의 말씀 사이에 근본적인 불연속성을 가정한다. 바르트는 인간 저자들이 위임받은 증인들로서 비매개적으로 계시의 내용인 예수 그리스도 자신과 연결되었다는 의미에서는 '영감되었다'는 점을 인정한다. 영감은 증거의 언어적 형식들보다는 증거하는 특별한 내용과 더 관계가 깊다.[31] 인간의 증거는 성령께서 은혜롭게 자신을 계시하기 위해 그 말들을 전용하실 경우에만 하나님의 말씀이 된다.

제임스 바가 볼 때, 예언적 패러다임은 영감에 대한 복음주의적 사고의 중심을 차지한다. 성경 저자들은 자신의 말을 하지 않고, 하나님이 자신에게 주신 말씀을 말한다는 것이다.[32] 처음부터 나타나는 난점은 성경의 대부분이

---

30) 같은 책, p. 121.
31) Barth, *Church Dogmatics* 1/2, pp. 520-21.

이러한 식으로 작성되었던 것처럼 읽혀지지 않는다는 데 있다. 성경 여러 책은 "일대일 대화의 형태를 띤다."[33] 존 바튼(John Barton)은 우리가 매 구절마다 예언이라는 승인서를 붙일 수 없다고 말한다. "사무엘이 길갈에서 여호와 앞에서 아각을 토막냈다"라는 구절은 예배 때 어색한 순간을 만들어 낸다.[34] 예언적 패러다임을 진지하게 추켜세우는 것은 구술적 영감론에 동의하는 것과 마찬가지라고 바튼은 주장한다. 그것은 또한 성경의 모든 부분에 대해 한 가지 형태의 동일한 진리 주장을 덮어씌우는 것이기도 하다. 그러나 성경은 분명히 예언이 아닌 다른 문학 형태—지혜, 내러티브, 찬송, 묵시, 법전 등—로도 작성되었다. "성경은 인간에 대한 하나님의 소통 모델에 병합될 수 없는 장르들을 포함한다."[35] 만일 우리가 성경을 한 가지 중심적 장르에 의해 특화시켜야 한다면, 존 바튼은 예언 장르보다는 지혜 문학 장르가 더 나은 후보일 것이라고 믿는다.[36] 성경은 이미 알려진 하나님과 자신들의 관계에 대한 사람들의 성찰이다.

축자 영감에 대한 제임스 바의 망설임은 그의 신론과 밀접하게 연결된다. "우리는 하나님이 발설된 생각들이나 문장들을 사람들에게 직접 소통하실 수 있는 방법들에 대해 전혀 생각할 수가 없다. 그러한 일은 일어나지 않는다."[37] 영감은 하나님이 자신의 백성과 '접촉하셨으며', 그 백성들의 전승의 형성 가운데 '임재하셨음'을 의미한다. "나는 오늘날 우리가 성경 시대의 사람들에 대한 하나님의 소통이 지금 하나님이 자신의 백성과 소통하시는 방식과 어떠한 면에서도 다르지 않다고 믿는다고 혹은 믿어야 한다고 생각한다."[38] 이러한, 영감에 대한 '연성적'(soft) 견해는 시에서 말하는 영감과 같다. 즉, 어떤 체험의 결과로서, 시인의 표현은 무오류성이나 무오성을 달성하는 것이 아니라 숭고함과 심원함을 달성한다는 것이다.

---

32) James Barr, *Escaping from Fundamentalism* (London: SCM Press, 1984), chap. 3, "The Prophetic Paradigm."
33) Barr, *Bible in the Modern World*, p. 123.
34) Barton, *People of the Book?: The Authority of the Bible in Christianity* (London: SPCK, 1988), p. 71.
35) 같은 책.
36) 같은 책, p. 36.
37) Barr, *Bible in the Modern World*, p. 17.
38) 같은 책, pp. 17-18.

축자 영감설은 예언적 패러다임을 전제로 해야 할까? 나는 그렇게 생각하지 않는다. 결국, 영감의 언어적 측면을 강조하는 일차적인 목적은 성문화의 과정이 아니라 최종적인 산물을 지적하려는 것이다. 그 과정에 자유로운 인간의 작인성이 당연히 포함될 수 있다. 그러나 그 최종 결과는 하나님이 의도하셨던 것이다. 실로 바튼은, 성경 기자들이 하나님의 계시를 전달한다고 주장하려면 우리가 성경에 대해 어떻게 말해야 하는가에 대한 가장 만족스러운 설명으로서 오스틴 파러의 이중 작인성 개념을 인용했다. 비록 그는 워필드가 비슷한 견해를 내놓고 있음을 인정하지 않지만 말이다.[39]

타당한 모든 내용에도 불구하고, 예언적 패러다임에 대한 (그리고 그에 따른 축자 영감설에 대한) 제임스 바의 이해는 여전히 일종의 희화화에 해당한다. 그는, 예언적 담론에 대해, 하나님의 심판들은 그저 객관적인 평가들이 아니라 그 백성들의 반응에 대해 조건적임을 지적한다. "그러므로 예언자의 발언은 절대적인 것이 아니다.···여호와는 예언자들을 통해 완전하고, 최종적이며, 궁극적이며, 불변하는 말들을 발하시지 않는다."[40] 그렇지만, 축자 영감 개념이 성경의 모든 것을 '절대적인' 주장으로 취급하도록 요구하는 것은 아니다. 오직 말해진 바가 하나님의 의도를 가진 것으로 받아들여질 때만 그렇다. 예언적 패러다임은 성경에 있는 모든 것이 절대적인 진리여야 함을 함의한다는 식으로 말하는 것은 성경 문학의 의미론을 간과하는 것이다.[41]

3. **인지적 완전함이 지닌 문제점들.** 성령의 '인도하심'은 인간의 유오성(fallibility)을 물리치고 인간 저자들이 무오한 소통의 입이 되도록 만드는 것일까? 버나드 램(Bernard Ramm)은 명제적 계시 개념이 "이러한 헤겔적인 순전한 개념 언어 이론의 다른 버전"이라고 우려한다.[42] 성경의 신적인 면은 성경이 영구적으로 소유하는 안정된 속성이 아니다. 바르트는, 축자 영감이

---

39) Barton, *People of the Book?* p. 38. 그러나 Warfield가 때때로 마치 인간 저자들은 단지 도구적인 행위자들이었던 것처럼 말하는 것도 사실이다. 예를 들면, "계시의 완벽하게 초자연적인 성격은 어떤 식으로도 인간이라는 도구를 통해 주어졌다는 상황에 의해 줄어들지 않는다.···인간을 통해 전달된 하나님의 말씀은 어떤 인간의 혼합물에 의해 희석되지 않은 순전한 하나님의 말씀이다" (*Inspiration and Authority*, p. 86).
40) Barr, *Escaping*, p. 24.
41) Kevin Vanhoozer, "The Semantics of Biblical Literature." in *Hermeneutics, Authority and Canon*, ed. D. A. Carson and John Woodbridge (Grand Rapids, Mich.: Zondervan, 1986), pp. 53-104를 보라.

"인간의 말로서 그 언어적, 역사적, 신학적 성격 가운데서의 성경적 말의 무오함을 의미하는 것은 아니다"라고 말한다. "축자 영감이란 유오할 수 있으며 잘못될 수 있는 인간의 말이 그처럼 하나님에 의해 사용되며, 그 인간적인 유오성에도 불구하고 받아들여지고 경청되어야 한다는 의미다."[43]

공인된 견해를 비판하는 많은 비평가는 성경의 작성보다는 수용 과정에 성령을 위치시키기를 선호한다. 램은, 만일 성경이 그리스도와 성령이 없이 삶들을 변화시킬 수 있다면, 그 힘은 영적인 것이 아니라 주술적인 것이라고 언급한다.[44] 성경은 그리스도를 아는 일의 매개물이다. 성경은 다른 어떠한 목적을 위해서가 아니라 오직 그리스도를 증거하려는 목적을 위해, 권위적이며 무오하다. 제임스 던(James D. G. Dunn)은 "성경이 하나님의 말씀이 되는 **필수적 함의**가 무오류성이라는 명제는 얼마나 **타당한** 것일까?"라는 질문을 던진다. 제임스 던은 역사적 주해가 성령의 자극에도 열려야 한다고 믿는다. 존 베일리도 이에 동의한다. "개신교 정통주의의 약점은, 훗날 교회의 생각에 대해서는 하나님의 도움을 확고하게 거부하면서도, 성경 저자들에 대한 하나님의 도움의 절대적인 성격을 주장하는 납득할 만한 이유를 전혀 보여 줄 수 없었다는 것이다."[45]

제임스 바가 볼 때, 성경의 권위는 성경이 무엇이냐의 존재론적인 문제가 아니라, 기능적인 문제인 무슨 일을 하느냐의 문제다. 특히, 성경 권위의 기반은 "사람과 하나님의 믿음 관계에서의 그 효과성에 자리잡고 있는 것이다."[46] 성경은 믿음의 대상이 아니라 도구다. 성경을 권위 있게 만드는 것은 성경의 속성들이 아니라 그 어용론(pragmatics)이다. 성경은 믿음의 공동체의 삶에 결실이 있음을 입증할 경우에만 경전인 것이다.

무엇이 성경을 효과 있게 만드는 것일까? 어째서 어떤 다른 책이 아니라 성경이 이렇게 기능해야 하는 것일까? 성경의 이런 식의 기능은 성경이 어떤

---

42) Bernard Ramm, *After Fundamentalism: The Future of Evangelical Theology* (San Francisco: Harper & Row, 1983), p. 90.
43) Barth, *Church Dogmatics* 1/2, p. 533.
44) Bernard Ramm, *Special Revelation and the Word of God* (Grand Rapids, Mich.: Eerdmans, 1961), p. 184.
45) Baillie, *Idea of Revelation*, p. 112.
46) James Barr, *Explorations in Theology* (London: SCM Press, 1980), 7:54.

종류의 작품인가와 전혀 상관이 없는 것일까? 성경 말씀이 하나님의 말씀에 어떻게 연결되는지는 아직까지 불분명하다. 어떤 의미에서, 무오성에 대한 그리스도 중심적인 이해는 명제적이며 환원주의적이다. 두 경우 모두 무오성은 단일한 종류의 소통 기능으로 환원된다. 즉 한 경우에서는 주장하는 기능으로, 다른 경우에서는 증거하는 기능으로 축소된다.

성경의 무오성에 대한 공인된 견해의 긍정은 성경의 인간적인 측면을 부인하는 것일까? 인간적인 측면은 반드시 오류를 낳을까? 나는 그렇지 않다고 본다. 유오성이 있다고 해서 반드시 실질적인 잘못이 수반되어야 할 필요는 없다. 예를 들어, 수학책이 유오한 인간에 의해 작성되었다고 해서, 그 안에 반드시 실수들이 있어야 하는 것은 아니다! 물론 성경에 대해 주장하는 것은 그 이상의 것이다. 전부는 아니지만, 공인된 견해의 몇몇 옹호자는 칼케돈 기독론과의 유비를 하나 이끌어낸다. 예수님이 죄가 없다고 말하는 것은 그분의 인성을 부인하는 것이 아니다. 실질적인 인성 때문에 예수님은 시험을 받으셨다. 그분의 신적 위격성(divine personality) 때문에, 예수님은 죄를 짓지 않으셨다. 성경 무오성에 대한 논란은 예수님의 '무죄성'(impeccability)에 관한 논쟁을 닮았다.[47]

4. '하나님의 말씀'으로서의 성경이 지닌 문제점들. 성경 말씀은 인간이 쓴 말이다. 바르트가 볼 때, 하나님의 말씀은 계시 행위 가운데 계신 하나님이다.[48] 그러므로 성경의 진술들을 하나님의 계시된 말씀과 직접적으로 동일시해서는 안 된다. 도널드 블로쉬(Donald Bloesch)는 여기에서 패커와 의견을 같이 한다. 성경이 본래 계시인 것은 아니다. "이는 그 계시적 위상이 그와 같은 말 자체에 있는 것이 아니라, 그 말을 의미와 권능으로 채우시는 하나님의 성령에 있기 때문이다."[49] 마찬가지로 성경의 진실성은 인간이 쓴 말의 속성이 아니라 그 말을 통해서 말씀하시는 성령님의 속성이다.

그 비판자들에 따르면, 동일성 테제가 지니는 문제점은 주해상의 문제나

---

47) 무죄성이 예수님의 인성과 일치하지 않는다고 주장하는 학자들도 더러 있다. 그 쟁점은 '인성'을 어떻게 규정하느냐에 달려 있다.

48) T. J. Gorringe, "In Defence of the Identification: Scripture as the Word of God", *Scottish Journal of Theology* 32(1979): 303-318를 보라.

49) Donald G. Bloesch, *Holy Scripture: Revelation, Inspiration and Interpretation* (Downers Grove, Ill.: InterVarsity Press, 1994), p. 27.

역사적인 문제가 아니라 신학적인 문제다. 그 테제는 그릇되게도 인간적인 것을 신적인 것과 동등시한다. 성경 숭배는 신학적 오류들 가운데 가장 기본적인 오류, 즉 하나님을 하나님 아닌 것과 동일시하는 오류를 범한다. 던은 프린스턴 신학의 계승자들이 성경 숭배의 위험에 빠져 있다고 우려한다. 왜냐하면, 성경의 무오한 권위를 천명함으로써, 그들이 오직 삼위일체 하나님께만 고유한 권위를 용인하기 때문이라는 것이다.[50] 던은 (그리스도의 무죄성을 효과 있게 만드는) 그리스도의 신적이며 인간적인 면과 (성경의 무오류성을 효과 있게 만드는) 성경의 신적이며 인간적인 면 사이의 칼케돈적 유비를 거부하면서, 프린스턴 학파의 견해는 '신학적으로 위험천만하다'고 결론을 내린다.

복음주의의 말씀의 신학은 어디로 가는가? 이상 언급된 비판들의 결과, 최근의 많은 복음주의자의 성경에 대한 작업들은 성경의 인간적인 측면과 영적인 측면 모두를 훨씬 많이 강조한다.

1. **하나님의 말씀과 성경 사이의 역동적 관계에 대한 새로운 강조.** 블로쉬는 세 가지 선택 사항이 있다고 본다. 하나는 명제적인 것(원리들이나 사실들)으로 이해되는 계시와 성경을 동일시하는 이성적 복음주의며, 또 하나는 성경을 인간의 도덕성과 영성의 실례와 강화로 보는 경험적 자유주의며, 나머지 하나는 성경을 "계시 자체라기보다는 하나님에 의해 예비된 신적 계시의 매개체나 통로"로 보는 영성적 복음주의다.[51]

한편에는, 하나님의 말씀이라는 개념 가운데서 성경 텍스트의 인간적 측면을 삼켜 버림으로써 성경의 측면에서 일종의 가현주의에 굴복한 보수주의자들이 있는 반면에, 다른 한편에는 성경 텍스트에서 신성을 빼내 버림으로써 그리스도의 신성을 부인했던 에비온파 이단(Ebionite heresy)과 짝을 이루는 입장을 만들어 낸 자유주의자들이 있다. 그 중간에, 비록 역설적이기는 하지만 성경이 동시에 '참으로 인간적'이며 '참으로 신적'임을 천명하도록 만드는 칼케돈적 유비 같은 것을 추구하는 '진보적인' 복음주의자들(progressive evangelicals)이 있다고 바르트는 결론을 내렸다.

---

50) James D. G. Dunn, *The Living Word* (Philadelphia: Fortress, 1988), p. 106.
51) Bloesch, *Holy Scripture*, p. 18.

블로쉬의 대답은 말씀과 성령의 '역설적 연합'의 회복이다. 말씀은 죽은 문자가 아니라 살아 있는 말씀이어야 한다. 블로쉬는 계시를 행동하시는 하나님으로 보고, 성경을 하나님과 마주대하는 수단으로 보는 성례전적 모델을 제시한다. 하나님의 말씀은 이성적 진술들로 환원되어서는 안 된다. 오히려 하나님의 말씀은 행하시는 하나님이다. 칼뱅의 말을 인용하자면, 하나님의 말씀은 "사도들을 통해 강력하게 행하기 위해 내밀어진 하나님의 손"이다.[52]

계시는 점차 양극적인 것으로 취급된다. 우리는 누군가가 계시를 받는 일에 대해 말하지 않고서는 계시에 대해 적절하게 말할 수 없을 것이다. 여기에서 우리는 소통 연구 분야가 계시 신학의 다음 도전이 될 것이라는 램의 언급을 지적할 수 있을 것이다. 하나님의 메시지는 오직 성령님이 그 기표들(signs)과 함께 하실 경우에만 수신자(addressee)에 의해 받아들여진다. "외적인 글자는 성령의 역사를 통해 내적인 말씀이 되어야 한다."[53] 하나님에 대한 지식은 언제나 성령의 역사를 통해 흡수된다. 성령은 하나님 말씀의 내용, 즉 하나님의 복음인 그리스도를 섬기기 위해 말씀의 형식들을 사용하신다. 램은 근본주의가 문자의 권위를 주장하는 데 열심을 내다가 성령과 성경 사이의 이와 같은 역동적인 연결 끈을 상실해 버린다고 믿는다.

2. 성경의 인간성에 대한 새로운 강조. 공인된 견해가 성경의 "인간적인 면을 무시하는 경향이 있음"은 일반적으로 인정되는 사실이다.[54] 그러한 인정에 내포된 의미는 정확히 무엇일까? 첫째, 성경을 여느 다른 책들과 같이 읽을 수 있다는 것이다. 성경 비평의 긍정적인 측면은 그 비평이 성경을 마치 인간의 역사적 문화적 맥락을 전혀 가지고 있지 않은 것처럼 읽어 내는, 성경에 대한 가현주의적 해석에 대한 일종의 해독제로 봉사한다는 것이다. 성경은 인간의 약점에 속하는 모든 표시를 지닌 인간적인 텍스트이다. 예를 들어, 피녹은 성경의 명제들이 "화자가 원하는 바를 정확하게 표현하는 데 부족하다"라고 말한다.[55] 더욱이, 성경은 역사적으로나 과학적으로 "불비한 점이 있다"(flawed). 그러나 하나님은 이 세상의 '약한' 것들을 사용해서 자신의 지혜를 전하실 수 있다. 피녹이 볼 때, 영감은 하나님이 자신의 메시지를 인

---

53) Pinnock, *The Scripture Principle* (San Francisco: Harper & Row, 1984), p. 155.
54) 같은 책, p. 105.
55) 같은 책, p. 98.

간 저자들이 "그 자신의 솜씨들과 어휘들을 충분히 사용하는" 방식으로 전달하시는 하나님의 "역동적"이되 "비강제적인" 역사다.[56]

윌리엄 에이브러햄(William Abraham)은 공인된 견해가 "마치 영감이 어떤 종류의 복잡한 하나님의 화행이라는 듯이" 신적 영감을 하나님의 말씀하심과 혼동한다고 주장한다.[57] '영감 작용'(inspiring)은 다른 여러 활동으로부터 독립된 활동이 아니라 다른 활동들을 행함으로써 이루어지는 활동이다. 예를 들면, 한 사람의 교사가 자신의 강의를 통해, 질문을 통해, 열심 등을 통 학생들에게 영감을 불어 넣는 것이다. 에이브러햄은 하나님이 자신의 계시 활동들과 구원 활동들을 통해 성경 저자들에게 영감을 주셨다고 제안한다. 영감은 그 자체로 독립적인 행위라기보다 이러한 다른 행위들의 결과다. 하나님의 말씀하심은 하나님이 성경 저자들에게 영감을 주신 여러 활동 가운데 하나일 뿐이다. 에이브러햄이 볼 때 영감은 하나님의 활동 그 자체이기보다는 (저자들에 대한) 하나님의 효과다. (에이브러햄이 영감이라는 용어의 일상 용법에 대한 분석을 성경에 대한 자신의 신학의 기반으로 삼는다는 것은 기이한 일이다. 공인된 견해에서, 영감은 성경을 작성하는 과정에서의 저자들에 대한 하나님의 섭리적 인도하심을 가리키는 전문 용어로 기능한다. 시를 모델로 한 영감에 호소하는 다른 사람들과 마찬가지로, 에이브러햄은 일종의 단어 개념 착오의 잘못을 범한다고 말할 수 있을 것이다.)

에이브러햄을 따라서, 컨 로버트 트렘바스(Kern Robert Trembath)는 성경의 영감이 "'하나님이 자신이 원했던 바를 성경에 기록해 넣는' 신비하며 되풀이될 수 없는 과정을 가리킨다기보다, 성경을 통해 도구적으로 발생하는, 하나님에 대한 우리의 이해 증진을" 가리킨다고 주장한다.[58] 이 견해에서는 영감이 성경의 인간 저자들에게가 아니라 독자들에게 발생하는 그 무엇이다. 영감을 받는 대상은 책이 아니라 믿는 자가 된다. 그러한 이해는 영감론에 대한 제임스 바의 '연성적' 혹은 '기능주의적' 수정과 다소 부합한다. **영감**은 세상에 하나님의 구원 의도를 중계하는 성경의 능력을 가리킨다.

---

56) 같은 책, p. 105.
57) Abraham, *Divine Inspiration*, p. 37.
58) Kern Robert Trembath, *Evangelical Theories of Inspiration: A Review and Proposal* (Oxford: Oxford University Press, 1987), p. 103.

3. **성경의 영성에 대한 새로운 강조.** '진보적인' 복음주의자들은 성경이 지닌 구원상의 목적이라는 맥락에서 성경의 권위를 생각하는 경향이 있다. 맥킴(McKim)에 따르면, "신복음주의자들이 볼 때, 성경의 목적은 사람들을 예수 그리스도 안에 있는 믿음과 구원으로 이끄는 것이다."[59] 이 말이 성경에 있는 다양한 종류의 명제와 문학 형태를 권위적인 단 한 가지 종류에만, 즉 구원과 관련된 권위에만 국한하고 있음에 주목하라. 이것은 성경의 권위를 성경의 명제적 완벽성의 맥락에서만 생각하는 경향이 있는 '보수적' 복음주의의 견해만큼이나 그 나름대로 제한적이다. 무오성은 우리가 그 사실 이후에 고백하는 것이다. 무오성은 성경의 어떤 특성에 관한 것이기도 하지만, 그보다는 우리의 경험에 관한 진술에 더 가깝다.

그리스도에 대한 살아 있는 믿음을 떠나서 성경을 하나님의 말씀으로 천명한다는 것은 의미 없는 일이다. 베르카우어(G. C. Berkouwer)가 말하듯, 성경의 권위를 합당하게 만드는 것은 성경의 내용인 예수 그리스도다. 영감은 선험적인 형식 원리가 아니라 질료적인 원리다. 성경은 그 주제 대상인 예수 그리스도에 대해 증거하는 한 권위적이다.[60] 성경의 권위는 믿음의 토대가 아니라 그리스도에 대한 믿음에 밀접하게 관련되었다고 말할 수 있을 것이다. 다시 말해서, 우리는 성경의 권위를 인정할 수 있기에 앞서서 그리스도와 인격적인 관계를 맺어야 한다.

신론의 중심적 성격

성경론은 자립적인 것이 아니라 하나님에 대한 우리의 개념에 그리고 하나님이 자신의 백성들과 상호 작용하시는 방식에 대한 우리의 생각에 대해 의존적이다.

하나님 '조망 방식.' 그의 탁월한 작품인 「현대 신학에서의 성경 활용의 용례들」(*The Uses of Scripture in Recent Theology*)에서,[61] 데이비드 켈지

---

[59] Donald K. McKim, *What Christians Believe About the Bible* (Nashville : Thomas Nelson, 1985), p. 91.
[60] G. C. Berkouwer는 다음과 같이 진술한다. "성경이 지닌 하나님이 영감하신 성격에 대한 모든 말은, 만일 성경이 그리스도에 관한 증거로 이해되지 않는다면 무의미하다"[*Holy Scripture* (Grand Rapids, Mich. : Eerdmans, 1975), p. 166].

(David H. Kelsey)는 신학자들이 성경을 이용하는 다양한 방식을 분석하고 나서 신학자마다 성경을 이러저러한 어떤 것으로(예를 들어, 역사로, 문학으로, 교리로, 내러티브로) '조망'(취급, 해석)한다고 결론을 내린다. 성경 권위의 본질은, 성경을 어떻게 바라보느냐 하는, 우리가 성경을 조망하는 기능이다. 교리들이 한 종류의 권위를 소유하며, 역사가 다른 종류의 권위를 소유하고, 내러티브는 여전히 또 다른 종류의 권위를 소유한다. 그러나 성경에 대한 한 사람의 조망은 텍스트에 의해서가 아니라 두 가지 성경 외적인 요인들의 결합에 의해 결정된다. 그 두 가지 요인은, 공동체 안에서 성경이 어떤 식으로 사용되어야 할 것으로 인식되느냐와 교회 안에서 하나님이 어떤 식으로 임재하시는 것으로 인식되느냐다.[62]

켈지를 따르면서, 대럴 조닥(Darrell Jodock)은 세계와 하나님의 관계에 대해 우리가 가지는 이미지들은 "논리적으로 성경 외적"이며, 이는 그러한 이미지들 모두가 다 "성경 자체에서 발견되지 않는 세계관을 설정"하고 있기 때문이라고 주장한다.[63] 성경은 우리가 어떤 식으로 바라보아야 할지에 대해 아무런 말도 하지 않을까? 조닥에 따르면, 하지 않는다. 하나님이 어떻게 세계에 관계하시는가에 대한 우리의 그림은 "획일적인 성경의 증거로부터의 논리적인 연역이라기보다는 일종의 신학적인 판단에 속한다."[64] 켈지의 견해는 좀더 미묘한 차이가 있다. 그는 성경이 기독교적 적합성을 판단하는 패턴들을 제공한다는 점을 인정한다. 그 패턴들로는 (교리들 사이의) 논리적인 패턴들, 상징적인 패턴들, (예를 들면, 구원사에서의) 역사적 패턴들 그리고 문학적 패턴들(예를 들면, 유형적 배경들)이 있다. 그러나 한 가지 패턴을 패러다임으로 삼는 선택은 언제나 성경 외적인 것이라고 켈지는 주장한다. 역사 비평도 문학 비평도, 오늘날 어떻게 성경을 취해야 하는지를 우리에게 가르쳐 주지 못한다. 교회의 삶 가운데서 성경이 어떻게 기능하느냐에 대한 연구만이 그렇게 해줄 수 있다.

---

61) David H. Kelsey, *The Uses of Scripture in Recent Theology*(Philadelphia: Fortress, 1975).
62) Kelsey는 이 두 가지 요인의 결합을 "discrimen"이라 부른다.
63) Darrell Jodock, *The Church's Bible: Its Contemporary Authority* (Minneapolis: Augsburg/Fortress, 1989), p. 66.
64) 같은 책.

켈지는 '말씀하시는 하나님'(God saying)을 하나님이 성경과 어떻게 관련되어 있는가에 대한 종합적인 기술로 여기는 태도를 비판한다. '말씀하시는 하나님'은 단지 하나의 구상적 조망일 뿐이다. 공인된 견해는 '말씀하시는 하나님'에 대한 그림을 부추겨서 성경을 신학의 자료로 삼으며, 신학을 단지 번역에 불과한 것으로 격하한다. 하나님은 단지 '계시하는 분'이 아니다. 성경을 '계시'로 보는 것은 성경의 교리적 측면을 권위적인 것으로 만드는 것이다. 이렇게 하면, 많은 신학자가 실제로 권위적인 것으로서 성경에 대해 호소하는 방식을 기술하지 못한다. 그래서 켈지는 그것을 배격한다. 켈지에 따르면, '행하시는 하나님'(God doing)이라는 기술이 '기독교적 실존의 형성을 위해' 하나님이 성경을 사용하시는 다양한 방식을 훨씬 더 적절하게 파악한다. 또한, '기독교적 실존의 형성'은 성경 자체의 성격에 관해 어떤 것을 특화하지 않으면서도, 성경과 함께하시는 하나님의 임재를 천명해 준다. '영감'은 텍스트의 성질이 아니라 효과적인 활용과 관련되어 있다. 켈지는 하나님과 성경 사이의 연결점을 보존한다. 그러나 그 연결은 말씀을 계시하시는 하나님이 아니라 성화시키시는 성령 하나님께 이어진다. 의미심장하게도, 켈지는 성경론이 계시보다는 교회론의 제목 아래서 논의되어야 한다고 주장한다. 그렇게 함으로써, 켈지는 지식과 진리를 텍스트들의 기능이라기보다 해석 공동체들의 기능으로 보는 포스트모던 철학자들과 문학 이론가들의 정신에 목소리를 실어 준다.[65]

그러나 켈지는 말하기가 일종의 행하기임을 고려하지 못한다. 이 가능성을 등한시함으로써, 켈지가 성경의 본성을 이해하는 데 가장 결실 있는 길을 간과한다고 나는 믿는다. 그는 또한 하나님이 성경 안에서 여러 가지 다른 일을 행하실 수 있는 가능성도 간과한다.

하나님과 성경: 간략한 유형론. 이 단락에서의 나의 목적은, 켈지와 더불어서, 신학자들이 종종 그들의 성경 조망에 영향을 주는 하나님에 대한 조망을 가지고 작업한다는 점을 제시하려는 것이다(그리고 그 역의 경우도 마찬가지다). 구체적으로, 나는 우리가 하나님에 대한 조망과 성경의 특정한 측면이나 문학 장르를 특권화하는 경향 사이에 어떤 연관성이 있음을 인지할 수

---

65) 나는 여기에서 Stanley Fish와 Richard Rorty와 같은 사상가들을 생각한다.

있다고 믿는다.

 1. 고전적 유신론. 워필드는 개혁주의 신앙고백서들이 해석했던 대로의 고전적 유신론에 기초해서 자신의 성경론을 형성했다. 성경은 하나님이 역사의 주관자이시기 때문에 하나님의 말씀이다.

> 우리가 하나님의 섭리적 통치의 보편성에 대해, 그 좌우하심의 미세함과 완벽하심에 대해 그리고 그 일정한 효과에 대해 우리의 생각에서 마땅한 자리를 부여하게 될 때, 우리는 모든 세부적인 면에서 절대적으로 하나님의 뜻에 부합해야 하는 거룩한 책들을 안전하게 작성하려면 이 섭리적인 다스림을 넘어서서 무엇이 필요한지 물을 수밖에 없을 것이다.[66]

 켈지는, 워필드에게는 하나님이 어떤 '관념적' 양태인 교리적 가르침을 통해 현존한다고 주장한다. 이것이 프린스턴신학에 대한 공통적인 기술이다. 맥킴은 근본주의신학은 성경을 '명제로' 여기며, 개신교 스콜라신학은 성경을 '교리로' 여긴다고 기술한다. 이 해석에는 어떤 장점이 있다. 찰스 하지(Charles Hodge)는 성경을 신학자를 위한 '사실들의 창고'로 묘사했다. 하나님은 명제적 형태로 자신을 계시하셨기 때문에 우리에게 알려질 수 있다. 그러한 입장은 모든 성경을 바울 서신과 같은 교훈적 문헌을 읽듯 읽는 경향이 있다. 그래서 하나님은 자신을 계시하시는 것이 아니라 자신 및 자신의 계획에 관한 정보를 계시하시는, 이성적인 소통자가 되어 버린다. 인지 중심적인 하나님의 말씀으로서의 성경은 은혜의 수단이라기보다는 믿음의 규율에 더 가깝게 된다.

 2. 그리스도 중심적 유신론. 바르트에 이르면 상황은 달라진다. 바르트는 하나님의 주권성을 신적 자유(divine freedom)라는 맥락에서 재해석한다. 하나님의 자유는, 하나님의 존재가 단지 '자연적으로' 주어진 것이 결코 아니며, 받기 위해 '그 자리에' 계신 것도 결코 아니고, 능동적으로 '은혜롭게' 부여되어야 한다는 사실을 수반한다. 하나님에 대한 지식이 하나님의 자유롭

---

66) Warfield, *Inspiration and Authority*, p. 157. Jodock은 기적적인 요소에 대한 그 강조점 때문에, 여기에 "초자연주의적" 입장이라고 딱지를 붙인다.

고 은혜로운 활동으로부터 나누어질 수 없음을 전제로 하면서, 바르트는 성경을 하나님의 말씀과 동일시하는 동일성 테제가 일종의 자연신학으로 진행되는 것은 아닌지 염려한다.

바르트가 볼 때, 하나님의 존재는 하나님의 행하심들 가운데 있다. 하나님의 존재는 예수 그리스도의 삶과 운명을 구성하는 다양한 행위 가운데 계시된다. 헌싱거는 바르트의 사상의 이러한 측면을 "동태주의"(actualism, 하나님이 언제나 주체적 생명 활동 가운데 계신다는 개념으로, 자세한 설명을 위해서는 George Hunsinger, "The Motif of Actualism", in *How to Read Karl Barth: The Shape of His Theology*, pp. 30-32를 보라—역주)라고 부른다. 켈지는, 바르트에게는 하나님이 구체적인 동태성의 양식 가운데 현존하신다고 말한다. 한스 프라이(Hans Frei)가 보여 주었듯이, 그와 같은 동태주의에 가장 잘 부응하는 성경 장르는 내러티브다. 내러티브는 어떤 행위자를 표현하는 데 선호되는 문학 장르다. 우리는 한 사람이 누구인지는 그 사람이 행하는 바에 의해 알게 된다. 만일 예수 그리스도가 하나님의 말씀이라면, 내러티브—행위자들이 행하는 바와 사람들이 그 행위자들에게 행하는 바를 진술하는 것인 한—는 그분에 대한 증거로서 가장 적절한 형식이다.

3. 과정 신학적 유신론/범재신론. 제임스 바의 사상에는 신론이 그다지 개발되어 있지 않다. 그러나 일반적으로 그는, 맥킴이 성경을 '경험으로' 조망한다고 묘사하고 린드벡(Lindbeck)이 교리에 대한 경험-표출적 견해(experiential-expressive view)를 유지하는 것으로 묘사하는, '자유주의' 신학의 넓은 범주에 부합하는 것 같다. 조닥은 이것을 "교회적 발전주의" 입장(ecclesial developmentalist position)이라고 일컫는다. 왜냐하면, 이 입장이 성경의 권위를 "기독교 공동체의 역사적 연속성과 그 역사 속에서 성경 문헌들에 의해 이루어진 역할에 대한 호소에" 기반을 두기 때문이다.[67] 슐라이어마허, 제임스 바 및 여타 학자들의 전통에서 자유주의 신학자들은 성경과 신학 자체를 종교 경험에 대한 성찰로 본다. 하나님은 믿는 공동체와의 '접촉'을 통한 그분의 영향들에 의해서만 인식되실 수 있다.

어떤 성경 장르가 성경을 종교 경험에 대한 감동적인 기록으로 여기는 제

---

67) Jodock, *Church's Bible*, p. 53.

임스 바의 조망에 대한 패러다임을 제공해 줄까? 종교 전통들의 발전에 대해 강조하는 역사적 내러티브일까? 아니면, 존 바튼이 제시하듯, 하나님과의 관계에 대한 백성들의 성찰을 강조하는 지혜 문학일까?[68] 그 어느 경우에도, 계시 혹은 하나님의 말씀은 성경 안에 놓인 것이 아니라 성경의 뒷자리에 놓여 있다. 성경은 인간의 지혜와 믿음에 대한 역사적 기록인 것이다.

어떤 식의 신론이 권위적인 전승사라는 개념을 (기능적으로) 뒷받침해 주는가? 제임스 바도 존 바튼도 충분히 만개된 조직신학을 건설하지 않으며, 또한 형이상학에 그다지 관심을 보이지도 않는다. 내가 아는 한, 그 두 사람 중 어느 누구도 알프레드 노스 화이트헤드의 추종자라거나 과정신학의 추종자라고 주장하지도 않을 것이다. 그러나 개신교 자유주의를 과정신학적 유신론 및 범재신론과 연결함으로써, 나는 하나님의 활동에 대한 그들의 이해에 공인된 견해의 이해와는 다른 매우 심원한 변화가 있음을 지적하고자 한다. 워필드와 바르트가 하나님의 초월성을 강조함에 비해, 우리가 지금 살펴보는 자유주의 견해는 인간 경험에 대한 성찰을 통해 인식되는 내재적인 하나님을 인정한다. 과정신학의 하나님은 섭리적이지 않고 오직 좋은 의도를 가지실 뿐이다. 그분의 말씀은 다스릴 수 없고 다만 구애할 뿐이다. 과정적 하나님은 역동적이며 인격적이되, 비강압적인 현존이시다.

그러한 신론이 제임스 바와 존 바튼과 같은 학자들의 성경관 배후에 놓여 있다고 여겨진다. 계시는 "정체성을 형성하는 현존이며…또한 공동체를 형성하는 현존이다."[69] 하나님은 기독교적 실존의 주권자이기보다는 형성자이시다. 하나님의 활동적이며 목적 있는 현존은 "인간들의 활동적이며 목적 있는 응답을 창조적으로 동조(synchronize)시킨다."[70] 성령은 그 신적 임재를 표현할 '말들을 찾는' 공동체의 작업에 참여하시는 하나님의 지속적인 임재다. 성경은 실질적으로 계시하고 영감을 주는 (하나님의 현존을 중개하는) 경우에만 그리고 그 정도에 대해서만 권위적이다.

무엇이 성경 텍스트들을 효과적이게 해주는 것일까? 우리가 어떻게 그 텍스트들이 지닌 구원의 기능을 설명할 수 있을까? 조닥은 텍스트들이 하나님

---

68) Barton, *People of the Book?* p. 56.
69) Jodock, *Church's Bible*, pp. 93-94.
70) 같은 책, p. 97.

의 정체성 형성의 현존을 매개하는 능력을 지닌다고 대답한다. 그러나 어째서 이 말들만이 이러한 능력을 소유한단 말인가? 그 이유는 불분명하다. 제임스 바가 볼 때, 성경 이외의 텍스트들도 하나님의 임재를 매개할 수 있다. 만일 하나님이 일반적으로 자신을 드러내신다면, 그분의 임재는 정경이나 그리스도에 국한되지 않기 때문이다. 윌리엄 에이브러햄은 이 견해의 약점을 정확히 찾아서 지적한다. "핵심은 이것이다. 제임스 바는, 접촉의 과거 양식에 대해 우리가 명확히 알 수 있도록 하나님이 자신의 백성과 접촉하시는 현재의 양식에 대해 우리들에게 충분히 말하지 못한다."[71]

하나님의 행위와 섭리에 대한 조망. "우리는 강력한 행위들을 수행하시고 그 행위들의 참된 의도를 이해하도록 예언자들과 사도들의 마음에 조명하신 하나님이 그들의 **증언**을 자체적으로 흘러가도록 내버려 두셨다고 믿을 수 없다. 성경 저자들이 그들이 직접 받았던 조명을 세상에 전달하려는 노력에 하나님의 도움을 받았음을 부인하는 식의 하나님의 섭리 활동 개념은 실로 이상하다."[72]

1. 주권성과 성경. 자신의 책, 「그 책의 사람들?」(*People of the Book?*)의 몇 가지 핵심적인 요점에서, 존 바튼이 하나님의 섭리에 호소하는 것은 단순히 우연의 일치일까? 존 바튼은 종교 경험에 대한 인간적인 성찰로서의 성경이라는 자신의 견해가 '이스라엘 종교의 섭리적 성격에 대한 어떤 이론을 수반한다'고 인정한다.[73] 이레나이우스(Irenaeus)처럼, 바튼도 "하나님의 섭리가 없이는 우리가 이러한 책들을 가질 수 없었을 것이다"라고 천명한다.[74] 그렇지만 우리가 어째서 하나님의 행위에 대한 워필드의 설명보다 그의 설명을 선호해야 하는지를 명확히 말하게 될 때, 바튼은 침묵하게 된다. "여기에서 신적이며 인간적인 인과 관계를 해명한다는 것은 대단히 복잡 미묘한 과제며, 분명 성경 전문가가 시도할 일은 아니다."[75]

공인된 견해가 쇠퇴한 주요 이유는 고전적 유신론의 쇠락이었다. 실로, 클

---

71) Abraham, *Divine Inspiration*, p. 54.
72) Baillie, *Idea of Revelation*, p. 111.
73) Barton, *People of the Book?* p. 21.
74) 같은 책, p. 40.
75) 같은 책, p. 56.

락 피녹의 기본적인 비난은 워필드의 입장이 하나님의 주권성에 대한 칼뱅주의 신학에 의지한다는 것이다. "세계에서 발생하는 개개의 모든 것에 대한 확실한 하나님의 통제를 상정하는 워필드류의 혹은 패커류의 신학은 축자적으로 영감된 성경을 설명하는 데 가장 적합하다."[76] 피녹 자신은 하나님의 주도성과 인간의 반응을 지지하는 '역동적 인격적 모델'(dynamic personal model)을 선호한다. 하나님이 세계에서 자신의 뜻을 성취하실 수 있을까? 과정신학자들과 마찬가지로, 피녹은 주권성에 대한 좀더 연성적(軟性的)인 견해를 선택한다. 즉 하나님이 자신이 담당하는 것들을 통제하실 수는 없지만, 그것들보다 뛰어난 생각을 하고 뛰어나게 역할을 감당할 수 있게 하신다는 것이다. "하나님은 통상적으로 통제라는 양식이 아니라 자극과 안내(stimulation and guidance)의 방식으로 임재하신다."[77]

피녹의 개념은 워필드의 개념과 얼마나 다를까? 워필드는 자신의 입장을 기계적 영감론으로부터 분리하려고 엄청난 노력을 기울인다. 영감에는 성령의 인도하심이 포함되지만, "'구술'이라는 말로 표현할 수 있는 것보다 훨씬 더 친밀한" 과정이다.[78] 그러나 다른 몇 가지 경우에, 워필드는 영감이 직접적으로 하나님의 음성을 나누어주는 반면에 섭리는 인간의 능력들을 도와줄 뿐이라고 제시함으로써, 구술과 유사한 견해를 인정하는 모험을 한다. 그렇게 되면, '영감'은 인간의 말이 인간의 지식을 뛰어넘게 할 수 있는 '부가적 선물'(donum superadditum)이 된다. 그래서 영감은 성경의 책들에 '초인간적인' 성격을 제공한다. 워필드는 다음과 같이 언급한다. "따라서 '영감'이 '계시'의 양식이 된다는 것은 피할 수 없는 결과일 것이다."[79]

2. '동일성 테제'의 신학적 토대들: 팔리의 비판. 섭리론이 성경 원리를 어떻게 지지하는가에 대한 아마도 가장 명확한 인식은 성경 원리를 뒤엎고자 하는 한 신학자에게서 나온다고 여겨진다. 에드워드 팔리(Edward Farley)의 「교회적 성찰: 신학 방법의 해부」(*Ecclesial Reflection: An Anatomy of*

---

76) Pinnock, *Scripture Principle*, p. 101.
77) 같은 책, p. 104.
78) Warfield, *Inspiration and Authority*, p. 153. Warfield는 성경의 산출이 하나님의 다양한 활동을 포함하는 장기간의 프로세스였다고 말하는데, 그것은 거의 현대적이다(p. 156).
79) 같은 책, p. 160.

Theological Method)[80]는 지금까지 성경 원리라는 사상에 대한 가장 통렬한 신학적 공격이다. 팔리는 성경을 하나님의 말씀과 동일시하려는 시도를 뒷받침하는 가장 기본적인 전제를 폭로한다.[81]

그 첫 번째 전제인 구원사(Salvation History)는 세계에 대한 하나님의 관계를 '왕권'(royal) 은유로 표현한다. 왕권 은유는 하나님이 세상의 수단들을 통해 자신의 뜻을 달성할 수 있다고 말하는 '주권성의 논리'(logic of sovereignty)를 함축한다. '구원사'는 특별한 하나님의 통제 아래 놓인 그러한 구체적인 사건들을 가리킨다.

성경 원리를 뒷받침하는 두 번째 전제는 동일성 테제 그 자체다. 팔리는, 창조주와 피조물 사이의 구분에 비추어서, 어떻게 세계에 속한 어떤 것을 '신적'이라고 일컬을 수 있는지 묻는다. 어떻게 우리가 성경을 '거룩하다'고 일컬을 수 있을까? 동일시의 원칙은 하나님이 소통하시려는 바와 한 인간이나 공동체에 의해 언어로 표출되는 것 사이의 동일성을 천명한다. 그러나 팔리가 정확하게 인식하듯(다른 신학자들은 그렇게 인식하지 않는다), 문제의 동일시는 존재론적 동일시가 아니라 인지적(cognitive) 동일시다. 즉 그 동일성은 하나님이 소통하시려는 것—메시지—과 그에 대한 언어적 혹은 문학적 표현 사이의 동일성이다. 그래서 하나님의 소통을 위한 (피조물에 속하는) 매개물은 하나님의 존재가 아니라 **역사**(work)의 대리 현존으로 간주된다. 이 일은 오직 하나님의 인과적 효과 때문에만 가능하다. 그러므로 왕권 은유다. "동일성 원리는…인간과 피조물에 속하는 것 같은 대상에게 무오성과 무오류성이 있다고 여기는 기반이다."[82]

그 유혹은 이러한 '동일시'를 신앙 고백이나 교황, 교학권(magisterium) 등에까지 확대해서 신적 내용의 존속을 확보하려고 시도하는 것이다. 팔리는 나중에 나오는 부차적인 대표성들이 지배적이 되는 경향(예를 들면, 칼케돈 기독론이 성경을 읽는 틀이 되는)이 있으며 때때로 원래의 것과 동등한

---

80) Edward Farley, *Ecclesial Reflection: An Anatomy of Theological Method* (Philadelphia: Fortress, 1982).
81) Farley의 논의에 대한 좀더 간단한 버전은, Farley and Hodgson, "Scripture and Tradition", pp. 61-87에서 찾을 수 있을 것이다.
82) Farley, *Ecclesial Reflection*, p. 39.

특권적 지위(예를 들면, 성경의 무오성, 교황의 무오성)를 주장한다고 지적한다. 이러한 동일성 원리는 하나님의 뜻이 인간의 해석(성경, 교리)과 불가분리적이 되는 결과를 초래한다. 팔리는, 신적인 것과 인간적인 것의 동일시는 종종 신학 자체의 작업을 위해서도 주장된다고 염려한다. 인간의 해석을 하나님의 뜻과 동일시하는 것은 진리가 사회적으로 존속하도록 만드는 수단들을 불변하는 진리를 맡아서 소유하는 것으로 오해하는 게 된다. 성경 및 교리를 하나님의 뜻과 동일시하는 것은 교회의 본질 자체를 위반한다. 왜냐하면, 교회의 역할은 교회 자체를 계시나 구속과 동일시하는 것이 아니라 그 계시와 구속을 증거하는 것이기 때문이다. 제임스 바와 마찬가지로, 에드워드 팔리는 교회의 지속적인 생명 활동에 그리스도(하나님의 말씀)의 구속적 임재를 위치시키고자 한다.[83]

이 두 가지 전제—왕권 은유와 동일성 테제—의 결속은 팔리가 보기에 피할 수 없을 것 같은 딜레마를 초래한다. 그 딜레마는 하나님이 통제를 하시느냐 안 하시느냐의 문제며, 만일 하신다면 부분을 통제하시든지 전부를 통제하셔야 한다는 것이다. 만일 우리가 (구원사가 지닌) 왕권 은유를 유지하고 하나님이 역사의 한 부분만을 통제하신다고 말한다면, 우리는 하나님이 대부분의 인간 역사에서는 구원과 무관한 현존을 의도하신다고 결론지어야 한다. 만일 우리가 왕권 은유를 유지하면서 하나님의 뜻과 행위는 보편적이라고 말하고자 한다면, 역사상 발생한 끔찍한 일들도 구원에 해당하는 사건들로서 하나님의 인과성과 똑같은 관계를 가져야 한다. 이 두 선택 사항 모두 악의 문제는 해결하지 못한다. 즉 하나님이 사랑의 방식으로는 세계의 일부분에 대해서만 개입하시든지, 창조 세계의 모든 것을 다 결정하시기에 선에 대해서만이 아니라 악에 대해서도 결정하셔야 한다.[84]

간단히 말해서, 구원사는 구원사를 지지하는 성경 원리와 함께 신정론(theodicy)에서 무너진다. 즉 하나님은 왕이시든지 사랑이시든지 둘 중 하나다. 하나님이 사랑이시라고 말하기 위해서, 팔리는 구원사의 논리와 왕권 은유를 포기한다. 그리고 그렇게 함으로써, 성경 원리로부터 그 기반을 박탈해

---

83) Farley and Hodgson, "Scripture and Tradition", p. 65.
84) Farley, *Ecclesial Reflection*, p. 156.

버린다. 간단히 말해서, 팔리는 우리가 성경 원리와 사랑의 하나님 사이에서 하나를 선택하도록 하려는 것이다. "정리하자면, 그 첫 번째 대안인 구원사에서는, 이질적 원인으로서의 하나님의 활동이 피조물들의 자유와 자율을 침해함으로써 하나님의 선하심과 사랑이 희생당한다. 그 두 번째 대안에서는, 이러한 특징들은 유지되지만 구원사는 빠져 버린다. 내가 볼 때는 선택의 여지가 없다."[85]

팔리의 손에서는, 신론과 성경 권위의 본성 및 신학 방법을 하나로 묶는 삼겹줄이 철만난 사나운 채찍이 된다. 팔리는 성경과 하나님의 활동 그 자체와 같이 강제적이지 않고 설득적인 신학 논의들을 선호한다. 궁극적으로 그는 성경 원리가 그로서는 더 이상 받아들일 수 없는 하나님의 주권성에 대한 그림에 의지하기 때문에 그것을 거부한다. 만일 하나님이 만사를 통제하신다면, 어째서 다른 곳이 아니라 **여기** 성경과 예수의 삶에서만 행동하시고/말씀하셨을까?

앞을 향해 나 있는 길: 하나님의 화행들

현시대의 성경론이 동일성 테제와 왕권 은유가 제기하는 쟁점들을 무시하는 것은 그 자체의 위험을 초래할 뿐이다. 전자는 하나님의 존재 혹은 임재의 성격과 자리와 관련되어 있으며, 후자는 하나님의 활동 혹은 섭리의 본성 및 성격과 관련되어 있다. 그 두 쟁점은 모두 하나님의 말씀과 성경에 있는 사람들의 말 사이의 관계와 관련되어 있다. 이 단락에서는 그 주요 문제점들을 일별해 보고, 그 쟁점들을 해소할 수 있는 방향으로 한 가지 길을 제시해 보도록 하겠다.

동일성 테제. 성경론에 관한 에큐메니컬 의견 일치에 가장 큰 장애물은 동일성 테제다. 나는 성경론의 소임은 어떻게 교회가 성경이 하나님의 말씀이라고 고백할 수 있는가를 설명하는 일이라고 주장했다. 이 시점에서 교리의 본질에 관해 알리스터 맥그라스가 일깨우는 말을 경청하는 것이 유익할 듯하다. 즉 교리들은 "그 자체를 넘어서서 하나님 자신의 더 큰 신비를 가리키는, 통전적 기술들(total descriptions)이 아니라 인식들(perceptions)"로 인

---

[85] 같은 책, p. 157.

식되어야 한다는 것이다.[86] 문제는, 하나님의 말씀을 성경 안에 자리매김하는 동일성 테제가 하나님 말씀의 본질에 관한 정확하며 적절한 인식을 구성하는가이다.

바르트와 바튼은 오직 그리스도만이 참되게 하나님의 말씀이라고 주장한다. 그 두 사람은 정경을 그리스도 위에 올려놓는 일을 우상 숭배로 여기며 비판한다. 성경은 우리를 구원할 수 없고, 구원할 수 있는 분을 가리킬 뿐이다. 그 두 사람이 인정할 수 있는 한계는 성경과 하나님의 말씀 사이의 **간접적** 동일성이다.

이 말은 하나님의 말씀이 언어적 현상이 아니라는 뜻일까? 하나님의 '말씀'은 의미론과 전혀 무관할까? 성경에 있는 사람의 말들이 어떻게 하나님의 말씀이 될 수 있는지에 대한 혹은 되는지에 대한 성경적 기반이 있으며, 신학적으로 건전하며, 철학적으로 지성적인 진술을 표출한다는 것이 가능한 일일까? 어떤 의미에서 성경을 '기록된 하나님의 말씀'이라고 일컬을 수 있을까?

하나님의 자기 노출(self-disclosure)의 의미론적 순간을 바르트가 어떻게 설명하는지 혹은 바르트가 과연 설명이나 하는지 불분명하다. 최후의 수단으로서, 바르트의 성경론은 그리스도께로 **지나치게 빨리** 진행한다. 우리의 당면 과제는 하나님의 자기 계시의 인격적 차원과 마찬가지로 의미론적 차원에 대해서도 공정을 기할 수 있는 방식으로 동일성 테제를 재해석하는 것이 될 것이다. 성경론을 향해 나 있는 길이 인격적 명제와 명제적 명제를 분리하는 이분법을 극복하는 길이라고 나는 믿는다.

왕권 은유. 이 장 내내 나는 한 사람의 성경론이 그 사람이 지닌 신관 및 하나님의 활동에 대한 견해에 의존한다고 주장해 왔다. 팔리는 우리가 하나님이 역사를 통제하시며 성경-교리-교회 안에서의 그분의 이차적인 임재를 통해 자신의 통제를 드러내신다는 주장이나 인간들은 자유롭고 역사적으로 조건 지워진 자들이며 성경은 단지 앞서 발생한 계시에 대한 인간의 증언일 뿐이라는 주장 중에 하나를 선택해야 한다고 가정한다. 팔리, 켈지, 제임스 바는 하나님이 자신의 백성들 위에 계시지 않고 백성들 가운데 계신다는 좀더

---

86) McGrath, *Genesis of Doctrine*, p. 17.

'대중적인' 은유를 선호한다. 그러나 하나님의 임재와 활동을 생각하는 이러한 인격-관계적 모델은 문제점들이 없지 않다.

첫째, 비록 하나님의 임재의 자리가 정경이 아니라 공동체이긴 하지만, 여기서도 역시 암암리에 동일성 테제가 작용하는 것 같다. 팔리와 제임스 바가 볼 때, 하나님의 백성은 신학적 판단들에 대한 진짜 권위가 된다. 팔리와 제임스 바는 하나님이 에클레시아 안에 가장 잘 반영된다고 가정한다. 내가 이미 제시했듯이, 해석하는 공동체들의 권위에 대한 그와 같은 강조는 포스트모던 지적 분위기에 잘 들어맞는다.

그렇지만 어떤 수단에 의해서 우리가 하나님의 임재를 식별할 수 있는지는 거의 불분명하다. 성경 안에 있는 신학적 다양성은 신앙 공동체의 신학적 다양성처럼 발표된 것이 결코 아니다. 실로, 많은 성경학자가 우리가 성경신학들에 대해 말해야 한다고 주장하듯이, 여기에서 우리는 신앙 공동체들에 대해 말해야 한다. 어느 공동체에서 영감을 주는 하나님의 임재를 가장 잘 볼 수 있을까? 거기에 히틀러를 지지했던 독일 그리스도인들도 포함시켜야 할까? 그러나 제임스 바의 주요 약점들은 성경을 통해 우리가 보는 사실에 그의 주장이 제대로 부합하지 않는다는 사실이다. 구약 성경과 신약 성경을 대충 읽어 보아도 거기에 등장하는 공동체들이 그들의 역사 대부분 동안 주로 **불신앙의** 공동체들이었다는 점이 드러난다. 만일 그 공동체들이 하나님을 잘못 해석한다면, 해석하는 공동체들이 도대체 어떤 종류의 권위를 가질 수 있단 말인가?

하나님의 소통 행위. "우리의 복음주의적 영감론과 계시론을 다시금 재고하려는 차세대의 힘은 현대의 커뮤니케이션 이론에서 올 것이라는 것이 나의 확신이다."[87] 버나드 램의 주장에 비추어서, 이제 나는 하나님이 자신의 백성들과 '함께하시는' 주요 양식은 화행들을 통한 것이라고 주장하고자 한다. 하나님 편에서의 소통이 없이는 우리가 하나님의 임재를 어떻게 식별할 수 있는지, 하나님에 관해 어느 무엇이라도 어떻게 알 수 있는지를 생각한다는 것은 매우 어려운 일이다. 단순한 '접촉'으로는 불충분하다. 에이브러햄

---

87) Bernard Ramm, *The Evangelical Heritage: A Study in Historical Theology* (Grand Rapids, Mich.: Baker, 1979), p. 163.

이 말하듯, "그분의 말씀이 없다면 다른 대안은 하나님이 행하시는 것에 대해 단지 시험적으로 세심하게 한정하여 행하는 추측이 아니라 근본적인 불가지론이다."[88]

1. **말씀하시는 하나님.** 화행 철학자들인 오스틴과 존 서얼이 효과적으로 보여 주었듯이, 언어는 생산적인 힘이며 사회적 상호 작용의 현상이다. 성경은 하나님을 화행자로 묘사한다. 하나님은 대부분의 것들—경고, 분부, 명령, 약속, 용서, 알림, 부르심, 위로—을 말씀하심을 통해 행하신다. 나는 말씀하시는 하나님에 대한 성경의 묘사를 진지하게 취급하지 않아야 할 설득력 있는 철학적 이유나 신학적 이유를 모르겠다. 만일 하나님이 초월자이면서도 인격적인 행위자라면 그리고 어떤 일들을 행하실 수 있다면, 하나님이 말씀을 하실 수 없어야 할 하등의 표면적인 이유도 존재하지 않는다. 실로, 예언자들이 유일하신 참 하나님과 거짓 신들을 구분한 기준은 정확히 언어 능력에 따른 것이었다. 즉 거짓 신들은 벙어리다.

입증해야 할 책임은 하나님이 어떤 이유에서인가 말씀을 하실 수 없다고 주장하는 사람들에게 있을 것이다. 흥미로운 것은 명제적 계시 개념을 회피하는 신학자들도 자주 흔쾌히 하나님의 약속과 하나님의 용서에 대해 말한다는 사실이다. 그러나 내가 볼 때, 약속하는 일이나 용서하는 일은 화행들이 아니면 아무 것도 아니다. 예를 들어, 우리는 하나의 약속으로 간주되는 문장을 발화함으로써만—하나의 화행를 수행함으로써만—약속할 수 있는 것이다.

2. **언어적 말씀?** 랭든 길키(Langdon Gilkey)는 성경신학 운동이 절반만 정통적이고 절반은 근대적이라고 비판했다. 한편으로 성경신학 운동은 역사 속에서의 하나님의 강력한 행위들을 말하지만, 다른 한편으로는 하나님이 자연-역사적 인과 관계의 맥락에는 개입하지 않으신다는 근대적 가정을 확인한다. 신정통주의 신학자들이 말했던 '하나님의 행위들'은 오직 믿음의 눈에만 보이는 것 같다. 이 강력한 행위들과 실제 역사 사이에는 불편한 이원론이 자리잡고 있다. 이 사실은 하나님의 행위 개념을 공허하거나 불확실하게 남겨 놓는다.

---

88) William Abraham, *Divine Revelation and the Limits of Historical Criticism* (Oxford: Oxford University Press, 1981), p. 23.

나는 역사가 아니라 문학과 관련해서 하나님의 '말씀'에 대한 칼 바르트의 생각에 동일한 문제점이 있다고 본다. 한편으로, 이 말씀은 언어적이다. 하지만 다른 한편으로, 이 말씀은 하나님이 자유롭게 그리고 은혜롭게 그렇게 되도록 결정하실 때만 언어적이 된다. 하나님의 말씀과 성경의 실제 말들 사이에 불편한 이원론이 개재해 있는 것이다. 그 이원론이 하나님의 말씀과 성경에 기록된 실제 말들 각각을 불분명하게 만들려 한다. 바르트는 말씀을 두 가지 방식으로 다 취급하기를 원했던 것 같다. 한편으로, 그는 하나님의 말씀을 예수 그리스도와 동일시한다. 그것은 명제적 소통이 아니라 인격적 소통이다. 다른 한편으로, 그는 다음과 같이 쓴다. "우리가 예수 그리스도가 하나님의 말씀임을 기억할 때 피할 수 없는, 하나님의 말씀이라는 개념의 인격화는 탈언어화를 의미하지 않는다."[89] 어느 한 곳에서 바르트는 실제로 계시를 하나님의 "화행"(Rede-Tat)이라 일컫는다.[90] 그리고 다소 놀랍게도, 바르트는 이렇게 말한다. "우리가 '하나님의 말씀'이라는 개념을 그 일차적이며 문자적인 의미로 취해서는 안 될 하등의 이유가 없다. '하나님의 말씀'은 하나님이 말씀하신다는 의미다. '말씀하신다'는 것은 상징이 아니다."[91]

성경이 하나님의 말씀이 '되는' 기적 가운데서 하나님이 은혜롭게 성경을 통해 자신을 드러내기로 결정하실 때, 사람의 말의 문자적인 의미에는 실제로 무슨 일이 일어날까? 하나님의 있음과 마찬가지로, 그 말씀의 '있음'은 오직 되어감(becoming) 가운데 있는 것 같다. 바르트는 이 사건에 대한 명확한 개념적 분석 같은 것을 제공하지 못한다. 심지어 대체로 유익한 바르트에 대한 안내서인 헌싱거의 책도 여기서는 문제를 명확히 밝히지 못한다. "신학적 언어는 성격상 본래적으로는 그렇게 할 수 없지만, 은혜로 말미암아 그 주제 내용에 부응하게 되었다."[92] 바르트가 볼 때, 하나님의 말씀은 하나의 의미론적인 기적이다. 우리는 바르트에게 걸려 있는 중요한 문제가 궁극적으로 하나님의 자유임을 기억할 수 있을 것이다. 하나님의 존재는 자연이나 성경에 자연적으로 '주어진 것'이 아니다. 인간의 말들은 살아 계신 말씀에 대한 증거인 반면에, 성령님은 '들으시는 주님'이다. 때때로 하나님의 말씀이기도

---

89) Barth, Church Dogmatics 1/1, p. 138.
90) 같은 책, p. 162.
91) 같은 책, p. 150.

하며 때때로 아니기도 한 텍스트 현상 때문에 피녹은 다음과 같이 묻는다. "이 하나님의 말씀이 사실상 개인적인 경험을 가리키는 말이 아닐까?"[93]

나는 성경을 일단의 명제나 신비하게 그리스도를 전달하는 성례전적 이야기가 아니라, 여러 다른 일을 행하는 일단의 인간적이며 신적인 소통 행위들이라고 생각한다. 우리는 어떤 말을 발화하면서 행위를 수행하는 것을 가리켜 '발화수반행위'라고 일컫는다. 성경이 행하는 것은 임의적으로 그 본성에 연결된 것이 아니라 그 발화수반행위들의 한 기능이다. 성경이 행하는 것은 성경이 무엇인지에서부터 기인한다.

복합 장르적인 성경. 이와 관련해서, 성경에 있는 다양한 문학 장르를 다양한 종류의 발화수반행위로 보는 것이 중요하다. 바로 여기에서 성경 비평학은 "성경의 그 모든 낯섦음과 복잡함 가운데 있는 성경 텍스트의 문자를 감상할 수 있도록 우리를 돕는 설명적 기능을 하는 것이다. 성경 비평학은 우리에게 자신의 목소리가 아닌 다른 목소리를 듣도록 압박하면서, 주의 깊은 독자들이 되도록 가르친다."[94] 성경 비평학은 그것이 문학 비평이 되어 성경 장르들의 성격을 탐구하게 될 때 이 소임을 가장 잘 달성한다. 가장 두드러진 그리고 가장 피해가 큰 해석상의 오류들은 장르를 잘못 파악하는 실수다. 하나의 문학 장르를 그릇되게 파악하는 것은 한 텍스트가 수행하는 발화수반행위의 종류를 그릇되게 보는 것이다.

1. **언어의 장르들.** 우리가 말하거나 쓰는(write) 모든 것은 각각 어떤 언어

---

92) Hunsinger, *How to Read Karl Barth*, p. 44. 인간의 말이 하나님에 대해 말하기에 적합하지 않다는 데 대해서는 많은 말이 있었다. 그러나 중요한 의미에서, 우리는 우리의 말들 너머에 놓인 것을 말할 수 있다. 우리에게 하나님을 '칭'(name)하는 명사들이 없을 수도 있지만, 말하기는 세계를 '식별'(labeling)하는 것 훨씬 이상이다. 사실 언어에서 명사가 의미의 기본 단위는 아니다. 그 특권은 오히려 화행에 주어져야 한다. 더욱이 문장은 한정된 의미들의 무한한 활용으로 정의되어 왔다. 각각의 말은 하나님의 위엄과 영광을 표출할 수 없을지라도, 문장들은 그렇게 할 수 있다.

나를 오해하지 않길 바란다. 내가 제시하는 바는 문장들이 하나님의 실재를 남김없이 모두 다 전달한다는 것이 아니라, 어떤 문장들은 그 자체에 어느 다른 문자적 풀이보다 훨씬 더 풍성한 "의미의 잉여"(Ricoeur)를 담는다는 것이다.

93) Clark Pinnock, *Tracking the Maze: Finding Our Way Through Modern Theology from an Evangelical Perspective*(San Francisco: Harper & Row, 1990) p. 56.

94) Christopher E. Seitz, "Biblical Authority in the Late Twentieth Century: The Baltimore Declaration, Scripture-Reason-Tradition and the Canonical Approach", *Anglican Theological Review* 75 (1993): 484.

나 문학의 장르에 속한다. 개개의 모든 소통 행위—경고하기, 인사하기, 진술하기, 질문하기 등과 같은—는 특정 종류에 속한다. 성경을 다양한 하나님의 소통 행위로 구성된 것으로 보는 성경론의 함의들은 무엇일까? 무엇보다, 성경 전체를 특징짓는 단 한 가지 언어 종류는 없다는 것이다.

켈지의 접근 방식이나 최소한 그가 연구하는 조망들이 환원적이라는 한계가 여기에서 드러난다. 공관적(synoptic) 판단으로 성경에서 진행되는 바를 파악하려는 어떠한 시도도 그 많은 소통 활동—교리적 기능이나, 내러티브적 기능이나, 경험 제시적 기능과 같은—을 단 한 가지 기능으로 환원하지 않도록 주의를 기울여야 한다. 심지어 성경을 '어떤 행위자를 제시하는' 것으로 보는 바르트의 조망조차도 지나치게 협소한 것이다.

2. 장르 신학? 신학자들은 전형적으로 한 장르를 가지고 하나님의 말씀의 다양성을 바라본다. 그러나 그 장르상의 다양성을 균일하게 만드는 어떠한 성경론도 적합하지 않다. 장르상의 다양성을 장르의 획일성으로 환원하는 것은 문학적인 잘못일 뿐만 아니라 신학적인 잘못이기도 하다. 즉, 우리가 어떤 소통 행위를 잘못 읽는다는 점에서 문학적인 오류이고, 그 텍스트가 대한 하나님의 개입의 성격을 잘못 받아들인다는 점에서 신학적인 오류다.

우리가 기억하듯, 존 바튼은 지혜 장르에 특권을 부여한다. "예언 신탁들(prophetic oracles)과 같은 희귀한 예외가 있지만, 성경에 기록된 것은 사람에게 주신 하나님의 말씀들이 아니라 하나님에 관한 인간의 말들로 제시되어 있다."[95] 나는 불트만도 그렇다고 생각한다. 불트만이 볼 때, 신학은 믿음에 속한 자기 이해에 관한 것이다. 그 자기 이해는 우연적인 역사 사건들의 의의에 관련되기보다는 언제나 이미 현존하는 실존적 가능성들에 더 관련된 것이다. 판넨베르크는 역사의 종말에 대한 예기들에 특권적 지위를 부여하면서, 묵시 장르를 성경과 신학의 패러다임으로 삼는다. 그리고 그 목록은 계속된다. 켈지는 성경을 통해 '기독교적 실존을 형성해 가시는' 하나님에 대한 폭넓은 비전을 선호한다. 그러나 그는 성경이 '말씀하시는 하나님'보다

---

95) Barton, *People of the Book?* p. 56. 같은 페이지에서 Barton은 계시가 신적 인과성과 인간적 인과성 사이의 복잡한 관계를 내포한다고 인정한다. Barton이 이 관계를 텍스트 배후에 자리매김하는 데 비해, 나는 이 관계는 성문화된 텍스트들 자체의 특징임을 성경 자체가 제시한다고 주장하고자 한다.

'행동하시는 하나님'을 더 높이려는 자신의 관심으로부터 이 점을 어떻게 성취하는지에 대해서는 간과한다.[96]

3. 하나님의 화행들과 동일성 테제. 동일성 테제를 위해서는 하나님의 말씀을 화행으로 보는 모델에서 무엇이 따라 나올까? 성경은 오직 하나님의 말씀이 되는 것일까? 아니면 영구적으로 하나님의 말씀일까? 성경을 하나님의 말씀으로 보는 한 사람의 인식이 그렇게 만드는 것일까? 아니면 아무도 그렇게 받아들이지 않더라도 성경은 하나님의 말씀일까? 물론 하나님의 말씀이 예수 그리스도를 가리키는 인격적 지시의 측면을 놓치지 않는 것이 중요하다. 아무도 성경이 신성(Godhead)의 일부라고 주장하지 않는다. 성경이 하나님의 한 '작품'(work)이라고 주장할 뿐이다. 그리스도께서 온전히 인간적이며 온전히 신적인 행위자이듯이, 우리가 성경에 대해 주장하는 모든 것은 성경이 온전히 인간적이며 온전히 신적인 **행위**라는 것이다.[97] 성경 숭배는 여전히 하나의 가능성으로 남아 있을까?

성경 숭배란 어떤 종류의 시험일까? 많은 신학자가 성경 숭배라고 반대하는 것은 성경의 진술을 절대적인 진리의 지위―일종의 종이 교황(paper pope)―로 높이는 것이다. 우려하는 바는 동일성 테제가 신학을 공부하는 학도들에 의해 '통달될'(mastered) 수 있는―무시간적인 영원한 진리들과 무오류한 명제들로 이루어진―하나의 교과서로 성경을 바라보게 한다는 것이다. 피녹은 그와 같은 천상에서 보낸 인지적 정보에 대한 호소를 부정할 수

---

96) 이제는 성경에 있는 다양한 문학 장르의 주해상의 의의를 인정하는 학자들이 많이 있다. Paul Ricoeur는 마찬가지로 신학적 의의를 보면서 하나님이 다양한 성경 장르 가운데서 다르게 '칭'해 지며 다르게 계시된다고 제시한다. 하나님의 말씀은, 단일한 것과는 거리가 멀게도, 일단의 문학 형태들을 통해 매개된다. Barton은 "성경이 인간들에 대한 하나님의 의사소통 모델에 동화될 수 없는 장르들을 포함한다는 사실을 신학적으로 이해할 필요성"을 심각하게 취급하는 학자로서 Ricoeur를 인용한다(*People of the Book?* p. 71). 물론 Barton이 의미하는 바는, 성경의 모든 장르가 예언적 패러다임에 대응하는 것은 아니라는 점이다. 맞는 말이다. 그러나 나는 하나님의 소통적 작인성이 과거나 장래에 관한 진술들에만 개입되는 것이 아니라 질문, 경고, 찬송, 이야기, 편지 등도 포함한다고 주장했다. 기록된 하나님의 말씀은 단순히 영구적인 참된 명제들이 아니다.
97) 더욱이, 하나님의 강력한 화행들은 성경에 있는 인간들의 화행들을 통해서, 그와 더불어서 역사한다. 하나님의 행위는 강제적이기보다는 소통적이다. "만일 우리가 어떤 종류의 효과를 지니는지 나타내는 하나님의 행위를 묘사할 길을 찾고자 한다면, 우리는 발하여진 말(spoken word)을 살펴보아야 할 것이다.…언어도 일종의 행위다. 그러나 상대방의 자유를 박탈할 수 있는 그러한 행위는 아니다"[Robert King, *The Meaning of God* (London: SCM Press, 1974), p. 92].

없다고 주장한다. 왜냐하면 그것이 "역사가 지닌 상대화 효과들로부터의 안전한 도피처 같은 것"을 제공하기 때문이다.[98]

그러나 동일성 테제가 인식상의 확실성에 대한 (어쩌면 죄악된) 욕망을 조달한다는 주장에는 두 가지 문제점이 있다. 첫째, 성경에 있는 절대적인 진리는 여전히 해석되어야 할 것들이라는 사실이다. 만일 그 진리들이 어떤 식으로 소유될 수 있다면, 오직 주의 깊은 (그리고 겸허한) 주해 작업을 거친 후라야만 그렇게 될 수 있을 것이다. 그리고 그 주해 작업의 결과는 잠정적인 것이다. 둘째, 그리고 더욱 중요한 점은, 말씀은 보관 창구에서 꺼내질 수도 있고 남겨질 수도 있는 영구한 진리들의 수집물이 아니라는 사실이다. 성경은 주장들로만 구성된 것이 아니라, 명령들, 경고들, 약속들 등으로 구성되었다. 우리는 하나님의 명령을 '소유'하지 않고, 그 명령에 순종한다. 성경의 거듭 등장하는 주제가 복된 소식인 한, 그 내용은 교회 안에 저장되는 것이 아니라 세상과 더불어 나눠져야 한다.

4. **하나님의 화행들과 왕권 은유.** '말'에 대한 거짓된 견해가 우리를 포로로 잡고 있었다. 그 견해는 말이 '문자적' 진리를 나타낸다는 주장이다. 엄격하게 말해서, 글자들(단어들, 명사들)은 가리키지 않는다. 오직 화행들(과 말하는 사람들)이 그런 일을 하는 것이다. 하나님은 인간의 언어를 가지고 진리를 주장하는 일 외에도 많은 일을 행하신다. 팔리의 의견과 반대로, 우리는 성경을 하나님의 말씀과 동일시하는 일이 신학상의 권위주의로 이끈다고 결론을 내릴 필요가 없다. 모든 화행이 영구한 진리들을 주장하는 것은 아니다. 우리는 먼저 '말하기'를 '영구한 진리에 대해 주장하기'와 동일시하기 전에, 성경에 말해진/행해진 바를 살펴보아야 한다. 신학자들은 하나님의 화행을 그 의도된 대로 인식하고 존중해야 한다.

5. **언약적 소통.** 하나님의 소통 행위는 그리스도 사건에서 그 정점에 도달한다. 그러나 이 사건은 해석될 필요가 있다. 라이트(G. E. Wright)조차도 이 원칙을 인정한다. "인간 행위자들을 수단으로 해서, 하나님은 각 사건에 수반되는 해석의 말씀(Word)을 제공하신다. 그래서 그 말씀은 그 사건의 통합적 부분이 된다."[99] 하나님의 다양한 소통 행위는 그 행위가 다양하게 지향하

---

98) Pinnock, *Tracking the Maze*, p. 48.

는 바를 향하는 그 끝 ― 창조 세계가 받은 최상의 언약적 축복과 왕관인 예수 그리스도 ― 에서 그 통일성을 발견한다.

화행철학을 출범시킨 영향력 있는 책 「말로 행하는 법」(*How to Do Things with Words*)에서,[100)] 오스틴은 '언약 맺기'를 '위임 행위'(commissive)의 일례로 든다. 하나님은 약속의 화행들을 수행하는 한 행위자로서 자신의 백성에게 나타나신다. 그러한 약속의 화행들은 하나님이 계속 활동하시도록 위촉하는 행위들이다. 이러한 위임의 소통 행위가 없이, 우리가 어떻게 하나님의 의도들을 알게 되겠는가? 화행철학에 따르면, 한 행위자는 적절한 언어적 혹은 문학적 통례들을 발동하여 어떤 의도를 표시한다. 우리가 무엇인가를 의도하는 일은 문장의 의미를 무작위적으로 연결하는 것 이상의 일이다.

하나님은 자신의 말씀에 참되신 행위자이시다. "나는 너희 하나님이 되고, 너희는 나의 백성이 되리라." 이러한 것이 바로 근본적인 언약적 약속이다. 하나님이 자신이 누구인가를 스스로 계시하시는 것은 자신의 말을 지킴으로써이다. 성경은 그 말의 두 의미 모두에서, 하나님의 언약 '행위'다. 성경은 일종의 행위이기도 하며 약속(testament)이기도 하다. 즉 성경은 어떤 일방적인 약속들을 표현하는 수행적 약속(a performative promise)이며, 또한 그 약속을 확증하는 기록된 문서이기도 하다. 정경은 다 함께 묶여서 언약의 하나님을 '표현하는' 다양한 화행의 선집(collection)이다.

성경에 대한 삼위일체적 신학. 성경은 하나님의 자기 소통 행위의 결과이기 때문에 하나님의 '말씀'이다. 이제 나는 어떻게 화행 가운데 계신 하나님의 존재가 삼위일체적인지를 보이려 한다.

1. **화행 가운데 계신 하나님의 존재.** 바르트는 '계시자-계시-계시된 것'(revealer-revelation-revealedness)의 도식을 가지고 하나님의 자기 계시를 분석함으로써 삼위일체론에 도달했다. 마찬가지로 우리가 화행론에 비추어서 언어적 계시 개념을 전개할 수 있을까? 그러한 시도는 램이 10여 년 전에 언급했던 커뮤니케이션 이론의 맥락에서 계시를 다시 생각해 보는 일에 기

---

99) Wright, "God Who Acts", p. 26.
100) J. L. Austin, *How to Do Things with Words*, 2nd ed. (Cambridge, Mass.: Harvard University Press, 1975).

여할 수 있을 것이다.

성부의 활동은 발화행위(locution)다. 성부 하나님은 말들의 발화자, 낳는 자(begetter), 유지자이시다. 성부 하나님은 이전 시대에는 '예언자들을 통해 말씀하시는'(*locutus est per prophetas*) 행위자셨으며, 지금은 아들을 통해 말씀하시는 분이다(히 1:1-2). 성부 하나님의 발화행위는 성경의 인간 저자들의 삶에 그분이 섭리적으로 개입하신 결과다. 하나님은 자신을 강력한 화행자로 만드는 문학적 기사(literary account)를 생산하기 위해 인간의 지성과 상상력 가운데서, 그것을 통해 역사하신다.

로고스는 화자의 행위 혹은 발화수반행위에, 즉 우리가 말을 함으로써 **행하는** 바에 대응된다. 발화수반행위는 내용(지시 대상과 술부)과 그 명제가 어떻게 받아들여져야 하는지 보여 주는 특별한 의도(힘)를 갖는다.[101] 하나의 화행을, 말하자면 하나의 약속으로 **여기게** 해주는 것은 그것이 가진 '발화수반력'이다. 어떤 발화수반행위가 수행되었는지는 화자에 의해 결정된다. 그러므로 그 발화행위의 의미는 객관적인 것이다.

발화행위의 세 번째 측면은 발화효과행위다. 이것은 발화수반행위가 듣는 자의 행위들이나 신념들에 대해 끼치는 효과를 가리킨다. 예를 들면, '논증'(illocution)으로, 나는 누군가를 '설득'(perlocution)할 수 있다.

이 분석이 가진 커다란 혜택은 우리가 이 분석으로 하나님의 말씀과 성령님의 관계를 명확하게 설명할 수 있다는 것이다. 첫째, 성령은 독자를 조명해 주셔서, 그 독자가 발화행위의 의도적 핵심을 파악하고, 성경이 무엇을 하는지를 인식할 수 있게 해준다. 둘째, 성령은 독자에게 성경 텍스트의 발화행위의 의도적 핵심에 대해 적합한 반응을 보이는 것이 마땅하다는 확신을 준다. "오직 이것을 기록함은 너희로 예수께서 하나님의 아들 그리스도이심을 믿게 하려 함이요"(요 20:31).

성령은 성경 문학의 의미론을 변경하지 않는다. 성경에 기록된 발화행위와 발화수반행위는 변하지 않고 그대로 남는다. 성령의 작인성은 오히려 독자에게 그 발화수반행위의 요점을 파악할 수 있게 하여 그에 부응하는 발화

---

101) John Searle, *Speech Acts: An Essay in the Philosophy of Language* (Cambridge: Cambridge University Press, 1969), chap. 2를 보라.

효과행위―믿음이나 순종이나 찬양 등―를 달성하게 하는 것으로 구성된다. 성령의 증거는 다름 아닌 발화수반력의 효과적인 임재다. 성령의 증거 덕분에, 이들 성경의 단어들이 전달하게 된다. 성경의 단어들은 발화수반행위력을 전달하며 그렇게 해서 해방시킨다. 역사-비평적 학문만으로는 발화효과행위를 건질 수 없다.

그러한 견해가 성령 하나님은 '들으시는 주님'으로 여전히 남아 계시며, 성경은 성령이 독자를 조명할 때만 하나님의 말씀이 '된다'는 바르트의 주장과 비슷할까? 그것은 우리가 소통 행위들을 어떻게 바라보느냐와 우리가 **말씀(Word)**을 어떻게 정의하느냐에 달려 있다. 여기에서 복음주의자들은 의견이 서로 갈린다.

- "사람들이 성경을 받아들여야 하는 것은 성경이 하나님의 말씀이 되기 때문이 아니다. 성경은 그렇게 받아들여지든지 않든지 간에 하나님의 **말씀이다**."[102]
- "성경 안에 있는 살아 있는 말씀의 임재는 존재론적 필연성이 아니라 행하시고 말씀하시는 하나님의 자유로운 결정이다."[103]

화행론은 하나님의 계시에 대한 바르트의 삼위일체적 해명에 대해 더 잘 파악할 수 있게 해준다. 내가 방금 제공한 분석에 따르면, 우리는 성경이 신적이며 동시에 인간적인 소통 행위이라고 말할 수 있다. 즉 성경의 발화행위들(locutions)과 발화수반행위들(illocutions)은 오스틴 파러가 "인과적 접속점"이라고 일컫는, 이중적 작인성의 결과다. 성경에 있는 경고들, 약속들, 천명들, 예언들, 노래들 등은 인간의 소통 행위이면서 동시에 하나님의 소통 행위다. 하나님의 말씀이 실제로 기록되었다. 그러나 인간의 담론이 그 의도된 발화효과행위들을 달성하기 위해서는 수사(rhetoric)에 의지하는 반면, 성경의 발화효과행위들은 성령의 작인성에 의존한다.

그렇다면 만일 독자가 그 발화수반행위들에 응답하지 못하더라도, 성경은 하나님의 소통 행위일까? 이 질문은 미묘한 질문이다. 재판이라는 정황에서, 증인의 증언은 그것이 증언이라고 판단될 경우에만 참된 증언이 되는 것

---

102) Lewis and Demarest, *Integrative Theology*, 1:168.
103) Bloesch, *Holy Scripture*, p. 26.

일까? 아니다. 배심원도, 재판관도 실수를 저지를 수 있다. 비록 그 증언이 그렇다고 받아들여지지 않는다 할지라도, 증언은 참일 수 있다. 나의 물음에 대한 대답은 우리가 독자의 반응(발화효과행위)을 '소통 행위'의 정의에 포함시키느냐 마느냐에 달려 있다. 흥미롭게도, 옥스퍼드 영어 사전(Oxford English Dictionary)은 그 첫 항목에 양쪽 가능성을 다 포함시킨다. '소통'은 '명제들을 전달하는 행위'이거나 '전달된 명제'일 수 있다. 어쩌면 그 해결책은 성경이 곧 하나님의 말씀(하나님의 발화행위와 발화수반행위라는 의미에서)이라는 사실과 성경이 하나님의 말씀이 될 수 있다(그 의도된 발화효과행위들을 성취한다는 의미에서)는 사실 모두를 긍정하는 게 될 것이다.

2. 인격적인가 명제적인가? 성경론은 '말씀하시는 하나님'과 '행하시는 하나님' 사이의 양분을 과대평가함으로써 큰 피해를 입어 왔다. 폴 헬름(Paul Helm)은 유익한 언급을 해준다. "하나의 명제를 믿는 일과 한 사람을 믿는 일은, 만일 그 명제가 어떤 사람의 단언인 것으로 취해질 경우에는 전혀 반립(反立)되는 것이 아니다."[104] 언제나 명제들을 단언으로 취급할 필요는 없다. 개개의 모든 발화수반행위는 하나의 명제를 포함한다. 그렇지만 모든 발화수반행위가 단언들의 힘을 가지는 것은 아니다. 약속들도 명제적인 내용을(예를 들면, 뜻과 지시 대상) 지니지만, 단언적 발화수반력보다는 위임적 발화수반력을 지닌다.

그러므로 제임스 바는 명제적 계시에서의 실질적인 쟁점은 장르와 기능이라고 주장하는데, 그의 말은 부분적으로는 맞고 부분적으로는 틀리다.[105] 그는, 장르 착오가 그릇된 종류의 진리 가치들(truth values)을 성경 문장에 덧붙이게 만든다고 말한 점에서는 맞다. 그러나 모든 명제적 계시는 단언적임에 틀림없다고 (그리고 그에 따라서 성경의 어떤 문장들은 허위라고) 생각하는 점에서는 틀리다.

인격적 계시와 명제적 계시 사이의 이분법에 반대하면서 나는 우리가 사람들을 마주 대하는 모든 만남은 소통 행위가 포함된다는 의미에서 '명제적'이라고 말하는 입장이다. 버나드 램이 그렇게 말하듯이, 계시는 만남이기도

---

104) Paul Helm, "Revealed Propositions and Timeless Truth", *Religious Studies* 8 (1972): 132-136.
105) Barr, *Bible in the Modern World*, p. 125.

하며 인식(knowing)이기도 하다. 어떤 사람과의 마주 대함은 '명제적'일 수 있다. 모든 명제의 특징이 '합리주의적'인 것일 필요는 없다. **모든** 명제가 실재에 대한 정확한 대응이라는 주장으로서 개진되는 것은 아니다. 그렇게 주장하는 것은 명제적 계시 개념을 단순하게 희화화하는 것이다. 다시 말하지만, 모든 발화수반행위는 명제적 요소를 가진다. 기억해야 할 요점은 명제들이 다양하게(단언들, 물음들, 명령들 등으로) 취해지고 주어질 수 있다는 점이다.

하나님은 자신의 화행들에 의해 자신을 확인시켜 주신다. 더 쉽게 말하자면, 언어를 가지고 하나님이 행하시는 바는, 우리의 행위들이 우리가 어떠한 자인가를 드러내듯이 하나님의 정체성을 계시한다. 우리가 한 사람을 마주 대하는 방식은 주로 그의 화행들을 통해서다. 그리고 한 사람의 정체성은 주로 그 사람이 자신의 말을 지키는지의 여부와 어떻게 지키는지의 한 기능이다.[106] 하나님은 우리를 위해 말씀을 발하시는 분으로, 또한 자신의 말을 지키시는 분으로 자신을 확인시켜 주신다. 하나님의 말씀은 그 말이 명령이든, 경고든, 약속이든, 용서든, 심지어 단언이든 전적으로 믿을 만하다.

하나님의 자기 계시에 대한 신정통주의적 강조점은 이러한 자기 노출이 발생하는 의미론적 수단을 소홀히 한다는 점에서만큼은 잘못된 것이다. 성경은 그 자체가 하나님이 자신의 아들 예수 그리스도 가운데서 자신을 계시하시는 강력한 화행이다. 성경이 그리스도에 대한 대리가 되는 것이 아니다. 오히려 성경이라는 수단을 통해 그리스도에 대한 기억이 실체를 제공하는 것이다. 하나님의 위격적 정체성이 언어와 문학에 표현된 것이다. 언어적 해석이 없는 행위는 너무나 모호해서 아무 것도 계시할 수 없다.

궁극적으로 하나님의 말씀에 대한 바르트의 서술을 불만족스럽게 만드는 것은, 발화수반행위와 언어적 의미 사이의 연결이 모호하다는 점이다. 어떤 약속을 말로 표출했을 때 언어가 그에 따르는 정상적인 책임들을 면제받을 수 있을 정도로 하나님은 자유로우실까? 만일 하나님이 책임 의식을 갖는, 약속하기와 같은 하나님의 화행들을 바르트가 인정하지 못한다면, 그가 어

---

106) Paul Ricoeur, *Oneself as Another* (Chicago: University of Chicago Press, 1992), chaps. 5-6을 보라.

떻게 그분의 약속에 대해 말할 수 있을지 의문이다. 오스틴이 말했듯이, "우리의 말은 우리를 묶는 끈이다."[107] 그러므로 하나님도 성경 텍스트들에 '묶이신다.'

결론: 말씀의 낮아지심

하나님은 성경 안에서 말씀하실까? 칼뱅은 하나님의 말씀의 위엄에 대해 언급하지만 하나님의 어눌함(stammering)에 대해서도 언급한다. 하나님의 말씀이 '위엄이 있다'고 말하는 것은 하나님의 발화수반행위들이 강력하다는 의미다. 그것은 명백히 왕권 은유에 호소한다. 반면에, 하나님의 강력한 화행들은 인간의 언어 장르라는 형태로 나타난다. 인류와 소통하기 위해, 하나님은 피조물인 매체에, 인간의 언어와 문학에, 인간의 육체와 피에 자신을 맞추셨다(accomodate). 육신이 되신 그리고 성문화된 하나님의 말씀은 소통 행위 가운데 계신 하나님이다. 하나님의 언어의 강력함은, 하나님의 구원하시는 행위의 강력함이 그리스도의 십자가에 감춰졌듯이 하나님의 어눌함(lisp)에 의해 감춰졌다. 하나님의 권능은 연약함 가운데 계시된다. 이 사실은 하나님의 화행에도 적용된다.[108] 용서의 말은 무시될 수도 있고 받아들여질 수도 있다. 하나님의 화행들은, 겸손으로 옷을 입고 있음에도 불구하고, 포로된 자들을 해방하고, 연약한 자들에게 힘을 불어 넣고, 헐벗은 자들을 채우고, 고난당하는 자들을 지탱하기에 충분할 만큼 강력하다.

하나님의 입으로 나가는 말씀은 공허하게 되돌아오지 않고 그 목적을 달성할 것이다(사 55:11). 이 목적이 무엇일까? 나는 그것이 **구현**(embodiment)이라고 본다. 예수 그리스도는 하나님의 말씀의 독특하며 결정적인 구현이며, 언약의 신적 기반이자 성취다. 그리스도의 몸으로서의 교회는 이차적이며 파생적인 구현인 은혜의 언약에 대한 인간의 응답이다. 성령의 권능 가운데서, 기록된 말씀은 하나님 백성들의 삶에 구현되기를 추구

---

107) Austin, *How to Do Things with Words*, p. 10.
108) 연약함이 필요하다는 것, 그 점에서 인간성(humanity)이 필요하다는 것은 무오성을 그리고 그것을 넘어서서 실제 실수를 함의하는 것일까? 아마도 무오성은 함의하겠지만, 실제로 일어난 실수를 함의하는 것은 아니다. 많은 책과 교과서와 전화번호부, 요리책이 오류를 전혀 갖고 있지 않다. 무오성은 단지 '실수를 할 수 있음'을 의미할 뿐이지, 실제로 실수가 범해졌음을 의미하는 것은 아니다.

한다. 성경의 경고들은 주목을 요구하며, 그 명령들은 순종을 요구하며, 그 약속들은 믿음을 요구한다. 말씀은 지속적으로 "재상황화되어야"(recontextualized, 동시대 사람들의 삶과 말과 행위에 구현되어야)한다.[109] 문학 유형이 그에 부응하는 생활 방식을 야기하듯, 성경의 장르들은 문화—하나님 나라—를 낳는다.[110] 성경 말씀을 따르는 것은 참된 자유를 개발하는 것이다.

하나님은 진실로 율법과 지혜와 노래와 묵시와 예언과 내러티브 및 여타의 성경 장르들을 통해 기독교적 실존을 형성하는 일에 참여하신다. 이러한 것들은 그리스도 안에서 하나님이 행하시는 의미와 실질과 함의들을 성령의 증거로 말미암아 전달하는 임명된 수단이다. 성경의 메시지는 어떤 이들에게는 오류가 있는 어리석은 것일 수 있겠지만, 구원을 받는 자들에게는 하나님의 권능이다(고전 1:18). 그러므로 성경론은 성경을 하나님의 강력한 화행들로서 생각할 때라야 바른 것이다. [성경은] "단지 하나님이 세상을 구원해 가시는 구속적 행위들에 대한 기록으로서가 아니라, **그 자체가** 하나님 나라를 세우고 건설해 나가는 위대한 역사 속에서 자신의 역할을 하는 **이러한 구속 행위들 가운데 하나로**"[111] 여겨져야 한다.

---

109) Jodock, *Church's Bible*, p. 143.
110) 제11장을 보라.
111) Warfield, *Inspiration and Authority*, p. 161(강조는 저자의 것).

6장 화행에서 성경 행위로
담론의 언약과 언약의 담론

> 말은 발설되는 순간
> 죽는다고들
> 말한다.
> 하지만 나는 말한다.
> 비로소 그 날
> 그 말은 살기 시작한다고.
>
> ─에밀리 디킨슨(Emily Dickinson)

"너 자신을 알라." 철학자들에게 사람이 된다는 것이 무엇인지 숙고하라는 소크라테스의 요구는 다른 분야에 있는 많은 사람이 지지해 왔다. 인간의 기능들을 생물학적 유기체라는 측면에서(생리학), 감정과 심리의 역기능이라는 측면에서(심리학), 과거 개인들의 행위라는 측면에서(역사), 마찬가지로 다양한 인간 집단의 행위라는 측면에서(사회학) 연구할 수 있다. 마찬가지로, 인간 언어에 대한 연구도 학제적(interdisciplinary)이다. 인간의 언어는 언어학자들에 의해, 인지 심리학자들에 의해, 역사가들에 의해, 논리학자들에 의해, 철학자들에 의해 그리고 물론 신학자들에 의해서도 연구될 수 있다. 만일 3세기의 신학자 테르툴리아누스(Tertullian)가 '인격'을 '말하고 행동하는 존재'로 정의한 것이 옳다면(이는 철학자 Peter Strawson이 1,700년 후에 개인들에 관해 말하게 될 내용과 그리 동떨어져 있지 않다) 우리는 그 두 주제─언어와 사람됨(humanity)─를 당연히 **함께** 다뤄야 할 것이다.

그럴 경우, 언어를 연구한다는 것은 세계 전체와 삶에 대한 조망(view)을 포함하는 쟁점들을 다루는 게 된다. 언어의 기원과 목적을 연구하는 몇몇 접근 방법은 인간의 실존과 행위가 다윈의 진화론의 맥락에서 가장 잘 설명된다고 전제한다. 예를 들어, 언어의 적실성(linguistic relevance)에 대한 탁월한 작품으로 인정받는 그들의 책에서, 댄 스퍼버(Dan Sperber)와 디더 윌슨(Deirdre Wilson)은 인간의 인지 능력이 자연 도태로부터 기인한 메커니즘들을 지닌 생물학적 기능이라고 제시한다. "인간은 효율적인 정보 처리 장치다."[1] 스퍼버와 윌슨이 볼 때, 언어는 본질적으로 의사소통 도구라기보다 기억을 가진 유기체(혹은 장치)로 하여금 정보를 처리할 수 있게 하는 인지적 도구다.[2] 반면에, 조지 스타이너(George Steiner)는 문학의 초월성에 대한 자신의 경험을 바탕으로, "하나님이 언어를 보증하신다(underwrites)"라고 주장한다.[3] 이와 같은 상이한 분석들은 철학자가 멈추어 곰곰이 생각하게 만든다. 또한 그러한 상이점들은 그리스도인들이 언어 연구에 명백히 기독교적인 관점을 가지고 접근해도 되는가라는 물음을 제기한다. 그러나 그것이 바로 이 글의 의도다. 즉 기독교 신앙의 확신들을 기본으로 해서 언어에 대해 성찰해 보려는 것이다.

크레이그 바르톨로뮤(Craig Bartholomew)는 성경에 대한 신학적 해석에 관심을 기울이는 학자들에게 신학에 대한 철학의 관계가 성경 연구와 어떤 연관성이 있는지를 명확히 해 달라고 요청했다.[4] 여기에서 우리는 아마도 수사적 질문의 형태로 진술된, 예루살렘(신학)이 아테네(철학)와 전혀 상관이 없다는 테르툴리아누스의 주장을 따르려 하지는 않을 것이다. 다른 사람들—비기독교적 세계관을 가진 사람들—이 의제를 설정하도록 내버려 두지 말고 기독교 철학자들이 자체적인 연구 조사 프로그램을 추구하라는 알빈 플란팅가(Alvin Plantinga)의 충고를 따르는 것이 더 나을 것이다. 우리에게 필요한 것은 "현재의 유행에 순응하기보다 자신의 기독교적 확신에 더욱 더 순응하는 것"이라고 플랜팅가는 말한다.[5] 진정 맞는 말이다. 도구적 이성과

---

1) Dan Sperber and Deirdre Wilson, *Relevance: Communication and Cognition*, 2nd ed. (Oxford: Blackwell, 1995), p. 46.
2) 같은 책, p. 173.
3) George Steiner, *Real Presences* (Chicago: University of Chicago Press, 1989).
4) Craig Bartholomew, "Philosophy, Theology, and the Crisis in Biblical Interpretation", in *Renewing Biblical Interpretation*, ed. Craig Bartholomew (Grand Rapids, Mich.: Zondervan, 2000).
5) 그가 1983년 노트르담 대학교 John O'Brien 철학 석좌 교수 취임 강의로 했던 "Advice to Christian Philosophers"를 보라.

경험주의와 자연주의에 대한 모더니티의 신앙을 포함해서, 다른 신앙들은 그렇지 않은데 어째서 **기독교** 신앙이 이해에 대한 추구에서 배제되어야 한단 말인가?

 기독교 신앙은 성경에 검증된 예수 그리스도의 계시에 대한 믿음을 진선미가 무엇인지를 판단하는 궁극적인 기준으로 받아들인다. 근대 학문의 결과들에 대해 확신을 하든지 못하든지 간에, 그 결과들에 대해 아예 등을 돌리기보다 그리스도인이든 비그리스도인이든 우리 모두는 이미 자리를 잡은 해석의 틀들을 가지고 자료들에 접근한다는 점을 인정하는 것이 중요하다. 이 글은 언어 및 해석에 관한 '자료들'에 대해 주로 신학적 개념들이 세운 해석의 틀을 가지고 접근한다. 나는 나의 탐구에서 기독교 교리에 대한 고려들을 배제하는 대신에, 그 교리들을 분명하게 활용하려 한다. 이것은 철학에 대해 등을 돌리자는 말이 아니라 인간의 이성이 기독교 교리에 의해 그리고 성경 자체의 언어와 문학에 의해 안내를 받고 고침을 받게 하자는 것이다. 먼저 언어와 문학에 대한 '신학적 탐구들'을 벌인 다음에야 우리는 비로소 철학을 가지고 성경을 해석하는 임무에 대해 **전반적으로** 논할 수 있게 될 것이다.

 언어에 관한 철학과 신학 사이의 대화에서 가장 결실 있는 최근의 발전은, 뭐니 뭐니 해도 언어를 인간 행위의 한 종류 즉 화행으로 강조하는 것이다. 사람들이 언어를 가지고 무엇을 **행하는지** 검토하는 일은 철학과 신학 사이의 좀더 폭넓은 대화를 위한 매력적인 사례 연구를 대표한다. 물론 사람들이 말을 함**으로써** 어떤 일을 한다는 생각은 화행철학의 분석적 개념들이 없었어도 매우 일찍부터 성경 저자들에게 잘 알려져 있었다.

 이 글은 화행철학이 신학자들이 언어에 대해 말하고자 하는 바와 어느 정도까지 비슷하며 어느 정도까지 기여할 수 있는지를 평가해 보려는 것이다. 이렇게 말한다고 해서 화행의 범주들이 논의를 주도하게 될 것이라는 말은 아니다. 그와는 반대로 신적 저작성(divine authorship), 정경 그리고 언약에 대한 기독교적 확신들이 전형적인 화행분석을 수정하고 강화하도록 우리를 이끌어 준다는 점을 살펴보게 될 것이다. 나의 목표는 '언약의 담론'(성경)이 '담론의 언약'(일상 언어와 문학)에 대한 우리의 이해를 분별하고 변화시키도록 만드는 것이다.

 이 장 처음의 다소 긴 부분에서, 나는 내가 "담론의 언약"(covenant of

discourse)이라고 부르는 것 즉 소통에 대한 철학과 신학을 탐구한다. 나의 바람은 기독교 성경학자들과 신학자들이 보기에는 수정할 여지가 있을 어떤 철학적 개념들을 전략적으로 적용하고 그 적용에 기반을 둠으로써, 언어와 이해에 대한 어떤 의견 일치에 도달하는 것이다.

두 번째 부분에서는, "언약의 담론"(discourse of the covenant) 즉 기록된 소통으로서의 성경에 대해 고찰해 볼 것이다. 복잡하며 상호 텍스트적(intertextual) 소통 행위인 정경을 다룸으로써, 우리는 성경 언어가 전형적인 화행론을 넘어 서서 어떻게 여러 방식으로 작용하는가에 대한 우리의 이해를 수정하고 발전시키게 될 것이다. 그러나 성경에 있는 신적 담론을 기술하기 위해 화행 범주들을 활용함으로써 오는 유익은 즉시 드러나게 될 것이다. 이 글 전반에 걸쳐서, 나는 화행들이 무엇인가를 검토할 뿐만 아니라 언어를 인간 행위의 형태로 바라보는 것이 특히 해석을 위해 어떠한 함의들을 지니는가를 살핀다. 여기에서 또한 해석이 정경을 통해서든 아니든 우리에게 말하는 소통 행위자들을 향한 우리의 언약적 책무들을 성취하는 일인 한, 언약이라는 지배적인 주제가 유익하다는 점이 입증될 것이다.

결론에서는 이 분석으로부터 도출되는 내용이 성경 해석들에 대해 갖는 의미를 부각할 것이다. 해석자들을 묘사하는 주도적인 범주들—증인, 제자라는—을 신학의 언어로부터 이끌어낸다는 것은 분명 의미 있는 일이다. 그러므로 하나님과 이웃들이 우리에게 말을 건네 올 때, 그들이 말하는/행하는 바를 경청하고 이해해야 할 우리의 고유한 **신학적** 책임을 기술하는 데 그 외에 다른 말들은 합당치 않을 것이다.

논의 전체를 이루는 일련의 테제들은 '순전한 소통적 해석학'(mere communicative hermeneutic)에 대한 중심 주장들을 요약하고 그 개략을 제공하려 한다. 나의 바람은 그 테제들이 성경에 대한 신학적 해석과 관련하여 등장하는 의견 일치를 표현해 줄 수 있었으면 하는 것이다.

담론의 언약: 화행들

기록된 바, "태초에 말씀이 계시니라."
나는 잠시 멈추어 여기에서 무엇을 이끌어낼 수 있을지 생각해 본다.

말씀은 내가 최고로 여길 수 없는 것이다.
새로운 번역을 시도해 보자.
만일 내가 성령으로 가르침을 받는다면,
나는 이런 의미로 읽는다. '태초에 생각이 있었느니라.'
이 서두에 대해서는 다시금 숙고할 필요가 있다.
그렇지 않다면 성급한 펜 놀림에 감각이 고통을 당할 수 있으리라.
생각이 창조하고, 일을 하고, 시간을 지배하는가?
"태초에 권능이 있었느니라"가 아마도 최상일 것이다.
그렇지만, 펜이 기꺼워하는 손가락들의 충동을 받는 동안,
의심과 주저하는 느낌이 어른거린다.
성령이 난처함 가운데 있는 나를 인도하사,
나는 이렇게 쓴다. '태초에 행위가 있었느니라.'
- 요한 볼프강 폰 괴테(Johann Wolfgang von Goethe), 「파우스트」(*Faust*)

물론 괴테는, 그 문제에 관해서는, 오스틴이나 서얼이나 나의 글을 읽을 기회가 없었다! 그러므로 우리는 「파우스트」를 다음처럼 쓰지 않은 것에 대해 그를 용서할 수 있을 것이다.

이제 내가 기호의 신비를 밝혔도다.
'태초에 **소통 행위**가 있었느니라.'

현대의 일반 해석과 특별히 성경 해석에서 화행들이 지니는 의의에 대해 내가 말하려는 대부분은 괴테의 「파우스트」에 나오는 이 구절들에 함축되어 있다. 그 화행들은 또한 바르톨로뮤가 말하듯 그리스도가 "신학과 철학에 대한 단서…창조 세계 전체의 실마리"가 되도록 우리의 눈길을 예수 그리스도께 향하게 하는 장점을 지녔다.[6] 내가 이해하는 대로, 소통 행위는 실로 파우스트가 고려하는 '로고스'(*logos*)의 번역에 대한 네 가지 가능성―말씀, 생각, 권능, 행위―을 한데 끌어 모아 통합한다. 이는 우리가 앞으로 살펴보게 되듯

---

6) Bartholomew, "Philosophy, Theology."

말과 행위들(word-deeds)은 생각(명제적 내용)과 권능(발화수반력)을 포함하기 때문이다.

우선 괴테는 화행들에 대한 우리의 사고를 신학—더 정확하게는 삼위일체 신학—에 고착시킨다. 결국, 파우스트는 로고스(Logos)의 성육신에 관한 텍스트를 번역하는 중이다. '로고스'를 번역하려는 그의 연속적인 시도들은 한데 엮여서 말씀이 소통 행위-중이신-하나님임을 제시한다. 이것은 '계시자-계시-계시된 것'의 관점에서 하나님의 계시를 분석한 칼 바르트의 삼위일체적 분석과 흡사하다.[7] 하나님은 자신—아버지, 아들, 성령을—을 다른 자들에게 소통하신다. 소통 이론의 맥락에서, 삼위일체 하나님은 소통 작인(성부/저자), 소통 행위(성자/말씀), 소통 결과(성령/수용의 힘)이시다. 때가 되면, 적당한 곳에서 나는 정경도 하나님의 소통 행위의 일종으로 간주될 수 있다고 제시할 것이다.

이 단락에서 괴테는 또한 우리로 하여금 하나님의 소통 행위—로고스—와 성경 말씀들의 관계에 대해 생각하게 만든다. 흥미롭게도, 존 매쿼리(John Macquarrie)는 요한복음 1:1에 대한 자신의 자유로운 번역에서 다음과 같은 번역을 제안한다. "모든 것에 대한 근본은 의미다."[8] 여기에서 물을 필요가 있는 질문은 오직 성육신만이 하나님의 말씀하시기를 망라하는 것인가 아니면 성경 자체도 여러 종류의 하나님의 언어 중 하나로 정당하게 간주될 수 있는 것인가이다.

새로운 학제적 의견 일치? 약 15년 동안 나는 화행들의 맥락에서 언어와 문학을 바라볼 수 있는 가능성을 탐구해 왔다.[9] 그 이래로 소통적 해석학(communicative hermeneutic)이라는 약속의 땅을 향한 순례의 길에 합세한 다른 분야 출신의 여행자들 덕택에 용기를 얻어 왔다. 1998년 5월에 신학의 다섯 분야를 대표하는 참여자들이 영국의 첼튼햄(Cheltenham)에 모여 어떻게 화행철학이 현시대적인 위기에 부응할 수 있는 개념적 자원들을 성

---

7) Karl Barth, *Church Dogmatics* 1/1, trans. G. W. Bromiley (Edinburgh: T. & T. Clark, 1956).
8) John Macquarrie, "God and the World: One Reality of Two?" *Theology* 75 (1972):400.
9) 첫 번째 노력의 결과는 "The Semantics of Biblical Literature", in *Hermeneutics, Canon and Authority*, ed. D. A. Carson and John Woodbridge (Grand Rapids, Mich.: Zondervan, 1986), pp. 49-104였다.

경 해석에 제공할 수 있을지 함께 생각했다.[10] 다음에 이어지는 논의는 그 철학적이며 신학적인 기반만이 아니라 이 개념적 자원들을 밝히려는 시도다.[11]

왜 화행일까? 첫째, 화행들의 맥락에서 생각하는 것이 성경 자체가 인간의 언어를 취급하는 방식과 흡사하기 때문이다. 더욱이 월터스토프가 입증했듯이, 화행의 범주들은 성경을 하나님의 말씀이라고 일컫는 것이 무슨 의미인지를 우리가 음미할 수 있도록 도울 수 있는 잠재력을 지닌다. 그러나 내가 볼 때, 화행철학의 가장 중요한 기여는 의미를 지시(reference)로 환원하거나 오직 성경의 명제적인 내용에만 눈길을 주는 경향으로부터 벗어날 수 있도록 도와준다는 것이다. 텍스트들을 바라볼 때 사태들(states of affairs)을 나타내는 역할 이외의 다른 일들을 행하는 것으로 바라본다면, 정보에 대한 근대적인 집착 때문에 잠식당했던 변혁적 읽기의 가능성들이 열리게 될 것이다. 마지막으로, 화행철학은 그 자체를 아마도 텍스트 해석과 해석학 프로젝트 그 자체를 위협하는 해체주의적인 독소들에 대한 가장 효과적인 해독제로서 추천할 것이다.

나는 그러한 의견 일치를 이루는 일의 어려움에 대해 환상을 전혀 가지지 않는다. 화행론들은 관례들(John Searle)에 대한 의도들(Paul Grice)의 상대적인 중요성을 놓고 양분되어 있다. 그 당면 과제는 남아 있는 유의미한 차이점을 희석하지 않으면서 가장 중요한 공통 요소—가장 큰 공통 분모—들을 적시해야 한다는 것이다. 그렇게 해서 우리가 어떤 기본적인 전제들과 원리들에 대해서는 동의할 수 있는 반면에, 몇몇 의미심장한 차이점은 끝까지 주장할 수 있는 것이다.

우리는 어디에서 동의할까? 내 생각에는 다음 사항들에 대해 상당할 정도

---

10) 분야들과 그 대표적 학자들은 종교철학(Nicholas Wolterstorff), 구약신학(Craig Bartholomew), 신약신학(Anthony Thiselton), 성경신학(Francis Watson), 조직신학(Kevin Vanhoozer)였다.
11) 어떤 독자들은 이 글이 나의 책 *Is There a Meaning in This Text?*에서 얼마나 더 진척된 것인지를 알고 싶어 할 것이다. 새로운 강조점은 소통의 '파송적'(missional) 모델을 포함한다는 것이며, 언약 개념과 그에 수반된 전가 개념을 좀더 일관적으로 사용한다는 것이다. 또, 전적으로 새로운 것은 아니지만, William Alston의 발화수반행위들에 대한 작품을 통합해서 발화효과행위들보다는 발화수반행위들이 우선한다는 사실에 대한 활발한 변호를 그리고 현대철학과 문학 이론에 자주 등장하는 구어적 담론과 문서적 담론 사이의 더 큰 연속성을, 성경 언약들에 대한 분석에 근거해서 새롭게 논증한다는 것이다. 마지막으로, 그리고 가장 놀랄만한 일은 **의미**라는 용어가 거의 등장하지 않는다는 점일 것이다!

의 일치가 존재한다. (1) 우리는 사태를 묘사하는 것 이상의 일을 하는 데 언어를 사용한다. 언어의 유일한 요점이 지시나 표상(representation)에 있다고 믿는 사람은 우리 중 아무도 없다. 우리는 언어가 정보 제공적이면서 동시에 변혁적이기도 하다는 점을 긍정한다. 그러므로 우리는 언어의 의미론만이 아니라 어용론(pragmatics)에 대해서도 관심을 기울인다.[12] (2) 우리는 몇몇 포스트모던주의자 사이에 만연된, 의미와 지시는 철저하게 무규정적이라는 생각을 배격하며, 마찬가지로 저자가 '죽었다'거나 저자는 해석의 절차상 무관하다는, 그와 연결된, 생각을 배격한다. (3) 우리는 표상보다는 **행위**가 핵심 개념이어야 한다는 사실과, 이 사실은 저자와 독자 편에서의 어떤 **권한들**과 **책임들**을 수반한다는 데 동의한다. 특별히 우리는 약속을 화행에 포함된 바에 대한 패러다임으로 본다. (물론 이 글에서는 하나의 대안으로서 내가 **언약**을 제시하지만 말이다.) (4) 우리는 또한 몇몇 포스트모던주의자 사이에 만연된 생각, 즉 독자가 자신의 목적과 이해득실을 위해 텍스트의 의미를 자유롭게 만들어 내거나 조작할 수 있다는 생각을 배격한다.

우리는 어디에서 서로 다를까? 두 가지 점이 떠오른다. 첫째, 어떤 사람들은 화행분석이 성경의 특정 부분들, 예를 들면 예수님의 비유들이나 바울의 설교를 이해하는 데 가장 유익하다고 생각한다(Thiselton). 다른 사람들은 저자의 담론(authorial discours, 담론이 저자와 별개로 성립하기보다 저자와 연결되어 있는, 저자가 살아 있는 담론을 말한다 — 역주) 개념을 회복시키고, 성경 전체를 하나님의 담론으로 읽을 수 있는 가능성들을 열기 위해 화행

---

12) Anthony Thiselton은 오해할 수 있게끔 나를 지시의 맥락에서 의미를 파악하는 학자들과 연결한다. 이는 주로 내가 "단 하나의 규정적 의미"라는 말을 사용하기 때문이다[Thiselton, "'Behind' and 'In Front of' the Text: Language Reference and Indeterminancy", in *After Pentecost: Language and Biblical Interpretation*, ed. Craig Bartholomew, Colin Greene and Karl Möeller (Grand Rapids, Mich.: Zondervan, 2001), p. 103(영국과 유럽에서는 Paternoster Press, Carlislie, U. K.에서 출판되었다)]. 그러므로 이 기회를 빌어, 내가 생각하는 규정이라는 것은 소통 행위 전체를 가리킨다는 점을 말하고자 한다. '단 하나의'(single) 그리고 '규정적'(determinate)이라는 말은 어떤 텍스트의 의미를 고정하는 것은 바로 그 저자가 말한/행한 것이라는 개념이며, 이것이 독자의 강요에 의해 바뀌지 않음을 아우르려는 의도로 사용되었다. "단 하나의 규정적 의미"라는 것은 저자의 의도 행위가 아무리 복잡하더라도 나중에 해석자들에 의해 바뀌는 것이거나 바뀔 수 있는 것이 아니라는 실재론자의 직관을 가리키는 축약어다. 더욱이 규정된 소통 행위들은 종종 단 하나의 명제적 내용에 대한 "무한히 활기 없는 반향"(endlessly wooden replication)이라는 맥락에서 해석을 바라보는 일을 배제하는, 명제들과 수반 사항들과 함의들을 지닌다.

론을 활용한다(Wolterstorff). 그리고 여전히 다른 사람들은 앞의 사항들을 부인하지 않으면서도, 화행철학이 고유하게 신학적인 주제들과 잘 맞아떨어지는 만개된 해석 이론을 위한 범주들을 제공한다고 본다(Vanhoozer). 그러므로 과연 성경 해석자들이 성경적이며 신학적인 통찰들을 일반 해석 이론에 적용하는 일(일반 해석학)에 대치되는 작업으로서, 구체적으로 성경을 읽는 특정한 전략들을 개발하는 일(특수 해석학)에 관심을 기울여야 하는가의 여부가 계속 논의된다.

둘째, 어느 한 텍스트에 대한 해석 공동체의 반응의 역할과 독자들의 수용의 역할 사이에 차이점이 있다. 이 차이점에 대한 한 가지 증상은 우리가 폴 리쾨르의 해석철학이 기여할 수 있는 잠재성을 인정하거나 인정하지 않는 다양한 방향에서 드러난다.[13] 월터스토프는 명백하게 리쾨르의 '텍스트 의미' 해석 이론(theory of 'textual sense' interpretation, 텍스트가 일단 작성된 다음에는 그 저자와 독립해서 뜻을 담지하게 된다는 해석 이론—역주)을 비판한다. 반면에, 티슬턴은 한 문학 작품의 의미는 각 시대마다 그 작품과 독자 사이의 대화적 관계에 놓인다는 리쾨르의 (그리고 Hans Robert Jauss 의) 제안을 탐구한다. 이 점이 성경 해석에 대해 제기하는 물음은 하나님이 말씀하시는 양식(mode)과 횟수(time)에 관계되어 있다. 즉 성경에 있는 하나님의 화행들은 유일회적인가, 아니면 하나님이 읽는 순간마다 새롭게 말씀하시는가? (그리고 만일 그렇다면, 하나님은 똑같은 것을 말씀하시는가 아니면 매 경우마다 다른 것을 말씀하시는가?)

다음에서 나의 목적은 이같이 부상하는 학제적 접근 방법에 놓인 내용이 무엇인지를 더 잘 드러내기 위해 해석학에 속하는 소통 행위의 철학적이며 신학적인 중심 주제 몇 가지를 발전시키려는 것이다. 그렇지만, 화행철학이 결코 해석학의 여왕은 아니다. 어떻게 아닐 수 있을까? 화행철학은 주로 문학적 담론이 아닌 구어적 담론을 다루기 위해 발전되었으며, 인격자들이나 언어에 대한 구체적으로 기독교적인 견해에 대한 관심과는 전혀 별개로 전개되었기 때문이다. 그러므로 화행철학이 몇 가지 핵심적인 통찰과 개념을

---

13) 나중에 나는 이 불일치를 발화수반행위들과 발화효과행위들 사이의 구별이라는 점에서 그리고 해석과 이해에 있어서의 상대적인 역할들이라는 맥락에서 정리할 것이다.

형성했음에도, 나는 자유롭게 다른 이론들(예를 들면, 적실성 이론)과 개념들[예를 들면, 전가(imputation)]을 마찬가지로 활용할 것이다. 그 목적은 C. S. 루이스를 따라서 우리가 '순전한 해석학'(mere hermeneutics)이라고 일컬을 수 있는 것에 대한 하나의 모델을 약술하려는 것이다. 그것은 약술 이상은 아닐 것이다.

소통 행위에 대한 해부. 어떤 탐구에 성공하려면 먼저 올바른 예비적 물음들을 물어야 한다고 아리스토텔레스는 말한다. 만일 우리가 성경 해석의 현시대적 위기를 논평하고 해결하려 한다면, 그 제대로 된 올바른 예비적 물음들은 언어와 소통에 관한 것이리라고 나는 믿는다. 언어란 무엇인가? 소통이란 무엇인가? 이러한 물음들은 실질적인 해석 실천의 배후에 놓여 있으며, 그 실천을 지배하는 기본적인 개념들에 연결되어 있는 한 철학적이다. 이어지는 논의에서의 나의 전략은 그러한 물음들에 대한 최상의 답변들이라 여길 수 있는 것이 무엇인지를 탐구하며, 한편으로 경험적이며 논리적인 일관성과 종합적 측면 및 설득력의 측면에서 그리고 다른 한편으로는 성경과 기독교 전통과의 '적합성'의 측면에서 볼 때, 어디에서 '최상'을 정의할 수 있을지 탐구하는 것이다.

언어 대 발화. 언어 소통에 대한 대부분의 이론들은 '코드' 모델(code model)에 기반을 두어 왔다. 코드 모델에 따르면, 언어는 코드이며 소통은 메시지를 코드화하고 해독하는 일이다. 이 견해에 의하면, 말은 생각들을 표상해 주는 기호들 즉 기호화된 생각들이다. 이 모델이 지니는 주요 문제점은 그 모델이 몇 가지 이유에서 기술적(記述的)인 면이 부적합하다는 것이다. (1) 전달되는 어떤 정보들은 실질적으로 기호화되지 않는다. (2) 이해는 언어적 표시들을 해독하는 것 이상의 일을 포함한다. (3) 말은 정보 이상의 것을 전달해 준다. 기호 이론은 코드와 그 언어에 의해 실질적으로 소통되는 의미 사이의 간격을 설명하지 않은 채 남겨 둔다. 단순히 기호 체계를 통달한다 해도 결코 이해를 보장하지 못한다.

훨씬 더 적합한 것은 언어의 **용례** 혹은 **담론**(사용 중인 언어를 가리키는 전문 용어)에 대한 기술들이다. 어느 사람이 영어 말씨를 개선하려고 "The rain in Spain…"이라는 말을 반복하는 것을 아직은 담론이라고 할 수 없다. (동일한 이유에서, 선반 꼭대기에 놓인 물건을 꺼내기 위해 해석학 책을 깔고 그 위에 올라서는 것도 일종의 **용례**이기는 하지만, 텍스트에 대한 해석으로서의 용례는 아니다.) 그러므로 담론을 '누군가가, 어느 때에, 무엇인가에 대해, 누군가에게 말하는 것'이라고 정의하도록 하자.

리쾨르는 기호학(기호들에 대한 학문)과 의미론(문장들에 대한 학문) 사이에 한 가지 중요한 구별을 한다. 하나의 문장이나 화행은 단순히 더 큰 기호가 아니라 전적으로 다른 질서에 속한 실체다.[14] 문장은 무엇인가를 말하는 구체적인 경우에 사용될 수 있는 언어의 가장 작은 단위다. 문장은 그 기호적인 부분들의 총합 이상이며, 그 자체적인 묘사의 층위를 요구한다.[15] 리쾨르가 볼 때, 기호학과 의미론 사이의 이 구별은 "언어에 대한 전반적인 문제점을 해결하는 열쇠다."[16] 그러므로 그 구별에 대해서는 면밀하게 검토할 필요가 있다.

한 가지 간단한 예를 들면, 한 문장 길이의 담론이 지니는 언어학적 의미만으로는 화자 S가 "커피를 마시면 계속 잠이 안 오겠지"라고 말할 때 의미하는 바를 기호화하는 데 얼마나 부족한지를 잘 볼 수 있을 것이다. 이 문장의 코드를 분해하는 데는 아무런 문제가 없다. 그 말은 아주 명확하며 구문론적으로도 제대로 되어 있다. 아마 카페인이 든 커피가 인간의 신경계를 계속 자극하는 효과를 가진다는 정보가 전달될 것이다. 그러나 그 담론—특정한 경우에서의 그 문장의 쓰임—은 무엇을 의미할까? 그 말을 해독하기에는 불충분하다. 우리는 그 담론의 상황들에 대해 좀 알 필요가 있다. S라는 사람이 "커피 좀 마실래?"라는 말을 들은 경우에 대한 두 가지 시나리오를 생각해보자. (1) S는 밤늦게까지 시험 준비를 하기 위해 공부를 하는 중이어서 깨어 있으려고 노력한다. (2) S는 시험 준비를 다 마쳐서 다음 날 아침 신선하게 시험을 치르기 위해 일찍 자려고 한다. 첫 번째 경우에 "커피를 마시면 계속 잠이 안 오겠지"라는 진술의 의미는 '긍정'(yes)이며, 두 번째 경우에는 '부정'

---

14) Paul Ricoeur, *Interpretation Theory and the Surplus of Meaning* (Fort Worth: Texas Christian University Press, 1976), pp. 6-7.
15) 우리는 여기에서 자아(self)와 문장(sentence) 사이의 병행점을 지적할 수 있을 것이다. 그 각각은 Peter Strawson이 "기본적인 특수자"(basic particular)라고 일컫는 것에 해당한다. 즉, 좀더 기본적인 다른 무엇으로 설명될 수 없는 비환원적인 개념이다(Vanhoozer, *Is There a Meaning?*, p. 204를 보라).
16) Ricoeur, *Interpretation Theory*, p. 8.

(no)이다. 이 예가 보여 주는 바는 소통이 언어적인 기호화 이상의 것을 담는다는 것이다. 소통은 누군가의 언어 사용의 좀더 광범위하고 기호화되지 않은 상황들을 포함한다. 그 상황들은 여러 가지 면에서 우리가 아직도 구체적으로 적시해야 할 필요가 있는 것들이다.

소통: 인간 언어의 설계 계획. 단어들만으로는 기껏해야 잠재적인 의미만 가질 뿐이다. 인간의 언어들은 그 사용자들과 독립된 실존성을 향유하는 자유롭게 부유하는 기호 체계들이라고 간주되어서는 안 된다. 심지어 사전도 해당 단어와 연결된 공통적인 용례들을 단순히 전달할 뿐이다. 그러므로 언어 사용자들이 언어를 가지고 무엇을 하느냐에 대한 연구와 별개로 언어를 따로 떼어서 공부하는 것은 가망 없는 작업이다.

철학자 윌리엄 알스톤(William Alston)은 그가 이름 붙인 "쓰임의 원리"(Use Principle)를 옹호한다. 그것은 "어떤 의미를 갖는 표현은 소통 과정에서 어떤 역할을 할 때(어떤 일들을 할 때) 그 표현이 사용될 수 있다는 사실로 이루어진다"라는 것이다.[17] 그럴 경우, 말은 소통의 도구가 된다. 알스톤은 "인격 상호간의 소통이 언어의 주요 기능이다. 따라서 언어의 다른 기능들, 예를 들어 생각의 표출에 언어를 사용하는 일은 인격의 상호 소통 기능으로부터 파생한 것이다"라고 주장한다.[18] 그러므로 '화행'이나 '담론'이라는 말로, 나는 '소통적-쓰임-가운데 있는-언어'(language-in-communicative-use)를 가리키고자 한다.

소통을 위해 언어를 사용하는 일은 임의적으로 일어나는 것이 아니다. 다른 곳에서 나는 언어에 대한 '설계 계획'이 소통과 이해를 가능하게 하기 위함이라고 논의했다.[19] 그러므로 이것이 여기에서의 첫 번째 실질적인 테제―일종의 신학적 확신에서 비롯된 테제―다.

---

17) William P. Alston, *Illocutionary Acts and Sentence Meaning* (Ithaca, N. Y.: Cornell University Press, 2000), p. 154.
18) 같은 책, p. 155.
19) 참고. Vanhoozer, *Is There a Meaning?*, pp. 204-207.

1. 언어는 본래적으로 언약적인 '설계 계획'을 가진다.

언어는 하나님이 주신 천부적 자질이며, 하나님과 타자 및 세계와 관계를 맺는 핵심적인 매개물로 기능한다. 당분간 나의 초점은 인격 상호간의 소통에 맞추어질 것이다. 나는 최근에 일어난 철학에서의 어떤 발전들이 우리의 기독교 신학적 확신들의 기초 위에서 우리가 언어에 대해 믿는 바를 더 잘 이해할 수 있도록 도울 수 있기를 바란다.

소통에 대한 사명적 모델(신학). 송신자-수신자 모델(sender-receiver model)은 커뮤니케이션 학문 분야들에서 잘 알려진 것이다. 이 모델에 따르면, 발원지(화자, 저자)는 언어적 기호(언어, 텍스트)로 메시지를 기호화하고, 그 기호는 그 메시지를 [공중을 통해서(through air), 시간을 넘어서서] 목적지(청자, 독자)에 전달하는 통로로 기능하며, 목적지는 그 기호를 해독함으로써 그 메시지를 수신한다.[20] 언어와 소통의 본성에 대한 논란에 대해, 만일 그럴 수 있다면, 신학은 무슨 빛을 비쳐줄 수 있겠는가? 분명 나는 우리 세계의 모든 것이 '삼위일체의 흔적'이라고 생각하지 않지만, 이 경우에는 흥미로운 유비 이상의 것이 있다고 생각한다. 나는 앞으로 삼위일체론이 단지 하나의 유비가 아니라 인간 소통의 패러다임이라고 주장할 것이다.

삼위일체 하나님은 신적 위격들의 영원한 어울림이다. 물론 성부, 성자, 성령 사이-소위 내재적 삼위일체-에 어떤 '소통'이 있을 것이다. 그럼에도 불구하고, 나는 내재적 삼위일체가 아닌 '경륜적' 삼위일체를 기반으로 소통에 대한 신학적 이해를 전개하고자 한다. '경륜적 삼위일체'는 삼위일체 하나님이 인간의 역사 가운데서 점진적으로 자신을 드러내시는 방법을 가리키는 전문 용어다. 경륜적 삼위일체는 소통 (및 자기 소통) 행위 중에 계신 하나님을 가리키는 명칭이다.

이렇게 해서 나는 두 번째 테제를 말할 수 있게 되었다.

---

20) 참고. Sperber and Wilson, *Relevance*, pp. 4-5.

2. 소통에 대한 기독교적 견해의 패러다임은 소통 행위 중이신 삼위일체 하나님이다.

성부 하나님이 위임하신 성자와 성령의 소위 파송(missions)은 소통의 '송신자-수신자' 모델의 질서와 닮은 점이 있다. 성자의 파송과 성령의 파송은 진리와 사랑 가운데서 인간 타자들에게 접촉하기 위한 하나님의 시도를 대변한다. 성자는 요한복음 17:18에 있는 예수님의 말씀이 시사하듯, 세상을 향한 하나님의 '보내심'(mission)이다. "아버지께서 나를 세상에 보내신 것 같이 나도 그들을 세상에 보내었고." 최소한 부분적으로 예수님의 파송은 성부께서 자신에게 주셨던 말씀을 자신의 제자들에게 주시려는 것이었다(요 17:8). 그러므로 기독교 신학의 핵심에는 **보냄 받은 말씀**(word sent)이라는 주제가 놓여 있다.

이레나이우스는 성부의 사역이 양손으로(two handed) 행하시는 것이라고 믿었다. 즉 말씀은 양식이나 모양(내용)을 제공하신다. 그리고 성령은 생동(animation)과 운동(movement)을 제공하신다. 그러므로 '보냄'은 삼위일체 하나님에 대한 기독교적 사고의 바로 중심을 차지한다. 그래서 화행철학에 대한 나의 공감의 대부분을 설명해 주는 한 성경 구절에서, 우리는 마치 비처럼 하나님의 말씀이 자양분을 땅의 생명에 공급하고 살리기 위해 보냄을 받는다는 예언자 이사야를 통한 하나님의 선언을 읽을 수 있다. "내 입에서 나가는 말도 이와 같이 헛되이 내게로 되돌아오지 아니하고 나의 기뻐하는 뜻을 이루며 내가 보낸 일에 형통함이니라"(사 55:11). 만일 인간이 하는 담론의 모든 부분이 마찬가지로 **무엇인가**를 달성하려는 목적을 지닌다면, 모든 진술은 '파송 선언문'(mission statement)이 된다.

파송의 개념은 소통에 대한 코드 모델을 수반하는가? 파우스트로 되돌아가서, 그 점은 '말씀'이 오로지 배타적으로 '생각'(정보)으로만 여겨지는지, 아니면 마찬가지로 '권능'이나 '행위'로도 생각될 수 있는지에 달려 있다. 신학의 관점에서 볼 때, 성자의 파송―하나님이 지상에 자신의 말씀을 '보내심'―은 기호화가 아닌 행위의 맥락에서 봐야 한다. 파송은 단순히 정보를 전달하는 것이 아니라 하나님 자신의 위격을 전달하는 것(**정보에 해당하는** 의도들의 전달뿐만 아니라 **소통적** 의도들의 전달)이기 때문이다. 하나님의 말씀을 파송하신 목적은 정보에 해당하는 것만이 아니라 **변혁적**(transformative)인 것이다. 실로 영지주의자들은 (그리고 그 이후에 다른 사람들도) 구원을 오직 인식(knowledge)의 문제로만 생각한다는 바로 이 점에서 잘못했던 것이다. 만일 그렇다면, 오직 정보만이 우리를 구원할 수 있었을 것이다. 그러나 그렇지가 않다. 그러므로 소통 행위에 의해서 우리는 많은 종류의 파송을 명심해야 하며, 언어적 메시지들이 바로 그러한 보내심들에 근거해서 보냄 받음을 명심해야 한다.

의도적 행위로서의 소통. 언어 설계 계획과 더불어 파송적 소통 모델은 의도적인 행위라는 맥락에서 담론을 생각하도록 격려해 준다. 사람들은 전형적으로 인간의 행위를 의도라는 맥락에서 개념화한다. 인지 심리학자인 로버트 깁스(Robert Gibbs)는 "인지 의도적 전제"(cognitive intentionalist premise)를 채택한다. "근본적으로 의미에 대한 사람들의 경험은 다른 사람들의 의도에 대한 추론에 의해 구성된다."[21] 깁스는 사람들이 인간의 언어적, 예술적, 문화적 산물들 가운데서 의도들을 찾도록 인지적으로 "고정 회로화되어"(hard-wired) 있음을 입증하는 경험적 증거가 있다고 믿는다. 갓난아기들이 그 부모들의 얼굴과 눈에 초점을 맞추듯이, 청자들과 독자들은 구현된 의도들에 집중한다. "사람들은 무엇보다도 서로서로 자신의 소통적 의도를 전달하기 위해 말을 사용하지, 그 말의 의미론상의 의미들이나 그러한 의도들 배후에 있을 수 있는 무의식적인 이유들을 전달하려고 사용하지 않는다."[22]

여기에서 다시 우리는 한 사람의 언어관이 사람됨에 대한 그의 견해에 의해 조건 지워짐을 볼 수 있다. 기독교적 관점에서 봤을 때, 인간은 기계로 된 자동인형도 아니고 자유로운 정령(精靈)도 아니며 몸을 가진 행위자다. 그리스도인은 인간을 능동적인 언어 발화자라고 보기보다 언어에 완전히 능통한 주권적 주체로 보는 근대적 그림에 대해 그리고 좀더 체계화된 사회경제적 힘들 혹은 정치 세력들의 희생자로 보는 포스트모던 그림에 대해서도 배격한다.[23]

의도성(intentionality)이라는 주제는 너무나 복잡해서 여기에서 철저하

---

21) Raymond W. Gibbs, Jr., *Intentions in the Experience of Meaning* (Cambridge: Cambridge University Press, 1999), p. 326.
22) 같은 책, p. 22.

게 다루기 어렵다. 그렇다고 아예 무시해 버리기에는 너무나 중요한 주제다. 이는 한 행위자가 행하는 것은 존재론적으로나 논리적으로나 그 행위자가 의도했던 바에 대한 개념에 결속되기 때문이다. 이해라는 것은 그 행위자의 의도를 인식하는 것이다. 왜냐하면, 하나의 행위를 다른 어떤 것이 아닌 이것으로 만드는 것이 바로 의도이기 때문이다. 등을 탁 치는 행위가 인사인지, 목이 막힌 누군가를 구하려는 시도인지, 축하하는 제스처인지, 아니면 공격적인 동작인지의 여부는 그 행위가 이루어지는 의도에 달린 것이다. 내가 볼 때, 저자의 의도는 심리학적인 특성으로서가 아니라 행위의 축소될 수 없는 측면으로서 되돌아온다. 의도들은 신체적인 동작이나 언어적인 진술을 통해 수행되는 질료적인 매체 가운데 구현되는 것이다.

의도에 대한 대중적인 그러나 오도된 견해는 의도를 행위자의 계획들 혹은 의욕들(desires)과 동일시하는 것이다("나는 그 곳에 제 시간에 가 있겠다고 의도한다"). 한 행위자가 하고자 계획하는 것과 실제로 행하는 것은 서로 다르다. 아마도 다른 어떤 것보다 이 구별을 유지하는 데 실패했기 때문에 저자의 의도라는 개념에 대한 현재의 문학 이론에 쇠퇴가 온 것 같다.

오직 의도 개념만이 행위들을 단순한 신체적 동작들 이상의 것으로 볼 수 있게 한다. 어느 누군가가 준다거나 공격한다거나 빌린다거나 보호한다고 말할 때, 우리는 단순히 신체적인 동작들만을 기술하는 것이 아니라 의도적인 행위들을 기술하는 것이다. 마찬가지로, 오직 의도 개념만이 단어들과 텍스트들을 질료적인 표시들 이상의 것으로 바라볼 수 있도록 만들어준다. 오직 저자의 의도라는 개념만이 그가 이 단어들을 꼭 이런 식으로 사용함으로써 (**보살핌으로써**) 행하는 바를 우리가 적시할 수 있게 해준다.

소위 저자의 죽음은 실질적으로 가장 좋지 않은 형태의 환원주의다. 그러한 식의 환원주의는 소통 행위들과 의도들을 텍스트로부터 제거해 버리며, 하나의 자율적인 언어적 물상만을 남겨 놓는다. 이것은 그 자체가 하나의 소통 행위인 윙크를 눈 깜박거림으로 축소해 버리는 것, 즉 사소한 (그리고 무

---

23) 사람들이 언약 관계들 가운데서 얼마나 소통적인 작인들인가에 대한 좀더 충분한 설명을 위해서는, Kevin Vanhoozer, "Human Being, Individual and Social." in *The Cambridge Companion to Christian Doctrine, ed. Colin Gunton* (Cambridge: Cambridge University Press, 1997), 특히 pp. 175-183를 보라.

의미한) 신체 동작의 하나로 환원해 버리는 것과 마찬가지다. 만일 우리가 한 행위의 통일성을 설명하는 요소인 의도를 무시한다면, 우리는 행위 그 자체를 상실하는 것이다. 의도가 없다면, 윙크도 없는 것이다. 윙크의 생리적인 과정의 각 단계—신경의 자극들, 근육의 수축—는 분리해서 기술될 수 있겠지만, 그 어떤 단계도 의도나 윙크가 놓인 위치는 아니다. '우리는 해부하기 위해 살인한다.' 그러므로 의도들을 귀속하지 못하는 기술(記述)들은 '성긴'(thin) 기술들을 초래한다. 기술들이 '추근거림'(flirting)과 같은 더 높은 층위의 의도 범주들이 아닌 '신경계의 작용'과 같은 더 낮은 층위의 개념들에 의존해야만 할 때, 그 기술들은 성긴 것이다.

텍스트의 원인을 올바른 층위에 자리매김하는 것이 중요하다. 올바른 층위란, 하부 구조(기호 체계)나 상부 구조(지배적인 이데올로기)가 아니라 그 저자가 집중하는 층위인 완결된 행위의 층위를 말한다. '제거 위주의 기호학'(eliminative semiotics), 즉 의미를 작동 중인 형태소들로 환원하는 경향을 거부하는 것이 매우 중요하다. 의도는 행위 자체의 현상을 상실하지 않고서는 비의도적인 것으로 환원될 수 없다.[24] 저자의 의도는 하나의 행위를 그 자체로 구성하는 본래적인 요소다. 그러므로 하나의 화행은 실행된 소통 의도의 결과다.

적실성. 커뮤니케이션 학문 분야에 비교적 새롭게 등장한 적실성 이론(relevance theory)은 의도 행위의 맥락에서 소통을 이해할 수 있도록 돕는 데 몇 가지 유익한 기여를 했다. 댄 스퍼버와 디더 윌슨은 다음과 같이 쓴다. "소통한다는 것은 한 개인의 의도를 주장하는 것이다. 그러므로 소통한다는 것은 소통되는 정보가 적실함을 함의한다."[25] 스퍼버와 윌슨에 따르면, 소통은 기호화하는 과정이라기보다는 "소통자의 의도들에 대한 추론적 인식 과정"이다.[26] 소통은 청자가 화자의 발화로부터 화자의 의미를 추론할 수 있을

---

24) Gibbs는 의식과 무의식 사이의 극명한 대조보다는 연속성으로 생각하기를 선호한다. 사람들이 행하는 바는 다소간 의도적일 수 있다고 그는 주장한다. "어떠한 개별 언행이나 예술적 이벤트는 실제적으로 의도들의 위계질서를 반영한다. 그리고 그 위계질서의 각 층위는 의식에 대해 각각 서로 다른 관계를 갖는다"(*Intentions*, p. 33). 나는 Gibbs의 지적을 여기에서 약술하는 입장에 대한 반대라기보다는 하나의 보완으로 본다.
25) Sperber and Wilson, *Relevance*, p. vii.
26) 같은 책, p. 9.

때 성공한다.

적실성 이론은 철학자 폴 그라이스(Paul Grice)와 관련있는 대화의 역동성에 대한 통찰들에 기초한다. 그라이스는 기본적으로 일단 어떤 행위가 소통적인 것으로 확인될 경우, 그 소통 행위자가 자신을 이해시키려고 노력한다고 가정하는 게 합리적이라고 생각한다. 화자가 말하는 바는 그 화자의 소통 의도에 대한 증거다. 그러므로 그것은 '협동 원리'(cooperative principle)다. 즉 대화를 할 때, 그 대화가 일어나는 구체적인 상황에서 그 구체적인 목적을 달성하는 데 요구되는 기여를 하라는 것이다. 요구되는 대로 정보를 전달해야 하지만, 그 이상을 할 필요는 없다는 것이다.

적실성 이론은 다음 세 가지 의문에 대답하기 위해 노력한다. S라는 사람이 말하고자 의도했던 바는 무엇인가? S가 함축하고자 의도했던 바는 무엇인가? S가 표현했으며 의도했던 바를 향한 S의 의도된 태도는 무엇인가? 많은 경우에, 화행의 언어적 의미 그 자체만으로는 화자가 의미하는 바를 소통하는 데 실패하게 된다. 그라이스의 협동 원리는, 그 네 가지 격률(maxims)과 더불어서, 그 언어적 의미가 부적절하거나 모호하게 보이는 소통 행위를 그 수신자들이 이해할 수 있게 도와준다. "커피를 마시면 계속 잠이 안 오겠지"와 같은 문장은 표면상으로, 즉 그 언어학적 의미만으로는 사람의 유기적 조직에 미치는 카페인의 효과에 대해 말하는 것처럼 보인다.[27] 이 말에 대해서 문자주의자는 이렇게 대답할 것이다. "나는 너에게 커피가 계속해서 너를 각성시키는지를 묻지 않았다. 내가 물은 건 네가 커피를 좀 마시겠느냐는 것이다." 그러한 답변은 그라이스가 **함의**(implicature)라고 일컫는 바를 애초에 화자가 해준 답변으로부터 이끌어내지 못한다.

그라이스는 부적절해 보이거나 정보가 제대로 되어 있지 않은 것 같은 담론에 부닥칠 때 그리고 그럼으로써 협동 원리를 위반하는 담론에 부닥칠 때, 청자들은 그 대화가 발생하는 더 폭넓은 상황을 이해함으로써 그 의도된 메시지("고맙지만 사양하겠어, 나는 더 이상 커피를 원치 않아")를 도출해야 한다고 제시한다. 성경 해석과 관련하여, 중요한 물음은 글로 쓰인 담론에 대해 '협동 원리'와 같은 것이 존재하느냐이다.

---

27) 이 보기에 대한 확대된 분석으로는, 같은 책, pp. 11, 16, 34-35, 56를 보라.

스퍼버와 윌슨에 따르면, 소통은 적절한 정보를 전달하는 데 관심을 기울인다. 그들의 견해에서 보면, 소통의 목적은 그 수신자의 '인지적 환경'(cognitive environment)을 바꾸는 것이다. 인지적 환경이란 한 사람이 개념적으로 표현할 수 있으며 개연적으로 참된 것으로 받아들이는 가정들의 집합(the set of assumptions)을 말한다. 성공적으로 소통하기 위해서는 상대방의 인지적 환경에 대한 어느 정도의 지식이 필요하다고 그들은 믿는다. 레이몬드 밴 류윈(Raymond V. Van Leeuwen)이 표현하듯, "인간의 소통은 **공유하는** 의미의 세계에서의 실존을 전제로 한다.···문화화된 의미라는 정황들은 어떤 화행(책이나 텍스트를 포함해서)의 수신자들이 자신의 실존이나 상황에 적절한 의미를 도출해 낼 수 있게 해준다."[28]

단순히 표현됨으로써, 모든 담론은 우리의 주목을 요구한다. 우리를 향해 말을 건넴으로써, 말하는 사람은 어떤 식으론가 우리의 인지 환경을 수정하려는 자신의 의도를 드러낸다. 간단히 "안녕하세요!"(Hi)라고 말하는 것만으로도 그 말이 건네지는 사람이 말하는 사람의 존재에 대해 의식함으로써, 말을 받는 사람의 인지 환경은 수정이 이루어진다. 우리는 건네진 말이 적실성이 있다고 가정하며, 그 정보를 처리하려는 노력을 기울임으로써 혜택을 입는다고 가정한다. '적실성의 전제'(presumption of relevance)는 다름 아닌 인지 효과들의 층위가, 말하자면 소통으로부터 오는 보상이 그 담론을 처리될 만한 가치가 있게 만드는 데 필요하다는 것이다. 다시 말해, 이해하려는 인지적 **노력**(effect)은 결코 이해에서 오는 인지적 **효과들**(effects)을 뛰어넘지 못한다. 적당한 때에 적실성 이론을 재검토하겠다.[29]

발화행위, 발화수반행위, 발화효과행위로서의 소통 행위. 한 가지 층위에서,

---

28) Raymond C. Van Leeuwen, "On Bible Translation and Hermeneutics." in *After Pentecost: Language and Biblical Interpretation*, ed. Craig Bartholomew, Colin Greene, and Karl Möeller (Grand Rapids, Mich.: Zondervan, 2001), p. 286.

29) Jürgen Habermas는 소위 '합리성의 전제'라 할 수 있는 유사한 지적을 한다. 알맞은 개개의 모든 화행은 세 가지 타당한 조건을 맞추어야 한다. 그 화행은 참되어야 한다(그 화행은 외부 세계에 있는 무엇인가를 표상해야 한다). 그 화행은 진실해야 한다(그 화행은 화자의 의도들이나 내면세계를 신실하게 표현해야 한다). 그 화행은 올발라야 한다(그 화행은 사회세계의 정황에 적절하게 맞아떨어져야 한다). 이 세 가지 조건은 함께 소통적 합리성의 전제를 이룬다[Jürgen Habermas, *The Theory of Communicative Action*, trans. Thomas McCarthy (Boston: Beacon, 1984), 1:3-5-308].

화행철학은 의도적인 행위로서의 파송적 소통 모델과 너무나도 잘 부합한다. 실로 오스틴의 영향력 있는 강연집의 제목인 「말을 가지고 행하는 법」은 근본적으로 정보 전달로서의 언어에 대한 그림(속달우편 식 소통 모델이라고 부를 수 있다)을 우리가 넘어서게 하겠다는 그의 의도를 전달해 준다. 오스틴과 여타의 학자들이 지적하듯, 화행들은 정보 전달 이상의 다른 일거리가 있다.

이 글은 화행들에 대한 만개된 이론을 전개할 자리는 아니다. 그러한 설명들은 많이 있다. 일종의 소개로서, 대부분의 화행론이 우리가 언어를 가지고 행하는 세 가지 두드러진 측면 혹은 차원을 구별한다고 말하는 것으로 충분할 것이다. 다음 언급을 생각해 보자. "예수님은 주님이다." 이 언급에서 화자가 행하는 바에 대한 보고로는 다음 중 어느 것도 정확할 수 있다. (1) 목소리를 냈다. (2) 프랑스 말씨를 썼다. (3) "예수님은 주님이다"라고 말했다. (4) 예수님이 주님이라고 고백했다. (5) 예수님이 주님이라고 그의 이웃에게 말했다. (6) 자기의 암이 어떻게 갑자기 사라져 버렸는지를 설명했다. (7) 상대적으로 내가 영적이지 못하다고 느끼게 만들었다.

이 예들을 화행 범주들로 나누어 보면, 1-3은 '발화'(Austin, Searle) 혹은 '문장'(sentential, Alston) 행위다. 이러한 발화행위의 층위에서는 아무런 소통이 일어나지 않는다. 특히 진술 1과 2는 그 언급의 **내용**과는 무관심하다. 이 각각의 처음 세 진술은 모두 말하는 자의 소통 의도를 기술하지 못한다. 화자의 소통 의도라는 측면—소통 행위의 본질적인 측면—은 발화수반적 차원에 속한다. '발화수반행위'라는 용어는 우리가 무슨 말인가를 함으로써 **행하는** 일을 가리키는 것으로 오스틴이 만든 말이다. 진술 4와 5는 발화수반행위를 보고한다. 진술 6은 좀더 복잡하다. 오직 그 소통 행위의 좀더 폭넓은 정황을 고려할 때만 그 점에 대해 명확해질 수 있겠지만, 진술 6은 그 화행의 정당한 함의 혹은 논리적 함의일 수도 있다. 그러나 진술 7에서는 전적으로 다른 일이 일어난다. 그 진술은 그 발화수반행위의 **효과** 혹은 부산물에 대한 보고다. 오스틴은 이것을 '발화효과행위'—무엇인가를 말**함으로써** 생겨나게 된 효과—라고 일컬었다. 앞으로 살펴보게 되듯, 발화수반행위들과 발화효과행위들을 구별하는 것은 소통 의도들과 소통 행위들의 맥락에서 텍스트를 해석하는 데 절대적으로 근본적이다.

만일 분석철학이 소통 행위에 대한 하나의 해부를 진행한다면, 발화수반행위 개념이 그 핵심이라고 판단해야 할 것이다. 해석은 본질적으로 발화수반행위들, 즉 화자들과 저자들이 그들이 가진 말을 보살피고 꾸려서 행하는 바를 확인(identifying)하고 적시(specifying)하는 일이다. 그러므로 여기에서 또 하나의 원리가 등장하게 된다.

3. '의미'는 소통 행위의 결과, 즉 저자가 어떤 구체적인 때에 특정한 방식으로 어떤 말들을 보살피고 꾸려감으로써 행한 바의 결과다.

성경 해석이 발화수반행위들에 대한 분석철학의 통찰들에 익숙하게 될 때, 철학은 성경 해석과 관련해서 제 역할을 발휘하게 된다. 따라서 나는 발화수반행위들에 대한 윌리엄 알스톤의 작업을 한 차례 이상 언급할 것이다. 그리고 또한 언약에 대한 성경신학적 관점에서 발화수반행위들을 살펴봄으로써 알스톤의 설명을 심화하고자 노력할 것이다.

우선은 발화수반행위의 맥락에서 의미를 바라보는 입장에 대해서는 아마도 알스톤이 가장 완벽하고 유일한 변론서를 저술했음을 언급하는 것으로 족할 것이다. 정확히 말해서, 알스톤은 문장의 의미를 발화수반행위 **잠재력**이라는 맥락에서 정의한다. 하나의 문장이 어떠한 의미를 갖는다는 것은 그 문장이 소통에서 어떤 역할을 하도록 (어떤 일들을 행하도록) 사용될 수 있다는 가능성으로 구성된다. 즉 "예수님은 주님이다"라는 문장의 의미는 우리가 그 문장을 예수님이 주님이라고 고백하는 데 사용할 수 있다. 그 문장은 **예수님**을 주어로 하고 **주님이다**를 서술부로 하는 명제적인 내용 때문에 그리고 그 문장에 대한 발화가 그 말을 하는 사람으로 하여금 그 명제를 향한 어떤 입장—이 경우에는 '단언적' 입장—을 지닐 수 있도록 해줄 수 있기 때문에 이 잠재력을 갖는 것이다.

서얼과 알스톤 그리고 월터스토프는 모두 약속하기(promising)를 화행의, 대표적이라고는 할 수 없다 할지라도 하나의, 전범으로 여긴다. "앞으로 내가 A를 하겠다"라는 것은 나의 약속의 내용이다. 그렇지만 이 개념을 확인한다고 해서 그 개념 확인만으로 약속을 하는 행위 가운데 **이루어지는** 바가 남김없이 다 파악되는 것은 아니다. 약속한다는 것은 장래의 어떤 행위와 관련해서 자신이 책무를 걸머지는 것이다. 특히 알스톤과 월터스토프는 행위자가 약속의 내용에 대해 규범적인 입장을 취한다는 점을 강조한다. 다시 말해, 약속을 발화함으로써, 화자는 그 약속을 만족시킬 조건들에 대한 책임을 받아들인다는 것이다. 그러므로 약속을 하는 일은 약속을 하는 사람의 규범적 입장을 변경시킨다. 그리하여 이제 그 사람은 약속을 하기 전에는 책임을 지지 않던 어떤 일을 행할 책임을 지는 것이다. 알스톤은 다음과 같이 말한다. "화자 편에서의 어떤 규범적인 입장 덕분에, 발화는 가장 기본적으로 어떤 유형의 발화수반행위가 된다."[30] 어떤 규범적 입장을 취한다는 것은 그 사람이 적절함과 올바름에 대한 판단들을 받게 된다는 것을 의미한다. 하나의 화행을 무엇인가**로 간주하는 것**은 그 화행에 사용된 단어들에만 의존하는 것이 아니라 언어가 사용될 수 있도록 만드는 상호주관적인 상황(형편들, 관례들, 규칙들 등)에도 의존한다.

아마도 언어를 가지고 사람들이 어떻게 일을 행하는가에 대한 가장 순전한 예들은, 서얼이 '선언진술들'(declaratives)이라고 명명하고 알스톤이 '집행진술들'(exercitives)이라고 명명하는 것일 것이다. 이 군(群)에 속하는 화행들은 "언어상의 권위 행사(exercises), 무엇인가의 '사회적 위상'을 바꾸는 언어적 방식들, 한 사람의 사회적 혹은 제도적 역할이나 지위 때문에 가능한 행위"로 이루어진다.[31] 여기에서 핵심적인 사실은 오직 그 발화가 적절한 권위를 지니며 적절한 상황들 가운데서 발화될 경우에만 무엇인가를 초래한다는 사실이다. 그러한 '집행적' 화행들의 예로는, "당신, 해고됐어!"와 "이제 내가 두 사람이 남편과 아내가 되었음을 선언합니다"가 있을 것이다. 리쾨르가 검토하는 또 하나의 예는 법정에서의 선고에 대한 선언이다. "내가 당신에게 종신형을 언도하노라." 리쾨르가 볼 때, "선언 행위"(sentencing)는 법의 보편성과 삶의 현장의 특수성이 만나는 자리며, 바라기는 지혜롭고 정의로운 판단을 초래하는 자리다.[32] 여기에서 핵심은 이러한 소통 행위들에는 언어적 코드나 단어들의 기본적인 의미 훨씬 이상의 것이 내포된다는 것이다. 이러한 소통 행위들은 말을 가지고 자신이 행하는 것에 대한 책임을 받아

---

30) Alston, *Illocutionary Acts*, p. 71.
31) 같은 책, p. 34.

들이는 소통 작인들을 포함한다.

소통 행위에서 언약 관계로. 본질적으로 소통 행위란 상호 인격적인(interpersonal) 일이다. 그러므로 소통 행위에는 네 번째의 전반적인 차원— '상호 발화적'(interlocutionary) 차원—이 존재한다. 이제 소통 행위의 행위자든 그 수신자든 간에 한 사람의 상호 발화자(interlocutor)를 **소통 가담자**(communicant, 이 단어는 '성찬을 받는 사람' 및 '정보를 주고받는 사람'이라는 뜻 둘 다를 지니고 있다—역주)라 부르도록 하자. 흥미롭게도, 철학자인 오스틴조차도 "우리의 말은 우리를 속박한다"라고 씀으로써, 발화수반행위들의 언약적 차원을 암시했다.[33] 티슬턴은 유익하게도 인간의 언어와 관련된 권리들과 책무들에 대한 성경의 자료에 주목하도록 만들었다. 물론 그가 올바르게 지적하듯, 성경에서 이 '권리들'은 계몽주의적 사고에서처럼 자율적인 개인들에게 부속된 것이 아니라 타자와의 언약들의 문맥에서 등장한다. "**언약적** 책무들은 '성문들 안에 들어와 사는 거류민-객'(the sojourner-guest)조차 되지 못하는, 고립되어 있으며 고아가 되어 버린 자아를 위한 '권리들'과는 다른 기반을 지닌 **관계성**의 네트워크를 전제로 한다."[34]

티슬턴이 언약적 약속 행위에 특별히 주목하는 반면에, 나는 **모든** 소통 행위를 언약적 맥락에서 보려 한다. 철학자들은 일반적으로 언약들에 대해서보다는 문화적이며 사회적인 관례들에 대해 말하는 것을 좀더 편하게 여긴다. 그러나 우리가 이 시점에서 언어의 설계 계획에 호소함으로써 우리의 신학적 확신들이 철학을 심화하도록 만드는 경우에만, 일종의 언약 행위로서의 소통에 대한 좀더 적절한 기술이 가능할 것이다. 소통의 특권과 책임들은 언약이라는 틀에서 가장 잘 확인할 수 있다. 언어는 하나님이 제정하신 언약

---

32) Ricoeur는 법정의 목적은 말이 폭력에 대항해 이기며, 정의가 보응에 대항해 이기도록 확실히 하는 것이라고 주장한다[Paul Ricoeur, *The Just* (Chicago: University of Chicago Press, 2000), p. ix]. 후에 같은 책에서, Ricoeur는 심리(審理)와 텍스트 해석 과정 사이에 존재하는 어떤 병행점에 주목한다. 그 유비는 적절한 것이다. 왜냐하면, 아래에서 내가 주장하듯, 어떤 텍스트의 의미를 해석한다는 것은 본질적으로 의도적인 행위를 책임 있는 행위자에게 귀속하는 일이기 때문이다.

33) J. L. Austin, *How to Do Things with Words* (Oxford: Clarendon, 1962), p. 10.

34) Anthony Thiselton, *The Promise of Hermeneutics* (Grand Rapids, Mich.: Eerdmans, 1999), p. 217. Thiselton은 또한 데카르트적 개인주의는 우리가 상호 발화적 차원을 간과하도록 만든다고 언급한다. 이는 하나의 발화수반행위가 대개 적실성에 대한 주장일 뿐만 아니라 청자 편에서의 다른 어떤 것에 대한 주장이기도 하기 때문이다.

적 제도다. 타자들의 담론을 이해하려는 목적을 지닌 학문 분야로서의 해석학은 오직 타자들과의 관계 가운데서만 존재하는 상호 작용적이며 상호 발화적인 자아를 전제로 한다. 우리가 알 필요가 있는 사실은 모든 담론이 일종의 상호 인격적이며 소통적인, 말하자면 언약적인 행위라는 것이다. 담론의 언약 상대들인 소통 가담자들은 본질적으로 둘—말하는 자와 듣는 자 혹은 저자와 독자—이다.

'누가': 화자/저자. 흔히 말하듯, 해체는 글로 표현된 하나님의 죽음이다. 하나님의 죽음은 다름 아닌 역사의 대저자(the Author)의 죽음이다. 만일 하나님이 안 계시다면, 궁극적으로 역사는 전혀 의미를 지니지 못한다. 사건들의 진행은 더 이상 하나님의 소통 행위를 대변하지 않고 비인격적으로 발생하기 때문에, 단지 무의미한 인과 관계의 연속적 계기일 뿐일 것이다. 마찬가지로 인간 저자들이 없다면, 텍스트들은 어떤 발화수반행위가 수행되었는지 우리가 확인할 수 없다는 단순한 이유 때문에 철저하게 모호해질 것이다.[35] 저자가 없는 텍스트들은 바닷가 해변 위에 대양의 파도가 남긴 흔적들처럼 의미 없는 단순한 실체들에 불과할 것이다. 왜 그럴까? 왜냐하면, 의미란 의도적인(illocutionary) 행위의 결과지 자연적인 사건이 아니기 때문이다. 오직 누군가가 특정한 맥락에서 어떤 식으로 구체적인 말을 사용함으로써 무엇인가를 의미하거나 의미했을 때만 언어적인 의미가 존재하기 때문이다.[36] 그러므로 저자의 죽음은, 하나님이 인간의 투영에 불과하듯 그와 마찬가지로, 의미도 단지 독자/믿는 자 편에서의 투영에 불과하다는 해석학적 비실재론과 의구심으로 이끌기 마련이다. 해석학이나 신학 중 그 어느 것도, 우리가 발견하는 것—하나님, 의미—은 사실상 우리 자신의 투영일 뿐이라는 루드비히 폰 포이어바흐의 의견을 따라갈 수 없다.[37]

해체에 대한 신학적 대응은 '글로 표현된 하나님의 섭리'를 강조하는 것이다. 말로 표현되거나 글로 쓰인 하나님 말씀의 파송(사 55:11)은 말할 것도

---

35) 편이를 위해, 나는 구두적 담론이든 문서적 담론이든, 소통 행위의 행위자들을 공히 '저자들'이라고 부르고자 한다.
36) Gracia의 탁월한 다음 글을 보라. J. E. Gracia, "Can There Be Texts Without Historical Authors?" *American Philosophical Quarterly* 31 (1994): 245-253.
37) 이 점에 대한 좀더 충분한 분석으로는, Vanhoozer, *Is There a Meaning in This Text?* chap. 2을 보라.

없고, 성자와 성령의 파송은 하나님의 섭리의 외향적 작용이다. 그리고 인간의 저자됨은 하나님의 저자됨의 (희미한) 반영이다. 하나님의 형상대로 지음 받은 사람들은 '소통적 작인의 존엄성'을 부여 받았다. 인간은 언약 관계에 있는 소통적 작인들이며, 타자들과의 어느 정도는 세계와의 대화 관계에 들어갈 수 있는 피조물이다. 소통적 작인이 된다는 의미는 어떤 언어 체계를 작동해서 담론의 행위를 불러일으킬 수 있는 능력을 지닌다는 의미다.

저자를 과거에 고정된 행위를 하는 역사적 작인으로 생각해 보라. 한 사람의 저자가 말을 가지고 소통하거나 행하는 바는 그 행위가 속하는 역사적 상황들과 해당 지역, 해당 시대의 특정한 언어 상태에 의존한다. 예를 들어, p-a-i-n이라는 단어를 이해하려면, 저자가 그 말을 영어[고통]로 사용하는지 아니면 불어[빵]로 사용하는지 알 필요가 있다. 우리가 만일 텍스트들을 역사상의 저자들과 연결할 수 없다면, 텍스트들은 잠재적인 의미만을 지닐 뿐이다.

그러나 역사적인 측면이 저자의 작인으로서의 성격을 망라하는 것은 아니다. 저자는 또한 소통 행위를 효과적으로 만들기 위해 자신의 텍스트를 구성하는 미적 작인(aesthetic agent)이기도 하다. 하지만 우리는 한 걸음 더 나아갈 수 있다. 저자는 말하고 행하는 가운데 다른 사람들과 상호 작용하는 도덕적 작인이다. 예를 들어, 내러티브의 저자들은 이야기들을 전할 뿐만 아니라 올바른 삶에 대해 사람들에게 교훈하며, 곤핍한 사람들에게 소망을 주며, 불의한 자들에게 그들을 기다리는 운명에 대해 경고하기도 한다. 마지막으로, 저자는 종교적 작인이기도 하다. 어떤 식으로 말을 함으로써("오직 너희 말은 옳다 옳다, 아니다 아니다 하라"), 저자는 자신의 혀를 사용하는 데 하나님이 주신 책임들을 성취하거나 그렇지 못한 자들이다. 다시 말해서, 우리가 다른 사람들의 담론에 대해 관계를 맺는 방식과 마찬가지로, 우리의 일상의 담론에 대해 관계를 맺는 그 방식이 우리가 신실하고 참된지 아니면 신뢰할 수 없는 거짓말쟁이인지를 입증할 것이다. (앞으로 보겠지만, 동일한 종교적 성격이 해석자들에게 해당된다.)

앞서 우리는 발화수반행위들이 그 행위들의 내용을 향해 저자들이 취하는 규범적인 입장을 내포한다는 사실을 살펴보았다. 약속을 한다는 것은 어떤 책무들을 달성하겠다고 떠맡음으로써 자신이 책임을 걸머지도록 만드는 것이다. 이제 나는 이 점을 일반화해서, **저자란 어떤 발화수반행위들을 자신에**

게 전가할 수 있는 대상자라고 제안하고자 한다. 여기에서는, 전가가 중심적인 개념이다. 왜냐하면, 전가는 **행할 수 있는 능력** 및 그와 연결된 **행위에 대한 책임**이라는 개념 둘 다와 관계되기 때문이다. 전가는 또한 철학과 신학에서 흥미로운 계보를 지닌 개념이다. 칸트는 정확히 전가의 맥락에서 인격자들(persons)과 사물들(things)을 구별했다. "한 사람의 **인격자**는 그 행위들이 그에게 **전가될** 수 있는 주체며…하나의 **사물**은 그것에 전가될 수 있는 것이 전혀 없다."[38] 리쾨르의 말을 빌리면, **전가**는 "행위가 그 행위의 저자라고 여겨지는 어떤 행위자에 대한 기술에 할당될 수 있다는 생각"이다.[39] 전가 개념의 핵심은 어떤 행위를 그 저자에게 돌리는 것 혹은 귀속하는 것이다. 라틴어 '퓨타레'(*putare*)는 정산(computare), 즉 누가 무엇을 했는지 장부에 꼼꼼하게 적는 일을 함축한다. 회계 장부의 은유로서 최고의 은유인 생명책(계 20:12)은 '…에 대해 책임 있다'는 생각을 기본적으로 강조한다.

그러므로 한 사람의 저자가 된다는 것에는 어떤 책임들이 수반된다. 그렇지만, 말을 하는 모든 사람은 저자 즉 소통적 작인이다. 여기에서 우리는 다시금 언어와 인격성의 주제가 서로 합류하는 것을 보게 된다. 그러나 저자들은 작인(행위자)일 뿐만 아니라 어떤 조처의 대상이 되는 사람들이라는 의미에서 **수동자(受動者)**이기도 하다는 점을 인식하는 것이 중요하다. 이는 일단 소통 행위가 완결되면, 그 행위의 저자는 더 이상 아무 일도 할 수 없기 때문이다. 여기에서 우리는 개개의 모든 화행은 누군가의 주목을 바라는 암묵적인 요청이라는 적실성 이론의 주장을 기억할 수 있을 것이다. 저자들은 자신의 작품들(their works)의 수용을 '감당'(suffer)해야 한다. 그 감당에는 아무도 주목하지 않거나 누군가가 잘못 주목할 수 있는 가능성들도 포함된다. 그러므로 저자의 작인성에 대해 내가 말했던 내용은 저자의 수동성(passivity)을 인정함으로써 균형을 잡을 필요가 있다. 저자는 능동적인 행위자이기도 하며, 동시에 수동적인 '타자'—유의미한 표명을 하는 '타자'—이기도 하다. 담론의 언약은 쌍방향으로 작용한다. 즉 저자는 자신의 행위에 대해 책임을 지며, 독자는 타자(=저자)에 대한 그리고 그 타자의 행위에 대한 자신의 반응

---

38) Immanuel Kant, *The Metaphysics of Morals* (Cambridge: Cambridge University Press, 1996), p. 16.
39) Ricoeur, *The Just*, p. xvi.

에 대해 책임을 진다.

'무엇을': 말, 언어 혹은 텍스트 행위. 지금까지 나는 언어 활용을 행위와 비교해 왔다. 언어는 동시에 '행하기'(doing)이자 또한 '이루어진 행위'(deed)다. **소통**은 그 과정과 생산물 모두를, 소통 행위와 그 완결된 행위 둘 다를 가리킬 수 있다. 하나의 소통 행위가 어떤 행위인가를 말하려면, 양쪽을 바꿔서 행위를 일종의 말하기 형태로 생각하면 도움이 될 것이다. 우선, 어떤 행위를 하는 것은 발화행위에 대응된다. 두 번째로, 행위들은 명제적인 내용(예를 들면, 'S가 그 공에 대해 y를 행한다') 및 발화수반력(예를 들면, 발로 차기)을 갖는다.[40] 마지막으로, 행위들은 또한 발화효과행위들('S가 한 골을 넣었다')을 가질 수가 있다.

알스톤은 유익하게도 발화수반행위들이 어떻게 발화행위들 위에서 '병발'하는지를 보여 준다. 우리는 오직 발화행위들—단어들, 문장들—에 기초해서만 발화수반행위를 행할 수 있다. 물론 발화수반행위들을 발화행위들로 환원할 수는 없지만 말이다. 말하자면, '예수님이 물 위를 걸으심'이라는 동일한 명제적 내용은 여러 다른 방식으로 보살펴지고 꾸려질 수 있으며, 이러한 다른 방식들—단언하기, 묻기, 충고하기 등—은 우리의 말과 세계의 '부합 방향'을 결정해 준다.

그러므로 하나의 텍스트는 질료(명제적 내용)와 에너지(발화수반력)를 가지는 소통 행위다. 이 유비를 그대로 사용하면, 진정한 해석은 텍스트의 질료와 에너지를 보존한다. 그에 비해 해체는 그 질료와 에너지를 흩어 놓는다. 하나의 텍스트가 규정된 소통 행위라는 사실에서부터 그 텍스트/행위를 기술할 수 있는 단 하나의 정확한 행위만 있다는 주장은 따라오지 않는다. 저자가 행한 바에 대한 의견들은 우리가 그 저자의 언어와 정황들을 좀더 심도 있게 이해하게 됨에 따라 바뀔 수 있으며, 의당 그래야 한다. 그러나 이것은 그 저자가 그 이전에 하지 않은 어떤 일을 했다는 말이 아니다. 동시에 저자들이

---

40) Alston의 분석은 약간 다르다. Alston이 볼 때, 어떤 행위의 '내용'은 대상과 수행을 포함한다. '그 공을 발로 차기.' 발화수반행위들과 관련해서 Alston에게는, 이는 행위의 내용이 그 명제적 요소와 그 발화수반력을 포함한다는 것을 의미한다. Searle이 볼 때 (그리고 대개 나의 경우) '내용'은 주로 발화수반행위의 명제적 요소를 가리킨다. 내가 볼 때, 차이점은 주로 용어적인 것이다. 물론 그 차이점이 있음은 명심해야 하지만 말이다.

복잡하며 다층적인(multi-layered) 의도들을 소통하려고 의도할 수 있음을 인정하는 것이 중요하다.

「호빗」(*The Hobbit*, 씨앗을뿌리는사람들 역간)의 앞부분에 매우 시사적인 대화가 나온다. 그 장면은 갠달프(Gandalf)가 빌보 배긴스(Bilbo Baggins)를 처음으로 방문하는 장면이다.

"좋은 아침입니다!"라고 빌보가 말했다. 빌보의 뜻은 이런 것이었다.…
"그게 뭔 뜻으로 하는 말이오?"라고 그[갠달프]가 물었다. "내게 좋은 아침을 원한다는 뜻이오? 아니면 내가 원하든 그렇지 않든 간에, 좋은 아침이라는 뜻이오? 아니면 당신이 오늘 아침을 좋다고 느낀다는 뜻이오? 아니면 아침은 좋은 것이라는 뜻이오?"
"그것들을 다 말하는 겁니다." 빌보가 말했다. "더구나 바깥으로 나가서 담배 파이프를 물고서 담배를 피우기에는 더더욱 좋은 아침입니다."

그리고 조금 더 있다가 빌보는 매우 다른 발화수반적인 의도를 가지고 똑같은 발화행위를 사용한다.

"좋은 아침입니다! 여기 있는 우리는 더 이상 어떠한 모험도 원치 않아요, 감사합니다."
"당신은 참 여러 가지로 **좋은 아침**이란 말을 사용하는구려!" 갠달프가 말했다. "지금은 내가 없어지기를 바란다는 뜻이겠지. 그리고 내가 떠나야만 좋은 아침이 되겠구먼."

빌보가 처음으로 말한 "좋은 아침입니다"는 한 가지 이상의 발화수반행위를 수행한다. 훌륭하고 능숙하게 말한다. 이 경우에 빌보의 단 하나의 규정된 의미는 사실 단순하기보다는 복합적이라고 말해야 할 것이다. 만일 필요하다면, 단 하나라는 말도 포기할 태세다. 물론 나는 그 말이 규정된(determinate)이라는 진짜 중요한 수식어에 여전히 함축되었다고 생각하지만 말이다.

앞서 말한 내용에서 핵심적으로 걸려 있는 사실은 문자적 의미의 위상이다. 이 분석은 나의 네 번째 테제이기도 한 한 가지 정의를 제시한다.

4. 하나의 발화나 텍스트의 문자적 의미는 그 저자가 의도적으로 그리고 스스로 의식하면서 수행한 발화수반행위들의 총합이다.

담론을 연구하는 길은 여러 가지가 있다. 그러나 모든 길이 다 소통 행위를 기술하는 소임에 적절한 것은 아니다. 진정한 해석은 길버트 라일(Gilbert Ryle)의 멋진 어구를 빌리면, 소통 행위들에 대한 적절히 "두터운 기술들"(thick descriptions)을 제공하는 일이다. 하나의 기술이 충분히 두텁다는 것은 그 기술이 저자가 텍스트에서 행하는 모든 것—즉 발화수반행위들—을 우리가 인식할 수 있도록 해줄 경우를 말한다.

전형적으로, 역사 비평적 주석들은 한 텍스트의 작성 역사와 과정을 기술하거나 '실제로 발생했던 일'을 기술한다. 의미에 대한 전통적인 '그림 이론'(picture theory)을 따른다면, 문자적 의미는 단어나 문장이 **가리켰던** 바가 될 것이다. 그러나 내가 볼 때, 문자적 의미는 그 저자에 의해 행해진 발화수반행위를 가리킨다. 중요한 점은, 문자적 의미는 그 의미를 밝히고자 할 때 상당히 "두터운" 기술을 요구한다는 것이다. 라일이 볼 때, 예를 들어 하나의 윙크에 대한 성긴 기술은 오로지 최소한의 설명만을 제공하는 기술일 것이다('눈꺼풀의 급작스런 수축'). 그 기술은 누군가가 행하는 바를 우리가 알 수 있게 해주는 의도의 맥락을 생략하기 때문에 성기다. 대부분의 현대 성경 연구 분야는 유사한 생략들 때문에 오직 '성긴 기술'만을 낳는다. 본문 비평은 발화행위의 층위에 갇혀 있으며, 역사 비평은 지시 대상의 문제에 사로잡혀 있다. 복음서들의 질료와 에너지는 역사 비평적 주석들에서는 거의 사라져 버렸다. 하나의 텍스트에 관해서 우리가 알 필요가 있는 가장 중요한 것은, 그 텍스트가 어떤 종류의 소통 행위(들)를 어떤 내용을 가지고 수행하는가라고 나는 주장한다.

'무슨 이유'로 그리고 '어디로': 독자. 나는 모든 화행은 파송 선언문들, 즉 보냄 받은 목적을 달성해야 할 사명을 띠는 말이라고 선언했다. 적실성 이론에 따르면, 그 목적은 어떤 식으론가 수신자의 인지 환경을 바꾸려는 것이다. 소통 행위의 '어디로'(whereto)는 독자다. 그리고 소통 행위의 '무슨 이유로'(wherefore)는 그 독자의 변화다. (최소한 이것은 독자가 새로운 생각을 즐길 것임을 의미한다.)

저자들은 종종 자신의 담론에 의해 무엇인가를 달성하고자 한다. 예를 들어, 요한복음의 저자는 예수님에 대한 이야기를 전함으로써 독자들로부터 예수가 그리스도시라는 믿음을 이끌어내고자 한다. 문제는 이 가외의 효과—믿음을 이끌어내는 일—가 그 저자의 소통 행위의 일부분으로 간주되어야 하는가이다. 나는 간주될 수 없다고 생각한다. 알스톤이 맞다. 하나의 발화수반행위가 발화효과행위들을 낳을 수는 있지만, 발화수반행위는 그러한 효과들로 **이루어지는** 것이 아니다. 저자의 발화수반행위에 적절하게 속할 수 있는 유일한 효과는 **이해**—발화수반행위에 대해 그것이 무엇인지를 인식하는 것—다. 스퍼버와 윌슨 역시 동의한다. "우리가 볼 때, 진정한 소통자와 기꺼운 청자가 공통으로 소유할 수밖에 없는 유일한 목적은 깨달음을 얻는 것이다. 즉 청자에 의해 소통자의 정보적 의도가 인식되도록 만드는 것이다."[41] "집어 들어서 읽으라(Take up and Read)"는 아우구스티누스의 공식을 참신하게 뒤집어서, 우리는 이해란 읽어서 **잡아채는 것**(reading and taking up, 발화수반행위)의 문제라고 말할 수 있을 것이다.

법철학자인 더프(R. A. Duff)는 의도가 "결과를 이끌어내기 위한 행위"라고 정의하면서, 의도를 바람 및 예견과 구별한다.[42] 바라던 결과는 발화효과행위와 같은 것이며, 예견하지 못했던 결과는 우연한 효과와 같은 것이다. 마찬가지로, 폰 라이트(G. H. von Wright)는 하나의 행위를 개념적으로 구성하는 결과들에 대해서는 **결과**(result)라는 용어를 사용하고, 하나의 행위가 낳는 좀더 부수적인 것들에 대해서는 **영향**(consequence)이라는 용어를 사용한다.[43] 그러므로 그 구별은 본래적인 것과 내재적인 것 사이의 구별이다. 하나의 결과는 발화수반행위의 수행에서 발생하는 것이다("그는 예수님이 주님이라고 **고백했다**"). 그에 반해, 영향은 한 행위의 수행에서 따라 나올 수

---

41) Sperber and Wilson, *Relevance*, p. 161.
42) R. A. Duff, *Intention, Agency and Criminal Liability: Philosophy of Action and the Criminal Law* (Oxford: Blackwell, 1990).
43) G. H. Von Wright, *Explanation and Understanding* (Ithaca, N. Y.: Cornell University Press, 1971)를 보라.

도 있고 없을 수도 있는 사건이다("그는 내가 상대적으로 덜 영적이라고 느끼도록 만들었다"). 주요 핵심은 영향들은 행위들에 대해 본래적이 아니라 외재적(extrinsic)이라는 것이다.

이해란 저자의 발화수반행위가 무엇인지를 인식하는 것에 해당하는 일이다. 하나의 소통 행위는 단순히 그 행위가 인식되는 일 덕분에, 그 행위가 파송된 발화수반 목적을 성취한다. 소통은 말하는 이의 소통 의도가 서로에게 알려지게 될 때 성공을 거둔다. 독자는 말해진 바를 이해하기 위해 그것을 믿거나 그것에 순종할 필요는 없다. 담론의 언약에서의 독자의 역할은 단지 이해를 추구하는 것이다. 그러므로 소통 행위에 대한 우리의 해부는 다섯 번째 테제인 우리가 앞으로 살펴보게 될 성경 해석의 소임에 결정적으로 중요한 테제로 이끌어 준다.

5. 이해는 발화수반행위들과 그 행위들의 결과를 인식함으로써 이루어진다.

그러나 소통 행위는 종종 이해 이상의 영향들을 낳는다. 엄밀하게 말해서, 이 영향들은 내가 주장했던 이해의 참된 대상인 발화수반행위의 일부가 아니다. 물론 독자가 그렇게 의도하지 않은 영향들을 알아보려는 일을 막을 수는 없다. 그러나 그와 같은 조사를 '해석'이라고 부르지 못하게 할 수는 **있다**. 그것은 바로 소통 행위가 무엇**인지**에 대한 우리의 분석이다.

소통 행위는 '밟히는'(overstood) 수가 있다. 즉 독자들이 발화수반행위들을 추론하는 일 이외의 다른 식으로 텍스트들에 반응할 수 있다. 그리고 종종 텍스트를 짓밟는(overstanding) 그럴듯한 이유들이 있다. 예를 들어, 깁스는 흔히 북부 연방을 지지하고 노예 폐지를 찬성하는 소설로 여겨지는 미국 남북전쟁 시기에 나온 쥘 베른(Jules Verne)의 「신비의 섬」(*The Mysterious Island*)의 예를 인용한다. 그렇지만, 심층에서 이데올로기들이 사람들에게 영향을 끼치는 여러 가지 방식에 대해 민감한 최근의 여러 독자는 베른의 작품에 어른거리는 인종차별주의의 증거를 탐지한다. "그 책은 베른의 의도적 의미들의 맥락에서 읽을 때는 반인종차별주의적인 것으로 보이지만, 좀더 현대적인 관점에서 읽을 때는 인종차별주의적이다."[44] 물론 성차별주의와 관련해서 성경에 대해서도 유사한 언급들이 있어 왔다. 그러나 정치적 올바름의 측면에서 내리는 판단들은 적절할 수 있겠지만, 너무나 신속하게 성급한 판단을 내리지 않는 것이 중요하다. 첫 번째 단계는 행해진 바를 확인하는 것이다. 그 다음에만 그 행위를 평가할 수 있는 처지에 들어가게 되는 것이다. 실로 저자가 무엇을 했는가를 확인하지 **않는** 것은 저자에게 폭력을 가할 수 있는 위험을 초래한다.

이 사실은 독자의 중요성을 강조한다. 독자는 저자의 소통에 대한 단지 수동적인 수신자가 아니라 능동적인 수신자다. 소통 행위에 가담하는 것—소통적이며 언약적인 전제를 하는 것—은 우리가 해석적 폭력에 의해 희생되지 않기를 소망하는 것이다. 이것은 황금률("남에게 대접을 받고자 하는 대로 너희도 남을 대접하라")을 해석학에 적용한 것일 뿐이다. "이해를 받는다는 것은 그 자체가 기쁨의 원천이며, 이해를 받지 못한다는 것은 불행의 원천이다."[45] 독자들은 저자의 발화수반행위를 있는 그대로 인식해야 할 책무를 지닌다.

언어의 시민들. 소통 행위에 대한 이러한 해부가 해석에 대해서와 성경에 있는 소통 행위에 대한 우리의 이해에 대해 어떤 함의들을 갖는지 논의하기에 앞서, 이러한 해부의 결과를 간략하게 정리해 보자.

이 논의 내내, 나는 언어 전체에서 가장 흥미로운 사실들은 사람들이 어떤 행위들을 수행하기 위해 언어를 어떻게 사용하느냐와 관련되었다고 가정해 왔다. 언어가 무엇이냐에 대한 우리의 견해가 사람됨이 무엇이냐에 대한 우리의 견해와 결속되었다는 사실은 이제 당연한 것으로 여겨져야 할 것이다. 발화수반행위들에 대한 알스톤의 분석이 그를 곧장 화자들의 권리와 책임이라는 개념으로 이끌어 갔다는 사실은 결코 우연이 아니다. 화행들이라는 개념 그 자체에 고유하게 내재한 것이 바로 행위들이 그에게로 전가될 수 있는 화자에 대한 생각이다. 철학적인 관점에서 언어를 검토해 보면, 인간의 행위와 책임이라는 주제들로 향할 수밖에 없다. 신학은 언약적 맥락에서 인간의 행위와 책임을 바라봄으로써 그 분석을 심화한다. 저자들은 자신의 발화수

---

44) Gibbs, *Intentions*, p. 267.
45) Niels Thomassen, *Communicative Ethics in Theory and Practice*, trans. John Irons (London: Macmillan, 1992), p. 79.

반행위들을 수행하는 데 필연적으로 맡는 책임들을 성취해야 할 책무를 지닌다. 독자들은 이해를 추구해야 할—특히 발화수반행위들을 있는 그대로 인식해야 할—책무를 지닌다.

능동적인 소통작인인 저자가 됐든, 능동적인 소통 수신자인 독자가 됐든, 소통 가담자는 반드시 담론의 언약에 **참여하는 자**일 수밖에 없다. 소통 가담자들은 소통 행위의 특권—파스칼을 따라서, 우리가 존엄성이라고 부를 수 있을—과 책임을 향유한다. 파스칼 자신은 하나님이 인류에게 천부적으로 부여하신 작인의 존엄성(the dignity of causality, 파스칼은 하나님이 인간에게 주신 인간의 특별한 존엄성은 무엇인가를 함으로써 일들을 행하고 진행시킬 수 있는 능력과 자유라고 보았다. 이러한 의미에서 causality는 인과성이 아닌 작인성으로 번역한다—역주)에 대해 경탄해 마지않았다. 하나님처럼, 우리는 새로운 것들을 불러일으킬 수 있다. 소통 행위—인지 환경을 변화시킬 수 있는 능력—는 참으로 감탄할 만한 것이다. 소통 행위의 특권은 우리가 세상에서 말을 가지고 주도적으로 일할 수 있는 능력을 지니며, 그럼으로써 차이를 만들어 낼 수 있는 능력을 지닌다.

언약이라는 표상은 언어와 인간의 관계에 자리잡은 또 다른 차원을 드러낸다. 그 차원은 사회적인 차원이다. 서얼은 언어를 규칙이 지배하는 인간 행위의 형태로 규정한다. 지금까지 나는 이 규칙들이 단순히 문법적인 규칙들일 뿐만 아니라 도덕적인 규칙들이기도 함을 보여 주고자 노력해 왔다. 그러나 그 관계에는 정치적인 차원도 있다. 화자들은 조작될 수 있는 수단으로서의 언어에 대한 주권적 주체들도 아니며(근대적 오류), 이데올로기 체계로서의 언어의 노예들도 아니며(포스트모던 오류), 오히려 그와 관련된 모든 권리와 책임을 지니는 언어의 시민들이다.

아리스토텔레스에 따르면, 인간의 행복은 고독에서 성취되는 것이 아니라 우정에서 성취된다. 거기에 리쾨르는 "도시라는 환경에서" 성취되는 것이라고 덧붙인다.[46] 우리는 정의로운 제도 가운데서 타인들과 함께 잘 살기를 원한다. 그러한 제도들 가운데 하나가 바로 언어의 '도시'다. **시민권**(citizenship)은 개인이 도시(polis)에 속한 방식을 가리키는 말이다. 언어라

---

46) Ricoeur, *The Just*, p. xv.

는 도시의 시민들은 담론의 언약에 가담하는 소통자들이다. 진실로, 내가 담론의 언약이라고 일컫는 것은 **언어(담론)라는 제도 가운데서 정의롭게 살아간다는 것이 무엇인지** 표시해 준다. 이제는 해석의 문제에 있어서 언어라는 도시의 훌륭한 시민이 된다는 것이 무엇인지를 살펴볼 차례다.

해석과 소통 행위. 내가 개략해 오는 소통 모델은 단지 담론의 협동적 원리(Grice)만이 아니라 담론의 '언약적 원리'도 가정한다. 소통 행위에 대한 우리의 해부로부터 해석의 실천에 도움을 줄 수 있는 무엇을 얻을 수 있겠는가? 다음에 이어지는 논의를 예상할 수 있도록 해주는 여섯 번째 테제는 다음과 같다.

---

6. 해석은 저자의 의도들을 도출해 내고 발화수반행위들을 귀속하는 과정이다.

해석과 발화수반행위의 귀속. 나는 한 사람의 화자를 이해한다는 것은 "그 화자가 어떤 발화수반행위를 수행하는지 이해하는 것이다"라는 알스톤의 말에 동의한다.[47] 마찬가지로, 하나의 텍스트를 해석한다는 것은 어떤 특정한 발화수반행위 혹은 일단의 발화행위들을 그 저자에게 귀속하는 것이다. 하나의 텍스트를 해석한다는 것은 그 저자가 자신의 텍스트에서 무슨 일을 행하는가라는 물음에 답하는 것이다. 해석은 한 사람의 저자가 행하는 것에 대해 발화행위적 층위(예를 들면, "그가 한 문장을 소리 내어 읽었다"라거나 "그가 프랑스 말씨로 말했다")를 넘어서서 적절한 소통 행위, 말하자면 발화수반행위("그는 예수님이 주님이라고 고백했다")에 대한 기술들인 알맞게 "두터운" 기술들을 도출해 내는 일을 포함한다.

한 사람의 저자가 텍스트에서 행하기를 **원했던** 것 혹은 **계획했던 것**이 무엇인지를 추측하는 것은 아직 해석이 아니다. 그러한 추측은 사실 저자가 실제로 행한 것과는 거의 혹은 전혀 상관이 없다고 말할 수 있다. 기술되어야 할 것은 그 저자가 말을 가지고 행하는 일들 가운데서 실제 집중적으로 관심을 기울여 **보살피고 꾸려나가던 것**—적절한 솜씨를 가지고, 스스로 의식하면서, 의도적으로 수행하던 것—이다.

---

47) Alston, *Illocutionary Acts*, p. 282.

최종적으로 분석해 볼 때, 해석은 일종의 정의(justice)의 문제다. 즉 실제로 수행된 발화수반행위들을 정확하게 그 저자에게 귀속하고 전가하는 문제다. 해석은 저자가 그의 말 가운데서 말했고 행했던 바를 판단하는 일이다. 완결된 행위들에서부터 의도들을 도출해 낸다는 생각은 텍스트 해석의 과정과 법정 심리의 사법적 절차 사이에 어떤 병행점이 있음을 시사한다. 이제 그 유비의 기반은 틀림없이 명백해졌을 것이다. 두 과정 모두 **의도를 정당하게 그 행위자들에게로 전가하는 일**과 관계된다. 물론 텍스트 해석의 경우에, 전가되는 것은 범죄 의도들이 아니라 소통 의도들, 좀더 정확히 말하자면 **발화수반행위상의** 의도들이다.

해석과 발화수반행위의 도출. 해석에서 고된 일은 주로 증거로부터 발화수반 의도를 도출해 내는 일이다. 그리고 그 증거에는 일차적인 자료(텍스트)와 이차적인 고려들(정황)이 포함된다. 예를 들어, "페인트 주의"(Wet Paint)라는 발화행위에 의해서 전달되는 정보와 "만지지 마시오"라는 발화수반행위는 전혀 별개의 것이다. "페인트 주의"라는 표지판과 같은 상당히 단순한 소통 행위들에서 우리는 그 정황에 대한 우리의 인식에 근거해서 거의 자동적으로 그 발화수반("만지지 말라")를 이끌어낸다.

적실성 이론도 저자의 의도들을 이끌어내는 일의 중요성을 강조한다. "추론 모델(inferential model)에 따르면, 소통은 증거를 산출하고 해석함으로써 성취된다."[48] 해석은 단순히 언어적 기호들(발화행위들)을 해독하는 문제가 아니다. 또한 해석은 단순히 소통 행위의 효과들(발화효과행위들)을 관찰하는 문제도 아니다. 그런 것이 아니라, 해석은 화자의 소통 의도에 관한 어떤 추론들이 그 소통자의 적실성의 전제(presumption of relevance)를 확인해 줄 것인지를 계속해서 결정해야 한다. "커피를 마시면 계속 잠이 오지 않겠지"라는 진술을 기억해 보라. 이 발화행위 위에 병발하는 소통 행위와 관련하여 추론되어야 하는 내용은 그 발화의 비언어적인 정황에 전적으로 의존한다. 그 문장에서 쓰이는 용어들의 사전적 의미를 아는 것으로는 충분하지 않다. 우리는 어째서 바로 이 상황에서 이런 식으로 이 말이 사용되었는지를 알아야 한다. 스퍼버와 윌슨이 쓰듯, "비록 모호함이 전혀 없다 할지라도

---

48) Sperber and Wilson, *Relevance*, p. 2.

기호화된 표시들은 소통 행위자의 의도들에 대한 증거의 편린일 뿐이며, 추론적으로 그리고 어떤 정황 가운데서 사용되어야만 하는 것이다."[49]

화행철학과 적실성 이론은 구체적인 특정 발화 가운데서 어떤 발화수반 행위가 이루어졌는가를 그 수신자가 **도출해** 내야 하는 지점에서 만난다. 재판에 대한 은유로 되돌아가 볼 때, 한 행위자의 의도를 규정하는 한 가지 방법은 그 사람을 대질 심문하는 것이다. 물론 우리의 심문에 대답하기 위해 저자들이 몸소 그 자리에 나와 자리하는 것은 아니다. 그러나 그렇다고 해서 텍스트에 대해 우리가 묻지 못하도록 막는 것은 아니다. 대개 이러한 물음들은 가정의 형태를 띤다. 우리는 스스로 저자가 그것이 아니라 오히려 **이것을 의미했을 수도 있지 않을까**라고 묻는다. 우리의 가정들은 정확히 그 텍스트에 갖다 댐으로써 검토를 받는다. 그 소통 행위의 더 많은 측면이나 특징을 설명해 줄 수 있는 가정들은 더 많은 설명 능력을 갖게 된다. 그러므로 해석은 가정적 추론을 통해서, 즉 최상의 설명에 대한 추론에 의해 일을 한다. '설명'이란 사실상 저자가 행한 바에 대한 "두터운 기술"이다. 설명은 하나의 완결된 소통 행위로서 텍스트의 적실성과 일관성을 설명하는 것에 한해서, '설명해 준다.'

과도한 해석이란, 화자가 말한/행한 바에 대해 '인정받지 못하는' (unauthorized, 즉 저자가 행하지 않은 — 역주) 추론들을 이끌어내는 것이다. 예를 들어, 칭찬을 모욕으로 여겨 잘못된 발화수반 의도를 귀속할 수가 있다. 또 반대로, 모욕을 칭찬으로 받아들일 수도 있을 것이다. 영화 "Being There"는 과도한 해석에 대한 각별히 충격적인 몇 가지 예를 제공해 준다. 그 영화에 등장하는 거의 모든 인물은 낮은 계급의 정원사 챈스(Chance)가 의도했던 바에 대해 꾸준하게 덧붙여 이해하거나 과도하게 추론해 낸다. 이러한 그릇된 추론들은 다시 잘못된 해석들로, 다른 의도들이 있거나 혹은 전혀 의도가 없는 경우에도 소통 의도들을 귀속하는 잘못으로 이끌어 간다.[50]

해석과 발화효과행위들. 이 글을 읽어 온 독자들은 담론의 언약이라는 개념이 확실히 어떤 매력을 지니기는 하지만, 이 시점에서 발화수반행위들에 대한 어색한 분석철학적 작업과 삼위일체 신학이라는 너무나도 무거운 짐은

---

49) 같은 책, p. 170.
50) 아무런 소통 의도도 없는데 그릇되게 추론해 내는 표준적인 예는, 모래 위에 파도에 쓸려 이루어진 흔적들을 한 해석자가 어떤 메시지를 전달하는 것으로 읽는 경우가 될 수 있을 것이다.

내려놓는 게 좋겠다고 생각했더라도 아마 용서받을 수 있을 것이다. 나는 이러한 반론들을 예상하여 발화수반행위 개념의 유용성과 언어라는 사회 제도에 대한 뚜렷하게 신학적인 진술의 필요성을 드러내 보임으로써 그 반론들에 대해 답하려고 노력해 왔다. 발화수반행위들에 대한 이 확대된 논의의 실질적인 보답―적실성!―은 타자/저자와의 윤리적인 대면을 위해 해석하는 일과 덜 윤리적인 자기중심적 혹은 이데올로기적 방식으로 텍스트들을 이용하는 일 사이의 대조에서 밝히 드러나게 된다.[51]

모든 행위가 다 소통적인 것은 아니다. 많은 행위는 그저 환경을 조종함으로써 환경 가운데 어떤 변화를 일으키려는 목적을 지닌다. 그러한 행위들은 인과적이며, '도구적'이거나 조작적(instrumental)이다. 그것을 위르겐 하버마스는 "전략적"이라고 일컫는다. "소금 좀 건네주시겠습니까?"라고 말하는 대신, 나는 그저 손을 내밀어서 소금병을 가져 올 수가 있다. 마찬가지로, 우리는 적절한 소통 행위를 통해서가 아니라 전략적 행위를 통해서 다른 사람들에게 영향을 끼칠 수 있다. 결국 어떤 환경에 변화를 불러일으키는 데는 많은 방법이 있게 마련이다.

소통 행위의 성공은 전적으로 바로 이 한 가지 효과―즉, 이해―를 가져오는 데 달려 있다. 그와는 대조적으로, "전략적" 행위에서의 성공의 기준은 이해가 아닌 단순히 의도된 결과를 초래하는 것, 세상에 어떤 변화를 가져오는 것이다. 의도된 결과가 청자나 독자에게 어떤 효과를 낳을 수 있을 것이다. 내가 소통 행위의 이 차원과 연결하게 될 성령과 마찬가지로 (아래를 보라) 발화효과행위들은 주로 담론에 관한 이론들의 여백 가운데 남아 있다. 다행스럽게도, 알스톤의 논의는 소통 행위에 대한 독자의 혹은 그 점에 있어서 해석 공동체의 대답의 적절한 역할을 고찰하는 데 도움을, 결코 적지 않은 시사점을, 제공한다.

진정한 물음은 발화효과행위적 행위들이 본질적으로 소통적이기보다 전략적이지 않은가의 여부다. 독자에게 **이해가 아닌** 혹은 **이해를 수단으로 비롯되는 효과가 아닌** 다른 효과를 낳으려는 목적을 지닌 행위들은 소통 행위가

---

51) 이 문맥에서 "윤리적"이라는 말로 내가 생각하는 것은 "타자"의 절대적 우선성을 인식하라는 Emmanuel Lévinas의 주장이다. Levinas의 사상에 대한 입문으로는 그의 책 *Ethics and Infinity* (Pittsburgh: Duquesne University Press, 1985)를 보라.

아니라 전략적 행위들로 간주된다. 발화효과행위들에 대한 강조는 (1) 발화수반행위들과 별개로 독자에게 영향을 끼치려함으로써 혹은 (2) 발화수반행위들을 독자에게 끼친 효과의 맥락에서 규정하려함으로써, 병적(pathological)이 될 수 있다. 해석자들은 다음 두 명령을 명심해야 할 것이다. (1) 소통을 오직 발화효과행위들의 맥락에서만 생각하지 말라. (2) 발화효과행위들을 발화수반행위들과 단절시켜 생각하지 말라. 소통과 해석을 소통 가담자들에 대해 끼친 효과들의 맥락에서 생각하는 데는 위험이 도사린다. 일곱 번째 테제는 발화효과행위들을 적절한 자리에 자리매김한다.

7. 독자들에게 이해가 아닌 다른 수단으로 발화효과행위의 영향들을 끼치려는 행위는 소통 행위가 아니라 전략적 행위로 간주된다.

오스틴은 "가장 곤란하리라고 여겨지는 것은 발화수반행위들과 발화효과행위들 사이의 구별이다"라고 생각했다.[52] 최대한 간단히 말해서, 오스틴은 그 효과(발화효과행위)를 그 행위(발화수반행위)의 본질적인 일부로 여겨야 하는지에 대해 확신하지 못했다. 텍스트 해석에 대한 요즈음의 논의에서 우리는 오스틴이 처음에 가졌던 혼동이 크게 확대되어, 오늘날 의미를 텍스트가 독자에게 끼치는 영향의 맥락(독자반응)에서 생각하는 많은 비평가들과 이론가들이 있음을 볼 수 있다.[53]

알스톤이 볼 때는 그 구별이 확실하다. 그것은 '어떤 행위를 행한 것'과 '그 행위를 행한 것이 이해되는 것' 사이의 차이다. 여기에서 우리가 볼 수 있는 것은 조지 버클리(George Berkeley)의 관념론에 대한 하나의 변형이다. "존재하는 것은 인식되는 것"이 아니며 "행한다는 것이 행해졌음이 인지되는 것"이다. 그러나 이 구별은 그리 견실하지 않을 것이다. 커뮤니케이션 이

---

52) Austin, *How to Do Things with Words*, p. 109.
53) 예를 들어, Stanley Fish는 텍스트의 의미를 독자의 반응과 동일시한다. 유사한 혼동이 Van Leeuwen이 대단히 적절하게 심의하고 비판하는, 성경 번역에 대한 "기능적 등가성"의 모델 배후에 놓여 있다. 발화수반행위들을 발화효과행위들의 맥락에서 규정하는 경향이 있는 철학자들에는 Paul Grice["Meaning", *Philosophical Review* 66 (1957): 377-388] 및 Stephen Schiffer[*Meaning* (Oxford: Clarendon, 1972)]가 포함된다. 이러한 견해들에 대한 Alston의 반박을 좀더 충분히 보려면, 그의 책 *Illocutionary Acts*, chap. 2을 보라.

론가들이 우리에게 일깨우듯, 소통은 일방통행이 아니다. 우리가 적절한 피드백을 받기 전에는 우리가 소통했는지의 여부를 알지 못한다. 이 점에 대해 알스톤은 그렇기도 하고 아니기도 하다고 답한다. 만일 여러분이 나의 질문을 듣지 못했거나 이해하지 못했다면, 물론 한 층위에서 볼 때 나의 소통상의 목적은 좌절된 것이다. 그러나, 그리고 이것은 대단히 중요한 것인데, **내가 여러분에게 물었던 일이 없었던 것이 되지는 않는다**.

알스톤은 '상위' 층위가 '하위' 층위에 의존하기는 하지만 하위 층위로 환원될 수 없으며, '하위' 층위가 그 자체만으로는 '상위' 층위에서 이루어지는 일을 할 수 없는, 병발의 위계질서를 상정한다. 그러한 위계질서가 과학자들에게는 친숙한 것이다. 세포는 원자들과 전자들에 의존하지만, 세포의 속성들과 행태는 원자들과 전자들의 맥락으로 환원되거나 그 맥락에서 설명될 수 없다. 오히려, 세포들은 원자들 위에 병발하면서, 세포 자체를 설명하는 일단의 개념을 요구한다. 마찬가지로, 발화수반행위들은 발화행위들 위에 병발한다. 누군가에게 소금을 건네 달라고 요청하는 것은 우리가 다른 어떤 것을 행하면서("소금 좀 건네주시겠어요"라고 말함으로써) 행하는 어떤 것이다. 나의 **요청**은 나의 **발화**(uttering)에 의존하지만, 그 발화로 환원될 수는 없는 것이다.

동일한 이유를 적용하면서, 알스톤은 발화수반행위들 위에 발화효과행위들이 비대칭으로 의존되어 있다고 주장한다. 방금 정의된 개념들을 사용하자면, 이것은 발화효과행위적인 행위들은 발화수반행위들 위에 **병발함**을 의미한다. 행위들은 우리가 **말하는 가운데 행하는** 것에 관련될 경우에 발화수반적이다. 그리고 행위들이 **말함으로써 행하는** 것에 관련될 경우에는 발화효과행위적이다. 그러므로 발화효과행위적 행위들은 발화수반행위들에 기반을 둘 수 있지만, 그 역은 성립하지 않는다. 자, 소통은 발화효과행위들이 전혀 없을지라도 일어날 수 있는 반면에, "만일 발화수반행위가 전혀 수행되지 않는다면, 우리가 다른 사람에게 어떠한 효과들을 불러일으키더라도 (언어적) 소통은 전혀 존재하지 않는 것이다."[54]

인간은 상호간에 다양한 방식으로 관계를 형성한다. 사람들과 소통하지

---

54) Alston, *Illocutionary Acts*, p. 170.

않고도 이들을 행동하게 할 수 있다. 나는 어떤 사람에게, 예를 들어 그 사람을 문 밖으로 밀어냄으로써 방에서 떠나게 할 수 있다. 그 사람을 문 바깥으로 밀어내는 일은 내 행위의 '수신자'에게 어떤 효과를 초래한다. 그러나 엄밀하게 말해서 그 행위는 발화효과행위적이지 않다. 이는 그 행위가 발화수반행위에서 병발하는 것이 아니라는 단순한 이유 때문이다. 그러나 만일 "떠나주시오"라는 내 말의 결과로 그 사람이 떠났다면, 똑같은 효과가 발화효과행위적일 수 있다. 덜 확실하긴 하지만, 그래도 쉽게 다룰 수 있는 예는 내가 단순히 발화행위를 사용함으로써 누군가가 떠나도록 만드는 경우다. 발화[예를 들면, "우우!"(Boo!)]의 순전히 물리적인 성격만으로도 바라는 효과를 만들어 낼 수가 있다. 그러나 이는 소통 행위의 예보다는 전략적 행위의 예에 속한다.

알스톤도 나도 소통 가담자들에게 초래되는 효과들에 대해서 무관심한 것은 아니다. 실로 우리들 대부분은 오로지 우리의 발화수반행위들이 인식되게 하려는 목적에서만이 아니라 이해를 넘어선 목적들을 위해서 서로 소통한다. 우리는 자연적 환경이나 사회적 환경을 수정하기 위해 인지 환경들을 바꾸려한다. 우리는 우리가 이해받기를 원해서가 아니라 우리의 말을 받는 수신자의 방이 더 깨끗해지기를 바라서 "네 방 치워"라고 말한다. 그렇지만, 이러한 이면의 효과들은 우리의 발화수반행위들의 내용에 근거한다. 그리고 우리의 행위들은 그 행위들이 발화에 수반되는 효과들을 낳든지 낳지 못하든지 간에, 그 자체로 행위다. 물론 그러한 구별이 어떤 사람들에게는 여전히 전문적인 얘기로 들리겠지만, 그 구별을 유지하는 일의 중요성은 기독교 정경을 해석할 때의 말씀과 성령의 관계에 대한 다음의 나의 논의에서 드러나게 될 것이다.

고린도전서에 대한 티슬턴의 작업은 적합한 예다. 그는 주로 발화수반적인 바울의 사도적 활동(예수 그리스도에 대해 증언하는 일)과 수사학의 도구적인 (그리고 궁극적으로는 조작적인) 힘을 휘둘렀던 고린도교회 안의 대적자들 사이에서 하나의 대조를 이끌어낸다. "나는 **상황과 인식 위에 그 효과성을 의존하는 '발화수반적' 화행들과 순전히 인과적인 (심리적이거나 수사적인) 설득력에 그 효과성을 의존하는 '발화효과행위적' 화행들을 구별한다.**"[55] 여기에서 우리는 저자가 규범적인 입장을 견지하는 일의 중요성을 기억할 수 있을 것이다. 많은 화행(예를 들면, "예"라고 말함으로써 누군가와 결혼하는 일)은 말하는 자의 정체성과 신분에 의존한다. 십자가에 대한 바울의 선언―복음 선포―은 사도로서의, 즉 특별한 소통 행위를 수행하도록 '파송 받은 자'로서의 그의 신분에 직결된다.

만일 어떤 포스트모던주의자들과 제1세기의 고린도사람들이 믿었던 것처럼, 모든 진리가 단지 수사학의 일종에 불과한 것이라면, 모든 발화수반행위들은 발화효과행위들이 된다. 바울은 "발화효과행위적인 설득이 아니라 발화수반행위적 약속에" 그 자신의 사도직을 건다.[56] 나는 이것을 티슬턴이 바울의 담론은 조종함으로써가 아니라 오히려 자신의 증언을 통해 독자들을 변화시킨다고 주장하는 것으로 받아들인다. 그것은 단순히 조종(발화효과행위들)에 의해서가 아니라 **의미**(발화수반행위들)에 의해서 그들을 변화시킨다는 말이다.

속이는 수사학을 활용하는 저자들에 의해서와 마찬가지로 그 자신의 해석을 부과하는 독자들에 의해서 이루어지는 언어의 조작적 사용은 담론의 언약을 위반한다.[57] 나는 이 점에 있어서 오해받기를 원치 않는다. 발화효과행위들에, 그리고 소통 행위들이 발화효과행위적 차원을 갖는다는 데는 아무런 문제가 없다. 나는 발화수반행위들의 내용을 간과하고 무시하는 식의 언어 사용을 통해 독자들에게 효과를 끼치려는 모든 시도를 거부하는 것이다.

언약의 담론: 정경적 행위

지금까지 나는 이 글의 상당 부분을 소통 행위로서의 언어에 대해 철학적으로 그리고 신학적으로 생각하는 일에, 즉 성경 해석에 관한 특정한 물음들에 대해서보다는 언어에 대한 일반적인 물음들에 대해 할애했다. 이 자리가

---

55) Anthony Thiselton, *First Epistle to the Corinthians*, New International Greek Theological Commentary (Grand Rapids, Mich.: Eerdmans, 2000), p. 51.
56) Thiselton, *Promise of Hermeneutics*, p. 226.
57) Thiselton은 모든 언어 사용은 본질적으로 조종적이라는 포스트모던 가정으로 말미암아 자아의 인격성이 상실되지 않았다면 흐려져 버렸다고 강력하게 주장한다. 다시 한 번 한 사람의 언어관과 자아관 사이의 밀접한 상호 관계를 놓칠 수 없을 것이다. Anthony Thiselton, *Interpreting God and the Postmodern Self: On Meaning, Manipulation and Promise* (Edinburgh: T. & T. Clark, 1995), 특히 pt. 1을 보라.

성경 해석학을 충분히 다룰 수 있는 자리는 아니다. 그렇지만, 나는 나의 '순전한 소통적 해석학'이 성경에 대한 신학적 해석을 향해 개진될 수 있는 몇 가지 길을 제시하고자 한다. 텍스트가 기독교 정경일 경우, 구약 성경과 신약 성경을 구성하는 텍스트의 총체일 경우, 소통 의도를 지닌 소통 행위로서의 텍스트라는 모델은 어느 정도로 수정될 필요가 있는 것일까?

'약속'과 '판결'에서 복음과 율법으로. 이미 살펴보았듯이, 약속은 서얼 및 알스톤과 같은 철학자들이 볼 때 전형적인 화행이다. 티슬턴은 성경과 마찬가지로 기독교 신학에서 약속의 중심적 성격에 주목할 것을 올바르게 촉구한다. 그러나 언약의 담론을 제대로 이해하기 위해서는 **약속**과 **판결**을 모두 다뤄야 한다.

언약의 소통. 창세기는 많은 인간 제도—결혼, 가정, 노동—의 시작을 진술한다. 이 제도들은 단순히 사회적 제도만이 아니라 창조된 제도들, 즉 하나님이 세우신 다른 질서들인 시간과 공간처럼 모든 면에서 인간의 경험을 축조해 나가도록 의도된 하나님이 제정하신 질서들이다. 그러나 우리의 목적상, 하나님이 출범하신 가장 중요한 제도는 언약일 것이다. 말을 하심으로써, 하나님은 스스로에게와 자신의 말을 받는 수신자들에게 어떤 책무들을 부과하신다. 간단히 말해서, 하나님은 언약을 소통하심으로써 사람들과 더불어 인격적인 관계를 세우신다. 그 뒤에 이어지는 하나님의 소통 행위들 역시 언약의 형태를 띤다. 그래서 노아에 대한 언약(창 9:8), 아브라함에 대한 언약(창 15:18), 다윗에 대한 언약(삼하 7장)이 이루어졌다. 약속과 판결은 신명기에 진술된 대로 여호와께서 이스라엘과 더불어 세우신 언약의 구성 요소다.[58]

신명기 6:4의 '쉐마'(*Shema*, "이스라엘아, 들으라")는 언약을 충실히 지킬 것에 대한 엄숙한 요구다.[59] 여기에서는 독자의 아무 반응이나 요구되는 것이 아니라 순종이라는 특정적인 반응이 요구된다. 하나님이 순종에 복을 주실 것이라는 약속에는 다음과 같은 하나님의 판결이 수반된다. "네가 만일

---

58) J. Gordon McConville, "Metaphor, Symbol and the Interpretation of Deuteronomy." in *After Pentecost: Language and Biblical Interpretation*, ed. Craig Bartholomew, Colin Greene and Karl Moeller (Grand Rapids, Mich.: Zondervan, 2001), 특히 pp. 342-346에 있는 "Deuteronomy and Speech-Act Theory" 항목을 보라.

59) 참고. 들음과 행함의 해석학의 중요성에 대해서는, Klyne Snodgrass, "Reading to Hear: A Hermeneutics of Hearing." in *Horizons in Biblical Theology*(근간).

네 하나님 여호와의 말씀을 순종하지 아니하여 내가 오늘 네게 명령하는 그의 모든 명령과 규례를 지켜 행하지 아니하면 이 모든 저주가 네게 임하며 네게 이를 것이니"(신 28:15). 이스라엘의 '신명기적' 역사는 주로 이스라엘이 여호와의 말씀에 어떻게 응답하고 어떻게 실패하는가에 대한 역사다. 예언자들의 역할은 주로 언약 '기소자'로서의 역할이다. 예언자들은 이스라엘에 대해 언약 문서를 위반했다는 여호와의 소송을 제기하는 사람들이다.

다드(C. H. Dodd)는 구원사에 대해 심판과 은혜, 율법과 복음이—간단히 말해서, 판결과 약속이—번갈아 가면서 구성된 "두 박자 리듬"에 대해 언급했다. 그 두 박자 리듬은 물론 예수 그리스도의 십자가와 부활에서 절정에 달한다. 왜냐하면, 육체가 되신 하나님의 말씀이신 예수 그리스도 그분 안에 예와 아니오가 있기 때문이다. 그리스도의 십자가는 판결을 성취하며, 부활은 약속을 성취한다. 이런 의미에서, 우리는 예수 그리스도가 하나님의 발화수반행위라고 말할 수 있을 것이다. 곁가지로 지적하자면, 하나님께만 죄인들의 방면(acquittal)을 선언하는 자의 규범적인 지위를 지닐 수 있는 권위가 있다. 방면의 판결인 '칭의'는 하나님이 허락하신 제도며, 개신교도들에 의해 하나님이 행하신 최상의 발화수반행위들 가운데 하나로 (정당하게!) 간주된다.

구두 언약이냐 문서 언약이냐? 화행에서 성경 행위로. 이제는 성경 해석에 화행 범주들을 활용하는 데 치명적일 수 있는 반론을 하나 살펴볼 차례다. 그 반론은 리쾨르의 말을 인용하면, "기록된 담론에서는…저자의 의도와 텍스트라는 의미가 더 이상 일치하지 않게 된다"라는 주장이다.[60] 좀더 근본적으로, 그 반론은 기록된 텍스트는 원저자와 원정황으로부터의 의미론적 자율성을 향유한다는 것이다. 다시 말해서, 텍스트는 그 자체를 생산한 소통 행위자로부터 그 소통 행위의 배경을 제공했던 상황들로부터 독립했다는 것—단절되었다는 것—이다. 분명 이 반론이 유지될 수 있다면, 해석에서의 발화수반행위들의 중심적 지위에 대해 내가 앞서 말했던 모든 것을 재검토해야 할 필요가 있을 것이다.

---

60) Paul Ricoeur, *Interpretation Theory: Discourse and the Surplus of Meaning* (Fort Worth, Tex.: Texas Christian University Press, 1976), p. 29.

구두적인 것과 기록된 것 사이의 구별에 대해 철학은 무슨 말을 해야 할까? 흥미롭게도, 리쾨르 자신의 책에 그 구별이 위의 인용이 제시하는 것만큼 굳건하거나 확실한 것이 아니라는 증거가 존재한다. 아주 중요하게도, 리쾨르는 계속해서 글쓰기를 담론의 일종으로 즉 어떤 것에 관해, 누군가에 의해, 누군가에게 말해진 것으로 여긴다. 정확히 말해서, 하나의 텍스트는 '글쓰기에 의해 고정된 담론'이다. 글쓰기가 '누군가에 의해'라는 말을 생략하도록 만든다고 말할 하등의 이유가 없다. 리쾨르는 흔쾌히 하나의 텍스트를 의미 있는 인간 행위라고 말한다. 그렇다면, 어째서 우리가 텍스트들을 의미 있는 행위로 볼 수 없단 말인가?[61] 진실로 좀더 면밀하게 검토해 볼 때, 리쾨르가 의도 착오(intentional fallacy)와 '텍스트 절대화의 오류': '텍스트를 저자 없는 실체로 개체화하는 오류' 둘 다를 피하려 한다는 사실이 명확해진다.[62] 흔히 간과되는 사실은 담론이 발화행위만이 아니라 **발화수반**행위도 고정시킨다는 것을 리쾨르가 인정한다는 점이다.[63] 우리가 텍스트를 해변의 돌멩이들과 같은 자연적인(비의도적인) 대상으로 환원하지 않고서는 '누군가에 의해 말해졌다'는 이 담론의 주요 특성을 취소해 버릴 수 없음을 잘 안다. 그러나 만일 텍스트들이 그 저자들로부터 진정으로 '단절되어 버린다'면, 텍스트들이 어떻게 담론으로 간주될 수 있는지 여전히 미심쩍다. 월터스토프는 '텍스트 의미' 해석 개념의 비일관성에 대해 광범위하게 입증했다. 따라서 내가 여기에서 그 점을 추구할 필요는 없을 것이다.[64] 그 대신에, 나는 텍스트들을 소통 행위로 생각할 수 있게 하는 좀더 신학적인 논의를 추구하려 한다.

신명기를 살펴보자. 하나님이 아브라함, 이삭, 야곱과 구두로 세우신 언약의 모든 발화수반적 측면은 모세에 의해 전달되었으며, 이스라엘 민족 전체에 의해 비준된 언약서 안에 글로 보존되어 있다. 고든 맥콘빌(Gordon McConville)은 호렙 산에서 그리고 그 다음에 모압에서 언약을 세웠던 말들

---

61) Paul Ricoeur, "The Model of the Text: Meaningful Action Considered as a Text." in *Hermeneutics and the Human Sciences: Essays on Language, Action and Interpretation* (Cambridge: Cambridge University Press, 1981), pp. 197-221를 보라.
62) Ricoeur, *Interpretation Theory*, p. 30.
63) "발화수반행위의 '힘'을 표현하는 문법적 패러다임들과 절차들 덕분에 그 발화수반행위가 구체화되는 정도에 상당하게 그 행위는 또한 새겨질 수 있다"(같은 책, p. 27).
64) Wolterstorff, *Divine Discourse*, chap. 8을 보라.

이 최종적으로는 하나의 책, 즉 율법책에 기록되었다(신 28:58)는 중요한 지적을 한다.[65] 다른 학자들은 신명기의 구조 자체가 고대 근동의 봉신조약(vassal treaties)을 따르는 형태를 취한다고 논의한다.[66] 이러한 병행점의 의의는 많은 히타이트 족의 조약이 그 조약을 비(碑)에 새길 것에 대한 조항을 포함했다는 것이다. 율법의 목록들이 돌 위에 새겨진다는 사실은 그 담론의 영구성에 대한 저자의 고집을 나타낸다.

신명기에 따르면, 기록된 담론—텍스트—으로서 언약의 책은 정확히 이스라엘 민족을 향한 상시적 증거로서 기능한다(신 31:26). 그 율법은 언약궤와 함께 안치되었으며, 약속의 땅 입구에 그 언약과 관련된 복과 저주들에 대한 영구적인 상기물(reminder)로서 돌에 새겨 세워져야 했다(신 27장). 이처럼, 신명기의 텍스트는 '활기 없는 반복'이 아니라 오히려 그 발화수반행위들에 찬성하느냐 반대하느냐에 대한 지속적인 결단을 요구한다. 지시진술들(directives, 율법들)은 순종되어야 하며, 헌약진술들(commissives, 약속들)은 신뢰되어야 한다.

하나의 기록된 문서로서의 언약은 계속 잠재력을 소유했지만, 오직 그 백성들이 부종(附從)했을 때만 능력을 발휘했다. 계속해서 이스라엘의 왕들은 그 언약을 읽고 순종하는 일을 게을리 했다. 주목할 만한 예외는 요시야 왕이다. 요시야 왕의 재위 기간 동안에 율법책이 발견되었다. 독자로서의 요시야의 반응은 즉각적이며 급진적이었다. 그는 자신의 옷들을 찢었다(왕하 22:11). 이렇게 하는 것이 의도되었던 발화효과행위였기 때문이 아니라, 요시야 왕이 율법은 불순종되어서는 안 되는 하나님의 지시진술이었음을 깨달았기 때문이다. 이번에는 전체 공동체의 편에서, 유사한 반응이 느헤미야 8장에 기록되어 있다. 모인 군중들이 울었다. 이 구절들은 기록된 언약의 규정된 내용과 그 구속력을 검증해 준다. 그러므로 우리는 **기록된 텍스트는 이 구두적 담론과 마찬가지로 동일한 발화수반행위의 잠재력을 보존한다**고 결론을 내릴 수 있을 것이다. 만일 이 점이 결정된 것으로 볼 수 있다면, 이제는 정경이 기록된 담론의 다른 유형들과 구별되는 특징들을 지니는지의 여부를 살

---

65) McConville, "Metaphor, Symbol", p. 345.
66) Meredith Kline, *Treaty of the Great King: The Covenant Structure of Deuteronomy—Studies and Commentary*(Grand Rapids, Mich.: Eerdmans, 1963)를 보라.

펴볼 차례일 것이다.

정경 행위에 대한 해부. 과연 화행철학의 범주들은 성경해석의 소임에 적용될까? 문장들과 판결들이 발화수반행위의 기본적인 도구들이긴 하지만, 문장들은 마치 다른 기본적인 행위들이(예를 들면, 망치질, 톱질, 구멍 뚫기 등이) 좀더 복잡한 행위(책장을 하나 짜는 일)의 구성 요소가 될 수 있듯이, 좀더 복잡한 어떤 것의 부분이 될 수 있다. 텍스트들은 더 높은 질서에 속하는 소통 행위들이다. 그리하여 이제 물음은 이렇게 된다. 텍스트의 층위에서만 그리고 어쩌면 정경의 층위에서만 창발하는 특정한 발화수반행위들이 존재할까? 그리고 만일 그렇다면, 그 발화행위들은 **하나님**이 저자로서 행한 담론의 예들로 봐야 하는 것일까? 그러나 정경의 층위에 눈길을 돌리기에 앞서, 성경의 개별 권들의 층위에서, 문학적 통일체의 층위에서 발생하는 일이 무엇인가를 검토해 보자. 그런 다음에 더 높은 층위들인 '신약 혹은 구약'(testament)과 그 전체인 '정경'의 층위들에서 창발하는 것이 무엇인지를 검토하도록 하자.

복음서 작성을 구성하는 행위들을 어떻게 기술할 수 있는지 살펴보도록 하자.

- 그는 펜을 집어 똑바로 긋고 둥글게 긋는 동작들을 했다.
- 그는 헬라어 문자들을 그렸다.
- 그는 '데오스'(*theos*)라는 단어를 썼다.
- 그는 "한 처녀가 잉태할 것이요"라고 말했다.
- 그는 이사야 7:14에서 인용했다.
- 그는 예수님의 탄생이 구약 성경의 예언을 성취했다고 말했다.
- 그는 예수님의 탄생을 둘러싼 사건들을 진술했다.
- 그는 예수님을 그 그리스도라고 고백했다.

이 기술들 가운데서 어떤 것들은 발화수반행위에 해당하지만, 어떤 것들은 해당되지 않는다. 여기에서 우리가 그것들을 식별해서 나열할 필요는 없을 것이다. 지금 내가 하는 주장은 마태의 발화수반행위들 가운데 어떤 것들은 그의 담론을 오직 하나의 문학적 통일체로서 취할 경우에만 그 담론에서 도출해 낼 수 있다는 사실이다.

장르적인 발화수반행위들에 대한 귀속. "각각의 모든 글은 나름대로 특별한 것이다."⁶⁷⁾ 각 문학 장르는 독특한 것을 행한다. 그래서 우리의 인지 환경에 다르게 영향을 끼칠 수 있다. 구체적으로 말해서, 각각의 주요 장르는 독특한 방식으로 실재에 참여하고 타자들과 상호 작용할 수 있게 만든다. 러시아의 문학 이론가인 미하일 바흐친(Mikhail Bakhtin)은 장르를 단지 소통의 매개물로서가 아니라 인지의 매개물로 바라본다. 여러 가지 서로 다른 문학 장르들은 세계에 대해 생각하거나 경험하는 나름의 독특한 방식들을 제공해 준다고 그는 주장한다.⁶⁸⁾ 이 점에 있어서, 문학의 양식들은 은유처럼 기능한다. 문학 양식들은 어쩌면 다른 방식들로는 보거나 말할 수 없을 것들을 말하고 보는 필요 불가결한 인지 수단들이다. 요점은 어떤 발화수반행위들이 문장들, 언명들(sentences)보다는 텍스트들과 연결될 수 있다는 것이다. 따라서 우리는 오스틴의 말을 다음과 같이 보완할 필요가 있다. "문학을 가지고 어떤 일들을 행하는가?"

이제 내러티브에 대한 바흐친의 가설을 검토해 보자. 내러티브들은 다른 종류의 문학이 하지 않으며 어쩌면 할 수 없을 무슨 일을 행하는가? 메리 루이즈 프래트(Mary Louise Pratt)는 내러티브들이 하나의 세계를 펼쳐 보이는 독특한 행위를 수행한다는 점을 설득력 있게 논의한다.⁶⁹⁾ 내러티브상에서는, 명제적 내용의 자리를 플롯이 차지한다. 수전 랜서(Susan Lanser)의 책,「내러티브 행위」(*The Narrative Act*)는 화행론이 텍스트 안에 펼쳐진 세계에 대한 저자의 관점 연구인 시각을 연구하는 데 귀중한 목적을 제공하는 것으로 호소한다.⁷⁰⁾ 그러므로 월터스토프와 알스톤이 화행들의 경우로 보여 주었던 내용이 또한 텍스트 행위들에도 적용되는 것이다. 즉 저자들은 단순히 세계를 펼쳐 보일 뿐만 아니라 펼쳐 보이는 중에 또한 이 세계들에 대한 어떤 규범적 입장을(예를 들면, 찬양하는 일, 천거하는 일, 단죄하는 일 등을) 취하는

---

67) John B. Gabel and Charles B. Wheeler, *The Bible as Literature: An Introduction* (Oxford: Oxford University Press, 1986), p. 16.
68) Mikhail Bakhtin, *Speech Genres and Other Late Essays* (Austin: University of Texas Press, 1986).
69) Mary Louise Pratt, *Towards a Speech Act Theory of Literary Discourse* (Bloomington: Indiana University Press, 1977).
70) Susan Snaider Lanser, *The Narrative Act: Point of View in Prose Fiction* (Princeton, N. J.: Princeton University Press, 1981).

것이다. 랜서의 말을 빌리면, "성경에 나오는 비유와 거의 마찬가지로, 소설의 기본적인 발화수반행위는 이데올로기적인 교훈이다. 그 기본적인 호소는 내 말을 듣고, 믿고, 이해하라는 것이다."[71]

우리가 장르적인 행위라고 명명할 수 있는 것―하나의 문학적 통일체의 층위에서 수행되는 발화수반행위―은 글로 쓰인 담론 한 편을 저작하는 일을 구성하는 다른 모든 행위에 질서를 부여하는 통일적 행위다. 요나서를 예로 들어 보자. 오직 우리가 그 텍스트를 하나로 통일된 전체로서 고려할 때만 우리는 문학적 층위에서 진행되는 바를 논의할 수 있다. 그 저자는 '한 가지 이야기를 전해 주는 일' 이외에 무슨 일을 하는가? 문학적 통일체의 층위에서 볼 때, 요나서의 저자가 주로 지중해에서 수영하는 어떤 해상 생활 형태들에 대한 진리 주장을 한다고 주장하기란 상당히 힘든 일이다. 보고된 사건들의 층위 위에서 일어나지 않는 해석들은 결코 충분히 두텁다고 말할 수 없다. 진정한 해석은 발화수반행위들을 그 저자들에게 귀속하는 일을 내포한다. 나는 그 저자가 종교적인 안일함을 풍자하고 민족중심주의를 비판한다고 믿는다.[72] '풍자하기'라는 발화수반행위는 오직 문학적 층위에서만, 즉 하나의 완결된 소통 행위로 여겨지는 텍스트의 층위에서만 창발한다. 이러한 장르적인 발화수반행위를 기술하는 것은 전체 텍스트를 축조하는 소통 행위를 기술하는 것임에 주목하라.

요나서에 있는 풍자는 나의 테제를 예증해 준다. 즉 저자들이 행하는 어떤 일들은 하나의 통일체로 간주되는 텍스트의 층위에서만 밝혀진다는 것이다. 어느 한 텍스트의 문학 장르를 확인한다는 것은 그 저자가 행하던 일을 규정하기 위한 첫 걸음이다. 텍스트 전체에 대한 고려를 떠나서는, 우리는 결단코 요나서가 행하는 것―종교적인 민족 중심주의를 조롱하는 일―을 인식하지 못할 것이다. 요나서의 문자적 의미는 그의 문학적 행위의 의미―즉, 풍자―임에 주목하라. 도덕 역시 명확하다. 성경 해석자들은 어떤 문학 장르를 자신

---

71) 같은 책, p. 293.
72) 요나서의 끝 부분에 가서, 오직 한 사람 요나를 제외하면, 모든 사람―니느웨의 왕과 니느웨의 백성들과 니느웨의 가축들조차도―이 다 회개했다는 사실은 충격적이다. 요나는 자신들의 언약적 특권들과 책임들에 대해 무사안일하게 행했던 이스라엘 백성들을 대변한다. 실로 요나는 하나님이 지나치게 자비롭다고 하나님을 비난하는 지경에까지 이른다! 요나 자신에 대해서는, 한 민족에 대해서보다는 풀 한 포기에 더 신경을 쓰는 인물로 그려진다(욘 4장을 보라).

이 해석하게 되었는지 잘 식별해야 할 것이다. 문학 장르들은 비교적 안정된 제도들이며, 이러한 안정성은 저자와 독자가 공유하는 정황—공유하는 **문학적** 정황—을 가능하게 한다.

주요 핵심은 저자의 발화수반행위 의도들 가운데 어떤 것들은 오로지 문학 작품 전체의 층위에서만 밝혀진다는 것이다. 그러므로 나는 알스톤의 분석을 넘어 서서, 우리가 **장르적인** 발화수반행위들—내러티브적 행위, 비유적 행위, 묵시적 행위, 역사적 행위, 예언적 행위 등—을 인식해야 한다고 주장한다. 다시 말해서, 성경 문학의 주요 양식—지혜(길을 추천하는 일), 묵시(인내를 격려하는 일), 예언(언약의 약속들과 책무들을 일깨우는 일) 등의—들 각각은 그 자체의 특징적인 발화수반력을 지닌다. 그러므로 장르적인 발화수반행위를 기술하고 귀속하는 것은 어떤 저자가 하나의 전체로서 간주되는 자신의 텍스트에서 무엇을 행하느냐를 말하는 것이다.[73]

정경적 발화수반행위들? 정경적 행위들의 다양성에 대해서도 마찬가지다. 만일 그러한 것이 있다면, 어떠한 소통 행위가 정경 전체를 아우르면서 통일해 줄까? 그리고 '서약'(testament)은 하나의 장르일까? 우리는 정경 자체를 하나의 장르로 생각해야 할까, 아니면 히타이트 족속의 조약에 있는 요소들과 같은 다양한 문학 장르가 그 안에서 상호 작용하고 영향을 주는 하나의 공간으로 생각해야 할까? 아니면, 정경이라는 층위에서만 창발하는 새로운 발화수반행위들이 있는 것일까? 문제는 정경의 층위에서, 더 상위의 발화수반행위 표층은 없을까 하는 것이다.

나는 "텍스트들은 우리의 숙고의 다양한 층위에서 수행된 행위들로 보는 것이 가장 바람직하다"라는 문학 비평가 찰스 알티에리(Charles Altieri)의 말에 동의한다.[74] 하나의 언약을 맺는 일 가운데 이루어지는 많은 일을 예로 들어 보자.

- 언약의 주님이 자신을 확인해 주신다. ("나는 여호와다.")
- 여호와께서 자신의 신하들을 위해 자신이 행했던 일의 역사를 진술하신다. ("내가 너를 애굽에서 이끌어냈다.")

---

73) 포괄적인 발화수반행위들은 문장과 단락 층위의 발화수반행위들 위에 병발한다는 점에 주목하라.
74) Charles Altieri, *Act and Quality: A Theory of Literary Meaning and Humanistic Understanding* (Amherst: University of Massachusetts Press, 1981), p. 10.

- 여호와께서 자신이 그 백성들을 위해 행하실 일과 그들이 주님을 위해 해야 할 일을 규정하신다. ("나는 너희 하나님이 될 것이며, 너희는 나의 백성이 될 것이다.")
- 여호와께서 순종 및 불순종에 대한 축복과 저주들을 나열하신다. ("너희는 약속된 땅을 계속해서 소유하게 될 것이다", "너희는 그 땅에 대한 소유를 잃어버리게 될 것이다.")
- 여호와께서는 다음 세대에 그 언약을 전달하게 하는 조항들을 마련하신다. (그 언약을 돌에 새김으로써).

이 발화수반행위들 각각은 성경 전체를 통해 수행된다. 그렇지만, 또한 그 모든 발화행위들은 더 크고 서약적인 발화수반행위인 **언약 맺기**(covenanting)의 요소이기도 하다.[75]

브레바드 차일즈(Brevard Childs)는 정경이 믿음의 공동체 안에서 다음 세대들에게 권위적으로 기능하도록 의도적으로 형성되었다고 주장한다. 정경 전체의 통일성은 예수 그리스도에 대한 정경의 일관성 있는 증거로부터 나온다고 차일즈는 생각한다. 나는 성경의 각 부분을 그보다 더 큰 정경이라는 맥락에서 읽으라는 차일즈의 강조를 환영한다. 그러나 나는 차일즈가 그러한 실천에 대해 충분한 보증(warrant)을 제공하는지는 의심스럽게 여긴다. 나는 폴 노블(Paul Noble)의 의견에 동의한다. 노블은 차일즈의 접근 방법이 암묵적으로 의존하고 실질적으로 요구하는 것은 하나님의 저작권에 대한 명백한 천명이라고 주장한다. 실로, 성경 텍스트들의 의미는 전체적인 정경의 맥락에서만 도달될 수 있다는 차일즈의 주장은, "성경이 궁극적으로 단일 대저자(Author)의 작품이 되도록 영감되었다고 믿는 것과 공식적으로 동일하다."[76]

이 사실은 이중 저작 담론(dual-author discourse)에 대한 월터스토프의 제안에 우리가 더 가까이 갈 수 있게 만든다. 나는 그러한 견해를 당연한 것으로 여기고, 성경 안에 있는 하나님의 저작 의도를 어떻게 분별할 수 있을지에 대한 고찰로 넘어가자고 제안한다. 물론 신적 저작성(divine authorship)

---

75) 흥미롭게도, Austin은 발화수반행위들에 대한 그의 애초의 목록에 '언약 맺기'를 포함시켰다.
76) Paul R. Noble, *The Canonical Approach: A Critical Reconstruction of the Hermeneutics of Brevard S. Childs* (Leiden, Netherlands: E. J. Brill, 1995), p. 340.

이라는 개념은 '저자의 죽음'이라는 개념과는 엄청나게 멀리 떨어진 개념이다. 이는 의당 그래야 한다. 언어와 문학에 대한 기독교적 견해는 '글로 쓰인 하나님의 죽음'과는 아무런 상관이 없으며, '글로 쓰인 하나님의 섭리'와 관계있다. 여기에서 개진될 중심적인 주장은 **하나님이 그 자신의 성경 행위들 가운데서 섭리적인 일들을 행하신다**는 것이다. 하나님의 의도는 인간 저자들의 의도들에 반해서 일어나지 않으며, 그 위에서 병발한다.

8. 장르적인 (혹은 정경적인) 발화수반행위를 기술한다는 것은 하나로 통일된 전체로 간주되는 텍스트를 구성하는 소통 행위를 기술하는 것이다.

나는 두 가지 상호 보완적인 의미에서 정경을 하나님의 발화수반행위로 확인하고자 한다.[77] 첫째, 전적으로 그 층위에서는 아니지만, 특별히 장르의 층위에서 인간 저자들의 발화수반행위들을 하나님이 가져다 쓰시는 신적 전유(appropriation)가 있다는 사실이다. 예를 들어, 하나님은 여전히 종교적인 민족 중심주의를 풍자하기 위해 요나서를 사용하신다. (진실로 요나서의 메시지는 언제나 그렇듯이 오늘날에도 적절하다.) 그렇지만, 요나서나 성경에 있는 다른 책들이 정경 안에 함께 모아졌다는 사실 덕분에 새로운 일들을 행하실 수 있다. 어떤 발화수반행위들은 오직 우리가 하나님이 정경의 층위에서 행하신 일을 기술할 경우에만 밝혀지게 될 수 있는가? 이 분야에는 좀 더 많은 작업이 진행될 필요가 있다. 그러나 그 동안 나는 하나님의 정경적 발화수반행위들의 가능한 후보들로서 다음을 제안하고자 한다. 그것들은 신앙 공동체를 교훈하기, 그리스도를 증거하기 그리고 아마도 가장 명백한 것은 언약 맺기 등이다.

성경 행위들: 인지적 (그리고 영적) 환경들을 변화시키는 행위들. 하나님의 말씀은 그 보냄 받았던 목적을 실패하지 않고 성취할 것이다(사 55:11). 이사야는 이 말을 하면서 어떤 종류의 목적을 심중에 두었던 것일까? 그 목적인 발화수반행위적인 것이었을까, 아니면 발화효과행위적인 것이었을까? 만일

---

77) 나는 기꺼이 전통적인 영감 이론들이 주장하듯, 발화행위들 역시 신적 담론의 산물이라고 간주한다. 그러나 이것은 현재 이 글의 초점이 아니다.

독자들이 성경의 발화수반행위들과 발화효과행위들에 응답하는 데 실패한다면, 성경이 진정 하나님의 소통 행위일까? 성경은 기록된 하나님의 말씀일까 아니면 하나님이 인간의 말을 집어 들어서 그것을 가지고 무엇인가를 하실 경우에만 하나님의 말씀이 **되는** 것일까? 의견들은 다양하다. 모든 것은 우리가 소통 행위를 정의하는 데 독자의 반응(발화수반행위에 대한 깨달음, 발화효과행위)을 포함하고자 하느냐의 여부에 달려 있다.

칼 바르트는 '들으시는 주님'으로서의 성령께 호소하면서, 오직 하나님이 자유롭게 그리고 은혜로 인간의 말을 들어서 쓰실 경우에만 성경이 듣는 자에게 하나님의 말씀이 된다고 제안했다. 성경은 하나님의 말씀일까? 바르트와 복음주의자들은 수십 년 동안 이 쟁점을 놓고 "그렇다" "아니다"라고 하면서 사이가 틀어져 있었다. 소통 행위에 대한 우리의 해부는 그 난국을 헤쳐 나갈 수 있게 만들어 줄 수 있을까? 나는 그렇다고 생각한다.

내 생각에는, 바르트가 부분적으로는 옳고 부분적으로는 틀리다. 만일 바르트가 하나님이 성경 안에서 발화수반행위들을 수행하신다는 사실을 부인하고자 한다면 그는 틀렸다. 만일 그가 메시지를 받는 독자의 수용을 '소통 행위'에 대한 자신의 정의(定義)에 통합하려는 것이라면, 그 점에서는 옳다. 우리가 기억할 수 있겠지만, 소통은 소통하는 행위나 그 소통의 수용을 포함하는 완결된 소통이라는 두 의미 모두를 함의할 수 있다. 물론 인간 저자들은 의도했던 발화효과행위들을 보장하는 것은 말할 필요도 없고, 자신의 독자들을 이해시킬 능력도 없다. 신의 말이나 텍스트를 받아들이는 수신자들이 확실히 '알아듣도록'(get it) 만들기 위해 인간 저자들이 할 수 있는 일은 아무 것도 없다. 그러나 하나님께는 그러한 한계들이 전혀 없다. 성령은 '들으시는 주님'인 것이다. 성령은 말씀(the Word)으로 하여금 그 받은 바 사명을 완성할 수 있게 해주시는 힘이다. 그러므로 나의 제안은 성경이 (발화수반행위들이라는 의미에서) 하나님의 말씀**이라고** 말하는 동시에, 성경이 (그 발화효과행위들을 성취한다는 의미에서) 하나님의 말씀 **된다고** 말해야 한다는 것이다.

나의 제안이 하나님을 텍스트들에 묶는 것은 아닐까? 나의 제안이 하나님의 자유를 타협하는 것은 아닐까? 아니다. 그렇지 않다. 왜냐하면, 하나님의 자유는 소통 행위를 발하고 자신의 말을 지키는 자유기 때문이다. 일단 하나님이 약속을 하신다면, 하나님은 그 약속을 지킬 의무를 지니게 된다. 이는 어떤 외부적인 힘 때문이 아니라, 하나님을 붙잡아매는 하나님의 말씀 때문이다. 그리고 하나님의 담론은 글로 쓰임으로써 글에 고정되기 때문에, 우리가 어떻게든 하나님의 말씀을 '소유'하거나 그 말씀에 정통할 수 있다는 것도 나의 제안이 아니다. 그와는 반대로, 우리는 경고들, 약속들, 명령들 등을 '소유'하거나 그것들에 '정통' 할 수 없다. 오히려 우리는 에스라의 처지에 있는 것이다. 즉 성경을 읽음으로써, 우리를 변화시키고자 하는 실로 우리를 지배하고자 하는 말씀에 직면하게 되는 것이다.

마지막 반론이 하나 더 있다. 성경을 하나님의 발화수반행위들과 이렇게 동일시한다면, 하나님의 말씀으로서의 그리스도의 품격이 떨어지는 것이 아닐까? 다시 말하지만, 결코 그렇지 않다. 왜냐하면, 성경이 행하는 것—소통 행위로서의 정경적 층위에서 행하는 것—은 특히 그리스도를 가리키는 것이며, 이스라엘과 교회를 위한 그리스도의 의미와 의의에 대한 적합한 '두터운 기술들'을 제공하는 것이기 때문이다. 이것이 바로 누가가 기록하는 "이에 모세와 및 모든 선지자의 글로 시작하여 모든 성경에 쓴 바 자기에 관한 것을 자세히 설명하시니라"(눅 24:27)라는 말씀이 함의하는 바가 아닐까? 정확히 성경의 다양한 발화수반행위에 대한 반응을 통해서, 즉 그 단언들에 대한 믿음, 그 명령들에 대한 순종, 그 약속들에 대한 믿음을 통해서 우리는 그리스도께 '두텁게' 연결된다. 진실로, 우리는 성경의 발화수반행위들(예를 들면, 이야기를 전하는 일, 약속을 하는 일, 죄에 대한 사유를 선언하는 일 등)의 내용을 떠나서는 그 의도된 효과—그리스도와의 연합—를 지닐 수 없다.

스퍼버와 윌슨은 적실성을 정보를 처리될 가치가 있도록 만드는 속성으로 정의한다. 이러한 맥락에서 볼 때, 귀에 들릴 수 있는 모든 말 가운데 복음이 가장 적실한 말이라고 결론을 내려야 하지 않을까? 기억할 수 있겠지만, 정보는 사람의 인지 환경을 변화시킬 경우에 적절한 것이다. 자, 복음은 이 일을 행하며, 그것도 훨씬 더 잘 한다. 무엇보다 (스퍼버와 윌슨이 하듯) 일단의 가정들을 명백하게 하는 대신에 성경은 하나님의 계시며 영광의 소망이신 그리스도를 명백히 드러낸다. 똑같이 의미심장한 사실은 복음이 인지적 환경만이 아니라 영적 환경도 변화시킨다는 점이다. 성경은 새로운 정보만을 주는 것이 아니라, 우리가 정보를 처리하는 바로 그 방식을 근본적으로 변혁한다. 정경을 통해 궁극적으로 소통되는 것은 길과 진리와 생명이다.

성경 해석과 정경 행위: 누구의 행위인가? 아마도 정경에 대해 우리가 물어야 할 가장 중요한 물음은 '그것이 누구의 행위인가?'일 것이다. 만일 해석이 소통 의도들을 귀속하고 도출해 내는 일이라면, 우리는 그 발화수반행위들을 누구에게 돌려야 할까?

오순절 이후의 해석: 어느 목소리? 누구의 말인가? 만일 어떤 차이가 있다면, 오순절은 성경 해석에 어떤 차이를 만들어 내는가? 하나님의 삼위일체적 소통 행위 가운데서 성령의 역할은 무엇인가? 많은 기독교 전통은 성경의 '영감'을 천명한다. 예를 들면, 웨스트민스터 신앙고백서는 최상의 권위를 "성경 안에서 말씀하시는 성령"께 돌린다. 많은 것이 우리가 "말씀하시는 성령"이라는 이 어구를 어떻게 분석하느냐에 달려 있다. 현재 하나님의 소통 행위-하나님의 말씀-를 해석 공동체의 소통 행위와 혼동하는 위험을 초래하는, 두 가지 해석 접근 방법이 있다. 그것들은 (1) 독자가 저자의 역할을 맡는 실연 해석(performance interpretation, 월터스토프가 「하나님의 담론」에서 사용한 말로, 독자가 텍스트를 마치 자신이 쓴 것처럼 읽는 해석을 말한다-역주)이며, (2) 이해보다는 미리 규정된 효과 달성을 선호해서 발화수반행위를 무시하거나 무색하게 만드는 발화효과행위 중심의 해석이다. 여기에서 흥미로운 것은 이 각각의 접근 방법이 어떻게 성경 해석과 연관되며, 어떻게 은연중에 성령의 역사에 호소하는가 하는 것이다.

이미 살펴보았듯이, 리쾨르는 그 원저자로부터 텍스트의 의미론적 자율성을 선언한다. 그렇지만, 여전히 텍스트는 담론으로 남는다. 그렇다면, 그 담론은 누구의 담론인가? 호르헤 루이스 보르헤스(Jorge Luis Borges)의 이야기 "피에르 메나르"(Pierre Menard)는 내가 마음에 둔 문제점을 놀랍게도 잘 예시해 준다. 그 이야기는 20세기 프랑스의 비평가 피에르 메나르에 대한 이야기인데, 메나르는 세르반테스(Servantes)의 「돈키호테」(*Don Quixote*) 몇 장을 그대로 옮겨 적은 비평가였다. 발화행위의 층위에서 메나르는 단순히 세르반테스의 행위를 복제해 놓았다. 그렇지만, 메나르는 (세르반테스가 의중에 두었던) 17세기의 의미를 단순하게 되풀이하지 않았다. 왜냐하면, 그 일은 너무 쉽기 때문이다. 그 대신에 그는 전혀 다른 의미를 지닌 동일 텍스트를 산출하고자 했다. 이것이 월터스토프가 말하는 "실연 해석"에 대한 아주 좋은 예다. 그 기본적인 생각은 이것이다. 실연 해석 가운데서 우리는 마치 **우리가** 그 텍스트를 작성한 것처럼 텍스트를 읽는다. 물론 그러한 시도를 한다는 상상[만일 내가 「율리시스」(*Ulysses*)나 「반지의 제왕」(*The Lord of the Rings*)이나 고린도전서를 썼다면, 무슨 뜻으로 썼을까?]을 하더라도, 그 일을 막을 수 있는 법은 전혀 없다.

그와 같은 실연 해석을 막을 법은 전혀 없다. 그러나 그러한 해석에는 어떤 식의 이해도 성립되지 않는다. 왜냐하면, 일단 저자의 소통 의도들을 추론하려는 시도가 포기되면, '타자'와 의미 있게 마주 대할 수 있는 수단도 포기되는 것이기 때문이다. 이런 일은 심히 후회될 일이다. 사람이 오직 자신과만 대화한다면, 배우거나 자라거나 변화한다는 것은 지극히 어려운 일이기 때문이다.

스탠리 그렌츠(Stanley Grenz)는 위의 실연 해석에 대한 매력적인 변형을 하나 제시한다. 그는 "성경에서 말씀하시는 성령"이 **성령의** 발화수반행위들을 가리키며, 그러나 이 행위들은 인간 저자들의 발화수반행위들과 다르다고 제안한다. 여기에서 말하는 실연 해석은 성령의 것이다(성령이 성경 텍스트를 대본으로 해서 자신의 말을 실연하신다는 것이다—역주). 그렌츠는 성경을 성령이 말씀하실 때 사용하시는 도구 혹은 매체로 본다. 성령은 성경을 **통해** 말씀하신다. 그렌츠는 성경의 권위는 "궁극적으로 그처럼 성경에 내재하는 어떠한 성질에(예를 들면, 그 신적 저작성이나 영감적 성격에) 있지 않다"라고 명확히 밝힌다.[78] 그러므로 성령의 말하심은 성경에 대한 성령의 저작권과 동일시되어서는 안 된다. 그렇다면, "성령이 말씀하신다"라고 말하는 것은 대체 무슨 뜻일까? 그렌츠는 이렇게 대답한다. "명백히 우리가 성경을 통해 성령이 말씀하신다는 사실을 인정할 때, 우리가 가리키는 것은 발화행위가 아니라 발화수반행위다."[79] 그렌츠는 저자 담론에 대한 월터스토프의 설명을 오로지 그에 반대하기 위해서만 고찰한다. 성령은 저자 담론을 전유(appropriate)하지 않고, "성경 텍스트 그 자체"를 전유하신다고 그렌츠는 말한다.[80] 어떤 종류의 발화수반행위를 성령님이 수행하실까? 비록 관련이 있

---

78) Stanley Grenz, "The Spirit and the Word", *Theology Today* 57 (2000): 358.
79) 같은 글, p. 361.

기는 하지만, 주해만으로는 이 물음에 대답할 수 없다. 이 점에서 그렌츠의 분석은 약간 어색하게도 텍스트의 원래 의미가 전적으로 퇴색하는 것은 아니라고 어쩔 수 없이 인정하면서 거기에서부터 그가 명백하게 더욱 관심을 기울이는 것―하나의 세계를 창조하시는 성령의 발화효과행위―으로 이행한다.

그렌츠가 저자 담론 모델을 포기하고 텍스트는 그 자체의 생명을 취한다는 리쾨르의 전제를 수용하기 때문에, 그는 성령이 수행하는 발화수반행위들이 어떤 것인가를 구체화하는 데 어려움을 겪는다. 실로, 그렌츠가 실질적으로 성령께 돌리는 유일한 발화수반**행위**는 말하기다. "하나님의 말하기 도구로서 성경 텍스트를 전유함으로써…성령은 말하기라는 발화수반행위를 통해 세계를 창조하시는 발화효과행위를 수행하신다."[81] 그러나 말하기는 발화수반행위가 아니다! 그러므로 **단순히** '말하기' 가 발화효과행위들을 낳을 수 있는지는 전혀 명확하지 않다.[82]

물론 성령은 거룩케 하는 성화의 사역('그리스도 안에서' 새로운 세상을 창조하시는 일)을 달성하기 위해 다양한 수단을 통해 일하실 수 있다. 그러나 핵심적인 물음은 과연 성령이 성경의 발화수반행위들과는 별개로 독립적으로 이 역사를 수행하시느냐 하는 것이다. 그렌츠의 설명은 어떤 발화수반행위들이 수행되는지를 그리고 그 행위들을 누구에게 귀속해야 할지를 우리가 어떻게 추론할 수 있는지 설명하지 못한다. 결과적으로 그는 성경에 있는 실질적인 **내용**이 더 나아가서 성령이 행하시는 발화효과행위들을 성취하시는 일과 연결되어 있는가 하는 근본적인 물음에 대답하지 않은 채 그대로 남겨 두는 것이다.

그렌츠의 글에는 감탄할 만한 점이 많다. 나는 성령이 예수 그리스도라는 종말론적 사건을 진술하는 성경**에서** 발견되는 해석의 틀을 수단으로 사람들의 정체성과 세계관을 재형성할 수 있도록 이끈다는 그의 전반적인 비전에 동의한다. (비록 내 입장에서는, 성령의 발화효과행위를 신학적으로는 말씀

---

80) 같은 글.
81) 같은 글, p. 365.
82) Grenz가 말하고자 하는 바는 성령께서 특정한 발화수반행위들을 수행한다는 것일 수도 있다. 그러나 만일 그렇다면, 이 발화행위들이 전유된 인간 담론의 실질적인 명제적 내용과 발화수반력이 어떻게 연결되는지 불분명하다.

에 대한 성령의 사역의 맥락에서 그리고 철학적으로는 발화수반행위들의 맥락에서 설명하지만) 성령의 발화효과행위는 "하나의 세계를 창조하는 것"이라는 그의 근본적인 전제에 대해서까지도 동의한다. 그렇지만, 동시에 나는 철학적인 이유와 신학적인 이유로 인해 그의 분석에 곤란을 느낀다.

첫 번째는 화행철학과 관련된 것이다. 방금 살펴보았듯이, 그렌츠는 그릇되게도 성령의 발화수반행위를 '성경을 통해 말하기'와 동일시한다. 그러나 '말하기' 그 자체는 발화수반행위가 아니다. 발화수반행위는 말하기 가운데서 행해지는 바와 관련된 것이다.[83] 더욱이, 하나의 세계를 펼쳐 보이는 것은 내러티브들의 특수한 역할이다. 이 행위는 발화효과행위적인 행위가 아니라 발화수반적인 행위다. 수전 랜서의 말을 인용하자면, 그것은 독특한 **내러티브** 행위다. 두 번째는 신학과 관련된 이유다. 성령은 진실로 발화효과행위적인 행위들을 수행하신다. 이 점에 대해서는 이의가 있을 수 없다. 그렇지만, 성령은 오직 성경의 구체적인 텍스트상의 발화수반행위들—그 내용!—을 기반으로 해서만 그 일을 하신다. 그럴 경우, 하나의 세계를 창조하시는 성령님의 역사는 새로운 발화수반행위가 아니라 오히려 독자들로 하여금 기존의 성경 텍스트 안에 기록된 발화수반행위들, 특히 "하나의 세계를 펼쳐 보여 주는" 내러티브 행위를 전유하도록 하는 발화효과행위다[그렌츠가 말하는 '성령의 말씀하심'의 모호성과 그의 분석에 대해 밴후저는 다음과 같이 말한다. "간단히 말해서, 문제는 그렌츠가 화행 범주들을 정확하게 사용하지 않는다는 것이다. 그렌츠는 성경이 성령의 역사의 결과라고 말하려 하지만, 실제로 성령이 저자들을 통해 말씀하시는 바에 주목하는 대신에 즉 성령이 약속, 단언, 경고 등을 하신다고 구체적으로 말하는 대신에 단순히 성령이 '말씀하신다'라고만 말한다. 그러나 말하기는 발화수반행위가 아니다. '말하기'는 발화행위다. 발화수반행위는 우리가 말하기 가운데서 행하는 것이다. 이 점이 중요한 이유는 그렌츠가 단지 말하기를 가지고 발화효과행위들(성령의 창조하심)에 대해 말하려 하기 때문이다. 그러나 이것은 성령이 실제로

---

[83] Alston의 말을 그대로 인용하면 이렇다. "어떤 내용을 지닌 발화를 발하는 것은 그 자체로 효과들을 지닐 수 있다. 그리고 그리하여 이 효과들의 산출이 그 내용의 제시 위에 병발할 수 있다. 그러나 그 효과 산출이 그 내용을 지니도록 만들기 위해 어떤 내용을 그 발화에 의한 효과의 산출에 첨부할 수는 없다"(Alston, *Illocutionary Acts*, p. 31).

성경에서(즉, 발화수반행위들 가운데서) 말씀하시고 행하심음을 간과하는 것이다. 그러므로 핵심은 '말하기'(성령의 말씀하심)가 그렌츠가 주장하는 것처럼 발화수반행위가 아니라는 것이다. 그러므로 그렌츠의 분석 전체는 오류가 있는 것이다."-역주]

성경상의 발화수반행위들의 침식: 함양을 위한 읽기. 성경 해석에 대한 현대의 접근 방법 가운데 발화수반행위들의 중요성을 인식하지 못하는 두 번째 접근 방법이 있다. 이 접근 방법은, 말하자면 영성 함양 및 계발(spiritual formation)이라는 성경의 특수한 발화효과행위적 목적에 초점을 맞춘다. "기독교 신앙과 실천을 세운다는 성경 읽기의 목적이 언제나 어떤 방법들과 접근들을 채택해야 할지에 관한 결정들을 주문(order)하도록 해야 한다."[84] 이것은 칭찬받을 만한 목적이며, 교회의 경건에 있어서 본질적인 것이다. 그러나 그런 목적이 **해석의** 목적일까? 나는 영성 함양 및 계발이라는 목적에 대해 왈가왈부하는 것이 아니다. 그러나 나는 미리 의도된 이러한 발화효과행위를 중심으로 하면서, 성경의 소통 행위에 대해 무시하고 거칠게 다루는 일을 강력하게 거부한다.[85] 영성 함양과 계발이 목적일 수는 있지만, 성경 해석의 규범은 아니다. 그 성경 해석의 규범은 저자의 발화수반행위 의도여야 한다. 다시금, 발화수반행위들과 발화효과행위들을 혼동하기 때문에 문제가 발생한다. 지나치게 신속하게 발화효과행위들로 진행해 나가는 것은 발화수반행위의 내용을 해석학적으로 처분 가능한 것으로 만드는 위험을 초래한다.

물론 그리스도인들이 영성 함양 및 계발과 건덕(edification)을 위해 성경을 읽는 것은 중요한 일이다. 그렇지만, 이 목적이 절대적으로 중요하긴 하지만, 텍스트 이해라는 그 선행되는 목적을 대체할 수는 없다. 현재의 논의의 핵심은 발화효과행위들이 결코 발화수반행위들에 선행할 수 없으며 언제나 발화수반행위들로부터 **나와야** 하듯이, 영성 함양 및 계발도 결코 말씀(Word)의 사역-그것을 수용하는 사람들을 변혁하는 일을 그 사명으로 하는 **생각, 권능, 행위**[로고스; 문장의 이해를 돕기 위해서 첨가했다. 밴후저는 괴테의 「파우스트」에서의 인용문을 염두에 둔다-역주]의 사역-에 선행할

---

84) Lewis Ayers and Stephen E. Fowl, "(Mis)reading the Face of God: The Interpretation of the Bible in the Church", *Theological Studies* 60 (1999): 528.
85) 제10장을 보라.

수 없으며, 언제나 그 사역으로부터 나와야 한다는 것이다.

언약의 담론을 섬기는 일: 성령론과 발화효과행위들에 대해. '성령은 말씀하신다.' 물론 그렇다. 그러나 성령은 "스스로 말하지 않고 오직 들은 것을 말하[신다]"(요 16:13). 여기에 화행 범주들을 완벽하게 이해하도록 만드는 한 가지 사례가 있다. 성경이 영감된 것인 한, 우리는 성경의 발화행위들은 신적으로 저작된 것이라고 말할 수 있다. 그러나 요한복음에서의 예수님의 말씀의 요점은 성령은 자신의 소통 활동을 오직 예수님이 받게 되는 것을 말하는 데만 국한한다는 것이다. 성령은 자신이 아니라 그리스도를 **섬기신다**. 고든 피(Gordon Fee)의 멋진 어구를 빌리면, 성령은 하나님—성자 하나님—의 권능을 부여하시는 현존(God's—God the Son's—empowering presence)이시다.

그래서 이제 우리는 하나님의 말씀이 어떻게 그 보냄을 받은 목적을 성취하는지 이해할 수 있는 처지에 놓이게 되었다. 이는 성령님이 그 말씀에 동반하시면서 또 다른 말을 하시는 것이 아니라 이전에 발해진 말을 섬기기 때문이다. 성령은 다름 아닌 말씀의 효과다. 간단히 말해서, 성령은 말씀의 의도된 발화효과행위들을 성취시킴으로써 그 말씀을 효과적으로 만드신다. 그러나 놓쳐서는 안 될 요점은, 성령이 그 말씀들과 발화수반행위들에 대해 독립적으로 이 효과들을 성취하지 않고 정확히 그 말씀들 그 행위들에 **의해**, 행위들과 **더불어**, 행위들을 **통해** 성취하신다는 것이다. 그러므로 결코 배타적이지는 않지만 주로 성경 해석의 소임에 속하는, 끝에서 두 번째인 나의 아홉 번째 테제는 다음과 같다.

---

9. 성령은 정확히 성경 문장의 층위, 장르의 층위, 정경의 층위들에서의 발화수반행위들을 발화효과행위적으로 만듦으로써 성경 안에서 그리고 성경을 통해서 말씀하신다.

그래서 우리가 거의 기대하지 않게 되는 바로 여기에서, 우리는 언어와 말씀과 관련하여 철학과 신학 사이의 어떤 만남을 목도하게 된다. 알스톤이 변호하는, 발화효과행위가 발화수반행위들에 비대칭적으로 의존한다는 사실은 거룩하신 성령이 성부와 **성자로부터** 나오신다는 사상—그 유명한 '필리오

쿠에'(*Filioque*, '아들로부터도')—에서 그 신학상의 짝을 갖는다. 발화효과행위들은 발화행위들과 발화수반행위들로부터 '나오지만', 그 역은 성립하지 않는다. 어떤 내용을 말하는 일은 효과들을 가질 수 있지만, 효과 산출에 어떤 내용을 첨부할 수는 없다. 비록 알스톤이 이런 용어를 사용하지는 않지만, 나는 그가 '일로쿠시오쿠에'(*illocutioque*, '발화수반행위로부터도')를 믿는다고 충분히 말할 수 있다고 생각한다.[86]

'일로쿠시오쿠에'와 '필리오쿠에'의 이 놀라운 만남은 아무 것도 입증하지 않는다. 삼위일체 신학으로부터 언어철학에 관한 일반적인 결론들을 이끌어내는 것은 권할 만한 일이 아니다. 그리고 역으로 화행들에 대해 한 가지 분석을 하고 그것에 근거해서 세 위격에 대한 이해를 형성하려고 해서도 안 된다. 그러한 것은 나의 의도가 아니다. 그 대신에, 나는 한 학문 분야에서 얻은 통찰들을 가지고 다른 학문 분야에서 얻은 통찰들을 강화하려고 노력해 왔다. 물론 그렇게 하면서, 철학이 우리의 신학에 근접할 수 있는 부분들과 신학이 우리의 철학을 조정해 줄 수 있는 부분들을 찾고자 노력을 기울여 왔다. 발화효과행위들이 발화수반행위들에 의존한다는 알스톤의 주장은 성경 해석자들이 발화효과행위들을 성취하려고 추구하기에 앞서서 발화수반행위의 의도를 도출해 내야 한다는 나의 주장을 지지해 준다. 나는 또한 이것이 성령께서 성경 해석을 통해 하나님의 백성들을 형성하시고자 역사하시는 방법이라고 믿는다. 즉, 텍스트의 소통 행위와는 무관한 효과들을 낳음으로써가 아니라, 정확히 그 모든 정경적 통일성과 다양성 가운데서 하나님의 소통 행위를 섬김으로써 일하신다는 것이다.

---

10. 하나님이 성경을 가지고 행하시는 바는, 성경을 효과적으로 만드는 성령의 역사를 통해 예수 그리스도를 증거하심으로써(발화수반행위) 그리고 독자가 그리스도와 상호 내주하도록 만듦으로써(발화효과행위) 인류와 맺는 언약이다.

---

86) 나의 논의는 특정한 버전의 *Filioque*에 의존하지 않는다. 발화수반행위들과 발화효과행위들 사이의 유비는 '성자를 **통해서** 성부로부터'라는 식의 대안적 제시를 채택한다 해도 마찬가지로 잘 작용할 것이다.

결론: 언약 공동체

언어에 관한 이론들은 인간의 실천과 소통과 해석 모두에 영향을 끼친다. 우리가 언어에 관해 하는 이야기는 우리가 자신에 관해 하는 생각에 영향을 끼친다. 이 글 내내, 나는 언어 사용이 언약적인 일이라고 가정해 왔다. 나는 소위 **언약 관계의 전제**를 채택했다. 이 전제는 적실성의 전제를 넘어서는 것이다. 적실성의 전제는 각각의 모든 화행에 함축된 것은 그 화행이 적절하다는 주장이라고 말한다. 언약적 전제는 각각의 모든 화행에 함축된 것은 어떤 언약 관계—이해해야 할 암묵적인 호소나 요구—라고 말한다. 언어 자체는 우리에게 이러한 요구를 할 수 없다. 추상적으로 볼 때 언어는 전혀 권한이 없다. 그와 반대로, 언약 관계의 전제는 우리가 그 **인격자**에게 공정을 기하기 위해서는 소통 행위자의 말에 대해 공정을 기해야 할 의무를 진다는 사실에서 비롯된다. 여기에서 우리는 얼굴은 '말을 한다'는 엠마누엘 레비나스의 생각을 환기할 수 있을 것이다. 그 '얼굴'은 "살인하지 말라"고 말한다. 그리고 얼굴은 우리가 이웃을 향해 지니는 무한한 책무를 대변한다. 마찬가지로, 텍스트에 있는 그 '목소리'는 "내 말을 들으라"라고 말한다. 그리고 언어의 훌륭한 시민으로서 우리는 이웃을 향해 그 인격자가 그의 말하기 가운데서 말하는 것이 무엇이며 행하는 것이 무엇인지를 이해해야 하는 책무를 대변한다. 그러므로 상호발화행위자들(interlocutors)은 "언제나 이해하고 이해된다는 최소한 하나의 공동 목표를 공유한다."[87]

교회는 해석 공동체, 그 책의 백성들이다. 그럼으로써, 교회는 이 글에서 채택하는 두 가지 의미 모두에서 언약 공동체다. 우선적으로, 교회는 언약의 담론인 기독교 경전을 지향하는 공동체다. 그렇지만, 또한 교회는 일반적인 담론의 언약을 아끼는 공동체가 되어야 한다. 애초부터 내가 주장했듯이, 언어는 그 자체적으로 하나님의 설계 계획을 지니는 하나님이 제정하신 제도다.

결론적으로, 언약 공동체의 구성원들의 특징을 이루어야 한다고 믿는 세 가지 특징을 언급하겠다.

언약 준수자들. 우리는 담론의 언약—두 인격자 사이에서, 인격자와 세계 사이에서, 인간 인격자들과 하나님 사이에서 언어가 형성하는 결속들, 잡아

---

87) Sperber and Wilson, *Relevance*, p. 268.

매는 끈들—을 준수해야 한다. 우리는 약속을 지키는 자이자 진리를 말하는 자여야 한다. 그러나 우리는 또한 능동적인 경청자여야 한다. 왜냐하면, 능동적인 경청이야말로 담론의 언약에서 평화를 지키는 자들, 화평케 하는 자들이 될 수 있는 유일한 길이기 때문이다. 세상에는 많은 형태의 폭력이 있지만, 독자들은 특히 해석의 폭력에 대해 경계해야 한다. 우리는 타자들의 담론에 우리 자신의 해석을 부과하지 말아야 한다. 우리는 그 의도에 대한 증거가 전혀 없음에도 불구하고 저자들에게 그 의도들을 돌리지 말아야 한다. 그리고 우리는 그에 해당하는 적절한 증거가 있을 경우에 그 저자의 의도들을 충분히 인식하고 인정하는 일에 정직해야 한다. 우리는 다른 곳에서 내가 말하는 "해석의 덕목들"을 계발해야 한다. 그 덕목들은 이해하려는 동기에서 비롯되는 마음과 정신의 성향들이다.

증인들. "네 이웃에 대하여 거짓 증거하지 말라." 나에게 이 계명은 해석학에 있어서의 지상 명령이다. 거짓 증거하는 일—어떤 한 저자가 하지도 않은 일을 텍스트에서 행한다고 말하는 것—은 그 저자에게 일종의 폭력을 가하는 것이다. 환원주의적 접근방법들—성긴 기술들—은 그 저자가 텍스트에서 실제로 행하던 바에 적절하게 천착하지 못하기 때문에 마찬가지의 왜곡을 하는 것이다. 환원주의자들의 죄는 전체 진리를 다 전하지 않고, 빠뜨리는 죄다. 고의적인 잘못된 해석은 타자에 대한 침해다. 이처럼 담론의 언약에 참여하는 자들은 참된 증언을 할 의무를 지닌다. 진실로 이것이 바로 해석이 의미하는 바다. 즉 텍스트에서 실행된 저자의 의도들의 의미에 대해 증언하는 것이다. 바로 이 때문에 해석의 역사에 주목하는 것이 중요하다. 하나님은 말씀을 통해 이전의 여러 세대에게 말씀해 오셨다. 그리고 우리는 애초의 독자들에게만이 아니라 이전 세대들에 대해 하나님이 말씀하신 바를 들을 필요가 있다. 사실상 하나님이 성경 해석의 전통을 방편으로 성경에서 우리에게 말씀하신다고 말할 수도 있다. 그러나 오직 이전 세대들이 성경에 있는 하나님의 정경적 행위를 올바르게 분별했을 경우에만 그럴 것이다.

제자들. 괴테의 훈계조의 이야기를 잊지 않도록 하자. 파우스트의 오류는 해석이 한 사람의 연구에 국한된 어떤 것이라고, 즉 해석은 미덕이나 영성과는 분리된 오로지 지식의 문제라고 생각했던 데 있다. 그렇지만, 개개의 모든 텍스트는 단순히 정보만이 아니라 "나를 따르라"라는 암묵적인 부르심도 포함한다. 해석자의 소명은 그 부르심에 응답하고 최소한 이해에 도달하는 지점에까지 그리고 어쩌면 그 이상으로 따라가는 것이다. "알겠어요"(I follow you)라고 말함으로써 우리가 이해한다는 것을 표시하듯, 우리는 성경의 길(道)로 따라가기 시작함으로써 성경에 대한 우리의 이해를 표시한다. 성경 해석의 특권―모든 신자의 제사장직에 대한 개신교의 주장―은 마침내 해석의 책임으로 이끈다. 그것은 의미에 대한 지배자들이 되지 말고 '순교자들'이 되라는, 말씀을 듣기만 하는 자들이 아니라 행하는 자들 그리고 어쩌면 말씀 때문에 고난당하는 자들이 되라는 부르심이다.

"인간은 언어 가운데 거한다." 그렇다. 하이데거(Heidegger)는 거의 옳았다. 담론의 언약과 언약의 담론의 참된 목적은 진실로 일종의 내주, 아니 더 맞게는 상호 내주하는 것이다. 성경은 간단하게 그것을 **교제**(communion)라고 부른다. 우리가 그리스도 안에 있고, 그리스도가 우리 안에 계신다. 물론 내가 일컫는 바는 최상의 언약적 축복―하나님과 동행하는 삶―이다. 아마도 언젠가는 이 축복이 언어의 도움이 없이도 실현될 것이다. 그러나 그 때까지는, 사람들은 사귐을 갖기 위해 서로 동행하면서 말을 해야 하는, 육체를 지니고 살아가는 인격체들이다. 주목할 만한 점은 바벨탑 사건 이전에 그리고 오순절 이전에, 하나님이 동산에서 인간들과 더불어 동행하시고 말씀하시는 것으로 묘사되어 있다는 사실이다. 이는 언어가 단지 소통 행위의 매개체이기 때문만이 아니다. 언어는 또한 상호 인격적 교제의 가장 신축성 있으며, 다양하며, 강력한 매개체라 할 수 있을 것이다. '태초에 말씀이 계셨다. 그리고 그 말씀이⋯우리 가운데 거하셨다.'

테제들의 정리
1. 언어는 본래적으로 언약적인 '설계 계획'을 가진다.
2. 소통에 대한 기독교적 견해의 패러다임은 소통 행위 중이신 삼위일체 하나님이다.
3. '의미'는 소통 행위의 결과, 즉 저자가 어떤 구체적인 때에 특정한 방식으로 어떤 말들을 보살피고 꾸려감으로써 행한 바의 결과다.
4. 하나의 발화나 텍스트의 문자적 의미는 그 저자가 의도적으로 그리고 스스로 의식하면서 수행한 발화수반행위들의 총합이다.

5. 이해는 발화수반행위들과 그 행위들의 결과를 인식함으로써 이루어진다.
6. 해석은 저자의 의도들을 도출해 내고 발화수반행위들을 귀속하는 과정이다.
7. 독자들에게 이해가 아닌 다른 수단으로 발화효과행위의 영향들을 끼치려는 행위는 소통 행위가 아니라 전략적 행위로 간주된다.
8. 장르적인 (혹은 정경적인) 발화수반행위를 기술한다는 것은 하나로 통일된 전체로 간주되는 텍스트를 구성하는 소통 행위를 기술하는 것이다.
9. 성령은 정확히 성경 문장의 층위, 장르의 층위, 정경의 층위들에서의 발화수반행위들을 발화효과행위적으로 만듦으로써 성경 안에서 그리고 성경을 통해서 말씀하신다.
10. 하나님이 성경을 가지고 행하시는 바는, 성경을 효과적으로 만드는 성령의 역사를 통해 예수 그리스도를 증거하심으로써(발화수반행위) 그리고 독자가 그리스도와 상호 내주하도록 만듦으로써(발화효과행위) 인류와 맺는 언약이다.

제3부

해석학

7장

성령의 조명
특별 계시와 일반 해석학

"기독교가 세상에 제공하는 것은 해석학이다." 마르틴 부버(Martin Buber)의 이 언급은 도발적이면서 애매모호하기도 하다. 그의 이 말은 기독교가 세상에 어떤 **특별** 해석학(special hermeneutics), 즉 각별히 성경을 해석하는 특별한 방법을 제공한다는 말일까 아니면 **일반** 해석학(general hermeneutics)이 기독교 신앙에 어떤 빛을 지고 있다는 말일까?[1] 나의 목적은 부버가 실제로 의도했던 바가 무엇인가를 판단하는 데 있는 것이 아니라 그의 진술을 성찰 및 반성의 기회로 삼으려는 것이다. (사도행전에서) 이디오피아의 내시에게 빌립이 그가 읽는 것(사 53장)을 이해하는지 물었을 때, 그 대답은 "지도해(guide) 주는 사람이 없으니 [내가] 어찌 깨달을 수 있느냐"(행 8:31)였다. 거기에 쓰여 있는 말을 읽는 일을 넘어서게 하는 이 지도

---

1) 해석학은 "해석의 실천—그 목적들, 조건들 및 기준들—에 대한 비판적 성찰"이다[Charles Wood, *The Formation of Christian Understanding: An Essay in Theological Hermeneutics* (Philadelphia: Westminster Press, 1981), p. 9]. '일반 해석학'은 문학적 의미 일반에 대한 연구를 지배하는 원리들을 가리킨다. '특별 해석학'은 특정 종류의 텍스트들을 지배하는 부가적인 규칙들 혹은 원리들을 가리킨다.

(guidance), 이 가외 도움의 성격은 정확히 무엇일까? 그 도움, 그 지도는 전통이 해주는 지도편달일까, 공동체의 참여를 통해 이루어지는 지도편달일까, 정경적 맥락이 제공해 주는 지침일까, 아니면 어떤 의미에서 아직 결정되지 않은 성령의 인도하심일까?(요 16:13)[2]

1,000년 이상 전에, 빌립이 아니라 아우구스티누스가 앞으로 독자가 될 사람들에게 지침(guidance)을 제공해 주었다. 그의 「기독교 교리론」(*On Christian Doctrine*)은 성경 해석의 규칙들을 제공해 주었는데, 이 규칙들은 중세 문화의 초석으로 기여했다. 그러나 그 풍성한 기독교를 부모로 두었음에도 불구하고, 해석학은 최근 들어 그 유산을 낭비하고 있다. 탕자(蕩子)와 같은 해석자는 계몽주의의 자율성을 추구하려고 권위의 집(the house of authority, 말을 그대로 풀자면, '저자성/저작성의 집'이다-역주)을 떠나 버렸다. 비평의 광야에서, 그의 생계유지 수단은 마침내 고갈되었으며, 의미에 굶주려 해석자 탕자는 다시 불러 주는 목소리를 듣고 싶었다. 지금 그는 자유와 굶주림으로 현기증을 느끼면서 주신(酒神) 디오니시우스가 벌이는 해체적 카니발(a Dionysian deconstructive carnival)에서 텍스트들을 아무런 맛도 느끼지 못하고 집어삼키면서 떠들썩하게 흥청망청 읽는다.

카니발은 라틴어[*carne valere*, 직역하면 '고기를 (음식으로 삼지 않고) 멀리하다'의 뜻]에서 온 말로 사순절 금식 직전의 파티 습관을 가리킨다. 그 어원이 매우 시사적이다. 그래서 해체에 대한 유비에 아주 적절하다. 즉 해체적인 카니발은 그 고깃덩이(the meat) 즉 텍스트의 내용(matter)을 멀리하고 치워 버린다. 해체적 카니발은 글자(letter)에 있는 로고스의 현존을 부인한다. 따라서 해체적 카니발은 텍스트가 제공하는 자양분을 거절하고 영구적인 금식의 상태로 남는다. 축제-고깃덩이와 텍스트의 내용을 가지고 치러지는 성찬-는 끊임없이 지연된다. '카니발'은 먼 나라로 가버린(gone into far country, 이 어구는 칼 바르트의 기독론과 밀접한 관계가 있다. 참고. 눅 15:13-역주) 해석학, 그 곳에 가서 해체적인 소멸에 자기를 맡겨 버린 해석

---

[2] 이디오피아 내시에 대한 빌립의 그리고 엠마오로 향하던 제자들에 대한 예수님의 가르침은 둘 다 성경을 성경으로 해석한다. G. C. Berkouwer는 다음과 같이 논한다. "이해는 성경을 제쳐놓고는 이루어지지 않는다"[*Holy Scripture*, trans. and ed. Jack Rogers (Grand Rapids, Mich.: Eerdmans, 1975), p. 112].

학을 표현한다.

다음에서 나의 전략은 두 가지다. 나는 예일 학파와 시카고 학파 사이의 논쟁을 살펴봄으로써 그리고 포스트모던 문학 이론에 비추어 봄으로써, 우리가 성경을 어떻게 읽는지 즉 일반 해석학을 가지고 읽는지 아니면 특별 해석학을 가지고 읽는지에 대한 물음에 답하고자 한다. 특별히 한 가지 논쟁을 살펴봄으로써, 나는 일반 해석학에게 기독교라는 그 고향집으로 되돌아갈 수 있는 길을 보여 주기를 바란다.

신학은 우리의 언어 이론들과 해석 이론들을 뒷받침한다. 성경은 '다른 여느 책처럼' 해석되어야 한다. 그러나 다른 여느 책들은 성경을 어떻게 읽어야 하느냐에 대한 성찰에서 우리가 도출한 규범들을 가지고 해석해야 한다. 나는 성경이 다른 여느 책처럼 해석되어야 하며, 다른 모든 책은 성경처럼 기독교 세계관 내에서 읽혀야 한다고 주장한다. 이해를 추구하는 믿음의 과정 가운데 어느 곳에 성령이 들어갈까?[3] 오직 이해의 성령(the Spirit of understanding)만이 우리에게 해석의 죄—텍스트를 왜곡시키는 해석상의 폭력—라는 판결을 내리실 수 있으며 우리의 눈에 빛을 주고 뜨게 하여 우리가 글자에(in the letter) '실질적으로 임재'해 있는 로고스를 볼 수 있도록 하실 수 있다. 해체의 어두운 골짜기를 통과할 때, 최상의 일반 해석학은 **삼위일체적인** 해석학임이 입증될 것이다. 그러나 어째서 내가 이해의 영은 어떤 세속적인 영이 아니라 거룩하신 성령이어야 한다고 생각하는지에 대해서는 앞으로 확인하게 될 것이다.

신학과 문학 이론: 세속 해석학을 넘어서

데이비드 트레이시는 신학에 대한 문학 이론의 편만한 영향을 지적하는데, 그의 말은 틀림없이 맞는 말이다.[4] 나는 또한 그 반대의 경우도 맞다고 믿

---

[3] 성경적 의미라는 것이 단지 읽기만 해서 오는 이해로 복원될 수 있는 것이라는 생각은 성령론을 신학적인 언저리로 밀어내 버리는 것이다[Richard Hooker를 가리키면서 Francis Watson이 그와 같이 이 점을 지적한다. Francis Watson, *Text, Church and World: Biblical Interpretation in Theological Perspective* (Edinburgh: T. & T. Clark, 1994). p. 295. n. 5를 보라].

[4] "기독교 신학들에 대한 문학 비평과 문학 이론의 영향은 오늘날 신학에 대한 합리적인 해석이나 평가의 주요한 요소가 되었다"[David Tracy, "Literary Theology and Return of the Forms for Naming and Thinking God in Theology", *Journal of Religion* 74 (1994): 302].

는다. 즉 문학 이론은 정통 기독교적 입장들에 대한 변용이나 거부와 관련 있다. 세속 문학 이론들은 변장한 신학들이거나 변장한 반신학들(antitheologies)이다.[5] 그러므로 해석학의 신학적 성격만이 아니라 신학의 해석학적 성격을 고찰할 만한 훌륭한 이유가 존재한다.

우선, 신학에서는 무엇이 해석학적인 것일까? 신학은 "기록된 텍스트들과 그것들에 대한 해석에 의해 적지 않게 매개되어 오는 전통을 다루기 때문에" 해석학적이다.[6] 그러나 여기까지에서 그 기본적인 의견의 일치는 끝난다.

우리는 성경을 "여느 다른 책처럼" 읽어야 할까? 이것이 바로 그 유명한 글, "성경 해석에 대하여"(On the Interpretation of Scripture, 1860)에서 벤저민 조웨트(Benjamin Jowett)가 주장하는 바다. 성경을 비판적으로 읽는 일에 대한 그의 주요 관심사 가운데 하나는 "전통적 해석들이 성경 텍스트들에 대해 강압함으로써 그 참된 의미를 흐리는 일에 대해 싸우는 것"이었다.[7] 여기에서 따라 나오는 두 개의 추론은 이것이다. 우리가 역사적 정황에 주목해야 한다는 것과 텍스트는 원저자가 의미했던 단 하나의 의미만을 가진다는 것이다.

조웨트는 그의 시대에 해석자가 신학적이며 교단적인 논쟁들을 넘어서도록 영감을 주었던 '비판 정신의 확산'에 대해 말했다. "그의 목적은 단순히 관행적인 관심사가 아닌 진정한 관심사를 가지고 성경을 여느 다른 책처럼 읽는 것이다. 그는 자신의 눈을 열어서…내용들을 있는 그대로…볼 수 있게 되기를 원했다."[8] 비판적 해석은 문자적 의미를 흐려 놓았던 도그마들과 논쟁들의 안개를 걷어 낼 것이다. 원의미를 회복시키는 과정에서, 비판적 정신은 텍스트에 들어 앉아 살아가던 '다른 일곱' 의미를 내쫓을 것이다. 비판적 진

---

5) John Milbank에 대한 암시들은 의도적인 것이다. Milbank는 세속의 사회 이론이 정통 기독교에 대한 그 자체의 '이단적' 관계 가운데서 성립한다고 주장한다(John Milbank, *Theology and Social Theory: Beyond Secular Reason* (Oxford: Blackwell, 1990), pp. 1-3). 나는 세속의 문학 이론에 대해서도 동일하게 말하고자 한다.
6) Werner G. Jenarond, "Theological Hermeneutics: Development and Significance", in *Studies in Literature and Religion*, ed. David Jasper (London: Macmillan, 1991), p. 9.
7) Paul R. Noble, "The Sensus Literalis: Jowett, Childs, and Barr." in *Journal of Theological Studies* (1993): 3.
8) 같은 글, p. 7.

리의 반대는 이데올로기와 환상이다. "성경에 대한 비판적인 해석이 전혀 없는 곳에서는 신비적인 혹은 수사적인 해석이 자리잡을 것이다. 만일 말이 한 가지 이상의 의미를 갖게 된다면, 아무런 의미나 다 가질 수 있을 것이다."[9]

스탠리 하우어워스(Stanley Haurewas)는 의견을 달리한다. "성경은 그저 아무나 접근할 수 없으며, 그렇게 돼서도 안 된다. 오히려 성경은 하나님 백성의 일부로 존재하는 어려운 훈련을 통과한 사람들에게만 소용되는 것임에 틀림없다." 근본주의적 문자주의자들(fundamentalist literalists)도 자유주의적 비평학자들(liberal critics)도, "누구나 교회의 필수적인 중개 없이 텍스트에 접근할 수 있어야 한다고 가정하는 한, 동전의 양면일 뿐"이다.[10] 조웨트는 해석자들이 올바른 도구들만 사용한다면 성경의 객관적인 의미와 진리를 획득할 수 있다고 잘못 믿었다. 우리에게 필요한 것은 학문적인 도구들이 아니라 성도들의 연습이라고 하우어워스는 말한다. 즉 성경을 정확하게 읽기 위해서는 기독교적 덕성을 훈련해야 한다는 것이다.

하우어워스는 "비평의 두 가지 도그마"—즉 성서학은 객관적이라는 도그마와 성서학은 비정치적이라는 도그마—에 대해 도전한다. 첫째로, 객관성에 반대해서, 하우어워스는 우리가 성경을 단순히 집어 들어서 "여느 다른 책처럼" 읽어서는 이해할 수 없다고 주장한다. 우리가 무엇을 바라보느냐는 우리가 어디에 서 있느냐에 의존한다. 성경이 '학문적으로' 상식과 비판의 입장에서 읽힐 수 있다는 가정은, 각 개인이 성경을 스스로 해석하고 이해할 수 있다는 두 번째 도그마로 이끈다. 근본주의자들과 성경 비평학자들은 모두 "성경에 대한 그들의 설명이 지닌 **정치적** 입장을 인정하지 못한다.···그들은 자신의 '해석'이 자신이 속한 집단의 특권들을 어떻게 뒷받침하는지는 감추려 한다." 진리는 "자기 변혁을 요구하는 공동체에 가입됨 없이는" 알려지지 않는다.[11] 하우어워스의 선언을, 비타협적이라는 점에서 그와 똑같은 조

---

9) Benjamin Jowett, "On the Interpretation of Scripture." in *The Interpretation of Scripture and Other Essays* (London: George Routledge & Sons, n. d.), p. 31. Jowett의 글은 Jowett가 말하는 "여느 다른 책처럼"의 의미가 무엇인가에 대한 James Barr와 Bevard Childs 사이의 긴 논쟁을 촉발했다. James Barr, "Jowett and the Reading of the Bible 'Like Any Other Book.'" in *Horizons of Biblical Theology* 4 (1985): 1-44를 보라.
10) Stanley Hauerwas, *Unleashing the Scripture: Freeing the Bible from Captivity to America* (Nashville: Abingdon, 1993), pp. 9, 17.

웨트의 입장과 대조해 보라. "외부로부터 부과되는 생각의 조건들 가운데서 읽기보다는 책을 닫아 버리는 편이 낫다."[12]

하우어워스는 성경을 '그 자체로만'(on its own terms) 해석하려는 전체적인 노력은 공허하고 터무니없는 짓이라고 주장한다. 바울이 고린도교회에 보낸 편지들이 바울의 편지가 아니라 교회의 경전이라고 이해하게 된다면, 고린도교회에 보낸 편지들의 '실질적인 의미'와 같은 것은 전혀 존재하지 않는다. 그는 '오직 성경으로'(sola Scriptura)를 주장하는 것은 "종교개혁의 죄악"이라고 말한다. 왜냐하면, 이 주장이 성경을 주관적이며 자의적인 해석에 노출시켰기 때문이라는 것이다. '오직 성경으로'는 이단설이다. 왜냐하면, 그 주장은 "성경 텍스트가 그 텍스트에 의미를 제공하는 교회로부터 분리돼서 이해된다는 사실을" 가정하기 때문이다.[13]

하우어워스가 볼 때, '의미'는 우리가 교회의 건덕(edification)을 위해 텍스트들을 활용하는 문제에 해당한다. 물론 명백한 질문은, 만일 하나님이 말씀하시는 바가 언어적 의미와 일치하지 않는다면, 교회가 어떻게 성경을 통해 하나님이 말씀하심을 아는가 하는 것이다. 여기에서 하우어워스는 성령을 불러들인다. "성령의 인도하심을 통해, 교회는 전통에 비추어서 현시대가 성경을 읽어 내는 방식을 검토한다."[14] 그러므로 신학적 쟁점이 해석학적 논쟁의 중심에 자리하게 된다. 성령은 어떻게 교회를 모든 진리 가운데로 이끄실까? 하우어워스가 기대는 문학 비평가의 한 사람인 스탠리 피쉬가 볼 때, 의미를 산출하는 것은 해석 공동체가 읽는 관행이다. 스탠리 피쉬에게 문자적 의미와 같은 것은 전혀 존재하지 않는다. 하우어워스가 볼 때도, 교회의 관심사가 되는 의미는 '텍스트의 의미'가 아니라 오히려 "성찬식에서 발견되는 성령이 어떻게 성경 안에서도 발견되는가" 하는 것이다.[15]

해석학에서는 무엇이 신학적인 것일까? 그에 대한 답변은 소위 문학 비평의 세 시대의 발전을 추적해 볼 때 떠오른다. 물론 해석학이 지금은 그 먼 타

---

11) 같은 책, p. 35.
12) Jowett, "On the Interpretation", p. 11.
13) Hauerwas, *Unleashing Scripture*, p. 155. n. 7, pp. 25, 27.
14) 같은 책, p. 27.
15) 같은 책, p. 23.

국에서 되돌아온다는 징후들이 있지만, 이 시대들의 전개는 신학적인 무저갱으로 빠져 들어가는 하향 나선형 관점으로 바라볼 수 있을 것이다.[16]

현대 문학 이론의 위기는 '하나님의 죽음'에 대해 니체가 선언한 직접적인 결과라고 볼 수 있다. 마크 테일러(Mark Taylor)에 따르면, "하나님의 죽음은 세계사와 인간의 경험에 절대적인 진리와 단일한 의미를 새겨 넣었던 대저자(the Author)의 소멸이었다."[17] 롤랑 바르트(Rolands Barthes)가 볼 때, 하나님의 소멸은 인간 저자의 죽음으로 이끈다. 저자의 부재는 의미를 고정하거나 안정시키는 것이 아무 것도 없다는 의미다. 대저자이신 성부의 죽음은 "그래서 대항 신학적(counter-theological)이라고 일컬을 수 있는 활동을 해방해 준다.…왜냐하면 의미를 멈추게 하기를 거절하는 것은 결국 하나님을 거절하는 것이기 때문이다."[18] 조지 스타이너(George Steiner)가 말하듯, "저작자로서의 분장을 하던, 의미의 아버지 하나님은 게임에서 사라져 버렸다."[19]

만일 해석이 글에 있는 언어유희를 '넘어서는' 그 무엇인가가 있다는 신념에 근거한다면, 그 해석은 신학적인 것이다. 롤랑 바르트(Roland Barthes)와 자크 데리다(Jacques Derrida)는 **대항신학자들**(countertheologians)이다. 글쓰기의 유희 외에는 아무 것도 존재하지 않는다. 우리의 말이 세계를 가리킨다는 보장은 전혀 없다. 그래서 초월적 기표인 로고스의 상실이 저자의 죽음에 곧장 따라 나온다. 그 결과는 텍스트상의 영지주의다. 이 영지주의는 규정적인 의미를 문자적 의미에 자리매김하지 않으려 한다. 모든 진리 주장은 무규정성의 바다 가운데서 해소되어 버린다. 해석학은 성부의 권위와 로고스의 합리성 둘 다를 거부하고 흥청망청하며 반항적인 읽기 가운데서 그 유산을 허랑방탕하게 허비해 버리는 탕자 같은 학문 분야가 되었다.

저자의 죽음 및 자율적인 텍스트에 대한 배격과 더불어서 독자는 탄생했다.[20] 의미는 발견되는 것이 아니라 독자의 (재발견된 니체적) 권력 의지에

---

16) 다음에서 내가 주장하게 되듯, '성령'에 대한 새로운 복귀의 암시들이 있다.
17) Mark Taylor, "Deconstructing Theology." in *AAR Studies in Religion* 28 (Chico, Calif.: Scholars Press, 1982), p. 90.
18) Roland Barthes, "Death of the Author." in *The Rustle of Language*, trans. Richard Howard (New York: Hill & Wang, 1986), p. 54.
19) George Steiner, *Real Presences* (Chicago: University of Chicago Press, 1989), p. 127.

의해 만들어진다. 텍스트는 "아무런 권한을 가지지 못하며" "독자들이나 해석자들이 어떤 방식을 선택하든지 그 방식대로 사용할 수 있는 것이다."[21] 독자의 탄생과 더불어, 신적인 것이 무엇인지가 재정립되었다. 포스트모던 시대는 하나님을 초월적인 대저자로서가 아니라 내재적인 영(the immanent Spirit)으로 생각하는 것을 더 편하게 여긴다.[22] 쉐키나의 구름은 (글로 쓰인 텍스트 위가 아니라—역자 첨가) 해석 공동체 위에 자리를 잡았다.

아이러니하게도, 현재의 비판적 논쟁들 가운데서 신학적 해석학을 요청하는 사람들은 주로 비신학자들이다.[23] 이러한 요청들 가운데 가장 수려한 요청의 하나는 문학 비평가인 조지 스타이너에게서 나온 것이다. "의미와 느낌을 소통하는 인간의 말하기 능력에 대한 어떠한 일관성 있는 설명도, 그 최종적 분석에 있어서는 하나님의 현존에 대한 가정에 의해 보증된다."[24] 스타이너는 초월성을 걸고 도박을 벌인다. 그는 언어와 문학에서 우리가 마주 대하는 것은 기표들의 단순한 유희를 넘어선다고 믿는다. 스타이너가 볼 때, 로고스 중심주의는 말과 세계 사이의 언약의 기반이며, (우리가) 실재가 무엇인지를 '말할 수 있다'는 확신의 기반이다. 스타이너는 독자가 독자에게 반응하기를 요청하는 어떤 '타자성'을 마주 대한다고 믿는다. 말에는 독자가 책임을 져야 할 어떤 말씀(Word)이 들어 있다. 물론 언어에 있는 타자의 '현존'에 대한 감각은, 해체주의자들의 말처럼 '신학적 편린'(a piece of theology)이 아니라 '수사적 미사여구'(a rhetorical flourish)일 수 있다.[25] 만일 현존

---

20) 몇몇 비평가는 '독자 해방 운동'에 대해 언급했다.
21) John Barton and Robert Morgan, *Biblical Interpretation* (Oxford: Oxford University Press, 1988), p. 7. Ronald L. Hall은 "Derrida가 볼 때 글쓰기의 영은 영의 마귀적 타락이다. 글쓰기의 영은…기호들의 영구적인 깨부수기, 영구적인 나누기, 영구적인 맴돌기, 영구적인 유희다. 글쓰기의 영은 본질적으로 육체가 없으며 세계와의 단절이다"[Ronald L. Hall, *Word and Spirit: A Kierkegaardian Critique of the Modern Age* (Bloomington: Indiana University Press, 1993), p. 178].
22) 자신의 글 "Towards a Concept of Postmodernism"에서, Ihab Hassan은 '모더니티'의 항목에 '성부 하나님'을, 포스트모던 범주에 '성령 하나님'을 집어넣는다[Ihab Hassan, "Towards a Concept of Postmodernism", *Postmodernism: A Reader*, ed. Thomas Docherty (London: Wheatsheaf, 1993), p. 152].
23) Umberto Eco는 "과도한 해석"(overinterpretation)—텍스트의 권리들에 대한 독자의 권리들에 대한 과장—에 대해 염려한다[*Interpretation and Overinterpretation*, ed. Stefen Collini (Cambridge: Cambridge University Press, 1992). p. 23].
24) Steiner, *Real Presence*, p. 3.

현상이 거짓인 것으로 판명된다면, 그 결과는 "해체적이며 포스트모더니즘 적인 부재의 대항신학"(countertheology of absence)이다.[26]

그러므로 스타이너가 볼 때, '타자'를 읽는 일, 초월성을 읽는 일은 하나의 신학적 활동이다. 흥미롭게 해체 역시도 자신의 위치를 타자에 대한 수호자로 선정한다. 실로, 데리다의 아주 최근 작업들에는 윤리에 대한 주제―그 말에 의해서 그는 타자성에 대한 책임성을 의미한다―가 전면에 등장했다. 그러므로 스타이너와 데리다는 텍스트의 '타자성'(alterity 혹은 otherness)을 공정하게 대하는 매우 다른 두 개의 길―하나는 신학적인 길, 다른 하나는 대항신학적인 길―을 대변한다.[27]

어느 해석 패러다임―어느 해석의 '신학'―이 우리 자신의 이해득실을 반영하기보다는, 텍스트의 타자성 즉 우리와 맞대결하면서 우리를 향해 말을 걸어 오는 그 무엇인가에 대해 말할 수 있는 텍스트의 능력을 지켜 줄 최선의 길일까? 해석학도 신학도, 우리가 발견하는 것―하나님, 의미―은 우리 자신의 투영일 뿐이라는 루드비히 폰 포이어바흐의 제안을 추종할 수는 없다. 신학이 사실은 단지 인간학에 불과할 뿐이라는 포이어바흐의 제안에 해당하는 해석학적 견해는 주해(exegesis, 성경이 무엇을 말하는가―편집자 주)란 사실상 작의(eisgesis, 내가 성경을 어떻게 이해하는가―편집자 주)일 뿐이라는 것이다. 그와 같은 전략은 초월성을 질식시키며, 성경의 '타자성'을 문화의 '동일성'으로 환원하는 것이다.[28] 해체적 읽기가 규정된 텍스트의 의미를 무위화하는 한, 해체적 읽기는 폭력이다. 해체적 읽기는 텍스트의 타자성을 보호하는 대신에 때로 무해한 놀이를 흉내 내지만, 때로는 텍스트에 대한 생체해부를 하는 일종의 면밀한 읽기를 통해 텍스트를 갈기갈기 찢어 버린다.[29] 오직 성경을 통해 숙달된 해석학만이 타자에 대한 이해를 위해 읽는 일을 수행할 수 있을 것이다. 다음에서 나는 '최선의 일반 해석학이 곧 **신학적 해석학이다**'라는 테제를 변호하고자 한다.

---

25) Graham Ward, "George Steiner and the Theology of Culture", *New Blackfriars*, February 1993, pp. 98-105를 보라. Nathan A. Scott Jr. and Ronald A Sharp, eds., *Reading George Steiner* (Baltimore: Johns Hopkins University Press, 1994)에 실린 글들의 보라.
26) Steiner, *Real Presence*, p. 122.
27) 좀더 최근의 몇몇 연구는 Derrida가 부정신학의 전통에 좀더 적절하게 연결되었다고 제안한다.

예일 학파와 시카고 학파에 대한 재검토: 성령과 글자

지금까지의 논의는 성경 내러티브를 놓고 벌어진 예일 학파의 신학자들과 시카고 학파의 신학자들 사이의 중요한 논쟁을 되새겨 보는 넓은 무대를 설정 해준다. 만일 기독교에로의 해석학의 '복귀'에 대해 말한다면, 해석학은 어느 집 어느 고향으로 복귀하는 것일까? 성경 해석학을 뉴 헤이븐(New Haven) 가까이에 놓을지 시카고(Chicago) 가까이에 놓을지는, "성경을 여느 다른 책처럼 읽어야 하는가?"라는 물음에 우리가 어떻게 대답하느냐에 달려 있다. 만일 그렇게 해서는 안 된다면, 우리가 신앙주의(fideism)나 상대주의(relativism)에 빠지지 않으면서 특별 해석학을 가지고 성경에 접근할 수 있을까? 문자적 의미의 운명은 우리가 이러한 물음들을 다루고자 할 때 우리의 리트머스 시험지로서 역할을 하게 될 것이다.

---

28) 참고. Kevin Vanhoozer, "From Canon to Concept: 'Same' and 'Other' in the Relation of Biblical and Systematic Theology", *Scottish Bulletin of Evangelical Theology* 12(1994): 96-124. 몇몇 학자는 신적 저자의 권위를 재천명함으로써 해체에 대항하려고 시도한다. Richard Lints는 성경이 경전으로 기능하기 때문만이 아니라, 하나님이 그 저자이시기 때문에 여느 다른 책과 마찬가지로 읽혀서는 안 된다고 주장한다. "확실히 복음주의자들은 Jowett와 더불어서 성경에 있는 원저자의 의도에 대한 관심을 공유할 수 있지만, 이중 저작성의 나머지 절반에 대한 안목을 놓치지 않도록 신중을 기해야 할 것이다. 그렇지 않으면, 그 의미에 대한 안목을 상실하게 될 것이다" [Richard Lints, *The Fabric of Theology: A Prolegomenon to Evangelical Theology* (Grand Rapids, Mich.: Eerdmans, 1993), p. 75]. 신적 저작성은 무엇을 덧붙이는 것일까? Lints가 볼 때, 그것은 우리가 성경의 각 부분을 정경 전체의 맥락에서 읽어야 한다는 의미다. 왜냐하면, 이것이 성경을 하나님의 글로 간주하기 위한 적절한 맥락이기 때문이다. Lints의 신념에 대해 또 하나 지적할 것은 하나님의 의미는 통상적 의미와 결코 무관하지 않지만, 그 의미가 통상적 의미에 제약되지 않는다고 믿는다는 것이다(같은 책, p. 77). Charles Wood도 동의한다. 성경이 하나님의 말씀이라는 주장은 우리로 하여금 텍스트를 하나의 통일체로 읽도록 지시해 주는 해석학적 원리로 기능했다. 성경을 경전으로 읽는다는 것은 성경을 마치 전체가 하나인 것처럼 그리고 마치 그 전체의 저자가 하나님인 것처럼 읽는 것이라고 그는 주장한다. Wood, *Formation of Christian Understanding*, p. 70를 보라.

29) John Milbank는 근대의 세속성이 "폭력의 존재론"(ontology of violence)에 연결되었다고 믿는다. 그것은 강압(force)의 우선성을 전제로 하며, 이 강제력(욕구, 에너지, 언어, 이데올로기 등)이 세속적 이성에 의해 가장 잘 다뤄지고 제약될 수 있다고 말하는 세계관이다. 그러나 기독교 신학은 혼돈과 폭력을 첫째 되는 원리로 인정하지 않는다. 오직 기독교 신학만이 허무주의를 극복할 수 있다. 억압의 맥락에서가 아니라 화목의 맥락—전체를 일괄화하는 어떠한 이성도 넘어서는 평화의 맥락—에서 다름(difference)을 생각하는 다른 길이 있다. 기독교는 "니체주의자들처럼 다름과…의미의 무규정성이 불가피하게 자의성과 폭력을 함축한다고 가정하는 일의 불필요성을 노출한다"라고 Milbank는 말한다(*Theology and Social Theory*, p. 5). 나는 평화의 영으로서의 이해의 성령에 대한 나의 성찰들 가운데 해석학의 맥락에서 이 생각들을 발전시킬 것이다.

한스 프라이(Hans Frei)를 비롯한 예일 학파 신학자들이 볼 때, 핵심 쟁점은 기독교 신학과 성경 텍스트가 (종교, 텍스트 일반과 같이) 더 큰 등급(群)에 해당하는 것의 실례들이기 때문에 이해 가능성(intelligibility)과 진리(truth)라는 일반적인 표준들 아래 포함될 수 있는가의 문제다. 궁극적으로 정통성이란, '복음서들은 더 이상 축소될 수 없는 분인 예수 그리스도에 관한 것이다'라고 우리가 말할 수 있는가에 따라, 아니면 복음서의 텍스트들은 사실상 도덕적 진리들이나 종교적 진리들에 관해 말하며 예수는 단지 그 진리들에 대한 하나의 실례에 불과할 뿐인가에 따라, 성립하기도 하고 넘어지기도 한다. 해석학은 기독론에 불가분리적으로 연결되어 있다. 좀더 노골적으로 말하자면, 비문자적인 해석은 예수님을 십자가에서 끌어내린다. 수난은 예수님에 대한 이야기가 아닌 다른 어떤 것에 대한 이야기가 되어 버린다(여기서의 쟁점은, 텍스트에 대한 우리의 논의에서 예수 그리스도가 더 우선이냐 아니면 사랑과 은혜와 같은 일반적인 의미 혹은 보편적인 개념이 더 우선이냐 하는 것이다. 예일 학파는 예수 그리스도라는 특수성을 우선으로 보고, 이를 위해 예수 그리스도에 대한 내러티브들을 지극히 중요한 것으로 취급한다—역주).

반면에, 데이비드 트레이시가 볼 때 핵심 쟁점은, 우리가 전통에 충실하면서도 오늘날의 사람들이 이해할 수 있게 문자적 의미를 읽어낼 수 있느냐의 여부다. 한스 프라이가 '기독교적 적합성'(christian appropriateness)이라는 표준을 숭배한다면, 트레이시는 '동시대적 이해가능성'(contemporary intelligibility)의 정신을 숭배한다. 시카고에서는 문자적 의미가 오늘날 인간 실존의 '생생한 감각'(lived sense)과 더불어 대화한다.

이 두 개의 신학적 선택 사항 가운데 어느 것이, 첫째, 성경 텍스트의 문자적 의미에 공정을 기하며, 둘째, 해체의 공격에 맞설 수 있는 자원들을 지닐까? 성경 해석학에서의 문자적 의미에 관한 이 특별한 논쟁은 일반적인 해석학적 상황을 조명하는 데 도움을 줄 수 있을 것이다.

다른 많은 현대 신학자와 마찬가지로, 시카고 학파 전통을 이끄는 대표 주자 가운데 한 사람인 트레이시도 다원주의 시대에 기독교 신앙을 지적으로 납득 가능하게 만들기를 원한다. 그의 전략은 그리 잘 알려지지 않은 현상인 종교를 설명하기 위해 좀더 친숙한 예술에 대한 우리의 경험의 맥락에서 설명하자는 것이다. 예술 작품들은 세계에 대한 정확한 표현은 아니라 할지라도 오히려 세계와 우리 자신에 관한 더 심오한 진리들을 드러내는 참된 표현들이다. 예술적인 고전들과 종교적인 고전들은 모두 어떤 실존적 가능성들, 세계를 바라보고 세계 안에 존재하는 방식들을 드러내는 권능을 지녔다. 미적 경험은 하나의 일반적인 모델이 된다. 그리고 그 모델에 비추어서, 트레이시는 이를테면 "복음서들이 **그와 같은 것**이다"라고 선언할 수 있다. 진실로 트레이시는 예술과 종교에 대한 진리 주장들이 더불어 함께 성립하고 무너진다고까지 주장할 수 있다. 그러므로 성경 해석은 훨씬 더 큰 등급에 속하는 한 종(species)이 된다.

방금 약술한 신학과 해석에 대한 접근 방법은 문자적 의미에 어떤 영향이 있을까? 루돌프 불트만(Rudolf Bultmann)과 마찬가지로, 트레이시는 문자적 의미가 하나님을 대상화한다고 믿는다. 하나님께는 말 그대로 팔과 눈이 없다. 그런 것이 아니라, 성경 내러티브들의 실질적인 지시 대상—인간 경험—은 은유적이다. 성경을 다른 시적 텍스트들과 구별하는 것은, 우리가 그 텍스트를 읽는 방식의 차이가 아니라 그 가운데서 발견하는 가능성의 차이다. 시카고 학파가 볼 때, 종교적 진리는 독자의 삶을 변혁시킬 수 있는 실존적 가능성들을 드러냄의 문제다.

반면에, 한스 프라이는 기독교적 적합성이라는 기준들을 현시대적 이해가능성이라는 기준들보다 높게 자리 매긴다. 신학의 일차적인 방향은 그 연구 대상—하나님의 계시와 그리스도 안에서의 구속—에 적절하게 접근하는 것이다. 우리는 하나님(자연신학)에 대해서나 성경 내러티브들(해석학)에 대해서나 의미 있고 참된 말을 하기 위한 조건들을 미리 설정해 놓고자 시도하는 "모든 신학의 유혹"(Barth)을 거절해야 한다.[30] 만일 우리가 그리스도 사건처럼 전적으로 절대 독특하고 유일무이한 어떤 일을 기술하고자 한다면, 합리성에 속하는 보편적 기준들이 무슨 소용이 있겠는가?

조웨트와 같은 역사 비평학자들은 이해가능성과 진리에 대한 자신의 기준들을 가지고 텍스트들에 접근했다. 성경 텍스트의 세계보다는 자연 세계

---

30) Karl Barth, *Church Dogmatics* 1/2, ed. G. W. Bromiley and T. F. Torrance, trans G. T. Thomson and Harold Knight (Edinburgh: T. & T. Clark, 1956), p. 4.

가 그들에게 더욱 더 실재적인 것이었다. 텍스트를 '구하기' 위해서, 그들은 자신이 받아들일 수 있었던 방식으로 성경 텍스트를 해석해야 했다. 그래서 그들은 성경을 실제 일어난 일을 결정하기 위한 하나의 자료로 여겼다. 역사 비평학자는 현재 형성된 그대로의 모습대로 텍스트를 신뢰하지 않았기 때문에, 표면에 놓인 것과는 다른 어떤 것을 의미하도록 텍스트를 해석했다. 한스 프라이는 보수주의자들과 자유주의자들이 모두 성경 내러티브를 어떻게 가려 버렸는지를 탁월하게 기술했다. "근본주의는 텍스트의 문법적이며 문자적인 의미를 그 텍스트의 단어들이 표면적으로 가리키는 바와 동일시했다."[31] 그들은 문자적 의미를 '탐정이 [역사적] 지시 대상을 발견해 가는 단서'로 만들려는 충동을 성경 비평학자들과 똑같이 공유했다.[32] 어떤 비평 학자들은 이야기의 배후에 있는 역사적 지시 대상들을 의미라고 잘못 보았다. 그러나 그 각각의 경우에서, 의미는 그 내러티브 자체로부터 유리(遊離)된다. 성경 해석은 '다른 세계를 성경 이야기 안으로 통합하는 문제가 아니라…다른 세계 안에 성경 이야기를 맞추는 문제'가 되어 버렸다.[33]

한스 프라이는 칼 바르트를 성경 내러티브를 문자적으로 읽는 방법에 대한 하나의 모델로 여긴다. "해석의 보편적인 역할은 텍스트가 그 주제에 대한 지시 가운데서와 그 주제에 비추어서만 읽히고 이해되고 해명될 수 있다는 것이다."[34] 형식과 내용은 불가분리적이다. 텍스트가 말하는 것은 그 텍스트가 말하고자 하는 내용이다. 다시 말해서, 텍스트의 의미는 텍스트 '배후'

---

31) Hans Frei, *Types of Christian Theology*, ed. George Hunsinger and William C. Placher (New Haven, Conn.: Yale University Press, 1992), p. 138.
32) Hans Frei, "'Narrative' in Christian and Modern Reading," in *Theology and Dialogue: Essays in Conversation with George Lindbeck*, ed. Bruce D. Marshall (Notre Dame, Ind.: University of Notre Dame Press, 1990), p. 152.
33) Hans Frei, *The Eclipse of Biblical Narrative: A Study in Eighteenth and Nineteenth Century Hermeneutics* (New Haven, Conn.: Yale University Press, 1975), p. 130.
34) Barth, *Church Dogmatics* 1/2, p. 493. 신학적 읽기는 "텍스트를 읽는 것이지, 원자료를 읽는 것이 아니다. 그것은 역사가들이 읽는 방식이다"(Frei, *Types of Christian Theology*, p. 11). 텍스트를 이해한다는 것은 "그 규칙들을 드러내는 텍스트의 예들 가운데서가 아니고서는 파악될 수 없는 암묵적인 일단의 규칙들을 따라가는" 능력, 수용력이다(Hans Frei, "Theology and the Interpretation of Narrative: Some Hermeneutical Considerations," in *Theology and Narrative: Selected Essays*, ed. George Hunsinger and William C. Placher (Oxford: Oxford University Press, 1993), p. 101.

의 역사에 있는 것이 아니며, 텍스트 '위'의 신화나 풍유에 있는 것이 아니며, 텍스트 '앞'에 자리잡은 독자의 경험이나 독자의 세계에 있는 것도 아니다. 조지 린드벡이 잘 쓰는 유명한 말대로, "말하자면 세계가 텍스트를 흡수하는 것이 아니라, 바로 텍스트가 세계를 흡수해 버리는 것이다."[35] 사실주의적인 내러티브와 관련해서, 우리는 오직 내러티브 기술(description)에서만 실재를 갖게 된다.[36] 우리는 내러티브들의 주제에 도달하기 위해 내러티브들을 에둘러 가거나, 배후로 가거나, 위로 가거나, 아래로 갈 수 없다. 그 내러티브들을 통과해 가야 한다. 예수님은 복음서 내러티브들의 문자적 주제다. 그 이야기는 다른 누구나 다른 어떤 것에 대한 것이 아니라 바로 예수에 대한 것이다.[37]

트레이시는 기독교적 적합성과 성경 내러티브의 문자적 의미를 더욱 정확하게 상술하면서 프라이의 기여를 인정한다. 그러나 트레이시는 성경에서 어느 한 가지 문학 형태를 특권화하지 말라고 주의를 준다. 우리는 성경 장르의 다양성에 대해 공정을 기해야 한다.

트레이시의 견해로 보자면, 기독교 전통은 세계에서의 독립적인 인간 경험과 상호 연결돼야 한다.[38] 자체적인 참조(self-referentiality, 내재적 접근 방법―역주)에 대한 프라이의 주장은 인위적이다. 이는 그 주장이 텍스트를 텍스트 바깥의 세계로부터 그리고 읽는 과정으로부터 단절시키기 때문이

---

35) George Lindbeck, *The Nature of Doctrine: Religion and Theology in a Postliberal Age* (Philadelphia: Westminster Press, 1984), p. 118.
36) Frei, *Types of Christian Theology*, p. 139.
37) 예를 들어, 부활 기사들의 사실주의적 문자적 의미는, 부활이 제자들에게 해당하는 수식어가 아니라 예수님께 해당하는 수식어라는 것이다. Bultmann은 부활 기사들이 사실은 그 제자들이 믿음을 갖게 되는 일에 관한 것이라고 말하는 점에서 잘못되었다. 그렇지만, Karl Henry도 부활이 일종의 과학적인 사실이라는 점을 함의한다는 점에서 잘못되었다. '사실'이라는 개념은 Bultmann의 '신화'라는 범주와 같이 텍스트 외적인 것이다. Barth가 볼 때 부활은 신화도 아니고 역사도 아니다. 부활하신 예수는 역사적인 지시 대상도, 관념적인 지시 대상도 아니다. 텍스트 안에서 부활하신 그리스도와 역사의 관계는 무엇일까? Frei도 Barth도, 텍스트가 실재를 지시하는 방식을 특정화할 수 없다. 문자적 의미는 역사적 의미가 아니라 텍스트의 의미(textual sense)다. 다른 말로 말해서, 우리는 텍스트들을 문자적으로 읽으면서 "동시에 텍스트들 안에 기술된 것의 지시적 상태에 대해 무규정적으로 남겨놓을" 수가 있다(Frei, *Types of Christian Theology*, p. 138).
38) Tracy는 일반 해석학의 효용성에 대해 Frei처럼 비관적이지는 않다. 복음서들에 대한 Tracy의 해석은 종교적 고전에 대한 그의 일반 해석학적 분석에 근거하지 않지만 상호 연결되어 있다[David Tracy, "On Reading the Scriptures Theologically." in *Theology and Dialogue*, ed. Bruce Marshall (New Haven, Conn.: Yale University Press, 1992), p. 59. n. 16].

다.[39] 프란시스 왓슨의 말을 빌리면, "교회를 세계로부터 문을 닫은 자충적인 영역으로 간주하는 것은 교회학적 가현주의(ecclesiological docetism)다." 세속 세계로부터 비롯된 통찰들도 공동체가 성경을 이해할 수 있도록 도와주는 데 긍정적인 역할을 할 수 있다. 더 광범위한 정경적 맥락은 "성령이 교회 안에서와 마찬가지로 창조 세계와 인간 세계 안에도 거주하심을 제시한다. 그 경우, 진리가 교회에서 나와 세상을 향해 나가듯이, 진리는 세상에서 나와 교회로 진행되어 간다."[40]

이러한 다양한 비판은 똑같이 한 가지 근본적 문제를 제기한다. 텍스트 상호간의 관련성(inter-textuality)은 신학의 소임의 충만한 범위―세계를 향한 교회의 사명―에 적합한가? 예일 학파의 강점은 기독교적 적합성이라는 기준을 명료화한 데 있다.[41] 그러나 그것은 신학의 맡은 바 소임의 절반만을 진술하는 것이다. 우리는 교회의 치맛자락 속에 숨기보다 우리의 이론들에 대해 대화하면서 세계에 참여할 필요가 있다. 이해가능성이라는 기준 역시 필요한 것이다. 그렇지만, 예일 학파는 이 대화의 조건들에 대해 여전히 미심쩍어한다. 일반 이론들은 트로이의 목마들이라는 것이다. 실존주의는 어떤 20세기 사상가들이 바울의 인간론을 이해할 수 있게 해주었을지 모르지만, 결국 그 자체의 범주들 가운데서 복음을 삼켜 버린다. 이것은 철학이 기독교 사상을 포로로 삼은 완벽한 예다(골 2:8).

당신은 그리스도에 대해서 어떻게 생각하는가?「유비적 상상력」(*The Analogical Imagination*)에서 트레이시는 "그분은 세계 내적 존재의 아가페적 양식에 대한 항존적, 기존적 가능성의 현시다"(He is the manifestation of an always already possibility of an agapic mode of being-in-the-world) 라고 대답할 것이다. 이 견해에 의하면, 뮤자적 의미는 처분 가능한 것이다

---

39) Frei는 후에 자신의 입장에 대해 이 비판을 하게 된다. Frei, "'Literal Reading' of Biblical Narrative: Does It Stretch or Will It Break?" in *Theology and Narrative: Selected Essays*, ed. George Hunsinger and William C. Placher (Oxford: Oxford University Press, 1993), p. 141을 보라.
40) Watson, *Text, Church and World*, pp. 236-237.
41) "어떠한 신학자도 모든 책임 있는 신학의 한 가지 주요 과제는 어떻게 전통 자체가 해석되며, 해석하는 듯 빠져나가는지, 아니면 새로 고안해 내는지를 보여 주는 것이다"[David Tracy, "Lindbeck's New Program for Theology", *The Thomist* 49 (1985): 468].

이러한 입장은 신학적으로나 해석학적으로나 기독교 신앙에 적절하지 않다. 왜냐하면, 성육신과 부활은 분명히 어떤 일반적인 것에 속하는 게 아니기 때문이다! 바르트와 마찬가지로, 프라이는 우리가 구체적인 것에서 시작해야 한다고 믿는다. 일반적인 범주들을 가지고 시작하는 것은 무엇이 가능했으며 무엇이 불가능했는가에 대한 인간의 개념 가운데서 하나님의 행위나 하나님의 말씀을 삼켜 버리는 위험을 초래한다. 간단히 말해서, 텍스트와 무관하게 예수 그리스도의 실재에 접근할 수 있는 길은 전혀 없다.

예일 학파도 마찬가지로 시카고 학파의 이해가능성이라는 기준이 적절한가를 문제 삼는다. 우리가 발을 붙이고 서 있는 공동체는 우리가 읽는 방식에 진정 영향을 준다. 우리는 오직 그 안에서만 말씀을 이해하게 된다. 이처럼 말씀을 이해할 수 있게 해주는 삶의 형태에 참여할 때 우리는 하나님의 말씀을 듣는다. 또한 우리가 우리의 기본적인 설명의 틀로서 복음의 문자적 의미를 선호하는 이유는 기독교 전통 내적인 것이다. 계몽주의 전통을 비롯해서, 누군가의 전통을 추천하는 이유는 **모두** 그 전통 내적인 이유다. 합리적인 대화에 참여할 때 유일하게 솔직한 입장은 "내 입장은 이것이다"라고 말하는 것이다. 그러나 트레이시는 "이것이 내 입장이다.…그리고 **저것도** 내 입장이다"라고 두 가지로 말하려고 노력한다.

트레이시와 프라이는 1980년대 초에 서로 마주 대하기 시작하면서 각각 자신의 입장을 수정했다. 트레이시는 복음서들을 해석할 때 단 한 가지 개념적인 도식을 덜 사용하게 되었다. 프라이는 사실주의적 내러티브의 맥락에서 문자적 의미를 정의하기를 주저하게 되었다. 우리는 이러한 평화 회담들의 결과로 등장하게 된 입장을 **공동체의 정황에 밀접하게 상호 연결된 정경적 대화**(canonical conversation in correlation with community context)라고 말할 수 있을 것이다. 그와 같은 발전은 문자적 의미의 어떤 새로운 변형을 표현하는가?

1994년의 한 기고문에서, 트레이시는 모든 기독교 신학자는 통상적 의미를 규범적인 것으로 인정해야 한다는 데 프라이의 말에 동의한다.[42] 그러나

---

42) "분명히 Hans Frei가…하나님의 정체성이 예수의 정체성과 현존을 그 그리스도로서 표현하는 수난 기사에서 기독교적으로 확립된다고 주장하는 것은 틀린 말이 아니었다"(Tracy, "Literary Theory", p. 310).

통일된 일관성 있는 내러티브에 대한 프라이의 강조는 정경 자체에 존재하는 다양성과 모호성을 간과한다. 신학에 필요한 것은, 하나님에 대한 모든 기독교적 이해를 전하는 최고의 '양식'(form)인 예수 그리스도와 더불어, 성경 자체에 있는 형태들에 대한 완전한 스펙트럼을 갖는 것이다.[43] 모더니티도 하나로 통일된 내러티브도, 우리가 종교와 합리성을 서로 연결할 수 있는 어떤 일반적인 틀을 제공하지 못한다. 트레이시는 상관성(correlation) 프로젝트는 버릴 수 없는 것이라고 계속해서 믿는다. 대화는 포스트모던 시대에 합리성이 취해야 하는 형태다. 해석자는 모호한 텍스트와 대화하고, 다양한 해석의 전통들과 대화한다. 포스트모던주의자들은 대화를 성급하게 폐쇄해 버리는 모든 독백과 모든 주의(ism)에 대해 저항할 것을 부르짖는다. 포스트모던 신비주의적 읽기는 하나님을 '긍정적인 불가해성으로'(as positive Incomprehensibility) 규정하며, 포스트모던 예언적 읽기는 하나님을 억압받고 언저리로 밀려난 자의 십자가에서 행하시는 분으로 규정한다.[44] 하나님을 긍정적인 불가해성으로 규정하고, 하나님을 억압 받는 자의 고난에 동참하여 어깨를 건 자(연대하는 자)로 규정함으로써, 트레이시는 수난 기사들의 문자적 의미를 보전하는 동시에 그 의미를 넘어서고자 노력한다.

자신의 좀더 최근의 작품에서, 프라이는 일반 이론의 헤게모니로부터 성경 내러티브의 특수성을 보전하기 위해 다른 전략을 채택했다. 그는 교회가 복음서들을 어떻게 읽어 왔는지에 초점을 맞추었다.[45] 그는 문자적 의미를 결정하는 적절한 맥락은 더 이상 문학적 맥락이 아니라 사회언어학적

---

43) David Tracy, "Theology and the Many Faces of Postmodernity", *Theology Today* 51 (1994): 111. Frei는 Tracy가 다섯 가지 자신의 신학 유형 가운데 세 번째에 더 잘 들어맞을 수 있음을 인정했다. 이 견해에 의하면, 비록 Tracy가 여전히 문학적으로 이해 가능한 일반 기준들에 기독교 신앙의 특수성을 서로 연결하기를 원한다 할지라도, 그는 체계적인 형식으로가 아니라 임시적으로 혹은 부분적으로만 그렇게 할 수 있을 것이다. Frei가 Tracy를 '좋아하게' 되었다는 제안에 대해서는, Frei, *Types of Christian Theology*, p. x를, 세 번째 유형에 대한 기술을 보려면, p. 71을 보라.
44) 하나님을 명명하는 성경의 주요 형태들은 예언적 형태와 신비적 형태다. 이 형태들은 통상적 의미에 대한 '또 다른 읽기들'의 기본적인 두 가지 종류다(Tracy, "Literal Theory", p. 316).
45) 문자적 의미는 단 한 가지가 아니라고 Frei는 관찰한다. Frei, *Types of Christian Theology*, pp. 14-15. 18세기에 이르러 문자적 의미라는 것이 더 이상 '텍스트의 의미'가 아니라 '텍스트의 지시 대상'이 되자 그 문자적 의미의 운명이 바뀌었듯이, 문자적 의미는 그의 책에서도 엄청난(그리고 운명적인) 변화를 겪었다. Frei는 사실주의적 내러티브에 대한 자신의 이전 견해로부터 멀리하는 것 같다. 그는 심지어 그 견해를 삼인칭으로 일컫는다.

(sociolinguistic) 맥락이라고 믿게 되었다.[46] 문자적 의미는 텍스트의 특성이라기보다는 공동체 실천의 한 기능이다.[47] 간단히 말해, "통상적 의미는 합의된 읽기(a consensus reading)다."[48] 이 접근 방법에 영감을 준 사람은 루드비히 폰 비트겐슈타인(Ludwig von Wittgenstein)이었다. 그는 우리에게 '의미'를 찾지 말고 단어나 어구의 쓰임을 살피라고 권고한다. 프라이는 이 통찰을 복음 전체에 적용한다. 따라서 성경에 대한 공동체의 합의된 의견은 문자적 의미 개념을 안정시키는 힘이 된다. 프라이는 교회사 내내 두 개의 중요한 점에 대한 광범위한 합의가 있어 왔음을 발견한다. 첫째는, 예수 그리스도를 성경 내러티브들의 귀속적 주제(the ascriptive subject)로 여기는 것이며, 둘째는 구약 성경과 신약 성경의 통일성을 부인하지 않는 것이다. 이 두 가지 관행을 위반하지 않는 읽기라면 어떠한 읽기라도 허용될 수 있다.[49]

이 새로운 정의에는 두 가지 결과가 따른다. 첫째는, 문자적 의미가 더 이상 '텍스트 자체'의 양상이 아니라 오히려 공동체의 해석 방식의 결과가 되

---

46) Frei의 모든 추종자가 이러한 변화를 지지하는 것은 아니다(Placher의 논평을 보라). 이것은 아마도 예일 학파의 의견일치의 의미심장한 균열을 보여 주는 것일 수도 있다.
47) Frei는 '문자적 의미'(literal sense) 대신에 '문자적 읽기'(literal reading)에 대해 말하기 시작했다. 그는 부분적으로 그의 동료 David Kelsey의 '성경'에 대한 기능적 정의에 의해 그리고 부분적으로는 George Lindbeck의 공동체 안에서 종교 언어가 쓰이는 방식이 그 언어의 규범적 의미라는 생각에 의해 영향을 받았다. Kelsey가 볼 때, 하나의 텍스트가 '경전'이라고 말하는 것은 그 텍스트의 어떤 속성을 진술하는 것이 아니라 그 텍스트가 공동체 가운데서 기능하는 방식에 관해 무엇인가를 말하는 것이다. Lindbeck에 따르면, 기독교는 그 자체의 논리를 가지고 행해지는 언어 게임이며 삶의 형태다. 어떤 용어나 텍스트의 의미는 기독교적 형태의 삶에 참여하는 일의 문제다. 즉, 말이든 텍스트들이든, '일반적으로' 의미하지 않고, 오직 특정한 목적들을 위해서 쓰였을 때, 구체적인 정황들 가운데에서만 의미한다. 문장들은 그 자체적으로 실재에 대응하는 것이 아니라…궁극적인 실재에…대응하는…삶의 형태를 구성하는 역할의 한 기능"으로서만 대응한다(Lindbeck, *Nature of Doctrine*, p. 65). 여기에서 언급되는 대응은 마음과 사물 사이의 대응이 아니라 행위 가운데 있는 자아(self-in-action)와 하나님 사이의 대응이다. 성경의 의미를 결정짓는 정황은 교회다.
48) Kathryn Tanner, "Theology and the Plain Sense." in *Scriptural Authority and Narrative Interpretation*, ed. Garrett Green (Philadelphia: Fortress, 1987), p. 63.
49) 합의된 의견은 귀속되는 양태 가운데 있는, 예수에 대한 이야기들의 의미를 망라한다. 그러나 그 귀속적 주제인 예수의 실재 상태를 망라하는 것은 아니다. 간단히 말해서, 서구 기독교 전통상의 합의된 의견은 복음서들의 문자적 지시 대상보다 오히려 문자적 의미에 관심을 기울인다(Frei, *Types of Christian Theology*, p. 143).
50) Frei는 '통상적 의미'—기독교 전통의 합의된 읽기 방식—가 '문자가 귀속하는' 의미가 아닌 '풍유적' 의미일 수 있다고 언급한다. 통상적 의미가 문자적 의미가 되는 것은 임의적인 것으로 보이는 공동체 관행의 결과다.

었다.[50] 그리하여 "텍스트의 '고유한' 의미와 해석 전통의 기여들 사이에 어떠한 절대적 구별"도 더 이상 존재하지 않는다.[51] 여기에서는 글자와 성령 사이에 아무런 갈등이 존재하지 않는다. 그것이 결국에는 영이며 혹 결국에는 공동체의 읽는 관례들이다. 한스 프라이는 자신의 해석학적 장자권을 한 그릇의 죽과, 아니 생선 매운탕(Fish-stew)과 바꾸어 버린걸까? 의미라는 것이 읽는 방식의 산물이라고 처음 제안했던 사람은 다름 아닌 하우어워스의 뮤즈, 피쉬(Fish-스탠리 피쉬)였다. 궁극적으로 해석의 권위를 향유하는 것은 공동체다. 모든 해석의 길은 로마로 통해야 할까?

프라이의 재정의의 두 번째 결과는 신앙 공동체에 대한 어떤 낙관주의다. 해석의 힘(interpretive might)은 바르게 만든다. 당연히 우리는 그러한 낙관주의의 근거들이 무엇인지를 물어야 할 것이다. 성경에서 신앙 공동체는 너무나 자주 불신앙적으로, 혹은 혼란스럽게 잘못 생각하는 것으로 그려지기 때문이다. 그리고 그 이후의 교회사 역시도 그렇게 확신을 주지 못한다. 만일 문자적 의미가 공동체의 읽기 관행들의 한 기능이라면 그리고 텍스트 자체에는 아무 것도 없다면, 어떻게 우리가 발생 가능한 성경 오용을 막을 수 있겠는가?

이제는 트레이시 역시 '전통 가운데 있는 성경'에 대해 말하기를 선호한다. 문자적 의미는 **교회의** 통상적 의미다. 교회가 수난 기사들의 통상적 의미에 우선권을 주는 한, 다른 읽기 방식들도 허용된다. 해방신학자들과 여성신학자들이 '수난 기사들의 통상적 의미에 대한 신실성'을 유지하는 자체적인 읽기 방식들을 보유한다고 트레이시는 우리를 안심시킨다. 심지어 '통제된 풍유적 주해'라 할지라도 문자적 의미의 우선권을 박탈한다고 볼 필요가 없다.[52] 그러나 만일 이것이 다양한 의미를 배제하지 않는다면 그리고 특히 트레이시와 같은 다원주의자도 문자적 의미에 대한 맹세를 할 수 있다면, 문자적 의미를 '우선시'한다는 것은 정확히 무슨 뜻일까? 문자를 넘어서 진행해 가기 위한 기준들은 무엇일까? 권위를 해석 공동체에 귀속하면서, 트레이시와 프라이 두 사람은 상당히 암묵적으로 성령에 대한 어떤 신학에 의지한다.

---

51) Tanner, "Theology and the Plain Sense", p. 64.
52) Tracy, "On Reading the Scriptures Theologically", pp. 49, 65. n. 64.

개혁주의 신학은 뉴 헤이븐과 시카고에게 무슨 말을 해야 하는가

이제 이 두 가지 종류의 해석학적 신학에 대한 확실한 신학적 성찰을 해 보도록 하자. 에딘버러—내가 처한 자리, 나의 특수성, 스코틀랜드 종교개혁의 고향 그리고 바르트가 영어권 세계에 진입하게 된 입구—는 뉴 헤이븐과 시카고에 대해 무슨 말을 해야 하는가?(이 글을 쓸 당시에 밴후저는 에딘버러에서 가르쳤다—역주) 우리는 현대 인물들에게 종교개혁에서의 역할들을 다시 부여해 볼 수 있을 것이다. 트레이시는 에라스무스(Erasmus)의 역할을 한다고 볼 수 있으며, 프라이는 루터의 역할을, 조웨트는 소시누스(Socinus)를 대변할 수 있다. 린드벡과 하우어워스는 매노 시몬즈(Menno Simons)의 역할을 놓고 경쟁한다고 볼 수 있다. 그리고 나는 칼뱅의 역할을 택할 것이다. 그리고 데리다는 어쩌면, 일종의 고함을 지르는 사람이나 개혁자들의 누그러들지 않는 성상 파괴적 열정을 대변하는 것으로 볼 수 있을 것이다. 왜냐하면, 해체가 가장 잘하는 것은 해석에 은밀하게 작용하는 사회정치적이며 이데올로기적인 이해득실들을 폭로하는 것이기 때문이다. 해체의 더할 나위 없는 장점은, 해체가 "타자를 나의 목적을 위해 나의 이미지로 다시 새기지 못하도록 지키라고 요청한다"는 것이다.[53]

진리: 오직 성경으로. 종교개혁 시대의 논쟁들을 떠올림에 있어서, 특별히 두 가지 주제가 적절하다. 첫 번째는 '오직 성경으로'다. "텍스트가 세계를 흡수한다"는 뉴 헤이븐의 주장은 '오직 성경으로'라는 가르침의 '재림'을 대변한다고 여겨진다. 세계가 텍스트 안으로 몰입된다는 것은 일차적인 진리를 성경 텍스트의 문자적 의미에로 귀속한다는 것과, 다른 모든 경험을 그 맥락에서 해석한다는 의미다. 뉴 헤이븐은 종종 여기에서 그릇되게 해석되어 왔다. 텍스트가 세계를 흡수한다고 말하는 것은 반드시 정경과 헌약(commitment) 속으로 후퇴해 들어간다는 것이 아니다. 그것은 오히려 교회가 먼저 어떤 일반적인 개념적 도식을 받아들이지 않으면서 공적인 진리 주장들을 할 수 있게 해주는 도구다.[54]

---

53) Gary A. Phillips, "The Ethics of Reading Deconstructively, or Speaking Face-to-Face: The Samaritan Woman Meets Derrida at the Well." in *The New Literary Criticism and the New Testament*, ed. Elizabeth Struthers Malbon and Edgar V. McKnight (Sheffield, U.K.: Sheffield Academic Press, 1994), p. 317.

진리는 텍스트를 통해서 매개된다. 이해 가능성에 대한 관심이 수난 기사들의 통상적 의미에 대한 우리의 읽기를 곡해할 수도 있다는 프라이의 주장은 맞는 말이었다. 예를 들어, 불트만은 기독교적 적절성의 기준과 현대적 이해 가능성의 기준을 동시에 만족시키는 데 큰 어려움을 겪었다. 실로, 그 두 기준 모두에 대한 그의 헌신은 그의 신학을 약화시키는 소위 구조적 불일치(structural inconsistency)를 야기했다. 아무도 두 주인을 섬길 수 없다.[55]

우리가 복음서들의 핵심 주제에 독립적으로 접근함으로써 자체 내면적인 참조라는 미끄러운 경사면으로 미끄러져 내려가 데리다의 품에 그리고 텍스트 바깥에는 아무 것도 존재하지 않는다는 결론에 빠져들지 않으면서, 독립적으로 전혀 접근할 수 없다는 한스 프라이의 끈덕진 주장에 찬사를 보낼 수 있을 것이다. 프라이의 요점은 텍스트의 바깥에는 아무 것도 존재하지 않는다는 것이 아니라 오히려 우리가 그 핵심 주제에 대한 독립적인 기술을 제공할 수 있는 길이 전혀 존재하지 않는다는 것이다. 복음서들의 지시 대상은 예수님이다. 그 예수는 "우리가 독립적으로, 비매개적으로 접근할 수 있는 어떤 자로서의 예수가 아니라 텍스트에서 그리고 텍스트를 통해서 우리에게 매개되는 역사적인 인간으로서의 예수다."[56]

'오직 성경으로'는 그리스도인들이 특수한 방식으로 의미와 진리를 바라

---

54) Frei는 지시와 진리에 대해 기꺼이 말하고자 하지만, 각 경우 "재형성되어야 하는 것은…문자적 텍스트에 대한 읽기가 아니라 진리나 지시 개념이어야 한다"(Hans Frei, "Conflicts in Interpretation." in *Theology and Narrative: Selected Essays*, ed. George Hunsinger and William C. Placher (Oxford: Oxford University Press, 1993), p. 164.

55) Bultmann 안에 있는 "구조적 불일치" 개념에 대해서는, Schubert Ogden, *Christ Without Myth: A Study Based on the Theology of Rudolf Bultmann* (New York: Harper, 1961), p. 96 및 Roger A. Johnson, *The Origins of Demythologizing: Philosophy and Historiography in the Theology of Rudolf Bultmann* (Leiden, Netherlands: E. J. Brill, 1974), pp. 15-18를 보라.

56) Watson은 Frei의 "상호텍스트적 실재론"(intertextual realism)에 대해 말한다. 즉 성경은 텍스트의 기술 아래서만이 우리가 접근할 수 있는 실재를 가리키면서 동시에 그 자체를 넘어서 텍스트 너머의 실재를 가리킨다(Watson, *Text, Church and World*, pp. 224-225). 그러므로 진리는 텍스트적으로 매개된다. 그러나 그것은 진리에 대한 하나의 주장이다. 만일 우리가, 성경 내러티브들—우리의 믿음의 장관들이—이 실재를 해석해 주는 일차적인 해석상의 틀이라고 믿는다면, 우리는 다른 견해들로부터 오는 도전들에 응할 준비를 해야 한다. 우리가 이야기들 안에서 그리고 이야기들을 통해서 진리를 본다는 점을 인정해야 하지만, 동시에 우리가 보는 그것이 진리라는 주장을 계속해야 한다. 내러티브로의 후퇴는 사명적/파송적/선교적(missionary) 믿음을 위한 한 가지 선택 사항이 아니다.

볼 것임을 의미한다. 철학자 도널드 데이비드슨(Donald Davidson)에 따르면, 해석자들은 자신이 의미하는 바를 발견하기 위해, 어떤 화자의 문장들 가운데서 참된 문장들의 숫자를 극대화하려고 애를 쓴다.[57] 이것이 소위 그의 '자선의 원리'다. 즉 '화자의 문장들이 참된 것으로 간주될 수 있도록 해석하라는 것이다.' 17세기와 18세기에, 성경 비평학자들은 진리에 관한 결정을 하는 데 다른 세트의 내러티브들에 중심적 성격을 부여하기 시작했다. 즉 그것은 인간 역사와 종교에 대한 모더니티의 자연주의적 설명이었다. 이에 따라서, 그들은 성경을 해석하되, 성경의 문장들을 그들의 새로운 세속적 표준(canon)과 양립할 수 있는 방식으로 해석했다. 그래서 일반적으로 무엇이 참된 것인가에 대한 결정들은 성경 텍스트가 가능하게 의미할 수 있는 것에 대한 결정들을 형성하게 되었다. 불트만의 비신화화는 그러한 '자선'의 논리적 결과다. 그러나 세계를 텍스트 안에 흡수하기 위해 진리와 선을 결정할 때, 우리는 우선권을 성경 내러티브들에게로 돌려야 한다.[58]

게르하르트 에벨링(Gerhard Ebeling)이 관찰했듯, 아마도 '오직 성경으로'의 주요 기능은 그 구호가 텍스트와 해석 사이의 구별을 다치지 않게 보존하는 데 있을 것이다.[59] 뉴 헤이븐과 시카고는 계속해서 그렇게 할 수 있을까? 문자적 의미의 운명을 공동체의 합의에 너무 밀접하게 묶어버리는 것은

---

57) Bruce Marshall은 Donald Davidson의, 의미에 대한 '진리-의존적' 설명이 Frei와 Lindbeck이 말하고자 애쓰는 바에 도움을 준다고 믿는다. 특히 Bruce Marshall, "Meaning and Truth in Narrative Interpretation: A Reply to George Schner", *Modern Theology* 8 (1992): 173-179를 보라. Davidson의 이론들을 일반 해석학에 적용한 일례로는, Reed Way Dasenbrock, ed., *Literary Theory After Davidson* (University Park: Pennsylvania State University Press, 1993)을 보라.

58) 그러나 Bruce Marshall은 성경 내러티브에 대한 인식론적 우선권의 부여가 그리스도인들이 결코 세속 학문에 비추어서 자신의 믿음을 수정할 수 없음을 말하는 것은 아니라고 평한다. 신앙 내용들을 참이라고 붙드는, 공동체의 다양한 이유는 진리에 대한 우선적인 기준으로서 봉사하는 성경의 기능과 양립할 수 없는 것이 아니다. "세계에 대한 다른 관점들을 고수하는 자들과의 대화는 기독교 공동체에, 인식에 관해 복음서 기사들을 탈중심화함으로써 그 정체성을 포기하도록 요구하지 않으면서도 그 자체의 기존의 신앙 내용들(beliefs)을 바꿀 수 있는 설득력 있는 이유들을 제공할 수 있다"[Bruce D. Marshall, "Truth Claims and the Possibility of Jewish-Christian Dialogue", *Modern Theology* 8 (1992): 235]. 한 가지 예를 들면, 사해 사본의 발견은 그리스도인들로 하여금 어떤 성경 단락들에 대한 자신의 해석을 수정하도록 이끌 수 있다. 그렇게 한다고 해서 성경의 문자적인 의미에 대한 충성을 부수적인 것으로 만드는 것이 아니라 오히려 성경에 대한 해석 전통에 대해서보다는 텍스트에 대한 충성을 표현하는 것이 될 것이다.

59) Gerhard Ebeling, *The Word of God and Tradition: Historical Studies Interpreting the Divisions of Christianity*, trans. S. H. Hooke (Philadelphia: Fortress, 1968), p. 136.

실질적인 위험을 지닌다. 해체주의자들은 주도적이며, 지배적인 해석들을 허물어뜨리는 일 말고는 좋아하지 않는다. 읽는 관행들에 대한 1,700년에 걸친 합의에 대해 말하는 것은 사실상 '무위화'를 요청하는 것과 마찬가지다. 예일 학파와 시카고 학파는 현재 신학에서 규범적인 것은 '전통 가운데 있는 성경'이라는 사실에 동의한다. 이들 학파 각각은 문자적 의미의 우선권을 인정하지만, 시카고 학파는 그 우선권을 현대적 정황 가운데서 이해 가능한 것과 상호 연결하기를 원하며, 예일 학파는 기독교 공동체의 정황 가운데서 적합한 것과 상호 연결하기를 원한다. 기독교 전통 가운데서의 성경의 쓰임들에 대한 그들의 강조점들에 비추어 볼 때, 그들이 문자적 의미를 한편으로는 공동체에 의한 타락으로부터, 다른 한편으로는 해체로부터 보존할 수 있을까?

예일 학파는 어떤 단정적인 지시 대상에 의미를 자리매김하기보다 공동체 가운데에 의미를 자리매김하면서, 비트겐시타인류의 논의들을 광범위하게 활용한다. 의미에 대한 이러한 식의 설명이 넓게 보아서 정확한 것이라고 가정해 보자. 그렇다면, 신학자들이 기술해야 하는 것은—성경 텍스트의 최종 형태에 대해 책임 있는 사람들에 의해서—단어들과 문장들이 투입되는 그 쓰임보다는 **오늘날의** 성경의 쓰임인가? '오직 성경으로'를 "전통 가운데 있는 성경"—말하자면, 공동체의 합의된 의견—으로 바꾸는 것은 가장 좋지 않은 때에 잘못된 전략을 사용하는 것이다. 우리는 해체가 사회적인 관행들을 폭로하고 폭파하는 시대를 살아간다. 해석학적인 의구심의 대가들은, "자연적인 것"으로 그릇되게 생각되어져 왔었던 것이 단지 "관행적인 것"임을 보여주는데 있어서 탁월한 솜씨를 발휘하고 있다. 이러한 점에 있어서는, 성경의 명백한, "자연적인" 의미에 있어서도 마찬가지이다. 또한 우리는 인지적인 면에서의 오염에 만연해 있으며, 이데올로기적인 압력들에 굴복하고 있는 환경 가운데서 해석하고 있다. 알빈 플란팅가(Alvin Plantinga)는 인간의 인지 능력들이 어떤 설계 계획을 가지고 있어서, 그 설계 계획이 그 인지 능력들의 적정한 기능들을 구체적으로 적시해 주고 있다고 주장하고 있다. 그리고 그는 정상적인 기능과 고유한 기능 사이에 차이점이 있다고 올바르게 관찰하고 있다.[60] 나는 인지상의 기능불량이 개인의 차원에서만이 아니라 집단적인 차원에서도 발생할 수 있다고 보지 말아야 할 하등의 이유가 없다고 본다.

해석자가 기독교 전통이라는 형(兄)을 가지고 있다는 말은 맞는 말이다.[61] 개인들은 언제나 어떤 해석 공동체 안에서 읽는다. 어쩌면, 전통의 지혜가 오늘날의 독자들에게도 흐름을 잡아주는 조정적 효과(moderating effect)를 행사하고 있는 것이 아닐까? 그렇지만, 누구나 알고 있다시피, 형들은 때때로 아우들을 괴롭힐 수 있다. 트렌트 공의회는 "거룩한 성경의 참된 의미와 해석에 관하여 판단하는" 교회의 권한을 정당화하기 위해서 베드로후서 1:20 ("먼저 알 것은 성경의 모든 예언은 사사로이 풀 것이 아니니")을 사용했다.[62] 여기에서 이해의 영(성령)은 위계적인 해석 제도(기관) 가운데서 함구(緘口) 당하고 있다.

공동체의 관행이 해석학적 의의를 지닌다는 제안은 예일 학파나 비트겐시타인 훨씬 이전으로 소급된다. 그러한 제안은 최소한 종교 개혁 시대에 한 선배를 가지고 있다. 존 요더(John Yoder)는 "텍스트는 회중 가운데서 가장 잘 이해된다"는 아나뱁티스트(재세례파) 사상의 새로움에 주목하고 있다. 요더는 울리히 츠빙글리(Ülrich Zwingli)가 그 점을 지적하기 위해서 고린도전서 14:29에 호소했다고 지적한다: "성령은 그리스도인들이 텍스트가 말하는 바를 듣기 위해서 준비된 마음으로 회집해 있을 때에만 그 텍스트가 말하는 바에 대한 해석자가 되신다."[63] 이것은 의미에 관한 일반적인 비트겐시타인류의 요점이 아니라 오히려 제자됨으로서의 이해에 대한 바울의 지적이다. 아나뱁티스트는 당장의 구체적인 맥락 가운데서 텍스트가 의미하는 바에 대한 상호 대화에 참여한 모든 사람들이 강제력 없이 만장일치를 발견하게 될 것이라는 하버마스의 이상론적 언행 상황(ideal speech situation) 같은 어떤 것을 바라고 있다. 해석들의 갈등의 최종 결과는 화해일 것이다: "그

---

60) 고유한 기능은 우리의 설계 계획의 문제며, 정상적인 기능은 통계학의 문제다. Alvin Plantinga, *Warrant and Proper Function* (Oxford: Oxford University Press, 1993), pp. 199이하.

61) 나는 이 유비를 Karl Barth에게서 빌렸다.

62) Berkouwer, *Holy Scripture*, p. 115에서 재인용함. Calvin은 자신의 벧후 2장 주석에서 이 구절을 자의적 해석에 대한 경고로 취한다. 그 문맥에서는 어느 것도 그 요점이 개인과 공동체 사이의 대조를 이끌어내고자 함이었음을 제시하지 않는다.

63) John Yoder, "The Hermeneutics of Anabaptists." in *Essays on Biblical Interpretation: Anabaptist-Mennonite Perspectives*, ed. Williard M. Swartley (Elkhart, Ind.: Institutes of Mennonites Studies, 1984), p. 21.

것이 성령과 우리에게 선하게 여겨졌다."⁶⁴⁾

우리를 진리 가운데로 인도하시는 성령에 의해서 권능을 부여받은 교회가 과연 '오직 성경으로'를 넘어 갈 수 있는가? 토마스 뮌쩌(Thomas Müntzer)와 같은 몇몇 아나뱁티스트들은 이해의 성령이 기록된 말씀이 말하고 있는 바를 넘어 선다고 주장하면서, 그들의 영해(pneumatic exegesis) 가운데서 지나치게 나아가 버렸다. 그와 마찬가지로 공동체의 합의에 대한 한스 프라이의 강조도 글자(letter)를 넘어가고 있는가? 공동체가 과연, 말하자면, 여성의 지위에 대한 입장이나 노예 제도에 대한 입장에 대해서, 정경을 "수정"할 수 있는가? 독자들이 문자적 의미가 억압적이라고 해서 그 의미를 거절하고 저항할 수 있는가? 예일 학파의 새로운 관점에 따르면, "어떤 한 텍스트가 복음에 반대되는 것으로 경험되는지의 여부는 텍스트의 객관적인 내용에 의해서만이 아니라 그 텍스트가 공동체 안에서 이해되고 있는 방식에 의해서 결정된다."⁶⁵⁾ 그러나 과연 억압적인 것은 텍스트인가, 아니면 해석인가? 내가 염려하는 바는, 공동체 관행의 관점에서 문자적 의미를 정의하다가 문자적 의미와 공동체 읽기의 구분을 놓칠 위험이 있다는 점이다.⁶⁶⁾

제2세대 예일 신학자인 캐스린 태너(Kathryn Tanner)는 "통상적 의미"(the plain sense)를 흠없이 보전(integrity)해야 한다는 전통적인 강조와 읽는 관행들에 대한 한스 프라이의 강조를 조화시키기 위해서 노력하고 있다. 태너는 통상적 의미를 "한 개인이 그 텍스트를 성경으로 읽는 어느 한 공동체의 관행들 가운데서 사회적으로 합치된 한에 있어서" 그 텍스트가 말하는 것으로 자연스럽게 취하게 되는 의미라고 규정하고 있다.⁶⁷⁾ 텍스트 의미는 그 자체로 "명백한" 것이 아니라 오직 특정한 읽기 습관들을 익힌 사람들에게만 "명백한" 것이다. 그러나 이러한 습관들은 그 자체가 통상적 의미는 아

---

64) 같은 책, p. 24에서 재인용함.
65) Watson, *Text, Church and World*, p. 235.
66) Karl Barth는 성경의 정합성이 기독교 신학을 위한 진리의 일차적 기준이라는 주장의 전형이다. Marshall에 따르면, "성경은 어떤 방식으로 읽혀질 경우에만 진리에 대한 테스트로서 올바르게 활용되는 것이다"(p 235). 그러나 Marshall은 Barth에게 올바른 길은 텍스트에 부합하는 방식임을 지적한다. 예일 학파는 신학에 대한 Barth의 견해를 기독교적 자기 기술의 한 형태로 계속해서 따르지만, 기술되는 것이 텍스트 자체라기보다는 읽는 습관이라고 보는 점에서는 Barth를 떠났다.
67) Tanner, "Theology and the Plain Sense", p. 63.

니다. 공동체는 대개 통상적 의미를 "언어상의 의미"(verbal sense)나 혹은 "하나님이 의도했던 의미"라고 확인하고 있다. 태너의 도식 가운데서 공동체의 합의는 통상적 의미의 형식적인 원리일 뿐, 질료적인 원리/내용상의 원리(material principle)는 아니다. 텍스트와 해석 사이를 변별해내는, 다시 말해서, 문자적 의미와 그 의미가 관행적으로 읽혀지고 있는 방식 사이를 변별해낼 수 있는 우리의 능력은 궁극적으로 이 깨지기 쉬운 개념적 구분(fragile conceptual distinction)에 걸려 있다. 태너는 이 구별이 일반 해석학으로부터 도출되는 것이 아니라 공동체 실천의 특수한 관행으로부터 도출되는 것이라고 주장한다. 따라서 문자적 의미의 형식적인 원리―텍스트에게 그 후속적 해석에 대한 우선권을 부여하는 원리―는 공동체의 습관과 내용적인 의미(material sense)에 근거한다. 질료적 의미는 계몽주의에서 비평학자들이 빠졌었던 나쁜 읽기 습관들을 떨쳐버림으로써, 문자적 의미의 성격을 적시해준다. 문자적 의미를 공동체의 습관들에 묶어놓는 것은 합의된 의견(consensus)이라는 것이 멸종의 위기에 처해 있으며, 많은 독자들이 나쁜 읽기 습관에 빠져 있는 시대에는 특히 부적합한 것이라 여겨진다.

(역자주―케스린 태너가 볼 때, "명백한" 의미 혹은 "문자적" 의미는 그 자체가 텍스트의 소유, 텍스트의 속성이 아니라, 오히려 어떤 자리/입각지에서 읽고 있는 자의 한 기능이다. 다시 말해서, 성경은 교회 가운데에서 읽는 방식을 배운 독자들에게만, 즉 그 텍스트가 진정 무엇에 대한 것인지를 알고 있는 사람들에게만 "명백"하다는 것이다. 문제를 복잡하게 만들고 있는 것은 태너가 교회에서 읽기를 훈련받은 독자들이 그 텍스트가 실질적으로 의미하는 바를 진정으로 이해한다고 말하는 것처럼 보인다는 점이다. 그래서, 문자적 의미는 있지만, 그 의미는 텍스트 자체의 소유/특성이 아니라 교회에서 정확하게 읽혀지는 텍스트의 소유/특성이 되는 것이다. 이 구분은 가능한 듯이 보이면서도 사실은 깨지기 쉬운 연약한 구분이 아닐 수 없다.)

물론, 내가 "사회적 관행들"이라고 일컫고 있는 것은 뉴 헤이븐에서는 성령의 인도/지도하심이라고 기술될 수 있을 것이다. 그러나 성령님이 교회를 글자를 넘어서는 새로운 해석들로 인도해주실 수 있는 것인지는 여전히 불분명하다.

삼위일체적 해석학: 말씀과 성령. "그가 너희를 모든 진리 가운데로 인도하

시리니"(요 16:13). 그렇다면, 성령은 문자적 의미와 어떤 관련이 있는가?[68] 이 물음은 예일 학파와 시카고 학파 사이의 논쟁만 아니라 후기 근대기를 황폐화시켰던 더 광범위한 문화적인 싸움들의 중심에 놓여 있는 물음이다. 말씀과 성령 사이의 관계에 대한 종교 개혁자들의 개념은 텍스트 안에 "실질적인 임재/현존"이 있다는 스타이너(George Steiner)의 생각만이 아니라 문자적 의미의 본성을 명료하게 만들어준다. 오직 삼위일체적 해석만이 현대 문학 이론의 대규모적인 반신학(atheology)에 의해서 이루어지고 있는, 해석에 대한 도전에 부응할 수 있을 것이다.[69]

첫째로, 성령은 누구에게 증거하시는가? 한 편에서 성령이 교회에게 증여되어 있다고 말하는 전통적인 로마 카톨릭과, 다른 한 편에서 성령이 말씀과 교회에 대해서 독립적이라고 말하는 열광주의와는 달리, 개신교도들은 성령이 개인들과 마찬가지로 공동체에도 증거하심을 확증하고 있다.[70] 사도 바울은 "육에 속한 사람은 하나님의 성령의 일들을 받지 아니하나니"(고전 2:14)라고 쓰고 있다.[71] 고든 피(Gordon Fee)는 성령이 그러므로 "모든 것의 열쇠"—바울의 설교, 고린도인들의 회심, "그리고 특히 그[바울]의 설교가 하나님의 참 지혜라는 그들의 이해에 대한" 열쇠—라고 언급하고 있다.[72] 성령의 역사에 대한 이 견해는 공동체 실천/관행에 대한 예일 학파의 강조점에 신학

---

68) 상당수의 연구가 성령의 해석학적 의의를 탐구하기 시작했다. 이러한 관심의 초기적 진술로는 A. J. MacDonald의 말이 있다. "성령의 기능은 가르치고, 일깨우고, 인도하며, 증거하고, 영화롭게 하는—실로 말씀(the Word)에 의해서 계시된 바가…사람들에게 분명하게 되는—해석의 지속적인 과정의 모든 기능이다"[A. J. MacDonald, *The Interpreter Spirit and Human Life* (London: SPCK, 1944), p. 118].
69) 완벽하게 대답한다는 것은 현재 이 논의의 한계들을 벗어난다. 다른 곳에서 나는 소통행위의 맥락에서 하나님의 계시에 대한 Barth의 삼중 분석을 개진했다. 대저자-성부 하나님은 행위의 작인이시며, 로고스-말씀 하나님은 소통 행위이시며, 성령-치유자 하나님은 대저자의 말씀의 소통이시다. 그러한 삼위일체적 분석만이 저자의 죽음과 규정된 의미의 상실—Barth와 Derrida의 '대항 신학'—에 대답할 수 있다고 나는 믿는다. 이러한 생각들에 대한 좀더 충분한 제시는 이 책의 제5장에 포함되어 있다.
70) George S. Hendry, *The Holy Spirit in Christian Theology* (London: SCM Press, 1957), chap. 3을 보라.
71) Gordon Fee에 따르면, 오직 성령에 충만한 사람들만 이해하는 것이 복음—하나님의 지혜이며, 십자가에 달리신 자를 통해서 오는 하나님의 구원—이다. Gordon Fee, *God's Empowering Presence: The Holy Spirit in the Letters of Paul* (Peabody, Mass.: Hendrickson, 1994), pp. 102-103를 보라.

적인 지원을 해주고 있다. 한스 프라이는 이와 같이 주조(主調)로 말하고 있다: "그리스도인들이 성령에 대해서 예수 그리스도의 현재의 간접적 임재라고 말할 때에, 그들이 가리키는 것은 교회이다."[73] 성령론은 특별 계시가 특별한 해석학을 필요로 하는지의 여부를 결정함에 있어서 핵심적인 교리가 되고 있다. 성령론은 또한 상호 연관성의 가능성에 대한 예일 학파와 시카고 학파 사이의 논쟁 배후에 놓여 있다. 우리는 이해의 성령을 오직 믿음의 공동체에만 제한해야 할까?

트레이시는 일반적인 인간 경험이, 하나님이 성령으로 구속함을 받은 자들의 공동체 안에서와 마찬가지로 창조 세계 안에 현존해 계시는 한, 기독교 전통에 대한 적절한 테스트가 된다고 주장한다. 어떤 구절들은 성령이 예수께서 영화롭게 되기 전까지는 아직 "계시지"않았다고 말하며(요 7:39), 세상은 "그를 보지도 못하고 알지도 못함이라"라고 말하는 것도 사실이다(요 14:17). 그러나 더 광범위한 정경적 맥락은 "성령이 교회 안에서만이 아니라 창조 세계와 인간 세계 안에도 거하고 계심"을 시사한다.[74] 아마도 성령의 특별한 증거와 마찬가지로 성령의 일반적인 증거도 있지 않을까? 트레이시가 볼 때, 성령은 그리스도의 역사상의 사역의 한 결과이기보다는 창조 세계 전체에 대해 보편적이다.[75]

---

72) 같은 책, p. 104.
73) Hans Frei, *The Identity of Jesus Christ: The Hermeneutical Bases of Dogmatic Theology* (New Haven, Conn.: Yale University Press, 1974), p. 157. 유사하게 Gordon Fee는 성령이 그리스도의 온 몸의 성령이라고 본다. Fee, *God's Empowering Presence*, chap. 15.
74) Watson, *Text, Church and World*, p. 237. Watson은 또한 성령이 "자연적, 시민적, 도덕적, 정치적, 인위적인 것들 가운데서도" 역사하신다는 John Owen의 주장에 호소한다(p. 239에 인용되어 있음).
75) David Tracy, *The Analogical Imagination: Christian Theology and the Culture of Pluralism* (New York: Crossroad, 1981), p. 386. Stephen L. Stell은 Tracy의 설명 가운데서 "예수 그리스도 안에서의 하나님의 역사적 사역의 특수성은 창조된 실존의 보편적 해석의 틀로 옮겨짐으로써 타협된다. 그에 따라서, 삼위 하나님의 고유한 상호 관계들과…인류 사이에서의 하나님의 활동의 상호 관계들을 계시함에 있어서 성령의 역사는…효과적으로 배제된다"라고 말한다[Stephen L. Stell, "Hermeneutics in the Theology and the Theology of Hermeneutics: Beyond Lindbeck and Tracy", *Journal of the American Academy of Religion* 61 (1993): 691]. 나는 Ricoeur가 텍스트를 전용하고 적용하는 능력을 인간의 상상력에 할당함으로써 성령을 자신의 해석학에서 조직적으로 배제한다고 논의하면서, Paul Ricoeur에 대한 유사한 비판을 가했다. Kevin Vanhoozer, *Biblical Narrative in the Philosophy of Paul Ricoeur: A Study in Hermeneutics and Theology* (Cambridge: Cambridge University Press, 1990), chap. 9, 특히 pp. 248-257를 보라.

뉴 헤이븐은 불가피하게 성령의 역사를 공동체의 읽는 관행들의 한 기능으로 만듦으로써, 성령을 교회에 국한하지 않는가? 스티븐 스텔(Stephen Stell)은,[76] 예일 학파와 시카고 학파를 넘어서려고 노력하는 한 기고문에서, 예수 그리스도의 정체성은 복음서들의 내러티브적 틀에 의해서만이 아니라 "우리의 현재적인 실존 가운데서의 구체적인 경험들에 의해서도" 규정된다고 말한다.[77] 예수의 이야기는 부활에서 끝나는 것이 아니라 교회의 탄생인 오순절과 더불어 끝난다. 예수를 그 그리스도로 확인해 주는 권위적인 이야기는, 그러므로 성령의 권능 가운데서 교회에 의해 계속되는 이야기다.[78] 스텔은 그 이야기가 계속 진행되기 때문에, 전통, 공동체의 성경 사용, 문자적 의미는 모두 한결같이 창조적 변혁에 개방되어 있다고 주장한다. 신학적 해석학은 협력해서 작용하는 세 가지 요소를 요구한다. 하나는 창조 세계 안에서의 하나님의 사역에 근거한 공통적인 인간 경험이며, 다른 하나는 하나님의 언약적 신실성에 근거한 기독교 전통이며, 나머지 다른 하나는 성령의 인도하심에서 도출된 신적 생명에 대한 창조적 통찰이다. 이해 가능하며, 적절하며, 영감된 성경 해석은 세 가지 요소 모두의 협력을 요구한다. 경험은 전통에 의해 창조적으로 해석되고 도전 받아야 하며, 전통은 인간의 경험에 의해 창조적으로 해석되고 도전 받아야 하며, 창조적 통찰은 경험과 전통에 의해 도전 받고 해석되어야 한다. 이것은 강력한 삼위일체적 모델이다.

그러나 성령의 역사를 창조적인 상상력과 연결하는 스텔의 입장은 옳은 것일까? 그리고 그가 이처럼 전통과 경험과 상상력을 관련지음으로써, 텍스트와 텍스트의 문자적 의미는 어떻게 되었는가?

---

76) Lindbeck에 따르면, 성령의 내적 증거는 "참된 외적 말씀을…듣고 받아들이는 능력"에 제한된다(Lindbeck, *Nature of Doctrine*, p. 34). Stell은 이 입장이 성령이 교회의 문화 언어적인 틀 가운데서만 의미를 지닌다는 사실과, 성령의 역사는 교회 바깥에 있는 사람들을 대면하고 그들로 하여금 '듣게' 할 수 있는 일을 구성하는 한 교회 바깥에도 존재한다는 사실을 어렵게 주장하는 이 입장의 기이함을 지적한다(Stell, "Hermeneutics in the Theology", pp. 691-692).
77) Stell, "Hermeneutics in the Theology", p. 695.
78) Milbank, *Theology and Social Theory*, p. 387. Stell은 뉴 헤이븐과 시카고 모두의 해석학적 결핍들이 성령에 대한 신학적으로 결핍된 이해에 근거한다고 믿는다(Stell, "Hermeneutics in the Theology", p. 697).

영을 분별하기: 저자의 말을 듣는 일

우리 각 사람에게 성령은 완고하고 불분명한 구절들을 쪼개고 마음의 방들에 빛을 비추어, 어둡고 불확실한 생각들과 결론들을 명확하고 효과적이 되게 만들며, 우리에게 실천적인 해석을 공급하는 칼이다.[79]

나는 소통 행위로서의 계시 개념에 근거해서, 다른 종류의 삼위일체적 모델을 제안하고자 한다. 웨스트민스터 소요리문답은 다음과 같이 진술한다. "하나님의 성령은 말씀을 읽는 일을, 특히 말씀에 대한 설교를 죄인들에게 죄를 깨닫게 하고 회개케 하는 유효한 수단으로 만든다." 성경은 오직 우리가 성령에 의해서 그와 같은 것으로 들을 수 있을 때만 하나님의 말씀으로 들려질 것이며 그렇게 일관성 있는 통일체로 해석될 것이다. 성령은 들으시는 주님이라고 바르트는 말한다.

성령의 증거는 텍스트의 의미를 바꾸며, 문자적 의미를 변경할까? 성령의 증거는 성경의 효과적인 사용과 연결되어 있다. 누가 쓰는 것일까? 그 쓰임은 독자 공동체에 의한 다양한 쓰임이 아니라, 그 저자의 규범적인 사용이다. 따라서 신조는 예언자들을 통해 말씀하신 자는 성부 하나님이셨다고 말하는 것이다.

자, 이제 성경을 세 가지 측면으로 구성된 하나님의 소통 행위의 일종으로 간주해 보자. 첫째, 성부의 '발화행위'다.[80] 말은 성부/저자의 (권한이) 위임된 말들(authorized words)이다. 둘째, '발화수반행위적 차원'이다. 하나님이 성경 안에서 **행하시는** 것은 다양한 방식으로 그리스도를 증거하는 것이다.[81] 마지막으로, 요리문답으로 돌아가서, 우리는 성경의 역사를 하나님의 '발화효과행위' 즉 말하기의 한 **결과**로서 발생하는 것으로 가장 잘 볼 수 있다. 예를 들어, 무엇인가를 진술함으로써(하나의 발화수반행위), 나는 누군가를 설득할 수 있다(하나의 발화효과행위). 성경은 많은 유형의 소통 행위들을 포함하며, 다양한 대답과 전유를 요청한다. 훌륭한 하나의 '일반' 해석

---

79) MacDonald, *Interpreter Spirit and Human Life*, p. 157.
80) 성부 하나님은 이전 시대들 가운데서는 예언자들을 통해 말씀하셨던 분(*est locutus per prophetas*)이었으며, 지금은 그 아들을 통해 말씀하시는 분이다(히 1:1-2).
81) 발화수반행위는 우리가 말소리를 냄으로써 그 가운데서 행하는 것에 관해 가리키는 화행철학 용어다. 즉 우리는 경고하고, 약속하고, 명령하는 등의 일을 할 수 있다. 발화수반행위는 소통을 어떤 특정한 종류의 행위로 간주할 수 있게 해준다. 더 자세한 논의는 제6장을 보라.

학적 규칙은 "발화수반행위적 요점을 찾아 읽고, 그것을 존중하라"일 수 있 겠지만, 이것이 이해의 끝은 아니다. 왜냐하면, 이해에는 전유의 순간이 포함 되기 때문이다. 그리스도의 영이 우리의 세계를 텍스트 안으로 흡수해 버리 든지, 이 시대의 영이 텍스트를 우리의 세계 가운데로 흡수해 버리는 것이다. 그러므로 '필리오쿠에'는 한 가지 중요한 해석학적 병행점을 지닌다. 즉 성 령이 성부와 성자로부터도 나오시듯이, 우리는 발화효과행위―화행의 효 과―가 말하기(발화행위)와 발화수반행위로부터 나온다고 말할 수 있을 것 이다. 혹 다른 식으로 말하자면, 적용은 설명에 의해 지배되어야 하는 것이 다. 적용을 지배해야 하는 것, 그것이 바로 텍스트의 문자적(의도된) 의미며, 적용되는 것은 바로 그 의도된 텍스트 의미의 **확대된** 의미다. 나는 이것이 바 로 칼뱅과 개혁자들이 성령의 조명을 이해했던 방식이라고 믿는다. 성령은 성경이 하나님의 발화수반행위들을 포함한다는 사실과 우리로 하여금 우리 가 마땅히 그래야 하도록 그 발화수반행위들에 대해 반응할 수 있다는 사실 을 깨닫게 하신다. 성령은 그 말씀(the Word)의 효과적인 임재다. 또는 내 식 으로 말하자면, 성령은 성경의 유효한 발화효과행위의 힘이다.

그렇다면, 성경을 이해한다는 것은 무엇일까? 예일 학파가 지적하듯이, 이해의 영으로는 역사적, 문학적, 사회학적 등의 많은 '영'이 있다. 그러나 기 독교적 이해는 그 말씀(the Word)을 **따라가는** 이해다. '따라감'은 최소한 두 가지 의미를 지닌다. 우리는 논의나, 설명이나, 방향들이나, 어떤 이야기를 따를 수 있다. 그러나 따름의 다른 의미는 "나를 따르라"라고 말씀하실 때 예 수님이 원하셨던 종류의 따름이다. 그 차이점은 설명과 적용 사이의 차이점 과 동일하다고 나는 생각한다. 그리스도인은 단순히 말씀을 듣는 자일뿐만 아니라 말씀을 행하는 자다. 우리는 어떤 논의를 따라가면서도 그 쟁점에 동 의하지 않을 수 있다. 너무나도 흔히 해석자들은 결코 적용의 단계에 도달하 지 않는다. 성경의 약속들과 경고들과 명령들 등의 의미는 '그들의 눈앞에 분명하게 놓여 있지만' 그것들은 불의함 가운데 억눌려 있다. 그러나 가장 심 원한 종류의 이해는 단순히 우리가 읽는 일 가운데서가 아니라 우리가 읽은 것에 대한 인격적인 반응 가운데서 하나님의 말씀을 따라갈 수 있는 능력을 함양하는 일과 관계되어 있다. "텍스트를 이해하는 자는 이해를 입증하는 그 리고 어떤 의미에서 이해를 구성하는 여러 방식으로 텍스트를 활용할 수 있을 것이다."[82] 이해는 말씀을 따라가는 우리의 능력이다.

이해는 신학적인 것이다. 왜냐하면, 우리가 오직 성령에 의해서만 텍스트의 쟁점을 따를 수 있기 때문이다. 성령의 역할은 우리로 하여금 성경 텍스트들을 그 텍스트들이 의도된 의미대로 취하여, 우리가 살아가는 가운데서 그 의미를 적용할 수 있도록 혹은 따라갈 수 있도록 해주는 것이다. 고든 피의 멋진 말을 빌리면, 우리는 성령이 기록된 말에 거하는 그 말씀의 "권능을 부여하시는 임재"(empowering presence)라고 말할 수 있을 것이다. 이해의 성령은 오직 교회가 그 말씀의 교회일 때만 교회를 살리신다. 그리고 성령은 오직 그 말씀이 교회 안에 있는 말씀일 때만 그 말씀을 활기차게 하신다.

그러면 우리는 문학 비평에 있어서의 프랑스 혁명에 대해 어떻게 대응해야 할 것인가? 200년 전에 쓰인 에드먼드 버크(Edmund Burke)의 「프랑스 혁명 고찰」(*Reflections on the French Revolution*)은 뜻밖에도 대단한 시의 적절함을 보여 주며, 우리에게 몇 가지 출발점을 제공한다. 프랑스 혁명처럼, 해체는 자유와 평등의 수사로 가득 차 있다. 버크는 "그들의 바벨론적 강단들의 혼란스런 상투어"에 대해 말하면서, "배움이 진흙 구덩이에 내던져질 것이며, 돼지 같은 군중의 발아래 짓밟힐 것"이라고 경고했다. 파리로부터 오는 해석학적 혁명에 대해, 뉴 헤이븐과 시카고에 대한 나의 중재는 어떤 교훈을 줄 수 있을까?

타자에게 접근하기: 특권과 책임으로서의 이해

"로고스 중심적 주석은…가현주의적이다. 그 주석은 텍스트라는 육체를 희생하면서 영을 편애한다."[83]

해석자들 역시도 불의함 가운데서 로고스를 억압하는 죄인들이기 때문에, 어느 정도의 의구심은 건강할 수 있다. 약간의 해체는 위험스럽지 않을 수도 있다. 그러나 해체가 압제적인 해석들을 허물어뜨릴 뿐만 아니라 텍스트들 자체를 무위화하고자 한다면, 해체가 억압된 타자성을 회복하기 위해 텍스트의 정합성을 뜯어내 버린다면, 나는 더 이상 따라갈 수가 없다. 해체는

---

82) Wood, *Formation of Christian Understanding*, p. 17.
83) Philips, "Ethics of Reading Deconstructively", p. 289.

텍스트를 타자로서 보호하기는커녕, 해석적 폭력을 허용하는 것이다.

해체는 기독교 세계관의 두 가지 기본 원리에 모순된다. 첫째는 '실재론적 원리'(우리는 세계를 적절하게 알 수 있고, 그렇게 하는 데 대해 책임이 있다는 원리)며, 둘째는 '편향성 원리'(우리는 실재에 대한 우리의 인식에 영향을 주는 편향을 떠나서는 결코 세계를 알 수 없다는 원리)다.[84] 이제 이 두 원칙을 해석학에 적용해 보도록 하자. 첫째, 실재론적 원리에 따르면, 우리는 텍스트들을 적절하게 이해할 수 있다. 둘째, 편향성 원리에 따르면, 우리는 결코 우리의 이해에 영향을 끼치는 편견들을 떠나서 텍스트들을 이해할 수 없다. 이해의 성령은 점차적으로 우리가 자신의 편향성들에 대해 깨닫게 하시며 실재를 따라갈 수 있게 만드신다.

비록 실재가 언어에 의해 매개되기는 하지만, 언어는 우리를 실재로부터 막을 수 없다. 언어도 유한성도, 해석상의 게으름을 정당화해 주지 않는다. 텍스트에 대해 무관심한 것은 텍스트의 타자성에 대해 공정을 기하는 방식이 아니다. 우리가 가능한 한, 우리의 편향성들에 대해 정직해야 하지만, 그러한 편향성들이 해석하지 않는 데 대한 구실이 될 수는 없다. 하나님의 한 가지 선물로서의 언어는 그 지음 받은 목적들에 대해 적정하다.[85] 바벨은 해석상의 무정부상태에 대한 면허증이 아니다. 또한 바벨은 언어에 대한 절망을 보장해 주지도 않는다. 문자적으로 취해진 성경 텍스트는 예수 그리스도에 대한 적정한 증거다.

만일 확신의 해석학이 "내 입장이 이것이다"라고 선언한다면, 겸손의 해석학은 "당신의 입장에서는 어떻게 보이는가?"를 묻는다. 해체의 거짓된 겸손은 언어에 대한 절망으로 그리고 우리의 해석 능력에 대한 절망으로 퇴보한다. 반면에, 참된 겸손의 해석학은 타자로부터, 텍스트로부터와 다른 해석

---

84) 나는 이 말들을 Lints에게서 빌려 왔다. Lints, *Fabric of Theology*, p. 20.
85) Dallas Willard는 내가 언어란 불가피하게 왜곡시킨다는 견해를 가졌다고 여긴다. 사실, 나는 언어에 대해 절망한 것이 아니라, 고의적인 해석자들에 대해 실망한 것이다. 나는 모든 개념적인 틀이 세계의 실질적인 모습에 대응하지 않기 때문에 서로서로 다 마찬가지라고 보지 않는다(즉, framework-relativist가 아니다). 문제는 유한성이 아니라 타락성이다. 내가 제기하는 해석상의 난점들은 해석자들의 사회적 지위나 문화적 입장에 대한 것이 아니라 오히려 그들의 도덕적이며 영적인 성향들에 대한 것이다. 이해의 성령은 우리의 유한성을 에둘러 가지 않고, 우리의 해석 능력들을 다시금 새롭게 하시며, 회복시키시며, 완전케 하신다.

자들로부터, 무엇인가를 기꺼이 받아들인다.

텍스트 앞에서의 겸손은 독자가 텍스트의 내용을 평가하는 중대한 순간을 배제해 버리는 것일까? 내가 지금 해석학적 신앙주의―"하나님을 사랑하라. 그리고 네 마음 내키는 대로 읽으라"―를 변호하는 것일까? 아니다. 이해는 테스트를 받아야 하기 때문이다. 그리스도인 해석자들은, 비판자들이 그들에게 던지는 모든 종류의 테스트를 감당해야 한다. 테스트하는 일과 감당하는 일, 이 둘은 합리성과 겸손의 표시다. 해석자들은 결코 자신들의 해석을 우상화해서는 안 된다. 나는 교만과 게으름 사이 어느 곳에선가 어느 정도의 해석의 자신감을 추구한다. 그 자신감은 그 해석이 하늘에서 내려다보는 것이 아니라 땅에 근거한 것임을 인정한다 할지라도 굳세게 성립하는 겸손한 확신이다. 우리는 아직 절대적인 지식을 갖고 있지 않다. 그렇지만, 그 말씀의 제의들에 대해 반응하기에 충분하리만큼 적정한 지식을 소유하고 있다. 말이 건네질 때 우리의 첫 번째 반응은 신뢰여야 한다. 우리는 그 메시지가 세계에서의 우리의 존재 방식에 잠재적인 위협인 경우라 할지라도 최소한 그 목소리를 수장해 버리기보다 타자의 목소리를 기꺼이 들어야만 한다.

일반 해석학인가, 특별 해석학인가?

칼 바르트와 폴 리쾨르는 각각 예일 학파와 시카고 학파의 배후에 있는 두 사람의 영향력 있는 인물들이다. 이들 각자는 일반 해석학을 성경 해석학의 하부 주제로 만듦으로써, 다른 방식으로 해석학적 역전을 뒤엎고자 노력해 왔다. 우리는 그들의 전략을 다음과 같이 풀어서 설명할 수 있을 것이다. "다른 책도 성경처럼 읽으라"―이것은 조웨트의 격률을 멋지게 뒤집어 놓은 생각이다. 나는 우리가 해체에 대응할 수 있는 능력이 바로 그러한 역전된 입장에서 나온다고 믿는다.

바르트가 볼 때 특별한 성경 해석학과 같은 것은 결코 존재하지 않는다. 또한 성경 해석학을 떠나서는 적정한 일반 해석학도 존재하지 않는다. "우리는 성경에 있는 사람의 말로부터 우리가 일반적으로 사람의 말에 관해 배워야 하는 것을 배워야 한다."[86] 그러므로 일반 해석학은 성경 해석학의 '서술부'(predicate)다. 우리는 성경 해석에서 시작해서 일반 텍스트들을 어떻게 해석하는지를 배운다. "사람들에 의해 우리를 향해 건네진 말은…무엇이든지 분명하게 그 자체가 말해지고 귀에 들리기를 원하고 있음이 사실이 아닌가? 그 말은 이런 식으로 우리에게 주제 내용이 되기를 원한다."[87] 그러나 모든 화자가 원하는 바는 오직 들으시는 주님으로서 성령만이 실질적으로 성취하실 수 있다. "기독교가 세상에 제공하는 것은 해석학이다"라는 부버의 말은 단지 과거의 사실일 뿐만 아니라 하나의 약속이기도 하다.

그렇다면, 이해에서의 해석자의 역할은 무엇일까? 바르트는 편향성 원리를 받아들인다. "오직 성경만 말하게 했던 주해자는 결코 존재한 적이 없다." 우리는 각별히 하나님의 말씀을 파악하는 데 어느 한 가지 해석의 틀을 적합한 것으로 여겨서는 안 된다. "이러한 해석의 틀들 가운데서 다른 것들에 대해 어느 한 가지를 선호할 본질적인 이유는 전혀 없다." 그런 다음에 바르트는 경탄스러운 결론을 하나 도출해낸다. 성경 해석을 연마한 사람들이 텍스트의 타자성에 대해 가장 잘 공정을 기할 수 있다는 것이다. "인간적인 관점에서 보더라도, 성경 주해는 참으로 자유로운 인간적 사고의, 최선의 그리고 어쩌면 유일한 학과목으로 간주할 수 있을 것이다. 즉 그것은 이 대상을 선호함으로써 체계들의 모든 갈등과 전제로부터 벗어난 학문이다."[88] 리쾨르도 동의하면서, 타자를 이해하는 것은 자신을 의문에 부치고 자기 이해를 포기할 것을 독자에게 요구한다고 주장한다.[89]

이 사실은 나로 하여금 다음 테제로 이끌어 준다. **성경에 대한 특별 해석학**

---

86) Barth, *Church Dogmatics* 1/2, p. 466.
87) 문자적 의미에 대한 Barth의 견해를 보려면, 같은 책, chap. 3, 특히 pp. 464-472, 492-495, 715-736를 보라.
88) 같은 책, pp. 728, 733, 735.
89) Barth와 마찬가지로, Ricoeur는 성경 해석이 언뜻 보기에는 국지적이거나 특별한 해석학의 일례인 것처럼 보이지만, 사실상 일반 해석학과 특별 해석학 사이의 관계를 역전시킨다고 주장한다. 일반적으로 해석학의 목적은 텍스트의 세계를 '펼쳐 보여 주는 것'이다[Paul Ricoeur, "Philosophical Hermeneutics and Theological Hermeneutics", *Studies in Religion* 5 (1975-1976): 25]. 성경은 그 세계가 새롭게 나의 세계를 드러내주기 때문에 특별하다. 그 새로운 방식은 내게 이전의 자기 이해를 버리도록 강요한다. Ricoeur가 볼 때, 그러한 계시는 상상력에 비폭력적으로 호소하는 것으로 경험된다. 그러므로 신학적 해석학은 일반 해석학을 수식한다. 시적 텍스트들이 나의 실존성을 변혁하는 능력을 지닌 한, 시적 텍스트들을 읽는 모든 읽기는 잠재적으로 '계시적'이다. Ricoeur는 성경 해석학에 의해 변혁된 하나의 일반 해석학을 묘사한다. 그러나 성스러운 해석학이 세속화되어진다는 사실을 주목하기 바란다. 즉 성경 텍스트의 세계를 전유하는 힘이 성령에게가 아니라 창의적인 상상력에 돌려진다. 이 점에 대해서는, Vanhoozer, *Biblical Narrative*, chap. 9을 보라.

만이 아니라 모든 해석학이 '신학적'이다. 특별 계시에는 특별한 해석학이 필요할까? 그와 반대로, 나는 모든 해석에 대한 하나의 삼위일체적 해석학을 주장한다. 쉽게 말하자면, 일반 해석학은 어쩔 수 없이 신학적이라고 나는 주장한다. 우리의 오염된 인지적이며 영적인 환경은 모든 텍스트에 대한 이해를 어둡게 만든다. 데리다는 소통 과정상 많은 강제와 왜곡의 원천이 있음을 폭로하는데, 그것은 옳은 일이다. 종종 우리는 타자를 이해하기를 원치 않는다. 이는 아마도 타자가 우리에게 어떤 청구를 하기 때문일 것이며, 어쩌면 우리가 바뀌어야 할 것이기 때문이다. 자기애가 다른 모든 인간 활동을 왜곡하듯이, 해석 과정을 왜곡할 수 있다. 우리로 하여금 우리 자신과 우리의 이해득실에 대한 집중적인 관심을 텍스트와 그 핵심 주제에 돌릴 수 있게 해주는 것은 바로 성령이시다. 성경에 대한 이해든 다른 텍스트에 대한 이해든, 이해는 윤리에 속한 것이며 또한 실로 영성의 문제에 속한 것이다.

해석은 궁극적으로 믿음, 소망, 사랑의 신학적 덕목들에 의지한다. **믿음**은 텍스트에 실질적인 임재, 하나의 목소리, 어떤 의미가 존재한다는 것에 대한 믿음이며, **소망**은 해석 공동체가 성령의 권능 안에서 절대적인 이해는 아니지만 적정한 이해를 획득할 수 있다는 소망이며, **사랑**은 텍스트와 독자 사이의 자기를 내어 주는 상호 관계로서의 사랑을 말한다. 아브라함 카이퍼(Abraham Kuyper)는 우리의 어두워진 이해를 사랑, '실존에 대한 상련'과 대조한다. "동물을 사랑하는 자는 동물의 삶을 이해합니다. 그 물질적인 작용들 가운데서 자연을 연구하려면 자연을 사랑해야 합니다. 여러분의 연구 대상을 향한 이러한 성향과 욕구가 없다면 여러분은 한 발짝도 전진할 수 없습니다."[90] 카이퍼의 '사랑의 원리'(principle of charity)는 자신이 참이라고 생각하는 것에 순응하게 만드는 것에 의해 우리가 타자를 '사랑'하는 데이비드슨의 원리에서 훨씬 더 나아간 것이다.

비기독교적인 해석학은 텍스트의 타자성에 대해 폭력을 가한다.[91] 해체는

---

90) Abraham Kuyper, *Principles of Sacred Theology*, trans. J. Hendrick De Vries (Grand Rapids, Mich.: Baker, 1980), p. 111. 나는 이 점에 대해서 Nicholas Wolterstorff에게 빚졌다. Wolterstorff, "What New Haven and Grand Rapids Have to Say to Each Other." in *The Stob Lectures* (Grand Rapids, Mich.: Calvin College and Theological Seminary, 1992-1993), pp. 28-30를 보라.

타자를 위해, 우리의 체계에 잘 맞지 않는 다른 모든 것을 위해, 읽기에 윤리적인 책임을 가질 것을 주장한다. 개리 필립스(Gary Philips)에 따르면, 해체는 "나의 목적들을 위해 타자를 나의 이미지로 되새기지 못하도록 지킬 것을 내게 요구한다."[92] 나는 동의하지 않는다. 해체는 타자를 섬기지 않는다. 텍스트의 메시지가 '존재하도록' 허용하지 않는다. 텍스트의 의미는 무위화되어 아무 것도 나타내지 않는 기표들의 파편 속을 그늘처럼 떠돈다. 해체는 문자적 의미를 부정하고, 로고스의 부재를 '안다'고 주장하는 해석학적 영지주의다.

방탕한 해석자는 신학적 미덕들을 필요로 한다.[93] 믿음, 소망, 사랑만이 우리로 하여금 텍스트에 대한 해석상의 폭력을 피하게 해줄 수 있다. 이해의 성령의 열매는 평화―타자로 타자되게 하는 것, 타자를 환영하며 맞이하는 것―다.

평화와 정의에 대한 언급은 성경 해석에서의 제자도와 순종의 역할을 강조했던 재세례파들을 기억나게 해준다. 우리가 자신의 이익을 내어 줄 수 있으며, 텍스트를 향해 '실존에 대한 상련'을 발휘할 수 있다는 것은 성령의 열매다.[94] 덧붙여서, 재세례파들은 순종과 지식 사이의 연결을 인정했다. "그리스도의 말씀에 순종할 각오는 그 말씀을 이해하기 위한 선행 요건이다."[95]

---

91) 이것은 본질적으로 John Milbank의 사회 이론에 관한 테제가 문학 이론의 영역으로 옮겨진 것이다. John Milbank, *Theology and Social Theory*, pt. 4를 보라.
92) Philips, "Ethics of Reading Deconstructively", p. 317.
93) Dallas Willard는 정신과 육체 관계의 문제에 관하여 심적 의도들이 오직 하나님의 도움을 받아서만 신체 운동들을 일으킨다고 주장하는 철학 이론인 '우인론(occasionalism―주로 Malebranche와 연결되어 있으며, 인정받지 못한다)'의 해석학적 변종을 만들어 내는 것이 아닌지 우려한다. 다시 말해서, 팔을 들어올리겠다는 나의 의도를 내가 내 팔을 실제로 들어올리는 일과 함께 묶어 놓는 이는 하나님이라는 것이다. 그렇다면, 해석자의 이해가 오직 하나님의 도움 덕분에 텍스트와 연결, 협력된다는 것이 즉 하나의 텍스트를 이해하는 일은 마치 내가 내 팔을 들어올리는 일과 같다는 것이 나의 입장일까? 그에 대한 대답은 '이해'라는 말로 무엇을 의미하는가에 달려 있는 것 같다. 나는 독자들이 종종 하나님의 도움 없이도 발화수반행위적 요점들을 인식할 수 있다는 데 동의한다. 나는 인간들이 담론을 이해할 수 있는 능력을 지니도록 창조되었다고 믿는다. 그러나 나는 또한 이러한 인지적 설비가 죄의 영향을 받는다고 믿는다. 흔히 죄인의 이해득실의 관계에서 고의적으로 오해하는 일이 일어나며, 적어도 이해된 바에 대해 반응하지 않는 일이 발생하는 것이다. 만일 이해가 개인적 전유의 운동을 포함한다면 즉 이해가 발화효과행위를 포함한다면, 우리는 성령이 "들으시는 주님"이시라는 Barth의 말에 동의할 수 있을 것이다. 실로 우리가 하나님의 도움 없이는 할 수 없는 일들이 있다. 우리가 자신의 팔을 들어 올릴 수는 있지만, 하나님께 찬양의 두 팔을 들어올리게 되는 것은 오직 성령의 자극 덕분이다.

만일 이해가 순종을 포함한다면, 해체가 어떻게 이해의 영을 질식케 할 수 있는지를 쉽게 볼 수 있을 것이다. 데리다에 따르면, 텍스트 안 '그 곳에는' 우리가 반응할 수 있는 것이 아무 것도 없다. 지배적 해석이 집어삼키지 못하도록 텍스트의 타자성을 지켜내고 있다고 가정하는 해체의 허풍스러운 윤리는, 궁극적으로 독자가 책임 있게 대처하고 대응할 수 있는 어떤 규정적인 것이 없다는 사실에서 무너진다. 만일 해석 공동체의 실천이 텍스트를 창출해 내는 것이라면, 진정한 마주 대함은 존재할 수 없다. 만일 텍스트의 세계가 독자의 투영이라면, 해석은 바로 동일한 자신의 반복일 뿐이다. 그 공허한 반복을 C. S. 루이스의 '타자를 맛봄'과 대조해 보라. 루이스는 자신의 존재를 확대하고 자신을 넘어서기 위해 읽었다. 그러나 타자성을 이해하는 정신을 결여한 해체적 비평가가 볼 때는, 수천 권의 책을 읽는다해도 여전히 홀로 존재하는 것이다.[96]

글자의 영

정리하자면, 이해의 성령은 조웨트의 비평적 정신도 아니며, 트레이시의 시대적 정신도 아니며, 린드벡의 공동체적 정신도 아니며, 해체의 반항적 정신도 아니다. 나는 이해의 영은 성령, 그리스도의 영이라고 주장해 왔다. 성령의 바람은 그분이 원하시는 대로 불되, 그분이 원하시는 것을 불어 주는 것은 아니다. 성령은 (그 일하심에 있어서) 그 말씀에 종속되어 있다. 발화효과 행위들은 발화수반행위들 '로부터 나온다.'

다른 영들은, 그 영들이 글자—기록된 하나님의 말씀—를 평가 절하하는 한, 궁극적으로 거짓된 영이다. 그 영들은 글자에서 그 규정된 의미를 비워 버림으로써, 텍스트로부터 독립적인 온전성을 그리고 비평가들이 그 텍스트

---

94) Henry Poettecker, "Menno Simons' Encounter with the Bible." in *Essays on Biblical Interpretation: Anabaptist-Mennonite Perspectives*, ed. Willard M. Swartley (Elkhart, Ind.: Institute of Mennonite Studies, 1984), pp. 62-76.
95) Walter Klassen, "Anabaptist Hermeneutics: Presuppositions, Principles, and Practice." in *Essays on Biblical Interpretation: Anabaptist-Mennonite Perspectives*, ed. William Swartley (Elkhart, Ind.: Institutes of Mennonite Studies, 1984), p. 6.
96) C. S. Lewis의 원(原)인용문은 다음과 같이 되어 있다. "위대한 문학을 읽음으로써 나는 수천 명의 사람이 되되 여전히 내 자신으로 남아 있다"[C. S. Lewis, *An Experiment in Criticism* (Cambridge: Cambridge University Press, 1961), p, 141].

에 슬그머니 얹은 투영들에 저항할 능력을 박탈해 버림으로써, 글자의 가치를 떨어뜨린다. 나는 성령이 자신이 아닌 다른 것에 대해 — '성취된' 의미에 대해 — 증거하신다는 사실과, 성령이 독자들에게 이 텍스트적인 타자 — '적용된' 의미 — 에 대해 증거하신다는 사실을 주장해 왔다. 사랑을 위해, 우리는 해석 과정에서의 성령의 역할의 세 측면을 구별할 수 있을 것이다.

첫째로, 성령은 성경이 살아 있는 그 말씀에 대한 권위적인 증거를 하는 하나님의 발화행위라는 사실을 (그리고 우리가 성경을 하나로 통일된 통일체로 바라보아야 한다는 사실을) 우리가 **깨닫게**(convicts) 하신다.[97] 윤리적 해석이 저자의 의도를 찾아 읽는 것을 의미하는 한, 성경 해석학의 이러한 측면은 세속적인 짝을 가진다.

둘째로, 성령은 글자의 소통 행위상의, 발화수반행위들의 충분한 힘을 우리에게 가함으로써 그 글자를 **조명하신다**. 성령은 성경의 의미를 변경하시지 않는다. 오히려, "영적인 의미는 정확히 이해된 문자적 의미다."[98] "문자"와 "영"의 구별은 그저 단어들을 읽는 일과 읽는 바를 파악하는 일 사이의 구별에 해당할 뿐이다. 마찬가지로, '자연적인' 이해와 '조명된' 이해 사이의 차이점은 머리의 지식과 마음의 지식 — 어떤 견해를 갖는 것과 '그 진선미에 대한 심오한 느낌'을 갖는 일 — 사이의 차이점이다.[99] 조명은 문자적 의미에 대한 우리의 전유의 질 및 힘과 관계된 것이다.

셋째로, 성령은 우리를 **성화시켜서** 우리가 자신의 해석을 선호하는 대신에 텍스트에 있는 것을 받아들일 수 있도록 도와주신다. 성령은 우리로 하여금 메시지를 받아들이지 못하도록 방해하는 이데올로기적 혹은 우상 숭배적 편견들로부터 우리를 점차 깨어나게 하신다. (성령의 사역의 이 측면은 일반 해석학에도 적절한 것이다.) 그렇게 하심에 있어서, 성령은 말씀을 **효과 있게** 만드신다. 성령 안에서 읽는다는 것은 어떤 새로운 의미를 텍스트에 들여 넣

---

97) 이것은 '내적 증거'라는 전통적인 개혁주의 개념의 재진술이다.
98) Wood, *Finding the Life of a Text*, p. 102에 있는, Charles Wood의 루터에 대한 논평 중에서.
99) Fred H. Klooster는 다음과 같이 말한다. "성령의 조명을 받는 해석의 목적은 마음의 이해(heart-understanding)여야 한다." 이 말은 하나님에 대한 예배와 섬김을 의미한다[Fred H. Klooster, "The Role of the Holy Spirit in the Hermeneutic Process", in *Hermeneutics, Inerrancy and the Bible*, ed. Earl D. Radmacher and Robert D. Preus (Grand Rapids, Mich.: Zondervan, 1984), p. 468].

는다는 뜻이 아니라 오히려 그 글자로 글자 되게 한다는 것, 혹은 더 적절히는, 그 글자를 한 사람의 삶에 올바르게 적용한다는 의미다. 이해의 성령은 그 말씀의 발화효과행위적 힘이다. 존 오웬(John Owen)에 따르면, 성령은 성경에 대한 우리의 이해의 "일차적인 작용인"이다. 그렇지만, 성령의 조명하시는 역사는 이해하려는 우리의 노력과 독립적이지 않다. "성령의 조명하시는 사역은 텍스트가 우리에게 무엇을 의미하는가를 보여 주시는—주해와 분석과 적용에서의 우리의 노력을 통해 효과 있게 된—성령의 활동이다."[100]

해결되지 않은 두 가지 물음이 여전히 남아 있다. 첫째로, 우리는 창조 세계 안에서의 하나님의 보편적인 사역과 교회 안에서의 하나님의 특수한 사역 사이의 관계가 적지 않은 해석학적 의의를 지니고 있음을 살펴보았다. 그렇다면, 하나님과 인간들 사이에는(일반적인 관계에는) 그리스도 안에서의 확립된 관계(하나님과 성령 가운데서 성령에 의해 인침을 받은 그리스도인들이 지닌 특수한 관계)와 다른 어떤 관계가 존재하는 것일까?[101] 이해의 성령은 교회 바깥에는 어느 정도로 존재하실까? 성경 해석은 일반 은총의 역사일까? 주목할 점은 이러한 모든 해석학적 물음이 또한 고유하게 신학적인 물음이기도 하다는 사실이다.

둘째로, 우리는 어떻게 이해의 영을 인식할 수 있을까? 최소한 나는 그와 같은 중요한 질문에 대해 한 가지 답변을 대략적으로라도 제공해야 한다. 우리는 예수—로고스—가 육체로 오셨음을 고백하는 자들 가운데 성령이 계심을 인식한다. 마찬가지로, 우리는 문자적 의미—그 명령들, 약속들, 경고들, 내러티브들—에 해석학적으로 그리고 기독교적으로 적합하게 반응하는 사람들 가운데 이해의 성령이 계심을 인식한다. 간단히 말해서, 우리는 '따르는' 자들 가운데, 즉 그 말씀을 듣고 행하는 자들 안에 이해의 영이 계심을 인정한다. "성령의 권위 아래 살아갈 사람들은 성령의 교과서로서 그 말씀 앞에 경배해야 한다.…성경의 권위 아래 살아갈 사람들은 그 해석자로서 성령을 찾아야 한다."[102]

---

100) J. I. Packer, *Keep in Step with the Spirit* (Leicester, U. K.: Inter-Varsity Press, 1984), p 239.
101) Hendry, *Holy Spirit in Christian Theology*, chap. 5.
102) Packer, *Keep in Step*, p, 240.

해석학의 귀향

만일 해석학이 기독교로 복귀한다면, 이 일은 실로 즐거워해야 할 이유가 될 것이다. 그래서 나는 이 탕자의 귀향을 예상하면서, 만찬의 이미지로 결론을 내리고자 한다. 우리는 말씀을 성령과 연결할 뿐만 아니라 성례와도 연결해야 한다. 그리스도의 살을 먹는 일은 부활절의 축제가 사순절의 금식에 이어진다는 사실을 기억하게 해주는 생생한 상기물이다. 그리스도인들은 이 축제를 카니발의 정신 가운데서가 아니라, 그리스도와 그리고 서로 함께 어울림(communion)의 정신 가운데서 치러야 한다. 마찬가지로 우리는 해석의 축제를 축하할 수 있다. 오순절의 성령은 소통을 왜곡하는 문화적이며 이데올로기적인 편향성들을 극복하여 언어를 함께 어울림(communion)의 매개체로 회복시킨다. 이해의 성령 덕분에, 텍스트의 글자는 살아나게 하며 자양분을 공급하는 임재가 된다. 우리는 이해의 첫 열매들을 누릴 뿐만 아니라 우리가 이해 받은 것처럼 이해하게 될 그 날을 기대한다. 해석자이신 성령이여, 오시옵소서(*Veni spiritus interpres*)!

8장 우물가의 독자

요한복음 4장에 대한 반응

하나님과 성경을 다루는 데 바쳐진 책에서, 신약 연구에서의 독자의 문제를 다루는 장(章)은 언뜻 보기에 상당히 부적절한 것처럼 보일 수 있을 것이다. 그러나 오늘날 많은 사람이 신학은 독자—독자의 사회적 위치, 성별(gender) 및 정치—와 더불어 시작된다고 주장한다. 역사 비평, 구조주의, 페미니즘 등의 특정한 방법을 선택하고 특정한 텍스트들에 대해 그 방법을 적용하는 자가 독자인 한, 성경 해석에 대한 어떠한 접근 방법에서도 독자는 현저하게 두드러질 수밖에 없는 것이 아닐까? 바로 성경 해석의 시작부터 그랬다. "독자는 언제나 너희와 함께 있으리라."

그러나 독자는, 최근 들어서 문학 이론과 성경 해석에 대한 논의의 전면에 등장하게 되었다. 실로 어떤 비평가들은 독자 해방 운동에 대해 말하기도 한다. 지금까지 독자가 자유롭게 행할 수 없었던 것이 무엇인가? "의미를 만들어내는 일"이라고 답하는 문학이론가들이 점점 많아진다. 읽기는 단순히 받아들이는 것이 아니라 생산이기도 하다. 독자는 의미를 발견만 하지 않고 창조하기도 한다. 아무리 최선을 다할지라도, 읽는 독자들이 없다면, 의미라는 것은 존재할 수가 없다. 텍스트 안에 있는 것은 의미의 잠재력을 지닌 것일 뿐이다. 의미는 텍스트가 생성되는 순간 저자에 의해 실현되는 것이 아니라 텍스트가 수용되는 순간 독자에 의해 실현되는 것이라고 말한다.

우리가 텍스트를 우물에 비유한다면, 의미는 무엇에 비유할 수 있을까? 우물 속에 있는 물에 비유할 것인가, 그 물이 길어지는 방식들에 비유할 것인가, 아니면 그 물을 길어서 마시는 것에 비유할 것인가? 이 장에서, 나는 독자의 '반응'에 특권적 역할을 부여하는 해석에 대한 현대의 여러 가지 접근 방법을 검토할 것이다. 먼저 나는 독자가 새로 얻게 된 명성과 자유에 대한 문학적인 이유와 철학적인 이유들을 검토하고자 한다.

읽기에는 이론이 실려 있다: 철학적 설명

독자반응 비평에 대한 철학적 뿌리들은 궁극적으로 임마누엘 칸트(Immnanuel Kant)의 "코페르니쿠스적 혁명"(Copernican revolution)으로 소급된다. 데카르트(Descartes)가 인식을 "정신"(mind)이 어떤 "대상물"을 파악하는 일의 맥락에서 정의했던 반면에, 칸트는 인식자가 인식의 대상에 무엇인가를 기여한다고 주장했다. 정신은 단순히 거울처럼 비추지 않고 자체의 개념들을 가지고 외부에 있는 지각(sensations)을 처리하면서 그 대상물을 구성한다. 코페르니쿠스가 태양이 지구 주위를 도는 것이 아니라 지구가 태양 주위를 돈다고 말했듯이, 칸트는 정신이 세계에 대응하는 것이 아니라 세계가 정신에 대응한다고 주장했다. 정신은 인식의 구성에 활발하게 참여한다. 이것이—궁극적 실재에 대한 참된 기술—유일하게 정확한 개념적 해석—을 추구하는 형이상학에 대한, 칸트의 비판의 핵심이었다. 그러나 칸트가 모든 인간이 세계를 동일한 세트의 범주들을 가지고 해석한다고 믿었던 반면에, 오늘날 많은 철학자는 절대적인 진리 혹은 세계에 대한 하나님의 관점을 낳는 단 하나의 개념적인 틀이란 결코 존재하지 않는다고 주장한다. 세계라는 우물에서 우리가 길어 내는 것은 사용하는 두레박의 유형에 달려 있다는 것이다.

이 점은 문학 해석의 경우와 딱 들어맞는다. 우리는 텍스트를 있는 그대로 인지하지 않고 인간의 정신에 의해 이해되고 구성된 텍스트만을 인지한다는 것이다. 문학 이론가들은 칸트의 비판을 의미의 '형이상학'에 겨냥했다. 해석학적 실재론—읽는 행위에 선행하여 존재하며, 읽는 행위가 맞추어 부응해야 하는 무엇인가가 존재한다는 생각—은 점차 변호하기 어렵게 되고 있다. 과학 철학자인 토머스 쿤(Thomas Kuhn)은 모든 관찰이 특정한 학설에 준거한 것이라고 주장한다. 과학자는 누구나, 그 연구 조사가 특정한 '패러다임'이나 해석의 틀에 의해 방향이 설정되는 이러 저러한 공동체에 속해 있다. 쿤이 볼 때, 특정한 공동체 내부라는 과학자의 정황은 질문되는 물음들의 종류에 영향을 준다.[1] 해석학적 반실재론자는 텍스트를 처리하여 의미를 낳는, 동일하게 타당한 해석 범주의 많은 세트가 있다고 주장한다. 만일 모든 읽기가 역사적으로 조건 지워져 있으며 특정한 학설에 준거한 것이라면, 어떠한 읽기도 객관적이지 않게 되며 독자는 거의 자동적으로 해석의 결정적인 요인이 된다.

비평의 세 시대: 문학적 설명

물론 그것이 언제나 그런 것은 아니었다. 문학 비평은 이러한 철학적이며 과학적인 혁명들의 의의를 단지 서서히 인식하게 되었다. 그 성향이 칸트적이라기보다는 좀더 데카르트적인 전통적인 독자는 해석의 객관성이 가능하다고 믿었다. 데이비드 클라인스(David J. A. Clines)는 데카르트적 사고의 종말이 이제 겨우 성경 연구 분야에서 느껴지기 시작할 뿐이라고 언급한다. "대부분의 활동적인 학자들은 아직도 여전히 객관적으로 규정된 의미들을 추구하는 것처럼 글을 쓰는 것 같다."[2] 훌륭한 읽기 행위가 부응해야 했던, [독자의] 정신과 별개인 혹은 독자와 별개인 그것은 무엇이었는가? 종교개혁 이래로 대부분의 성경 주석가는 그것이 바로 저자의 의도라는 견해를 견지했다. 텍스트의 의미를 결정짓는 요소와 해석자의 탐구 대상으로 간주되었던 것은, 이러한 역사적 정황 가운데서 이러저러한 언어적 연결을 가지고 저 의미가 아닌 이 의미를 뜻하고자 했던 저자의 의지였다. 간단히 말해서, 규정적인 텍스트의 의미—즉, 뿌리내려져서 고정된 의미—는 저자가 행한 활동의 한 기능이었다. 따라서 비평의 이 '첫 시대'는 저자에게 속했다.

---

1) Thomas S. Kuhn, *The Structure of Scientific Revolutions* (Chicago: University of Chicago Press, 1970).
2) David J. A. Clines, "Possibilities and Priorities of Biblical Interpretation: An International Perspective", *Biblical Interpretation* 1 (1993):75.

칸트의 코페르니쿠스적 혁명은 이 탐구를 복잡하게 만들었다. 인간이 역사적인 존재라는 뒤이어진 깨달음도 한 몫 거들었다. 독자로서 우리는 시간상 그리고 우리의 알 수 있는 인식 능력상 저자로부터 멀리 떨어져 있다. 그리고 독자와 저자 사이에는 세 번째 요소가 자리잡고 있는데, 그것은 바로 언어다.

이러한 세 가지 요소—정신, 시간, 언어—는 많은 사람에게 통과할 수 없는 막을 형성한다. 그러나 그 막은 독자들이 생각하기에 저자(와 그의 의도)가 어떠하리라고 생각하는 바에 대한 자신들의 이미지나 구성물을 '투영'한 막이다. 롤랑 바르트에 따르면, '저자'는 안정적인 의미와 규정적인 의미에 대한 환영(幻影)을 제공하는 편리한 허구(convenient fiction)다. 롤랑 바르트가 볼 때, 저자는 텍스트가 존재하도록 야기하는 힘이 아니라 그 텍스트의 **효과**에 해당한다.

그러나 가공의 저자는 전혀 저자일 수가 없다. 그래서 롤랑 바르트는 저자가 "죽었다"라고 선언한다. 이것은 예전에 했던, 하나님의 죽음에 대한 니체의 선언을 반영하는 말이다. 실로 그 두 개의 죽음은, 그것들이 반실재론적(反實在論的) 주제의 변형들인 한, 상호 연관되어 있다. 포이어바흐는 '하나님'이 단순히 인간의 생각의 투영일 뿐이라고 주장했다. 마찬가지로, 롤랑 바르트는 '저자의 의도'는 읽는 행위의 투영이라고 주장한다. 이러한 반실재론이 함축하는 바를 가장 명확하게 보았던 사람은 바로 니체였다. 만일 우리가 실재의 본성을 발견할 수 없다면, 그것을 고안해 내야 한다는 것이다. 롤랑 바르트는 이에 동의한다. "일단 저자가 제거되면, 텍스트를 해독한다는 주장은 아주 공허한 것이 되어 버린다.…독자의 탄생은 저자의 죽음을 대가로 해서 존재하는 것임에 틀림없다."[3]

저자의 소멸 이후에 현재 해석의 기준으로 기능하는 것은 무엇일까? 의미는 실재로 텍스트 '안에' 어떤 식으로든 존재하는 것일까? 읽는 자에게 책임을 부여할 수 있는 어떤 것이 읽는 과정과는 별개로 존재하는 것일까? 진리는 그 우물의 밑바닥에 놓여 있을까, 아니면 결국 다 해석일 뿐일까? 저자가

---

3) Roland Barthes, "Death of the Author." in *The Rustle of Language* (New York: Hill & Wang, 1986), pp. 53-55.

사라진 다음에 해석들이 좋은지 나쁜지를 판단할 수 있는 길이 아직 남아 있기는 한 것일까? 아니면, 도스토예프스키의 말을 풀어서 쓰자면, 만일 대저자가 전혀 계시지 않다면, (해석에 있어서) 모든 것이 허용되는 것일까? 1940년대의 신비평에서 시작하여 1960년대의 구조주의를 통해, 문학 비평가들은 그 저자로부터 자율적인 어떤 실체로 간주되는, 텍스트에만 근거한 규정적인 의미를 찾을 수 있는 원리를 발견하려고 계속 시도해 왔다. 그러나 1960년대 이래로, 텍스트를 해독하고 활용함에 있어서의 독자의 역할에 초점이 맞추어졌다. 1970년대에 한스 로베르트 야우스(Hans Robert Jauss)는 문예사가들(literary historians)이 자신의 눈길을 저자들과 그들의 작품에서 독자와 그 독자가 텍스트에 대해 가지는 기대들과 이해관계들을 연구하는 데로 돌려야 한다고 주장했다. 우리는 텍스트를 있는 그대로 연구할 수 없고, 오직 독자들이 그 텍스트를 어떻게 받아들였는지에 대한 역사만 연구할 수 있다.[4] 어쨌든지, 만일 의미가 텍스트들 '안에' 있는 것이 아니라면, 읽는 행위는 마치 "메마른 우물에 두레박을 내리는 것"과 마찬가지다[18세기 영국의 수필가 윌리엄 쿠퍼(William Cowper)가 했던 유명한 말]. 이 생각과 더불어서, 칸트의 코페르니쿠스적 혁명은 완수되었다.

독자의 역할은 무엇인가?

독자와 읽기: 몇 가지 전제. 철학적 발전은 독자의 탄생에 산파 역할을 했다. 정확히 무엇이 태어났는가? 읽는 자들은 왜 읽는가? 그리고 읽는 자들은 페이지의 왼쪽에서 오른쪽으로 그들의 눈을 움직이는 일을 넘어서서 무슨 일을 하는가? 전통적인 답변은 우리가 이해하기 위해—저자의 의미를 파악하기 위해—읽는다는 것이다. 반면에, 독자반응 비평은 의미를 텍스트가 독자들에 의해 받아들여지는 방식들에 연결한다. 의미는 단순히 재생산(reproduce)되는 것이 아니라 생산(produce)되는 것이다.

독자의 지위: 누가? 언제? 어디서? 독자는 초연한 데카르트적 정신도 아니고 빈 백지도 아니다. 전제들이 없는 주해는 불가능하다고 주장함으로써 독

---

[4] Hans Robert Jauss, "Literary History as a Challenge to Literary Theory", *New Literary History* 2 (1970): 7-37.

자의 '자리'의 중요성에 대해 신약 성경 해석자들을 맨 처음으로 일깨웠던 사람은 다름 아닌 루돌프 불트만이었다.[5] 불트만이 볼 때, 독자들이 가지는 가장 긴박한 물음은 자신의 시간적 실존성과 그 의미다. 독자의 존재론적 정황이 결정적인 정황이라는 불트만의 주장은 받아들여지지 않았으나, 더욱 지속적인 의의를 지닌다고 입증된 것은 독자의 '지평', 즉 신약 성경 텍스트 안에서 독자가 찾고자 하며 찾아내는 것에 영향을 주는 일련의 이해관계와 기대들에 대한 그의 생각이었다. 한스 게오르그 가다머(Hans-Georg Gadamer)는 이해의 과정을 텍스트와 독자 사이의 조우로 본다. 그 만남을 그는 두 지평의 "융합"(fusion)이라고 기술한다.[6]

전통적인 저자 중심적 견해에서, 이해는 저자가 점유하는 똑같은 자리와 똑같은 관점을 지니는 것을 의미했다. 객관적인 이해는 해석자에게 자신의 편견들을 뒤로 버릴 것을 요구했다. 그러나 저자의 죽음은 해석을 탈규제화해 준다. 독자들은 더 이상 자신의 자리에 대해서든지, 자신의 관심사들에 대해서든지 사과할 필요가 없다. 실로, 존 바튼과 로버트 모건(Robert Morgan)에 따르면, 텍스트는 아무런 목적이나 관심사를 갖지 않는다.[7] 독자들이 텍스트를 가지고 반드시 행해야 할 것이란 단 한 가지도 없다. 독자들은 자신의 입장과 정황에 따라 온갖 관심사를 갖게 될 것이다. 어떤 독자들은 한 텍스트의 형식적 구조에 대한 관심을 보여 줄 것이며, 다른 독자들은 현대의 사회적 질문들에 비추어서 그 텍스트의 연관성에 관심을 보일 것이다. 그러므로 이 견해에서 가장 중요한 해석의 정황은 그 텍스트의 애초의 역사적 정황이 아니라 독자의 현재 정황이다. 치우치지 않는 읽기라는 전통적인 목표는 '관심사를 가진' 읽기들에 자리를 내주게 되었다. 독자의 탄생은 현재 넘쳐나는 해석 학파들의 존재(페미니스트, 마르크스주의, 프로이드주의, 해방 등)를 설명해 준다. 이 각각의 학파는 주도적인 관심으로부터 비롯된 학파들이다. 독자가 서 있는 자리는, 해석의 장애로 여겨지기는커녕, 오늘날에는 해석의 거

---

5) Rudolf Bultmann, "Is Exegesis Without Presupposition possible?" in *Existence and Faith*, ed. Schubert M. Ogden (New York: Living Age, 1960), pp. 289-296.
6) Hans-Georg Gadamer, *Truth and Method* (New York: Seabury, 1975), pp. 269-274.
7) Robert Morgan and John Barton, *Biblical Interpretation* (New York: Oxford University Press, 1988), p. 7.

룩한 땅이 되었다.

의미의 비결정성. 만일 독자의 자리가 그가 텍스트에서 이끌어내는 것을 결정한다면, 의미는 비결정적인 것이다. 그러나 우리는 의미의 비결정성을 두 가지 다른 방향으로 이해할 수 있다. 어떤 독자반응 비평가들은 텍스트 안에 독자에 의해 채워지기를 요청하는 어떤 '빈틈들'이 있다고 지적한다. 이 견해에서는 비결정성은, 독자가 저자의 지침들과 텍스트의 암시들을 따라감으로써 완성하는 미완의 의미를 가리킨다. 비결정성은 또한 좀더 급진적인 의미를 가지고 있다. 이에 따르면, 독자는 텍스트를 가지고 무엇을 만들어 낼 것인지를 결정한다. 이 견해에서는 텍스트들은 고정된 '의미'를 소유하지 않는다. 읽기는 대단히 특정 학설에 준거한 것이어서, 우리가 텍스트들 가운데서 발견했다고 주장하고 그렇게 해서 그것을 '의미'라고 부름으로써 격상시키는 것은, 사실 어떤 식으론가 읽는 방식의 결과다.

제프리 스타우트(Jeffrey Stout)는 우리가 의미라는 용어를 아예 없애 버리고, 독자들이 텍스트를 가지고 행하고 싶어 하는 것에 대해 말하자고 제안한다. 어떤 독자들은 저자의 의도를 재구성하려고 노력하며, 다른 독자들은 다른 관심사를 가지고 있음이 사실이다. 스타우트는 어째서 우리가 첫 번째 그룹의 사람들이 가지고 있는 관심을 텍스트의 '의미'와 동일시해야 하는지 묻는다. 어떤 해석의 '좋음'은 그 해석자의 목적과 관심사에 의존한다. 그러므로 해석의 목적에 대해 말하는 일이 실질적인 의미에 대해 말하는 일을 대신한다. 독자의 관심사들이 해석의 과정을 밀고 나간다. 그러므로 텍스트는 독자들이 자신이 원하는 것을 길어 올릴 수 있는, 소원을 성취해 주는 우물의 성격을 지닌다. 스타우트는 해석학에서 칸트의 도덕 명령과 동일하다고 말할 수 있는 유일한 의무 혹은 유일한 규칙이 모든 읽기를 지배해야 한다는 생각을 배격한다. 어떤 읽기를 '좋게' 만드는 것은 전혀 존재하지 않는다. 그와 반대로 '좋은 논평이란, 무엇이든 우리의 관심사와 목적에 기여하는 것이다."[8] 데이비드 클라인스는 독자의 정황의 중요성을 지적하면서 이에 동의한다. "우리가 누구든지 혹은 우리가 어디에 서게 되었든지 상관없이, 우리 모두가 발견하기 위해 노력해야 하는 하나의 진정한 의미란 결코 존재하지

---

8) Jeffrey Stout, "What Is the Meaning of a Text?" *New Literary History* 14 (1982): 6.

않는다."⁹⁾ 그러나 객관성의 신화는 결코 쉽게 사라지지 않는다. 스티븐 무어(Stephen Moore)는 현재 성경 해석자들이 직면한 도전을 이렇게 진술한다. "오늘날 비신화화하는 일이 필요한 것은 우리의 성경 텍스트가 아니라 그 텍스트를 읽는 우리의 방식이다."¹⁰⁾

해석의 성격: 독자 반응의 두 유형. 제3비평 시대에서의 현재의 논란의 중심에는 읽기에 규범적인 목적들이 존재하는가 하는 물음이 자리잡고 있다. 만일 스타우트가 주장하듯 아무런 규범도 없다면, 잘못된 해석과 같은 것이 과연 있을 수 있느냐 하는 질문이 따라 나오게 되지 않겠는가? 독자반응 비평가들은 현재 그러한 물음들에 대해 어떻게 대응하느냐를 놓고 양분되어 있다. 움베르토 에코는 미리 정해져 있으며 계산된 반응을 환기시키는 '닫힌' 텍스트와 의미 생산에 독자의 참여를 초대하는 '열린' 텍스트를 구분한다.¹¹⁾ 현대 신약 성경 해석에서 독자의 역할을 이해하기 위해서는, 그와 비슷하게, 어떤 의미에서 이미 '자리잡고' 있는 의미를 **재생산**하려고 시도하는 읽기와 책으로부터 의미를 **생산**해 내려고 시도하는 읽기를 구분해야 한다.

초기의 독자반응 비평가들은 '보수적인' 경향을 띠고 있어서, 의미를 만들어 내는 과정에서의 독자의 역할을 인정하면서도 텍스트의 역학들(dynamics)과 방향들―텍스트 자체의 수사학적 전략들이 의미의 생산에 독자가 참여하게 초대하는 다양한 방식―에 초점을 맞추었다. 일찍이 1920년대에, 리처즈(I. A. Richards)의 「문예 비평의 원리들」(*Principles of Literary Criticism*)은 감정을 불러일으키고 독자들에게 영향을 주는 시문(詩文)의 힘을 강조했다. 이 견해에서의 강조점은 텍스트가 독자에게 이러한 영향들을 유도하고 초래하는 수사학적 메커니즘을 밝혀내는 데 있다. 여전히 '이해'가 해석 과정의 목적이다. 물론 그 목적에 이르는 수단은 능동적인 독자 참여를 내포하지만 말이다. 이 견해에서, 읽기는 본질적으로 **순종적** 활동이다. 그 목적은 저자와 텍스트가 독자를 조종하여, 그 독자가 점차적으로 그 텍스트의

---

9) Clines, "Possibilities and Priorities", p. 78.
10) Stephen D. Moore, *Literary Criticism and the Gospels* (New Haven, Conn.: Yale University Press, 1989), p. 66.
11) Umberto Eco, *The Role of the Reader: Explorations in the Semantics of Texts* (Bloomington: Indiana University Press, 1979).

이데올로기(세계관)를 경험하고 채택하게 만드는 것이다. 다시금, 강조점은 정확히 이해에, 텍스트가 지닌 이데올로기의 발견과 포용에 있다.

반면에, '급진적인' 독자반응 비평가들은 텍스트의 이데올로기가 아니라 독자의 이데올로기 혹은 독자의 자리를 특권화한다. 텍스트는 독자가 자신의 관심사와 계획을 추구할 기회가 된다. 그러한 독자들은 반응하는 일 이상을 한다. 그들은 반작용을 한다. 반작용을 하는 독자들은 자신이 지닌 각각의 대의명분과 관점을 위해서 로비를 벌인다. 텍스트 안 '그 곳'에는 실질적으로 아무 것도 존재하지 않기 때문에, 독자들은 자신의 어떤 제도적 권위―국가나, 교회나 학파―의 이해관계를 반영한다고 주장하면서 전통적인 해석들을 무위화하려고 시도한다.

어떤 경우 텍스트 그 자체가 어떤 환영받지 못하는 이데올로기(예를 들면, 가부장제도)를 드러낼 때, 반작용을 하는 독자들은 텍스트를 거슬러 읽어야 한다. 독에 오염된 우물들은 정치적으로 정화되어야 하는 것이다. 다른 경우에, 반작용적 읽기는 텍스트에 대한 해석의 역사를 거슬러 진행된다. 여기에서 우리는 그러한 것이 텍스트에 대한 독자의 수용이 아니라 독자의 배격이라고 말할 수 있을 것이다. 그리고 아무런 변명 없이 자신의 이데올로기를 텍스트의 이데올로기에 강제로 부과하는 '고집 센' 독자들이라고 말할 수 있을 것이다. 그들은 텍스트의 '이해'(understanding)보다는 '군림'(overstanding)―자신들의 목적과 이해득실과 물음을 추구하는 것―에 더 관심을 기울인다. 여기에서 문학 비평은 텍스트와 그 이데올로기를 넘어서서 그 텍스트에 대한 노골적인 비판으로 진행해 간다.

성경이 읽히는 수많은 정황이 늘어나는 상황에서, 해석자는 무엇을 해야 하는가? 데이비드 클라인스는 '해석의 시장철학'을 제시한다. 다원주의적 지식 시장을 인정하면서, 클라인스는 해석자들이 "그들이 팔 수 있는 해석을 생산하는 데 힘써야" 한다고 믿는다.[12] 절대적인 의미가 부재한 상황에서, 해석자는 아직도 **매력적인** 읽기를 생산하길 바랄 수 있다는 것이다.

이데올로기적으로 분열되었으며 시장이 지배하는 현재 문학 이론의 상황으로 미루어 볼 때, 해석의 윤리라는 쟁점이 전면에 등장하게 되었다는 사실

---

12) Clines, "Possibilities and Priorities", p. 80.

은 전혀 놀랍지가 않다. 저자에 대한 반실재론(antirealism)과 해석상의 상대주의에 뒤이어서, 독자의 이해관계들이 해석을 결정짓는 요소가 되었다. 순수한 읽기(innocent reading)란 존재하지 않는다. 오히려 모든 읽기는 이해관계에 물들어 있다. 그리고 이 이해관계들이 기득권적인 한, 모든 읽기는 이데올로기적이다. 우리가 해석의 목적을 선택하는 일은 궁극적으로 정치적인 결정이다. 만일 '이해관계를 초월한'(disinterested) 읽기 같은 것이 전혀 불가능하다면, 달리 어찌 할 수 있겠는가?

의미 만들기: 그 절차들. 독자반응 비평가들은 전혀 다른 두 가지 방식으로 의미를 '만든다.'

보수적 독자반응: 존중하는 독자. 볼프강 이저(Wolfgang Iser)에 따르면, 텍스트는 독자가 완결해 주기를 요청하는 그 '빈틈들'과 비결정적인 면들을 지닌 미완의 대상물이다. 예를 들어, 마가복음의 끝 부분에서(막 16:8), 그 여인들의 침묵에 우리는 어떤 의미를 '부여'해야 하는가? 오직 읽는 '행위'만이 패턴들을 만들고 의미를 실현한다. 읽기는 빈 칸들을 채우고 연결하는 과정이다. 이저는 두 독자와 "똑같은 별의 운집을 바라보면서도 한 사람은 쟁기의 이미지를 보고, 다른 한 사람은 국자의 모양을 발견해 내는" 별들을 바라보는 두 사람 사이의 유비를 하나 이끌어 낸다. "…하나의 문학 텍스트에서 그 '별들'은 고정되어 있으나, 그 별들을 서로 연결해 주는 행(line)들은 가변적이다."[13]

그러나 이저가 독자에게 독자의 눈에 적합해 보이는 대로 점들을 서로 연결할 권리를 주기 원하는지, 아니면 그가 텍스트를 독자의 실현을 위한 지침을 제공하는 것으로 여기는지는 많은 사람이 볼 때 불분명하다. 이저를 비판하는 학자들에 따르면, 이저가 태어나게 하는 그 독자는 발달되지 않았다. 비록 이저가 독자의 반응을 연구하긴 하지만, 그는 이 반응을 텍스트의 한 효과로 바라본다. 내재적 독자(implied reader)는 "한 문학 작품이 그 효과를 발휘하는 데 필수적인 모든 소인(predisposition)을 구현한다."[14] 그러므로 내

---

13) Wolfgang Iser, *The Implied Reader: Patterns of Communication in Prose Fiction from Bunyan to Beckett* (Baltimore: Johns Hopkins University Press, 1974), p. 282.

14) Wolfgang Iser, *The Act of Reading: A Theory of Aesthetic Response* (Baltimore: Johns Hopkins University Press, 1978), p. 34.

재적 독자는 그 텍스트의 한 효과일 뿐만 아니라 불변하는 텍스트의 속성(property)이다. 따라서 실재 독자들은 능동적이지만, 그들의 활동은 그 텍스트에 미리 새겨진 지시된 역할을 수행하는 데 제한된다. 그래서 베르너 진론드(Werner Jeanrond)가 이저의 "읽는 행위"는 "텍스트의 노예"가 될 수 있다고 염려할 정도다.[15]

폴 리쾨르는 독자가 텍스트의 의미를 '실현하는 일'의 중요성을 강조한다. 해석은, 만일 그 텍스트가 단지 '설명되는' 것에 지나지 않는다면, 하다 말은 해석이 되어 버린다고 그는 믿는다. 기록된 담론으로서의 텍스트는 독자들에 의해 전유되거나 적용되기까지는 아직 성취된 것이 아니다. 담론('어떤 사람이 무엇인가에 관해 누군가에게 뭔가를 말하는 것')은 수신자가 없이는 미완성이다. 리쾨르에 따르면, 독자가 받아들이는 것은 저자의 의도가 아니라 "그 텍스트의 세계", 즉 제안된 세계-에서의-존재 방식(a proposed way of being-in-the-world)이다. 읽는 행위는 텍스트의 세계가 독자의 세계와 서로 교차하는 과정이다. 해석은 그 '세계'가 말을 통해 전유될 경우에만 성취된다. 그러므로 읽는 행위는 세계들의 전쟁이다. "무엇보다 읽는 일은 텍스트와의 씨름이다."[16]

텍스트는 독자에 의해 재활성화되기 전까지는 불활성적이다. 리쾨르가 말하듯, "읽기는 마치 음악의 악보를 연주하는 것과 같은 것이다. 읽기는 텍스트의 의미론적 가능성들의 실현이자 실행이다."[17] 음악에 대한 유비는 적절한 것이다. 음악가들이 악보를 연주하듯이, 독자들은 텍스트를 실연(實演)한다. 해석들은 텍스트의 제안들과 그 독자의 반응들 사이의 서로 다른 상호작용들의 결과이기 때문에 서로 다르다. 한 가지 해석이나 실연이 어떤 텍스트의 해석 가능성을 모두 망라할 수는 없다.

그렇다면, 우리가 텍스트의 '끝없는 세계들'에 대해 말해야 한단 말일까? 읽기는 임의적인 것일까? 그에 답하면서, 리쾨르는 텍스트의 개방성과 마찬

---

15) Werner G. Jeanrond, *Text and Interpretation as Categories of Theological Thinking* (New York: Crossroad, 1988), p. 110.
16) Paul Ricoeur, "World of the Text, World of the Reader." in *A Ricoeur Reader: Reflection and Imagination*, ed. Mario J. Valdes (New York: Harvester Wheatsheaf, 1991), p. 494.
17) Paul Ricoeur, *Hermeneutics and the Human Sciences*, ed. John B. Thompson (Cambridge: Cambridge University Press, 1981), p. 159.

가지로 해석에 대해 텍스트가 행하는 억제들의 중요성을 확인한다. 읽기란, 각 텍스트가 정확한 단 한 가지 해석을 가진다는 믿음과 그 텍스트에 우리 자신을 투영하는 일 사이에서 균형을 잡는 행위다. "아마도 우리는 하나의 텍스트가 해석의 유한한 공간이라고 말해야 할 것이다. 단 한 가지 해석만 있는 것은 아니지만, 반면에 그렇다고 해서 무수한 해석이 있는 것도 아니다."[18]

리쾨르는 궁극적으로 독자의 세계에 대해 텍스트의 세계를 특권화한다. 그는 텍스트를 해석하는 데 있어서, 독자는 자신을 '읽는다'는 마르셀 프루스트(Marcel Proust)의 말에 동의한다. 즉, 리쾨르가 볼 때 텍스트는 새로운 빛 가운데서 우리 자신을 이해하게 되는 계기다. 독자는 능동적이다. 그러나 독자의 활동은 텍스트를 받아들이는 일을 향한다. 텍스트의 세계를 전유하는 과정에서, 독자는 그 자신의 자기 이해를 (최소한 잠시 동안만이라도) 포기한다. 읽기는 독자를 새로운 세계에 드러내며, 그렇게 함으로써 독자에게 자신에 대한 의식(sense)을 확장시켜 준다. 전유는 텍스트를 자신의 것으로 삼는 것이 아니라 자신을 텍스트에 내어 놓는 일이다. 그러므로 해석이 인간을 '확장시켜 주는' 한, 리쾨르는 프란시스 베이컨(Francis Bacon)과 마찬가지로 "읽기는 온전한 사람을 만들어준다"라고 말할 수 있을 것이다.

급진적 독자반응: 저항하는 독자. 급진적인 독자반응 비평가들은 권위적이며, 배타적이며, 절대주의적인 것처럼 내세우는 텍스트상이나 해석상의 어떠한 주장에 대해서도 저항한다. 그들은 텍스트의 '의미'를 확정하려는 모든 시도를 독자에 대한 권위주의적인 지배를 가하려는 은밀한 시도라고 본다. 이론적으로 '정확하다'고 주장하는 해석은 정치적으로 올바르지 못한 것으로 판단된다. 규정적인 의미는 독자의 자유를 위협한다. 독자의 저항에는 두 가지 주요 형태가 있다. 하나는 후기구조주의적 저항이며, 다른 하나는 신실용주의적 저항이다.

롤랑 바르트는 독자를 의무적인 의미 소비자보다는 유희하는 생산자에 비유한다. 해석은 어떤 텍스트의 단 하나뿐인 정확한 의미를 인식하는 것이 아니라 의미의 다양성을 인지하는 일이다. (의미를 소비하는) 소비자에게, 읽는 행위란 안전하고 편안한 활동으로서 텍스트를 "마치 의미들이 얹히고,

---

18) Ricoeur, "World of the Text", p. 496.

쌓이고, 안전하게 보호되는 컵 받침과 같이" 취급한다.[19] 반면에, 창의적 읽기는 해석의 경제에 생산적으로 기여한다.

'함께 글을 쓰게 만드는 텍스트들'(writerly texts)은 다양한 해독이 가능한 복합 기호 체계들 — 언어적인 미로들 — 로서의 자체의 위상에 초점을 맞춰 달라고 요구하는 작품들이다. 텍스트는 "여러 글이 결합되고 경합하는 다차원적인 공간으로, 그 글들 중 어느 것도 독창적이지가 않다. 텍스트는 문화 가운데 있는 수천 가지 원천에서 비롯된 인용들의 짜깁기다."[20] 실로 롤랑 바르트가 볼 때, 텍스트의 즐거움은 꾸불꾸불한(serpentine) 길들로 이루어진다. 텍스트의 코드들은 그 텍스트가 고찰될 수 있는 많은 층위를 발생시킨다. 롤랑 바르트가 볼 때, 해석 과정을 완수하거나 종결짓는 일의 불가능성은 전혀 실망할 이유가 못 된다. 반대로, 그러한 텍스트들은 독자가 자신을 잃는 스릴을 가져다주는 한 그리고 다른 어떤 곳에서 자신을 발견할 수 있는 가능성을 제공해 주는 한, 짜릿한 쾌락(ecstatic bliss)을 낳는다[writerly text 및 readerly text는 롤랑 바르트가 자신의 책 S/Z(1970)에서 사용한 용어로서, 주로 writerly text로 번역되는 *texte scriptible*은 단 하나의 '닫힌' 의미만을 갖지 않으며, 독자들로 하여금 각자가 그 텍스트의 편린들이나 모순되는 힌트들로부터 자신의 의미들을 생산하도록 만드는 텍스트(예를 들면, 모더니즘이나 포스트모더니즘의 난해한 작품들)를 말한다. 이상적으로 말해서, writerly text는 도전적으로 열려 있어서, 독자에게 수동적인 소비자라기보다는 함께 글을 써 가는 공동 작가로서의 능동적인 역할을 제공한다. *lisible texte*(따라가면서 읽게 만드는 텍스트)는 주로 readerly나 readable text로 번역되는데, 독자 편에서 고정된 의미의 소비 외에는 다른 어떤 진정한 참여를 요구하지 않는 텍스트들(대개 사실주의 전통에서 쓰인 텍스트들)을 가리킨다. readerly texts는 난해하지 않고 친숙한 관례들과 기대들의 맥락에서 쉽게 이해될 수 있는 텍스트로, 따라서 의미가 '폐쇄된' 텍스트다. 롤랑 바르트가 볼 때, 이 두 종류의 텍스트를 나누는 중요한 단서가 바로 동요케 만들며 뒤흔드는 짜릿한 쾌락인 *jouissance*(ecstatic bliss)와 안정되고 편안한 순

---

19) Roland Barthes, S/Z (New York: Hill and Wang, 1974), pp. 200-201.
20) Barthes, "Death of the Author", p. 53.

응적 즐거움으로서의 *plaisir*다-역주)

롤랑 바르트는 (이전에는 텍스트의 '소유주'이자 해석에 대한 '권위'로 생각되었던) 저자의 죽음과 독자의 탄생 모두를 선언한다. 읽는 일은 의미의 생산이기 때문에 저자와 독자 사이의 계급적 구분은 모호하며 임의적인 것으로 드러난다. 저자는 단지 독자에게 다양한 읽기/의미를 요청하며, 그러한 읽기/의미를 가능하게 하는 복합적인 코드를 공급해 준다. 롤랑 바르트는 주저하지 않고 다음 결론을 이끌어낸다. 독자를 '저자의 의도'에 대한 예속으로부터 해방하려는 궁극적인 목적은 독자를 저자로 만드는 것이다. 논평 (commentary)은 '원래' 텍스트만큼이나 권위적이며 창의적인 것이 된다. "아인슈타인의 과학이 연구 대상물에 **준거점들의 상대성**(relativity of reference points)을 포함할 것을 우리에게 요구하듯이, 마르크스주의와 프로이드주의와 구조주의의 합쳐진 행위는 우리에게 문학에서 **기록하는 자**와 읽는 자와 관찰자(비평가)의 관계를 상대화할 것을 요구한다."[21]

현대의 여러 성경 비평 형태는 변명을 둘러대지 않으면서 거리낌없이 자신들의 이데올로기와 자신들의 소수적 당파성(minority)과 주변부적인 관심사를 개진한다. 이들 '활용자들'은 중립성이라는 겉치레는 다 내버리고 아무런 거리낌 없이 자신을 내세운다. 해석상의 신실용주의자의 철학적 성자라 할 수 있는 리처드 로티(Richard Rorty)는 텍스트에는 '본성들'은 없고 '용도들'만 있을 뿐이라고 주장한다. 어떠한 한 가지 용례도 '올바른' 읽기와 동일시되어서는 안 된다. '바르게 읽으려는' 시도 대신에, 신실용주의적 해석자는 그저 쓸모 있는 혹은 흥미진진한 읽기를 생산하고자 한다.

독자해방 운동이 해석적 무정부주의를 승인한다는 추론은 잘못일 것이다. 그러나 해석의 기준들은 어디에서 비롯되는 것일까? 해석적 권위의 자리는 어디일까? 스탠리 피쉬(Stanley Fish)는 권위가 "해석 공동체"에 속한다고 주장한다. 개개인의 모든 독자는 어떠한 식의 해석상의 관심사들과 절차들을 공유하는 어떤 공동체에 속한다. 그러므로 텍스트에서 독자가 발견하는 것은 자신이 속한 공동체의 기능이다. 그러므로 해석은 임의적이지는 않지만, 그렇다고 해서 의미가 텍스트 '안에' 존재한다는 '신화'에 의존하지도

---

21) Barthes, "From Work to Text." in *The Rustle of Language*, p. 57.

않는다. 의미는 오히려 읽는 텍스트에 독자가 가지고 가는 읽기 전략의 한 기능이다. 피쉬가 말하듯, "사실이 해석을 규제하는 것이 아니라 해석이 사실들을 규제한다. 그리고 또한 해석이 우리가 그 사실들에 대해 할애하는 의미의 종류들을 규제한다."[22] 독자를 규제하는 것은 정경이 아니라 공동체다.

롤랑 바르트와 피쉬 두 사람은 공히 각기 다른 방식으로 텍스트와 독자, 의미와 주해 사이의 전통적인 구별을 지워 버린다. 급진적인 독자반응 이론들과 더불어서, 칸트의 코페르니쿠스적 혁명은 그 신성화에 도달한다. 즉 독자들은 의미를 발견하는 것이 아니라 건설한다. 텍스트와 독자의 역할은 혁명적으로 바뀌었을 뿐만 아니라 역전되었다. "죽은 사람과 마찬가지로, 텍스트는 아무런 권리도, 목적도, 관심사도 없다. 텍스트는 독자들이나 해석자들이 어떠한 방식을 선택하든지 그 방식대로 사용될 수 있다."[23]

독자반응과 다른 접근 방식들과의 관계

역사 비평적 접근 방식들. 비평적인 독자들은 계몽주의 이래 실로 능동적이 되었다. 그들은 텍스트의 증거들에 대해 비판적인 평가를 가했으며, 텍스트들을 분해하고 좀 '정확한' 형태로 다시 접합했으며, 텍스트 배후에 놓인 역사와 텍스트 자체의 구성의 역사를 재건했다. 상당한 역사 비평주의를 받아들이는 독자는 이해관계에서 초연한 중립적이며, 객관적이며, 비정치적인 학자였다. 그것은 한 마디로 하나의 '신화'였다. 전제 없는 주해는 불가능하다는 불트만의 인정은 간단히 말해서 칸트의 인식론적 지진(地震)의 여진이었다. 독자로서 우리가 접근하는 모든 것은 다만 텍스트 현상이다. 역사적인 '누메논'(*noumenon*)—물자체(텍스트의 원래 상황 및 지시성)—은 손에 넣을 수 없다. 역사, 즉 우리가 말하는 역사는 언제나 해석된 것, 독자의 활동의 산물, 취사선택과 줄거리 파악(emplotment)의 산물이다.[24]

---

22) Stanley Fish, *Is There a Text in This Class? The Authority of Interpretative Communities* (Cambridge, Mass.: Harvard University Press, 1980), p. 293.
23) Morgan and Barton, *Biblical Interpretation*, p. 7.
24) 다음 두 사람이 그렇게 본다. Hayden White, *Metahistory* (Baltimore: Johns Hopkins University Press, 1974). 및 Ben Meyer, "The Challenge of Text and Reader to the Historical-Critical Method." in *The Bible and Its Readers*, ed. W. A. M. Beuken, Concilium (London: SCM Press/Philadelphia: Trinity, 1991), pp. 2-12.

문예 비평적 접근 방식들. 문예 비평적 접근 방식들에 대해서도 동일한 많은 점을 얘기할 수 있을 것이다. 텍스트에로의 회귀(텍스트의 저자나 텍스트가 서술하는 그 역사에로의 회귀가 아닌)는 아직은 읽는 주체에게로의 회귀가 아니다. 독자는 종종 배경에 물러나 있는 인물이다. 문예 비평 기술들은 텍스트의 관례들과 형식적 특징들 및 그 텍스트가 의미(sense)를 전달하는 과정들에 주목한다. 예를 들어, 성경 텍스트에 대한 구조주의적, 수사학적, 내러티브적 그리고 정경적 접근 방식들이 이에 해당할 것이다. 그러나 이러한 접근 방식들은 의미를 만들어 냄에 있어서의 독자의 역할을 계속해서 가려 버린다. 구조주의자들은 자신들의 접근 방식이 텍스트의 '과학'이라고 주장하면서 객관적 인식 모델을 활용한다.

이데올로기적 접근 방식들. 엘리자베스 쉬슬러 피오렌자(Elisabeth Schüssler Fiorenza)는 독자가 텍스트의 주도권들에 반응해야 할 뿐만 아니라 텍스트를 평가함에 있어서도 윤리적이어야 할 것을 주장한다.[25] 예를 들어, 마르크스주의나 '유물론적' 독자의 근본적인 목적은 텍스트와 그 텍스트의 생산 및 수용과 연결된 사회정치적 세력들 사이의 관계를 검토하는 것이다. 텍스트와 독자 모두 사회정치적 산물들로 여겨진다. 성경의 이야기들은 다양한 계급 혹은 집단의 갈등에 대해 무엇인가를 발견하겠다는 관심을 가지고 읽힌다. 똑같이 중요한 사실은 현대의 독자 또한 계급에 근거를 둔 경제적이며 정치적인 체계에 자리잡고 있다는 것이다. 독자들은 해방신학에 의해 해방되어야 할 첫 번째 대상이다. 제1세계 대학교들에 있는 학자들만이 성경의 '적절한' 의미를 발견할 수 있다는 가정은 분쇄되었다. 카를로스 메스터스(Carlos Mesters)가 볼 때, 가난과 압제의 경험은 성경 자체와 똑같이 하나의 '텍스트'로서 중요하다. 가난한 자의 입장은 그들에게 성경 메시지에 대한 특별한 통찰을 제공해 준다.[26] 독자의 정황은 텍스트의 정황만큼이나 똑같이 중요하다.

---

25) Elisabeth Schuessler Fiorenza, "The Ethics of Biblical Interpretation: Decentering Biblical Scholarship", *Journal of Biblical Literature* 107 (1988): 3-17.

26) Carlos Mesters, "The Use of the Bible in Christian Communities of the Common People." in *The Bible and Liberation: Political and Social Hermeneutics*, ed. Norman Gottwald (Maryknoll, N. Y.: Orbis, 1983), pp. 119-133.

이데올로기적 독자들은 텍스트가 자신의 해석 방법과 욕구에 순응하게 만들려는 노력을 기울인다. 읽는 행위는 권력의 한 형태다. 우리가 무엇을 읽느냐 뿐만 아니라 어떻게 읽느냐 하는 것은 궁극적으로 정치에 속하는 문제다. 만일 의미가 독자의 구성물이라면, 읽기들에 대한 불일치-해석들의 갈등-은 사실상 이데올로기들의 갈등이다. 그러나 만일 (피쉬가 말하듯) 읽기가 해석자들의 공동체의 시각에 있는 것이라면, '믿는' 공동체들 가운데서 일어나는 해석상의 논란들에 대해서는 무엇이 중재할 수 있겠는가?

해체적 접근 방식들. 해체는 해석의 한 방법이 아니라, 해석들을 **무위화하는** (undoing), 즉 읽기가 다양한 이데올로기적 세력의 기능임을 폭로하는 한 방법이다. 모든 개개의 텍스트 구조는 그 텍스트 자체를 무위화하려고 위협하는 요소들을 억압해야 한다. 가부장제는 여성들을 억압하며, 인종차별주의는 소수 인종들을 억압하며, 관례적인 도덕은 동성애자들을 억압한다. 해체비평의 요점은, 언어 자체가 그렇듯이, 모든 구조는 임의적이며 관례적이라는 것이다. 어떠한 구조 어떠한 의미도 '자연적'인 것은 없다. 프랭크 커모드 (Frank Kermode)는 선한 사마리아인의 비유와 관련해서, 다음과 같이 쓴다. "내가 읽는 방식이…내게는 자연스럽게 여겨진다. 그러나 그것은 단지 문화적이며 자의적인 생각의 습관을 보편적인 것처럼 인증하거나 주장하는 나의 방식일 뿐이다. 나의 읽기는 분명 교회 교부들에게는 '자연적'인 것처럼 여겨지지 않을 것이다."[27] 문화의 영역과 해석은 권력끼리 맞겨루는 인간의 구성물이다. 해체가 궁극적으로 해체하는 것은 해석에 집적된 권력이다.[28] 해체한다는 것은 텍스트를 문제 삼되, 텍스트가 그 독자에 의해 세워지고 짜여지는 방식을 문제 삼는 것이다.

해체적 읽기는 해석을 무위화함으로써 그리고 해석의 배후에 있는 논리가 아닌 수사(修辭)를 폭로함으로써, 읽는 자의 관심사들을 가차없이 폭로한다. 해체적 읽기는 독이 풀린 우물을 해독하며, 읽는 행위가 어떤 고착된 해석 가운데서 편히 잠들지 못하도록 계속 경계를 서려는 시도다. 왜냐하면, 많

---

27) Frank Kermode, *The Genesis of Secrecy: On the Interpretation of Narrative* (Cambridge, Mass.: Harvard University Press, 1979), p. 35.
28) David Jobling, "Writing the Wrongs of the World: The Deconstruction of the Biblical Text in the Context of Liberation Theologies", *Semeia* 51 (1990): 81-118, 여기서는 102.

은 의미를 만들어 내는 일에는 끝이 없기 때문이다(참고. 전 12:12). 나는 다음과 같은 진론드의 평가에 동의한다. "해석학에 대한 데리다의 주요 기여들 가운데 한 가지는 정확히 텍스트에 대한 어떠한 형태의 권위주의적이거나 절대주의적인 읽기에 대해서도 강력하게 경고한다는 데 있다."[29] 물론 종교개혁의 외침("항상 개혁하라"-역주)과 매우 유사한 해체주의자들의 외침-"항상 다시 쓰라"-은 그 자체가 텍스트 '안에' 있는 것에 대답하지 **않는** 하나의 구실이 되었다. 해체가 의미를 결정하지 않은 채 남겨두는 한, 해체는 텍스트의 권위와 타자성 둘 다를 고갈시키는 것이다. 그러나 만일 텍스트 안에 규정된 것이 아무 것도 없다면, 독자가 어떻게 반응하고 어떻게 책임 있게 읽을 수 있겠는가?

비판적 언급들

해석 과정에서 독자들은 진정 능동적이다. 핵심적인 물음은 독자반응의 이 능동적 성격에 관한 것이다. 텍스트의 주도적 성격과 초청에 직면해서, 독자는 그러한 주도성과 초청들을 존중할까 아니면 의심할까, 거기에 순종할까 아니면 반항할까? 독자의 반응은 설명과 이해와 적용이라는 해석의 단계들에 어느 정도 영향을 주며, 어느 정도 그 단계들을 가능하게 해줄까?

비평, 활용 그리고 해석하기. 과거에는 **비평**이 텍스트에 대한 지식을 습득하는 것을 가리켰다. 그러나 오늘날에는 그러한 텍스트를 활용하거나 평가할 수 있는 특권적 시각을 독자가 누릴 수 있다는 독자의 권리 주장을 가리킨다. 그래서 '비평'은 그것이 가졌던 이해관계를 초월한 중립적이며 학문적인 매력을 상실하게 되었다. 과거에 '객관적' 기술이라고 판단되던 것이 지금은 '주관적' 혹은 상호 주관적인 이데올로기적 평가라고 여겨진다. 그러나 그렇다면 우리가 더 이상 텍스트를 '해석하는 일'과 텍스트를 '활용하는 일' 사이를 구별할 수 없게 되는 것일까? 리처드 로티가 내비치듯, '올바르게 파악하는 일'은 엄밀히 말해서 '유용하게 써먹는 일'과 같은 것일까? 다른 식으로 말해서, 모든 해석적 관심사와 비평적 시각들은 똑같이 타당한 것일까?

---

29) Werner G. Jeanrond, *Theological Hermeneutics: Development and Significance* (London: Macmillan, 1991), p. 104.

독자들은 반응하되 **책임 있게** 반응해야 한다. 나는 독자들이 성경 텍스트에 접근할 때 마땅히 가져야 할 규범적인 목적들이 존재한다고 믿는다. 독자들은 '군림하기' 전에 이해를 추구해야 할 것이다. 즉, 독자들은 그 유용한 쓸모를 추구하고 평가하려 하기에 앞서서, 그 텍스트의 소통 의도의 본성(그 장르와 의미)을 이해하려고 노력해야 한다. 텍스트가 하려는 것이 무엇이며, 그 일을 어떻게 하려고 하는가? 이 물음은 정직과 순전함으로 대답되어야 한다. 하나의 텍스트를 공정하게 다룬다는 것은 그 텍스트의 성격대로 그 텍스트를 존중한다는 것, 즉 그 시각을 향유하고 그 음성에 귀 기울인다는 것이다.

물론 독자들은 그들 자신의 세계에서 살아간다. 그리고 독자들의 관심사는 텍스트의 세계와 다를 것이다. 자신들의 물음에 대해 대답하려는 독자들은 텍스트 위에 '군림한다.' 이해는 텍스트의 '의미'를 추구하고, 군림은 텍스트의 '의의'를 추구한다고도 말할 수 있을 것이다. 그러나 독자들이 텍스트의 의미를 이해한 다음에야 비로소 텍스트의 의의를 평가하는 것이 중요하다. 물론 독자가 텍스트의 의도된 의미를 파악한 뒤에 혐오하면서 뒤로 물러날 수도 있을 것이다. 어떤 텍스트들은 천국의 맛을 제공해 줄 수 있지만, 다른 텍스트들은 공포를 담고 있다. 그러나 핵심은 독자의 첫 번째 반사작용이 자비로워야 한다는 것이다. 해석이 활용에 선행하듯, 이해는 비평에 선행한다. 조지 스타이너(George Steiner)는 비평가들과 독자들을 두 개의 전적으로 다른 종(種)으로 취급하는 정도까지 나아간다. 비평가들은 텍스트로부터 거리를 두고 일을 한다. 그들은 텍스트에 대해 재판장이자 주인 노릇을 한다. 그러나 독자는 텍스트를 '섬기며' 보살피는 텍스트의 목자가 된다.[30]

잘못된 읽기와 여타의 나쁜 소행들. 형편없는 읽기와 같은 것이 가능할까? 그릇된 읽기(a false reading)는 어떤가? 만일 독자가 의미를 창조하고 또한 발견하는 것이라면, 우리가 어떻게 주해, 텍스트와 주석, 의미와 의의 사이의 구분을 유지할 수 있을까? 독자의 필수적인 역할을 신봉하는 에코는 최근 들어 독자들의 권리가 텍스트의 권리들보다 과장된다고 염려한다.[31] 에코가 비록 적법한 해석상의 다원성을 기꺼이 인정하지만, 그는 또한 텍스트를 '개

---

30) George Steiner, "Critic/Reader", *New Literary History* 10 (1979): 423-452.
31) Umberto Eco, *Interpretation and Overinterpretation* (Cambridge: Cambridge University Press, 1992), p. 23.

방'하기 전에 텍스트를 보호할 근본적인 의무에 대해서도 언급한다. 우리가 텍스트가 말하려는 바라고 생각하는 것에 대해 동의하지 않는 것과 의도적으로 텍스트를 곡해하는 것 사이에는 차이가 있다. '곡해하는 자들'은 저자나 텍스트에 그 의도들이 무엇인지를 묻지 않고, 자신에게 적합한 틀에 텍스트를 두드려 맞춘다. 반면에, 해석은 "텍스트에 대한 우리의 반응과 더불어 텍스트의 성격에 대해 무엇인가를 발견하기 위해서"[32] 텍스트를 읽는 것을 의미한다.

험프티 덤프티(Humpty-Dumpty)는, 의미란 누가 주인이 되느냐의 문제 즉 단어들인지 그 단어들을 활용하는 자인지의 문제라고 생각했다. "내가 어떤 단어를 사용할 때…그 단어는 내가 의미하도록 선택한 것만을 의미한다. 그 이상도 그 이하도 아니다."[33] 현대의 후기구조주의자들과 실용주의자들은 독자에게 니체의 권력 의지를 제공해 주었다. 험프티 덤프티에 대한 니체적 상대(Nitzschean counterpart)는 훨씬 더 비정하다. 고의적인 곡해자에게는, 절대적인 의미나 그 자체로서의 텍스트와 같은 것은 존재하지 않는다. 모든 해석은 우리의 목적들과 관행들의 결과다. 그와 같은 완고한 읽기는 해석의 폭력이라는 문제를 제기한다. 미국의 한 해체적 신학자의 말을 빌리면, "해석은 해석자가 텍스트를 희생물로 만드는 적대적인 행위다."[34]

읽기의 윤리학. 급진적인 독자반응 비평의 폭력은 그 비평의 기본적인 철학적 전제들로부터 비롯된 것이다. 그 비평의 불만족스러운 윤리적 함의들은 의미와 해석의 본성에 대한 부적절한 견해에서 비롯된 증상이다. 그 비평이 의미가 텍스트 안 '그 자리'에 존재하는 것임을 부인하는 한, 급진적인 독자반응 비평은 반실재론(antirealism)의 한 형태다. 반실재론은 실재가 독립적으로 존재하지 않고, 실재에 대한 우리의 이론의 요청에 따라 존재한다는 철학적 견해다. 물론 과학자들조차도 세계에 접근할 때 해석적 틀을 가지고 접근하는 것이 사실이지만, 우리의 이론이 그 세계로부터 밀폐되듯 차단된

---

32) Umberto Eco, *The Limits of Interpretation* (Bloomington: Indiana University Press, 1990), p. 57.

33) Lewis Carroll, *Through the Looking-Glass*. in *The Philosopher's Alice*, ed. Peter Heath (New York: St. Martin's 1971), p. 193.

34) Mark C. Taylor, "Text as Victim." in *Deconstruction and Theology*, ed. T. Altizer (New York: Crossroad, 1982), p. 65.

것은 아니다. 그와 반대로, 세계는 '역습'하여, 세계에 대한 우리의 관념에 대해 도전하고 종종 우리의 관념이 그릇되었음을 입증한다.

마찬가지로, 의미의 영역에는 분명히 어떤 실재론이 존재한다. 그렇지 않다면, 해석에서 무엇이든지 다 통하게 되어 버린다. 「걸리버 여행기」(*Gulliver's Travel*)는 비록 몇몇 독자가 그 이야기를 아동을 위한 이야기로 오해할 수 있을지 몰라도, 여전히 정치적인 풍자다. 만일 그 여행기가 계속해서 정치적인 풍자가 되지 않는다면, 만일 텍스트가 무엇이든지 우리가 그 텍스트를 주물러서 만들어 내는 것이 된다면, 어떤 읽기가 틀렸다고 판단할 길은 전혀 없게 될 것이다. 혹은 진론드가 말하듯, "텍스트를 해석했다고 주장하지만, 그 텍스트의 문맥에서 벗어나 한 부분을 해석한 것이나, 독자 자신의 생각을 지지하기 위해 그 텍스트나 그 텍스트의 편린들을 사용하는 읽기는 실상 사기로 간주되어야 할 것이다."[35]

만일 어떤 점에서 의미가 텍스트 '안에' 존재하는 것이 아니라면, 텍스트가 어떻게 그 텍스트를 읽는 독자들에게 도전이나 정보를 주고, 그들을 변화시킬 수 있겠는가? 텍스트가 어떻게 지배적인 이데올로기를 비판할 수 있겠는가? 의미가 해석 과정에 대해 독립적인 어떤 방식의 '읽기의 실재론'이 없다면, 읽기는 위험스럽고 세계를 파괴하는 전망이 되기를 중단하게 될 것이다. 그럴 경우, 우리는 독자의 탄생을 축하해야 하는 것이 아니라 사산(死産)된 독자를 위해 애도해야 할 것이다.

만일 텍스트가 독자의 처분에 맡겨진 것이라면, 독자들은 텍스트를 가지고 어떻게 해야 할까? 무엇보다, 독자들은 텍스트를 내버려둔다는 의미에서가 아니라 텍스트가 그 지닌 바 소통상의 목적을 성취할 수 있도록 허락한다는 의미에서, **텍스트가 있는 그대로 존재하도록**(let it be) 두어야 한다. 우선적인 일례로, 윤리적인 독자가 텍스트에 주어야 할 것은 주목(attention)이다. 그렇게 할 경우에만, 텍스트는 무엇인가를 독자에게 되돌려 줄 수 있다. 스타이너는 이상적인 독자를 텍스트의 '존재'에 대한 목자라고 묘사한다. 마찬가지로, 마이클 라파르그(Michael LaFargue)는 독자를 텍스트의 보호자로 여긴다. "학자로서, 성경학자의 역할은 성경 텍스트의 종이 되어 그 텍스트의

---

35) Jeanrond, *Text and Interpretation*, p. 116.

타자성을 수호하고, 그 실체적인 내용을 현대인들이 어떤 식으론가 그 텍스트의 특이성과 타자성 가운데서 경험하고 이해할 수 있는 것으로 만드는 것이다."[36] 최상의 해석적 관심사는 텍스트가 할 말을 하게 해주는 것, 즉 집중과 겸손과 존중심으로 텍스트를 눈여겨보고 경청하는 것이다.

우리는 당연히 텍스트를 평가하고 비평하거나 그 신학적 혹은 정치적 함의들에 대해 동의하지 않을 책임을 가지고 있다. 그러나 우리가 먼저 텍스트를 그 자체의 맥락대로 수용하기 위한 지적이며 윤리적인 노력을 기울일 경우에만 온전히 그렇게 할 수 있다. "들을 귀 있는 자는 들을지어다." 기독교 윤리학과 마찬가지로, 해석을 위한 황금률도 "남에게 대접을 받고자 하는 대로 너희도 남을 대접하라"이다.

독자반응의 실례

독자들은 요한복음 4장을 해석할 때 무슨 일을 하는가? 이 물음은 보수적인 독자반응 비평과 급진적인 독자반응 비평으로 구분하는 나의 구분에 따라, 이중적인 답변을 요구한다.

보수적인 예들: 독자 수용. 보수적인 독자반응 비평학자들은 읽는 행위 이전에 그들의 반응을 요청하고 지배하는 무엇인가—예를 들면, 빈틈들, 아직 결정되지 않은 것들, 지침들, 깃발들과 신호들—가 텍스트 안에 있다고 믿는다. 독자는 초청들을 따라간다. 마치 내러티브적인 경치들을 바라보도록 초대받은 정중한 손님처럼, 독자는 제시되는 단서들을 따라가고, 올바른 방향을 바라봄으로써, 저자를 기쁘게 해준다. 알란 컬페퍼(R. Alan Culpepper)는, 독자들이 요한복음 4장에 이르게 될 때 예수님에 대해서와 그분의 보냄받은 사명에 대해서(요 1-3장에 기록된 정보에 기초해서) 무엇인가를 알게되었음에 틀림없다고 말한다. 예를 들어, 요한복음 4장을 읽는 독자는 이미 예수님이 자신의 백성들에 의해 배척받게 될 것임과 약간의 사람만이 그분을 믿을 것임을 알았을 것이다. 우물 이야기를 읽는 독자는 특권을 부여받은 구경꾼이자, 신뢰할 만한 음성—'전지적인'(omniscient) 내레이터—의 손님

---

36) Michael LaFargue, "Are Texts Determinate? Derrida, Barth and the Role of the Biblical Scholars", *Harvard Theological Review* 81 (1988): 355.

이다. 그 내레이터는 독자에게 이야기에 등장하는 인물들과 행동에 대해 올바른 평가를 내릴 수 있는 충분한 정보를 제공해 준다.[37]

요한 따라가기. 요한복음 4장은 텍스트가 제공하는 자극들이 독자의 반응을 인도해 나가는 길에 대한 세 가지 예를 제공한다. 첫째, 그 텍스트는 구약성경으로부터 친숙한 유형이라고 할 수 있는 한 장면을 연상시킨다. 이는 한 남자가 우물에서 한 여인을 만나는 장면이다. 거기에 몇 가지의 재현되는 요소들이 있다. 장래의 신랑(혹은 그의 대리인)이 먼 낯선 땅으로 여행을 떠난다. 그 남자는 우물가에서 한 소녀, 우물에서 물을 긷는 누군가를 만난다. 그 소녀는 집으로 달려가 낯선 객이 찾아왔음을 알린다. 그리고 약혼이 이루어진다. 물론 그 인물들은 자신들이 친숙한 플롯을 연출하고 있음을 의식하지 못한다. 전형적인 장면은 그 이야기에서 무슨 일이 일어나는지를 독자가 이해하도록 돕는 텍스트상의 전략이다. 그러나 요한복음 4장에서는 약혼의 식탁으로 가는 대신에, 예수님이 자신의 제자들에게 다음과 같이 말씀하신다. "나의 양식은 나를 보내신 이의 뜻을 행하며 그의 일을 온전히 이루는 이것이니라"(요 4:34). 독자만이 예기치 못한 방식(twist)을 감상할 수 있다.[38] 그러한 차이점들이 이 저자가 문학적인 관행들만이 아니라 독자의 반응을 어떻게 조종하고 있는지를 이해하는 열쇠다.

둘째로, 라일 에슬링거(Lyle Eslinger)는 독자가 그 대화에서 그 모두가 성적인 암시를 지니는 상당수의 이중적인 의미(double entendres, 중의적 표현으로 나머지 하나는 상스럽고 외설스러운 뜻을 담은 말—역주)를 인식하게 될 것이라고 주장한다. 이 중의성 때문에 독자는 그 대화에 육적인 의미를

---

37) J. Eugene Botha는 텍스트가 또한 예를 들어서 독자들로 히여금 요 4장을 구약 성경에 있는, 그와 유사하게 우물가에서 남녀가 만나는 장면들을 연상하게 만들어서 독자들을 '곁길로 빠지게' 할 수 있지만, 이는 그 이야기가 진행되면서 아무런 약혼이 이루어지지 않아 독자들의 기대를 무산시키는 데 기여할 뿐이라고 주장한다[*Jesus and the Samaritan Woman: A Speech Act Reading 4:1-42* (Leiden, Netherlands: Brill, 1991), p. 191]. Jeffrey Lloyd Stanley는 친숙한 장면을 "가부장적 언약 장면들에 대한 탁월한 패러디"로 전환하는 내재적 저자에 의한, 내재적 독자를 '희생양으로 만드는 것'에 대해 말한다[*The Prini's First Kiss: A Rhetorical Investigation of the Implied Reader in the Fourth Gospel* (Atlanta: Scholars Press, 1988), p. 99].

38) Lyle Eslinger, "The Wooing of the Woman at the Well: Jesus, the Reader and Reader-Response Criticism." in *The Gospel of John as Literature: Twentieth Century Perspectives*, ed. Mark W. G. Stibbe (Leiden, Netherlands: Brill, 1993), pp. 165-179.

붙여야 할 것인지 아니면 영적인 의미를 붙여야 할 것인지 의아하게 된다. 예수님은 자신의 제자들이 없었기 때문에 마실 물을 달라고 청하시는 것일까, "아니면 그와 그 여인만 있기 때문에, 그래서 그녀의 평판에 먹칠을 하지 않으면서 그 여인과 편하게 허물없이 얘기할 수 있기 때문에" 마실 물을 달라고 청하는 것일까?[39] 물론 그 여인은 요한복음 1-3장에 대한 지식이 없다. 그녀의 입장에서 볼 때, 예수님은 호의적일 뿐만 아니라 좀 주제넘기까지 하다. 에슬링거에 따르면, 독자들은 예레미야 2:13이나 잠언 5:15과 같은 텍스트들에 근거해서 예수님의 '생수'에 대해 어떤 성적인(sexual) 함의를 부여하도록 초대를 받는다. 독자는 그 여인의 해석의 힘을 느끼지만, 예수님의 정체성에 대한 부가적인 정보를 은밀하게 제공받는 덕에 거기에 완전히 동화될 수 없다.

셋째로, 비록 독자가 예수님을 로고스로 확인하는 서문의 혜택을 입긴 하지만, 요한복음 4장은 독자에게 예수님이 누구시며 무엇을 하시는 분인가에 대한 동일한 혼란을 제공하는 식으로 구성되었다. 그 여인에게 마실 물을 청하는 예수님의 동기는 무엇일까? 그 여인은 예수님이 좀 주제넘다는 사실을 암시함으로써 예수님의 요청에 '반응한다.' 예수님은 유대인이며, 그녀는 사마리아인이다. 예수님은 남자며, 그녀는 여자다. 에슬링거는 그 텍스트가 독자로 하여금 예수님의 말씀에 대한 그 여인의 '육적인' 해석에 동참하도록 부추긴다고 믿는다. "생수"가 그렇듯이, "상종하다"라는 것도(4:9) 성적인 암시들을 지닌다고 에슬링거는 주장한다.[40] 예수님이 누구시며(요 1장), '하나님의 선물'이 무엇인지(요 3:16)에 대한 독자의 특권적 지식은 독자가 육적인 해석에 마음대로 빠지지 않도록 독자를 지켜 준다. "독자의 특권은 독자 자신을 어떤 곤경에 빠뜨린다. 그러한 경험은 그에게 요한복음의 기본적인 문제점 – 예수님에 대한 사람의 잘못된 생각과 예수님이 말하시는 것에 대한 오해 – 에 대해 그가 직접 인식하게 해준다."[41] 독자는 잠시 대화의 미로에서 전지적 내레이터를 놓친다. 그 대화는 독자로 하여금 우물가에 선 그 여인이 지닌 오류 있는 인간적 시각을 갖도록 강요한다. "4장에서, 읽는 경험은

---

39) 같은 책, p. 176.
40) 같은 책, p. 178.
41) 같은 책, p. 179.

독자가 그 이야기의 인물들과 예수님 사이에서 이미 수차례 관찰했던 커뮤니케이션의 벌어진 틈에 대한 실질적인 경험이 된다."[42] 독자는 예수님을 오해하는 경험을 읽을 뿐만 아니라 실제로 겪어 나간다.

아이러니 따라가기. 예수님에 대한 잘못된 해석은 요한복음의 주제들 가운데 하나다. 컬페퍼는 요한복음 곳곳에 퍼져 있는 [예수님에 대한] 잘못된 이해들과 그릇된 정체 파악이 독자들에게 그 복음서를 어떻게 정확히 읽느냐를 가르쳐 주는 역할을 한다고 지적한다. "우리가 [그 복음서를] 읽어 가면서 여러 맞부딪침을 지켜보고 각 인물에 대해 판단할 때, 내레이터는 우리를 그 인물들을 넘어서 그분의 입장으로 상승시킴으로써 우리가 스스로 판단한다고 여기도록 반응을 형성하며, 우리의 신임을 획득한다."[43] 그러므로 제4복음서를 따라가기 위해 독자는 아이러니를 인식할 능력을 지녀야 한다.

게일 오데이(Gail R. O'Day)에 따르면, 불트만은 내러티브가 어떻게 계시를 형성하고 전달하는지에 초점을 맞추기보다는 계시자로서의 예수라는 당연한 사실에 초점을 맞추었기 때문에, 제4복음서 안에서의 계시적 과정의 역동성을 인식하는 데 실패했다.[44] 독자는 계시에 참여하기 위해 요한의 텍스트상의 전략을, 특히 아이러니를 따라가야 한다. 아이러니는 독자에게 긴장 가운데 있는 두 의미를 붙잡으라고 그리고 그 긴장을 통과한 결과로서 저자가 표현하려는 바에 도달하라고 요청하는 말하기 형태다.

아이러니는 진술되고 의도된 의미들의 상대적 가치에 대해 판단과 결정을 내리라고 독자에게 요청하고, 진리에 대한 비전으로 독자를 끌어들임으로써 진리를 계시한다. 그래서 마침내 독자가 진리를 이해하게 될 때, 독자는 저자의 인도를 받아 먼저 따라갔던 사람들이 형성한 비전을 공유하는 공동체의 일원이 된다.[45]

---

42) 같은 책, p. 173.
43) R. Alan Culpepper, *Anatomy of the Fourth Gospel: A Study in Literary Design* (Philadelphia: Fortress, 1983), p. 234.
44) Gail R. O'Day, "Narrative Mode and Theological Claim: A Study in the Fourth Gospel", *Journal of Biblical Literature* 105 (1986): 657-668를 보라.
45) 같은 책, p. 664.

독자는 그 중의적인 의미들을 분류해서 의미의 한 층위로부터 다른 층위로 진행해 가도록 요청을 받는 정도만큼 우물가에 선 그 여인이 된다. 요한복음 4:10에서, 예수님은 만일 그 여인이 자신에게 마실 물을 달라고 청하는 사람이 누군지를 알았다면, 그 여인은 완전히 역할을 바꾸어서 그 사람에게 "물"을 달라고 요청하게 될 것이라고 말씀하신다. 그러나 그 여인은 말씀하시는 분의 정체를 인식하기 전까지는 "생수"를 정확하게 해석할 수 없을 것이다. 자신의 참된 정체성에 대한 예수님의 단서는 "그 여인과 독자 양자 모두에게 그 대화의 두 층위를 다 파악하라는…그래서 그 여인의 층위를 통과해 예수님의 층위로 진행해 가라는 초청이다."[46] 그러므로 그 텍스트의 아이러니를 따라감으로써, 독자는 예수님의 계시에 참여한다. "아이러니는 그 자체가 구현하는 독자반응의 유형 때문에, 이 참여에 대한 탁월한 예가 된다. 아이러니를 따르기 위해서는, 그 텍스트에 창의적으로 참여하고 개입해야 한다."[47] 제4복음서는 계시자로서의 예수님에 대한 보고서가 아니라, 독자가 스스로 예수님의 계시를 경험할 하나의 기회다.

급진적인 예들: 독자 배척? 이상적인 독자들과 반대되는 실질적인 독자들은 텍스트의 자극에 대해 덜 동정적일 수 있다. 따라서 텍스트 수용의 역사만이 아니라 텍스트 배척의 역사도 있다.

요한 거절하기. 컬페퍼는 독자들이 원하든 원치 않든 그리고 독자들이 이야기에 대한 저자의 시각을 채택하는 과정에서 저자와 더불어 "춤을 춘다"라고 설명한다. 그러나 모든 독자가 컬페퍼가 믿는 것처럼 그렇게 고분고분하지는 않다. 어떤 독자들은 따라가기보다는 앞장서기를 좋아한다. 윌리 브라운(Willi Braun)은 어떤 독자들은 내재적 저자를 신뢰하지 않는다고 말한다. 많은 사람은 내레이터의 이데올로기와 관점에 이끌려 들어가기를 거부한다. 브라운은 텍스트에 의해 주변부로 밀려날 수 있는 사람들—예를 들면, 유대인—의 관점에서 제4복음서를 읽으려는 "저항적" 읽기라는 전략을 제안한다. 요한의 아이러니에 함의된 희생자들은 기독교 반유대주의의 실질적인 희생자들이 되었다. 그러므로 요한의 이데올로기에 대해 이의를 달 '커다란

---

46) 같은 책, p. 667.
47) 같은 책, p. 668.

유인 동기'가 있는 것이다. 읽기는 권력에의 의지에서 나올 뿐만 아니라 또한 "협박하는 '강한' 텍스트에 대항해서 자신의 공간을 확보하려는 의지"에서도 나올 수 있다.[48]

요한의 아이러니 깨뜨리기. 스티븐 무어는, 독자로 하여금 복잡하게 얽힌 것들과 [의미를] 지연시키는 성향들을 통과해 텍스트에 대한 이해에 도달하도록 이끌어 줄 수 있는, 텍스트의 능력에 의문을 제기한다. 무어는 해체적이며 페미니스트적인 자신의 읽기가 보수적인 독자반응 비평의 읽기보다 '더 면밀하다'고 주장한다. 그의 읽기는 이해에 대한 각각의 저항을 면밀하게 검토하려는 점에서, 의혹의 눈초리로 가득 차 있으며 꼼꼼하다. 해체적 읽기는 특히 일관성 없이 텍스트나 해석을 위협하는 모든 것에 주목한다. 의구심의 해석학은 '우물에 독을 풀기' 원하며, 그렇게 해서 앞으로의 독자들에게 그 텍스트가 제공하는 것처럼 보이는 모든 것을 부풀리지 말라고 경고하려 한다.

무어는, 그 여인이 비유적(figurative)이며 영적인 것을 문자적이며 물질적인 것으로부터 구별해 내지 못한 사실(요 4:15)을 기반으로 겉으로 드러난 그 텍스트의 아이러니가 작동한다는 점을 인식한다. 그 여인은 '위로부터 난다'는 의미(와 물)에 대해 감지하지 못한다. 그녀는 '아래로부터' 이야기를 하고, '아래로부터' 물을 긷는다. 이미 살펴보았듯이, 보수적인 독자반응 비평가들은 그 텍스트의 전략이 독자로 하여금 아이러니를 통해 낮은 의미로부터 '더 높은' 의미로 진행해 가도록 이끌어 주려는 것이라고 믿는다. 이에 반해, 해체는 남성과 여성, 영적인 것과 물질적인 것, 비유적인 것과 문자적인 것의 특권화 된 위계 질서상의 대립들을 허물어뜨리려는 것이다. 우물가의 여인을 예수님의 아이러니의 '희생물'로 만드는 것은 바로 그러한 더 높은 것과 더 낮은 것의 대립이다. 무어는 자신의 읽기가 그 텍스트의 대립들을 전복하고 사마리아 여인의 통찰이 예수님의 통찰보다 더 우월한 것임을 보여주고자 한다.

무어는 "생수"에 대한 완결된 의미는 요한복음 4장에서는 주어지지 않는다고 지적한다. 요한복음 7:38에서, 예수님은 다시금 목마름과 생수에 대해

---

48) Willi Braun, "Resisting John: Ambivalent Redactor and Defensive Reader of the Fourth Gospel", *Studies in Religion* 19 (1990): 64.

말씀하신다. "나를 믿는 자는 성경에 이름과 같이 그 배에서 생수의 강이 흘러나오리라." 그 내레이터는 따로 독자에게 예수님이 자신을 "믿는 자들이 받을 성령을 가리켜 말씀하신 것이라"(요 7:39)라는 언질을 준다. 그래서 독자는 예수님의 청중들이 알지 못한 것을 알게 되면서 그 청중들보다 더 우월한 위치에 서게 된다. 그러나 무어는 두 번째 의미의 지연이 있다고 지적한다. "마시게 되는 생수 비유는 성령을 받는 일로 해석된다. 그러나 그 내러티브적 제시는 나중으로 연기된다. '예수께서 아직 영광을 받지 않으셨으므로 성령이 아직 그들에게 계시지 아니하시더라.'"(7:39)[49] 목마름과 물 마심의 주제들은 십자가에 달리는 장면에서 다시금 등장하는데, 무어가 볼 때 이 등장은 요한복음 4장에서 그 주제들이 처음으로 등장했던 일을 '기막히게 반영한다.' 그러나 요한복음 19:28에서, "내가 목마르다"라고 말하는 이는 바로 예수님이다. 그리고 이것은 생수가 아니라 말 그대로의 지상적인 물을 가리킨다! "4:10이하에서부터 이 세상으로부터 저 세상을 향한 기대들이 서서히 고조되고 다시금 새롭게 방향 지워졌다. 이제 비유적인 물의 원천인 예수가 말 그대로의 문자적인 목마름의 상태에 처하게 되었다. 이 목마름은 그가 자신의 청중들에게 벗어나라고 요구했던 바로 그 목마름이었다."[50]

무어가 볼 때, 예수님의 육체적인 갈증이 채워진 다음에(그 자체가 성경의 한 성취다—요 19:28) 예수님이 "다 이루었다"라고 말씀하시고 운명하실 때, 그 물들이 어떤 물인지가 더욱 불분명해진다. 운명하시면서 예수님은 무엇을 내어 놓으셨는가? 그의 영혼인가? 성령인가? 무어는 다음과 같이 논평한다. "19:30에서 예수님의 육체적인 목마름이 채워지는 일은 믿는 자의 초물질적 기갈을 채우도록 마련된 것을 내어 놓는 일을 상징하는 참으로 기막힌 선행조건이다."[51] 그것은 기막힐 뿐만 아니라 모순적이다. 왜냐하면, 영적인 것과 물질적인 것의 바로 그 순서가 역전된 것으로 나타나기 때문이다.

요한복음 4:7-14에서 위계 질서상 밀려나 뒷자리를 점했던, 문자적, 물질

---

49) Moore, *Literary Criticism*, p. 160. 또한 Stephen D. Moore, "Are There Impurities in the Living Water That the Johannine Jesus Dispenses? Deconstruction, Feminism and the Samaritan Woman", *Biblical Interpretation* 1 (1993): 207-227를 보라.
50) Moore, *Literary Criticism*, p. 161.
51) 같은 책.

적, 지상적인 층위가, 요한복음 19:28-30에서는 이 세상을 초월하는 질서의 표상인 성령 자체가 효과적으로 임하시도록 만들 수 있는 조건 자체(육체적인 목마름, 육체적인 죽음)로 복원되는 것이다.[52]

요한복음 4장의 아이러니가 의존하는 영적인 것과 물질적인 것의 대립은, 이렇게 해서 그 텍스트 내부에서 뒤집히고 분쇄된다. 겉보기에 우월한 용어—생수, 성령—가 그 실존성을 열등한 용어인 문자적인 물에 의존한다는 사실이 드러난다.

예수님의 죽음에는 병사들이 예수님의 옆구리를 찔렀을 때 '억압되어 있던 것'—물질적인 물—이 되살아난다. 그러므로 예수님의 죽음 위에서 성령(생수)은 나오며, 물질적인 물은 예수님의 옆구리에서 흘러나온다. 이 마지막 흘러나옴은 어떻게 볼 수 있겠는가? 무어는 우리가 "성령을 나타내는 은유(생수)에 대한 상징(물의 흘러나옴)"을 갖게 되었다고 주장한다.[53] 예수님의 옆구리에서 흘러나오는 물은 단지 물질적인 것도 영적인 것도 아니며, 오히려 문자적이며 비유적인 것 **둘 다**라는 것이다.

그렇다면, 사마리아 여인에 대해서는 무슨 말을 할 수 있을까? 무어의 분석에 따르면, 그 여인은 물에 대해 그리고 예수님에 대해, 예수님 자신보다 더 진실에 가깝다는 것이다. 예수님은 문자적인 것과 비유적인 것, 물질적인 것과 영적인 것 사이의 양분(과 위계질서)을 전제로 하는데 반해, 그 여인은 그러한 대립을 거절한다. 그 여인이 볼 때, 우물 속에 있는 물은 단순히 물질적인 물 이상의 것이다. 그 물은 수백 년을 지속해 왔던, 야곱이 판 우물에서 나온 물이다. 그 물은 상징적인 물이다. 그러므로 아이러니의 희생자이기는커녕, 우물가의 그 여인은 위계질서의 대립들 위에 세워졌던 그와 같은 모든 아이러니가 마침내 분쇄된다는 사실을 정확하게 인식한다. 문자적인 것과 비유적인 것 사이의 대립을 거절하는 한, 그 여인은 자신의 앞에 있는 남자 선생을 능가한다. 그러한 읽기는 텍스트가 의도했던 것은 아니지만, 텍스트의 '구조적 무의식'에 매장되어 있다. 무어가 예수님이 영적인 것을 물질적인 것보다 '더 고상하게' 여긴다고 잘못 생각하는 한, 예수님은 전통적인 요

---

[52] 같은 책.
[53] 같은 책, p. 162.

한 복음 4장 해석에 대한 이러한 해체 때문에, 아이러니하게도 불의의 일격을 맞은 주 피해자, 우물가의 여인은 저자의 아이러니의 희생물이기는커녕 최초의 해체적 페미니스트 비평가인 것으로 판명된다!

결론: 제자로서의 독자

우리에게는 읽기에 대한 두 가지 반대되는 모델이 주어져 있다. 어느 모델이 텍스트를 좀더 면밀하게 따라가는 모델일까? 저자의 의도와 그 의도를 구현하는 텍스트상의 전략들을 배격하는 모델일까, 아니면 존중하는 모델일까? 텍스트를 따라간다는 것은 그 텍스트의 소통 활동의 성격을 이해한다는 뜻이다. 아이러니를 따라가는 것이 논의를 따라가는 것과 똑같지는 않지만, 그 둘 모두 텍스트의 전략들에 대한 독자반응의 형태다. 마거리트 데이비스(Margaret Davies)는 제4복음서의 읽기에 적합한 독자는 성경과 예수님의 이야기를 알 필요가 있으며, 그 복음서의 통찰들을 살아내는(따라가는) 고백 공동체의 일원이어야 한다고 말한다. "이 내러티브의 이상적인 독자들은 예수가 그 그리스도이심을 믿는 데, 내레이티들(narratees, 이야기를 듣는 자들-역주)의 역할을 할 수 있는 사람들이다."[54]

마지막으로 의미와 관련해서, 독자는 의미를 발견하는 것일까, 아니면 만드는 것일까? 알버트 슈바이처(Albert Schweitzer)는 자신의 고전 「역사적 예수 탐구」(The Quest for the Historical Jesus)에서 한 우물에 대한 잊혀지지 않을 이미지로 결론을 맺는다. 조사자들이 예수의 역사의 우물 안을 자세히 들여다보았을 때, 그들은 단지 그 아래 물에서 자신의 얼굴의 반영만을 바라볼 수 있었다는 것이다. 문학이라는 우물가에 선 독자가, 텍스트상의 예수님을 조사하면서 마찬가지로 오직 자기만을 발견한다면, 늘 그렇듯이 커다란 목마름을 지닌 채 떠나가게 될 것이다. 오직 자신만을 공급받는 독자는 해석 과정에서 성취를 이루지 못한 채 나오게 될 것이다. 우물물을 연구하고 그 냄새를 맡고 화학 성분을 분석하는 것과, 그 우물물을 마시는 것은 전혀 별개의 일이다. 우물물이 오염되었는지를 계속 의심하면서 절대 마시지 않는 사

---

54) Margaret Davies, *Rhetoric and Reference in the Fourth Gospel* (Sheffield, U. K.: JSOT, 1992), p. 373.

람은 결코 자신의 갈증을 해소할 수 없을 것이다.

신선한 물을 공급받기 위해 그 우물가에 서 있는 독자는 텍스트에서 물을 길어 그 물을 마셔야 한다. 여기에서 '마신다'는 것은 받아들이고 전유한다는 뜻이다. 독자에게는 텍스트를 그 본성과 의도에 따라 받아들여야 할 책임이 있다. 스타이너는 훌륭한 읽기를 그 원천에 공명하여 그 텍스트에 대한 창의적 메아리를 불러일으키는 것이라고 기술한다.[55] 우리가 우물에서 나오는 물을 가지고 다양한 일을 할 수 있겠지만, 비평의 사막에서는 한 모금의 물도 간절히 그리고 감사함으로 들이마셔야 할 것이다.

---

55) George Steiner, "Narcissus and Echo: A Note on Current Arts of Reading", *American Journal of Semiotics* 1(1981): 14.

9장 목격자 증언의 해석학
요한복음 21:20-24과 저자의 죽음

> 이는 내 자신에 대한 회고록이 아니라 다른 사람들에 대한 회고록이다.
> 우리에 대해서는 다른 사람들이 쓸 것이다.…사람은 과거에 대해
> 진실을 말해야 한다. 그렇지 않다면 아예 말을 하지 말아야 한다.
> 회상을 하는 것은 매우 힘든 일이다. 그리고
> 진실의 이름으로만 그렇게 하는 일이 가치가 있다.…나는
> 많은 사건에 대한 한 사람의 목격자였다. 그리고 그 사건들은
> 중요한 사건이었다.…이것은 한 목격자의 증언이 될 것이다.
>
> – 디미트리 쇼스타코비치(Dimitri Shostakovich)

요한복음 21:20-24은 해석뿐만 아니라 해석 과정 자체에 대한 반성도 요청한다. 그 주제인 "사랑하시는 그 제자"는 곧바로 탁월한 해석자로 제시되며, 동시에 그가 죽지 않을 것이라는 소문의 희생자 즉 오해의 대상으로 제시된다. 그러므로 이 텍스트를 이해하려는 시도는 텍스트 이해의 목적과 방법 일반에 대해 생각하도록 만든다. 주해(exegesis)는 자연스럽게 해석학으로 진행된다. 요한복음 21:20-24은 저자와 텍스트와 독자에 관한 몇 가지 중대하며 흥미진진한 해석학적 쟁점들을 제기하기 때문이다. 이 쟁점들은 모두 제4복음서에서 여섯 차례 언급되며(요 13:23-30; 19:25-27; 20:2-10; 21:7; 21:20-23; 21:24) 보통 목격자 증언을 강조하는 대목들에서 언급되는 사랑하는 그 제자에 집중되어 있다. 이 관련 성구들 가운데 마지막으로 언급된 요한복음 21:24은 사랑하시는 그 제자에 대한 세 가지 준거와 더불어 우리의 탐색작업에 있어서의 시금석과 구성적 원리를 제공한다. 사랑하시는 그 제자는 (1) '이 일들을 기록한' 저자다. (2) '이 일들을 증거하는' 증인이다. 그리고 (3) 독자를 위한 모범적인 제자다. 이는 '그의 증거가 참'이기 때문이다.

사랑하시는 그 제자는 요한복음 연구 학계에서 논란의 대상이 되는 인물

이다. 그의 정체뿐 아니라 실존성과 역사성 자체가 논란의 대상이 된다. 어떤 주석가들은 그 저자의 정체가 사랑하시는 그 제자였음이 드러나는 것을 그 복음서의 클라이맥스로 보는데 반해, 다른 학자들은 요한복음 21:24이 나중에 편집하면서 덧붙여진 것이라고 주장한다. 이 글에서, 나는 저자 문제가 어느 정도까지 역사의 문제와 구별되는 고유한 해석학적 문제가 되는지를 탐구하려 한다. 저자 문제는 텍스트의 해석과 해석 활동에 어느 정도까지 영향을 주는 것일까? 그리고 어느 정도까지 의당 그래야 하는 것일까?

그러한 문제가 중심 무대를 차지한다면, 그 까닭은 '저자의 죽음'에 대한 소문이 성경학계와 그 주변에서만이 아니라 점차 '형제들 가운데서' 퍼져나가기 때문이다. 나는 주님의 권위를 뚜렷하게 결여한 이 후자의 소문이 우리가 성경의 증언을 해석하는 방식에 심각한 함의를 지니고 있음을 입증하고자 한다. 사랑하시는 그 제자의 실질적인 죽음이나 생각 속에서의 죽음이 애초의 신앙 공동체에서 지속되던 권위적 증언에 대해 문제를 제기했듯이, 저자의 죽음은 타자에 대한 권위적인 텍스트의 증거를 어떻게 보전하고, 그 증거에 대해 어떻게 공정을 기하느냐 하는 문제를 우리들에게 제기한다.

비록 예수님이 사랑하시는 그 제자의 영생을 약속하신 적은 없지만, 예수님은 아마도 사랑하시는 그 제자가 최소한 사람의 저자로서, 근대나 포스트모던 시대의 성경학계에서 살해당하리라고 내다보지는 않으셨을 것이다. 제4복음서에 대한 대부분의 역사 비평 작업은 역사적 저자에 대한 탐구의 형태를 취해 왔다. 그러나 너무나 빈번하게 역사적 저자에 대한 물음은 요한 전승의 역사적 신빙성에 대한 논의에 빠져 들어갔다. 그 결과, 보수적인 주석가들과 마찬가지로 자유주의적인 주석가들도 모두 저자의 문제를 해석의 문제보다는 변증학의 문제로 취급해 왔다. 몇몇 예외를 제외하고는, 대부분의 역사 비평학자는 현재의 형태를 띠는 제4복음서가 사랑하시는 그 제자에 의해 쓰였을 수 없으리라고 결론을 내린다. 왜 그럴까? 그 까닭은 요한복음의 작성에 관한 복잡한 이론과 더불어 요한복음 21:23이, 그 복음서가 펴내지기 전에 그가 죽었을 것이라는 점을 함축하기 때문이다.

그러나 최근 들어서, 학자들은 제4복음서를 문예 비평적 목적과 관심사를 가지고 읽기 시작했다. 1970년대와 1990년대 사이의 요한 관련 연구학계에 대한 책 한 권 분량에 해당하는 한 개관은 다음과 같이 결론을 내린다. "아마도 대부분의 현대적 발전은 요한복음을 일종의 문학 작품으로, 저자나 시대나 정황들과 같은 역사적 고려들과는 별개인 하나의 내러티브 혹은 이야기로 보는 것이다."[1] 그러한 접근 방식들은 역사적 저자라는 당혹스런 문제에서 멋지게 빠져나가면서도 그 복음서 기자의 문학적 솜씨나 수사학적 전략들을 설득력 있게 드러냈다. 담론의 '방식'과 '속성'이 텍스트 연구의 정당한 대상임을 인정하면서도, 우리는 담론의 '내용'이 어떻게 되었는지 즉 역사적 실재와 관련된 문제에 대해 궁금해 할 수 있을 것이다.

해체는 문예적 접근 방법을 통해 저자의 현존성에 대한 모든 징후를 소멸해 버리면서 저자를 죽일 뿐만 아니라 파묻어 버리기까지 하는 극단성을 발휘한다. 롤랑 바르트가 정확히 관찰하듯, 저자는 결국 신학적 개념이다.[2] 저자는 의미의 기원이다. 단어들과 세계가 조우하는 자리며, 말이 실재에 대응한다는 보장이다. 그러므로 저자의 현존은 의미의 객관성을 다짐해 준다. **로고스 중심주의**는 언어가 실재를 가리킨다는 확신을 표현하는 데리다의 용어다. 그러나 데리다가 볼 때, 로고스 중심주의는 하나의 신화다. 저자는 현존하는 것이 아니라 부재한다. 기호들은 실재를 가리키는 것이 아니라 다른 기호들을 가리킬 뿐이다. 텍스트이고자 하는 글에는 종결이 있을 수 없다. "주석의 필연성이…유배된 말하기의 바로 그 양태다. 애초부터 해석학은 존재한다."[3]

아마도 제4복음서보다 더 분명하게 로고스 중심적인 텍스트는 없을 것이다. 요한복음은 진리이신 성육신한 로고스를 가리키는 기호들과 증언들의 책이다. 그리고 제4복음서에 있는 그 많은 로고스 중심적 텍스트들 가운데서 요한복음 21:24은 말할 나위 없이 해체적 감수성에 가장 거슬리는 텍스트들 중 하나일 것이다. "우리는 그의 증거가 참된 줄 아노라"라는 말은 로고스 중심적 해석학에 대한 최상의 선언이다.

저자 문제는 어느 정도 해석학적 중요성을 가지는가? 성경 해석자들은 저

---

1) G. S. Sloyan, *What Are They Saying About John?* (New York: Paulist, 1991), p. 948.
2) Roland Barthes, "The Death of the Author," in *The Rustle of Language* (New York: Hill & Wang, 1986), p. 54.
3) Jacques Derrida, *Writing and Difference*, trans. Alan Bass (Chicago: University of Chicago Press, 1978), p. 67.

자의 죽음에 저항해야 하는가, 아니면 그 죽음을 경축해야 하는가? 이 글의 목적은 그러한 일반적인 의문에 답하기보다는, '나의 목격'(I-Witness, 나는 그 목격자가 사람이라는 사실을 강조하기 위해서 신체 일부의 이름[eye]보다는 인칭대명사를 사용한다) 증언이라는 특수한 종류의 텍스트 해석에 대해 저자의 죽음이 지니는 영향들을 검토하려는 것이다. 앞으로 나는 모든 문학 양식 가운데서도 증언(testimony)이 해체와 급진적인 독자반응 비평에서 가장 환영받지 못하는 양식임을 논의할 것이다. 독자가 자신의 의미를 부과한다거나 비결정적인 여러 의미를 인정하는 것은 증언의 속성 자체를 부인하는 것이다. 그러한 행위는 증언에 해석의 폭력을 가하는 것이다. 해체는 텍스트를 거세해 버린다. 텍스트의 진짜 목소리가 상실되고 나면, 텍스트는 어쩔 수 없이 가성(假聲)으로 말할 수밖에 없는 것일까? 그러므로 급진적인 독자반응 비평은 증언이라는 생각 자체, 타자의 목소리 자체를 아예 배제해 버리는 모험을 감행하는 것이다. 바르게 증언을 받아들인다는 것은 저자의 목소리를 귀담아 들으며 존중하는 것을 의미한다고 나는 주장할 것이다. 증언이 실로 저자의 죽음으로 이끌어 갈 수도 있겠지만, 해체가 제시하는 식으로 이끌어 가지는 않을 것이다. 저자가 죽는 것은, 목격자가 요청되지 않은 타자의 목소리를 표출하기 때문이다. 증언은 우리에게 타자성을 존중하라고 그리고 타자의 목소리를 자신의 목소리로 환원하려는 유혹을 떨쳐 버리라고 도전한다.

타자의 목소리와 저자의 권리들

"…*이 일들을 기록한 제자*…"(요 21:24).

"이 책의 저작자의 문제는 감질나며", 우리로 하여금 "해석의 문제에" 대면하게 만든다.[4] 실로, 역사 비평 학자들이 볼 때는 해결되어야 할 수수께끼로서 그리고 해석학에 있어서는 고려되어야 할 문제점으로서 그러하다. 그러나 정확히 무엇이 저자의 문제일까? 역사 비평에서의 문제는 [저자가] 누구인가?'의 문제며, 해석학에서의 문제는 [저자란] 무엇인가?"의 문제다.

제4복음서 저자의 신분 문제에 관한 뚜렷한 사실들은 손쉽게 요약된다.

---

4) C. K. Barrett, *The Gospel According to St. John*, 2nd ed. (London: SPCK, 1978), pp. 3-4.

그러나 그 사실들이 낳는 다양한 이론에 대해서는 그리 쉽게 정리되지 않는다. 최초의 외적 증거는 거의 만장일치로 제4복음서를 세배대의 아들 요한에게 돌린다. 물론 이 증거의 대부분은 이레나이우스의 증언으로 소급될 수 있다. "그 후에 주님의 품에 기댔던 주님의 제자 요한은 소아시아의 에베소에 머무는 동안 자신의 복음서를 펴냈다"[「이단 반박론」(*Adversus Haereses*), 3.1.1]. 알려진 가장 초기의 사본들은 "카타 이오아낸"(*kata Ioannen*)이라는 제목이 붙어 있다. 그리고 중요하게도 그 모든 사본은 그 저자를 '목격자'로 확인하는 요한복음 21:24을 포함한다.

물론 텍스트 자체가 관련 자료들의 대부분을 이룬다. 그리고 내적 증거는 너무나도 다양한 평가의 대상이 된다. 요한복음 21:24은 무슨 말을 하며, 언제 그 말을 했을까?

21:24은 제4복음서에 언제 덧붙여졌을까? 불트만은 복음서 기자가 네 가지 자료를 사용해서 그 내러티브 대부분을 작성했으며, 그 내러티브는 요한복음 21장을 첨가한 후대 편집자에 의해 다시 꾸며졌다고 믿는다. 그리고 레이몬드 브라운(Raymond Brown)은 거의 대부분 불트만을 따르면서, 복음서 기자가 사랑하시는 그 제자일 수 없다는 데 동의한다.[5]

그러나 21:24은 정확히 무엇을 말하는 걸까? "이 일들을 기록한 제자가 이 사람이라." 이 구절은 사랑하시는 그 제자가 제4복음서의 저자라고 주장하는 것일까? 이 물음은 두 부분으로 되어 있다. 첫째, "이 일들"의 범위가 어디까지일까? 하는 것이다. 이 말은 바로 앞에 있는 사랑하시는 그 제자와 관련된 풍문에 대한 일화를 가리킬까,[6] 아니면 요한복음 21장 전체를 가리킬까, 아니면 그 복음서 전체를 다 가리킬까?[7] 다시금 이 경우는 틀림없이 전적으로 내적 증거, 즉 해석에 근거한다. 그러나 둘째 그리고 우리의 목적상 좀 더 중요한 물음은, '기록한 사람'(*grapsas*)의 의미가 무엇이냐? 하는 것이다. 한 극단에서는, 그 저자가 자신의 손으로 직접 썼다는 제안이라고 본다. 다른

---

5) Raymond E. Brown, *The Gospel According to St. John 13-21*, Anchor Bible 29 (New York: Doubleday, 1970), pp. 1078-1082.
6) C. H. Dodd, "Note on John 21, 24", *Journal of Theological Studies* 4 (1953): 212-213; Margaret Davies, *Rhetoric and Reference in the Fourth Gospel, Journal for the Study of the New Testament* Supplement Series 69 (Sheffield, U. K.: JSOT, 1992).
7) Paul S. Minear, "The Original Functions of John 21", *JBL* 102 (1983): 85-98.

사람들은 인과적 의미(causative sense)에서 그 말을 이해한다. (그 기사를 구술하거나 감독함으로써) '이 일들이 기록되게 했다'는 뜻으로 본다. 다른 한 극단에서는, 고트로브 슈렝크(Gottlob Schrenk)는 '그랍사스'(*grapsas*)가 훨씬 더 거리가 먼 저작 개념을 암시한다고 제안한다. 즉 사랑하시는 그 제자의 회고들은 단지 제4복음서를 작성하는 기초나 계기였을 뿐이라는 것이다.[8] 데일 무디 스미스(Dale Moody Smith)는 비평적 의견 일치에 대해 다음과 같이 간명하게 기술한다.

> 요한의 공동체는 그 자체를 예수에게와 사랑하시는 그 제자를 통해 최초의 제자 집단에 직접 연결되는 것으로 인식했다. 그 연결이 어떤 식으로 이해되든지 간에 그리고 역사적 주장으로서의 그 타당성이 무엇이든지 간에 말이다. 우리는 이 점에 대한 폭넓은 의견 일치를 발견할 수 있다. 그리고 사랑하시는 그 제자가 목격자였는지의 여부에 대해서는 좀더 좁은 의견 일치가 그리고 그 제자를 옛 교회 전통에 따라 세베대의 아들 요한과 기꺼이 동일시하려는 작지만 명확하게 표명하는 소수의 사람들이 있다.[9]

우리가 그 사랑하시는 제자와 제4복음서의 '연결'이 어떤 성격인지에 대해 더 이상 말을 할 수 있을까? 바레트(C. K. Barrett)는 '그랍사스'가 "단지 그 제자가 '이 일들'에 대한 궁극적이며 책임 있는 권위자였음을 의미할 뿐"이라고 생각한다.[10] 마찬가지로, 스티븐 스몰리(Stephen Smalley)도 사랑하시는 그 제자가 예수님의 행위와 언어에 대한 구두 진술을 어떤 제자에게나 제자 집단에게 물려주었다고 믿는다. 그런 다음에 그 제자들이 초고(草稿)를 작성했고, 사랑하시는 그 제자가 죽은 다음에 교회가 편집된 판을 펴냈다는 것이다. 레이몬드 브라운은 그 복음서 작성의 다섯 단계 가운데서 오직 첫 단

---

8) Gottlob Schrenk, "γράφω", in *Theological Dictionary of the New Testament*, ed. Gerhard Kittel and Gerhard Friedrich (Grand Rapids, Mich.: Eerdmans, 1964), 1:743.
9) D. M. Smith, "Johannine Studies", in *The New Testament and Its Modern Interpreters*, ed. E. J. Epp and G. W. McRae (Atlanta: Scholars Press, 1989), p. 285.
10) C. K. Barrett, *The Gospel According to St. John*, 2nd ed. (Philadelphia: Westminster Press, 1978), p. 587.

계에만 사랑하시는 그 제자가 개입했다고 본다. '누가?'라는 질문은, 그러므로 "저자란 **무엇**인가?"라는 좀더 근본적인 문제로 이끈다. 고대 문헌에서는 '그랍시스'가 그처럼 거리가 먼 저작성이나 네 가지 작성 단계로부터 떨어져 있는 저자를 가리키는 예가 거의 없다.[11] 여기에서 핵심적인 것은 저자 혹은 저작성(authorship)의 사실이 아니라, 바로 그 의미다.

스티븐 스몰리는, 비록 다른 사람들이 그 복음서의 구성과 작성에 책임이 있기는 하지만, 사랑하시는 그 제자의 증언이 그 복음서 기저에 깔려 있다고 결론을 내린다.[12] 그러나 그러한 재구성에 근거해서 볼 때, 사랑하시는 그 제자가 "고대 사본들에서 우리가 읽는 대로의 그 책에 대한 책임을 받아들일 사람(혹은 집단)"[13]이라는 저자(author)에 대한 바레트의 정의에 합치할 수 있을까? 오직 그가 단지 출처(source)의 하나일 뿐이라고 한다면, '기록한 사람'이나 "이 일들을 기록한 사람"이 바로 사랑하시는 그 제자라고 말하는 것이 이해될 수 있을까? 그렇다면, 비록 그가 일차적인 혹은 유일한 출처이긴 하지만, 우리가 진짜로 슈렝크처럼 그 사랑하시는 제자가 그 복음서의 내용에 대해 "영적으로 책임이 있다"고 말할 수 있을까? 이렇게 말하는 것은 파가니니(Paganini)가 자신의 주제에 의한 라흐마니노프(Rachmaninov)의 광시곡들에 대해 '책임이 있다'고 말하는 것과 똑같지 않을까? 분명 "파가니니 주제에 의한 광시곡"의 배후에 있는 정신과 생각은 분명 라흐마니노프의 것이다. 파가니니는 그 '광시곡'을 작곡하지 않았으며, 그렇게 할 수도 없을 것이다.

저자 문제에 대한 수수께끼를 해결하겠다는 일념으로, 역사 비평학자들은 새로운 수수께끼를 만들어 냈다. 어떻게 아득한 출처가 결정적이며 최종적인 통제를 전혀 하지 못했던 어떤 텍스트에 대해 책임을 질 수 있단 말인가? 데니스 나인햄(Dennis Nineham)은 목격자 증언이 복음서의 구성 과정에 거의 영향을 주지 않았다고 주장한다.[14] 그러나 제4복음서는, 그 효과를

---

11) F. R. M. Hitchcock, "The Use of graphein", *Journal of Theological Studies* 31 (1930): 271-275.
12) Stephen Smalley, *John: Evangelist and Interpreter* (Exeter, U. K.: Paternoster, 1978, 「요한신학」, 생명의샘), p. 121.
13) Barrett, *Gospel According to St. John*, p. 5.
14) Dennis E. Nineham, "Eye-Witness Testimony and the Gospel Tradition, Part 1", *Journal of Theological Studies* 9 (1958): 13.

달성하기 위해 구조와 아이러니 등의 미묘한 점에 의지하는 잘 조율된 작품이다. 만일 사랑하시는 그 제자가 복음서의 형태에 대해서도 책임이 없다면, 그 정언의 내용이 어떻게 보존될 수 있었을지 안다는 것은 심히 어려운 일이다. 그러나 만일 사랑하시는 그 제자가 그 형태와 내용에 대해 책임이 있다면, 어떻게 그가 유일한 저자가 아닐 수 있겠는가?

우리가 기대할 수 있다시피, 문예 비평학자들은 저자의 의미라는 문제에 대해 다른 접근 방법을 취한다. 앨런 컬페퍼는 역사적인 인물로서의 저자에 대해서보다는 그 텍스트의 일종의 내재로서의 저자에 더 많은 관심을 기울인다. 그 '내재적 저자'(implied author)는, 그의 가치들과 비전이 독자의 작업과 반응을 형성하면서 [텍스트 안에] 현존하는 자다. 이처럼, 내재적 저자는 "실제 사람에 대한 관념적이며, 문학적이며, 창작된 버전이다. 그는 자신의 선택들의 총합이다."[15] "사랑하시는 그 제자는 그를 통해 저자의 관점을 전달하는 다른 인물일 수 있으며, 혹은 그 저자의 관념화 된 표현(따라서 내재적 저자의 극적인 근사치)일 수 있을 것이다."[16] 어떤 아이러니한 역전 가운데서, '저자'는 텍스트의 원인이었다가 이제는 그 텍스트의 수사학적 효과들 가운데 하나로 바뀌고 있다.

수사 비평(Rhetorical Criticism)의 커다란 기여들 가운데 하나는, 저자가 독자에게 정보를 주고, 독자를 이끌어 들이고, 인도하기 위해 채택하는 다양한 기교에 대해 우리가 주목하도록 요청한다는 데 있다. 그리고 독자에게 텍스트의 세계를 수용하도록 설득하는 주요 수단들 가운데 하나는, 저자의 현존성과 지성 및 도덕적 감수성에 대한 느낌을 만들어 내는 것이다. 아리스토텔레스는 자신의 「수사학」에서 말하는 자의 인격적 특성이나 '에토스'(ethos)에 대한 이러한 느낌 자체가 설득의 한 수단으로 기능한다고 인식했다. 하나의 내러티브 안에서 에토스와 동일한 것이 바로 내재적 저자의 목소리다.

제4복음서의 에토스는 주로 그 저자를 사랑하시는 그 제자와 동일시하는 데 의지하고 있다. 사랑하시는 그 제자는 '목격자의 권위'를 향유한다고 레

---

15) W. C. Booth, *The Rhetoric of Fiction* (Chicago: University of Chicago Press, 1961), pp. 74-75.
16) R. Alan Culpepper, *Anatomy of the Fourth Gospel: A Study in Literary Design* (Philadelphia: Fortress, 1983), p. 44.

이몬드 브라운은 말한다.[17] 칼뱅에 따르면, 그 저자는 "그가 기록하는 모든 것을 온전히 알았던 한 사람의 목격자에게 더 큰 무게가 갈 수 있도록" 요한복음 21:24에서, 자신의 신분을 사랑하시는 그 제자로 밝힌다.[18] "한 사람의 목격자는 무엇인가를 보거나 듣고 다른 사람들에게 그 일의 진실에 대해 설득하기 위해서 그들에게 증언하는 사람이다."[19] 그러므로 증언을 한다는 것은 그 복음서 기자의 기능이며 특수한 권위다. 사랑하시는 그 제자는 그가 등장하는 곳마다 예수님의 사역과 죽으심의 의미에 접근할 수 있는 특권을 누리는 것으로(요 13:23-26에서는 예수님의 품에 눕는 친밀함을 누리며, 요 19:25-27에서는 십자가 밑에 서 있으며, 요 20:2-5에서는 빈 무덤에 맨 처음 가는 사람이다), 혹은 예수님의 정체에 대해 특별히 들여다 볼 수 있는 통찰을 가진 사람으로(그는 요 20:8에서 부활하신 예수님을 믿으며, 요 21:7에서는 부활하신 예수님을 인식하며, 요 21:24에서는 예수님에 대해 참된 증언을 한다) 그려진다. 분명 사랑하시는 그 제자는 해석학적인 은사가 있는 사람이었다. "그는 전혀 오해하지 않는다."[20]

저작성은 작품의 에토스에, 특히 '목격자'가 증언하는 작품의 에토스에 관련된 역사적 범주인 동시에 해석학적 범주다. 증언 가운데서는 '누가?'(저자의 정체)라는 질문과 '무엇'(저자란 무엇이냐)이라는 질문이 합쳐진다. 왜냐하면, 만일 그 텍스트가 '목격자' 증언이라면, 그 사실을 목격한 '나'의 진실성이 전적인 차이를 만들어 내기 때문이다. 증언의 권위는 그 보고들의 정확성에 달려 있을 뿐만 아니라 그 목격자의 적합한 능력이나 에토스에도 달려 있는 것이다. 마르틴 워너(Martin Warner)가 관찰하듯, 수사 비평은 여기에서 텍스트 작성의 역사와 그 텍스트를 작성한 공동체 역사에 초점을 맞추는 역사 비평학적 경향을 전복시킨다. 그 내러티브가 고안해 낸 것에 불과할 뿐이라고 말하는 것은 그 작품의 에토스를 파괴하는 것이며, "수사 비평으로부터 그 설득력을 강탈해 버리는 것"이다.[21] 요한복음 21:24의 저자(들)에게,

---

17) Brown, *John*, p. 1121.
18) John Calvin, *The Gospel According to St. John 11-21*, trans. T. H. L. Parker (Edinburgh: Oliver & Boyd, 1961), 1: 226.
19) John Ashton, *Understanding the Fourth Gospel* (Oxford: Clarendon, 1991), p. 523.
20) Culpepper, *Anatomy*, p. 121.

만일 그 저자가 사랑하시는 그 제자와 다르다면, 우리는 "사랑하시는 그 제자는 우리가 아는데, 너는 누구냐?"라고 말해야 할 것이다.

그 저자의 죽음. 제4복음서가 등장 인물들의 오해를, 중요한 점들을 명확히 하기 위한 포장으로 사용하고 있다는 사실은 잘 알려져 있다. 나중에 그 저자로 확인되는, 사랑하시는 그 제자에 관한 소문은 이 점의 일례가 될 수 있다. 그것은 베드로와 사랑하시는 그 제자 사이의 일련의 은은한 대조의 클라이맥스에 해당한다. 아우구스티누스에 따르면, 이 대조는 그리스도인의 두 가지 생활 상태인 활발한 믿음(active faith, 베드로)과 영원한 관조(eternal contemplation, 사랑하시는 그 제자)를 대표한다.[22] 좀더 최근의 학계는 두 제자 사이의 대조를 요한 공동체의 역사적 상황과 연결한다. 즉, 베드로는 목회적 사역을 대변하고, 요한은 예언적 사역을 대변한다는 것이다.[23]

그러나 불트만에 따르면, 요한복음 21:15-23의 목적은 교회에 대한 베드로의 권위가 그의 죽음 이후에 사랑하시는 그 제자에게로, 그래서 그 복음서에로 옮겨졌음을 보여 주는 것이다.[24] 불트만은 어떤 저자가 자신을 사랑하시는 그 제자로 밝힐 수 있으면서, 동시에 자신의 죽음에 대해 입증할 수 있다는 사실은 참으로 믿기 어렵다고 본다. 여기서 불트만은 충격적인 감성의 결여를 드러낸다. 혹자는 하이데거의 이전 제자 한 사람이, 여기에서 인정되듯, 그것이 그 저자의 실제 죽음이 아니라 다가오는 죽음, 그의 필멸성일 가능성에 열려 있기를 기대할 것이다. 그러나 불트만이 볼 때, 베드로와 사랑하시는 그 제자의 운명에 대한 이야기는 그 제4복음서가 사도적 권위를 향유한다는 주장을 위한 버팀목일 뿐이다.

마찬가지로, 레이몬드 브라운은 베드로의 죽음에 대한 언급이 단지 진짜

---

21) Martin Warner, "The Fourth Gospel's Art of Rational Persuasion." in *The Bible as Rhetoric: Studies in Biblical Persuasion and Credibility*, Warwick Studies in Philosophy and Literature, ed. Martin Warner (London: Routledge & Kegan Paul, 1990), p. 176.
22) Augustine, "Homilies on the Gospel of John." in *Nicene and Post-Nicene Fathers of the Christian Church*, ed. Philip Schaff (Grand Rapids, Mich.: Eerdmans, 1956), 7:450-451.
23) Barrett, *John*, p. 583; Charles Talbert, *Reading John: A Literary and Theological Commentary on the Fourth Gospel and the Johannine Epistles* (London: SPCK, 1992), pp. 262-263.
24) Rudolf Bultmann, *The Gospel of John: A Commentary*, trans. George R. Beasley-Murray (Oxford: Blackwell, 1971), p. 717.

요점—사랑하시는 그 제자의 죽음—에 도달하기 위한 수단일 뿐이라고 제시한다. 브라운이 볼 때, 사랑하시는 그 제자가 죽지 않으리라는 소문은 그가 죽었을 개연성이 이미 완벽하게 확실하기 때문에 거짓이다. 그 일화는 그 공동체가 "그들로서는 그가 죽지 않을 것이라고 기대했기 때문에 그들의 큰 스승의 죽음으로 말미암아 동요했기" 때문에 포함된다고 본다.[25] 사랑하시는 그 제자의 소임과 운명에 관한 일화는 그의 증언이 그 복음서 가운데 존속하고 있음을 그 요한 공동체에 다시금 확인해 주려는 의도를 지닌다. 존 애쉬튼(John Ashton)은 고별 강화(Farewell Discourse) 또한 그 공동체로 하여금 예수님이 떠나시는 일 뿐만 아니라 사랑하시는 그 제자의 떠남에 대해서도 대면할 수 있도록 그 공동체를 도우려는 것이었다고 제안한다.[26]

이러한 해석들은 사랑하시는 그 제자라는 인물을 어떤 이데올로기적 갈등 가운데 만들어진 하나의 '장치'로 만든다. 요한 공동체는 비록 그 사도가 (그가 누구였든지 간에) 완성된 생산품으로부터 멀리 떨어져 있다 할지라도, 그 복음서에 대한 사도적 권위를 주장한다. 만일 사랑하시는 그 제자가 죽었다면, 우리가 그 텍스트 안에서 듣는 것은 사랑하시는 그 제자의 목소리가 분명 아니다. 그렇다면, 그 목소리는 누구의 목소리일까? 저자에 대한 이와 같은 문자적 해체는 '저자'라는 바로 그 생각이 이데올로기적 구축물이라고 주장하는 문학적 해체 비평자들의 손에 떨어지게 된다.

"성경 저자들의 익명성은 어떤 전후(戰後) 프랑스 작가들의 문학에 대한 '저자의 죽음'이라는 접근 방법과 잘 어울린다.…롤랑 바르트가 볼 때, '글은 모든 목소리, 모든 기원의 출발점(point of origin)을 파괴한다.'"[27] 성경 저자들의 익명성은 후기 구조주의적 읽기들을 놀랍게 촉진시킨다. 저자의 죽음은 저자의 의도를 발견해야 하는 굴레로부터 그리고 텍스트를 해독해야 하는 일로부터 독자를 해방한다. 미셸 푸코(Michel Foucault)가 볼 때, 저자라는 관념은 텍스트의 통일성과 일관성에 대한 허위의식을 제공하는 데 기여한다. "그러므로 저자는 하나의 이데올로기적 인물로서, 우리는 그 인물을

---

25) Brown, *John*, p. 1119.
26) Ashton, *Understanding*, pp. 441, 478.
27) R. P. Carroll, "Authorship." in *A Dictionary of Biblical Interpretation*, ed. R. J. Coggins and J. L. Houlden (London : SCM Press, 1990), p. 74.

가지고 우리가 의미의 확산을 겁낸다는 사실을 감춘다."[28]

저자의 죽음, 특히 이 저자, 사랑하시는 그 제자의 죽음에 의해 위협받는 것은 그 텍스트의 무흠성(integrity)과 권위다. 이 텍스트에는, 어떤 독립적인 목소리나 지식의 출처가 존재하는가, 아니면 모든 목소리는 단지 사칭된 목소리들, 이데올로기적 구성물들, 수사적(rhetorical) 효과일 뿐인가? 이와 같은 물음은 참된 증언이라고 주장하는 담론의 본질적인 문제를 건드린다.

저자의 권리. 사랑하는 그 제자라는 인물은 후일의 익명의 편집자의 수사적 산물 혹은 이데올로기적 산물일 뿐일까? 아니면, 사랑하시는 그 제자가 실질적인 의미에서 그 저자일 가능성이 있는 것일까? 바레트는 "개연성의 균형은 사람이 자신을 그런 식으로 지칭하지는 않는다는 것이다"라고 말한다.[29] 이 흥미로운 형용 어구에 대한 다른 설명은 무엇일까? 아우구스티누스는 그 어구를 저자의 겸손 탓으로 돌린다. "우리에게 신성한 글을 공급하게 된 사람들 중 어느 누구라도 하나님의 역사(the divine history)와 연결되면서 무엇인가가 자신에게 영향을 줄 때, 마치 다른 사람에 대해 말하는 것처럼 행동하는 것이 그 사람들의 습관이었다."[30] 웨스트코트(B. F. Westcott)도 비슷한 설명을 제공한다. "한 사도가 기록자로서의 자신의 위치로부터 자신을 증인으로 분리시키는 것은…지극히 당연한 일이다."[31] 이러한 가정들이 내재적 저자의 에토스에 관해 앞서 확립된 바와 통한다는 점은 주목할 만한 사실이다. 사랑하시는 그 제자는 실로 하나의 수사적 장치로서 기능하지만, 수사는 효력 때문만이 아니라 진리 때문에 활용될 수 있다.[32]

요한복음 20:2에서, 사랑하시는 그 제자는 "다른 제자"라고 언급된다. 레이몬드 브라운은 "사랑하시는 그 제자"가 그의 고양된 위상을 암시하기 위해 제자들이 칭한 것이었던 반면에, "다른 제자"는 아마도 스스로를 칭하는 것이었으리라고 믿는다. 그러나 흥미로운 사실은 이 인물이 그려지는 그 절제적인 측면이다. 거기에는 그 제자가 베드로보다 더 우월하다는 암시가 전혀

---

28) Michel Foucault, "What Is an Author." in *Textual Strategies: Perspectives in Post-Structuralist Criticism*, ed. J. V. Harari (Ithaca, N. Y.: Cornell University Press, 1979), p. 159.
29) Barrett, *John*, p. 117.
30) Augustine, "Homilies", p. 311.
31) B. F. Westcott, *The Gospel According to St. John* (Grand Rapids, Mich.: Baker, 1980), p. lv.
32) Warner, "Art", p. 8.

없다. 단지 다를 뿐이다. 더욱이, 사랑하시는 그 제자가 내부 지식을 가졌으면서도 나누지 않는다는 사실이 널리 지적되어 왔다. "그는 이해하지만, 나중이 되어서야 비로소 증언한다."[33] 물론 그 내러티브에 등장하는 과묵한 "다른 제자"의 겸손은, 제4복음서의 기록자로서 그의 능력에 대해 말이 많은 사랑하시는 그 제자의 심원한 증언에 의해 보상(報償) 이상의 것을 받는다.

제4복음서에서 우리에게 주어진 것은 그 "다른 제자"의 목소리라고 여겨진다. 저자와 관련된 해석학적 물음은 간단히 말해서 이것이다. 해석자들은 그 저자의 목소리를 회복하고자 노력해야 하는가? 로버트 모건(Robert Morgan)과 존 바튼은 "마치 죽은 사람들처럼, 텍스트는 아무런 권한도, 목적도, 관심사도 갖지 않는다"라고 제안해 왔다.[34] 계속해서 그들은, 저자는 자신이 의도했던 대로 이해되어야 할 단기간 동안의 도덕적 권한을 갖지만, "그 권한은 그와 함께 혹은 그 발언이 의도되었던 경우와 함께 죽는다"라고 말한다.[35] 저자는 죽기만 하는 것이 아니다. 저자는 유언도 남기지 않는다. 그러한 조건은 특히 문제의 텍스트가 증언일 경우 곤혹스러운 것이다. 실로 요한복음 21장의 핵심들 가운데 하나는, 그 목격자의 이탈에 (가능하게는 미리) 대비하고자 하는 것이다. 증언은 정확히 그 저자를 넘어서서 살아남는다.

동물들과 식물들, 심지어 박테리아까지도 점차적으로 어떤 권리들(최소한 생존권)을 부여받는 이러한 시대에, 바튼과 모건이 텍스트와 저자에게 똑같은 예우를 하지 않는 것은 심지어 정치적으로 바르지 못한 해석자에게까지도 이상한 느낌을 준다. 우리는 과거에 대해 어떤 빚을 지고 있지 않은가? 예를 들면, 홀로코스트에서 살아남지 못한 사람들의 말하지 못한 증언과 마찬가지로, 홀로코스트를 견디고 살아남은 사람들의 쇼아 증언(the Shoah testimony)을 결코 잊지 않아야 할 책무가 있지 않은가? 소수자들과 다른 주변부 집단들의 말을 들을 기회가 부여되는 시대에, 저자의 목소리가 여전히 성경학계의 언저리에 머문다는 것은 상당한 스캔들이 아닐 수 없다. 그리스도에 대한 그 타자적 증언은, 제4복음서로 하여금 요한 공동체의 역사에 관

---

33) Culpepper, *Anatomy*, p. 44.
34) Robert Morgan and John Barton, *Biblical Interpretation*, Oxford Bible Series (Oxford: Oxford University Press, 1988), p. 7.
35) 같은 책, p. 270.

한 물음들에 답변하게 만드는, 그 복음서 작성에 대한 여러 이론에 의해 밀려나 버렸다. 지금은 그 저자의 권리—자신의 말이 들리고 이해되어야 할 저자의 권리—를 위해 캠페인을 벌여야 할 때가 아닐까?

저자의 정의로 되돌아가서, 나는 '저자'라는 말을 텍스트의 최종 형태에 대해 책임 있는 사람(들)으로 이해한다. 타자로서, 제4복음서의 저자는 한 사람의 목격자다. 그의 증언의 에토스에 주목한다면, 그가 또한 목격자라는 사실에 우리가 설득될 수 있을 것이다. 목격자의 증언은, 그 증언이 그 성격 그대로—타자의 목소리—임을 주장한다. 모든 문학 형식 가운데, 증언은 해석자가 그 안에 무엇인가를 집어넣어서 읽는 일에 가장 열렬하게 저항한다.

급진적인 독자반응은 참된 증언의, 타자의 목소리의 바로 그 가능성을 배제한다. 그러나 유의미한 타자이자 뜻을 표명하는 중요한 타자로서, 저자는 자신의 일차적인 소통 의도가 주목받고 존중받을 애초의 권리를 가진다. ('애초의 권리'라는 말은 그 권리가 폐지될 수 있다는 말이다. 저자가 강박증적인 거짓말쟁이일 수도 있을 것이다.) 내가 보여 주려 하듯, 저자는 유죄가 입증되기 전까지는 결백하다고, 즉 진실하다고 간주되어야 할 권리를 갖는다.

증언: 텍스트에 대한 판가름
"그가 이 일들을 증거하고…"

저자와 관련해서, 나는 [저자에게] '어떠한 권한이 있는가?' 물었다. 이제는 그 텍스트로 돌아가서, '거기에 어떤 잘못들이 있는가?'를 묻도록 하자. 즉, 허위 해석들이 가능한가? 라는 질문이다. 요한복음 21:23은 흥미로운 방식으로 잘못된 해석의 일례를 다룬다. 그 일례는 제4복음서에서 로고스가 불시에 성취되는 몇 가지 예 가운데 하나일 뿐이다. 그러나 21:35의 경우에는, 우리에게 정확한 해석이 주어지지 않는다. 오히려, 우리는 다시 예수님의 말씀으로 눈길을 돌리게 된다. 그 제자들은 예수님의 말씀에 충분한 주의를 기울이지 않았다.

제4복음서의 독자들로서는, 이 훈계의 예를 마음에 두어야 한다. 그 말씀은 중요하다. 로고스는 수사의 한 형태이기도 하다. 로고스는 말하기 자체의 명백한 증명을 통해 설득하는 수단이다. 증언은 증거하는 자의 에토스와 관련되어 있을 뿐만 아니라 그 목격자의 내용 혹은 로고스와도 관계되어 있다.

그러나 어째서 우리가 목격자의 증언을 신뢰해야 할까? 만일 우리가 이해하기 위해 믿어야 한다면, 우리는 해석학적 순환의 악성 변형에 갇히고 마는 것이 아닐까? 만일 우리가 어떤 목격자를 신뢰할 만하다고 생각한다면, 그것은 우리가 그 증언을 신뢰하기 때문이 아닐까? 그리고 또 종종 우리가 그 증언하는 사람을 신뢰하기 때문에 그 사람의 증언을 신뢰하는 것이 아닐까?

의구심의 해석학. 위의 딜레마에 비추어 볼 때, 현대 비평학자들은 해석학적 순환에서 아예 발을 빼 버렸다. 의구심의 해석학은 대부분의 근대 성경 비평의 역사에 대해 사망선고를 내렸다. 가브리엘 조시포비치(Gabriel Josipovici)는 요한복음 21:24에 대해 논평하면서, 증언에 대한 판가름을 다음과 같이 규정한다. "불행하게도 그러한 단어들은 단지 말일 뿐이다. 그리고 게임의 규칙은 저자가 자신이 말하는 바의 진실을 더 주장하면 할수록, 우리는 그를 덜 믿게 된다는 것인 듯하다."[36]

겉모습에 대한 불신은 역사적 지식의 새로운 도덕성을 고백하는 성경 비평학자들의 반영이다. 나인햄에 따르면, 고대 역사가들은 증언을 "그 밑으로 파고들 수 없는 반석과 같은 진리"로 간주했던 반면에, 그들의 현대적 짝들은 증언에 대해 의문을 제기한다. "한 사람의 역사학자로서 그의 바로 그 무흠성과 자율성 때문에, 그는 자신의 '자료들'을 액면 그대로 받아들이지 못한다."[37] 나인햄은 콜링우드(R. G. Collingwood)가 목격자 증언을 받아들이기를 꺼렸던 일에 대해 인정한다. 왜냐하면, 그렇게 목격자의 증언을 받아들이는 것은 그 역사학자가 "만일 과학적인 사고를 하는 사람이라면, 오직 스스로 할 수 있는 일을 다른 누군가로 하여금 자신을 위해 하도록 허용하고 있음"을 함의하기 때문이다.[38] 그 자신의 (학술적인) 연구물들에 의한 정당화(justification)가 인식론적 덕목을 달성하는 유일한 길로 여겨진다. 존 로크(John Locke)가 볼 때, 믿음은 충분한 이성에 근거해서가 아니라 제안자의 신용에 근거해서 이루어진 전제들에 동의하는 것이다. 그것은 아무런 근거

---

36) Gabriel Josipovici, *The Book of God: A Response to the Bible* (New Haven, Conn.: Yale University Press, 1988), p. 213.
37) D. E. Nineham, "Eye-Witness Testimony and the Gospel Tradition, Part 3", *Journal of Theological Studies* 11 (1960): 258.
38) 같은 책.

없이 이루어진 전제들에 대해 동의하는 것이라는 말과 똑같은 것이다. 혹은 클리포드(W. K. Clifford)가 자신의 유명한 글 "믿음의 윤리학"(The Ethics of Belief)에서 말했듯이, "충분한 증명에 근거하지 않은 어떤 것을 믿는다는 것은 언제나, 어디서나, 누구에게나 잘못이다."[39]

의구심의 해석학은 극도의 한계로까지 밀고 나간 해체다. 이는 정당화된 참된 신념으로서의 지식의 가능성 자체를 부인한다. 해체가 볼 때, 정당화는 언제나 합리화다. 판단은 결코 불편부당하거나 공명정대하지 않다. 우리로서는 문학적 지식의 무도덕성을 말할 수 있을 것이다. 해체에서는, 저자의 목소리는 비결정적이며 또한 해독 불가능하다. 텍스트에는 규정적인 의미가 전혀 없으며, 전혀 규정적인 의미를 가지고 있지 않은 텍스트는 증언할 수도, 보도할 수도 혹은 고백할 수도 없다. 정직한 독자들은 텍스트의 유혹에 저항해야 한다. 마치 끈끈이주걱(Venus Flytrap)처럼, 텍스트는 재현에 대한 약속과 실재의 향기로 의심 없는 독자들을 유혹하여 그 입에 집어삼키고, 끊임없이 그 자체만 가리키는 언어와 텍스트성의 미로(迷路)에 독자들을 빠뜨린다. 그 순진함을 벗어버리고, 해석은 "해석자가 텍스트를 희생물로 삼는 **적대적 행위**"가 된다.[40] 텍스트 자체에는 해석과 별개로 존속하는 것이 전혀 없기 때문에, 텍스트는 오직 희생물로서만 존재한다. 하나의 텍스트가 된다는 것은 해석의 폭력에 굴복하는 것이다. 역사 비평학자들에 의해 쿡쿡 찔리면서 검사를 받는 냉대와 모욕을 당한 후에, 해체된 텍스트는 이제 그 최후의 능욕—해석적 강간—을 당한다.

믿음의 해석학. "비판적 사상의 황무지를 넘어서, 우리는 다시금 새롭게 도전받기를 원한다."[41] 타자의 목소리를 회복할 어떤 길이 있을까? 그리고 일단 그 목소리가 회복되었을 경우, 우리가 다시 그 요청에 귀를 기울이고 믿을 수 있을까?

저자의 문제는 좌파나 우파의 학자들에게 해석학적이거나 신학적인 문제

---

39) W. K. Clifford, "The Ethics of Belief." in *Lectures and Essays* (London: Macmillan, 1886), p. 346.
40) M. C. Taylor, "Text as Victim." in *Deconstruction and Theology*, ed. T. J. J. Altizer (New York: Crossroad, 1982), p. 65.
41) Paul Ricoeur, *The Conflict of Interpretations* (Evanston, Ill.: Northwestern University Press, 1974), p. 28.

라기보다는 주로 변증적이거나 역사적인 문제인 것으로 취급되어 왔다. 오늘날 대부분의 학자들은 제4복음서에 대한 증거가 확정적이지 않다고 생각한다. 이러한 사실이 우리가 믿음을 보류할 정당한 이유가 될까? 브레바드 차일즈가 볼 때, 기원과 목적에 대한 역사 비평 이론들은 텍스트에 "그 텍스트가 전혀 지니지 않은 어떤 역사적 구체성"을 제공하려고 시도한다.[42] 차일즈는 사랑하시는 그 제자의 증언이 역사적으로 검증되는 것이 아니라 믿는 공동체의 살아 있는 목소리 가운데 녹아든 것이라고 말한다. "문제가 되는 중요한 방법론적 쟁점은 그 물음을 즉시 역사성의 문제로 바꿔버리는 일이 없이, 저자에 대한 그 책의 증언이라는 신학적 기능에 대해 공정을 기하는 것이다."[43] 그 끝맺음 덕분에(요 21:24), 그 텍스트는 장래 세대의 독자들에게 말을 건넬 수 있게 되었다.

차일즈가 의미의 문제가 역사적 지시 대상의 영역으로 환원될 수 없다는 점을 우리에게 일깨운다는 점에서, 나는 옳다고 생각한다. 그러나 차일즈가 정경적 기능을 과장할 가능성도 있다. 역사 비평학자들이 의미의 문제를 원래의 정황에 대한 물음들로 바꿔 버리는 그 자리에서, 차일즈는 그 문제를 교회의 미래의 정황에 대해 말하는 문제로 바꿔 버린다. 텍스트는 과거에 무엇이었느냐 혹은 앞으로 무엇이 될 것이냐 때문에 인정을 받기보다는 현재 무엇이냐 때문에 인정을 받는 데 관심이 있다. 차일즈는 지나치게 신속하게 정경으로 건너가 버린다. 정경적 기능으로 진행해 가기에 앞서, 우리는 다양한 문학 장르를, 이 경우 증언이라는 장르를, 분석하는 필수적인 우회가 필요하다.

제4복음서에 대한 상당수의 최근 접근 방법은 증언들의 배후에 있는 어떤 자료들을 추구하는 역사 비평적 읽기들이 잘못 안내를 받는다는 사실에 동의한다. "요한의 텍스트의 최종 형태가 아닌 다른 어떠한 것에 초점을 맞추는 것은 부적절하다"[44] 그러나 그 제4복음서에, 그것과는 매우 다른 장르의 텍스트들이 수행할 수 있는 기능과 똑같은 정경적 기능을 할애하는 것 또한 부적절하다. 그렇다. 제4복음서의 정경적 역할은 그에 해당하는 종류의, 로

---

42) Brevard S. Childs, *The New Testament as Canon: An Introduction* (London: SCM Press, 1984), p. 124.
43) 같은 책, p. 130.
44) Talbert, *Reading John*, pp. 63-64.

고스에 해당하는 종류의 기능이어야 한다. 제4복음서는 무엇인가? 그것은 목격 증언(eyewitness testimony)이라고 주장하는 '나의 목격 증언'(I-witness testimony)이다. "증언은…사건에 대해 보고하는 것이다.…이러한 첫 번째 특성은 다른 의미들을 사이비 경험의 영역으로 몰아내 버린다. 결과적으로, 증언은 목격된 것들을 진술된 것들의 층위로 옮겨 놓는다."[45] 증언은 신빙성 있는 (조사하고 해석한 것 모두에 대한) 보고문을 통해 그리고 그 목격 증언의 성격적 자질을 통해 합리적으로 설득하겠다는 목적을 지닌 문학 양식이다.

글의 양식과 내용은 따로 떼어놓을 수 없는 것이기 때문에, 목격 증언을 넘어서서 그 증언을 검증하려는 시도들은 실패할 수밖에 없다. 특히 이 점은 바로 절대적 의의를 지니는 특이한 사건들의 사실과 의미를 전달하려고 시도하는 장르인, 증언의 경우에 그렇다. 증언은 **p**를 진술하는 목격자의 행위가 '그 **p**'를 입증하는 것으로 제공되는, 즉 그 목격자가 참되게 '그 **p**'를 진술할 적실한 능력이나 자격들을 갖추었다고 받아들여지는 화행이다.[46] 제4복음서에서, 대부분의 경우는 아닐지라도 많은 경우에, 증언은 우리가 문제의 해당 사건에 접근할 수 있는 유일한 통로다. 프랜시스 피오렌자는 그 명백한 함의를 다음과 같이 도출한다. "이 증언들의 배후에 도달하려는 시도는 그 증언들이 말하는 것보다 더 말하게 하는 것이 아니라 덜 말하게 한다."[47]

지금까지 너무나 오래, 책임 있는 학자에 대한 인상이 우리를 포로로 잡고 있었다. 의구심의 해석학은 잘못 안내를 받은 것이 아니라, 잘못된 자리에 가 있는 것이다. 불신은 첫 번째 해석학적 반사 작용이 결코 될 수 없다. 특히 증언의 경우에는 그렇게 할 수 없다. 지금은 역사 비평학자의 과시되는 자율성이라는 정체를 있는 그대로 폭로해야 할 때다. 그 자율성이라는 것은 일종의 윤리적 개인주의와 지적 교만이다. 요한복음 21:20-24의 해석을 놓고서 벌어지는 대부분의 의구심과 회의론은 근거가 없는 것이다. 역사 비평 사업의

---

45) Paul Ricoeur, "The Hermeneutics of Testimony." in *Essays on Biblical Interpretation*, ed. Lewis Mudge (Philadelphia: Fortress, 1980), p. 123.
46) C. A. Coady, *Testimony: A Philosophical Study* (Oxford: Clarendon, 1992), chap. 2.
47) Francis S. Fiorenza, *Foundational Theology: Jesus and the Church* (New York: Crossroad, 1986), p. 41.

근본을 이루는 인식론적 토대주의는 최근 들어 심하게 동요한다. 한 철학 논문에서, 코디(C. A. Coady)는 "타자들의 말에 대한 우리의 신뢰가, 진지한 인식 활동이라는 바로 그 관념에 대해 근본적이다"라고 주장한다.[48] 다른 사람의 말을 신뢰한다는 것은 인간의 지적 활동의 필수적이며 피할 수 없는 차원이다. 자율적인 지식이라고 간주되는 것은, 사실 다른 사람이 우리에게 말하는 것에 은밀히 의존함으로써 뒷받침된다.

반면에, 나인햄과 클리포드가 볼 때, 목격자 증언은 오직 그 증언이 **내 것**일 경우에만 믿을 수 있다. 증언은 오직 내가 그 진술을 혹은 최소한 그 목격자의 성격을 확인했을 경우에만 신뢰할 수 있다는 것이다. 그러나 이 말은 자율적인 학자가 자신이 직접 관찰하지 못한 것은 어떠한 것도 믿지 않는다는 뜻이다. 만일 이것이 신빙성 있는 지식의 유일한 기준이라면, 역사 비평학자들은 실로 매우 작은 연못의 살얼음판에서 스케이트를 타는 것이다. 코디는 통렬하게 선고한다. 증언보다 지각(perception)을 특권화 하는 경향은 사실상 "내 지각이 으뜸이 되기를 갈망하는 것"이다.[49] 바로 그렇기 때문에, 그 본질상 현대의 비평학자들은 제4복음서의 핵심 주제에 접근하는 데 뚜렷이 불리한 입장에 있는 것이다.

증언은 지각과 기억이 그렇듯이 지식의 수단으로서 아주 기본적인 것이다. 우리가 어떤 대상물에 대한 자신의 지각으로부터 그 대상물이 청색이라고 **끌어내지** 않는 한, 우리는 그 대상물이 청색이라는 다른 누군가의 증언을 믿는다. 우리는 그 사실을 끌어낼 필요가 없다. 정상적인 형편에서 어떤 한 사람이 그렇다고 진술하는 것으로 충분한 이유가 된다. 우리가 들은 바를 의심할 만한 충분한 이유가 없는 한, 우리는 들은 바를 믿는 것 외에 달리 도리가 없다. 그러므로 증언자는 유죄로 입증되기 전까지는 인식론상으로 무흠한 것으로 간주된다.

이 원칙이 제4복음서에 대한 해석에서 지극히 중요하다고 나는 믿는다. 증언은 신념을 낳는 합당한 절차다. 제4복음서의 수사와 합리성 사이에는 어떠한 모순도 불필요하며, 사랑하시는 그 제자의 말을 액면 그대로 받아들이

---

48) Coady, *Testimony*, p. vii.
49) 같은 책, p. 148.

기에 앞서 그 제자의 신빙성(혹은 정체성?)에 대해 더 추론할 필요가 없다. 반복해서 말하자면, 증언은 지각과 기억이 믿을 만한 지식의 수단이듯, 증언도 믿을 만한 수단이다. 실로 증언은 직접 지각할 수 없었던 혹은 지각하지 못했던 자들에게 다른 사람들의 과거와 현재의 지각을 획득할 수 있게 해준다.

물론 이 모든 것이 제4복음서가 참이라는 사실을 뜻하지는 않는다. 성경의 기록자들이 잘 알았듯이, 불행히도 거짓 증언이 창궐한다. 그렇지만, 증언을 해석할 때, 의구심이나 믿음 가운데 어느 태도가 해석학적으로 더욱 열매를 맺겠는가? 기껏해야, 회의주의자는 오류로부터의 안전함은 더 많이 누리겠지만, 다른 대안들보다 더 큰 설명력을 지닌 내러티브적 틀을 무시하고 참일 수 있는 수많은 믿음을 놓칠 수 있는 모험을 감행한다. 믿는 자는 거짓된 신념들을 습득할 수도 있는 모험을 감행하지만, 참된 믿음과 예수님의 삶과 운명을 이해할 수 있는 더 많은 해석의 틀을 받아들이는 데 열려 있다. 그러나 '믿는 자'가 반드시 신앙 유일론자(fideist)인 것은 아니다. "우리가 쉽게 속는 존재임에는 의심의 여지가 없지만, 다른 사람의 소통을 '의심할 하등의 이유'는 없다고 말할 수 있다. 우리는 그저 속임이나 혼동이나 실수에 대한 표준적인 경고 표시들이 그 자리에 없음을 인식할 수 있다."[50] 믿는 자로서의 독자라는 개념과 더불어, 이제 지식의 도덕성으로부터 해석의 윤리학으로 진행해 가도록 하자.

독자반응과 독자책임: 읽기에 대한 판가름

"그의 증거가 참인 줄 아노라."

지금까지 우리는 저자와 목격자로서의 사랑하시는 그 제자의 역할을 평가해 왔다. 그러나 사랑하시는 그 제자는 제4복음서에서 또 다른 역할을 수행한다. 그것은 모범적인 제자로서의 역할이다. 예수님의 생애와 운명의 의의를 목격해 왔던 그 제자는, 제4복음서의 말미에 이르러서야 증언하기 시작한다. 실로 사랑하시는 그 제자의 운명과 베드로의 운명을 대조하는 전체적인 요점은 사랑하시는 그 제자의 사역이 죽음이라기보다는 '살아 있는 순교'[51]

---

50) 같은 책, p. 47.
51) Westcott, *John*, p. 374.

의 형태를 띨 것임을 보여 주려는 것이다. 사랑하시는 그 제자는 '머무름'으로써, 즉 계속해서 증언하도록 남겨짐으로써 예수님을 따른다.

따라서 사랑하시는 그 제자는 이상적인 독자(ideal reader)—증언을 받아들이고, 증언을 믿는 독자—의 역할을 미리 보여 준다. 사랑하시는 그 제자는 독자가 제4복음서의 내러티브적 증언에 의해 어떻게 영향을 받아야 할지를 보여 준다. 이상적인 독자로서, 사랑하시는 그 제자는 이제 아리스토텔레스의 세 번째 수사학적 지표인 파토스(pathos)의 지표 아래 선다. 파토스는 독자들이 담론에 대해 반응하거나 담론을 전유하는 방식과 관련 있다. 흡수하고 전유하는 이 순간에 도달하지 못하는 해석들은 미완성으로 남게 된다. 만일 담론이 누군가가 다른 사람에게 무엇인가를 말하는 것이라면, 담론은 수신자가 메시지를 받아들이기까지는 성취되지 않은 것이다. 사랑하시는 그 제자는, 이해한다는 의미에서 증언을 따라가는 일뿐만 아니라 그 자신의 삶이 하나의 증언이 되는 지점에까지 그 증언의 함의들을 따라가는 모범적인 독자다.

저자의 목적은, 독자가 한 사람의 제자가 되게 하는 것이다. 아마도 이것이 제4복음서의 가장 심오한 아이러니일 것이다. 즉, 겉으로는 예수님을 심리하는 내러티브가 독자를 심리하는 것으로 끝난다는 것이다.

타자에 대한 책임. 만일 책무가 있다면, 독자는 텍스트에 대해 어떤 책무를 지는 것일까? 바튼과 모건은, 저자들에게 아무런 권한이 없듯이 독자들에게도 보편적인 책임은 전혀 없다고 내비친다. 한 사람의 독자가 어떤 텍스트를 가지고 행하는 것은 그 독자의 목적들과 관심사들의 한 기능이라는 것이다.[52] 텍스트를 가지고 독자가 실제로 행하는 것에 대한 하나의 기술(記述)로서, 이 진술을 흠잡기는 어려울 것이다. 그러나 그런 말 이외에는 달리 할 말이 전혀 없을까? 각각의 모든 독자는 그 자신의 해석이라는 봉건 영토의 영주일까? 혹, 클리포드보다는 엠마누엘 레비나스를 따라, 개인의 고유성은 자율성에 있는 것이 아니라 오히려 타자에 대한 책임에 있는 것이 아닐까?[53]

거듭해서 리쾨르는 인간이 스스로를 구성하는 존재가 아니라 오히려 전

---

52) Morgan and Barton, *Interpretation*, p. 270.
53) Emmanuel Lévinas, *The Levinas Reader*, ed. Sean Hand (Oxford: Blackwell, 1989), p. 202.

통들과 문화들과 세계들을 매개하는 텍스트의 해석을 통해서, 점차적으로 자기를 충당해(appropriate) 간다고 주장해 왔다.[54] 자신은 타자에 의해서, 특히 고난받는 타자에 의해서 책임을 지도록 소환된다. '고난'이라는 말로, 리쾨르는 "자신의 온전성(self-integrity)에 대한 침해로 경험되는, 행위 능력에 대한 축소 혹은 심지어 파괴"를 의미한다.[55] 이 정의를 근거로, 우리는 텍스트의 고난에 대해서도 그리고 고난받는 종으로서의 목격자에 대해서도 말할 수 있다. 텍스트는 해석에서 주도권을 취할 수 없다는 의미에서 '고난을 받는다.' 그 특권은 독자에게 속한다. 목격자는 망각하지 말아야 할 과거에 대한 그리고 타자에 대한 책무를 되갚느라 애를 쓴다는 의미에서 고난받는 종이다. 목격자는 타자에게 증언해야 할 책무를 진다. 이 사실을 명심하면서, 우리는 알렉산더 솔제니친(Alexander Solzhenitsyn)은 말할 것도 없고 드미트리 쇼스타코비치의 「증언」(*Testimony*)을 읽어야 한다. 목격자는, 그의 증언이 위험한 기억이기 때문에 순교자가 된다. 쇼스타코비치의 증언은 구소련 사회에 대한 단죄였다. 이 증언은 그 나라에서 몰래 밀반출되어 겨우 그의 사후에야 비로소 출판됐다. 그러나 제4복음서에 담긴 기억들은 이 세상의 권력들—특히 독자의 세계에 대해—에 못지않게 위험한 것이다.

만일 텍스트가 진정 독자의 처분에 맡겨진 것이라면, 독자는 무슨 일을 해야 할까? 그에 대한 대답은 **그대로 두라는 것**(to let it be)이다. 홀로 내버려두라는 의미에서가 아니라 기록된 담론의 한 작품으로서 그 텍스트가 자체의 목적을 달성하게 하라는 의미에서 그대로 두라는 것이다. 만일 주도권이 독자에게 속하는 것이라면, 독자는 귀를 빌려 주고, 예의를 차려서 정중하게 타자의 담론을 받아들여야 할 것이다. 윤리적인 독자가 텍스트에 제공하는 것은 우선적으로 주목(attention)이다. 그렇게 해서 목숨을 회복하게 된 텍스트는 다시 무엇인가를 되갚아 줄 수 있을 것이다. 실로 증언에서, 텍스트는 독자가 진정 받을 수 있기만 할 뿐 달성할 수 없는 특별한 것—예수 그리스도의 사역과 운명에 대한 내러티브적 고백—을 준다. "출발 시에는 그 타자의 행

---

54) Kevin J. Vanhoozer, *Biblical Narrative in the Philosophy of Paul Ricoeur: A Study in Hermeneutics and Theology* (Cambridge: Cambrdige University Press, 1990), pp. 249-266.
55) Paul Ricoeur, *Oneself as Another*, trans. Kathleen Blamey (Chicago: University of Chicago Press, 1990), p. 190.

위 능력보다 더 큰 행위 능력을 지닌 자신이, 진정한 교감을 통해, 자신에게 고난당하는 타자가 그 보답으로 제공하는 모든 것에 의해 영향 받는 것을 깨닫게 된다."[56]

안셀무스적 해석학. 텍스트를 존중하고 주목한다는 것은 무슨 뜻일까? 독자가 증언에 접근하는 적절한 길은 무엇일까? 이상적인 독자는 텍스트의 수사적 전략들에 어떻게 반응하는지를 안다. "제4복음서의 내재적 독자는 그 복음서의 수사에 의해 예수님의 의의에 견해를 받아들이고, 예수님의 사랑과 같은 사랑에 의해 특징 지워지는 삶을 살아가도록 격려 받는다."[57] 독자들은 오직 "그 내러티브들의 역할을 받아들임으로써 믿음의 전망에서 예수님을 이해함으로써"만 정확한 이해에 이를 수 있다.[58]

그러므로 이상적인 독자에게, 이해의 순간은 믿음의 순간이기도 하다. 여기에서 우리는 안셀무스의 유명한 '알기 위해서 믿는다'(*credo ut intelligam*)는 선언을 만나게 된다. 칼 바르트는, 안셀무스가 어떤 대상에 대한 참으로 과학적인 접근 방법이나 비판적인 접근 방법은 그 대상으로 하여금 자체가 알려지거나 전유되는 방식을 지시하게 하는 것이라고 말하는 것으로 읽었다. 그러한 접근 방식을 문학적 대상들에 적용해서, 우리는 '안셀무스적 해석학' (Anselmian hermeneutics)이라고 부를 수 있을 것이다.

한스 프라이는 이 해석학이 공관복음서들에 적용될 때 어떻게 작용하는지를 보여 주었다. 사실주의적인 내러티브로서, 공관복음서들은 문자적으로 그 복음서들이 말하는 바를 의미한다(참고. 요 21:23). 그 이야기를 통과하지 않고는, 그 내러티브들의 핵심 주제에 도달할 수 있는 길이 전혀 없다. 그 내러티브들을 정확하게 읽는 것은, 그 내러티브들이 예수를 지금도 살아 계시는 분으로 확인하는 것을 아는 것이다. 그 내러티브들의 수사는 텍스트성의 층위를 벗어나, 부활하신 주님에 대해 텍스트 외적인 지시를 한다. 프라이는 "과거에 발생한 일과 연관 지어서 지금 그분이 누구신지 아는 것이 지금 그분이 살아 계심을 아는 것이다"라고 말한다.[59]

우리가 제4복음서를 증언으로 해석할 때 마찬가지의 안셀무스적인 어떤

---

56) 같은 책, p. 191.
57) Davies, *Rhetoric*, p. 367.
58) 같은 책, p. 368.

일이 일어난다. 이 텍스트—예수님의 삶과 운명에 대한 증언 진술—를 이해한다는 것은 이 텍스트를 받아들이고 믿는 것이다. 이 증언을 이해한다는 것은 그것이 참임을 믿는 것이다. '나의 목격'(I-Witness) 증언의 해석학은 이중적으로 안셀무스적이다. 첫째로, 그 해석학은 증언이 오직 그 자체의 맥락에서만 받아들여질 수 있음을 인정한다. 증언은 인간 조건에 대한 형이상학적 증언이나 도덕적 실례들로 환원될 수 없다. 둘째로, 제4복음서의 증언은 믿어지지 않을 경우에는 이해되지 않는 것이다. 만일 여러분이 믿음을 가지고 읽지 않는다면, 틀림없이 이해하지 못한 채 읽는 것이다. 우리가 (그보다 더 큰 존재를 생각할 수 없는 존재로서) 정확하게 생각한다면, 틀림없이 존재하는 안셀무스의 하나님처럼 사랑하시는 그 제자의 증언도 그러하다. 만일 우리가 마땅하게 읽는다면, 우리는 그 증언이 신뢰할 만하고 참되다는 것을 알게 될 것이다. "이 역할을 할 수 없는 사람들은 아무리 오래 읽는다 할지라도, 텍스트가 그들에게 정해 준 소임을 계속해서 감당할 수 없을 것 같다."[60]

독자 제자화하기. 그러나 이상적인 독자는 텍스트가 자신에게 설정해 놓은 소임을 계속 감당할 것이다. 이 일에는 당연히 어느 정도의 자기 절제, 자기 훈련이 포함될 것이다. 왜냐하면, 텍스트가 독자에게 반응하기를 요청하더라도 어떤 반응은 다른 반응들보다 덜 유익하기 때문이다. 어떤 독자들은 자위적 쾌락을 경험하기 위해 텍스트를 가지고 유희하고자 할 수 있다. 그러한 자기 중심적인 방종은 텍스트 이해의 대의명분을 진작하지 못할 것이다. 한 사람의 독자로서 고의적으로 자기 마음대로 자기 식대로 가는 것은 타자에게 주목하고 타자를 이해해야 할 책임을 외면하는 것이다.

증언은, 그 증언을 기록했던 자에게 그랬듯이, 증언할 것을 우리에게 요청한다. 증언은 우리에게 타자의 목소리를 신뢰하고 그 요청에 따를 것을 요청한다. 이것이 바로 제4복음서의 끝에서 사랑하시는 그 제자가 하는 것이다. 사랑하시는 그 제자가 남겨질 것에 대한 알 듯 모를 듯한 언급 후에 하신 예수님의 최후의 말씀은 "나를 따르라"는 것이다. 그러나 사랑하시는 그 제자는 이미 따르고 있었다(요 21:20). 더욱이, 그는 소개된 순간부터 예수님의

---

59) Hans Frei, *The Identity of Jesus Christ: The Hermeneutical Bases of Dogmatic Theology* (Philadelphia: Fortress, 1974), p 145.
60) Davies, *Rhetoric*, p. 373.

이야기를 따라가고 있었다. 그리고 그 사랑하시는 제자가 제4복음서의 저자임을 확인하는 요한복음 21:24은, 그의 따라감이 지금 어떠한 형태를 취하는지를 보여 준다. 그는 예수님의 이야기를 받아들였다. 그는 그 이야기에 대해 증언함으로써 그 이야기를 감당한다. 성부가 성자를 보내듯, 성자는 자신의 제자들을 보내신다. 왜? 증언하라는 것이다.

사랑하시는 그 제자처럼 반응하려는 독자는, 사랑하시는 그 제자의 증언(testimony)의 진실성을 받아들여야 한다. 그의 증언의 진실성을 받아들인다는 것은 자신이 증인이 됨을 의미한다. 그러한 것이 바로 '살아 있는 순교'다. "그 복음서의 수사는 신실함(fidelity)을 격려하되, 오직 보혜사만이 그 신실함을 창조하실 수 있다고 전제한다."[61] 예수님은 목격하고 증언하는 자들을 위해서만이 아니라, 그들의 말을 통해 자신을 믿는 자들을 위해서도 기도하셨다(요 17:20). 보혜사의 사역 덕택에, 독자는 그 텍스트의 요청에 틀림없이 반응할 수—책임을 감당할 수—있게 된다.

이미 살펴보았듯이, 목격자 자신이 그 증언의 진실성에 대한 전제가 된다는 것은 증언 논리의 일부다. 사랑하시는 그 제자의 '나의 목격' 증언은, 그리스도 안에 계신 하나님의 현존성에 대한 그의 주장을 입증하는 것 같다. 만일 사랑하시는 그 제자가 실로 모범적인 독자라면, 오늘을 살아가는 훌륭한 독자도 마찬가지로 한 사람의 증인이 될 수 있을까?

베드로에 대한 예수님의 말씀은 그 증언의 내용을 놓칠 정도로까지 증인의 정체성에 사로잡힌 역사 비평학자들, 문예 비평학자들을 향할 수도 있을 것이다. 그들도 사랑하시는 그 제자의 운명에 대한 거친 사변을 그만두고, 말씀에 주목하여 그 말씀을 따라가야 할 것이다. "실로, 우선적으로 이 특성을 만들어 내려는 것이 요한의 목적이다.…각각의 독자가 예수님을 믿고 따를 정도로 그 복음서에 이끌려서 사랑하시는 그 제자의 참된 제자도 가운데서 자신을 발견하기를 바라는 것이 그분의 소망이다."[62]

어떤 목격자가 '그 **p**'를 진술하는 것 자체가 그 사실을 믿는 이유다. 하물며 "너희로 예수께서 하나님의 아들 그리스도이심을 믿게 하려[고]"(요

---

61) 같은 책, p. 367.
62) Barnabas Lindars, *The Gospel of John* (London: Oliphants, 1972), p. 640.

20:31) 가능한 모든 측면에서 증거하면서, 한 증인이 '그 **p**'를 살아가는 것은 그 사실을 믿는 더 큰 이유가 아니고 무엇이겠는가?

10장 바디 피어싱, 자연적 의미, 신학적 해석의 과제
요한복음 19:34에 대한 해석학적 설교문

폴 틸리히는 낯선 타자를 만나는 경험과 소외감을 극복하는 경험을 비교함으로써, 종교 철학을 그 유명한 두 가지 유형으로 구별했다. 이 두 가지 경험을 성찰하게 되면, 매우 다른 두 가지 유형의 신학이 등장하게 된다. 하나는 유신론(최고의 존재로서의 하나님)이며, 다른 하나는 범재신론(존재 자체로서의 하나님)이다. 이 글은 성경에 대한 신학적 해석의 두 유형과 유사한 병행적 요소를 하나 탐구하려 한다. 그것은 한 사람을 낯선 타자로 환대하면서 우리의 공동체 안으로 받아들이는 유형과 한 사람을 공인된 공동체의 실천 규범에 익숙해지도록 사회화하는 유형이다.

'낯선 타자와의 만남'과 '소외 극복' 사이의 구별은 신학적 해석의 소임에 대한 우리의 고찰에 어떤 관련성을 지니는가? 전자의 경우에, 그 타자('텍스트'를 가리키는 말로 읽기 바람)는 어떤 개별성을, 공동체에 대해 어느 정도의 거슬림을 보유한다. 타자는 우리에게 충격을 주는 말을 할 수 있으며, 우리가 자신의 공동체를 다르게 보도록 이끌어 주는 얘기들을 할 수가 있다. 후자의 경우에, 그 사람('텍스트'라고 읽기 바람)은 전체 공동체의 유익을 위해 그에게 정해진 기능을 수행함으로써 그의 역할과 기여라는 맥락에서 규정되고 확인된다. 이 점에서, 사회화는 그 '타자'가 그 나름대로의 순전함과 특이성 혹은 차이점을 지닐 수 있도록 허용되지 않고, 그 타자를 '동일성'의 틀에 억지로 두들겨 맞추는 '일괄화'(totalization)를 닮았다. 쟁점은 성경 텍스트가 공동체 자체의 문화와 언어와는 독립적인 의미를 소유하느냐—성경이 우리에게 충격을 주고, 우리를 동요케 할 수 있는 그 자체의 목소리와 힘을 지니느냐—에 있다.[1]

자, 이것은 신학적 해석상 현대의 선택 사항들을 지나칠 정도로 단순화한 그림이다. 그러나 그 목적은 종합적인 개관을 제공하려는 것이 아니라, 성경에 대한 신학적 해석의 목적과 규범에 대해 불일치를 나타내는 중요한 영역이 어디에 있는지를, 무엇인지를, 드러내려는 것이다. '사회화' 접근 방식은 읽는 공동체의 목적과 의도의 우선권을 강조한다. 이 견해에 따르면, 신학적 해석은 예배와 영성 함양 가운데서 그리스도의 몸을 세워 나가는 목적이 지배하는 교회의 한 실천이다. 이 현대적 접근 방법은 일종의 해석학적 규칙—읽는 규칙—으로 작용하는, 고대의 신앙 규범(the ancient Rule of Faith)에 대한 호소를 통해 상당히 강화된다. 이 입장에 따르면, 성경에 대한 신학적 해석은 여러 면에서 신앙의 규범과 양립하는 식으로—'그리스도인들을 형성하기' 위해—성경을 교화용(edifying use)으로 삼는 것이다. 신학적 해석의 주요 목적은 그리스도의 몸을 세우는 것이다. 이와 달리, 낯선 타자를 만나는 식의 접근 방식은 유의미하고 때때로 낯선 '타자'로서의 저자에 초점을 맞추며, 비록 정의 내리기 어려운 개념임에는 분명하지만, 텍스트의 '의미'에 대해 계속 언급한다.

해석 공동체를 교화하고 저자가 의도한 의미를 회복한다는 두 가지 목적은 어쩔 수 없이 서로 갈등할 수밖에 없는 것일까? 그렇지 않다. 만일 우리가 의미라는 개념을 해석의 목적보다 해석의 **기준**(norm)으로 바라본다면, 그렇

---

1) '문화'와 '언어'에 대한 언급들은 신학에 대한 George Lindbeck의 문화언어적 접근 방법에 대해 간접적으로 언급한 것이다. 그 접근 방법은 내가 예시하는 '사회화된 의미'의 유형을 상당히 닮았다. 흥미롭게도, Lindbeck의 좀더 최근 작업은 그가 자신의 입장을 여러 가지 면에서 현재 나의 이 글에 가까운 입장으로 수정했다고 볼 수 있게 만든다. 그의 글, "Postcritical Canonical Interpretation", in *Theological Exegesis: Essays in Honor of Brevard S. Childs*, ed. Christopher Seitz and Kathryn Greene-McCreight (Grand Rapids, Mich.: Eerdmans, 1999), pp. 26-51, 특히 저자 담론 해석에 대한 우호적인 언급들을 보라.

지 않다. 이 입장에서는 신학적 해석이란 성경에 담겨 있는 신적 메시지를 발견하는 일이다. 이 접근 방법은 교회사에도, 특히 문자적 의미의 권위와 우선권에 대한 광범위한 일치에도 의존한다. 앞으로 살펴보겠지만, 해석 기준에 대한 관심이 해석의 목적에 대한 무시를 초래한다고 말할 수는 없다. 물론 앞으로 나는 해석의 목적이 해석의 기준에 의해 검증되어야 한다고 주장할 것이다.

이와 어느 정도 연관이 있는 언급으로서, 로버트 모건(Robert Morgan)은 성경에 대한 역사적 재구성과 문학적 구성에 대한 관심을 기울이는 학문 공동체와 성경을 믿음을 형성하는 경전으로 읽는 일에 관심을 기울이는 교회 공동체 사이의 해석의 목적들에 기본적인 양분(兩分)이 존재함을 지적한다.[2] 진정, 학자들의 목적과 성도들의 목적은 결국 서로 갈등을 빚을 수밖에 없는 것일까?

우리는 분명 양분된 상황에 처해 있다. 내가 보기에 우리에게 지금 필요한 것은 성경에 대한 신학적 해석에 대한 목적과 기준 둘 다를 포함하는 접근 방법, 즉 공동체의 건덕과 텍스트의 의미 둘 다에 주목하는 접근 방법이다. 여기에서 우리가 한 걸음 더 전진할 수 있는 기대되는 방법은 내가 일컫는 성경의 "**신학적** 자연적 의미"(the theological natural sense)에 초점을 맞추는 것이다. 내가 가리키는 "자연적 의미"(natural sense)는 바로 **이** 문학적 맥락에서 바로 **이런** 식으로 **이** 단어들을 사용함으로써 저자들이 바로 **이** 단어들을 가지고서 무엇을 행하느냐를 가리킨다.[3] "신학적"이라는 말로 내가 가리키

---

2) Robert Morgan, *Biblical Interpretation* (Oxford: Clarendon, 1988), pp. 1-43. 혹자는 저자 중심적인 접근 방법은 역사 비평학자들 가운데서 동지들을 발견하고, 독자 중심적인 접근 방법은 문학 비평가들 가운데서 지지를 얻을 것이라고 생각할 수도 있을 것이다. 그러나 실상은 이런 것은 지나친 단순화다. Hans Frei는 역사 비평학자들이 어떤 텍스트의 작성 역사나 그 텍스트 배후에 있는 사건들에 대한 역사를 재구성하겠다는 일념으로 텍스트의 문학적 모양새를 부식시켰음을 잘 보여 주었다. 그러므로 우리가 '저자'라는 말로 그 텍스트의 최종 형태에 대해 책임이 있는 사람(들)을 의미한다면, 대부분의 성경 비평학에서 원래의 의미에 대한 탐구는 그 저자가 의도한 의미를 회복하려는 시도가 아닌 다른 것이 되어 버린다.
3) 의미는 그 말이 사용되었던 정황과 그 언어 선택의 특수성 때문에 '규정적'이다(즉, 의미는 특이성과 특수성을 지닌다). 그러나 그렇다고 해서 독자가 정확성을 가지고 그 저자가 말했던/행했던 것을 '규정'할 수 있다고는 볼 수 없다. 세계의 무게는 '규정적'이다. 그러나 그렇다고 해서 과학자들이 그 무게가 무엇인지를 정확하게 규정할('알아낼') 수는 없다. 텍스트는 '한결같은 규정적 의미들'을 가질 수 있지만, 거친 모서리들 혹은 프리즘처럼 많은 면을 가질 수 있다.

는 바는 신적 저자로서 하나님이 바로 이 정경적 맥락에서 바로 이 인간의 말을 가지고 행하신 바다. 물론 "자연적"이라는 범주는 포스트모더니티에서 자주 논란이 되는 주제다. '자연적인' 것에 대한 언급은 '사회적인' 것에 대한 언급으로 탈신화화하는 것이 공통적인 포스트모던 반사작용이다. 많은 포스트모던주의자가 볼 때, '사물의 존재 방식'에 대한 모든 언급은 '사물들이 존재하는 것에 대해 우리가 **생각하는** 방식'으로 혹은 '사물이 존재하기를 우리가 **바라는** 방식'으로 번역된다. 그러므로 설상가상으로, **자연적**이라는 용어는 포스트모더니즘적이며, 공동체 지향적인 맥락에서 성경에 대한 신학적 해석의 구체적인 불일치의 영역을 부각한다. 그 불일치는 누구의 목적이 우위를 점할까? 즉 저자의 목적일까 아니면 독자의 목적일까에 관한 것이다.

이 글의 목표는, 성경에 대한 고전적 해석이라 할 수 있는 것에 대한, 비평학 이후의 복권(post-critical retrieval) 전략을 하나 제공하려는 것이다. 이 시도에 핵심적으로 중요한 것은 자연적 의미(natural sense)라는 개념에 스며든 어떤 왜곡들에 대한 시정(是正)뿐만 아니라 그 자연적 의미의 복구(rehabilitation)일 것이다.[4] 나는 '몸'과 '텍스트' 사이의 어떤 유비들을 검토함으로써 '자연성' 자체가 신학적 해석에도 받아들여질 여지가 있음을 제시할 것이다. 그런 다음, 나는 신학적 해석의 두 가지 유형인 신앙의 규범에 우선적으로 의존하는 유형(사회화된 혹은 교회적 의미)과 그 자연스러운 의미를 되살린 개념에 주로 의존하는 유형(저자가 의도한 의미)에 대한 고찰로 되돌아 올 것이다. 그 다음에 나는 신학적 해석에 포함된 것이 무엇인가에 대한 실질적인 예로 요한복음 19:31-37을 검토하고자 한다. 마지막으로, 요한복음 19:34-36을 발판 삼아, 성경에 대한 신학적 해석의 성격과 필연성과 기준들에 대해 몇 가지 요약을 제시할 것이다. 결론은 신학적 해석자들의 공동체로서의 교회에 관한 나의 논제에 대해 몇 가지 함의를 도출하는 것으로 끝

---

4) 독자는 어째서 내가 '통상적인' 혹은 '문자적인' 의미에 반대해서 **자연적인**이라는 용어를 선호하는지 궁금할 것이다. 한편으로, (내 자신의 취급을 포함해서) 문자적 의미에 대한 취급들이 오직 부분적으로만 문자주의적인(literalist) 의미로부터 문자적인(literal) 의미를 구별하는 데 성공하기 때문이다. '통상적인'이라는 말은 두 가지 불리한 측면을 지닌다. 첫째, 그 말은 성경 텍스트의 의미가 단번에 알 수 있는 것이며 전혀 비유적이지 않음을 시사한다. 둘째, 그 말은 지금 예일 학파의 신념과 연결되어 있다. 그 신념은 통상적 의미가 원 저자에 의해서보다는 믿는 공동체 가운데서의 읽기 습관들에 의해 더 많이 결정된다는 신념이다.

맺게 될 것이다. 그리고 이 모든 것을 관통하는 붉은 줄(red thread)과 같은 은유는, 상당히 뜻밖이라 느껴지겠지만, 바디 피어싱(body piercing)이다.

포스트모던 도전: '자연적인' 몸이라고?

그 제목이 시사하듯, 이 글의 기본적인 전제는 바디 피어싱에 대한 오늘날의 열풍이 정체성 세우기(identity construction)에 대한 포스트모던 관심을 상징한다는 것이며, 마찬가지로 해석 공동체의 목적이 정체성 세우기가 될 때 성경 해석에서도 유사한 일이 일어난다는 것이다. 그러나 우선 나는 '자연적인' 몸(natural bodies)이라는 그 개념 자체에 그리고 '자연적인' 의미(sense)와 나란히 진행해 가는 병행적 사안에 눈을 돌려보도록 하겠다.

본질적으로 논란이 되는 개념으로서의 '자연적'이라는 것. 현대 윤리학과 현대 해석학에서, '자연적'이나 '고유한'과 같은 범주에 호소하는 것은 종종 의구심과 불신을 초래한다. 그러한 의구심은 가벼운 것일 수도 있고, 급진적인 것일 수도 있다. 좀더 가벼운 의구심은, 종종 '자연적'이라고 일컬어지는 것이 실질적으로는 문화적으로나 역사적으로 상대적이라고 지적한다. 한 남자와 한 여자의 법적으로 인정받은 일부일처 관계의 맥락에서 결혼을 생각하는 것이 우리에게는 '자연적'일 수 있지만, 가벼운 의구심의 해석학은 그러한 합의가 문화적이며 사회적인 우연이라고 지적할 것이다. 이 의구심에 대한 좀더 급진적인 포스트모던 버전은 '자연적'이라고 통용되는 것이 단지 사회적 관행일 뿐이라고 주장한다.[5]

포스트모던 성경 해석에 이르게 되면, 양육이 자연에 대한 명백한 승자가 된다. 스탠리 하우어워스에 따르면, "일단 우리가 그것들이 더 이상 바울의 편지가 아니라 교회의 성경이라고 이해하게 되면, 바울이 고린도 교인들에게 보낸 편지의 '실질적인 의미'(real meaning)라는 것은 전혀 존재하지 않게 된다."[6] 해석은 텍스트의 통상적 의미나, 자연적인 의미에 대해 우리에게 말하지 않는다. 해석은 오히려 독자의 문화와 사회정치적 입지에 대해 그리

---

5) 철학적 상투어로, 나는 형이상학적 실재론의 쇠퇴를 기술한다. 형이상학적 실재론이란, 실재와 아마도 텍스트 의미가 그에 대해 우리가 말하고 생각하는 방식과는 독립되어 있다는 생각이다.
6) Stanley Hauerwas, *Unleashing the Scriptures: Freeing the Bible from Captivity to America* (Nashiville: Abingdon, 1993), p. 20.

고 독자가 양육 받아 온 방식에 대해 우리에게 말한다. 하우어워스의 지적은 교회가 성경 해석 과정에 대해 부수적인 존재가 되어서는 안 된다는 것이다. 그러나 성경이 성경에 의미를 제공하는 교회와 별개로 이해될 수 있음을 부인하는 것은, 텍스트의 의미와 공동체의 해석 사이의 구분 자체를 위태롭게 만드는 것이다.

많은 포스트모던주의자는 텍스트와 그에 대한 주석 사이의 구별을 거부한다. 말이나 텍스트의 자연적인 의미는 전혀 존재하지 않으며, 오로지 사회적으로 만들어진 의미들만 있을 뿐이다. 좀더 일반적으로, 해석은 인식(knowledge)과 마찬가지로 철저히 정치적인 것, 권력의 문제, 개인이나 해석 공동체가 텍스트로 하여금 의미하게 만드는 것이다. 포스트모더니티는 해석에 있어서의 정당화의 위기와 해석들에 대한 의구심, '정확한 해석'이라는 바로 그 개념에 대한 배격을 대표한다. 예를 들어, 리처드 로티는 우리가 "올바르게 파악하려고" 노력하기를 포기하고 "유용하게 사용하는 데" 집중할 것을 제안한다. 현재 교회 안에서, 교회를 위해 성경을 읽을 것을 선호하는 몇 가지 제안이 그 주장의 근거로 사실상 기독교 교회론보다 세속 철학에 더 빚을 지고 있을 가능성이 있지 않을까?

일단 우리가 자연적인 의미 개념을 포기한다면, 합당한 해석을 위한 기준의 문제가 즉시 발생한다. 포스트모던주의자들은 누군가의 읽기를 왜 인정하는지 알고 싶어 한다. 어째서 일반 학계에서 생산된 해석들보다 기독교 공동체의 읽기를 더 선호해야 할까? 어째서 개혁주의 해석보다 루터파 해석을, 청교도적 해석보다 오순절 해석을 더 선호해야 할까? "내가 이 공동체에 속해 있기 때문이다"라는 말 이외에 우리가 무슨 말을 덧붙일 수 있을까?

몇몇 포스트모던주의자는 성경에 대한 혹은 다른 어떤 텍스트에 대한 우리의 해석이, 잘해 봐야 특정 해석 공동체들의 기준에 대해 상대적일 뿐이며, 잘못돼 봐야 전적으로 자의적일 뿐이라고 주장한다. 읽기는 언제나 이러저러한 목적에 봉사한다. 해석은 이데올로기와 권력의 이해관계들로 가득 차 있다. 한 사람의 읽기는 성(性), 인종, 계급 등의 해석적 관심사에 의해 형성된다. "무죄한 읽기와 같은 것은 전혀 존재하지 않기 때문에, 우리는 우리가 어떤 읽기를 저지르고 있는지 말해야 한다"라고까지 언급했다." 그리스도인들은 이 진술에 상당 부분 동의할 수 있을 것이다. 인간 해석자들은 제한되어 있으며, 타락한 존재다. 현재 우리는 흐릿한 거울을 통해 알 뿐이다(고전 13:12).

애덤스(A. K. M. Adams)는 이데올로기에 대해 좀더 중립적인 정의를 제공한다. 즉 이데올로기는 "우리의 행위에 '의의'(significance)를 덧입히는 모든 사회적 상호 작용을 일컫는 말이다."[8] 이 견해에 의하면, 기독교적 이데올로기는 교회의 실천에 가담함으로써 읽힌다. 왜냐하면, 바로 여기에서 우리가 **신성함**, **거룩함**, **복음적**, **구원**, **해방** 등의 말이 무엇을 의미하는지 배우기 때문이다.

교회사—게르하르트 에벨링이 성경 해석의 역사와 동일시하는 그 역사—에 대해 정직하게 개관해 본다면, 교회의 해석자들이 이데올로기 비평의 유혹으로부터 면역되지 않았다고 결론내릴 수 있을 것이다. 흔히 그 해석을 받아들이기를 꺼리는 것처럼 보이는 텍스트에 대해 공동체들이 자신들의 신학적 해석을 강요한 수많은—너무나도 많은!—예가 존재한다. 실로 한 사람의 신앙 고백적 전통에 속하는 신학을 '발견'하기 위해 성경을 읽는 일은 자크 데리다가 "종족 중심주의"(ethnocentrism)라고 일컫는 것의 다른 예, 즉 '우리의 읽는 방식' 혹은 '우리가 그 텍스트에서 보는 것'을 '자연적인 의미'와 동일시하려는 시도다. 그러나 그리스도인들이 때때로 자연적인 의미를 왜곡한다는 사실로부터 '자연적인 의미'라는 개념 자체가 전혀 추천할 만한 것이 못된다고 추론할 수 있는가는 의문의 여지가 있다.

천체. "그것들로[광명체들로] 징조(signs)와…해를 이루게 하라"(창 1:14). '자연'에는 하늘들과 땅이 포함된다. 하늘에서부터 시작해 보자. 별이나 행성과 같은 현상에 적용했을 때, '자연적'이라는 범주에 대해 거의 논란이 없으리라고 생각하는 게 합리적일 것이다. 그러한 현상들은 인간의 삶과 문화에서 멀리 떨어져 있을 뿐만 아니라, 갈릴레오가 관찰한 것처럼 그 운동들은 수학적 설명과 객관적인 측정이 가능하다. 확실히 사회화와 무관한 자연적인 것이 있다면, 그 후보는 이 천체(天體)들일 것이다.

그런데, 실상은 이 천체들에 대해서도 너무나 분명한 해석상의 갈등이 있

---

7) Louis Althusser, *Reading Capital*, trans. Ben Brewster (New York: Verso, 1970), p. 5.
8) A. K. M. Adams, *What Is Postmodern Biblical Criticism?* (Minneapolis: Fortress, 1995), p. 48.

다. 천문학과 점성술을 대조해 보기만 해도 그 점을 인정할 수 있을 것이다. 천문학자는 (역사 비평학자와 마찬가지로!) 실재를 현상으로부터 구별해 내기를 원하며, '실제로 일어나는 일'을 진술하기를 원한다. 반면에, 점성술사들은 천체들에 대한 '[정신을] 북돋우는' 해석을 제공한다. 점성술은 천체(별들의 자리들과 배열)에 실제로 존재하는 것보다 더 많은 것을 집어넣어서 읽는 것이 얼마나 쉬운지를 잘 보여 준다. 천문학자의 시각에서 볼 때, 점성술은 조잡한 작의(gross eisegesis)의 일례가 된다.

기독교 신학자들은 교회사 내내 점성술의 정체를 폭로해 왔다. 「하나님의 도성」(*The City of God*, 크리스챤다이제스트 역간)에 있는 아우구스티누스의 논박은 정교하며 결정적이다. 천체가 인간의 행위를 결정한다는 가설을 논박하기 위해 쌍둥이에 대한 연구에 호소하기까지 한다.[9] 우리의 목적상, 점성술에 대한 칼뱅의 반론이 사실상 풍유에 대한 그의 반론과 동일하다는 점은 무척 흥미롭다. 즉, 점성술과 풍유는 둘 다 '어떤 사물의 징조'를 자신의 공상에 의해 맘대로 해석한다는 것이다. 그러나 모세가 창세기 1장을 기록했을 때, 그는 자연의 질서에 대해 기록한 것이다. 칼뱅은 점성술과 풍유가 징조들을 '부자연스럽게' 읽는다고 결론을 내린다.[10]

천체에 대한 기독교 신학적 해석이 상당 정도 탈신화화 작업을 포함할 필요가 있겠지만, 그렇다고 해서 모세를 한 사람의 자연주의자로 묘사하는 것은 옳지 않을 것이다. 이는 문자적인 것(the literal)을 문자주의적인 것(the literalistic)과 혼동하는 것이 잘못이듯, 자연적인 것(the natural)을 자연주의적인 것(the naturalistic)과 혼동하는 것도 잘못이기 때문이다.[11] 그리스도인들이 점성술을 반대할 수 있지만, 그렇다고 해서 해와 달과 별들이 전혀 아무

---

9) 셰익스피어 역시 리어왕에서 가장 현저하게는 에드몬드의 말에서 점성술을 비웃는다. "이것은 세상의 우매함에 대한 고전적인 예입니다. 실로 종종 우리 자신의 과도한 행위들 때문에 우리의 운이 나빠지면, 우리는 해와 달과 별들에게 우리의 재난의 책임이 있다는 식으로 탓을 합니다. 마치 필연 때문에 우리가 악인이 되었으며, 하늘의 강제 때문에 우리가 바보가 되었으며, 점성술적인 징조들의 영향 때문에 우리가 악한 짓을 하고 도적질을 하고 사기를 쳤으며, 천체 운행에 강제적으로 굴복해서 술주정뱅이와 거짓말쟁이와 행음자가 되었으며, 마치 어떤 신적인 힘에 떠밀려서 우리가 이 모든 악에 빠진 것처럼 말을 합니다. 호색한이 자신의 색정을 어떤 별의 탓으로 돌린다는 것은 얼마나 기막힌 술책입니까"(제1막, 제2장).

10) Kathryn Greene-McCreight, A*d Litteram: How Augustine, Calvin and Barth Read the Plain Sense of Genesis 1-3*(New York: Peter Lang, 1999), p. 129를 보라.

런 기호학적 가치를 가지지 않는다고 말할 수는 없을 것이다. 그와 반대로, 성경에 따르면, "하늘이 하나님의 영광을 선포한다"(시 19:1). 자연은 하나님의 작품이다. 그리고 자연에 대해 완벽한 묘사를 하려면, 과학의 법칙들뿐만 아니라 창조론이 필요하다. 그러므로 하나의 '신학적' 자연 해석은 하나님을 설명하기 위한 전제로서 혹은 설명하는 요인으로서 요청하는 해석이다.

신체. 하늘의 몸을 어떻게 해석하느냐에 대한 논란들이 비판적인 시대 이전의 상당수의 신학자들을 사로잡았었다면, 더욱 심한 분열상을 보이는 해석상의 불일치가 최근 들어 전적으로 땅의 것—인간의 몸—으로 이전되었다. 바디 피어싱에 대한 유행의 열풍은 성경을 포함한 텍스트들이 포스트모던 세계에서 흔히 어떻게 취급되는지에 대한 적절한 은유가 된다고 나는 제안한다. 바디 피어싱은 어떤 의미에서 '자연적인 것'에 대한 끔찍한 위반이다. 마찬가지로, 성경 텍스트라는 몸도 그 자연적 의미에 대한 관심은 적고 개인적인 정체성이나 공동체의 정체성을 구성하는 데 있어서의 역할에 더 관심이 많은 사람들에 의해, '뚫어져 구멍이 나 버렸다(pierced).' 문제는 그러한 뚫는 일(piercing)이 결국 따지고 보면 '자연적인 것'에 대한, 즉 한편으로는 육체에 대한 그리고 다른 한편으로는 저자의 의도에 대한 일종의 폭력 행위가 아닌가 하는 것이다.

문화적 구성물로서의 신체. 언뜻 보기에, 인간의 몸은 문화보다는 자연의 편에 굳건하게 서 있는 것처럼 보일 것이다. 결국, 몸은 물리적 법칙들과 화학적 법칙들에 따라 무의식적으로 작동하는 다양한 시스템을 지닌 생물학적 실체다. 그러나 철학자들과 문화 이론가들은 몸이 사회적 구성물, 심지어 정치적 구성물이라고까지 주장한다. 그들은 몸의 세포 구성을 모르는 것이 아니다. 그러나 그들의 핵심적인 관심사는 다양한 담론, 흔히 경쟁적인 담론의 자리로서의 몸이다. 예를 들어, 미셸 푸코(Michel Foucault)와 같은 사회적 구성론자들(social constructionists)은 사회가 몸을 의미 있게 만들기 위해서 몸을 '구체화'(shaped)하고 '길들여 온'(disciplined) 방식들을 검토한다. 그 자체로 몸은 기록되기를 기다리는 미결정의 공간이다.

---

11) 나는 이 후자의 결론을 다음에서 좀더 자세히 다룬다. Kevin Vanhoozer, *Is There a Meaning in This Text? The Bible, the Reader and the Morality of Literary Knowledge*(Grand Rapids, Mich.: Zondervan, 1998), pp. 310-312.

성경의 계보들은 인간의 몸 사이의 관계의 한 유형인 낳음을 약술한다. 물론 이 낳음에는 생물학적인 것보다 더 많은 것이 포함되어 있다. (성경이 말하는 '낳음'에는 아버지와 자녀 사이의 생물학적 관계만이 아닌 가족적 관계가 포함되어 있다. 예를 들어, '낳음'에는 어떤 권한과 특권을 포함하는 상속의 의미가 담겨 있다.) 성경 계보의 목적은 단지 인간 유전자들의 특정 집단의 역사(history)를 도표화하려는 것이 아니다. 그 계보들은 또한 세대를 통해 흘러가는 하나님의 신실하심에 대한 증거이기도 하다. 그러나 포스트모던 이론에서, **계보**는 혈통을 그 사회적 구성의 순간으로까지 소급함으로써 자연적인 것으로 보이는 것을 '해체'하거나 무위화하려는 시도를 가리킨다.

바디 피어싱은 무엇을 의미하는가? 몸은 우리의 깊은 자아와 외부 세계를 연결하는 물질적 연결체이며, 우리가 자신을 사회생활에 투영할 때 사용하는 매개물이다. 아마도 바디 피어싱에 대한 오늘날의 열광보다 더 분명하게 몸이 정체성 형성의 자리임이 드러나는 다른 경우는 결코 없을 것이다. 분명 바디 피어싱은 수천 년 동안 행해진 전 지구적 현상이다. 예를 들어, 많은 비서구 사회에서는 문신과 피어싱이 오랫동안 성립해 온 사람들의 지위를 '표시'해 줌으로써 사회적 지위를 규정한다. 이러한 부족적 상황에서는 바디 피어싱이 통합적인 목적에 기여한다.

그러나 후기 산업사회를 맞이하는 서구의 21세기 사회 상황에서, 바디 피어싱을 행하는 일은 부족 사회나 원시 사회에서의 기능과는 당연히 전혀 다른 질서에 속한다.[12] 서구 사회에서, 바디 피어싱은 훨씬 더 의도적이며 반성적인 과정으로 사회에서 두드러지고 싶은 한 개인의 욕망과 관련되어 있다. 1970년대에 바디 피어싱은 한 사람의 개별성과 사회로부터의 독립성(apartness)을 선포했던 심미적 케리그마와 연결되어 있었다. 많은 사람에게, 문신과 피어싱은 관례적인 사회에 대한 불만의 표시였다. 바디 피어싱은 정체성 형성에 대한 그리고 그들에게 통용되는 문화에 대한 메시지를 전달한다. 그렇다면 바디 피어싱은 무엇을 의미할까?

만일 몸의 언어라는 것이 있다면, 바디 피어싱은 시각적으로 생생한 특유

---

12) 비서구 세계에서의 신체 교정(body modifications) 관행에 대한 일반적인 개관으로는, Arnold Rubin, ed., *Marks of Civilization: Artistic Transformations of the Human Body* (n. p.: University of California Museum, 1988)를 보라.

의 언어 행위다. 한 연구에 따르면, 바디 피어싱은 "목격되기를 요청하는 행위들"이다.[13] 앤서니 기든스(Anthony Giddens)는, 종교와 가족의 지배적 담론들이 그 현실 가치를 상실하면서 사람들은 남아 있는 유일하게 만져질 수 있는 재료인 자신들의 물질적 몸 위에다가, "자아라는 내러티브"(narrative of self)를 작성하려한다고 주장한다.[14]

어떤 사회 이론가들은 몸을 어떤 사회적 실천에 참여하는 결과로서 변화하는, 미완성의 생물학적 현상으로 본다.[15] 바디 피어싱은 몸의 생물학을 넘어서, 몸의 '의미를 기록하려는' 시도로 볼 수 있을 것이다. 한 사람의 몸과 자기 정체성은 단순히 수동적인 수용만이 아니라 계속해서 이어지는 구성을 불러들이는 미적 프로젝트, 미결정된 현상으로 여겨진다. 자신의 정체성을 세워 나가는 프로젝트에 대해 어느 정도의 힘을 발휘한다는 느낌에는 분명 어떤 만족이 있다.

푸코와 같은 포스트모던주의자들은 인간의 몸을 정체성 형성의 자리, 사람이 자신의 개별성을 표현하는 화폭일 뿐만 아니라 일종의 권력 투쟁의 자리로 여긴다. 누구의 해석 공동체가 몸의 의미를 결정하도록 인정받을 것인가? 예를 들어, 성의 문제(sexuality)에 대해서는 누구의 읽기가 이길 것인가? 우리의 현 상황에서, 해석들의 갈등에 의해 드러나듯, 바디 피어싱은 '자연적인' 의미라는 개념 그 자체에 대한 하나의 공격이다. 다시 말해, 포스트모던 전제는 인간의 정체성이 수용되는 것이 아니라 달성된다는 것이다. 그러므로 바디 피어싱은 바디 랭귀지(body language)를 '증대시키는' 하나의 전략인 것으로 여겨진다. 어쩌면 바디 피어싱의 가장 극단적인 형태라 할 수 있는 성전환 수술은, 설명을 해 넣으려는 작업(commentary)을 넘어서서 몸을 '다시 작성'하려는 급진적인 시도로 볼 수 있을 것이다. 나는 그러한 조작적인 수술이 한 사람의 특정한 신체적 '텍스트'에 대한 대대적인 배격이라고 생각한다. 앞으로 살펴보게 되듯, 자연적인 것에 대한 그러한 배격은 해석학

---

13) Ken Hewitt, *Mutilating the Body: Identity in Blood and Ink* (Bowling Green, Ohio: Popular Press/Bowling Green State University, 1997).
14) Anthony Giddens, *Modernity and Self-Identity* (Palo Alto, Calif.: Stanford University Press, 1991), p. 225.
15) Chris Shilling, *The Body and Social Theory* (London: Sage, 1993).

과 성경 해석에도 존재한다.

몸에 대한 신학적 해석. 나는 사회생활의 복잡다단함을 생물학에 있는 어떤 기반으로 환원하는 '자연주의적인' 사회 이론가들과 함께할 마음이 전혀 없다. 그리고 몸이 우선적으로 사회적 현상이라고 주장하는 사회 구성론자들에 대해서도 동의하지 않는다. 만일 '자연적'이라는 범주가, 어떤 식으로든지 인간의 몸에 대한 논의들에 적용되려면, 그 범주는 생물학이나 사회학이 아닌 다른 것에 의해 결정되어야 한다. 자연적인 것에 대한 비환원주의적 이해는 다름 아닌 신학적 해석을 요구한다. 그러므로 '신학적으로 자연적인' 것에 대한 개념, 즉 이스라엘과 교회의 내러티브와 예수 그리스도에 대한 내러티브에 현저하게 계시된 하나님의 말씀이 해석하는 자연과 자연적인 것이라는 개념을 도입하도록 하자.

신학적인 관점에서, 자연적인 것은 정확히 창조주의 의도에 일치하는 것 혹은 알빈 플란팅가가 일컫는 "설계 계획"(design plan)에 일치하는 것이다. 예를 들어, 남자나 여자로 구현된 우리의 정체성은, 우리가 임의로 다른 어떤 것으로 만들 수 있는 것이 아니라 감사함으로 받아들여야 하는 것이다. 그러므로 자연적인 의미를 배격하는 것—창조된 질서의 맥락에서 신학적으로 이해되는 자연에 대해 반발하는 것—은 하나님에 대한 반역이다. 또한 우리의 몸은 자신의 것이 아니라 "값으로 산 것"(고전 6:20)이다. 그 몸은 "음란을 위하여 있지 않고, 오직 주를 위하여"(고전 6:13) 존재한다고 바울은 말한다. 우리의 자연적인 몸에 대한 완벽한 신학적 해석은 그 몸이 하나님에 의해 지음 받았다는 사실, 그리스도의 지체라는 사실(고전 6:15) 그리고 성령의 전이라는 사실(고전 6:19)을 포함할 것이다. 이러한 신학적 시사점들은 우리의 몸을 산 제물로 드리라(롬 12:1)는 신학적 명령으로 이끈다.

우리가 자신의 몸을 가지고 행하는 행위는 특정한 형태의 삶을 만들어 낸다. 그럼에도 불구하고, 우리 몸의 참된 혹은 신학적으로 자연적인 의미는 인간이 구성하는 것이라기보다는 하나님이 구성하시는 것에 더 가깝다. 하나님의 피조물, 그리스도 안에 있는 인간, 성령의 전으로서의 우리의 참된 정체성은 우리가 개발하거나 구성하는 어떤 것이 아니라 우리가 받아들여 실현하는 것이다. 천체가 무의식적으로 행하는 것, 하나님을 영화롭게 하는 일이 또한 신체 행위의 자발적인 목적이 되어야 한다는 점에도 주목하기 바란다.

천체는 일정하게 그 자연적인 기능을 수행하는 반면에, 인간은 그렇지 않다. 인간은 자연적인 것을 거부하고, 신적 저자의 의도를 거절할 수 있는 끔찍한 능력을 가지고 있다.

텍스트의 몸. 그래서 몸은 마치 하나의 텍스트와 같다. 자신의 의미를 몸에 기록하는 대신에, 그리스도인은 몸을 이미 의미가 새겨진 것으로, 즉 '자연적인 의미'를 성 삼위 하나님에 의해 새겨진 것으로 보아야 한다고 나는 제시했다. 거꾸로, 성경 텍스트는 마치 몸과 같다. 이제 우리는 성경에 대해 몇몇 신학적 해석자가 자행하는 그 '자연적인' 것이라는 범주에 대한 공격을 살펴볼 차례다. 다시 나의 가설은 바디 피어싱 배후에 놓여 있는 정체성 관념과 성경에 대한 신학적 해석 관행 배후에 놓여 있는 사회 형성(social formation)에 대한 관념 사이에 병행하는 중요한 점이 있다는 것이다.

'텍스트의 몸'(the body of the text)이라는 말은 흔히 쓰는 말로는 어떤 텍스트의 주요부를 가리킨다. 그러나 몇몇 현대 독자의 손에서, 텍스트는 그에 대해 해석자들이 다양한 수술을 감행할 수 있는 불활성적이며 생명 없는 몸인 것으로 나타난다. 몸과 텍스트는 모두 폭력의 희생자일 수 있다. 우리가 이후에 검토하게 될 성경 구절을 예상하기 위해서, 우리는 해석자들이 불활성적인 텍스트에 대해 행하는 바를 로마 병사들이 십자가 위에 달리신 예수님께 행했던 일에 비유할 수 있을 것이다. "예수님이 그 최후의 숨을 몰아쉬기 전에, 대상물로서의 몸은 이미 단지 고깃덩어리, 소비될 수 있는 것, 죽었으며, 원치 않는 것이며, 폐기될 수 있는 것으로 취급된다."[16] 마찬가지로, "마치 죽은 사람처럼, 텍스트는 어떠한 권리도, 목적도, 이해관계도 전혀 가지고 있지 않다. 텍스트는 독자나 해석자가 택한 방식대로 어떤 식으로든지 사용될 수 있다."[17] 죽은 몸은 아무런 행동도 취하지 않는다. 죽은 몸은 아무것도 하지 않는다. 그것은 능동적이지 않고 수동적이다. 텍스트에 그 자체의 목적이나 생명이 전혀 없는 만큼, 텍스트는 독자의 처분에 맡겨진 존재다. 오로지 해석에만 유일하게 능동적인 행위자가 존재하는 것 같다. 그러므로 마크 테일러(Mark Taylor)는 해석을 "해석자가 텍스트를 희생물로 삼는 **적대**

---

16) Graham Ward, "The Displaced Body of Jesus Christ." in *Radical Orthodoxy*, ed. John Milbank, Graham Ward, and Catherine Pickstock (London: Routledge, 1999), p. 169.

17) Morgan, *Biblical Interpretation*, chap. 7.

적 행위"라고 규정함으로써, 약간 과장해서 말한다.[18]

텍스트 해석의 맥락에서, 바디 피어싱이라는 개념은 실제로 두 가지 매우 다른 방향으로 적용될 수 있다. 한편으로, 우리는 텍스트를 몸과 마찬가지로 정체성 형성의 자리로 바라볼 수 있다. 정체성 형성에 **대한 이 편애야말로 오늘날 바디 피어싱을 하는 사람들과 포스트모던 해석자들이 공통으로 지니는 것이다.** 그러나 해석을 정체성 형성의 수단으로 바라보는 데는 두 가지 문제점이 있다. (1) 만일 형성되는 것이 텍스트의 자연적인 의미가 아니라 해석 공동체에 의해 부양된 의미에 근거하는 것이라면, 특히 해석 공동체의 다양성에 비추어 볼 때, 그 해석 공동체가 텍스트에 대해 행하는 것이 단지 (어떤 임의적인?) 사회적 관행에 불과하지 않은 그 이상의 것이라고 어떻게 변호될 수 있겠는가? (2) 공동체가 자체의 정체성을 형성하고 재강화하기 위해 텍스트를 사용하는 한, 공동체의 해석은 오로지 텍스트의 몸에 대한 일종의 부과며, 심지어 어쩌면 폭력적인 강요에 불과하다는 비난을 어떻게 피할 수 있겠는가?

다른 한편으로, 우리는 그 표면의 밑으로 파고 들어가서 그 아래 깔린 것(몸의 '영혼'이나 메시지)을 분별해 낸다는 의미에서 그 몸(혹은 텍스트)을 꿰뚫을 수 있다. 앞으로 보게 되듯, 바디 피어싱의 이 후자의 의미는 텍스트의 몸을 단순히 수동적인 대상으로서만이 아니라 능동적인 대상으로, 정확히 말해서 **소통** 행위로 바라본다.

신학적 해석이란 무엇인가?

최근에 나온 성경 해석 사전들이 성경에 대한 신학적 해석이라는 주제에 대해 사실상 침묵하고 있다는 사실은 흥미롭기도 하고 아이러니하기도 하다. 두 권으로 된 어빙돈(Abingdon) 사전[존 헤이스(John Hayes) 편집]에는 "심리 분석적 성경 해석", "이데올로기 비평", "성경 내적 성경 해석", 심지어 "에티오피아 성경 해석" 항목까지 있지만, "신학적 성경 해석"에 대해서는 전혀 다루지 않는다.

그렇다면, 성경 해석에서 '신학적'이라는 수식어는 무엇에 대한 것일까?

---

18) Mark Taylor, "Text as Victim." in *Deconstruction and Theology*, ed. Thomas Altizer (New York: Crossroad, 1982), p. 65.

분명 신학적 해석이라는 것은 하나님과 어떤 관계가 있을 것이다. 그러나 무슨 관계일까? 몇 가지 가능성이 있다. 그렇지만, 내가 도입부에서 언급했던 두 가지 선택 사항만 살펴볼 것이다. 한 가지 견해는 '신학적'이라는 말을 해석의 **대상**(하나님의 말씀으로서의 성경)을 수식하는 것으로 본다. 다른 한 견해는 그 말을 해석의 **과정**(하나님 백성의 사회화 혹은 정체성 형성)을 수식하는 것으로 본다. 첫 번째 견해에서, 성경 해석을 신학적으로 만드는 것은 어떤 의미에선가 성경 저자로서의 하나님에 대한 호소다. 두 번째 견해에서, 성경 해석을 신학적으로 만드는 것은 해석의 목적과 결과의 문제 즉 하나님 앞에서 다른 사람들과 신실하게 살아가는 일의 문제에 더 가깝다.

현재 이 두 접근 방법이 상대방의 잠재적인 기여에 대해 충분히 인정하지 못하도록 방해하는 두 가지 커다란 단절선이 존재하는 것 같다. 한 개의 단절선은 성경에 대한 신학적 해석을 뒷받침하는 해석학의 본성과 관계되어 있으며, 다른 한 개의 단절선은 대조적인 강조점(규범에 대한 강조와 목적에 대한 강조)과 관련되어 있다. 나는 성경에 대한 신학적 해석으로 나아가는 길이 이 두 지평의 융합에 있다고 믿는다.

일반 해석학과 특별 해석학 사이. 일반 해석학은 텍스트 해석 일반의 원칙들에 관한 것이다. 많은 성경학자는 성경 해석에 최선의 일반 원칙들을 사용하고자 노력한다. 예를 들어, 벤저민 조웨트는 '의미'를 찾기 위해 성경을 "여느 다른 책과 마찬가지로" 읽으라고 해석자들에게 권고하면서 많은 역사 비평학자를 대변해서 말한다. 여기에서 말하는 '의미'(meaning)는 전통적으로 역사적 저자가 의도했던 의미(sense)와 연결되어 온 의미다. 그러나 수많은 연구는 어떻게 역사 비평학자들이 텍스트 작성의 역사를 재구성하거나 겉으로 드러난 역사적 사건들이 아니라 실질적인 사건들을 재구성하려는 시도를 하면서, 텍스트**에** 놓여 있는 것을 찾기보다는 텍스트 **배후에** 놓여 있는 것을 찾느라 더 많은 에너지를 소모하면서 곁길로 빠져버렸는가를 입증해 준다.

텍스트 **배후에** 놓여 있는 역사에 대한 이러한 집착 때문에, 다른 성경 해석자들은 저자 의도의 문제를 부차적인 지위로 좌천시켜 버렸다. 그들은 텍스트의 의미를 저자의 의도와 동일시해서는 안 되며, '그 의미'에 대한 탐구가 신학적 해석의 프로젝트를 규정하도록 만들어서도 안 된다고 주장한다. 그와 반대로 성경 해석을 **신학적으로** 만드는 것은 믿음과 소망과 사랑 가운데 공동체를 세워나가기 위해 성경을 사용하려는 특수한 해석적 관심사라는 것이다. 의미와 해석에 대한 일반 이론들은 이러한 신학적 해석자들에게는 거의 아무런 소용도 없는 것이다. 의미에 대한 정의와 해석에 대한 접근 방법에는 끝이 없다. 그리스도인은 그 대신 해석의 목표에 초점을 맞추어야 한다. 그 목적이란, 하나님과의 사귐과 다른 사람들과의 사귐을 양성하는 것이다. 약간 다르게 표현하자면, 이 견해에 따르면 성경에 대한 신학적 해석은 규정적인 의미를 알게 되는 인식론적 프로젝트라기보다 특수한 공동체적 삶의 양식을 형성하려고 시도하는 정치적인 프로젝트라는 것이다. "삼위일체 하나님 앞에서 살아가는 신실한 삶의 목적이 모든 해석의 관심사가 맞추어야 할 기준이 된다."[19]

신학적 해석의 목적을 아는 것으로 충분할까? 흔히 간과되어 왔지만, 한편으로는 의미에 관한 일반 이론들에 대한 그리고 다른 한편으로는 기독교 공동체들이 자기 방식대로 성경을 읽는 것에 대한 대안적 입장이 하나 있다. 나 자신을 포함해서, 최근의 여러 저자는 기독교 교리에 의해 형성되며, 내용이 채워지며, 개혁되는 신학적 해석학 즉 성경과 텍스트 일반에 대한 해석 이론을 주장한다.[20] 이 전략은 텍스트의 '의미'에 관한 적절히 신학적인 진술을 제공함으로써 일반 해석학과 특별 해석학 모두의 관심사를 하나로 묶는다.

해석의 목적: 하나의 해석 규칙으로서 신앙의 규칙. 점점 늘어나는 공동체 중심의 해석자들에 따르면, 초대교회의 그리스도인들이 신약 성경과 구약 성경을 통일된 정경으로 읽었던 것은 고대 교회의 신앙 규범 덕분이었다는 것이다. 학문의 세계에서 학자들은 신약 성경과 분리해서 '히브리 성경'을 읽지만, 그리스도인들은 그럴 수 없다. 이는 신앙 규범이 이스라엘의 하나님과 예수 그리스도의 성부 사이를 신학적으로 연결할 것을, 그러므로 두 무리의 증인들 사이를 해석학적으로 연결할 것을 주장하기 때문이다. '규범에 따라 읽기'를 주창하는 사람들은 고전적인 기독교 해석학이 결코 방법을 가지

---

19) Stephen Fowl and Gregory Jones, *Reading in Communion: Scripture and Ethics in Christian Life*(Grand Rapids, Mich.: Eerdmans, 1991), p. 20.
20) 특히, Craig Bartholomew, *Reading Ecclesiastes: Old Testament Exegesis and Hermeneutical Theory* (Rome: Pontificla Bible Institue, 1998); Francis Watson, *Text and Truth: Redefining Biblical Theology* (Grand Rapids, Mich.: Eerdmans, 1997); 및 Anthony Thiselton, *New Horizons in Hermeneutics*(Grand Rapids, Mich.: Zondervan, 1997)를 보라.

고 텍스트에 접근하지 않고, 어떤 규범을 가지고 즉 궁극적으로 기독교적 함양에 도움을 주는 역할을 하는 규범을 가지고 접근했다고 주장한다. 그러한 '규범에 따른 읽기'는 신학적 해석의 목적, 즉 하나님 및 타자들과의 더 깊은 어울림에 도달하는 최선의 수단이다.

'규범에 따른 읽기'와 '사회화하는' 해석(socializing interpretation, 소외감을 극복하는 길을 추구하는 유형의 해석) 사이의 연관성은 이제 명확해졌을 것이다. 규범에 따른 읽기—영성 함양을 위해 다른 성도들과의 어울림 가운데서 읽는 일—는 공인된 공동체 해석 관행들을 익히는 일에 해당한다. 이러한 관행들의 '텔로스'(telos, 목적)는 텍스트의 메시지에 대한 어떤 것을 발견하는 것이라기보다 공동체를 세워나가는 일임을 기억할 수 있을 것이다.

규범에 따른 읽기를 추천하는 많은 사람은 성경에 대한 신학적 해석을 인식론의 맥락보다는 정치의 맥락에서 본다. 핵심은 텍스트에 관해 알기 위한 일반 원칙들을 발전시키는 데 있는 것이 아니라, 어떤 유형의 공동체적 삶을 양성하느냐에 있는 것이라고 그들은 말한다. 신앙의 규범은 이러한 공동체의 목적을 추구함에 있어서 세 가지 해석학적 기능을 수행한다. (1) 신앙의 규범은 텍스트의 통상적 의미를 결정하는 데 도움을 준다. (2) 신앙의 규범은 신구약 성경을 통일시켜 준다. (3) 신앙의 규범은 해석의 한 기준으로서 봉사한다.

통상적 의미(the plain sense). 오리게네스가 구약 성경의 어떤 내러티브들의 문자적인 의미를 덕을 세우는 데 도움이 되지 않는다고 보았기 때문에 배격했다는 사실은 아주 유명하다. 규칙에 따른 읽기는 단지 풍유화에 대한 또 다른 이름에 불과한 것일까? 이 견해에서는 통상적 의미가 어떻게 되는 것일까?

규범에 따른 읽기를 주창하는 사람들은 공통적으로 성경의 통상적 의미의 우선권을 주장한다. 그러나 자세히 살펴보면, 그들이 그 통상적 의미를 텍스트의 속성으로 간주하지 않는다는 사실이 분명하게 드러난다. 통상적 의미는 오히려 믿는 공동체의 정황 가운데서 읽혀질 때 그 텍스트가 갖는 의미가 된다.[21] 이 사실은 텍스트에 전혀 본래적인 목적이나 관심사가 없다는 일반적인 논의와, 신학적 해석은 주로 해석 공동체의 목적과 관심사에 해당하는 문제라는 생각에 잘 맞아떨어진다. 캐스린 그린-맥크라이트(Kathryn

Greene-McCreight)에 따르면, 통상적 의미라는 개념은 그것을 말하는 신학자에 따라 약간씩 다른 것을 의미한다. 그러나 일반적으로 그녀는 '통상적 의미'를 찾기 위한 해석에 두 개의 억제력이 있다고 본다. 하나는 텍스트의 언어적 의미며, 다른 하나는 신앙의 규범이다. 신앙의 규범은 성경의 중심 주제에 대한 허가된 '선(先) 이해'로 기능하며, 기본적으로 하나님이 그리스도 안에서 행하시는 것에 대한 이야기를 진술한다.[22] 그 규범의 형태는 본질적으로 내러티브적이다. 그리고 그 실질적인 내용은 삼위일체적이다. 성경이 근본적으로 무엇에 대한 것이냐에 대한 그리고 예수님에 대한 내러티브들의 중심적 성격에 근거한 이 교회 중심의 선 이해는 교회가 어떤 해석은 '받아들이고' 어떤 해석은 '배제할' 수 있게 해준다. 주목할 만한 사실은 통상적 의미가 텍스트의 명시적인 **언어적** 의미와 일치할 수도 있고 그렇지 않을 수도 있다는 것이다.

성경의 통일성의 문제라는 것도 여기에서는 우선적으로 텍스트의 성격에 관한 문제가 아니라 공동체가 성경을 읽는 방식에 관한 문제로 파악된다. 통일성은 부분들의 일관성이 아니라 읽는 습관의 부산물이 된다. 마지막으로, 신앙의 규범은 기독교 공동체에 어떤 읽기가 적합한가를 결정하는 하나의 기준으로 기능한다. 이는 해석이 결국 텍스트에 의해서가 아니라 신앙의 규범에 의해서 점검되는 것과 마찬가지다. 이러한 입장은 정확히 스탠리 피쉬를 따르는 사람들에게 기대할 수 있는 것이다. 그가 볼 때 해석의 권위는 소위 일관적이라는 텍스트의 속성에 있는 것이 아니라 해석 공동체의 관행에 담겨 있는 것이다. "주해! 주해! 주해가 중요하다!"라는 외침에 대해, 규범에 따른 읽기를 하는 사람들은 "전통! 전통! 전통이 중요하다!"라고 화답하는 것은 아닌지 생각할 수밖에 없다.[23]

누구의 용도? 어느 문법? 하나의 보편적인 규칙. 성경에 대한 신학적 해석이

---

21) Hans Frei는 만일 공동체가 풍유적으로 읽는 습관을 습득했다면, 그것이 '통상적 의미'일 것이라고 언급한 적이 있다(Frei, "The 'Literal Reading' of Biblical Narrative in the Christian Traditino: Does It Stetch or Will It Break?" in *The Bible and the Narrative Tradition*, ed. Frank McConville (New York: Oxford University Press, 1086), pp. 36-77. 또 Kathryn E. Tanner, "Theology and the Plain sense." in *Scriptural Authority and Narrative Interpretation*, ed. Garrett Green (Philadelphia: Fortress, 1987)을 보라.

22) Green-McCreight, *Ad Litteram*, p. 244.

규범에 따른 읽기의 형태를 띤다는 제안은 강력하다. 그 제안은 존중받는 고대 전통의 무게를 지니며, 그 외에도 포스트모던 감수성(해석 공동체의 권위, 정체성 형성의 한 양식으로서의 해석 등)에 호소한다. 그 제안의 핵심적인 주장은 우리가 해석 공동체의 목적을, 즉 교회의 영성 함양에 대한 관심사를 성경에 대한 신학적 해석을 실천하는 구성 요소로 보아야 한다는 것이다.

이 제안을 우리는 어떻게 평가해야 할까? 구체적으로, 우리는 성경을 읽을 때 공동체의 목적과 규범을 선호해서 텍스트 자체의 자연적 의미를 적어도 부분적으로는 가려야 할까?

우선, 우리는 규범에 따른 읽기가 일반 의미론에 피해를 주는 방식으로 신앙 공동체의 특별한 목적을 내세운다는 주장에 어떤 긴장이나 아이러니가 있음을 지적할 수 있을 것이다. 사실상 우리가 '의미가 아니라 그 용법을' 들여다보아야 한다는 생각은 쉽게 루드비히 폰 비트겐슈타인에게 소급될 수 있다. 그는 피쉬(Stanley Fish)도 아니고 파울(Stephen Fowl)도 아닌, 그 둘 배후에 있는 철학적 현존이다.

논의상, 일단 우리가 말의 특별한 용례에 주목할 필요가 있다는 비트겐슈타인의 말은 정확한 것이라고 받아들이도록 하자. 그렇다면, 문제는 성경에 대한 신학적 해석자들이 **누구의** 용법을 바라보아야 하느냐가 된다. 이 물음에 대한 가능한 대답은 세 가지 유형으로 나뉜다. (1) 그 텍스트의 최종 형태를 산출하는 데 책임이 있는 사람들(저자, 편집자, 정경 확정자), (2) 신앙의 규범에 부합되게끔 건덕을 위해 성경을 활용하고자 하는 독자들, (3) 성경 텍스트의 궁극적인 저자로서의 혹은 전유자(appropriator)로서의 하나님. 역사 비평학자들이 선호하는 첫 번째 선택 사항은 오직 종교의 역사에까지만 이르게 만든다. 그러므로 우리는 그 점에 대해 더 이상 살펴보지 않을 것이다. 세 번째 선택 사항은 잠시 후 다루게 될 것이다. 그 현저함을 인정할 때, 좀더 면밀하게 조사할 필요가 있는 것은 규범에 따른 읽기ㅡ내가 첫 대목에서 언급했던 '사회화'의 방법ㅡ인 두 번째 선택 사항이다.

---

23) 나는 모든 주해가 어떤 신학을 전제로 한다는 사실을 인정한다. 문제는 이전의 신학적 이해를 세련되게 하거나 심지어 수정할 기회를 해석이 우리에게 제공하느냐 하는 것이다. 나는 그런 기회를 제공한다고 주장한다. 물론 오직 해석자가 실로 '덕스러울' 경우에만, 즉 텍스트에 대해서는 꼼꼼하고 자신에 대해서는 의구심을 가지고 대할 때만 그럴 수 있다.

규범에 따른 읽기 방법에 의하면, 성경 텍스트의 목적—말하자면, 그 성경 텍스트를 낳은 책임이 있는 개인과 공동체의 목적과 관심사—은 현재의 해석 공동체의 목적에 종속되는 것으로 나타난다. 결국, 주장은 그 공동체의 신앙의 규범과 더불어서, 그 공동체가 신약 성경보다 먼저 존재했었다는 것이다. 신약 성경에서 우리가 발견하는 책들은, 오직 그 책들이 '예수가 주님이시다'라는 교회의 기독론적 신앙 고백의 핵심적인 내용들과 일치하기 때문에만 존재하는 것이다. 교회는, 이 글들의 (사용되되, 적절하게 사용되었을 때) 내용과 결과가 신앙 규범에 일치하기 때문에, 그 텍스트들을 정경화했다.[24] 실로, 이미 살펴보았듯이, '통상적 의미' 그 자체는 언어적(잠재해 있는) 의미와 그 공동체의 규범에 따른 읽기의 결과다. 파울과 존스가 비판적 성서학의 중요성과 '우리 자신에 대해 거슬러서' 성경을 읽는 상황의 '덕스러운' 해석을 가리키는 것이 사실이지만, 어떠한 안정적인 혹은 규정적인 텍스트 의미(자연적 의미)가 부재한 상황에서 이 일이 어떻게 이루어질 수 있는지는 전혀 분명치가 않다.[25]

신앙의 규범은 성경 자체에서 나오는 것이 아니라 성경에 대한 신앙 공동체의 읽는 방식에서 나오는 것일까? 규범에 따른 읽기를 하는 독자들은 '해석'이 텍스트가 사용되는 여러 방식에 대한 문법적 언급의 문제라는 비트겐슈타인의 말에 동의하는 것 같다. 그렇다면, 성경을 '정경'이라고 말하는 것은 무슨 의미가 있을까? 규범을 따르는 독자가 볼 때, 성경은 오직 그 텍스트가 특정 집단의 사람을 위해 어떤 역할을 할 경우에만 정경적이 된다. 그러므로 '정경적'이라는 것은 책들에 속하는 것(책들의 목록)이거나 책들의 속성이라기보다는 텍스트와 해석 공동체 사이의 기능 혹은 역동적 관계다. '통상

---

24) Robert W. Wall, "Reading the Bible from Within Our Traditions: The 'Rule of Faith' in Theological Hermeneutics." in *Between Two Horizons: Spanning New Testament Studies and Systematic Theology*, ed. Jeol B. Green and Max Turner (Grand Rapids, Mich.: Eerdmans, 2000). p. 104.

25) Fowl과 Jones는 다음과 같은 이유로 성서학의 '비판적 덕목들'을 추천한다. (1) 그 덕목들은 정경 텍스트의 전승사를, 그럼으로써 그 정경을 처음으로 형성했던 기독교 공동체들의 관심사에 대해 음미할 수 있도록 우리를 돕는다. (2) 그 덕목들은 번역에 도움을 주는 언어학적 기술들을 개발한다. (3) 그 덕목들은 정경 이후의 기독교 해석이 지니는 전통에 매여 있는 성격을 드러낸다. (4) 그 덕목들은 그 텍스트의 최종적인 형태를 가져다준 이데올로기적 관심사들(예를 들면, 인종, 성별, 계급)을 드러낸다(*Reading in Communion*, pp. 34-42).

적 의미'의 경우에도 그랬듯이, '정경'의 경우에도 마찬가지다. 그 둘 중 어느 것도 텍스트의 속성이나 현상이 아니다. 오히려, 그 둘 모두 텍스트와 공동체 사이의 **상호 작용**을 가리키는 개념들이다.

그러므로 신앙의 규범은 공동체의 해석 실천에 함축된 '문법'이다. 이 문법은 다음의 규범들을 요구한다. '신구약 성경을 단 하나의 책으로 읽으라.' '예수의 이야기를 이스라엘 이야기의 성취로 읽으라.' 그 결론은 불가피하게 다음과 같이 된다. "교회의 신앙 규범이 바로 성경 해석의 합당함과 효율성에 대해 측정하는 정경이다."[26] 기독교적으로 적절한 것은 성경에 의해서가 아니라 신앙의 규범에 의해 측정된다. 핵심은 신앙의 규범이 합당한 신학적 해석과 정당하지 못한 신학적 해석 사이를 구별하는 하나의 '정경적' 규범이요 주요 기준이 된다는 것이다.

기독교 공동체가 독특한 방식으로 성경을 읽는다고 주장하면서 동시에 (최소한 암묵적으로) 이 주장을 지지하게 위해 일반 이론에 의존하는 것은 약간 솔직하지 못한 것이 아닐까? 규범에 따라 읽는 독자들은 자신이 의미론에 대해서는 관심이 없다고 말하지만, 현재 유행하는, 규범에 따라 읽는 모습은 세속의 일반 비평학계에서 이루어지는 독자 중심의 접근 방식에 대한 현대적 관심사와 완벽하게 맞아떨어지며, 이 이론가들 가운데 몇몇은 (예를 들면, 스탠리 피쉬) 명확하게 인용된다. 텍스트에 대한 해석이 그 텍스트에 대한 수용의 역사와 분리될 수 없다고 말하는 것은 텍스트 의미에 대한 현대의 논쟁 가운데 어느 편을 **드는 것이다**.

누구의 성경 사용이 권위적인 것이며, 그 이유는 무엇일까? 기독교 신앙의 문법적 규칙들은 어디에서 연원하는 걸까? 당면한 문제는 '그 규칙이 누구의 규칙인가?' 하는 것이다. 규범을 따라서 읽는 독자들은 한결같이 그 규범이 '보편적인 교회의 것이다'라고 대답한다. "비평적인 신학적 해석학은 모든 신앙 규범이 각각 보편적인 신앙의 규범에 밀접한 가족의 유사성을 지닐 것을 요구한다."[27] 신앙의 규범은 일종의 보편적 규칙, 즉 에큐메니컬 교회가 그 역사 내내 어떻게 성경 텍스트를 읽어 왔는가에 대한 요약이다. 그러므로 이 보편적 규칙은 해석상의 가능성의 바다에서 닻을 제공해 준다.

---

26) Hall, "Reading the Bible", p. 96.

이 시점에서, 우리는 두 가지 중요한 물음을 제기해야 할 것이다. 첫째, 신앙의 규범은 얼마나 보편적인가? 어떻게 우리는 교회가 하나님에 대한 교리를 올바르게 파악했다고 알 수 있는가, 아니면 우리가 이 경우에 그저 상대적인 보편성 가운데서 올바르게 파악했을 것이라고 받아들여야 하는 것인가? 그 신앙의 규범이 유니테리언(unitarian)이기보다는 삼위일체적이라는 사실은 교회사의 그저 우연에 불과한 것인가?

둘째로, 교회 공동체의 다양성이라는 너무나도 명백한 당면 문제와는 별개로, 규범에 따른 읽기 방식은 성경을 신적 저작성의 결과로 적절하게 인식하지 못하기 때문에, 성경에 최고의 권위를 돌리지 못한다. 권위는 읽는 관행들에 덧씌워지기 때문에 읽는 공동체에 속한다. 최근 프란시스 왓슨은 이러한 접근 방식이 교부 신학보다는 오히려 포스트모더니티에 더 많은 빚을 지고 있다고 제시했다. 그는 하나님의 소통 대리자(성경)를 이 공동체의 존재(교회)로 대체함으로써, 이 해석학이 실질적으로는 신학에 반하는 역할을 한다고 주장한다. 공동체는 해석학의 기본 원리가 되어서는 안 된다.[28] 교회 자체가 파생적인 것이며, 교회의 존재는 그에 앞선 하나님의 불러내심(evocation)에 기인한다.

나는 우리가 교회적으로나 해석학적으로 하나님의 우선권을, 특히 하나님의 화행성의 우선권이나 하나님의 성경 '저작성'의 우선권을 인정해야 한다고 주장한다. 성경을 신학적으로 해석하는 것은 성경을 이스라엘과 예수 그리스도의 역사 가운데서 일어난 하나님의 역사적 소통 행위들에 대해 증거하는 하나님의 언어적 소통 행위로 해석하는 것이다. 실로 많은 해석의 목

---

27) 같은 글, p. 103. Lindbeck은 이것을 불변하는 공동체 전통에 대한 '콘스탄티노플' 호소라고 특징짓는다["Postcritical Canonical Interpretation: Three Modes of Retrieval." in *Theological Exegesis: Essays in Honor of Brevard S. Childs*, ed. Christopher Seitz and Kathryn E. Green-McCreight (Grand Rapids, Mich.: Eerdmans, 1999), p. 39].

28) Fowl과 Jones는 이 점을 앞뒤가 맞지 않게 받아들인다. 그들은 기독교적 적절성의 기준의 어떤 종류로 성경을 인정하고자 한다. 그들은 우리가 성경에 대한 신적 구술을 믿을 필요가 없으나 어떤 식의 섭리관은 가질 필요가 있다고 주장한다. 슬프게도, 이 견해는 구체적으로 적시되지 않은 채 남아 있다. Fowl과 Jones가 하는 말의 전부는 이렇다. "우리로 불러서 교회가 되게 하신 하나님이 우리가 그 부르심에 충실하게 따라가는 데 필요한 자원들 없이 우리를 남겨 두시지 않았을 것이다"(*Reading in Communion*, p. 38). 그들의 견해에서는, 하나님이 어떻게 성경에 개입하시는지가 결국은 명확하지 않다.

적과 해석적 관심사가 있을 수 있다. 그러나 하나님의 백성들은 무엇보다도 성경에서, 성경을 통해 하나님이 말씀하시며 행하신 것에 관심을 기울여야 한다.

해석의 기준들: 자연적 의미. 비평학 이후의 정경적 해석에 대한 중요한 소논문에서, 조지 린드벡은 성경을 하나님의 말씀에 대한 권위적 증거로 읽는 차일즈의 정경적 접근 방식이 기독교 공동체에 적절한 가이드를 제공해 주지 못한다고 논평한다. 린드벡은 성경의 내러티브 세계에 참여하기 위해 성경을 읽는 일에 대해서도 마찬가지의 지적을 한다. 그는 정경이 교회 중심의 해석자들이 자기 물건을 꺼내는 간편한 주머니가 될 위험에 빠졌다고 염려한다. "그 선택들은 교회의 교도권(ecclesial magisterum), 변치 않는 공동체 전통, 개인적인 해석이라는, 혹은 좀더 구체적으로 그리고 대충 표현하자면, 로마와 콘스탄티노플 및 비텐베르크/제네바라는 세 기둥 사이에 걸쳐 있는 것 같다"[29](여기에서 로마는 로마 가톨릭, 콘스탄티노플은 동방 정교, 비텐베르그/제네바는 각각 루터와 칼뱅을 가리킨다-역주). 처음의 두 접근 방식은 어느 한 해석에 대해 다른 해석을 선호하는 기초로서 텍스트에 호소할 수 없다. "이는 그 두 접근 방식 모두에 있어서, 정경적 조망에 대한 대안적 패턴들 사이의 선택들이 텍스트 내적으로 임의적이기 때문이다. 결정을 내릴 근거를 찾기 위해서는 텍스트 바깥으로 나와야 하며, 그렇게 하는 방법에 대해 그 두 입장은 해석학적으로 전혀 쓸 만한 답변을 하지 못하는 것 같다."[30]

린드벡의 논평들이 부각하는 것은 해석상의 다른 목적의 필요성이 아니라 어떤 해석 **기준**의 필요성이다. 흥미롭게도, 린드벡 자신은 니콜라스 월터스토프의 저자 담론 모델에 매료되었다. 이 저자 담론 모델은 그 텍스트로부터 나올 수 있는 출구를 대변하며, 오직 그 출구만이 우리가 다른 읽기보다 이 읽기를 선호하는 근거가 된다.[31] 나는 저자의 의도된 행위라는 개념에 대한 린드벡의 개방적인 태도에 찬사를 보내면서도 – 이 개념은 현재 내가 발

---

29) Lindbeck, "Postcritical Canonical Interpretation", p. 39.
30) 같은 책, p. 44.
31) 나는 Lindbeck이 Richard Hays를, 그 발전에 Lindbeck 자신이 한 몫 거들었던 역할에 비추어 '내러티브 세계 전유' 접근 방식의 예로 인용한다는 사실이 흥미롭다고 생각한다. Lindbeck은 더 이상 텍스트 내재적 신학(intratextual theology)만으로는 충분하지 않다고 여기는 것 같다.

전시키고자 하는 개념이다—저자에 대한 호소가 텍스트로부터의 출구라는 사실을 받아들일 수 없다. 그와 반대로, 텍스트는 소통적 행위**다**. 이 점 때문에 나는 비텐베르크보다는 구텐베르크(Gutenberg, 여기에서 구텐베르크는 인쇄술의 발명, 따라서 텍스트를 가리킨다—역주)를 더 높이 친다. 왜냐하면, 이 기준은 어떤 공동체의 관심사가 아니라, 그 기록된 담론이 실행하는, 텍스트의 혹은 오히려 그 텍스트의 신적이며 인간적인 저자들의 소통적 관심사를 반영하기 때문이다.[32]

성경에 대한 신학적 해석에 대한 다섯 가지 테제: 소통 행위의 역할. 다른 곳에서 나는 다음 테제들의 적확성을 주장했다. 여기에서는 확대된 주해의 예로 향하기 위해 간단한 해설만을 제한적으로 제공하고자 한다. 그러나 내가 이 테제들을 기독교 교리에서 도출했음을 아는 것이 가치 있을 것이다. 화행철학의 사용은 나의 신학적 목적에 단지 부수적인 것일 뿐이다.

1. 기독교 신학의 궁극적 권위는 소통 행위 가운데 계신 삼위일체 하나님이다. 신학은 하나님이 주도하신 일, 즉 소통 행위에 대한 인간의 반응이다. 하나님은 말씀과 행위 가운데서 자신을 알리신다. 하나님은 이 행위의 개시자이시며(행위자), 이 행위의 말씀 혹은 내용이시며(행위), 그 수용의 성령 혹은 권능(결과)이시다. 우리가 복음의 순전함을 보존하고자 노력하는 한, 한편으로 성경에 구현되었으며 성경에 실행된 하나님의 말씀과, 다른 한편으로 인간의 주해 사이의 차이점을 존중해야 한다. 예수 그리스도의 복음이 우리의 해석의 요청에 의해 바뀌지 않는다는 이 근본적인 직관은 올바른 예배와 우상 숭배 사이의 구별만이 아니라 다름 아닌 참된 종교와 거짓 종교 사이의 구별을 요청한다.

2. 한 텍스트의 '통상적 의미'나 '자연적 의미'는 한 인격자의 소통 행위의 결과다. (그것은 저자가 다른 방식이 아닌 이 방식으로 자신의 말을 가꾸고 돌봄으로써 그 가운데서 이루어 놓은 것이다.) 말의 각별한 의미를 결정하는

---

32) David Cunningham은 그릇되게도 내가 의미에 대한 '용기'(container) 이론을 믿는다고 치부한다. 나는 말이나 심지어 텍스트조차도 의미를 '담는다'고 믿지 않는다. 오히려, 나는 그것들이 저자에 의해 말하고 일을 행하는 데 쓰이기 때문에 의미를 갖는다고 생각한다. 텍스트가 소통 행위를 수행하기 위해 사용하는 방식에 대한 주목은 내가 여기에서 전제로 하는 소통에 대한 '행위' 이론으로 인도한다. 소통 행위로서의 의미라는 나의 의미론에 대한 좀더 완벽한 진술과 변호로는, *Vanhoozer, Is There a Meaning in This Text?* chap. 5을 보라.

것이 바로 소통 행위에서 그 **저자가** 말을 사용한 용법이다. 말에는 언어적 의미들 혹은 관용적 의미들의 범위가 있음이 사실이지만, 저자가 언어적이며 문학적인 관례를 차용하는 방식은 대개 그 많은 관례적 의미 가운데 어떤 의미가 의도되어 있는지를 지시해 준다. (그리고 한 가지 의미 이상일 수도 있다.) 간단히 말해서, 자연적 의미는 저자가 저작하면서 **의도한** 의미 즉 단어들이 **이** 저자에 의해 **이** 정황에서 사용됨으로써 지니게 된 의미다. 갈라디아서를 읽을 때, 마치 바울이 아니라 내가 갈라디아서를 작성했다는 듯이 읽는 것은 주해를 하는 것이 아니라 작성을 하는 새로운 행위에 참여하는 것이다.[33]

3. 성경을 '경전'이라고 부르는 것은 그 인간 저자들의 소통 의도를 위반하지 않으면서 병발하는 신적 의도를 인정하는 것이다. 월터스토프는 최근에 하나님이 어떻게 인간의 담론을 '전유'하실 수 있는지를 보여 주었다. 그것이 신적 소통 의도를 인간적인 소통 의도와 연결할 수 있는 한 가지 방법이다. 그리고 두 가지 다른 길이 있다. 하나는 성경의 이중 저자성에 대한 전통적인 주장이다. 이 주장은 궁극적으로 섭리론을 전제로 한다. 그리고 좀더 최근의 주장은 정경적인 맥락에 비추어 텍스트의 일부가 읽혀질 때 신적 의도가 성립하게 된다는 주장이다.[34]

4. 성경에 대한 신학적 해석은 인간 저자들과 신적 저자 양자에 의해 수행된 성경 안에 있는 정경적 행위들에 대한 '두터운 기술'을 제공할 것을 우리에게 요구한다. 문자적 해석의 소임은 저자가 자신의 말을 가지고 행하는 바를 말하는 것이다. 만일 우리가 성경의 신적 저작성을 심각하게 고려한다면, 문자적 해석은 정경적 맥락을 반드시 고려해야 한다. 왜냐하면, 부분의 의미는 성경 전체와 연결되기 때문이다. 하나님이 의도하신 성경의 문자적 의미는 정경적 행위(정경적 맥락에서 살펴본 소통 행위)의 의미다. 우리는 해석

---

33) 지나가면서 지적할 수 있는 사실은 이단에 대해 이레나이우스가 보는 첫 번째 문제점은, 경쟁하는 해석상의 관심사가 아니라 '자연적인' 의미를 어떤 '비자연적인'(그의 용어임) 대체물로 바꿔 버린다는 데 있다. 단어들에 대한 그런 식의 왜곡은 그 원저자들로부터 그 단어들을 빼내어 가는 것에 해당한다.

34) 예를 들어, Paul Noble은 Brevard Childs의 정경적 접근 방식이 성경의 신적 저작성에 대한 배경적 전제에 기대어서만 이해 가능한 것이라고 언급한다[*The Canonical Approach: A Critical Reconstruction of the Hermeneutics of Brevard S. Childs* (Leiden, Netherlands: E. J. Brill, 1995)].

의 기준—자연적 의미—이 저자의 의도적 행위 문제임을 기억할 수 있을 것이다. 기억해야 할 중요한 사실은 행위의 특징은 기술의 맥락에 비추어볼 때만 부상한다는 사실이다. 누군가가 행한 일을 기술하는 방식은 많이 있다. 우리는 어떤 사람이, 집게손가락을 움직였다, 총을 쐈다, 누군가를 죽였다, 정치적 인물을 암살했다, 제1차 세계 대전을 촉발했다고 말할 수 있다. 이 모든 기술은 그 자체로 그 수준에서 참이다. 그러나 더 높은 층위의 기술—'그가 제1차 세계 대전을 촉발했다'—이 '그가 집게손가락을 움직였다'라는 기술보다는 그 행위에 대한 '더 충분한' 의미를 제공한다. 이처럼 오직 더 넓은 정경적 배경에 비추어서 볼 때만 우리는 특정한 성경 텍스트에서 하나님이 무엇을 의도하셨을지 분별할 수 있다.[35]

5. *신학적 해석의 기준*(한 저자가 의도적으로 말하고 행한 것)은 한 가지 해석의 목적을 야기한다. 그 목적은 그 저자가 말하고 행한 것에 대한 적절한 증언을 하는 것이다. 위의 사실 진술— '텍스트는 하나의 의도적 소통 행위다'라는 생각—에서부터, 어떤 해석상의 명령이 등장한다. 이 해석상의 명령에 대한 부정적인 진술은 "너는 거짓 증거하지 말지니라"라고 말할 수 있다. 긍정적인 진술은 이렇게 될 것이다. "다른 사람이 너희 텍스트에 해주기를 원하는 대로, 너희도 다른 사람의 텍스트를 대접하라."

정경적 규칙. "기독교 신앙과 실천을 형성하기 위한다는 성경 읽기의 목적이 언제나 어떤 방법과 접근을 채택할지 결정하게 해야 한다."[36] 이는 칭찬할 만한 목적이다. 그러나 내가 주장했듯이, 이 목적은 하나의 기준을 필요로 한다. 실로 신학적 해석에는 하나의 규칙 혹은 기준이 있다. 그러나 그 기준은 보편적(catholic)이지 않고 **정경적**이다(적어도 우선적이진 않다).

무엇이 천체에 대한, 신체에 대한, 텍스트의 몸에 대한 신학적 해석을 구성하는가? 하나의 신학적 해석은, 그 해석이 참인 것은 말할 것도 없고 권위적이라면, 교회가 그렇게 말한 것 이상을, 일단의 공동체 관행 이상의 것을 포함해야 한다. 교회가 그렇게 말했다는 것을 적절하게 신학적으로 만들어 주는 것은 하나님이 그렇게 말씀하셨다는 사실이다. 그러므로 천체와 신체

---

35) '두터운 기술'에 대한 이 설명이 '더 풍성한 의미' 개념을 대체한다는 점에 주목하라.
36) Lewis Ayres and Stephen E. Fowl, "(Mis)reading the Face of God: The Interpretation of the Bible in the Church", *Theological Studies* 60 (1999): 528.

와 텍스트의 몸에 어떤 신학적 의미를 준다는 것은, 신약 성경과 구약 성경이 증거하는 대로, 예수 그리스도의 삶과 운명에서 현저하게 실현된 의도인 창조주의 의도를 표출하는 문제다.

보편적 규칙과 정경적 규칙을 과도하게 구별하지 않는 것이 중요하다. 공동체의 신앙 규범이 사실상 정경적 규칙이라는 그린-맥크라이트의 제안은 이 점에 있어서 각별히 유익하다. 성경 텍스트가 근본적으로 무엇에 관한 것인가에 대한 선이해인 신앙의 규범은 성경에서 취한 것이다. "이 규범들은 성경에서 도출된 것이기 때문에, 그 규범들은 텍스트 외적인 해석 도구로 간주되지 않는다."[37] 규범에 따른 읽기에 대한 이 각별한 설명은, 그 설명이 공동체의 규범이 사실상 신구약 성경 자체에 의해 규제되고 있음을 인정하는 한, 특히 그 설명이 성경의 신적 저작성의 전제를 수반하는 한, 나의 접근 방법에 매우 가까운 것이다.[38] 심지어 규범에 따른 읽기에 대한 그린-맥크라이트 식의 설명은 '오직 성경으로'의 접근 방법과 양립할 수 있다는 징후들까지 있다. "따라서 규범에 따라 읽는 것은 성경이 성경 자체를 해석하도록 허용한다."[39] 그 입장이 해석의 목적에 대해서와 성경에 대한 신학적 해석에 있어서의 해석적 기준을 위해서 공간을 마련해 주는 한, 이 모든 게 좋은 것이다.

만일 규범에 따른 읽기에 포함된 것에 대한 위의 다시 읽기가 정확하다면, 우리는 보편적인 신앙의 규범이 정경적 성경에 이미 함축된 것을 명시적으로 만든다고 말할 수 있을 것이다. 이 점과 관련해서, 흔히 규범에 따른 읽기의 주창자들이 인용하는 '전통적 해석학'의 규칙들 하나하나는 이미 구약 성경에 대한 바울의 용례에 함축된 것임을 지적하고 지나가고자 한다. 신학적 전통을 위한 규칙들은 '대전통'(Great Tradition)이 아니라 오히려 성경에 구현된 사도전 전승에 기원한다고 나는 제시하고자 한다.

---

37) Kathryn Greene-McCreight, "The Logic of the Interpretation of Scripture and the Church's Debate over Sexual Ethics." in *Homosexuality, Science and the "Plain Sense" of Scripture*, ed. David Balch (Grand Rapids, Mich.: Eerdmans, 2000), p. 249.

38) 이 후자의 경우에 대해서는, Augustine에 대한 Greene-McCreight의 언급을 보라. "Augustine은 우리가 성경 텍스트의 예언적 요소를 인정해야 한다고 말한다. 왜냐하면, 그것이 '최우선적인 하나님의 의도'이기 때문이다"(*Ad Litteram*, p. 244).

39) 같은 책, p. 288.

바디 피어싱과 예수님의 몸: 요한복음 19:31-34에 대한 해석

이 장 앞부분에서 나는 바디 피어싱이라는 현대의 현상을 현대 성경 해석에 있어서의 자연적인 의미의 침식에 대한 은유로서 검토했었다. 바디 피어싱은 정체성을 형성하는 목적에 대한 한 수단이라고 나는 주장했다. 이제 우리는 바디 피어싱에 대한 고대의 예를 한 가지 살펴보면서, 제4복음서의 몸을 희생물로 삼지 않는 식으로 그 예를 해석해 보려 한다. 나의 목표는 나의 해석 의지를 폭력적으로 강압함으로써 상해를 가한다는 의미에서가 아니라, "관절과 골수"를 꿰뚫기 위해 그 진정한 의도를 분별한다는 의미에서 성경 텍스트를 꿰뚫으려는 것이다.

"그 중 한 군인이 창으로 옆구리를 찌르니 곧 피와 물이 나오더라"(요 19:34) 예수님의 옆구리를 찌른 일에 대한 이야기는 적합한 사례 연구가 되는 몇 가지 이유가 있다. (1) 그 기사는 복음서들 가운데 신학적으로 최절정의 장소에서 발생한다. 그리고 그 기사는 수난 기사 가운데 공관복음서에 전혀 병행 구절이 없는 유일한 부분이다. (2) 그 기사는 신구약 성경의 관계와 관련이 있다. (3) 그 기사는 저자의 의도의 정도와 복잡성에 관해, 그 의도가 얼마나 규정적인지에 대해 그리고 우리가 그 규정성을 얼마나 확정적으로 알 수 있을지에 대해 문제를 제기한다. (4) 그 기사는 성육신, 구원론, 교회론, 성령론 및 하나님의 섭리를 포함하는 여러 신학적 교리와 관련이 있다. (5) 역사적으로, 그 기사는 신학적 해석의 풍부한 전통을 만들어 냈다. (6) 그 기사는 신체의 텍스트성과 텍스트의 신체성에 대한 포스트모던 관심을 불러일으킨다.

이 텍스트의 검토될 수 있는 여러 측면 가운데서, 나는 한 가지 측면에만 초점을 맞추고자 한다. 그것은 예수님의 몸을 찌른 결과인, 피와 물이 흘러나옴의 자연적 의미를 어떻게 해석하느냐 하는 것이다. 이 점에서 제4복음서 기자가 말하는/행하는 것은 무엇일까? 그 복음서 기자는 과연 실제로 일어난 일을 기술하는 것일까? 만일 그렇다면, 그 복음서 기자는 그 일은 자연적인 사건이라고 생각하는 것일까, 아니면 기적적인 사건이라고 생각하는 것일까? 만일 그것이 자연적인 사건이라면, 어째서 그 일을 언급하는 것이 중요할까? 가장 중요하게는, 그 피와 물의 (자연적!) 의미를 이해하는 문제에서의 신학적 해석의 소임은 무엇일까?

해석의 역사: 보편적 규칙. 상당수의 교회 교부는 그 피와 물을 '두 가지 세례', 즉 물세례(씻음)와 피의 세례(순교)를 가리키는 것으로 이해했다. 더욱 공통적으로, 교부 시대의 주석가들은 피와 물의 흘러나옴을 교회의 두 주요 성례인 세례와 성찬을 가리키는 것으로 보았다. 이 후자의 읽기가 내겐 매우 흥미롭다. 왜냐하면, 그 해석은 성경에 대한 신학적 해석에 있어서 누구의 관심사가 우선권을 갖느냐의 문제—저자의 관심사냐 해석 공동체의 관심사냐의 문제—를 제기하기 때문이다. 피와 물을 교회에 자양분을 공급하며 생명을 제공하는 성례에 대한 예견으로 해석한다고 해서 신앙의 규범에 어긋나는 점은 분명 하나도 없다. 그와 반대로, 그러한 읽기는 공동체 함양의 목표(사회적 정체성 형성)에 놀랍게도 잘 기여한다. 그러나 문제는 이 '사회화된' 읽기가 성경의 권위를 합당하게 주장하는 것이냐 하는 것이다. 이 텍스트가 과연 세례와 성찬에 대해 말하는 것일까? 아니면, 여기에서 해석 공동체의 목적이(교회의 건덕에 대한 관심사가) 해석의 기준(자연적 의미)을 짓뭉개는 것일까? 과연 요한복음 19:31-37에서 교회를 위한 하나님의 말씀은 무엇일까?

아우구스티누스. 아우구스티누스의 해석은 헬라어에 대한 잘못된 라틴어 번역에 근거한다. 아우구스티누스는 요한복음 19:34을 "그 군병들 가운데 하나가 창을 가지고 그의 옆구리를 **열었다**"로 읽었다. 문제가 더욱 꼬이도록, 아우구스티누스는 이 틀린 용어의 의의에 초점을 맞추어서 그 복음서 기자가 "눈을 활짝 뜨도록 만드는"(wide awake) 혹은 시사적인 단어를 사용했다고 설명했다. 심지어 아우구스티누스는 특별히 그 복음서 기자가 '찔렀다'거나 '상처를 입혔다'는 말을 하지 않았다고까지 지적한다! 그게 아니라, 그 복음서 기자는 활짝 열려서 교회의 성례들이 흘러나오는 생명의 문에 대해 말하기 위해 '열었다'고 말했다고 주장한다. 아우구스티누스는 노아 내러티브에서 이 사실에 대한 예언을 보았다. 이는 노아가 홍수에서 멸망당하지 않는 짐승들이 들어올 수 있도록 방주의 옆에 있는 문을 열어 놓으라는 명령을 받았기 때문이다. (우리가 지적할 수 있듯이, 이 동물들은 교회를 예시했다.)

옆구리의 개봉이라는 생각은 아우구스티누스에게 창세기의 다른 일화를 제시한다. 그것은 산 자들의 어머니인 하와가 아담의 옆구리를 열어서 나온 일이다. 십자가에 달리신 그리스도는 실로 "그 곳에서 자신을 위한 아내—잠자는 그분의 옆구리에서 흘러나온 자—를 찾도록 그 십자가 위에서 잠들었던" 두 번째 아담이다.[40] 다른 교회 교부들은 그 유비를 더욱 발전시킨다. 죄가 남자의 옆구리로부터 나왔기 때문에, 그 옆구리에서 구원의 원천이 흘러나오는 것이 필수적이라는 것이다. 옆구리 대 옆구리다…

이 인기 있는 해석은 1312년에 열렸던 비엔나 교회 회의에서 공식 교회의 인정을 받았다. 좀더 최근 들어서, 페미니스트 저술가들은 그리스도의 옆구리 상처를 젖을 분비하는 젖가슴으로, 교회가 탄생하는 자궁으로 그렸다. 그러나 명백한 어휘연관의 난점('찔렀다'와 '열었다'라는 용어상의 혼동)과는 별개로, 이 읽기는 창세기 기사에 대한 언급이 실로 이 구절에 있는 그 복음서 기자의 의도적 행위의 일부였다는 증거가 거의 없다는 부가적인 문제점을 지닌다.

이 '열림'의 주제에 대한 흥미로운 변형이 램지 마이클스(J. Ramsey Michaels)에게 나타난다. 그는 마가복음과 제4복음서가 이 동일 사건에 대한 각각 다른 버전을 제공한다고 생각한다. 그는 마가복음의 백부장과 요한복음의 창으로 찌른 병사가 동일인이라고 주장한다. 그런 다음에 그는 예수님의 몸이 성전이었기 때문에, 마가복음에 기록된 성전의 휘장이 갈라진 일이 (요한복음에 기록된) 예수님의 옆구리가 '열린 일'의 짝이라고 생각한다.[41] 이러한 읽기가 신앙의 규범에 어긋나진 않지만, 과연 그러한 읽기를 그 텍스트에 대한 **해석**이라고 인정할 수 있는가 하는 실질적인 의문이 든다. 레이몬드 브라운의 판단이 아마도 적절할 듯하다. "[성전 휘장과 예수님의 옆구리 상처 사이의] 그러한 관계들은 지극히 사변적인 것이며, 그 복음서 기자의 계획의 산물이라기보다는 해석자의 독창성의 산물에 훨씬 더 가까운 것이다."[42]

루터. '교황주의자들' 사이에서의 그 인기에도 불구하고, 루터는 성례전들이 그리스도의 찔린 몸으로부터 흘러나온다는 아우구스티누스의 해석을 인정한다. "이는 성례전들이 그리스도의 상처들과 피로부터 그 효과를 갖기 때

---

40) Augustine, *Tractates on the Gospel of John 112-124*, trans. John W. Retting (Washington, D. C.: Catholic University of America Press, 1995), p. 51.
41) J. Ramsey Michaels, "The Centurion's Confession and the Spear Thrust", *Catholic Biblical Quarterly* 29 (1967): 102-109.
42) Raymond E. Brown, *The Gospel According to John 12-21*, Anchor Bible 29A (Garden City, N. Y.: Doubleday, 1970), p. 945.

문이다."⁴³⁾ 그와 동시에 루터는 이 해석이 충분히 정확하지는 않다고 말한다. 왜냐하면, 이 해석이 예수님의 피와 복음의 연결을 확인하지 못하기 때문이다. 그래서 속성 교류(communicatio idiomatum)에 대한 일종의 해석학적 변형으로, 루터는 우리가 "그 말씀을 통해 매일 씻음을 받는다"라고 말한다.⁴⁴⁾ 더욱이, 1540년에 행한 세례에 관한 설교에서, 루터는 씻기시는 분은 성부, 성자, 성령 하나님이라고 주장한다. 이것은 세례를 다른 종류들의 씻기심 혹은 목욕시켜 주심과 구별하는 것이다. 그리고 이는 요한복음 19:34이 그리스도의 피와 뒤섞인 물에 대해 말하기 때문이라고 루터는 생각한다. 성령 세례는 정확히 예수님이 흘리신 피를 대가로 우리를 위해 구입되었다. 그러므로 사람이 믿음으로 세례를 받을 때마다, "마치 그가 그리스도의 피를 가지고서 눈에 보이게 씻기고, 깨끗함을 받는 것과 똑같은 것"이다.⁴⁵⁾

칼뱅. 칼뱅은 피와 물이 흘러나온 일이 기적적이었다는 생각을 검토하지만 결국 그 생각을 배격한다. 그는 응고된 피가 붉은 빛깔을 상실하고 물처럼 되는 것은 자연스러운 일이라고 말한다. 그게 아니라, 그 복음서 기자의 의도는 다른 곳에 있다. 칼뱅의 견해에 따르면, 그 복음서 기자는 그리스도께서 친히 참된 속죄와 씻김을 가져왔음을 지적하기 위해 자신이 덧붙이는 성경의 증언에 자신의 기사를 조화시킨다. 요한복음 19:34에서 그 복음서 기자가 행하는 일은 율법이 성취되었다는 사실에 대한 눈으로 볼 수 있는 상징을 우리 앞에 세워 놓는 일이다. 그런데, 성례전들 역시 그 나름대로 이 일을 한다. 그러므로 칼뱅은 19:34이 기적을 가리키고 있음을 부인하지만, 성례전들이 그리스도의 옆구리에서 흘러나왔다는 아우구스티누스의 견해에는 반대하지 않는다.

브라운과 불트만. 제4복음서에 있는 '성찬 중시주의'(sacramentalism)의 문제에 대해 현대의 학자들은 의견이 갈린다. 한편으로, 그 복음서 기자는 최후의 만찬에서 예수님의 성찬적 행위에 대한 기사를 생략한다. 다른 한편으로, 몇몇 학자는 물을 언급한 구절들에서 세례에 대한 상징적인 언급을 보며,

---

43) Martin Luther, *Luther's Works*, vol. 8. ed. Jaroslov Pelikan (St. Louis : Concordia, 1966), p. 258.
44) 같은 책, 앞 페이지.
45) Martin Luther, *Luther's Works*, vol. 51, ed. John W. Doberstein (Philadelphia : Muhlenberg, 1959), p. 325.

떡을 언급한 구절에서(예를 들어, 요한복음 6장) 성찬에 대한 상징적 언급을 본다. 그럼에도 불구하고, 레이몬드 브라운은 "어느 한 구절이 성례전적으로 이해될 수 있기 때문에, 그 구절이 성례전적으로 의도되었다"라는 해석학적 원칙에 의문을 제기한다.[46]

이 구절에 대한 루돌프 불트만의 주석은 또 한 번의 뒤틀기를 대표한다. 그는 "그러자 즉시로 피와 물이 나왔다"라는 그 어구가 성례전에 대한 명백한 언급이라고 생각하면서도, 그 문제의 어구를 그 복음서 기자가 아닌, 교회에 속한 한 편집자의 작품인 것으로 돌린다. 실제로, 불트만은 영성 함양에 대한 공동체의 관심사가 이미 제4복음서의 편집에서 느껴졌다고 주장한다.

엷은 기술: 비평적 규칙과 '물질적인' 자연성. 그러므로 보편적 규범에 따른 읽기는 요한복음 19:34의 자연적 의미를 그 의미가 깨질 정도로 확대하는 것 같다. 이와는 반대로, 비평적 규칙(실제로 일어난 일이 무엇인가?)에 따른 근대 비평학자들의 읽기는 텍스트에서 신학적 의의를 배제해 버린다. 그러한 일이 바로 자연적 의미를 이해할 때, 그 의미가 텍스트의 표면적인 경험적 지시 대상만을 가리킨다고 이해하는 경우에 벌어지는 결과다. 여기에 인간의 행위를 의도적인 행위의 맥락에서가 아니라 오직 신체적인 움직임의 맥락에서만 기술하는 접근 방법들과 병행하는 유사점이 존재한다. 환원주의적인 것이 아니라면, 두 경우 모두 그 결과는 축소된 혹은 '엷은' 기술이다.

'엷은 기술'이라는 말로 내가 의미하는 바는 최소한의 해석만을 제공하는 기술, 즉 그 자체를 어휘 사전적인 문제들이나 역사적 지시 대상의 문제에만 국한하는 기술이다. 그렇게 할 때 상실되는 것은 정확히 그 저자의 소통 행위의 차원, 즉 그 저자가 바로 이 말을 꼭 이런 식으로 사용함으로써 행하는 바다. 엷은 해석이 지니는 문제점은 그 해석이 텍스트가 가진 신학적 차원에 도달할 만큼 그 텍스트를 충분히 깊이 관통하지(찌르지) 못한다는 것이다. 요한복음 19:34은 한 사람 이상의 의사가 성경 해석에 손을 대도록 자극했지만, 이 읽기들 대부분은 피를 엷게 만드는 것 이상을 하지 못한다.

브라운은 "죽은 자의 몸은 심장이 시스템을 통해 더 이상 피를 분출하지

---

46) Raymond E. Brown, *The Gospel According to John 1-11*, Anchor Bible 29 (Garden City, N.Y.: Doubleday, 1970), p. cxii.

않기 때문에 피를 흘리지 않는다는 것은 상식적인 지식"임을 우리에게 일깨운다.[47] 그러나 대부분의 의사는 죽은 뒤 바로 가해진 상처들은, 특히 시체가 십자가에 달리셨던 예수님의 경우처럼 수직적인 자세로 있을 경우, 출혈을 일으킬 수도 있음을 인정한다. 설명하기 더 어려운 일은 시체에서 물이 흘러나오는 일, 특별히 피와 물이 흘러나오는 일이다. 어떤 학자들은 그 복음서 기자가 그의 시대의 의학적 관행들을 따라 말하는 것이라고 주장한다. 예를 들어 미쉬나(Mishnah)는, "사람은 절반은 물로, 절반을 피로 균형을 이룬다"라고 주장한다. 마찬가지로, 위대한 그리스의 의사 갈렌(Galen)은 사람들 속에서의 피와 물의 적절한 비율이 건강을 보장한다고 믿었다. 그러므로 이 견해에 따라, 그 복음서 기자는 예수님의 진정한 사람됨을 천명하는 것일 수 있다. 예수님은 실질적으로 물질적인 몸을 가졌으며, 실질적인 육체적 죽음을 당하셨다. 이는 성육신의 실질을 부인했던 가현주의 이단이 만연하던 상황에서 우연이 아니다. 그러므로 이 엷은 혹은 물리적인 기술은 신학적인 결실을 낳는다. 그렇지만, 여타의 '엷은 기술들'에 대해서는, 즉 예수님의 옆구리에서 흘러나온 피와 물에 대한 단지 의학적 측면의 기술들에 대해서는 동일하게 말할 수 없다.

"그리스도의 죽음의 물리적 원인과 기독교의 원리 및 실천과의 관계에 대한 논의"[48]라는 스트로우드(W. Stroud)의 1871년 작품 제목은 많은 것을 약속한다. 그는 예수님의 심장이 갑자기 터졌으며, 예수님은 말 그대로 '심장이 터져서' 죽었다고 주장했다. 피가 터진 심장으로부터 심장 주의의 주머니에 흘러 들어갔으며, 응고된 후에 혈청과 분리되었다. 창이 그 몸을 뚫으면서, 그 심장 주변의 주머니를 뚫어서, 그 두 물질이 흘러나오게 되었다는 것이다. 오늘날의 의학이 즉시로 심장이 터질 가능성을 배격한다는 사실 이외에는 매우 흥미로운 해명의 가설이다.

피에르 바르베(Pierre Barbet)의 "갈보리에 선 의사: 한 외과의가 기술한 우리 주 예수 그리스도의 수난"은 약간 다른 가설을 개진한다.[49] 물과 같은 용액은 심장 주변의 주머니에서 흘러나왔지만, 피는 (심장 주변의 주머니에

---

47) Brown, *Gospel According to John 12-21*, p. 946.
48) London: Hamilton & Adams, 1847에 처음으로 출간되었음.
49) Garden City, N. Y.: Doubleday, 1953.

서가 아니라) 심장 자체에서 흘러나왔다는 것이다. 이 해석은 1986년 미국 의사협회 저널(Journal of the American Medical Association)에 등장한 한 기고문의 인정을 받았다. 그 기고문은 매이요 클리닉(Mayo Clinic)의 자문위원들이 한 목사와 함께 쓴 글이었다.[50]

아마도 예수님이 몇 시간 전에 당했던 혹독한 채찍질이 갈비뼈와 허파 사이의 흉강(胸腔)에 출혈을 일으켰을 것이라는 것이 새이바(A. F. Sava)의 주장이다. 이 유동물질은 얇은 혈청 용액과 짙은 붉은 색 용액으로 분리되었을 수 있다. 흉강은 바로 흉곽 안에 있기 때문에, 조금만 찔러 넣어도 피의 그 두 부분이 흘러나올 수 있었으리라는 것이다.[51]

이 다양한 기술에서 흥미로운 사실은 그 기술들이 일치하지 않는다는 사실이다. 심지어 순전히 물리적인 기술이라는 가장 기본적인 층위에서조차도 우리는 해석의 갈등을 찾을 수 있는 것이다! 물론 말해야 할 또 하나의 사실은 이 기술이 전혀 **해석**이 아니라는 것이다. 그 기술은 복음서 기자의 소통 의도와 행위를 우리가 이해할 수 있도록 사실상 도와주지 못한다.

두터운 기술: 정경적 규칙과 신학적인 자연성. 보편적 규칙은 신학적 해석의 한 가지 중요한 목적인 교회를 세워나가는 일의 방향을 설정해 준다. 그렇지만, 용납할 수 있는 해석에 대한 기준을 제공해 줌으로써 이 목적을 조율하고 규제하는 것은 자연적 의미, 즉 **정경적** 규칙이다. 성경을 하나님의 담론으로 바라보는 신학적 해석은 독자가 속한 공동체의 해석상 목적에 대해서보다는 성경의 소통적 목적에 대해 우선권을 할당할 것이다.[52] 이제는 저자가 텍스트에서 행하는 것(의도적 행위)을 기술하기 위해서, 요한복음 19:34에 대한 하나의 '두터운 기술'을 살펴보도록 하자.

그 복음서 기자는 발생했던 특별한 일을 기술하는데, 이는 그가 상당한 신학적 의의를 지녔다고 여긴 일이다. 그것이 자연적인 사건이었느냐 아니면 기적적인 사건이었느냐는 부차적인 중요성에 속하는 일이다. 신학적 해석자

---

50) "In the Physical Death of Jesus Christ", 다음에서 재인용함. George R. Beasley-Murray, *John*, Word Biblical Commentary 36 (Dallas: Word, 1987), p. 356. 「요한복음」 WBC 성경주석(솔로몬).
51) A. F. Sava, "The Wound in the Side of Christ", *Catholic Biblical Quarterly* 19 (1957): 343-346.
52) 물론, 정경의 관심사와 공동체의 관심사가 서로 일치하지 않는 경우로서, 텍스트의 소통 의도를 받아들이고 반응하는 목적이 그 해석 공동체의 주요 목적이 아닐 경우 그렇다.

는 "실제로 일어난 일이 무엇이었느냐?"가 아니라 "이 말을 가지고 저자가 무엇을 말하느냐/하느냐?"를 물어야 한다. 그 복음서 기자가 행하는 것은 더 광범위한 정경적이며 신학적인 틀 가운데서 예수님의 역사(history)를 진술하는 것이다. (그 복음서 기자가 허구를 작성하는 것이 아니라 역사를 작성한다는 사실은 요 19:35의 목격자 증언에 대한 호소에서 기인한다.) 복음서 기자의 텍스트는 예수 그리스도 사건에 대한 '두터운 기술'이다. 그러므로 우리의 해석은 마찬가지로 그 복음서 기자의 소통 행위에 대한 두터운 기술이어야만 한다.

제4복음서의 저자가 이 대목에서 행하는 일을 기술하는 데는 세 가지, 아마도 네 가지 방식이 있을 것이다. 그러나 이 방식들 가운데 몇몇은 오직 그 대목을 이스라엘 이야기의 정경적 맥락과 제4복음서 전체 내러티브에서 읽혀질 경우에만 드러나게 된다. 이미 살펴보았듯이, 한 가지 행위에 대해 한 가지 이상의 정확한 기술을 하는 것이 가능하다(집게손가락을 움직였다, 방아쇠를 당겼다 등). 모든 것은 그 행위 혹은 이 경우에는 그 소통 행위가 기술되는 문맥에 달려 있다. 이제 내가 이 대목에서 그 복음서 기자가 행하는 것이라고 생각하는 바를, 그리 명확하지 않은 것부터 시작해서 문맥상 그 텍스트의 최상의 '자연적' 의미라고 할 수 있는 것에 이르기까지 열거할 것이다.[53]

1. 복음서 기자는 어떻게 예수님의 죽음이 교회를 양육하는 성례전들을 발생시키는가를 간접적으로 보여 준다. 이미 나는 이 해석을 검토했었다. 이 해석의 주요 난점은 내적인 텍스트상의 증거 부족에 있다. 제4복음서에는 주님의 만찬에 대한 기사가 빠져 있을 뿐만 아니라 복음서 기자가 성례전들을 당연히 예상했을 수도 있는 그러한 곳에서도(예를 들면, 요 6장) 그 초점은 피에 있지 않고 오히려 빵에 있다. '피'는 신약 성경에서 마심이라는 개념과의 연결을 제외하고는(요 6:55을 보라) 주님의 만찬에 대한 지시어로 사용된 적이 결코 없다.[54] 또한 예수님의 옆구리에서 나오는 물을 물세례와 연결시

---

53) 저자가 의도한 의미라는 기준과 더불어서, 규정적인 의미에 대한 신념은 한 가지 읽기를 다른 모든 읽기보다 높이는 식의 성경 해석에 대한 '일괄적인' 접근 방식을 초래하는 것일까? 일괄화하는 해석에 대해 염려하는 것은 옳지만, 그것을 나의 입장과 연결하는 것은 잘못이다. 다른 것이 아니라 저자가 소통 의도를 실행했다고 말하는 것은 다른 해석들 위에 한 가지 해석을 높이는 것이 아니라(특히 나의 해석을 포함해서!) 우리의 모든 해석이 궁극적으로 우리 자신과 우리의 공동체가 아닌 특별한 것에 대해 책임지고 답을 해야 한다는 사실을 인정하는 것이다.

키는 데도 작은 문제점이 있다.

2. *복음서 기자는 예수님의 죽음의 실제성을, 그러므로 그분의 순전한 인성을 주장한다.* 조지 비슬리-머리(George Beasley-Murray)에 따르면, 그 복음서 기자는 "거의 확실히" 자신의 독자들이 예수님의 죽음의 실제성을 그리고 그에 따라 살과 피를 지닌 한 사람으로서의 그분의 인성의 실제성을 인식하길 바랐다는 것이다.[55] 이레나이우스는 「이단 반박론」에서 유사한 반(反)가현주의적 해석을 제시했다. "[만일 그분이 참 사람이 아니었다면] 그분의 옆구리를 찔렀을 때, 어떻게 피와 물이 흘러나올 수 있었겠는가?"[56] 그러나 레이몬드 브라운은 복음서 기자의 소통 의도가 과연 그런지에 대해 비슬리-머리보다는 확신이 약하다. 왜냐하면 제1세기의 가현주의가 문헌상 그리 제대로 입증된 것이 아니기 때문이다. 또한 브라운은 예수님의 죽음의 실제성을 주장하려는 의도가 물의 흘러나옴을 설명해 준다고 믿지도 않는다.

3. *복음서 기자는 예수님의 죽음의 의의를 '새로운 유월절'과 '새로운 출애굽'으로서 바라본다.* 소통 행위에 대한 복음서 기자의 이 기술에서, 우리는 광각 렌즈—구약 성경의 증언을 포용하는 렌즈—를 채택한다. 이는 예수님의 몸을 찌르는 장면이 일어나는 그 무대가 유월절을 배경으로 설정되어 있기 때문이다. 그 날은 안식일 전날인 예비일이었다(요 19:31). 그리고 요한복음 19:14에 따르면, 또한 유월절 전날이었다. 그러므로 "큰 날"(요 7:37)이었다. 실제로 전체 장면이 구약 성경의 이미지로 가득 차 있다. 요한복음 19:28은 "내가 목마르다"라는 예수님의 말씀이 성경을 성취하고 있음을 보도하며, 19:37은 성경이 예수님의 옆구리를 찌르는 일을 예기했다고 지적한다. 그러므로 그 일화는 성경적 성취라는 틀에서 발생한다. 복음서 기자는 더 폭넓은 정경적 맥락의 시각에서 예수님의 몸에 일어나는 일을 기술한다. 적절한 해

---

54) 이 주석이 그렇게 한다. A. E. Brooke, *Commentary on the Johannine Epistles* (Edinburgh: T & T Clark, 1912), p. 132.

55) George R. Beasley-Murray, *John*, Word Biblical Commentary (Dallas: Word, 1987), p. 356. C. K. Barrett는 이것이 요 19:35에 있는 목격자 증언에 대한 호소의 힘임을 지적하면서 동의한다. 예수님이 단지 한 사람인 것처럼 보였을 뿐이라고 주장했던, 가현주의 이단은 요일 5:6-8에 좀더 명시적으로 언급된다. 거기에는 예수님의 성육신에 대한 세 가지 증거—물, 피, 성령—가 언급된다. (앞서 살펴보았듯이, 몇몇 고대 사상가는 인간의 몸이 주로 피와 물로 구성되었다고 주장했다.)

56) Irenaeus, *Adversus haereses* 3.22.2.

석자가 되기 위해서, 우리는 그보다 덜 바라보아서는 안 될 것이다.

우리가 정경적인 측면에서(canonically) 읽지가 아니라면, 이 대목에 있는 유월절 의식으로부터 나오는 수많은 메아리를 듣지 못한다는 것은 사실상 불가능한 일이다. 복음서 기자는 이미 예수님이 하나님의 어린양임을 전했다(요 1:29). 복음서 기자는 또한 예수님이 정오에 빌라도에게 넘겨졌다고 말한다(요 19:14). 이 시간은 유월절 어린양들이 성전에서 도살되는 시각이었다. 그렇게 명확한 단서는 아닐지라도 복음서 기자의 의도에 대한 보조적 증거를 제공하는 단서들이 또 있다. 예를 들어, 이스라엘이 애굽으로부터 탈주해 나온 이야기에서, 우슬초는 히브리 노예들의 문설주에 어린양의 피를 바를 때 사용되었다. 그런데 제4복음서에서는 신 포도주를 가득 머금은 해융을 우슬초에 매어서 예수님의 입에 대 주었다(요 19:29). 혹자는 이것을 우연의 일치로 넘길 수 있겠지만, 성경에 대해 해박한 독자라면 거기에서 희미한 메아리가 울려나오는 것을 듣게 될 것이다.

내레이터는 "그 뼈가 하나도 꺾이지 아니하리라"와 "그들이 그 찌른 자를 보리라"(요 19:36-37)라는 성경 말씀을 성취하려고 이러한 일이 발생했다고 우리에게 분명하게 말한다. 36절에서 그 복음서 기자가 의중에 두는 성경 구절은 어느 것이었을까? 가능성이 있는 두 구절은 유월절 주제에 대한 암시를 강화한다. 출애굽기 12:46은 그 고기를 먹게 될 유월절 어린양의 뼈를 하나라도 꺾어서는 안 된다고 말한다. 그 점에 있어서는 민수기 9:12도 마찬가지다. 그 복음서 기자의 목적은 그분의 죽으심으로 예수님이 제2의 출애굽에 대한 종말론적 소망과 마찬가지로 유월절의 의의도 성취하신다는 독자의 신앙을 강화하려는 것이다.

4. 복음서 기자는 예수님의 죽으심 혹은 '출애굽'이 영원한 생명을 주시는 분인 성령의 새로운 오심을 위한, 이제는 성취된 조건이라고 믿는다. 우리는 실질적인 해석상의 난점이 피와 물이 서로 연결된 사실을 설명하는 데 있음을 언급했다. 예수님은 요한복음 6:55에서 자신의 피를 '참된 음료'라고 일컬으신다. 그분은 자신을 믿는 자들은 결코 목마르지 않을 것이라고 말씀하신다(요 6:35). 예수님은 요한복음 4장에서 비슷한 말씀을 하신다. 그분의 "생수"를 마시는 자는 결코 목마르지 않을 것이다. 왜냐하면, 예수님의 물은 "그 속에서 영생하도록 솟아나는 샘물이 될" 것이기 때문이다(요 4:14).

그러나 우리는 요한복음 19:34에서의 복음서 기자의 소통 의도에 대한 가장 중요한 텍스트상의 실마리라 할 수 있는 것을 요한복음 7:38-39에서 발견한다. 거기에서 예수님은 다음 성경 구절을 인용하신다. (나를 믿는 자는 성경에 이름과 같이) "그 배에서 생수의 강이 흘러나리라." 몇몇 해석자는 민수기 20:11의 메아리를 듣기도 한다. 민수기의 그 구절은 모세가 친 반석에서 물이 흘러나오는 대목이다(그러나, 찌른 것은 아니었다).

복음서 기자는 이 지점에서 독자가 그 화행을 따라오는지를 확실히 하기 위해 자신의 이야기의 흐름을 끊고 들어온다. "이는 그를 믿는 자들이 받을 성령을 가리켜 말씀하신 것이라 (예수께서 아직 영광을 받지 않으셨으므로 성령이 아직 그들에게 계시지 아니하시더라)"(요 7:39). 여기에서 예수님은 자신의 영화에 뒤이어서 생수(성령)가 자신의 영화(죄인들을 대신한 자신의 유혈의 죽음)를 믿는 자들에게 있게 될 것을 약속하신다.

자, 복음서 기자는 이미 예수님의 몸을 예루살렘에 있는 성전과 연결시켰다(요 2:19-21). 그리고 복음서 기자는 자신의 독자가 주님이 개선해 들어오시는 날, 예루살렘과 성전으로부터 생수가 흘러나올 것에 대해 언급하는 구절(겔 47:1-9)에 대해 친숙하리라고 단정한다. 더욱이 우리는 제4복음서의 기자에게 있어서는, 예수님은 십자가 위에 '들려 올려지심'으로써 영화롭게 되는 것임을 알고 있다. 그러므로 피와 물의 흘러나옴에 주목하라고 환기함으로써, 복음서 기자는 약속했던 새로운 생명—좀더 구체적으로는 성령의 선물—이 이제 도달했으며, 얻을 수 있게 되었음을 보여 주는 것이다. 말하자면, 유월절이 성령론으로 유월(逾越)되고 있다고 말할 수 있을 것이다. 그러므로 복음서 기자가 피와 물의 흘러나옴에 대해 말함으로써 행하는 것은 자신의 독자에게 성령의 새 생명이 예수님의 죽임 당한 몸으로부터 흘러나오고 있음을 확신시키는 것이다.[57]

신학적 해석의 본질 및 자연적 의미에 대한 신학적 해석

이제 두 가지 유형의 신학적 해석을 그리고 이 각 유형은 각각 상대방의 유형을 필요로 한다는 나의 제안을 살펴보자. 기독교 공동체를 세워 나간다는 목적은 칭찬할 만한 일이면서도 또한 성경 자체의 소통 목적보다 공동체의 해석 목적에 우선권을 돌리는 위험을 초래한다. 텍스트를 '사회화해서'

그 공동체의 관행들에 부합하도록 만들 경우, 그 텍스트에 대해 우리가 갖는 소외감을 극복할 수 있을 것이다. 그러나 그러한 일은 텍스트 변혁의 잠재력을 질식시키기도 한다. 가장 좋지 않은 경우로는, 텍스트를 사회화한다는 것은 권위를 궁극적으로 해석 공동체에 뿌리박은 것으로 여기는 포스트모던주의자들의 손에서 놀아날 수가 있다. 조롱하는 의미에서, 바디 피어싱은 다른 곳에서라도 획득할 수 있는 사회적 정체성[과 의제(agenda)?]을 그저 재강화하기 위한 공동체의 성경 활용을 가리킬 수 있을 것이다. 이미 내가 주장했듯이, 규범적인 것으로 받아들여야 할 용도는 독자의 용도가 아니라 저자의 (그리고 신적 저자의) 용도다. 만일 이것이 자연적 의미를 전복하거나 소홀히 하는 것을 의미한다면, 그 해석상의 목적은 그 수단을 정당화하지 못한다. 정리하자면, 공동체의 해석 목적과 관심사가 하나님의 소통 목적과 관심사를 잠식해서는 안 된다.

신학적 주해는 자연적인, 즉 문자적이며, 문예적이며, 저자가 의도한 의미에 대한 '두터운 기술'로 여기는 것이 가장 적합하다. 신앙의 규범은 성경에 함축된 (그리고 내재적인) 어떤 문법에 대한 명시적인 공식화로 여겨질 때, 가장 잘 작용한다. 오직 우리가 그 자연적인(저자가 의도한) 의미를 찾기 위해 해석학적 규칙을 따라 읽어갈 때라야만, 정경은 있는 그대로—낯선 자, 타자로—인정을 받는 것이다. 요한복음 19장에 대한 간략한 해석학적 연습에서 우리가 살펴보았듯이, 저자의 자연적 의미를 찾아 읽는 일이 엷은, 비신학적 기술을 결과하게 되는 것이 아니다. 그와 반대로, 우리는 신학적으로 깊이 적셔진 사실 가운데서 풍성한 읽기를 하도록 의도된, 저자의 의도적인 행위

---

57) 이 점에 대한 확대된 논의를 보려면, Larry Paul Jones, *The Symbol of Water in the Gospel of John*, *Journal for the Study of the New Testament* Supplement Series 145 (Sheffield, U.K.: Sheffield Academic Press, 1999), p. 211를 보라. Stephen Moore는 예수님의 옆구리에서 흘러나오는 물을 해체의 자리, 즉 텍스트가 조심스럽게 만들어 놓은 물질적인 물과 생수 사이의 위계질서가 깨지는 자리로 여긴다[*Literary Criticism and the Gospels* (New Haven, Conn.: Yale University Press, 1989), p. 162]. 물이 흘러나오는 것은 약속된 생수에 대한 또 하나의 상징적 표시다. "그것은 성령에 대한 은유(생수)의 상징(물의 흘러나옴)을 우리에게 남겨 놓는다."(p. 162). Stephen Moore는 이 "영적인 제재"(spiritual material)에서 문자적인 것과 비유적인 것을 깔끔하게 갈라놓는다는 것은 불가능하다고 말한다. "서로 분리되어야 할" 의미의 두 층위가 "겹쳐 있다"(p. 163). 이는 그 텍스트의 자연적인 의미에 대한 약간 왜곡된 읽기라고 나는 믿는다. 이 텍스트에서 예수님의 옆구리에서 물이 흘러나옴은 신학적 의의를 불러일으키는 것임에 분명하지만, 여전히 생명의 성령이 풀려남을 명확히 가리킨다고 보기는 어렵다.

에 여러 측면이 있음을 살펴보았다.

신학적 해석은 특정 공동체의 관심사만을 가지고 읽는 것이 아니며, 개인이 저자의 담론을 전유하지는 않으면서 그저 기술만 하는 것도 아니다. 각 접근 방식은 각각 타자를 필요로 한다(공동체의 관심사를 가지고 읽는 파울의 접근 방식과 저자 담론을 읽고자 하는 월터스토프, 밴후저의 접근 방식이 각각 서로를 필요로 한다는 뜻이다-역주) 기준이 없는 해석상의 목적은 독자를 부정확한 주해의 위험에 노출시키며, 목적이 없는 해석상의 기준은 독자를 부적절한 적용의 위험에 노출시킨다. 지금까지 나는 해석에 올바른 목적만을 갖는 것으로는 충분치가 않으며, 기독교 경전들의 온전함, 타자성 그리고 어쩌면 '전적 타자성'에 공정을 기하기 위해서는 마찬가지로 올바른 기준도 가져야 한다고 주장해 왔다. 그렇지만, 단순히 자연적 의미의 권위를 내세운다고 해서 충분한 것은 아니다. 단순히 '올바른' 의미론을 가지고 있다고 해서, 올바르게 해석할 것이라고 장담할 수 없는 것이다. 해석자들은 의도된 의미를 내어놓는 기준 아래서 덕을 세우는 읽기의 목적에 이바지하기 위해, 해석의 덕성들을 발전시켜야만 한다.

나는 최종적으로 그 목적과 기준을 함께 지켜 주는 것은 성경에 대한 신학적 해석의 소임을 **참된 증언**을 한다는 의미에서 바라보는 것이라고 믿는다. 이제 피와 물의 의미 문제를 해결하기 위해서가 아니라 신학적 해석의 프로젝트 전반에 주는 교훈들을 성찰하기 위해 다시 한 번 우리의 그 성경 구절로 돌아가 보자.[58]

신학적 해석의 본질: 소통 행위를 읽으라(요 19:34). 이미 신학적 해석의 본질에 대해 약간 길게 다루었기 때문에, 여기에서는 간략하게 가겠다. 성경에 대한 신학적 해석은 전적으로는 아니지만 주로 성경 저자가 그런 방식으로가 아니라 이런 방식으로 텍스트에 단어들을 사용함으로써 행한 것을 기술

---

58) 나의 논의는 다양한 신학적 해석 양식 사이의 경쟁보다는 협력을 요청한다는 점에서 Lindbeck의 논의와 유사하다. Lindbeck이 논의하는, 성경에 대한 세 가지 접근 방식—Childs(정경적 증거), Hays(내러티브 세계), Wolterstorff(저자 담론)—이 규칙에 따른 읽기와 정경적 행위를 비교한 나의 비교와 어떻게 연결되는가? 간단히 말해서, 나는 저자 담론 접근 방식이 규범에 따른 읽기를 포함하여, 이상의 다른 접근 방법들의 관심사를 수용하고 명료화할 수 있는 잠재력을 지닌다는 점에서 Lindbeck의 의견에 동의한다. 성경의 자연적 의미를 읽는다는 것은 저자가 행하는 맥락 안에서 그 텍스트의 내러티브적 증거를 기술하는 일이다.

하는 문제다. 저자의 소통 의도를 충분히 온전하게 기술하는 일에는, 말하자면 텍스트의 성격에 맞게 비쳐질 수 있도록 적절한 넓이의 배경에 비추어서 그 행위를 기술하는 일이 포함된다. 요한복음 19:34에서, 복음서 기자의 진술은 그 궁극적인 목적이 예수가 그 약속된 그리스도임을 확인하고, 그럼으로써 믿음을 이끌어내는 데 있다.

신학적 해석의 필수성: 참된 증언을 읽으라(요 19:35). 성경을 소통 행위로 읽는 것이 왜 필수적이며, 그러한 읽기는 누구에게 필요한 것일까? 나는 이 두 물음에 대한 답변이 35절에 함축되어 있다고 믿는다. "이를 본 자가 증언하였으니, 그 증언이 참이라. 그가 자기의 말하는 것이 참인 줄 알고 너희로 믿게 하려 함이니라." 그 복음서 기자는 성경에 대한 모범적인 신학적 해석자다. 그리고 우리가 지금까지 검토해 왔던 그 대목은 단순히 어떤 해석 방법에 대한 실례가 아니라 그 방식을 구현하라는 암묵적인 요구다.

웨스트코트(B. F. Westcott)에 따르면, 35절은 단순히 그 증인이 정확한 (사실에 비춰 참된) 증언을 한다는 말이 아니라, 오히려 그의 증언이 '알레티네'(*alethine*), "증언이란 마땅히 어떠해야 한다는 생각에 딱 맞는다"는 말이다.[59] 그 저자는 정확할 뿐만 아니라 **적격이다**. 그는 봐야 할 모든 것―전체 진리―을 봤다. 내 식으로 말하자면, 그는 그 사건에 대한 충분히 두터운 기술을 제공하기 때문에, 적격이며 참된 증인이다. 요한복음 19:35은 독자에게 그 증인이 보도하는 것을 믿을 뿐만 아니라 그 신학적인 함축들(그 심층 기술)을 받아들이라고 요청한다. 최우선적인 해석상의 명령은 결국 매우 친숙한 명령에 해당한다. "네 이웃에 대하여 거짓 증거하지 말라"(출 20:16).[60]

마찬가지로 해석자도 텍스트의 핵심 주제에 대해 적격인 증인이 되어야 한다면, 그 내레이터의 증언처럼, 우리의 증언도 보도된 사건과 그 보도(소통 행위) 둘 다의 신학적 의의를 분별하기에 충분히 두터운 것이어야 한다. 결국 증언은 그 목적 때문에 중요한 것이다. "너희로 믿게 하려 함이니라." 그러므로 성경에 대한 최상의 신학적 해석자는 그 저자가 말하는/행하는 바

---

59) B. F. Westcott, *The Gospel According to St. John* (Grand Rapids, Mich.: Eerdmans, 1971), p. liv.
60) 누가 나의 이웃인가? 텍스트가 이웃이 될 수 있는가? 될 수 없는 이유는 무엇인가? 도입부에 제시한 예화에서 시사했듯이, 텍스트는 우리 자신의 것이 아닌 목소리―한 낯선 자의 목소리, 한 타자―를 대변한다. 해석자의 윤리적 임무는 이 목소리를 환영하고 존중하는 것이다.

에 대한 적격인 증인이다.

 궁극적으로 해석 공동체의 목적이 성경 텍스트의 목적과 일치할 수 있을까? 물론이다! 왜냐하면, 우리의 기독교적 정체성의 핵심은 신실한 증인이 되는 것이기 때문이다. 신학적 해석의 필수성은 결국 기독교적 정체성에 대한 물음과 연결되어 있으며, 교회가 무엇인가와 연결되어 있다. 신학적 해석자는 "우리가 보고 들은 것"에 대해 충실히 증거하는 자다(요일 1:1-3). 그러므로 하나님 앞에서 읽는다는 것은 해석자에게 충실한, 즉 참된 증인이 될 것을 요구한다. 여기서 다시 우리는 성경에 대한 신학적 해석의 '어울림을 위한 읽기' 유형이 '소통을 위한 읽기' 유형이 없다면 얼마나 미완결적인가를 보게 된다. (그 역도 사실이다.)

 예수님은 성부에 대한 충실한 증인이 되기 위해 자신을 비우신다. 마찬가지로, 그러한 식의 자기 배제는 성경 해석자의 소명이기도 하다. "그리스도의 몸은 텍스트로부터 자체를 계속해서 비운다. 그 몸이 어디로 가는가? 그 몸을 대체하는 것이 바로 교회의 증언이다."[61] 우리의 신실한 증거—성경 해석자에게 해당하는 일종의 '순교'—자체가 그 증거를 받아들이는 자에게 생명의 원천이 될 수 있다. 이러한 생각과 더불어서, 우리는 성경에 대한 신학적 해석의 최고 소임에 도달했다. 그것은 '그들이 믿고 생명을 얻도록' **해석하는 것**이다.

 신학적 해석의 기준: 하나님의 정경적 행위를 읽으라(요 19:36). "이 일이 일어난 것은…성경을 응하게 하려 함이라." 요한복음 19:31-37에서 복음서 기자가 행하는 바에 대한 적격인 증인은 성취된 성경에 대한 호소의 의의를 참작하는 사람일 것이다. 그 복음서 기자가 이 텍스트 안에서 행하는 것은, 궁극적으로 구약 성경은 말할 것도 없고 그의 복음서 전체를 고려하지 않고서는 알 수 없다. 요한복음 19:28의 "내가 목마르다"라는 예수님의 말씀에서부터 "그들이 그 찌른 자를 보리라"(요 19:37)에 이르기까지, 복음서 기자는 철저하게 성경적인 틀에서 예수님의 옆구리를 찌른 일을 기술한다. 말과 행위에 나타나는 신적 행위는 오직 이 더 폭넓은 정경적 맥락에 비추어 볼 때만 온전히 눈에 들어온다. 나는 **정경적** 행위—정경적 맥락에서 기술된 소통 행

---

61) Ward, "Displaced Body", p. 74.

위-라는 개념이 궁극적으로 신적 저작성에 대한 인정을 요청한다고 믿는다.

이 시점에서 우리는 하나의 반론을 살펴보기 위해 잠깐 멈추어야 할 것 같다. 하나님의 소통 행위 개념이, 해석의 기준은 자연적 의미에 부착되어 있다는 나의 주장을 복잡하게 만들지는 않을까? 특히, 우리가 살펴보는 대목에서 인용되는 구약 성경 텍스트들(시 69:18; 출 12:46; 슥 12:10)의 자연적인 의미는 어떤가? 복음서 기자의 용법은 그 텍스트들의 자연적 의미를 왜곡하지 않을까? 아니다. 그것은 그 자연적 의미를 재상황화한다. 구약 성경의 예언에 대해, 우리는 암묵적 지식에 대한 마이클 폴라니(Michael Polanyi)의 진술을 약간 고쳐볼 수 있을 것이다. 그것은 그 예언자들이 "자신이 말할 수 있는 것 이상을 안다"는 것이 아니라, 오히려 그 예언자들이 자신이 **알 수 있는 것 이상을 말한다**는 것이다. 그 예언자들의 증언은 복음서 기자에 의해 전유됨으로써 모호한 점이 없어지고 명료해진다. 이 구약 성경의 증언을 예수 그리스도의 이야기라는 더 넓은 정경적 맥락에 자리 매김하는 것은 그 증언의 원래 의미를 허위화하는 것이 아니라 그 증언의 참된 지시 대상-예수의 몸(메시아), 그리스도의 몸(교회)-을 구체적으로 적시하는 것이다.

문자적 의미(그 해당 [인간] 저자에게 의미했던 바)와 정경적 의미(그 텍스트를 성경으로 받아들인 사람들에게 의미했던 바)와 오늘날의 의미(그 텍스트를 계속 경전으로 받아들이는, 교회 안에 있는 사람들에게)로 구분한 브라운(Raymond Brown)의 구분은 나의 제안을 구별해 주는 유용한 틀을 제공한다.[62] 나는 문자적 의미에 대해 브라운의 의견에 동의한다. 그러나 비록 그 텍스트를 성경으로 먼저 받아들였던 사람들에게 그 텍스트가 의미했던 바가 무엇인지를 묻는 것이 합당하기는 하지만, 나는 **정경적 의미**라는 용어를 텍스트에 담긴 하나님의 의도를 가리키는 것으로 유지하고자 한다.[63] 역사적으로, 교회는 정경을 하나님의 소통 행위, 즉 하나님의 말씀으로 인정해 왔다. 이미 살펴보았다시피, **신학적 자연성**-교회의 몸이든, 인간의 몸이든, 텍스트의 몸이든-은 하나님이 의도하신 대로의 자연을 가리킨다. 그러므로

---

62) Raymond E. Brown, "'And the Lord Said?' Biblical Reflections on Scripture as the Word of God", *Theological Studies* 42 (1981): 3-19.
63) James D. G. Dunn은 개별 문헌이 신앙과 삶에 대한 권위로서 기능한 것은 오로지 성경 정경의 일부로서임을 올바르게 지적한다[*The Living Word*(Philadelphia: Fortress, 1988), pp. 150-151].

성경 텍스트와 관련해서, **신학적 자연성**은 정경적인 성경 가운데서, 그 성경에 의해 실행된 하나님의 의도를 가리킨다. 그러므로 간단히 말해서, **신학적 자연적 의미**는 그 단어들과 텍스트가 신적으로 정해진 그들의 정경적 맥락 가운데서 진행해 나아가는 길을 가리킨다.[64]

텍스트의 몸을 기술하는 일에는, 예수님의 몸에 대한 내레이터의 기술이 그렇게 하듯이, 확대된 정경적 맥락—두터운 기술—이 요구된다. 오직 우리가 더 광범위한 정경적 맥락에 비추어서 행하는 일과 말하는 일을 기술할 경우에만, 우리는 물질적인 것을 꿰뚫고 신학적인 것에(인간 저자의 의도를 넘어서서 신적 저자의 의도에) 도달하게 된다. 신학적 해석자로서 우리의 역할은 꿰뚫는 식별력을 가지고 그 텍스트의 몸을 검토하는 것이다. 성경에 대한 신학적 해석은 다름 아닌 바디 피어싱이다. 물론 그 바디 피어싱은, 텍스트에서 **하나님이** 말씀하시며 행하신 것을 즉 신학적 자연적 의미(하나님이 의도하신 의미)를 빼내어 버리는 것이 아니라 인정하는 것이지만 말이다. 마지막으로, 성경에 대한 신학적 해석은 텍스트를 기반으로 우리의 정체성을 형성하는 것이 아니라, 그 텍스트가 형성하는 우리의 정체성을 받아들이는 것이다.

예수님의 옆구리를 찌른 일을 둘러싼 사건들이 한 성경만이 아니라 두 성경(신구약 성경)을 성취한다는 진술은 그 자체가 **사건**의 진로에 대한 신적 저작성을 주장하는 것이다. 그처럼 성경을 인용함으로써, 그 내레이터는 수난 사건을 하나님의 섭리라는 더 광범위한 맥락에 자리매김한다. 하나님은 사건의 담론만이 아니라 사건의 진로도 지어 내셨다. 신학적 해석이 고유한 신학적 물음들에 연결되어 있다는 사실은 전혀 놀랍지 않을 것이다. 크리스토퍼 자이츠가 관찰했다시피, "해석학의 위기는 사실상 하나님의 섭리, 적절한 교회론 그리고 성령론을 포함하는 위기다."[65] 아마도 하나님의 소통 행위로 파악되는 성경이 '글이 된 섭리'인 한, 섭리는 이 글 전체에서 고려되던 주제일 것이다.[66]

---

64) '신적으로 전유된' 담론에 대해서보다는 '신적으로 지정된' 담론에 대해 말한다는 것은 이 접근 방법을 Wolterstorff의 접근 방식과 구별해 줄 수도 있고 아닐 수도 있다.
65) Christopher Seitz. in *Renewing Biblical Interpretation*, ed. Craig Bartholomew (Grand Rapids, Mich.: Zondervan, 2000), p. 63.
66) 이것이 '글로 쓰인 하나님의 죽음'과 더불어서, 급진적 포스트모더니티의 반[反]해석학에 대한 나의 대항주장이다.

그리스도의 몸에 대한 관통: 복을 위해 성경을 읽는 방법

하나님의 말씀은 살아 있고 활력이 있어 좌우에 날선 어떤 검보다도 예리하여 혼과 영과 및 관절과 골수를 찔러 쪼개기까지 하며…(히 4:12).

성경은 예수 그리스도 가운데서 하나님이 행하셨던 일에 대한 복잡하며 다면적이지만 궁극적으로는 통일된 증거다. 그렇지만, 신학적 해석을 '증거를 읽는 일'과 동일시하는 것만으로는 불충분하다. 왜냐하면, 이 증거는 다양한 문학 양식에 의해 매개되기 때문이다. 예를 들면, 내러티브가 기여하는 행위는 하나의 세계를 펼쳐 보인다. 그러나 신학적 해석을 세계를 성경 내러티브 안으로 흡수하는 일과 동일시하는 것으로는 충분하지 않다. 텍스트를 내러티브 증거로 혹은 증거하는 내러티브로 기술하기 위해서는 저자를 소통 작인으로 이해하고 텍스트를 소통 행위로 이해하되, 각각 그 자체의 내재적인 목적과 의도를 지닌 것으로 이해하는 일이 필요하다. 이 목적들 가운데 하나가 바로 독자의 반응을 이끌어내는 것이다. 그러므로 성경에 대한 신학적 해석은 텍스트에 실행된 다양한 형태의 소통 의도들을 기술하는 일뿐만 아니라 그 형태에 반응하고 참여하는 일이 포함된다. 예를 들어, 하나의 내러티브 세계를 바깥에서 기술하는 것만으로는 불충분하다. 이해하기 위해서는 그 텍스트의 세계에 들어가 살아야 한다.

스티븐 파울과 그레고리 존스는 성경에 대한 신학적 해석의 프로젝트를 위한 도덕과 해석의 덕성들의 중요성을 부각해 주었다. 학문적인 주해 기술만으로는 불충분하다. 아무리 많다 할지라도 문법 지식만으로는 거룩함에 인도함을 받을 수 없다. 예를 들어, 신학적 해석에 대한 '올바른' 이론을 소지하는 것만으로는 충분하지 않은 것이다. 바로 이 때문에 신앙 공동체 안에서 성경을 해석하는 일이 중요한 것이다. 분명 우리는 성경에 접근할 때 성도인 **동시에** 학자로서 접근해야 한다. 그렇지 않은 사람의 학문은 거룩하게 하는 결실을 전혀 맺지 못할 것이다. 우리가 가르침을 받고, 격려를 받고, 명령을 받을 것을 기대하면서 성경에 나아가게 되는 것은 바로 교회 안에서다. 그러므로 교회는 성경에 대한 신학적 해석을 위한 적절한 처소다. 하나님의 백성들은 예배와 증거와 지혜 가운데서 세계를 위해 하나님의 말씀을 구현하라고 하나님에 의해 함께 부르심을 받는다.

그러나 동시에, 건덕을 위한 텍스트 읽기를 하는 것만으로는 충분하지가 않다. 건덕을 위해 어떤 텍스트를 사용하는 것과 그 텍스트를 해석하는 것은 전혀 별개의 일이기 때문이다. 신학적 해석의 과제는 목적과 기준을 모두 포함한다. 현재 우리는 기준에 대해서보다는 목적에 대해 더 가깝게 일치해 있을 것이다. 여전히 우리에게 남은 할 일은 신학적 해석의 기준—문예적이며 정경적인 층위에서 텍스트 안에 실행되는 인간 저자와 신적 저자의 소통 의도—에 대한 일치를 확보하는 일이다. 그럼에도 불구하고, 신학적 해석학에 의해 안내를 받는 참된 신학적 해석에 대한 전망은 *Ex Auditu*(이 글이 처음 실렸던 저널—역주)가 생겨난 후로도 결코 나아지지 않는다.

그렇다면, 어떻게 교회는 복을 얻기 위해 성경을 읽을 수 있을까? (1) 그곳에 있는 하나님의 소통을 발견하기 위해 그리고 (2) 그 소통에 대한 신실한 증인들이 되기 위해, 어울림 가운데—해석의 목적과 기준에 일치하여—읽음으로써 복을 얻을 수 있다. 텍스트에 대해 참된 증거를 한다는 것은 하나의 목적이자 기준이다. 최상의 해석자는 자신이 증인이 되는 정도만큼 의미의 사건에 참여하여, 그 행위의 일부가 된다. 그래서 제4복음서의 저자는 오늘날 성경 해석자의 한 전범(典範)이 된다. 우리도 성경 안에서 "우리가 보고 들은 것"을 증거해야 할 것이다. 우리 역시 참되며 적격인 증인이 되어야 할 것이며, 앞선 성경(previous Scripture)의 음악과 반향을 들을 수 있어야 하며, 구원의 더욱 광대한 이야기라는 맥락에서 그 이야기의 절정과 해석의 열쇠가 되는 예수 그리스도 사건을 이해할 수 있어야 할 것이다.

성경을 해석하는 해석자의 특수한 소명은 참된 증인—하나님의 소통 의도를 기술할 뿐만 아니라 구현할 수 있는 자—이 되는 것이다. 신학적 해석자는 인간 저자들의 작품들 가운데서 신적 저자이신 하나님이 행하시는 바를 기술한다. 그러므로 신학적 해석의 특수한 소임은 하나님의 말씀을 마주 대하도록 성경을 읽는 것이다. 그러나 궁극적으로, 성경에 대한 신학적 해석은 텍스트를 읽는 문제일 뿐만 아니라 그 텍스트에 의해 읽히는 문제다. 참된 증인이 된다는 것은 하나님이 성경에서 말씀하시는/행하시는 것을 기술하는 일을 포함할 뿐만 아니라 이 메시지를 구현하는 일도 포함하는 것이다.

만일 교회가 성경에 의해 변화를 받아야 한다면—만일 그리스도의 몸이 그 말씀을 칼같이 휘두르시는 성령에 의해 '꿰뚫어져야' 한다면—우리는 그 소통 의도와 변혁 의도에 자신을 열기 위해 읽어야 할 것이다. 성경에 대한 신학적 해석자들은 서로와의 어울림 가운데서 읽어야 할 뿐만 아니라 하나님의 말씀과 행위의 효과에 자신을 개방함으로써 하나님과의 더 깊은 어울림을 추구해야 할 것이다. 서로간의 어울림 가운데서 읽는다는 것은 하나님의 소통에 대한 적절한 집단적 반응이지만, 그 읽기가 그 행위를 구성하는 것은 아니다. 그와 반대로, 순종적이며 적격인 해석 공동체로서 교회는, 하나님이 성경을 가지고 그리고 성경을 통해 행하셨고, 행하시고, 행하실 바에 대한 충실한 증인이 되도록 힘쓰는 교회다. 성경에 대한 신학적 해석은 교회로서의 어울림(목적)을 위해 **그리고** 하나님의 소통(기준)을 위해 읽는다. 그 모든 것은 삼위일체 하나님과 우리의 어울림을 심화한다는 궁극적인 목적을 위한 것이다.

11장 세상은 잘 연출된 무대인가?

신학, 문화, 해석학

> 온 세계는 하나의 무대다
> 그리고 모든 남녀는 배우일 뿐이다.
> 그들에게는 나올 때가 있고 들어갈 때가 있다.
> 그리고 한 사람은 그의 평생 동안 많은 역할을 한다.
>
> – 윌리엄 셰익스피어, AS YOU LIKE IT

셰익스피어는 종종 인생에 대해 말할 때 무대에 관한 은유를 사용하곤 했다. 셰익스피어 이전에, 중세의 미스터리 극들은 종종 세 층으로 된 작품들이었다. 땅에서의 행위는 중간 무대에서(톨킨의 Middle-earth?) 공연되었으며, 위아래에 있는 무대들은 각각 중심 무대에서 펼쳐지는 행위에 대한 하나님과 사탄의 태도를 드러냈다. "우리는 태어날 때, 이 바보들의 큰 무대에 나왔음을 알리며 크게 웁니다."[1] 무대 위에서 행할 연기에 대한 궁극적인 지휘의 묶음인 하나님의 말씀을 가지고, 인생의 무대를 통해 그리고 그 인생의 단계마다 지혜의 길을 발견하고 표명하는 것이 신학의 소임의 일부다. 그러나 어떠한 신학자도, 심지어 하나님의 말씀으로 무장한 신학자라 할지라도 하나님의 관점을 누리지는 못한다. 왜냐하면, 하나님의 말씀은 해석되어야 하는 것이기 때문이다. 천사보다 조금 낮은 우리 인간 연기자들은 하늘의 일에 직접 접근할 수 없으며 해석을 해야 한다. 다른 역할을 부여받은 자들과 마찬가지로, 신학자로 역할을 부여받은 자들은 배우와 비평가의 역할을 동시에 수

---

[1] William Shakespeare, *King Lear*, 제4장, 6막, 11행.

행한다. 신학은 하나님의 말씀이라는 기준으로 세계의 연기 행위를 평가하려는 시도다. 해석은 이중적인 신학적 작업이다. 즉 말씀만이 아니라 세계 자체도 해석되어야 할 대상인 것이다.

문화란, 우리의 궁극적인 신념과 가치의 '실연'(實演)이며, 인간의 종교가 '무대에 올려지는' 구체적인 방식이다. 개개인은 연기자다. 그러나 그들은 문화적으로와 역사적으로 조건 지워져 있다. 그들에게 특정한 대사가 주어졌다고는 볼 수 없을지라도, 특정한 언어는 주어져 있다. 문화는 사람이 무대에 등장했을 때 그 사람이 던져진 전경(全景)이며, 환경이며, 세계다. 문화라는 경치는 그 배우들이 보고 말하고 행동하는 일에 영향을 주며, 조건을 만들어 준다. 만일 세계가 하나의 무대라면, 문화는 그 무대를 채우는 버팀목을 제공해 준다.

칼 헨리는 문화와 문화적 추세에 대한 신학적 해석과 분석의 중요성을 올바르게 파악했다. 실로 헨리는 그의 대작, 「하나님, 계시, 권위」(*God, Revelation and Authority*)를, 우리 시대의 '진리와 말의 위기'에 대한 다음과 같은 예리한 기술로 시작한다. "현대 서구 사회에서 가장 명백한 사실은 궁극적인 진리에 대한 불신이 늘어난다는 사실과 어떠한 확실한 언명에 대해서도 무자비하게 질문을 퍼부어 댄다는 것이다."[2] 이 위기—인식론의 위기와 신학의 위기에 그 뿌리를 둔—는 "허무주의의 흑암"과 새로운 암흑시대 앞에 놓인 어둑어둑한 땅거미라 할 수 있을 것이다.

장 보드리야르(Jean Baudrillard)의 분석과 매우 흥미로운 유사점을 지닌 한 분석에서(아래를 볼 것), 헨리는 근대의 대중매체가 본성적으로 우상 숭배적인 인간에게 가상적으로 마음 내키는 대로 새로운 실재를 만들어 낼 수 있는 (그리고 새롭게 가상현실을 창작해 낼 수 있는) 환상적인 신화 형성 기계를 제공해 주었다고 제시한다. 인간은 자신의 권력 의지를 사용해서 실재를 창작함으로써 자신의 신이 되어야 한다는 니체의 신념은 기술 문화의 검증을 받은 것처럼 보인다. 헨리가 볼 때, 상황은 긴박하다. "인간의 문화뿐만 아니라 인간의 운명도, 보고 듣는 일이 오직 인간의 사변과 덧없는 계기들

---

2) Carl F. H. Henry, *God, Revelation and Authority*, vol. 1, *God Who Speaks and Shows, Preliminary Considerations* (Waco, Tex.: Word, 1976), p. 1. 이후의 인용은 본문 안에 괄호 처리 될 것임.

(happenings)에만 주어지는 것인지 아니면 하나님의 말씀과 진리에도 주어지는 것인지에 달려 있다"(p. 23). 현재 하나님의 말씀과 일반적인 말에 대한 불신이 팽배해 간다. 비언어적 경험에 대한 숭배는 서구 문명의 전체적인 문화적 유산을 위협한다. "이미 비인격화된 사회를 다시 탈언어화하는 것은 그 사회를 더욱 더 비인격화하는 것이다"(p. 26).

헨리에 따르면, 개개의 모든 문화는 "그 자체의 응집력을 보존해 주는, 삶과 실재에 대한 어떤 접착제 노릇을 하는 확신, 지지해 주는 전망을 하나" 가지고 있다. 고대 그리스인들의 것과 같은 몇몇 신념의 틀은 유대-기독교적 토대와는 별개로 인상적인 문화를 낳을 수 있었다. 그러나 고대 그리스인들은 보이지 않으며, 영원하며, 영적이며, 합리적인 실재를 믿었으며, 이 보이지 않은 합리적인 질서를 보이는 세계 질서에 부여하려는 그들의 시도에 그러한 신념이 하나의 토대로 기여했다. 그러나 고대 그리스인들에게는 자신의 비전을 현실화할 수 있도록 만들어 주는 영적인 자원들이 결여되어 있었다. 다시 말해서, 그들에게는 그들로 하여금 자신이 식별했던 영적인 측면을 구현할 수 있게 해주는 필수적인 은혜의 수단이 결여되어 있었다. 그러나 21세기의 문화는 훨씬 더 열악한 난국에 봉착해 있다. 서구 사회에서, 산업 사회와 후기 산업 사회는 이 땅의 삶이 본받아야 할 궁극적인 다른 세계 질서를 믿기가 어려워졌음을 보게 된다.

그렇다면, 현대 문화를 형성하는 가치들은 어디에서 오는 걸까? 오늘날의 사람들은 자신이 만들어 낸 신화를 믿어야 한다. 혹 그렇지 않다면, 자신을 실용적인 가치를 지닌 편의적이며 필요한 허구들로 바라보아야 한다. 우리는 궁극적인 것에 대한 자신의 가치와 신념이 참되다고 생각해야 하든지, 그러한 가치와 신념이 실제로 그렇듯 유용한 허구라고 인정해야 한다. 많은 현대 서구 사상가는 모든 확신의 구조, 신념의 틀이 신화 만들기의 결과라고 선언하며, 그러한 것인 양 떠들어 댄다. 현재에 대한 헨리의 평가는 정신이 번쩍 들게 만든다. "실용주의는 참 중심을 상실한 문화의 마지막 보루다."(p. 41) 절대(absolutes)가 사라진 시대에 인류가 가진 문제는 "자신의 창의력을 통해 삶과 역사와 자연을…마음대로 주무르는 것"이다(p. 139) 아이러니하게도, 그러한 창의력은 결국 인간성을 소모시킬 것이다. 생명력의 감퇴를 감지하는 상어처럼, 현대인은 자신에게 일종의 '자유의 광기'를 공급하면서,

자본이 딸리는 확신의 구조가 감당하지 못할 가치를 인생에 투자함으로써 허무주의의 허기를 벗어나고자 처절한 노력을 기울이게 될 것이다. 삶과 진리에 대한 다른 대안이 있을까? 헨리가 볼 때, 이것이 아마도 인간이 직면한 가장 절실한 질문일 것이다. "사상사에서 가장 첨예한 문제는 서로 다른 여러 사람이 인생의 의미와 가치에 도달하게 해주는 모든 확신의 구조가 본질상 신화적인가 하는 것이다."(p. 44)

헨리의 작업은 우리의 주제를 탁월하게 소개해 준다. 우리의 주제는 신학과 문화와 해석학의 관계다. 만일 신학자가 하나님의 말씀을 가지고 오늘의 세계를 섬겨야 한다면, 우리는 말씀과 세계 둘 다를 이해해야 한다. 신학은 성경 해석학과 문화 해석학 둘 다에 참여해야 한다. 해석은 신학적 사고의 근본적인 범주들 가운데 하나다.[3] 신학은 문화 해석의 업무(최소한 부분적으로)가 되어야 한다. 물론 우리는 신학 자체가 문화적인 조건에 제약을 받고 있음을 즉시 인정해야 할 것이다. 신학자는 자신이 살아가는 시대와 문화를 반영하는 언어와 범주의 세트를 가지고 어떤 특정한 시간과 자리에서 생각한다. 그러므로 문화에 대한 신학을 말하듯, 신학의 문화에 대해 말하는 것은 정당하다. 더욱이, 절대적인 것에 대한 그리고 절대적인 관점(신의 관점)에 대한 현대의 믿음 상실 때문에, 사상가들은 지식에 대해, 특히 절대적인 종류의 지식에 대해서가 아니라 해석에 대해 이야기하기를 좋아한다. 이전의 어떠한 시대보다도 우리의 시대는 해석의 시대일 것이다. 우리가 사물을 알 수 없는 위치에 있다는 사실은 당연한 사실로서 널리 받아들여진다. 절대적인 지식—선과 악에 대한 것이나 다른 어떤 것에 대한—은, 에덴동산의 나무와 달리 언제나 인간이 미칠 수 없는 범위에 존재한다. 이 때문에, 우리는 문화에 대한 해석만이 아니라 해석의 문화도 검토해야 할 것이다.

이 글에서, 나는 문화 해석에 있어서의 그리고 현재 우리의 해석의 문화에 있어서의 신학의 역할을 검토하고자 한다. 다음에서 나는 역사가와 사회학자와 철학자와 신학자에 의해 문화가 해석되어 왔던 몇 가지 방식을 개관할 것이다. 나는 현대 서구 문화에서 해석학 자체가 궁극적 가치를 가진 것의 하

---

3) Werner H. Jeanrond, *Text and Interpretation as Categories of Theological Thinking* (New York: Crossroad, 1988)을 보라.

나로 여겨진다고 주장할 것이다. 여기에서 나는 문화 해석학에 대해서보다는 해석학의 문화에 대해 말할 것이다. 왜냐하면, 포스트모던 상황에서, 창의적인 해석이야말로 인간의 최고의 덕목들 가운데 하나로 취급되기 때문이다. 마지막 항목에서, 나는 신학자가 어느 때보다 더욱 더, 에클레시아적 실존ㅡ 즉 교회ㅡ에 구현되어야 할 대항문화의 옹호자만이 아니라 현대 문화에 대한 해석자이자 동시에 비평가가 되어야 할 필요가 있음을 주장할 것이다. 우리가 효과적인 대항문화를 확립할 수 있게 되는 것은 오직 우리가 성경을 해석함으로써 이루어진다. 효과적인 대항문화 그 자체가 지배적인 문화에 대한 가장 효과적인 비판이 될 것이다. 결국 가장 중요한 해석은 성경 텍스트에 대한 한 사람의 '실연'(實演)이다. 그러므로 해석자이자 비평가로서의 신학자는 세계 역사라는 무대에 선 한 사람의 연기자다. 기독교 경전에 펼쳐진 세계에 대한 신학의 '상연'(上演)은 문화의 가치와 제도에 대한 현대의 논쟁 가운데서 중요한 하나의 목소리를, 혹은 여러 목소리의 합창을 이루어야 할 것이다. 문화에 대한 연기자로서 그리고 해석자로서, 신학자와 믿는 자는 마찬가지로 사회 이론가 및 사회 행동가로 활동한다. 최소한 이것은 그리스도의 제자들에게, 함께 모여서 그 말씀을 '행'하는 자들의 공동체에게 요구되는 중요한 역할이다.

자연과 양육, 우주와 문화에 대해

자연과학과 인문과학 사이의 구별은 일종의 사회 현상으로서의 문화의 성격을 그리고 문화와 사회에 대한 인과론적 설명과는 반대되는, 그 성격에 따른 해석학적 이해의 필요성을 드러낸다. 그 이름이 함축하듯, 자연과학은 자연을 연구한다. 칸트 이래로, 자연의 영역을 자유의 영역과 구별하는 것이 유행해 왔다. 자연은 법칙에 의해 지배된다. 그 법칙들은 시공간에서 일어나는 일들을 인과적으로 결정해 준다. 자연은 어떤 필연성의 특징을 갖는다. 힘은 언제나 기후나 나라를 불문하고, 질량에 가속도를 곱한 것과 동일할 것이다. 그러므로 자연과학의 목표는 자연에서 일정하게 일어나는 일을 설명해 주는 그와 같은 인과적 법칙들의 목록을 만드는 것이다. 과학자들은 '기계적인' 우주의 작용을 지배하는 수리적 인과법칙을 제시했을 때, 이성적으로 자연이라는 책을 '읽을' 수 있다.

반면에, 사람들은 단지 부분적으로만 자연법칙들에 의해 결정된다. 인간의 몸은 인과의 법칙에 종속될 수 있지만, 인간의 정신은 그렇지 않다. 테니스 공은 그 받은 바 소명을 달성하는 방법에 아무런 선택이 있을 수 없지만, 사람은 상당 정도의 자유를 누린다. 인간은 기계와 분자와 구슬이 행할 수 없는, 여러 가지 면에서 진정한 가능성이 있는 장래를 소유한다. 인간은 또 과거를 갖는다. 실로 역사는 자유가 쓰는 페이지다. 그리고 우리가 인과적 설명으로는 인간의 자유의 기록인 역사책을 이해하지 못한다. 역사가는 인문학자—즉 인간을 연구하는 사람—이며, 다른 인문학과 마찬가지로 역사는 설명이 아닌 이해를 추구한다.[4]

인간을 자연의 한 현상으로서 연구하는 생물학자의 관점에서 보면, 인간은 단 하나다. 생물학자는 모든 인간을 같은 종(種)에 속한 것으로 분류한다. 그러나 역사가가 볼 때 인간은 다양한 것이다(이 점은 문화인류학자나 사회학자에게도 마찬가지다). 아무리 복합한 법칙이라 할지라도, 단 한 세트의 법칙을 가지고서는 사람을 설명할 수 없으며, 사람이 행한 일도 설명할 수 없다. 어떠한 통일된 장이론(場理論)도 인간 자유의 흐름을 도표화하지 못한다. 그렇지만 그렇다고 해서 인간과 인간의 역사는 이해할 수 없는 것이라고 결론을 내릴 필요는 없다. 인간의 개별성과 자유와 독특성을 존중하면서도 동시에 인간을 과학적으로 연구할 수 있는 방법론을 논의했던 사람이 바로 빌헬름 딜타이(Wilhelm Dilthey)였다.[5] 딜타이는 설명보다는 이해를 목적으로 했다. 그 이해는, 우리보다 앞서 살고 생각한 개인들의 경험과 사고 과정들을 되살리는 것을 의미했다. 딜타이에 따르면, 역사에 대한 연구는 사람들이 그들이 행하는 바를 통해서, 그들과 연관된 '일'을 통해서, 그들의 생각과 가치(정신)을 '객관화'하거나 표현하기 때문에 가능하다. 그러므로 과거에 속한 사람들의 행위에 관한 것인 역사는 기호들에 대한 연구와 자취들에 대한 해석이 된다. 딜타이에 대한 폴 리쾨르의 논평은 시사적이다. "그러므로, 역사

---

4) 역사가 이해에 대한 추구라는 것은 역사의 중심 주제가 보편적이며 필연적인 법칙의 한 예로서의 개인이 아니라 개별적인 특정 개인이기 때문이다. 역사에서, 우리는 그 모든 것이 달리 일어날 수도 있었을 것임을 언제나 의식한다.

5) Raymond Williams, *Culture* (London: Fontana, 1981), pp. 15-16, 및 Paul Ricoeur, *Hermeneutics and the Human Sciences* (Cambridge: Cambridge University Press, 1981), chap1-2을 보라.

는 해석학의 분야가 된다."[6] 역사는 인간 정신이 등장하는―나오고 들어가는―무대다.

하나의 문화는 특정한 시대와 지역에서 살아가는 특정한 사람들의 '정신'의 객관화, 말과 작품들을 통한 표출이다. 시대정신(*Zeitgeist*)은 안 보이는 것이 아니라 구체적인 형태로 계속해서 표현되는 것이다. 문화는 구체적인 형태로(예를 들면, 성당, 콜로세움, 묘지, 영화, 대학, 현금 인출기, 세차 등으로) 가치와 신념을 형성하고 구체화함으로써 그 자체를 표현하고자 하는 인간 정신의 노력이다. 문화는 자유를 통해 재료에 형태와 의미가 주어지는 과정(이며 결과)이다.[7] 거미줄은 그 자체가 자유의 작품이 아니기 때문에 문화적 산물이 아니다. 거미줄은 비록 정교하기는 하지만 메시지가 아니며 가치와 신념의 세트를 표출하지도 않는다. 거미줄에는 큐비즘을 말할 것도 없고, 고딕 양식, 계몽주의, 낭만주의 문화 스타일에 해당하는 것은 아무 것도 없다. 거미줄은 전혀 의미를 갖지 않는다. 오히려 그것은 도구적 목적에 봉사한다. 거미줄을 잣는 일은 경탄할 만하지만 해석될 수는 없다.

문화란 자연에서 그리고 자연 위에 행한 인간의 자유를 표출해 놓은 작품을 가리킨다. 여느 다른 종(種)과 달리, 인류는 의미 있는 표시를 함으로써 자연에 그 자체를 새겨 놓는다. 그 표시는 흰 종이 위에 검은 색 잉크로 자잘하게 긁어 낸 흔적들에서부터 햇살이 비치는 고층 빌딩과 같은 흔적에 이르는 모든 것에 해당한다. 가장 넓은 의미에서 문화는 "인간에게 해당하는 의미의 세계"를 가리킨다.[8] 문화에 있어서 핵심은 측정 기준과 땅의 경계를 나누는 표시가 의미를 소유한다는 것이다. 그러한 것들은 설명되기보다는 이해되어야 하는 것들이다. 그러나 어떻게 이해되어야 할까? "그리스 문화는 서구 문명에 그 흔적을 남겼다." 맞는 말이며, 좋은 말이다. 그러나 그리스 문화라는 그 '표시' 혹은 로마라는 그 위대함을 우리가 어떻게 이해해야 할까?

리쾨르는 해석학을 "이해의 작용을 텍스트에 대한 관계 가운데서 이해하

---

6) Ricoeur, *Hermeneutics and the Human Sciences*, p. 52.
7) Herman Dooyeweerd가 말하듯, "문화 활동은 언제나 물질적인 것에 대한 자유로운 통제 가운데서 재료에 형태를 부여하는 것으로 이루어진다"[*Roots of Western Culture: Pagan, Secular and Christian Options* (Toronto: Wedge, 1979), p. 64]. 「서양 문화의 뿌리」(크리스챤다이제스트)
8) Julian Hartt, *A Christian Critique of American Culture* (New York: Harper & Row, 1967), p. 49.

는 이해의 작용 이론"이라고 정의한다.9) 해석의 기술이며 학문인 해석학은 주로 텍스트의 의미를 깨닫고, 전유하는 원리와 절차에 관련되어 있다. 앞으로 보게 되듯, 여러 사상가가 '텍스트'라는 개념에 꿈(Sigmund Freud), 영화, 패션(Roland Barthes), 문화 전체(Raymond Williams)를 포함하는 데까지 나아간다. 물론 자연과학은 오랫동안 우주를 '자연의 책'이라고 일컬어 왔다.

리쾨르는 인문과학의 대상이 '텍스트적' 성격을 보이는 한 그리고 인문과학의 방법이 텍스트를 해석하는 데 사용되는 절차와 똑같은 종류의 절차를 발전시키는 한, 해석학적이라고 논의한다. 그러나 문화와 문화적 작품은 어떤 면에서 텍스트와 같을까? 텍스트란, 저자의 의미를 고정해 놓은 표시들(단어들)의 세트다. 저자가 하는 말은 시간 속에서 사라지겠지만, 그 표시들과 의미는 남는다. 마찬가지로, 하나의 행위는 '그 표시를 남긴다.' 인간의 말과 작품은 모두 의미를 전달할 수 있다. 막스 베버(Max Weber)는 인문과학의 대상을 "의미 지향적 행위"라고 정의했다. 그러므로 의미 있는 인간 행위를 연구한다는 것은 하나의 텍스트를 읽는 것과 마찬가지다.10) 인과론적 설명이 가능한 사건과 달리, 인간의 행위는 이해되어야 한다. 행위란, 역사나 자연이라는 바탕에 새겨진 의미를 지닌 작품이다.

문화는 개인이나 집단 혹은 사회 전체의 의미 있는 행위를 가리킨다. 문화는 방황하는 인간 정신을 위한 어떤 가치나 인간의 자유의 형태를, 어떤 의미나 어떤 지향을 객관적 형태로 표현하는 인간의 작품과 관계된다. 문화는 비인격적인 우주가 아니라 의미로 가득 찬 세계다. 인간과 인간의 관심사에 대해 무관심한 자연과 반대로, 문화는 인간을 양육하고 계발한다. 만일 의미 있는 행위가 하나의 텍스트와 같은 것일 수 있다면, 문화는 이 텍스트가 가치에 의해 분류되고 집단적 기억 가운데 적재된 도서관과 같은 것이다.

하나의 문화는 한 집단의 사람들이 가치 있게 여기는 것을 총체적으로 표현해 준다. 하나의 책과 같이, 문화는 어떤 통일된 플롯 혹은 통일된 논제를 지닌다. 윌리엄스(Williams)가 생각할 때, 문화는 다양한 그 자체—예술, 철학, 저널리즘, 광고, 패션 등을 포함하는—의 의미 표명 관행을 통해서 어떤

---

9) Paul Ricoeur, *Hermeneutics and the Human Sciences*, p. 43.
10) Ricoeur, "The Model of the Text: Meaningful Action Considered as a Text." in *Hermeneutics and the Human Sciences*, chap. 8을 보라.

사회 질서를 전달해 주고 재생산하는 표의(表意) 체계다.[11] 우리는 그림, 기념물, 교향악 등과 같은 우리의 작품들(우리의 '텍스트들')을 통해서 우리가 누구며, 왜 가치가 있는 존재인지를 표현하려고 노력한다. 그와 같은 문화적인 문집(anthologies)은 문화 인류학을 추구하는 가장 좋은 수단일 것이다. 문화 해석학은 이러한 다채로운 표의적 표현이 실제로 어떻게, 무엇을 의미하는지를 연구한다. 문화를 해석함으로써, 우리는 구체화되어 몸을 획득하게 된 것 안에 들어 있는 정신(spirit)을 찾고자 노력한다. 문화 해석학은 삶의 의미에 대한 그리고 그 의미가 사람됨에 대해 무엇을 의미하는지에 대한 사람들의 신념을 연구하는 학문이다.

문화는 한 민족이 인간의 자유를 안내하고 지탱하는 가치라고 여기는 바를 객관적인 형태로 표현하는 표의 체계다. 문화의 어떤 측면이 가장 의미 있을까? 케네스 클락(Kenneth Clark)은 건축이 한 문명의 특성을 가장 잘 나타내는 지표라고 주장한다. 한스 로크마커(Hans Rookmaaker)는 그림이 한 문화의 분위기를 가장 잘 드러낸다고 말한다. 내이선 스코트(Nathan Scott)는 그것이 문학이라고 말한다. 엘리엇(T. S. Eliot)은 그것이 시(詩)라고 말한다. 이러한 선택 사항들 가운데서 결정을 내리기란 매우 힘든 일이다. 리쾨르는 경제학(소유)이나 정치학(권력)과 달리, 문화는 상상의 층위에 성립한다고 말하는 것으로 족하다고 본다. 하나의 문화는 결합된 하나의 사회적 군집체(群集體)다. 그 군집 가운데서 각자 동일한 상상의 세계를 공유하며, 무엇이 가장 중요하고, 그 사회가 어떻게 질서를 이루어야 할 것인지에 대해 동일한 비전을 공유하기 때문이다. 한 사회나 문명의 중심에는, 하나의 내러티브가 있다. 그 내러티브란, 그 사회의 기원과 운명을 설명해 주며, 어떤 특정한 방식으로 그 사회에 방향 감각을 제공해 주며, 그 자체를 이해할 수 있는 수단을 제공함으로써 미래를 담보해 주는 어떤 이야기나 역사나 드라마를 말한다. 어떤 사람들은 이 토대적 내러티브를 '메타-내러티브'라고 부른다. 혹자는 그것을 (긍정적인 의미에서의—역자 첨가) '신화'라고 부른다. 그 내러티브를 무엇이라 부르든지 간에, 나는 신학도 세계에 대한 그 자체의 메타내러티브적 버전을 말할 수 있거나 주장할 수 있도록 허용되어야 한다고 믿는

---

11) Raymond Williams, *Culture* (London: Fontana, 1981), p. 13.

다. 인간 조건의 의미와 그 성취를 이루는 최상의 수단에 대한 해석들의 갈등에 동참하는 것은 신학의 특권이자 책임이다.[12]

문화는 계속해서 진행되는 역사적 드라마다. 세계라는 무대는 삶을 질서 있게 엮어 주는 다양한 비전과 처방을 구체화하는 많은 문화, 많은 메타내러티브, 많은 이야기와 작품을 포용하고 있다. 전통적으로 문화는 인간의 정신을 양육하는 필수불가결한 수단으로서 소중하게 취급되어 왔다. 그의 책, 「문학과 도그마」(Literature and Dogma)의 1873년도 판 서문에서, 매튜 아놀드(Matthew Arnold)는 문화를 "세상에 알려져 있으며 언급되어 있는 최상의 것에, 그리고 그럼으로써 인간 정신의 역사에 정통하는 것"이라고 정의했었다. 아놀드의 주관심은 개인의 완성에 있었다. 그러나 엘리엇이 관찰했듯, **문화**는 개인과 관련해서 사용될 수도 있지만, 한 집단이나 한 계급 혹은 사회 전체와 관련해서도 사용될 수 있는 말이다. 문화 연구와 사회 이론이 교차하는 부분이 바로 이 후자의 층위이며, 바로 이곳이 신학의 존재가 가장 필요한 부분이다. 이는 문화에는 보존할 만한 가치가 있는 것이 전혀 없다고 말하는 사람들의 목소리가 점점 커지기 때문이다. 최상의 것에 대한 아놀드의 추구에 반대하면서, 오늘날 많은 사람은 이전의 문화가 '최상'의 것이라고 여겼던 것이 남성 지배나 정치적 제국주의 혹은 심지어 인종 차별주의의 한 기능이었다고까지 주장한다. 사람이 된다는 것이 무슨 뜻일까? 진정한 자유를 획득하기 위해 우리가 취해야 할 수단은 무엇일까? 이러한 물음이 현재 논란이 되는 문제들이다. 신학은, 다른 자격증이 아닌 오직 하나님의 말씀과 문화 명령을 가지고 감연히 비판적 담론의 장에 뛰어 들어가, 문화에 대한 다른 사회 이론들의 처방 이외에 신학 자체의 처방이 있음을 제시해야 한다.

문화에 대한 해석학

문화는 인간 의미의 세계며, 사람들의 최고 신념, 가치, 소망을 객관적 형태로 표현하는 사람들의 노력과 작품의 총체다. 간단히 말해서, 문화란 온전한 사람됨이 무엇인가에 대한 사람들의 비전이다. 문화는 해석을 요청하는

---

12) Abraham Kuyper가 '칼뱅주의'가 이교주의, 이슬람교, 로마 가톨릭교, 모더니즘과 더불어, 문명사의 다섯 가지 주요 사상 체계 가운데 하나라고 제시하면서 이 말을 했다[*Lectures on Calvinism* (Grand Rapids, Mich.: Eerdmans, 1931), p. 32]. 「칼빈주의 강연」(크리스챤다이제스트).

하나의 텍스트다. 그러나 어째서 문화를 해석해야 하며, 정확한 해석을 지배하는 원리들은 무엇일까? 이 물음에서 "어째서"(why)에 해당하는 부분에 대해, 나는 우리가 먼저 '타자' 즉 문화적으로 멀리 떨어져 있는 자를 이해하기 위해 문화를 해석해야 하며, 그 다음으로 우리 자신 즉 문화적으로 가까이 있는 자들을 이해하기 위해 문화를 해석해야 한다고 믿는다.

　지리적으로나, 언어적으로나, 연대적으로, 우리와 멀리 떨어져 있는 다른 문화들이 우리에게 말할 수 있거나 우리의 존재에 특별한 기여를 할 수 있을까? 독서는 말할 것도 없고, 여행과 탐험을 통해 타자로부터 배울 수 있다는 것이 우리의 신념이 아니던가? 이러한 해석의 노력이 없이는, 타자를 파악하거나 이해하려는 이러한 시도가 없이는, 인류는 삶의 가치와 양식을 상실해 버릴 것이다. 매튜 아놀드가 볼 때, **문화**는 보존할 만한 가치가 있는, 인간 정신에 속한 작품들을 가리키는 것이었다. 어떤 의미에서, 루브르 박물관에 있는 소장품들이 돌연 사라져 버린다면, 인류가 지닌 풍성함은 줄어들 것이다. 우리는 부분적으로 다른 사람이 삶을 어떻게 경험하고 이해했는지를 이해하기 위해, 독서를 하고 미술관을 관람하고 음악을 듣는다. 문화는 다른 사람이 귀중하게 여기는 사고 방식과 생활 방식에 동참하는 하나의 길이다. 사상과 가치의 일정한 체계는, 한 민족이나, 집단이나, 세대로부터 다른 민족이나, 집단이나, 세대로 문화적으로 전달되지 않으면, 사라져 버린다. 전통이란, 어떤 근본적인 작품들에 대한 일종의 지속적인 문화적 해석이다. 만일 역사로부터 혜택을 입고자 한다면, 우리는 문화적 거리를 극복하기 위해 해석 작업을 해야만 한다.

　우리는 또한 자신을 이해하기 위해서도 문화를 해석해야 한다. 우리가 살아가는 세계는 너무나도 직접적으로 맞닿아 있으며, 너무나 복잡해서 불가능하진 않더라도 객관적인 시각을 얻기가 매우 어렵게 되어 있다. 우리에게 직접적으로 인접하여 있는 것의 의미를 획득하기 위해 그것으로부터 자신을 멀리 떨어뜨린다는 것은 매우 어려운 일이다. 그렇지만, 우리는 자신을 우리의 생활 방식으로부터 멀리 떨어뜨릴 수 있다. 객관성을 갖지 못할 수도 있지만, 우리의 생활 방식에 대한 '객관화'를 (떼어 놓고서) 묵상할 수 있다. 이미 보았듯이, 문화는 텍스트처럼 해석될 수 있는 작품들을 생산한다. 마찬가지로, 개인은 노동과 사랑과 예술의 작품들을 생산한다. 이들 다양한 작품은 한 개인의 정신의 표현이며, 저런 방식이 아니라 이런 방식으로 존재하고자 하는 그 사람의 의욕과 노력의 표현이다. 우리가 행하는 바를 해석함으로써(우리의 '이야기'를 해석함으로써), 우리는 자신이 누구인지 더 잘 이해하게 된다. 우리는, 우리가 상상하던 것과 우리 자신이 얼마나 다른지를 배울 수도 있다. 예를 들어, 옛날 이스라엘이 그 자체에 대해 가졌던 부풀려진 생각은 그 자체의 역사와 문화에 대한 예언자들의 해석에 의해 산산이 부서져 버렸다. 아모스가 볼 때, 이스라엘 백성들이 하나님의 은총의 표시로 해석했던 것들은 이스라엘의 부패의 표시들이었다. 그러므로 우리는 어느 정도의 '거리'가 중요한 비판적 순간을 유지하고자하는 해석학에 있어서 건강한 것임을 볼 수 있다. 거리가 이해에 장애가 될 수 있는 것도 사실이지만, 거리―문화의 텍스트 산출로 말미암아 생겨난 거리―는 정직한 자기 평가의 조건이 된다.

"전제 없는 주해가 가능한가?"라는 성경 해석에 대한 루돌프 불트만의 물음은 마찬가지로 문화에 대한 해석학에도 적용될 수 있다. 문화에 대한 허위 해석은 분명 가능하다. 그리고 프랑스의 학자들은 아직도 프랑스 혁명의 원인과 의미에 대해 논란을 벌이고 있다. 한 사람이 자신의 기준에 의해 외국의 문화를 재단하고 싶은 유혹은 언제나 상존한다. 예를 들어, 계몽주의 사상가들은 자율적 인간 이성보다는 신적 계시에 의존해 있던 중세를 암흑 시대라고 보았다. 불트만 자신은 신약 성경의 문화를 근대 세계의 과학 문화에 비해 원시적인 것으로 여겼다. 아이러니하게도, 몇몇 철학자와 사회 이론가는 '근대'가 현재 그런 진로를 거쳤다고 주장한다. 무엇이 근대며, 근대란 무슨 의미일까? 이것은 비록 논란이 있지만 중요한 물음이다. 다시 말하지만, 사물의 두터운 켜 속에 갇힌 우리는 오직 희미하게만 볼 수 있을 뿐이다.

문화에 대한 해석의 갈등은 방법의 충돌이기도 하며, 또한 한 문화의 근본 동인들에 대한 불일치의 충돌이기도 하다. 문화는 예술 작품과 삶의 양식에 표출된, 세계 안에서의 사람됨의 한 방식에 대한 객관적 표현이라고 나는 말했다. 이러한 문화적 작품은 특정한 양식만이 아니라 특정한 구조와 조직을 드러낸다. 그리고 텍스트의 구조와 마찬가지로, 이 문화적 구조도 관찰될 수 있으며 설명될 수 있다. 우리는 문화적 구조에 대한 자신의 설명의 증거로서 그 구조의 다양한 측면을 지적할 수 있다. 그리고 일단 문화 형태를 분석하고 나면, 그 문화가 담지하고 표출하는 문화적 내용을 더 잘 파악하고 이해할 수 있다. 물론 여러 가지 서로 다른 유형의 문화적 작품들 혹은 작업들에 대해 서로 다른 분석 기술이 활용될 수는 있다. 하지만, 예를 들면 건축가의 성당이나 음악가의 협주곡이나 미술가의 그림을 형성하는 동일한 문화 형태를 발견하는 것은 얼마든 가능하다. 한 시대의 정신은 수많은 문화 매체 가운데 객관화될 수 있다. 그러므로 문화 해석자는 문화에 대한 다양한 영역에 걸쳐서 동일하게 재현되는 주제나 모티프를 찾는다. 앞으로 살펴보게 되듯, 문화에 대한 그와 같은 모티프 비평(motif criticism)은 기독교 사상가들에게 특히 인기가 있다.

우리는 문화에 대한 자신의 해석을 어떻게 정당화시키는가? '1990년대 서구는 탄수화물 문화다'라는 현대 문명에 대한 피상적인 해석을 예로 들어 보자. 그 문화는 살찌우는 것이며 힘 있는 것이지만, 궁극적으로 볼 때 단명하며 만족스런 성취를 가져다주지 못하는 문화다. 우리의 문화에서 우리에게 필요한 것은 탄수화물 식단이 아니라 생명체의 핵심 요소인 단백질이다. 탄수화물 식단에는 단백질이 반드시 함께 공급되어야 한다. 이는 통찰력 있는 해석인가, 그렇지 않은가? 이러한 해석을 우리가 다루고 평가하는 데 어떤 방법을 사용할 수 있을까? 인간 존재 그 자체와 마찬가지로, 문화는 서로 다른 수많은 분야에서 설명될 수 있다. 프로이드가 볼 때, 심리학은 인류라는 신비를 해명해 준다. 마르크스가 볼 때, 신비란 전혀 존재하지 않으며 오직 시장 경제학만이 있을 뿐이다. 어느 학문 분야나 학문 방법이 다른 학문이나 다른 학문 방법보다 문화를 더 잘 설명해 줄 수 있을까? **실증주의**(positivism)는 모든 현상이 동일한 학문 방법을 가지고 설명될 수 있다는 신념을 가리키는 용어다. 문화와 그 문화를 담지하고 창조해 나가는 인간 존재자는 너무나도 풍성한 실재를 구성하고 있어서, 어떤 설명의 틀이 아무리 정치하더라도 단 하나의 틀에 그 의미를 다 담을 수 없다.

레이먼드 윌리엄스(Raymond Williams)의 책「문화」(Culture)는, 먼저 비신학 분야(사회학)에서 문화에 접근한 해석학적 방법이다. 둘째로, 그 책은 실증주의적(여기서는 '유물론적'이라는 측면에서) 해석학이면서 동시에 문화에 대한 의구심의 해석학을 대변한다. 윌리엄스는 문화가 그 자체에 대해 말하는 이야기들에 대한 의구심을 마르크스와 공유한다. 마르크스는 이러한 이야기들이 실제로는 어떤 정치 질서와 권력 구조를 정당화하기 위해

교묘하게 고안된 전략들이라고 주장했다. 마르크스는, 심지어 종교까지도 사람들로 하여금 저 세상에서의 미래에 자신의 소망을 투영하도록 격려함으로써 대중이 사회적 불의를 바라보지 못하도록 만드는 정치적 목적에 봉사한다고 주장했다. 그러므로 다른 문화적 제도들과 더불어서 종교는, 의도적이든 비의도적이든 이데올로기적 기능에 봉사했다는 것이다.

마르크스와 윌리엄스가 볼 때, 이데올로기는 어떤 사회 질서를 정당화하는 신념과 사상의 주요 단위를 말한다. 이데올로기는 한 집단이 가진 철학, 경제학 등에 해명되어 있듯이, 한 집단의 의식적인 신념을 포함할 뿐만 아니라 그 집단 문화의 드라마, 시, 미술 및 여타의 예술에 드러난 덜 정형화된 태도와 감정도 포함한다. 마르크스가 그랬듯이, 윌리엄스는 이데올로기가 객관적 지식을 가장하면서 사실은 문화 권력과 정치 권력을 휘두르는 자들의 실질적인 이해관계를 위장해 준다고 믿는다. 마르크스와 윌리엄스는 우리가 의구심의 해석학을 가지고 문화에 접근해야 한다고 생각한다. 문화에 체현되어 있는 가치는 경제적, 정치적 이해관계를 감추기 위한 가면일 뿐일 수 있다.

윌리엄스는 문화적 유물론자다. 그는 문화가 삶을 특정 방식으로 계발하는 일과 관련되어 있음을 인정하지만, 그의 실질적인 관심사는 문화와 심지어 이데올로기가 발전해 나가는 데 수단이 되는 (물질적) 수단과 과정에 있다. 문화 관념론자는 문화 행태를 설명해 주는 '정신'을 강조하지만, 윌리엄스는 그 순서를 뒤집어서, 한 문화의 '정신'을 구성하는 문화적 행태에 초점을 맞춘다. 윌리엄스도 마찬가지지만, 마르크스가 볼 때 한 사회나 문화는 역사적 맥락과 경험적 맥락에서만 설명될 수 있는 것이다. 다시 말해서, 문화는 그 시대의 경제적, 기술적, 정치적 힘을 추상화하기보다는, 그 힘들과의 관계 가운데서 삶의 구체적인 형태로서 연구되어야 한다.

문화 행태에 대한 윌리엄스의 초점은 자연스럽게 사회학을 자신의 학문 방법으로 선택하게 만든다. 사회학은 관찰 분석 방법을 낳는다. "문화에 대한 사회학은 문화를 산출하는 제도와 형태에 대해 관심을 기울여야 한다."[13] 문화 사회학자의 한 사람으로서, 윌리엄스는 대학과 교회와 같은 문화제도들이 어떻게 사상과 관행을 낳는지 설명하는 데 더 관심을 기울이지, 이러한

---

13) Williams, *Culture*, p. 30.

사상과 관행 자체의 진실성이나 올바름에 대해서는 관심을 기울이지 않는다. 문화적 조건들이 어떻게 변해 가는지 설명함으로써 윌리엄스는 자신이 한 문화의 시대정신을 더욱 잘 설명할 수 있다고 믿는다. 이것은 일종의 의구심의 해석학이다. 윌리엄스는 문화의 사회적 조건과 관계를 지배하는 물질적 법칙들을 발견함으로써, 문화가 그 자체에 관해 말하는 거짓말들을 드러낼 수 있다고 믿는다. 예를 들어, 그는 18세기 사실주의 소설의 형식과 내용이 점차로 부르주아지의 중요성이 증대하고 있음과 같은 어떤 사회적 사실들의 맥락에서 '설명될' 수 있다고 믿는다.

만일 윌리엄스의 사회학적 해석이 문화에 대한 유물론적 해석의 경향을 띤다면, 역사에 대한 사변철학자와 철학적으로 기울어진 역사가는 전통적으로 문화에 대한 관념론자의 진영에 들어간다. 철학적 역사가는, 문화적 관행이 사상을 낳는다고 보기보다 사상을 문화적 관행 배후에 있는 발생적 힘이라고 보는 경향을 띤다. 문화란, 우리가 문화적 생산과 사회적 관행을 뒷받침하며 자원을 공급하는 이데올로기적 기반이나 근원적 사상을 밝혀낼 수 있을 경우에 이해될 수 있는 것으로 간주된다. 문화적 작품의 구조는 그보다 더 기본적인 지적 토대를 드러낸다. 예를 들어, 모차르트의 교향곡은 질서와 조화와 균형에 대한 애정으로 특징 지워지는 '고전주의' 사상을 드러낸다. 그러한 가치는 18세기의 예술만이 아니라 그 시대의 정치와 종교에 대해 말해 준다. 사변적 역사철학자들은 문화와 문명의 역사에 들어 있는 전반적인 유형들을 발견했다고 주장한다. 어떤 학자들은 문명사가 점진적이며 직선적으로 진행해 나간다고 믿는데 반해, 다른 학자들은 순환적이라고 믿는다. 어떤 경우든, 이러한 믿음은 세계사에 대한 총체적인 해석을 제공하려는 시도다. 흥미롭게도, 대부분의 사변적 역사철학자는 그 유형의 배후에 있는 목적이나 의미를 발견하려고 노력해 왔다. 문화와 문명의 흥망성쇠는 어떤 궁극적 목적을 가지고 있을까? 이러한 물음과 더불어서, 역사철학자는 문화에 대한 해석에서 긍정적으로 종교적이 된다.

계몽주의 역사철학자들은 대체로 문화적 관념론자들일 뿐만 아니라 낙관주의자들이었다. 문화적 관념론자들로서, 그들은 사상이 문화에 대한 중심 이야기를 말해 준다고 믿었다. 문화적 낙관주의자들로서, 그들은 문화에 대해 말해 주는 사상의 행진이 계속되는 것이며 향상되는 것이라고 믿었다. 헤겔(G. W. Hegel)은 아마도 인간 문화사에 대한 관념철학적 읽기의 가장 명확한 실례를 대변할 것이다. 헤겔이 볼 때, 문화사는 간단히 말해서 철학적 관념의 외적 작용에 대한 이야기다. 헤겔은 인간 역사를 [절대] 정신 혹은 영(*Geist*)의 진보적 전개로 바라보았다. 한 시대의 '정신'(spirit)은, 헤겔이 볼 때 자유에 대한 이성적 관념인 [절대] 정신(Spirit)의 전개의 한 단계일 뿐이다. 헤겔이 볼 때, 인간 존재자들을 활력 있게 해주는 그 [절대] 정신은 불가피하게 절대적 진리와 자유를 향해 진행해 간다. 헤겔은 세계사가 일찍이 주종 관계의 조직으로부터 스토아주의와 기독교를 통과해서 마침내 계몽주의의 합리성에 이르는 사회 조직체들의 이어지는 유형들을 통해 인간 자유의 발전을 드러낸다고 믿었다. 헤겔은 점잖지 못하게도 자신의 철학을 그 전체 과정의 정점으로 바라보았다. 그는 자신의 철학이 [절대] 정신의 이전 출현들 가운데 있는 가치 있는 모든 것을 흡수했다고 믿었으며, 관념과 문화의 역사가 자신이 「법철학」(*Philosophy of Right*, 사람생각 역간)을 출간했던 1821년에 그 절정에 이르렀다고 믿었다.

헤겔의 철학은 일반적으로 인간 역사에 대한 신적 조망을 획득하려는 최후의 그리고 최대의 시도로 간주된다. 헤겔이 볼 때, 세계를 바라보는 길은 오직 하나밖에 없다. 그것은 지성의 눈을 가지고 바라보는 것이다. 헤겔은 단지 자신이 인간 역사에 대한 해석을 제공했을 뿐만 아니라 실질적으로 인간 역사에 대한 절대적 지식을 획득했다고 믿었다.

헤겔의 예는 시사적이다. 인간 존재자들은 역사를 관찰하고 해석하는 관점(perspective)을 역사 바깥에서 채택할 수 없다. 헤겔로 하여금 모든 개별적인 인간 문화를 점진적으로 알려주는 유일한 참 [절대] '정신'을 식별해 냈다는 주제넘은 주장을 하게 만들었던 것은 다름 아닌 해석의 문제에 대한 헤겔의 망각이었다.

제1차 세계 대전 이후에, 역사 철학자들은 관념 혹은 문화의 '발전'에 대해 말하기를 꺼리게 되었다. 또한 역사 연구를 좀더 과학적이며 덜 사변적으로 하려는 시도도 있었다. 오스발트 슈펭글러(Oswald Spengler)는 그 두 흐름 모두를 대변한다. 슈펭글러는 역사에 대한 귀납적 연구가 문화 발전을 지배하는 법칙들을 발견하도록 이끌 것이라고 믿었다. 그리고 이러한 법칙들은 사람이 자신의 문화에서 앞으로 무슨 일이 벌어질 것인지를 예견하는 데 사용될 수 있을 것이라고 믿었다. 슈펭글러는 법칙들에 의한 설명이 인문과학을 포함해서 일반 학문의 구성 요소가 되어야 한다고 여겼다. 그의 시도는, 자신의 역사 해석에 물리학과 같은 '경성'(hard) 학문들이 지니는 위신을 제공하기 위해 자연과학과 인문과학의 이분을 극복하려는 시도였다. 이에 따라, 자신의 책 「서구의 몰락」(*Decline of the West*, 1918-1922, 범우사 역간)에서, 슈펭글러는 문화가 일정하게 네 단계(탄생, 성숙, 노년기, 죽음)를 통과한다고 주장했으며, 자신이 속한 문화도 예외가 아니라고 주장했다.

사회에 대한 역사적 및 철학적 해석의 몇 가지 최근 예 역시 문화적 관념론자들과 유물론자들 사이의 논쟁이 결코 끝나지 않았음을 보여 준다. 다시 그 물음은 사회적 실존의 물질적 조건들에 대한 관념의 상대적 우위의 문제와 관련이 있다. 우리가 한 문화와 그 발전을 이해하고자 할 때, 원리를 먼저 봐야 한다고 말해야 할까 아니면 관행을 먼저 봐야 한다고 말해야 할까?

아놀드 토인비(Arnold Toynbee)는 역사 연구의 적절한 대상이 위대한 개인이나 문화가 아니라 문명이라고 보았다. 헤겔과 달리, 토인비는 역사를 문명이 그 가운데서 부침하는 일련의 전진과 후퇴의 운동으로 보았다. 문명의 쇠락은 외부의 공격 때문이기도 하지만, 내부적인 실패 때문이기도 하다. 토인비의 중심 프로젝트인 열두 권짜리 저작 「역사의 연구」(*A Study of History*, 1934-1961, 홍신문화사 역간)는, 제1차 세계대전 발발에서 고대 그리스-로마 문명과 근대 유럽 문명 사이에 어떤 충격적인 유사점이 있음을 주목하게 되면서 시작되었다. 문명이 텍스트와 마찬가지로 어떤 구조적 유사성과 반복 재현되는 주제를 가지고 있음을 토인비는 발견했다. 그는 수메르 문명, 이집트 문명을 비롯해서 현재에 이르기까지의 스물 한 개의 문명을 살펴보고, 동일한 부침(浮沈)의 패턴을 발견했다. 토인비 비판자들은 그를 일종의 문화적 작의(cultural eisgesis), 고대 헬라 문화에서 도출한 패턴을 그와는 매우 다른 문명에 집어넣어서 읽어 낸다고 비난해 왔다. 다시, 문명에 대한 해석의 갈등은 텍스트에 대한 문학 비평가들 사이의 논쟁과 매우 흡사하다. 하나의 문명을 규정하는 방법에 대한 논쟁은 문학 장르를 규정하는 논란과 비슷하다. 그러한 정체성 규명은 토인비의 작업에서 중대한 것이다. 왜냐하면, 그가 검토했던 스물한 개의 문명은 동일한 속(genus)에 속하는 종(sepcies)들이기 때문이다.

"사상사 저널"(Journal of the History of Ideas)의 첫 편집장이었던 아서 러브조이(Arthur Lovejoy)는, 그를 따라서 프랜시스 쉐퍼(Francis Schaeffer)가 그랬듯이, 사상들의 효과를 믿었다. 러브조이가 볼 때, 우리는 한 문화의 주도적인 사상들을 파악함으로써, 그 문화를 이해한다. 각별히 그는 낭만주의나 진화와 같은 어떤 사상들이 전혀 논리적인 연관성을 가지지 않은 분야로 옮겨졌을 때 호기심을 느꼈다. (진화와 같이) 생물학에서 시작된 어떤 사상이 예술이나 논리 혹은 종교 분야에까지도 등장했던 것이다. 예를 들어, 19세기에는 자연뿐만 아니라 종교까지도 진화적 발전에 종속된다고 생각했다.

사상들은 한 문화의 많은 측면을 가르쳐 준다. 비슷한 맥락에서, 프랭클린 바우머(Franklin Baumer)는 17세기에서 20세기에 이르는 사상사를 썼는데, 그 책은 '존재'(being)의 범주에 대한 '생성'(becoming)의 범주의 점차적인 승리 이야기를 전해 준다. 바우머는 예술과 문화 및 신학을 포함하는 광범위한 문화 현상을 이러한 이데올로기적 드라마의 맥락에서 설명한다. 어떤 사상에 들어 있는 것이 무엇일까? 바우머가 볼 때, 만일 '생성'이나 유동성이 위주가 되면, 모든 확정성과 절대성은 사라져 버린다. "하나의 문명이 어떻게 오직 생성 위에서 오래 지속될 수 있는지를 알기란 어려운 일이다."[14]

사상이 문화와 그 발전의 의미를 밝혀내는 해석학적 열쇠라고 믿는 철학자들과는 대조적으로, 아날 학파(the Annales school)라는 프랑스의 사료편찬 학파의 창시자인 페르낭 브로델(Fernand Braudel)은 우리가 '위인'보다는 '보통 사람'의 작품에 천착함으로써 역사를 가장 잘 이해할 수 있다고 주장했다. 왕들과 철학자들의 행위와 문헌에 초점을 맞추는 대신에, 브로델은 세탁 목록, 교회 입회서 등의 일상 생활상의 문헌을 조사한다. 아날 학파의 구성원들은 문화사가, '수직적으로'—어떤 식으론가 자신의 시대를 넘어서는 대사상가들로 철학자들)의 사상과 관련해서—가 아니라 '수평적으로'—폭넓은 사회적 배경과 연관지어서—서술되어야 한다고 믿는다. 문화사가는 철학자의 주장에 대해서와 똑같이 농부의 의견에 대해서도 관심을 기울여야 한다. 문화의 의미를 전해 주는 '텍스트'에는 위대한 저서만이 아니라 하루

---

14) Franklin Baumer, *Modern European Thought: Continuity and Change in Ideas, 1600-1950* (New York: Macmillan, 1977), p. 23.

하루 현존해 나가는 일상에 관계된 일상 공예품도 포함되는 것이다.

문화에 대한 신학적 해석

코넬리우스 반틸(Cornelius Van Til)은 신학교에서 자신의 학생들에게 창조된 실재는 결코 해석되지 않은 야생의 사실로 존재하지 않는다는 점에 대해 지칠 줄 모르고 얘기했다. 창조된 실재는 하나님에 의해 해석된 것이기 때문에 언제나 이미 의미로 가득 차 있다. 그러므로 신학자의 과제는 '하나님을 따라 하나님의 생각들을 생각하는 것'이다. 문화사에 대한 세속적 해석학과 신학적 해석학 사이의 대조는 고대 로마 멸망에 대한 에드워드 기번(Edward Gibbon)의 해석과 아우구스티누스의 해석을 비교함으로써 예시될 수 있을 것이다. 기번의 「로마제국 쇠망사」(*History of the Decline and Fall of the Roman Empire*, 1776, 대광서림 역간)은 지금까지 영어로 쓰인 가장 위대한 역사서 가운데 하나다. 기번의 테제는 기독교가 로마 제국 붕괴의 중심적인 파괴적 세력이었으며, 그 붕괴는 미개성과 종교의 승리를 의미한다는 것이다. 기번의 관점에서, 기독교는 개신교 노동 윤리(유럽 자본주의 문화를 설명하는 막스 베버의 사상)로 이끌기보다는 로마적 윤리 체계, 즉 덕성과 보상에 대한 로마인들의 합리적인 추구의 침식으로 이끌었다. 그런 식으로, 기번은 기독교 신앙을 악당으로 바라보는, 로마의 멸망에 대한 자연주의적 설명을 제공한다.

반대로, 아우구스티누스의 해석은 초자연주의적이다. 그의 「하나님의 도성」은 단순히 로마의 역사가 아니다. 그것은 인간 문화와 그 종교적 뿌리에 대한 통찰력 있는 신학적 분석이며 동시에 일반 세계 역사에 대한 하나의 기독교철학이다. 아우구스티누스는 인간 역사의 진행을 두 사회, 즉 사람의 지상적 도성과 하나님의 천상적 도성간의 싸움으로 그렸다. 신적 계시를 통해, 우리는 하나님의 도성(즉 교회. '영원한 도성'이라는 명칭은 로마보다는 교회가 더욱 주장할 수 있는 것이다)이 궁극적으로 승리할 것임을 안다. 하나님의 섭리를 그 본질적 특색으로 하는 아우구스티누스의 해석 틀은 신학적이며 초자연적이다. 역사는 과거에 하나님에 대한 흔적들을 포함한다. 그리고 모든 인간 문화는 하나님의 도성의 전진에 협력하거나 방해하는 것으로 해석되어야 한다.

아우구스티누스의 「하나님의 도성」은 종종 역사에 대한 사변철학으로 취급된다. 왜냐하면, 하나님의 도성은 경험에 대해 어떤 개념적인 틀을 적용하기 때문이다. 아우구스티누스가 볼 때, 역사 진행의 의미와 의의를 인지하는 것은 바로 신앙에 의해 비춰진 지성의 눈이다. 경험적 관찰이 역사적 순환을 인지할 수 있겠지만, 그것으로는 이러한 순환의 배후에 있는 이유를 설명할 수 없다. 역사에 의미를 제공하는 목표는 그 자체가 역사 바깥에 있는 것이다. 그 목표는 장래에 벌어질 하나님의 종말의 사역이다. 여기에서 우리는 실로 세상을 '잘 연출된' 무대라고 말할 수 있을 것이다. 왜냐하면 아우구스티누스가 세계 역사를 신적으로 자리 매겨진 시작과 절정과 결론을 가진 한 편의 드라마로 제시하기 때문이다. 역사는 순환적이 아니라, 오히려 신곡(the divine comedy) 안에 '하위 플롯'(subplot)으로 인류를 포함하는 직선적으로 발전 진행해 나가는 연속적 계기(sequence)다.

「하나님의 도성」의 대부분은 이교 신화와 지상적 가치의 정체를 폭로하는 내용으로 이루어졌다. 아우구스티누스가 볼 때, 그러한 것들은 덧없으며 따라서 단지 상대적인 가치만을 지닌 것이다. 로마의 멸망은 기독교에 대한 고발이 아니라 죄에 대한 고발이다. 이는 사람의 도성이 하나님의 사랑에 의해서보다는 자기애(自己愛)에 의해 특징 지워지기 때문이다. 참된 자유와 선함은 결코 자기애를 기반으로 얻어질 수 없다. 이는 궁극적으로 인간의 성취가 인류보다 위대한 것에 달려 있기 때문이다. 인간은 오직 하나님에 대한 사랑에 의해서만 성취된다. 아우구스티누스가 볼 때, 이것이 이교 문화의 의미다. 즉, 자기 중심적 인본주의는 궁극적으로 스스로 멸망한다는 것이다.

21세기에, 아우구스티누스의 문화 해석은 아마도 화란계 미국인의 개혁주의 신학에 의해 가장 잘 대변된다고 볼 수 있을 것이다. 화란계 미국인 전통에서 개혁주의적이라는 것은 하나님의 주권에 대한 칼뱅의 원칙을 취하여 그 원칙을 삶의 모든 영역과 측면에 적용한다는 의미다. 그리스도는 문화의 주재자(Lord)이시다. 칼 헨리와 같은 복음주의자들은 기독교적 세계관과 인생관이 문화의 전 영역에 연관 지어져야 한다는 아브라함 카이퍼(Abraham Kuyper) 및 헤르만 도예베르트(Herman Dooyeweerd)의 의견에 동의했다.[15] 카이퍼가 볼 때, 칼뱅주의는 삶의 전 영역에 대해 그리스도의 주권을 인정하는 것을 의미한다. 이러한 인식 때문에, 그는 1880년에 성경이 삶과 사상의 모든 측면에 적용될 수 있는 장소로 암스테르담의 자유 대학교를 설립했다. 문화는 중립적이며 비신학적인 활동이 아니라, 본래적으로 종교적인 활동이다. 모든 조각, 영화, 소설, 건축물 그리고 어떤 구상적 형태로 표현된 인간 자유에 대한 모든 표현은, 어떤 세계관 즉 궁극적 실재와 선함의 본성에 대한 신념 체계와 사상 체계를 전제로 한다.

카이퍼가 볼 때, 성속의 이분법은 만일 온 땅과 그 안에 있는 모든 것이 진정으로 주재자의 것이라면 잘못 생겨난 것이다. 어떠한 인간 활동도 종교적으로는 중립적이지 않다. "나는 모든 일반적인 생활 체계를 지배하는 것이 하나님에 대한 우리의 관계에 대한 해석이라고 주장하는 바다."[16] 카이퍼는 두 도성이 아니라 치열한 전투를 벌이는 두 세계와 두 인생관을 기술한다. 그 하나는 자연주의적 원리원칙들 위에 그 자체의 세계관을 세우는 근대주의며, 다른 하나는 기독교적 원리원칙들 위에 그 자체의 세계관을 세우는 칼뱅주의다.[17] 예를 들어, 카이퍼는, 비록 칼뱅 자신은 예술적 취향이 없었을지라도 그리스도의 주권이라는 그의 신학적 원리원칙이 그로 하여금 예술을 하나님의 선물로 바라보도록 허용했다고 주장한다. 칼뱅이 볼 때 예술은 단순히 자연에 대한 모방이 아니라 우리의 현재의 타락한 세계보다 더 높은 실재를 드러내는 수단이다. 예술은 우리에게 창조와 회복에 대한 맛보기를 제공하며, 세계에 대한 하나님의 원래 의도였던 아름다움을 맛보게 해준다. 뒤로는 창조를, 앞으로는 구속을 가리키는 예술은, 그래서 단순히 우리의 타락한 현재를 모방하는 예술보다 더욱 진실한 것이다. 예술에 의해 구현되는 가치들은 어쩔 수 없이 종교적이다. 예술이 신학적 진술을 하는 것이다.

마찬가지로, 또 다른 화란의 칼뱅주의자인 도예베르트는 문화의 뿌리들이 언제나 종교적이라고 주장한다. 도예베르트는 개개의 모든 문화는 어떤 종교적 '근본 동기'에 의해 일어난다고 주장한다.[18] 이 근본 동기는 한 개인

---

15) 개혁주의 신학에서의 '문화주의적' 전통에 대해서는, George M. Marsden, "Reformed and American", in *Reformed Theology in America*, ed. David F. Wells (Grand Rapids, Mich.: Eerdmans, 1985), pp. 1-12를 보라.
16) Kuyper, *Lectures on Calvinism*, p. 24.
17) Kuyper는 칼뱅주의가 다른 기독교 운동보다 더욱 순수하고 일관성 있게 그리스도의 주권이라는 기독교적 원리를 구현한다고 믿었다(같은 책, p. 17).
18) 다음 책에 수록된 Dooyeweerd에 대한 C. T. McIntyre의 글을 보라. *Reformed Theology in America*, ed. David F. Wells (Grand Rapids, Mich.: Eerdmans, 1989), pp. 172-185.

의 혹은 한 사회의 생명의 기본 방향, 그 에너지와 방향의 원천―그 '심장'―이다. 가장 깊은 층위에서, 개개의 모든 문화는 하나님을 긍정하는 근본 동기나 하나님을 거부하는 근본 동기에 의해 움직여 나간다. 이러한 근본 동기는 문화와 사회를 형성하는 힘일 뿐만 아니라 또한 "역사와 문화의 시대와 유형을 이해하고 해석하는 해석학적 열쇠"이기도 하다.[19] 그래서 도예베르트는 서구 문명사를 해당 문화를 형성하는 종교적 근본 동기의 맥락에서 해석한다. 만일 문화가 텍스트라면, 도예베르트의 야심은 그 텍스트의 '심층 문법'을 밝히는 게 될 것이다.

다른 사상가들이 그 시대의 '정신'이라고 일컬었던 바는, 도예베르트가 볼 때, 문화와 창조 세계에 대한 하나님의 주권을 받아들이거나 배격하는 종교적 정신이다. 도예베르트가 볼 때, 그리스도인의 근본 동기는 창조-타락-구속이다. 타락은 인간 문화가 언제나 기껏해야 '과정 중'임을 의미한다. 구속은 인간 문화가 성령의 권능 가운데서 온 창조 세계에 대한 하나님의 다스림을 능동적으로 인정한다는 것을 의미한다. 도예베르트의 도식 가운데서, 근대 문화는 칸트의 '자연과 자유'라는 근본 동기로부터 비롯한다. 이 동기는 삶과 생각의 종교적 특성을 부인한다. 생활과 생각의 모든 영역에 대한 하나님의 권위를 인정하는 대신에, 자유와 자연이라는 종교적 근본 동기에 의해 활성화된 근대 문화는 그 자체의 자율성을 선언해 왔다. 세계라는 무대는 한편으로 오직 자연과 자연적 사실들을, 다른 한편으로는 인간들 스스로 만든 가치를 지닌 자유로운 인간 존재자들을 포함한다. 그러므로 현대인들은 스스로에게 법이다. 현대 문화는 간단히 말해서 이 근본 동기의 한 표현이다.

다른 신학 전통에서 나온 두 사상가도 문화의 본질적으로 종교적인 성격에 대해 아우구스티누스와 카이퍼의 의견에 대체로 동의한다. 엘리엇은 「문화에 대한 정의를 위한 논고」(*Notes Towards the Definition of Culture*)에서, 문화와 종교가 대략적으로 말해서 동의어라고 제시한다. "우리는…우리가 한 민족의 문화라고 일컫는 것과 종교라고 일컫는 것이 똑같은 것의 다른 측면이 아닌가를 물을 수 있을 것이다. 즉, 문화는 본질적으로 한 민족의 종교가 (말하자면) 성육신한 것이다."[20] 엘리엇이 볼 때, 이 사실은 두 가지 점을

---

19) Dooyeweerd, *Roots of Western Culture*, p. x.

함축한다. (1) 문화는 종교가 없이는 보전될 수 없다는 것과 (2) 종교도 문화가 없이는 보전될 수 없다는 것이다. 그렇다면, 문화는 무엇일까? 엘리엇은 문화가 살아갈 가치가 있는 삶을 만들어 주는 것을 가리킨다고 제안한다. 그것은 다른 점에서는 비인격적인 우주에서 의미 있는 가정(home)을 만들어 주는 것이다. **문화**는 한 민족의 특징적 관심사며 활동이다. 한 사람의 영국 국민이었던 엘리엇이 볼 때, 이러한 것에 매년 열리는 헨리 레가타(Henley Regatta, 헨리라는 지명을 가진 템즈 강변에서 열리는 국제 보트 경기)와 다트 던지기 판, 웬슬리데일(Wensleydale) 치즈, 19세기 고딕 교회당 및 에드워드 엘가(Edward Elgar)의 음악이 포함된다.

엘리엇에 따르면, 교회는 삶으로 구체화된 종교다. "행위도 신념이다"(p. 32). 사람은 어디에서 행위의 패턴을 배울까? 엘리엇이 볼 때, 문화 전달의 일차적인 통로는 가족이다. 종교가 일상생활의 맥락에서 '해석되는' 것은 바로 가정생활에서다. 기독교 신앙에 의해 연합된 국가들의 가족이 존재할 수 있을까? 유럽 경제 공동체가 세워지기 45년 전에, 엘리엇은 유럽 문화의 통일성에 대한 문제를 제기했다. 그가 정확하게 예견했던 문제점은 이것이다. 참된 종교적 재연합은 단순히 공통의 신앙고백이 아니라 문화적 공동체를 포함한다. 공통의 신앙이 없다면, "문화 가운데서 국가들을 서로 밀접하게 만들려는 모든 노력은 단지 연합에 대한 환상만을 낳을 수 있다"(p. 82). 문화 자체는 훌륭한 삶의 방식에 대한 해석의 갈등에 얽혀 있다. 유일한 공통점은 유럽의 공통적인 영적 유산—기독교 성경과 기독교 신앙—이다. "나는 유럽의 문화가 기독교 신앙의 철저한 소멸 뒤에 살아남을 것이라고 믿지 않는다"(p. 122). 엘리엇에 따르면, 당장 시급한 최대 과제는 우리의 공통 문화와 영적 유산을 보전하는 것이다. 유럽의 존속 그 자체가 유럽을 지탱하는 종교적 뿌리를 찾아 문화가 계속 파고들어 가는 데 달려 있기 때문이다.

또 한 사람의 개신교 신학자인 폴 틸리히도 문화가 본질적으로 종교적이라고 믿는다. 틸리히는 아마도 20세기 들어 가장 종합적인 문화 신학이라 할 수 있는 것을 산출했다. 그의 견해에 따르면, 그저 인간적이 된다는 것은 근

---

20) T. S. Eliot, *Notes Towards the Definition of Culture* (London: Faber & Faber, 1948), p. 28. 이후의 인용들은 본문 안에서 괄호로 처리될 것임.

본적으로 종교적 작업이다. 사느냐 마느냐 혹은 유한자로서 실존한다는 것은 자신의 처지를 잠깐이라도 숙고해 본 사람이라면 누구에게나 궁극적인 물음을 제기한다. 무엇이 우리의 상황인가? 위험은 바로 뒤에서 어른거린다. 우리의 존재는 많은 면에서 위협받고 있다. 무엇보다도, 비존재의 위협―죽음의 위협―이 존재한다. 둘째로, 우리는 자신의 존재에 대해 도덕적으로 책임이 있음을 발견한다. 그리고 이 사실은 우리를 죄책감과 정죄의 위협으로 이끈다. 그리고 마지막으로, 우리가 우리의 삶에서 아무런 의미를 찾지 못할 것이라는 위협이 존재한다. 틸리히는 이러한 위협을 각각 죽음, 죄책감, 무의미에 대한 불안이라고 일컫는다.[21] 또한 틸리히는 서구 문명의 역사를 이러한 세 가지 불안을 통과해 나가는 일종의 전진의 맥락에서 해석한다. 고대 문명은 죽음과 불멸성의 문제에 사로잡혀 있었다. 중세 문화는 죄와 구원의 문제에 대한 반성과 활동에 집중했다. 그리고 근대는 영적인 공허함의 절망에 대한 대안을 애타게 찾고 있다.

틸리히는 어떠한 시대 어떠한 문화든지 간에, 그와 같은 인간 조건이 종교적인 물음을 촉발한다고 믿는다. 일상적인 인간 경험은 불안이다. 인간 존재자는 언제나 하나의 물음이며, 그 물음은 종교적이다. 틸리히가 볼 때 종교가 한 개인이나 민족의 궁극적인 관심이기 때문에 그렇다. 종교는 모든 인간 경험의 '심층 차원'과 관계되어 있다. '심층'이라는 말로 틸리히가 의미하는 바는 무엇일까? 그것은 종교적 측면이 사람의 영적 삶에 있어서의 궁극적이며, 무한하며, 무조건적인 것을 가리킨다는 의미다.[22] **종교**는 우리에게 궁극적으로 관심사가 되는 것에 대한 이름이다.

인간 조건과 인간 문화에 대한 틸리히의 해석은 존재론적이거나 실존적이다. 인간 조건에 대한 분석은 불가피하게 어떻게 우리가 우리의 사람됨과 뗄 수 없는 부분인 불안을 극복할 수 있는가에 대한 물음으로 이끈다. 이 물음은 종교적인 물음, 우리의 궁극적인 관심사가 되는 것에 대한 물음이다. 종교는 궁극적 관심에 의해 파악되는 상태다. 틸리히의 간결하지만 중요한 형

---

21) Paul Tillich, *The Courage to Be* (New Haven, Conn.: Yale University Press, 1952). pp. 40-63를 보라. 「존재의 용기」(예영커뮤니케이션).
22) Paul Tillich, *Theology of Culture* (London: Oxford University Press, 1959), p. 7. 「문화의 신학」 (대한기독교서회).

식에서, "종교는 문화의 알맹이며, 문화는 종교의 형식이다.…문화의 스타일을 읽을 수 있는 사람은 그 문화의 궁극적 관심사, 그 문화의 종교적 알맹이를 발견할 수 있다."[23]

여기에서 개관되는 신학자들 각각은 문화가 삶으로 표출된 종교의 형태라는 확신을 공유한다. 우리는 사람들의 작품과 예술과 생활 형태를 해석함으로써 그 사람들이 실제로 믿으며 가치 있게 여기는 것이 무엇인지를 배우게 된다. 그러나 문화적 해석학의 원칙들은 신학자마다 다르다. 아우구스티누스, 카이퍼, 도예베르트는 틸리히와 다르게 성경적 모티프들에 연결되어 있다. 그러나 그들 모두 순전히 세속적인 문화는 결코 존재하지 않는다고 믿는다. 사람들이 자신의 일과 작품 가운데서 자신을 표현하는 방식은 종교적 의미를 지닌다. "그들의 열매로 그들을 알리라"(마 7:20). 이처럼 문화는 신학 또는 세계관의 결실이다.

단테의 토머스주의, 렘브란트의 칼뱅주의, 바흐의 루터주의, 밀턴의 청교도주의를 지적한 후에, 드니 드 루즈망(Denis de Rougement)는 19세기나 20세기의 자유주의가 그와 마찬가지로 어떠한 위대한 예술가나 시인에게 영감을 준 일이 없음을 지적했다.[24] 만일 문화가 신학의 열매라면, 하나님이 그저 위약하게 되었을 뿐만 아니라 죽어 버릴 때 문화에 무슨 일이 일어날까? 니체는 19세기 후반에 하나님의 죽음을 선언했다. 그리고 그 메시지는 1960년대에 되풀이 되었다. 만일 문화가 삶으로 체화된 종교의 형태라면, 후기-유신론적 문화(post-theistic culture)는 어떤 모습일까? 나는 그 모습이 현재 우리의 급진적 해석학의 문화와 비슷한 것이라고 믿는다. 결국, 결코 하나님이 계시지 않는다면, 도스토예프스키가 말했듯이 모든 것이 허용된다.

해석학의 문화

지금까지 우리는 하나의 해석학적 현상으로서의 문화를 고찰해 왔다. 문화—궁극적 신념과 가치를 표현하는 의미 있는 일단의 인간 활동과 작품을 공유하는 문화—는 신학적 해석을 요청하는 '종교적' 텍스트다. 우리는 신학

---

23) 같은 책, pp. 42-43.
24) Bernard Ramm, *After Fundamentalism* (San Francisco: Harper & Row, 1983), p. 173에서 재인용함.

이 문화의 해석학 가운데서 어떻게 기능하는지를 살펴보았다. 그러나 현재의 해석학의 문화에서 신학의 역할은 무엇인가? '해석학의 문화'에 대해 말함으로써, 나는 (신학을 포함하여) 더욱 더 많은 학술 분야가 점점 더 그 분야 자체의 해석학적 지위를 인식하게 되었다는 사실에 주목할 것을 요청하고자 한다. 인식의 본성과 수단에 대한 연구인 인식론은 해석학적 색채를 띤다. 호모 사피엔스(*Homo sapiens*)는 호모 인테르프레탄스(*Homo interpretans*)에게 자리를 내주었다. 우리 인간은 실재에 대해 직접적으로는 거의 알지 못한다. 우리는 또한 실재의 궁극적인 원자 하부 요소를 볼 수도 없으며, 그 의미도 알지 못한다. 우리가 가진 지식은 간접적이다. 즉, 세계가 언어를 통해 매개되어 우리에게 임한다. 해석학은 학제(學際) 상호적 현상이다. 왜냐하면, 모든 분야는 언어라는 공통 근거에서 만나기 때문이다.

문학 비평이라는 그 원래의 자리를 넘어서는 해석학의 확장은 심지어 자연과학에까지 이른다.[25] 토머스 쿤은 심지어 과학자의 눈까지도 순수하지 않다고 주장했다. 모든 관찰은 이론을 바탕으로 한다. 과학자는 이미 자리잡은 어떤 종류의 해석의 틀을 가지고 '객관적 자료들'에 임한다. (쿤은 그것을 '패러다임'이라고 일컫는다.) "개인적이며 역사적인 우연적 사건을 구성하는 임의적으로 보이는 한 요소는 언제나 해당되는 일정 시간대의 해당 과학 공동체가 받드는 신념들의 형성적 요소다."[26] 다시 말해서, 과학자들은 우리와 마찬가지로 해석학적 순환에 사로잡혀 있다.

최근의 과학철학자들은 이론을 '모델'이라는 말로 표현함으로써 자연 과학의 해석학적 차원을 인정한다. 이언 바버(Ian Barbour)는 모델을 "세계에 대한 기술이라기보다는 경험을 규정하기 위한 상상의 도구"[27]라고 정의한다. 바버는 과학자들이 자신의 모델을 진지하게 취급하되 문자적으로 취급하지는 않는다고 말한다. 모델은 발견하게 만드는 고안물—'유용한 허구'—이다. 맥스 블랙(Max Black)은 과학적 모델을 시적 은유에 비유했다. 과학자나 시

---

25) Vern S. Poythress, *Science and Hermeneutics* (Grand Rapids, Mich.: Zondervan, 1988)를 보라.
26) Thomas Kuhn, *The Structure of Scientific Revolutions* (Chicago: University of Chicago Press, 1970), p. 4. 「과학혁명의 구조」(동아출판사)
27) Ian Barbour, *Myths, Models and Paradigms: A Comparative Study in Science and Religion* (San Francisco: Harper & Row, 1974), p. 6.

인이나 모두 창의적으로 언어를 사용함으로써 실재의 다양한 양상을 탐구한다는 것이다.[28] 과학은 실재하는 것에 대한 은유적 모델을 고안해 내고 해석하는 일을 포함한다. 메리 헤세(Mary Hesse)는 자연과학의 해석학적 차원에 대해 매우 명시적으로 말한다. "나의 테제는…경험적인 것과 해석적인 것 사이에 직선적인 연속성이 존재한다는 것이다.…그 연속성의 각 단계에서, 적절한 해석 조건이 이론화의 과정에 개입한다."[29] 실로, 자연이라는 책은 하나의 텍스트가 되었다.

'텍스트성'(textuality)은 진정으로 현시대의 '포스트모던' 상황과 '근대' 시기를 구별해 주는 주도적 개념 가운데 하나다. 꿈에서부터 데님(denim)에 이르는 모든 것이 오늘날에는 텍스트로 간주된다. 단어들뿐만 아니라 우리가 입고 다니는 의복들, 우리가 타고 다니는 자동차들도 기호 체계 가운데 들어 있는 '기호들'이다. 기호 체계에 대한 연구 혹은 '기호학'은 1906년에서부터 1911년 사이에 제네바 대학교에서 페르디낭 드 소쉬르(Ferdinand de Saussure)가 행한 언어학에 대한 일련의 강의에서 유래했다. 소쉬르는 사물에 대한 기호의 관계 혹은 개념이 임의적인 사회적 관례에 속하는 것이라고 주장했다. GOD라는 기호가 최상의 존재자를 표시하고, DOG가 견공을 표시하게 된 것은 그저 우연의 일이다. 좀더 최근에, 여러 사람 중에서도, 롤랑 바르트와 움베르토 에코는 기호학 이론이 단어들을 넘어서 문화 현상 전반에 적용될 수 있다고 주장했다. 문화의 모든 것은 기호의 어떤 체계 가운데서의 일종의 기표인 것이다. 중형 승용차는 한 사람의 사회적 신분에 관해 한 가지 표시를 전송해주며, 고급 승용차는 무척 다른 표시를 전송한다. 향수, 헤어스타일, 영화, 장난감, 마가린, 신발 등, 이 모든 것이 의미를 표시한다.

내 생각에, 아우구스티누스와 몇몇 기독교 신학자는 문화의 이러한 '텍스트성'을 기꺼이 받아들일 것이라 생각한다. 길이 갈리는 경우는 이러 저러한 텍스트가 어떤 규정적인 의미를 지니는지 물을 경우에만 나타난다.[30] 1960

---

28) Max Black, *Models and Metaphors* (Ithaca, N. Y.: Cornell University Press, 1962)를 보라.
29) Mary Hesse, *Revolutions and Reconstructions in the Philosophy of Science* (Bloomington: Indiana University Press, 1980), p. 225.
30) Kevin Vanhoozer, *Is There a Meaning in This Text? The Bible, the Reader and the Morality of Literary Knowledge* (Grand Rapids, Mich.: Zondervan, 1998)를 보라.

년대 상당수의 프랑스 사상가는 언어의 임의성에 대한 소쉬르의 통찰을 텍스트 일반에 적용했다. 모든 텍스트는 무규정적인 기표 체계, 서로를 가리키는 기호들의 네트워크다. 또한 기호들의 '놀이'를 중단하고 어떤 텍스트가 무엇을 의미하는지를 결정적으로 말하는 일은 불가능하다. 왜 그럴까? 왜냐하면, 기호들은 실재를 가리키지 않고, 서로를 가리키기 때문이다. 기호는 정확히 다른 기호와의 대립(**뜨겁다-차갑다**, **녹색-적색** 등)을 통해서 그 의미를 획득한다. 하나의 텍스트는 어떤 '성격'(texture)을 가지고 있지만, 실체는 전혀 가지고 있지 않다. 텍스트의 의미는 무규정적이다. 텍스트의 '의미'를 규정한다는 것은 해석학적 독단의 절정이라 간주될 것이다. 임의적인 기호 체계의 올바른 단 하나의 질서라는 것은 결코 존재하지 않는다.

롤랑 바르트가 볼 때, 이것은 해방의 발견이다. 왜냐하면, 독자가 자유롭게 창의적이 될 수 있기 때문이다. 니체처럼, 롤랑 바르트는 우리가 결코 우리 자신의 의미와 가치를 창조해 낼 때보다 더 인간적일 때는 없다고 믿는다. 다른 대안은 텍스트에 대한 '정확한' 해석을 발견해야 한다는 해석학적 속박이다. 롤랑 바르트는 기호 체계들이 개방되어 있어서, 많은 조합을 용인한다고 주장한다. 결국 핵심은 전혀 단일한 해답을 가지지 않은 루빅의 규브(Rubik's cube, 정육면체의 색깔 맞추기—역주)를 가지고 놀듯이, 텍스트를 가지고 노는 것이다. 그러나 총체적인 해석상의 자유를 획득하기 위해, 롤랑 바르트는 '저자'라는 관념을 제거해야 했다. 롤랑 바르트는 독자가 살기 위해서는 저자가 죽어 줘야 한다고 말한다. 그러나 이것은 단지 형이상학의 층위에서 벌어진 하나님(만물의 저자)의 죽음이 텍스트 층위에서 반복되는 것일 뿐이다. 무엇이 생명의 의미일까? 만일 아무런 저자나 권위가 존재하지 않는다면, 누가 말을 할 수 있을까? 일단 우리가 규정적인 텍스트 의미와 정확한 텍스트 해석이라는 생각을 포기한다면, 해석에서 모든 것이 허용되어 버린다. 그래서 하나님의 죽음은 헤르메스 숭배로 인도해 나간다.

포스트모더니즘은 많은 사람이 현재의 해석학의 문화를 가리켜 일컫는 말이다.[31] 존 카푸토(John Caputo)는 포스트모던 세계가 근대주의의 형이상학적 탐구를 포기하고 급진적 해석학을 수용했다고 믿는다. 형이상학은 삶과 실재에 관한 궁극적인 물음에 대해 합리적으로 답변하고자 하는 시도다. 근대 세계는 그 형이상학적 무드 가운데서 이성이 이러한 보편적 진리에 도달하고 이러한 보편 진리를 형성할 수 있을 것이라고 믿었다. 반면에 해석학은 삶을, 카푸토의 표현을 빌자면, 그 "원초적 난국"(original difficulty)으로 되돌린다. 급진적 해석학은 "우리에게 찢긴 균열과 빈틈, 말하자면 우리가 생각하고 행하고 바라는 모든 것에 들어 있는 텍스트성과 차이점을 폭로한다."[32] 삶의 궁극적 물음에 대한 답변을 갖는다는 것은 '단 하나의 참된 시각'을, 삶이라는 책에 대한 단 한 가지의 참된 해석을 소유한다는 말이다. 그리고 이러한 사실은 정확히 포스트모던 사상가들이 인간 존재자가 그러한 해석이 가능함을 부정하는 것이다. 인간 존재자는 어떻게 고쳐 볼 도리가 없이 관점 의존적(perspectival)이다. 우리가 생각하고 말하고 인지하고 소통하고 행하고 결혼하고 놀이하는 방식, 인식을 포함한 이러한 모든 행위는 우리의 '자리'에 의해 좌우된다. 하나님과 자신과 세계에 대한 우리의 전망은 우리가 살아가는 시대와 지역에 의해, 우리의 성장 배경을 통해, 우리의 사회적 계층과 성별과 생화학 등에 의해 영향을 받는다. 형이상학은 인식론의 성배에 대한 가망 없는 추구다. 한 사상가가 소망할 수 있는 최선의 것은 인식이 아니라 흥미로운 한 가지 해석이다.

포스트모던 사고방식과 문화는 공히 자의식(self-consciousness)이라는 특징을 갖고 있다. 포스트모던 저자와 예술가는 자신이 글을 써 나간다는 사실, 자신이 그림을 그린다는 사실에 대해 지나칠 정도로 의식한다. 그래서 그들의 글과 그림은 실재를 대변하는 것이 아니라 글과 그림을 대변한다고 생각할 정도다! 포스트모던 글과 예술과 텔레비전은 사람이 만들었다는 인위성에 주목하라고 말한다. 장 프랑스와 리오타르(Jean-Francois Lyotard)는 포스트모던 조건이 모든 '메타-내러티브', 다른 모든 사람의 이야기를 설명하는 척하면서, 그 이야기가 어떠해야 하는지를 말해 주는 식의 이야기들에 대해 의구심을 갖는 것이라고 본다.[33] 포스트모던 문화는 마르크스주의 메

---

31) Scott Lash는 포스트모더니즘이 일종의 문화며, 따라서 사회학적 기술에 대해 열려 있다고 믿는다. 그는 근대 문화가 이론적, 윤리적, 미적 영역들 사이에 분화된 반면에, 포스트모던 문화는 '탈분화'(de-differentiation)의 특성을 나타낸다고 믿는다. 포스트모더니즘에서는, 이론적인 것, 도덕적인 것, 미적인 것 사이의 경계선들이, 실재와 그에 대한 표상 사이의 구분이 흐려지듯이 흐려지기 시작한다. 그의 책, *Sociology of Postmodernism* (London: Routledge, 1990), pp. 9-13를 보라.

32) John Caputo, *Radical Hermeneutics: Repetition, Deconstruction and the Hermeneutic Project* (Bloomington: Indiana University Press, 1987), p. 6.

타-내러티브든지 합리주의 메타-내러티브든지 기독교의 메타-내러티브든지 간에, 그러한 메타-내러티브를 더 이상 믿지 않는다. 이 사실이 의미하는 바는 문화에 대해 말해 줄 수 있는 포괄적인 이야기가 결코 존재하지 않는다는 뜻이다. 리오타르가 볼 때, 자유는 모든 사람이 각자 자신의 이야기나 내러티브를 말하고, 실행할 수 있음을 의미한다. 포스트모던 세계에서, 실재는 무수한 이야기와 기호 체계로 분해되었다.

장 보드리야르(Jean Baudrillard)는 텔레비전 스크린이 포스트모던 문화에 대한 가장 적합한 은유라고 믿는다. 그림 한 점의 영구성 대신에, 텔레비전은 명멸하는 이미지들의 전파장이다. 텔레비전은 "실재에 대한 연관성에서 떨어져 있는 시뮬레이션의 세계로서, 그 시뮬레이션들은 끊임없이, 중심점 없이 흘러가는 흐름 속에서 순환하며 교환된다."[34] 이 점에 대한 한 가지 분명한 예가 록 음악 비디오다. 록 음악 비디오에는, 과거와 현재의 이미지들과 꿈들과 깨어남이 끊이지 않고 뒤섞여 있기 때문에, 어느 한 가지 이미지를 내세워서 그 전체를 해석할 수 있는 열쇠로 삼으려는 시도는 무산되고 만다.

신학은 그 주변 문화의 영향으로부터 면역되어 있는 것이 아니다. 수많은 신학자가 해석학적 신학 혹은 포스트모던 신학에 대해 열심히 작업해 왔다. 데이비드 트레이시는 **근대**를 인간 주체가 합리적이어서 인식과 진리를 획득할 수 있다고 믿는 확신을 가리키는 것으로 이해한다. 그러나 이러한 계몽주의의 '신앙'은 이제 끝이 났다. 트레이시는 다른 포스트모던 사상가들과 더불어서 모든 인간 인식의 제약적이며 관점 의존적인 성격을 인정한다. 우리는 언어와 역사의 다원성과 모호성 때문에 해석해야 한다. 비록 모든 인지 작용이 해석이지만, 트레이시는 좀더 예의바른 형태의 합리성이 근대성의 소멸을 이기고 살아 남을 것이라고 믿는다. 그 합리성은 바로 대화다. 대화 가운데서 우리는 상대방의 해석을 우리 자신의 해석과 똑같이 존중한다. 합리성은 텍스트에 관해 대화를 나누는 기술이다. 그러므로 합리성은 해석학적이다. 트레이시에 따르면, 여기에서 종교가 지극히 귀중한 봉사를 행한다. 즉,

---

33) Jean-Francois Lyotard, *The Postmodern Condition: A Report on Knowledge*(Manchester, U. K. : Manchester University Press, 1984)를 보라.

34) Jean Baudrillard. Steven Connor, *Postmodernist Culture: An Introduction to Theories of the Contemporary*(Oxford : Blackwell, 1989), p. 168에서 재인용함.

종교의 대상인 초월은 인식에 대한 인간의 모든 시도가 언제나 미완일 것임을 영구적으로 일깨우는 자로 봉사한다. 종교는 아무도 그 대화를 지배하거나 종결지을 위치에 있지 않음을 우리에게 일깨운다. 트레이시가 볼 때, 이것은 기독교의 메타내러티브—복음—가 다른 종교의 이야기보다 우위에 있다고 기독교 신학이 단정 지을 수 없음을 의미한다. 해석학이라는 여관에는 절대적인 것을 위한 방이 전혀 존재하지 않는다.[35]

던 큐피트는 근대성과 선험적 합리적 질서에 대한 그 신화의 종국을 환영한다. 큐피트가 볼 때, 포스트모더니즘은 어떤 절대적인 태초나 종말, 근원이나 현존에 대한 믿음을 중단한다는 의미다. 만물이 영원한 것에 대한 하나의 표시가 되는 아우구스티누스의 세계는 역전되었다. 그의 세계는 구식임이 선언되었다고 말하는 것이 더 나을 것이다. 큐피트는 다음과 같이 말한다. "해석의 운동은 직접적으로 즉 표명된 것에 대한 기호로부터 일어나는 것이 아니라, 곁길로 즉 기호에서 기호로 임한다."[36] 고정된 견해의 종결과 흐름의 지배는 인간이 자유롭게 창의적이 될 수 있음을 의미한다. "기독교를 재구상(再構想)하고, 우리 시대에 맞게 신앙을 재발명하는 일은 우리에게 달려 있다."(p. 2) 시와 마찬가지로, 신학은 무에서부터 유의미한 세계를 내놓아야만 한다. 무로부터의 창조는 하나님의 작업이 아니라 신학자의 작업을 특징짓는다. 세계관은 상상의 창조물이다. 근대 형이상학은 주제넘은 시(詩)였을 뿐이다.

그러나 우리가 만들어 내는 것이 솔직히 허구일 뿐이라고 말한다면, 실제로 우리가 그 허구를 믿고 존경할 수 있을까? 상상력에서 나오는 비전은, 이성에서도 나오지만 광기에서도 나온다. 그렇다면 누가, 어느 것이 어느 것이라고 말할 수 있단 말인가?

문화의 목적 가운데 하나는 지식과 창의적 성취와 가치의 보전이다. 문화에 기여하는 사람은 다른 사람에게 전수될 만한 가치가 있는 의미가 문화에 있다고 믿는다. 그러나 큐피트는 진정 문화라는 것이 무시간적인 영구적 진

---

35) David Tracy, *Plurality and Ambiguity: Hermeneutics, Religion, Hope* (San Francisco: Harper & Row, 1987)를 보라.
36) Don Cupitt, *The Long-Legged Fly: A Theology of Language and Desire* (London: SCM Press, 1987), p. 21. 이후의 인용은 본문 안에 괄호 처리될 것임.

리를 표현하는지 묻는다. 철학과 신학은 공히 진리를 가르친다고 주장해 왔다. 그리고 기독교의 경우, 교회는 종종 문화적 주도권을 행사해 왔다. "하나님은 절대적 기억이셨으며, 영구적인 지식과 가치의 보증이셨으며, 만일 삶이 가치를 가져야 한다면 그에 따라 사람들이 필요로 하는, 덧없음으로부터 피할 수 있는, 피난처였다."(p. 84) 그러나 포스트모더니즘의 사도인 큐피트가 볼 때, 문화적 규범을 타당한 것으로 만들기 위해 하나님을 이용하는 것은 부당하다. "언어와 해석은 시작도 없고 끝도 없는 것으로써, 논란의 여지없이 확고한 첫 번째 원리와 최종 진리를 배제하는 것이다"(p. 88).

큐피트의, 헤르메스 숭배와 문화는 아이러니하게도 문화라는 생각 그 자체를 없애 버리게 한다. 결국, 그는 보전할 만한 가치가 있는 것은 아무 것도 없다고 결론을 내려야 한다. 어느 것이든 영구적인 것은 곁길의 세계를 끊임없이 창조하려는 그의 자유에 힘든 제약을 가할 것이기 때문이다. 해석학의 문화는 모든 것이 곁길로 빠지고 있으며, 아래위가 전복되고, 안팎이 뒤집힌 자유로운 유희의 문화다. 따라서 헤르메스 숭배의 신봉자들은 자유분방한 놀이의 삶을 살게 되며, 그들의 예배는 신령과 진리로 이루어지는 것이 아니라 카니발의 무신경 가운데서 이루어진다.[37]

신학과 문화에 대한 비판적 재구성

문화에 대한 비판적 해석학은 우선적으로 하나의 문명이 무엇을 감당하는지를 발견하는 일에 헌신적이다. 현대 문화에 대한 신학적 비평은 포스트모던 문화의 배후에 있는 '실천된 종교'가 신비적 가르침을 전달하는 두 날개를 가진 메신저로서의 신, 도적들의 보호자인 헤르메스의 종교임을 발견한다. 그 종교는 실재에 대한 권위 있는 버전은 전혀 없으며 오직 해석만이 있을 뿐이라는 그 자체의 신앙 개조를 고백한다기보다는 오히려 경축한다. 포스트모더니즘은 믿어야 할 텍스트를 빼 버린 만인제사장주의를 의미한다. 만일 저자가 죽는다면, 모든 권위 역시 사라질까? 꼭 그렇지는 않다. 포스

---

37) 이 은유의 적절함에 대한 설명으로는, Nathan Scott, "The House of Intellect in an Age of Carnival: Some Hermeneutical Reflections", in *The Whirlwind in Culture: Frontiers in Theology*, ed. Donald W. Musser and Joseph L. Price (New York: Meyer-Stone, 1988), pp. 39-54, 특히 p. 42를 보라.

트모던 세계에서, 만인제사장주의는 대중문화로 인도된다. 대중문화에서, 권위는 인기 있는 의견의 한 기능이 된다. 실제로, 줄리안 하트(Julian Hartt)는 대중문화를 "대중의 취향과 확신을 우리 문명의 모든 주요 행동 양식과 사고방식에 대한 효율적으로 도전 받지 않는 우월성으로 추켜세우는 것"이라고 정의한다.[38] 그러한 문화가 어떻게 비판의 대상이 되고, 개혁될 수 있을까? 하트는 교회의 예언자적 목소리의 상실을 개탄한다. "대중적 기독교는 완벽한 균일화의 상태에 급속하게 빠져든다. 그것은 신앙이라기보다는 종교성, 사랑이라기보다는 상냥함이다. 소망이라기보다는 소원 빌기며, 진리라기보다는 의견이다."[39] 대중문화에 대한 기독교적 비평은 교회에서부터, 믿음의 집에 속해 있는 자들로부터 시작되어야 한다.

해석학의 문화에서, 신학은 더욱 더 필요하게 되었다. 교회에서조차 그러하다. 그러나 신학이 무엇을 제공해줄 수 있을까? 이야기와 텍스트와 전체 문화의 해체에 대한 신학의 반응은 어떠해야 할까? 신학은 문화의 재건에 참여해야 한다. 신학은 살아 있는 성경적 종교를 위한 지적 토대를 마련해야 한다. 신학은 성경이 세계에서의 그리고 그분의 말씀인 예수 그리스도 안에서의 하나님의 행위들에 대해 증거한다고 믿는 해석자들의 공동체에 봉사해야 한다. 우리 시대의 폐허 가운데서, 성경 해석은 본래 그 책 위에 세워졌던 문화의 성벽들을 재건하는 최선의 수단이다.

물론 성경 해석자들의 공동체는 교회다. 교회는 해석학적 공동체, 즉 말씀에 의해 세워지며, 성령에 의해 살아나게 된 해석자들의 공동체다. 실로 성령은 말씀을 섬겨서, 말씀으로 효과 있게 하시는 권능이다. 해석학은 텍스트의 의미를 해명하는 일 뿐만 아니라 그 의미를 전유하는 일을 포함한다는 사실을 기억할 수 있을 것이다. 어떤 텍스트가 무엇을 의미했는지를 설명하는 것으로는 충분하지 않다. 그 텍스트가 오늘날 무엇을 의미하는지를 해독해 내야 한다. 의미는, 교회에, 세계에, 자신에게 **적용되어야** 한다. 그 말의 의미상 가장 넓은 의미에서, 해석학은 말씀을 '들음'만이 아니라 '행함'에도 관련된다. 성경에 대한 가장 중요한 해석은 우리가 삶을 살아가는 방식이다. 텍스트

---

38) Hartt, *Christian Critique*, p. 391.
39) 같은 책, p. 394.

의 세계가 우리의 세계 속으로 들어오도록 허용할 때, 텍스트의 페이지를 우리의 실천에 집어넣을 때, 우리는 그 텍스트의 의미를 전유하는 것이다. 텍스트에 대한 우리의 응답이 그 텍스트의 '살아내어진 의미'를 구성하는 것이다.

우리는 지금까지 문화의 해석학과 해석학의 문화를 검토해 왔다. 내가 지금 숙고하도록 제안하는 바는 해석학 자체가 문화를 구성하는 수단이라는 것이다. 텍스트에 대한 공동체의 실연(實演)은 특정한 방식의 생활을 불러일으키며, 따라서 특정한 문화를 발생시킨다. 예를 들어, 성경 해석에 대한 아우구스티누스의 규칙들은 거의 천년을 지속했던 기독교 문화를 낳았었다.[40] 텍스트를 해석할 뿐만 아니라 적용하는 기술이자 학문인 해석학은 이처럼 문화 창조의 중요한 측면이다. 리쾨르는 텍스트의 '세계'에서 살아가는 일에 대해 말한다. 만일 우리가 텍스트의 세계에 충분한 기간 동안 거주한다면, 그 세계는 우리의 비전과 가치를 형성하기 시작할 것이다. 이것이 또한 문화―의미의 세계―의 기능이기도 하다. 믿음으로 말미암아, 성경 해석자들의 공동체는 텍스트 안으로 돌입한다. 그 말씀의 세계로 하여금 우리가 지니고 있으며, 우리가 바로 그 자체인 하나님의 형상을 계발할 수 있도록 해주시는 분은 바로 성령이다. 교회의 목적은 성경에 대한 충실한 해석을 낳는 것이어야 한다.

성경 해석에 대한 아우구스티누스의 규칙은 교회의 해석 실연(實演)에 깔끔하게 확대될 수 있다. 즉, 수많은 가능한 의미를 맞이하게 될 때, 하나님의 사랑과 이웃에 대한 사랑을 부양해 주는 해석을 선택하라고 말할 수 있을 것이다. 성경에 대한 '바른' 해석은 하나님에 대한, 하나님의 백성으로서의 교회에 대한, 세상에 대한 사랑과 봉사의 삶을 사는 것을 의미한다. 실질적으로 우리는 예수님의 이야기를 실행에 옮길 때라야만 비로소 그 이야기를 이해하는 것이다.

예수님의 이야기에 대한 실천은 지배적인 문화적 추세에 도전을 가하는 해석적 실천으로 이끈다. 예수님의 이야기는 그 순서대로 낮아지심과 높여지심의 이야기다. 예수님의 이야기를 듣고 행함은 겸손과 봉사와 사랑으로

---

40) Augustine, *On Christian Doctrines*, trans. D. W. Robertson Jr. (Indianapolis: Bobbs-Merrill, 1958)를 보라.

특징 지워지는 생활 방식을 낳는다. 그러나 이러한 신학적 덕성들은 또한 우리의 해석학적 실천의 특징이 되어야 할 것들이다. 교회는 더 나은 용어가 없기 때문에 우리가 '믿음의 해석학'이라고 일컬을 수 있는 것, 즉 무책임한 성상파괴주의(iconoclasm)나 교만한 유희의 해석학이 아니라 사랑과 겸손의 해석학을 실증하려고 노력해야 한다. 믿음의 신학적 해석학은 독단주의(해석학적 교만)와 회의주의(해석학적 태만) 양자를 모두 배격할 것이다. 한편으로 믿음의 해석학은 자신에 대해 지나치게 많은 것을 주장하지 않을 것이다. 그 해석학의 주석은 결코 일차 텍스트를 침탈하려 하지 않을 것이다. 반면에, 믿음의 해석학은 텍스트를 주어진 그대로 존중한다. 믿음의 해석학은 텍스트 이해를 추구하려고 노력할 것이다. 이것은 우리 자신의 목소리가 아니라 텍스트의 목소리에 주목하고, 그 목소리를 존중함을 의미한다.

이 마지막 지적은 중요하다. 교회는 해석의 갈등에 대해서 면역되어 있지 않다. 어느 공동체의 성경 읽기나 실천이 가장 적절한지를 우리가 결정할 수 있도록 해줄 만한 규범이 있을까? 나는 그와 같은 두 가지 기준이 있다고 믿는다. 첫 번째는 텍스트 자체다. 텍스트는 다양한 해석에 대해 도전을 가할 수 있는 고정된 포인트다. 종교개혁 동안에 마르틴 루터가 성공적으로 입증했듯이, 텍스트 자체는 해석자들이 공동체에 반대하는 데 사용될 수 있다. 둘째로, 텍스트에 대한 어떤 해석이나 실천은 다른 것들보다 더 '결실이 풍성할' 수 있다. 그러나 성경 해석학의 맥락에서 '결실이 풍성하다'라는 말은 무슨 뜻일까? 먼저, 그것은 그 텍스트에 대해 더 잘 설명하며, 그 풍성한 내적인 일관성을 더 잘 드러내는 읽기를 의미한다. 그러나 그 다음으로, 해석은 그 텍스트의 풍성함을 그 독자들에게 나눠 준다면, 결실이 풍성하다고 판단될 수 있을 것이다. 아우구스티누스는 사랑(charity)을 좋은 성경 읽기의 한 기준이라 지적했다. 예수님은 그 사람의 사랑으로 말미암아 우리가 예수님의 제자를 알아 볼 수 있을 것이라고 말씀하셨다. 그러므로 우리는 하나님 나라의 전령인 예수님의 삶에 가장 근접한 삶의 방식을 불러일으키는 읽기를 선호해야 하지 않을까? 정행(orthopraxis)—바른 삶—은 성령이 그 말씀과 더불어 살리는 역사의 임재를 하신다는 표시다. 기독교 문화는 단순히 복음을 전파하는 수단이 아니다. 그것은 오히려 우리가 복음을 알게 되며, 복음이 의미하는 바가 무엇인지를 알게 되는 수단이다. 그리스도는 영원한 그 말씀이실 뿐만 아니라 교회의 "살아 있는 관용어"(living idiom)[41]이셔야 한다.

문화와 독자는 공히 하나님의 은혜로만 회복된다. 예수 그리스도의 이야기, 그분이 '살아내신 의미'는 그분의 몸인 교회에 의해 수백 년에 걸쳐 우리 세계에서 연출되어 왔다. 다시 말하지만, 이 삶을 살게 하시는 분은 성령이시다. 우리는 복음이 그리스도에 의해 살아내졌으며, 그분의 성령에 의해 가능하게 되었기 때문에만 복음을 행할 수 있다. 바로 이러한 이유 때문에, 도널드 블로쉬는 "교화자이신 하나님"(God the Civilizer)에 대해 말할 수 있는 것이다.[42] 블로쉬에 따르면, 문화는 "사람들이 자신의 사람됨을 실현하도록 하나님이 지정하신 수단이다."[43] 이처럼 문화는 인간적 성취인 동시에 하나님의 선물이다.

열방에 빛이 되는 것이 교회의 역할이다. 교회는 인간 자유의 올바른 사용에 대한 모델이 되어야 한다. 믿는 자들의 공동체는 어떤 세계관과 인생관이 사람됨을 가장 잘 성취하는지에 대해 시대의 신들과 신화들에 도전하는 예언자적 대항문화를 대변한다. 교회의 도전은 교회가 성경적 세계관과 인생관을 표현하는 만큼만 강력할 것이다. 다시 말하지만, 이것은 올바른 교리의 문제일 뿐만 아니라 신실한 성경적 실천의 문제다. 교회는 그리스도 안에 있는 하나님 이야기의 문화적 성육신이어야 한다. 블로쉬는 교회가 전혀 세속 문화에 대해 군림할 지위에 있지 못함에 유의하여 지적한다. 성경에 대한 교회의 실연 역시도 점검 받게 될 것이다. 칼 바르트는 세계를 하나님의 구속 활동의 원천이 아니라 장이라고 보았다. 비록 인간의 문화가 하나님의 명령과 약속에 의해 영향을 받을 수 있지만, 하나님 나라는 언제나 인간의 업적을 '능가'할 것이다.[44] 교회는 하나님 나라의 정치적 행정관이 아니라 하나님 나라에 대한 겸손한 증인이 되어야 한다.

믿는 공동체는 하나님의 말씀의 빛 가운데서 세계를 '읽는다.' 다시 말해

---

41) Hartt, *Christian Critique*, p. 353.
42) Donald Bloesch, "God the Civilizer." in *Christian Faith and Practice in the Modern World: Theology from an Evangelical Point of View*, ed. Mark A. Noll and David F. Wells (Grand Rapids, Mich.: Eerdmans, 1988), pp. 176-198.
43) 같은 책, p. 177.
44) Karl Barth, "Church and Culture." in *Theology and Culture: Shorter Writings, 1920-1928*, trans. L. Pettibone Smith (New York: Harper & Row, 1962)를 보라.

서, 교회는 성경 텍스트라는 렌즈를 통해 세계와 주변 문화를 해석한다. 그러나 중요하게는, 교회가 가진 믿음의 해석학이 성경 텍스트에 대한 공동체의 수행 실적을 발생시킨다는 것이다. 반복하자면, 듣고 이해하는 것만으로는 충분하지 않다는 말이다. 또한 텍스트의 의미를 흡수 활용하여 그 말씀들을 '행해야' 하는 것이다. 성경을 적절하게 이해하는 것은 성경을 '따라가는' 것이다. 그리고 이 말은 두 가지 의미에서 그렇다. 첫째로, 우리는 우리가 텍스트의 의미를 파악할 때, 그 텍스트를 따라간다. 그러나 '따라간다'라는 말은 특정한 길을 따라간다는 뜻이기도 하다. 이러한 의미에서 그 말씀을 따라가는 것은 그 말씀을 실천에 옮기는 것을 의미한다. 믿음의 해석학은 다름 아닌 제자도를 요구한다. 믿음은 하나님 말씀을 듣고 읽음에서 온다. 기독교 신앙을 갖는다는 것은 여러분의 생각과 상상과 언어와 삶이 성경 텍스트―성경의 법과 지혜와 노래와 묵시와 예언과 복음과 가르침―에 의해 형성되었다는 의미이다. 성경의 이러한 문학 장르들은 기독교적 정체성과 실천 모두를 구성하는 요소다. 문학 비평가인 윌리엄 비어즐리(William Beardslee)는 다음과 같이 말했다. "특정한 문학 양식은 어떤 생활 방식을 전유할 뿐만 아니라 발생시킨다."[45] '복음주의자'는 그 삶과 생각이 예수 그리스도의 복음에 준하는 사람이다. 믿는 자는 그 말씀을 따라 그리스도 안에 있는 은혜와 자유에 이르고, 그렇게 함으로써 다른 사람에게 따라가야 할 길을 보여 주고 말로 전할 때 복음을 실행에 옮기는 것이다.

성경 텍스트에 의해서 발생하는 삶의 방식은 궁극적으로 이 세상의 방식이 아니다. 교회가 성공적으로 성경을 실행에 옮기는 한, 교회는 세상과 쉽게 공모하지 않는 문화를 낳을 것이며, 영구적인 혁명이 될 것이다. 세상은 하나님 백성이 배역을 맡아야 할 극장이지, 그들의 최종적인 집이 아니다. 세상은 기껏해야 하나님 나라의 비유를 실행에 옮기는 한 무리의 방랑하는 순례자와 음유시인을 위한 공연장이다. 순수하게 복음적인 문화는 복음을 주어진 그대로 받아들인다. 그 문화는, 주어진 대로의 복음으로부터, 애초에 그 생명을 부여받았으며, 계속해서 그 지식과 상상력과 실천의 자원들을 이끌어낸

---

45) William Beardslee, *Literary Criticism of the New Testament* (Philadelphia: Fortress, 1970), p. 76.

다. 만일 문화가 그리스도 안에 있는 하나님의 계시와 구원을 받아들인다며, 그 문화는 복음적이다. 하나님의 **은혜**(charis)에 대한 그 문화의 응답은 **성만찬**(eucharist)—감사와 감복—이어야 한다. **복음주의 문화는 기독교적 자유의 선물에 대한 유카리스트적 답변이다.**

지금까지 살펴보았듯이, 문화는 자유가 그 자체를 드러내는 영역이다. 성령이 주시는 자유를 계발하는 것은 아마도 우리의 최대 특권이리라. 그리고 그 일은 우리의 최대 책임임에 틀림없다. 교회가 가진 가장 중요한 해석상의 과제는 기독교적 자유가 하나님에 대한 순종으로 표현되고 하나님의 영광을 지향하게 되는 복음적이며, 성만찬적인 문화[감사의 문화]를 창조하는 것이다. 요한 세바스찬 바흐(Johann Sebastian Bach)가 자신이 작곡한 작품마다 "솔라 데이 글로리아"(Sola Dei Gloria)라는 헌사로 끝맺었다는 사실은 사소한 일도, 상관없는 일이 아니다.

믿음의 해석학은 텍스트에 대한, 인간 자유를 낳고자 하며, 인간의 자유에 틀을 제공하는 해석에 관심을 기울인다. 결국, 문화는 인간의 자유를 궁극적 가치를 표현하고 사람들을 성취시키는 사회적 실천들의 형태로 만드는 일에 관한 것이다. 기독교 신앙의 해석학은 세계를 그 말씀의 문학적 틀이라는 맥락에서 해석한다. 이 말씀에 비추어서, 우리는 소위 현대 해석학의 문화의 자유가 환영에 불과하다고 결론을 내려야 한다. 인간의 성취가 아닌 좌절로 이끌어 가는 자유는 전혀 참 자유가 아니다.

그러나 이것은 오직 믿음의 해석학의 부정적인 비평적 측면일 뿐이다. 믿음의 해석학의 긍정적인 의제는 두 가지 말로 표현된다. '이해를 추구하는 믿음'과 '신실한 수행을 추구하는 이해', 이 두 마디다. 해석자가 된다는 것은 지칠 줄 모르며 찾는 추구자가 된다는 것을 의미한다. 더 이상 의미를 찾을 필요가 없다면, 우리는 아마 절대적인 지식을 소유한 게 될 것이다. 그리고 해석도 더 이상 필요치 않을 것이다. 더 이상 우리의 실천을 비평할 필요가 없다면, 우리는 절대적인 선을 소유한 게 될 것이다. 그러나 중간 땅(Middle-earth)에서 살아가는 우리는 절대적 지식도, 절대적 선도 소유하지 않는다. 따라서 해석학은 우리 인간의 공통적인 운명—우리의 특권이며 책임—이다.

성도이자 죄인인 자들의 해석과 실천은 언제나 모자람이 있을 것이다. 그러나 그리스도를 통해, 새로운 '문화'가 세상에 들어왔으며, 굉장한 비율로 성장하고 있다. 그것은 인류를 치료할 능력을 가진 양성 박테리아다. 물론 내가 가리키는 문화는 하나님의 말씀에 의해 생겨나 성령에 의해 유지되는 문화다. 처음에는 속삭임보다 크지 않지만, 기독교 이야기는 신속하게 제국들을 무너뜨리고 문명을 탄생시켰다. 우리 그리스도인들의 실천은 제1막에서 행하신 살아 계신 말씀의 실연(實演) 때문에 헛되지 않는다. 믿음의 공동체는 그 이야기를 계속 유지한다. 그 이야기는 기억과 소망에 의해 유지된다. 믿음의 공동체는 제1막을 기념하면서, 마지막 막을 향해 숨죽이며, 제2막을 살아간다. 그리스도인 해석자들은 세계가 진실로 잘 연출되어 무대에 제대로 자리잡을 때, 만물이 온전하게 될 때인 그 영광스러운 피날레를 묵상할 때, 복음이 아니라 묵시를 실연(實演)하는 것이다.

12장 진리에 대한 판가름
선교, 순교, 십자가의 인식론

    기독교 신학이 포스트모더니티의 인식론상의 곤경에 대응함으로써 무엇을 기여할 수 있을까? 이 글은 예수님에 대한 재판 내러티브와 포스트모던 의구심의 대가들에 의한, 진리에 대한 현대의 판가름(trials) 사이의 여러 가지 병행하는 유사점과 대조 사항을 탐구하고자 한다. 우선, '진리에 대한 판가름'이라는 말은 현시대의 문화와 사상에서 진리(truth)의 개념으로 말미암아 겪게 된 심각한 어려움을 나타낸다. 둘째로, '진리에 대한 판가름'이라는 개념은, 논의를 기본적인 명제나 정당화 절차에 제한하기보다, 어떤 주장을 하는 데 있어서의 사람의 역할에 대한 새로운 인식에 그리고 일종의 화해로서의 '증언하기'에 초점을 맞추게 한다.
    내 목표는, 윤리와의 관계를 통해 생각함으로써, 인식론에 대한 확대주의적 진술(expansionist account)을 제공하려는 것이다. 이러한 목표는 최근에 언급되는 '덕을 강조하는 인식론'(virtue epistemologies, 앞으로는 '건덕 인식론'으로 옮긴다— 역주)에 대한 하나의 반성으로 이끈다. 건덕 인식론은 정당화된 믿음(belief)을 성취하는 데 있어서의 지적 덕목의 역할을 강조하며, 단순한 지식이 아니라 지혜를 인식 활동의 궁극적 목표로 삼는 인식론이다

[인식론에서 말하는 'belief'는 어떤 사실의 내용을 받아들여 믿는 믿음을 말한다. 여기에서는 우리가 일상적으로 종교적 맥락에서 말하는 믿음(faith)은 신앙으로 옮기고, 인식과 인식 주체의 심적 태도와 관련해서는 '믿음'으로 옮긴다 – 역주] 나는 합리성이 단순히 지식의 습득이 아니라 인식상의 덕성과 지혜를 개발하는 문제라고 주장한다. 마지막으로, 소크라테스에 대한 재판과 예수님에 대한 재판의 대조는 지적 덕목에 대한 나의 논의를 소위 신학적 덕목과 연결해 줄 것이며, 증언 개념의 중요성을 강조하고 '십자가의 인식론'과 연결된 특정한 지적 덕목들을 명확하게 밝혀 줄 것이다.[1]

십자군 운동, 순례 아니면 선교 여행?

지식 주장들(knowledge claims)은 오늘날 인식론과 선교학과 이데올로기 사이에서 불안정하게 자리를 잡고 있다. 진리 주장(truth-claim)이란, 사명에 대한 선언이다. 정확히 말해서, 진리의 사명에 대한 선언이다. 그 목표는 보편적 인정을 획득하겠다는 것이다.[2] 문제는 이 사명(선교)의 성격을 어떻게 바라보느냐 하는 것이다. 이 사명은 영웅적인가, 가망 없는 것인가? 제국주의적인가, 아니면 무능한 것인가? 그러한 진리 주장을 하는 자는 영광 중에 복귀할 것인가, 아니면 빈손으로 되돌아올 것인가?

프로젝트: 복음의 진리 주장. 신학자의 일차적 과제는 '하나님이 그리스도 안에서 세상을 자신과 화목하게 하셨다'는 주장을 신실하게 그리고 지성적으로 내어놓는 것이다. 그러나 마찬가지로 중요한 예비적 과업이 하나 있다.

오늘날 변호되어야 할 필요가 있는 것은 진리의 내용을 담은 이러저러한 보따리가 아니라 진리 그 자체의 개념이다. 포스트모던 세계에서 진리에 대한 주장들이 어떻게 그 사명을 성취할 수 있겠는가? 세 가지 위협적인 장애물이 성공의 길을 가로막고 있다.

---

1) 나는 Søren Kierkegaard의 "On the Difference Between a Genius and an Apostle"(1847)이라는 글 출간의 150주년을 기념하기 위해 부분적으로 이 성찰들을 제공한다. 이 글은 나의 이 글이 태어나는 데 배아적인 가치를 제공했다.
2) 참고 Alistair McFayden. 그는 만일 어떤 무엇인가가 참이라면, 그것이 모든 사람에게 참이며, 일단 모든 왜곡과 부분성의 제약점이 다 벗겨질 때 참이라는 사실이 보일 것이라고 주장한다["Truth as Mission: The Christian Claim to Universal Truth in a Pluralist Public World", *Scottish Journal of Theology* 46 (1993): 437-456].

1. 관점과 당파성의 문제. 사람들이 보는 것은 그들이 서 있는 자리와 그들이 사는 시기와 그들이 바라보는 이유와 그들이 누구인가의 영향을 받는다.

2. 권력의 문제. 명제 및 그 명제를 지식이라고 정당화하는 과정들은 보통 사회생활의 물질적 조건과 관련이 있다고 여겨진다. 즉, 언어와 사상은 지배 관계와 교차되며, 그 관계에 의해 뒤얽혀 있다.[3]

3. 다원주의 문제. 오늘날 많은 사람이 볼 때, 단 하나의 명확하고 논란의 여지없이 참된 사상은 현시대적 상황이 서로 갈등하는 경쟁적인 진리 주장들에 의해 점철되었다는 것이다. 따라서 혹자가 볼 때, 진리는 배타적이기에 진리에 대한 주장들은 필연적으로 압제적이다. 다른 사람들이 볼 때, 진리는 그 충만함 가운데서 모든 주장을 끌어안는 포괄적인 것이어야 한다.

이러 저러한 문제에 대응해서, 진리에 대해 말하기를 포기하고 그 대신에 정당화(justification)라는 것에 자신의 주장을 국한하는 일이 유행했다.[4] 이러한 접근 방식은 권위가 어떤 질료적인 기준(토대가 되는 신념)이나 합리적인 절차[전통에 기초한 오류가능주의(fallibilism)]에 혹은 타당성 있는 믿음을 형성하는 메커니즘[신뢰주의(reliabilism)]에 있다고 본다. 그러나 무엇이 한 사람의 믿음을 **옳은 것으로** 만드느냐에 대해서는 상당한 논란이 있다. 더욱이 한 사람의 인식론적 사명을 그 사람이 어떤 믿음을 가질 자격이 있다는 사실을 보여 주는 데 있는 것으로 제한하는 것은 무엇인가를 믿는 일에 대한 매우 중요한 이유 가운데 하나—**그것이 참이기 때문에** 믿는—를 제거해 버린다. 오늘날 기독교 신학자는 진리가 어떻게 접근 가능하며 어째서 중요한가를 입증해야 한다.[5]

[이 단락에서 밴후저가 말하는 바는 철학자들 중에 진리에 대해 회의적인

---

3) John B. Thompson, Studies in the Theory of Ideology (Cambridge: Polity, 1984)를 보라. 이 글의 후반부에서, 나는 이데올로기를 권력 관계들에 연결하는 포스트모던 경향을 취약성과 고난에 대한 성경적 이데올로기와 대조할 것이다.
4) Hilary Putman은 이 경향의 좋은 예다. "진리가 기본 핵심은 아니다. 진리 자체는 합리적 수용가능성이라는 우리의 기준으로부터 그 생명을 획득하는 것이다"[*Reason, Truth, and History* (Cambridge: Cambridge University Press, 1981), p. 130]. Kierkegaard는 만일 참이 합리적인 수용가능성 그 이상도 그 이하도 아니라면, 의심할 필요도 없이 "잘 주무시오, 기독교여"라고 답변했을 것이다["On the Difference Between a Genius and an Apostle", *The Present Age and Two Minor Ethico-religious Treatises*, ed. Alter Lowrie and Alexander Druanda (Oxford: Oxford University Press, 1940), 특히, p. 139를 보라].

사람이 진리라는 말 대신에 자신은 오직 정당화에 대해서만 말한다고 주장하는 사람이 있다는 것이다. 그들은 진리(존재론) 대신에 정당화(인식론)에 대해 말한다. 진리를 언급하는 대신, 정당화를 논하는 방식에는 다음과 같은 것들이 있다. 1. **토대주의**(foundationalism). 어떤 믿음은 다른 믿음의 기반을 이루는 '토대'가 된다는 것이다. 그래서 예를 들면 이성에 속하는 진리는 일종의 질료적 기준으로 봉사할 수 있다. 여기에서 '질료적'이란 말은 토대를 세울 때 사용되는 재료라는 뜻이다. 2. **오류가능주의**(fallibilism). 이것은 하나의 믿음은 당사자가 기꺼이 그 믿음을 비판적 테스트를 받도록 할 때에 합리적이라고 말하는, 합리성에 대한 이론이다. 밴후저가 이 합리성 이론을 "전통에 기초한"이라는 말을 붙인 이유는 몇몇 학자가 전통을 장기적인 실험이라고 생각하기 때문이다. 즉 만일 어떤 전통이 시간의 테스트를 이겨내고 지속된다면, 그 사실은 그 전통에 유리하게 작용하는 하나의 논거가 된다는 것이다. 매킨타이어가 그 예다. 3. **신뢰주의**(reliabilism). 이것은 합리성에 대한 혹은 무엇이 하나의 믿음을 '옳은 것'으로 만드느냐에 대한 또 다른 이론이다. 이 견해에서는, 하나의 믿음은 믿음을 형성하는 믿을 만한 메커니즘의 산물일 경우에 즉 그 믿음이 하나님이 우리에게 주신 정신 작용(예를 들면, 기억, 지각 등)의 산물일 경우에, 그리고 이 작용이 제대로 기능한다고 전제하는 한, 그 믿음은 '옳은' 혹은 '바른' 것이라는 입장이다(알빈 플란팅가). 정리하면, 핵심은 많은 철학자가 진리에 대해 말하기를 포기하고, 그 대신에 정당화되는 지식에 대해 말하기를 선호한다는 것이며, 그렇지만 하나의 믿음을 '정당화하는 데' 혹은 '옳은/바른 것'으로 만드는 데 무엇이 필요한가에 대해서는 그들 사이에 의견이 서로 다르다는 것이다—역주.]

진리란 무엇일까? 윌리엄 알스톤에 따르면, 하나의 명제(하나의 진술이

---

5) William Alston은 자신의 책, *A Realist Conception of Truth* (Ithaca, N. Y.: Cornell University Press, 1996), chap. 8에서, 참 개념에 대한, 더 나아가서 정당화의 인식론적 목적에 대한 변론을 제공한다. 그는 진리는 "우리의 실천적 혹은 이론적 관심사에 관계된 어떤 사태들을 어디에서 획득하는지를 우리가 결정하는 것이 중요하기 때문에" 중요하다고 말한다(p. 235). 신학적 진술들은 이 후자의 요구 조건에 부응한다는 점이 명백해야 한다. Alston은 또한 같은 장에서 "진리 없는 함함은 인식적 정당화에 대한 적절한 개념을 짤 방법이 없이 우리를 버려 두는 것이다"라고 주장한다(p. 255). 인식상의 덕목들이 진리에 대한 열망에 의해 동기 유발되는 것이 덕목적인 인식론의 중요한 일부분이다.

단언하는 바)는 세계가 그 명제가 그렇다고 말하는 대로일 경우에만, 즉 단언된 사태가 **성립되는** 경우에만 진리다.[6] 혹자는 '예수님이 하나님의 진리 주장이다'라고 말할 수 있을 것이다. 즉, 역사 속에서의 하나님의 자기 계시, 우리가 의지하고 신뢰할 수 있는 모든 말 위에 뛰어난 말씀—그 삶과 죽음과 부활이 다 함께 모여서 만물이 (궁극적으로) 어떻게 존재하는가(혹은 존재하게 될 것인가)를 드러내는 그 말씀(하나의 명제라기보다는 한 인격자로서의 말씀)—이라는 것이다.[7] 예수 그리스도라는 진리는 그분의 이름—구원자, 메시아, 우리와 함께 하시는 하나님—에 의해 그리고 "천하 사람 중에 구원을 받을 만한 다른 이름을 우리에게 주신 일이 없다"(행 4:12)는 신약 성경의 고백에 의해, 종합되는 하나의 명제적 요소를 가지고 있다. 특히, 기독교 신학은 예수님의 수난에 대해 참이라고 주장한다. 즉, 하나님이 그리스도 안에 계시면서 만물을 그 자신과 화목하게 하셨다는 것이다(참고. 고전 1:19-20). 나는 이것을 '복음의' 진리 주장이라고 부른다. 그리고 나는 그 주장을 단순히 경험적인 혹은 실존적인 주장들과 대조한다. 왜냐하면, 복음의 진리 주장은 우선적으로 하나님의 실재에 관한 주장이기 때문이다.[8] 이 신학적 주장은 궁극적으로 신약 성경의 저자들(사도적 설교)에게로 소급되는 전통에서 비롯된다. 그렇지만, 이 주장은 또한 보편적인 진리 주장이기도 하다. 왜냐하면, 그 주장은 유일하신 창조주 하나님에 대한 주장이기 때문이며, 따라서 궁극적 실재의 성격에 관한 주장이기 때문이다.[9] 그러므로 복음의 진리 주장은 **전체의 의미**에 대한 주장이다. 그러므로 신학적 진리 주장의 성격에 공정을 기하기 위해, 현대 인식론에서 상당히 무시되어 왔던 두 가지 개념—이해(의

---

6) Alston은 그의 이론을 "진리에 대한 최소주의적 실재론적 이론"(minimalist realist theory of truth)이라고 명명한다. 왜냐하면, 그는 신리가 냉세와 사실 사이의 냉계의 문제라고 주강하지만, 그 둘 사이의 대응 관계의 성격을 명시하려 하지 않기 때문이다. 같은 책, chap. 1을 보라.
7) Bultmann은 신약 성경의 수수께끼는 어떻게 선포자가 선포되는 자가 되었는가 하는 것이라는 유명한 언급을 했다. 나의 견해도 그와 비슷하지만, 설교학보다는 좀더 인식론에 기울어져 있다. 즉, 어떻게 진리 표명자가 진리 그 자체와 동일시되는가라는 것이다.
8) 앞으로 보게 되듯, 하나님—초월자—에 대한 이 언급은 Kierkegaard가 볼 때 사도와 증인을 철학자와 천재와 구별하는 것이다.
9) McFayden과 Wolfhart Pannenberg 둘 다 유일신론에 호소함으로써 기독교 진리 주장들의 보편성을 변호한다. 즉, 세계의 통일성은, 그 통일성이 비록 종말론적 통일성이긴 하지만, 궁극적으로 하나님 안에서 그 통일성을 발견한다. 보편성은 내가 복음의 '진리' 주장이라고 부르는 것—그리스도 안에서 하나님이 만물을 그와 화목하게 하신다—에 함축되어 있다.

미 파악)와 지혜(전체 이해)—을 회복하는 것이 필수적일 것이다.

우리가 어떻게 합리적으로 기독교 신앙을 소개할 수 있을까? 신학적 진리 주장은 본래 압제적일까? 그래서 진리를 주장한다는 것은 마치 성전(聖戰)을 벌이는 것과 같은 것일까? 변증하는 자는 자신의 가슴에 진홍색 십자가 문장(紋章)을 새겨 장식한 십자군일까? 진리를 권력과 이데올로기의 도구로 만들며, 십자가를 '우리 가슴에 달린 나치 독일군의 상징(swastika)'으로 바꾸어 버릴 위험이 실제로 존재한다. 어쩌면 오히려 신학을 하나의 순례로 생각하는 것이 좋을지도 모르겠다. 그 경우 진리 주장을 제시하는 것은 인식론적인 성배(聖杯)를 추적해 나간 끝에나 일어날 일이 될 것이다. 이 모델에서 우리는 동료 순례자들과 이야기를 교환할 것이며, 우리의 여행이 캔터베리(Canterbury, 영국 성공회의 중심 사원이 있는 도시—역주)가 아닌 버밍엄(Birmingham, 영국의 버밍엄은 존 힉 등의 종교다원주의 학술회 개최지로 유명하다—역주)으로, 혹은 예루살렘이 아닌 델리(Delhi)로 인도될 가능성이 있다. 전통적으로 철학은 철학자-순례자가 지혜를 추구해 나가는 탐구로 여겨져 왔다. 내가 볼 때, 신학은 다르다. 말씀이 육신이 되었음을 고백하는 성육신신학은 지혜가 우리에게 임하는 길을 찾아냈다고 주장한다.[10] 지혜의 견습생으로서의 신학은 이제 이중적인 짐을 지고 있다. 하나는 이해를 추구하는 일(우리 자신을 위해 믿음을 낳는 일)이며, 다른 하나는 복된 소식을 나누는 일(믿음을 다른 사람들에게 소개하는 일)이다. 그러므로 나는 신학자를 순례자나 십자군으로가 아니라 결코 끝나지 않는 선교 여행 중인 순회 복음 전도자로 그리고자 한다. 신학자의 과제는 복음의 진실성이 공개적으로 접근될 수 있게 만드는 것이다. 그러나 나는 진리 주장을 제시하는 일에는 단지 진리를 선포하는 일 이상의 것이 포함된다고 주장할 것이다.

문제가 되는 것: 지혜의 길. 의구심과 냉소주의로 가득 찬 시대에 우리가 어떻게 진리에 대한 사상을 지적으로 호소력 있게 만들 수 있을까? 오늘날에는 단순히 진리에 대한 명제적인 주장들을 정당화하는 것만으로는 더 이상 충분하지 않다. 이는 위험에 처한 진리의 개념 자체, 즉 진리는 의미가 있으며

---

10) 이것은 Kierkegaard가 사도와 천재 사이의 핵심적인 차이점이라고 보았던 것을 표출하는 또 하나의 방식이다. 즉 사도는 그 자신의 발명품이 아닌 메시지를 선포한다.

진리는 중요하다는 개념이기 때문이다. 과거 키에르케고르가 개인들에게 했던 말을 확대해서 전체 사회에 적용할 수 있을 것이다. 즉, 무감각한 시대에 필요한 것은 우리가 그것을 위해 살고 죽을 수 있는 진리다. 그러나 이 '구원'이라는 진리를 표출하기에 앞서, 우리에게 필요한 일은 진리라는 관념 그 자체를 확보하는 일이다. "진리는 우리가 필연적으로 혹은 궁극적으로 의존하는 것"이기 때문에 중요하다.[11]

여기에서 관심사가 될 진리 주장은 우리의 생활 방식에 함축된 것이다. 이것이 바로 단지 지식이 아니라 지혜를 향하도록 인식론의 방향을 재설정해야 하는 이유다.[12] 인식론에 대한 이러한 확대주의적 접근 방법은 철학, 특히 그 헬라적 기원들에 있어서의 철학이 하나의 주제가 아니라 방식이었다는 키에르케고르의 견해와 부합한다.[13] 나는 신학적 진리 주장에서 문제가 되는 것은 우리의 가장 중요한 관행들이 암묵적으로 전제하는 전체의 의미에 관한 기독교적 확신에 대해서 우리가 명확히 진술할 수 있느냐의 여부라고 주장한다. 진리 개념의 중요성에 대한 표명에는 진리 주장들이 어떤 식으로 우리가 살아가는 방식에, 우리의 상식적인 관행—소위 우리의 '형이상학적 적성'(metaphysical competence, 지혜)이라고 일컬을 수 있는 것—에 함축되어 있는지를 입증하는 일이 포함된다.

신학적 진리 주장은 전체의 의미에 대한 진술이 될 것이며, 그리하여 **만인에게 중요하게 될 것이다.** 그러한 주장에는 명제(객관성)와 열정(주관성)이 포함되어야 한다. 신학적 진리 주장은 궁극적으로 하나님의 말씀에 관한 것이며 그 말씀이 사람에게 만들어 내는 변화에 관한 것이다. 기독교 선교의 인식론적 위기의 결국에서 문제가 되는 것은 그리스도의 지혜와 방식이다. 앞으

---

11) 여기에서 나는 형이상학을, 바탕에 깔려 있는, 우리가 참여하는 것들의 지적 구조에 관한 담론, "그것들을 임의로 채택한 선택 사항들 이상의 것으로 세워 주는 것"으로 보는 Rowan Williams의 정의를 채택한다["Between Politics and Metaphysics: Reflections in the Wake of Gillian Rose", *Modern Theology* 11 (1995): 6].

12) 기독교적 방식은 대항문화적 지혜(예를 들면, 먼저 된 자가 나중 되고 나중 된 자가 먼저 됨)를 포함할 수 있다. 그러나 이것은 비합리성과 똑같은 것은 아니다. 하지만, 사도는 천재처럼 보이지 않고 오히려 더 바보처럼 보일 가능성도 있다(물론 셰익스피어에 등장하는 식의 바보이긴 하지만 말이다).

13) David J. Gouwen, *Kierkegaard as Religious Thinker* (Cambridge: Cambridge University Press, 1996), p. 28에서 그렇게 본다.

로 보겠지만, 신학적 진리 주장을 내건다는 것은 궁극적으로 명제와 열심 둘 다를 포함하는 선교 여행을 수행하고, 아들과 성령의 삼위일체적 '선교'에 참여하는 것이다.

진리에 대한 열심으로서의 신학. 신학은 기독교적 지혜를 계발하여, 제자 삼는 일을 하는 분야다. 그러나 실로 기독교 신학이 그 점에 있어서 열심이나 참이나 지혜를 결코 독점하지 못한다는 반대가 있을 수 있다. 예수님과 소크라테스는 마찬가지로 모두 자신을 추종하는 자들에게 지혜를 심어 주려는 목적을 가지고 있다. 그러므로 다음에서 우리는 만일 어떠한 차이점이 있다면, 철학적 진리 주장들과 신학적 진리 주장들 사이에 존재할 수 있는 차이점에 민감해야 할 것이다. 각각 소크라테스에 대한 재판과 예수님에 대한 재판에 대해 검토해 본다면, 이 점에 있어서 유익이 있을 것이다. 우선은 신학을 다음 세 가지 일을 하도록 제자들을 훈련시키는 분야로 정의해 보자. (1) 하나님 말씀의 전적인 신뢰성을 우리 자신에게 제공하며, 다른 사람들에게 소개하는 방법. (2) 하나님이 그리스도 안에서 만물을 자신과 화목하게 하셨다는 주장의 의미와 진실성을 우리 자신에게 제공하며, 다른 사람들에게 소개하는 방법. (3) 십자가의 지혜를 우리 자신에게 제공하며, 다른 사람들에게 소개하는 방법.

도전: 니체에 의해 행해진 재판. 신학적 진리 주장을 내거는 일은 삼차원적 전략을 요구한다. 첫째로, 나의 대화 상대들의 믿음을 드러내는 부정적인 순간(a negative moment, 그 순간을 '진실의 순간'이라고 부르자)이 있다. 그 순간에는, 그 우상들의 이름을 밝히는 일이 포함될 수도 있다(즉, 이데올로기 비판이다). 이것은 소크라테스의 '심문'에 해당하는 것이다. 그 다음으로 긍정적인 순간이 따라온다. 그 순간은 우리가 실재에 대한 자신의 읽기를 확립함으로써 이해를 추구하는 순간이다. 이 두 번째 단계에서, 우리는 사물이 어떻게 존재하는가에 대한 주장을 효과적으로 행한다. 세 번째로는, 복음의 진리 주장이 어떻게 합리적으로 성립할 수 있는지 그리고 필요할 경우 어떻게 변호될 수 있는지에 대한 진술을 제공하는 것이다. 그러나 그 주장의 성격 때문에, 그 명제뿐만 아니라 그 주장을 하는 당사자가 조사되고 검증을 받아야 한다. 지금 이 글은 이 단계들 가운데서 세 번째에 초점을 맞추고 있다.[14]

이 책의 다른 곳에서 나는 현대 인식론이 처한 곤경을 설명했었다. 나는 이제 그 일반적인 개관에 몇 가지 구체적인 대화 상대를 덧붙이고자 한다. 이렇게 하는 것이 허수아비들을 세워 놓고서 허수아비들과 논란을 벌이는 것보다 낫다. 논란이 되지도 않는 영역에서 진리 주장을 하는 것은 조금도 덕이 되지 못한다. 그러므로 나는 반 하비(Van Harvey)와 프리드리히 니체(Friedrich Nietzsche)가 논의했던 입장에 서서 나의 주장을 전개할 것이다. 반 하비는 진리에 대한 근대의 열심을 대표하는 역사가이며, 니체는 포스트모더니티의 과장적인 해석학을 대변한다. 니체에게 있어서 사실들이란 전혀 존재하지 않으며 해석들만이 존재할 뿐이다. 하비와 니체 모두 복음의 진리 주장을 하는 전통적인 방식들을 판가름한 다음에, 그 방식들이 부족하다고 보았다.

하비의 「역사가와 믿는 자」(*The Historian and the Believer*)는 복음의 진리 주장에 대한 가장 강력한 근대 도전들 가운데 하나를 대변한다.[15] 하비는, 이성적인 사상가들이라면 판단의 이상(理想)에 전념해야 한다고 믿는다. 그 이상은 또한 지식의 도덕성이기도 하다. 하비가 볼 때, 합리성은 한 사람이 자신의 지성적인 의무를 행하는 일에 해당한다. 하비는 법정 은유에 호소하며, 역사가를 증인들을 대질 심문하고 증인들의 이야기들을 분석하는 검사의 역할에 투영한다.

반면에 니체는 급진적인 의구심의 해석학을 대변한다. 그가 볼 때 모든 진리 주장은 사실 권력 의지의 반영이다. 그는 그리스도인들이 자연적이며 삶을 고양시키는 모든 것에 대한 증오심에 뿌리박은 허구적인 세계에서 살아간다고 주장한다. 살기 위해서는 죽어야 한다는 생각은 그가 볼 때 실재

---

14) 나는 좀 자유롭게 고대 성경 해석학에서 이끌어 온 한 가지 모델을 채택했다. 그것은 *explicatio*(해석), *meditatio*(묵상), *applicatio*(적용)다. *explicatio*는 세계에 대한 한 사람의 해석을 뒷받침하는 감추어진 신학적 전제들을 드러내는 일이며, *meditatio*는 전체에 비추어 부분들을 성찰함으로써 실재에 대한 해석을 확립하는 일이며, *applicatio*는 그 실천적 함의들을 드러냄으로써 해석을 적용하는 것이다. 따라서 나의 방법은 John Frame이 *Apologetics to the Glory of God: An Introduction* (Phillipsburg, N. J.: Presbyterian & Reformed, 1994)에서 공격(신앙/불신앙을 폭로함), 증명(신앙/신념의 기반을 제시함), 방어/변호(신앙/신념에 대한 반론들에 대해 답변함)라고 일컫는 세 가지 순간을 포함한다. 이 방법은 또한 개시하는 수순들과 입지 강화와 끝내기로 발전하는 체스 게임의 전개와 비슷하다.
15) Van Harvey, *The Historian and the Believer: The Morality of Historical Knowledge and Christian Belief* (Philadelphia: Westminster Press, 1966).

(reality)에 대한 부인이다. 니체는 실재에 대한 뚜렷한 반(反)기독교적 해석을 대변하며, 특히 그리스도의 십자가에 대한 그릇된 해석을 대변한다. 그러므로 진리 일반과 특히 기독교적인 진리를 공격함에 있어서, 니체는 중요한 대항신학적 주장을 전개한다.

나의 마지막 대화 상대는 응당 소크라테스다. 우리는 이미 소크라테스가 다른 것의 도움 없이 이성을 수단으로 해서 지혜의 길을 계발하고, 전체에 대한 진리에 도달하려는 철학의 독립적인 시도를 대변하고 있음을 보았었다. 그는 또한 선교에도 참여하고 있다. (그리고 그 점에 있어서는 하비와 니체도 마찬가지다.) 소크라테스는 진리에 대한 철학의 열정과 진리에 관한 모든 주장에 대한 철학의 지속적인 점검 둘 다를 대변한다. 따라서 소크라테스는 합리성의 구성적 원리와 그 본래적 한계들을 상징한다.

폭로의 인식론

그 이름이 시사하듯, 드러내는 일은 인식론적 일차 단계다(라틴어 *exponere*는 '벗겨 내다'라는 뜻이다). 폭로하는 것은 현저히 포스트모더니즘적인 행동이지만, 포스트모더주의자들이 그런 일을 행한 첫 번째 사람은 결코 아니다.[16] 실로, 소크라테스는 이 부정적인 의구심의 해석학을 실증한다. 니체와 포스트모던주의자들처럼 그가 거짓으로 지식이라고 일컬어지는 것을 폭로하는 데 관심을 기울이기 때문이다.

폭로의(expository) 인식론은 한 사람의 궁극적인 믿음 혹은 전제를 드러내는 일을 목적으로 한다. 신학자는 전제 없는 주해는 불가능하다는 불트만의 해석학적 격률을 취하여 그것을 인식론적으로 번역한다. 믿음 없는 행위는 불가능하다. 로완 윌리엄스(Rowan Williams)는, 형이상학을 실천으로 말미암아 우리가 접촉할 수밖에 없는 실질적인 실재의 성격에 대한 기본적인 통찰들을 밝히려는 시도라고 정의했다.[17] 검토되고 노출되어야 할 대상은 우

---

16) John W. Cooper는 20세기 화란의 칼뱅주의자들이(예를 들면, Cornelius Van Til, Hermann Dooyeweerd) 좀더 일찍이 소위 인간 이성의 중립성과 자율성을 공격했음을 올바르게 일깨운다 ["Reformed Apologetics and the Challenge of Post-modern Relativism", *Calvin Theological Journal* 28 (1993): 108-120].

17) Rowan Williams, "Beyond Politics and Metaphysics", *Modern Theology* 11 (1995): 3-22.

리가 사물이 존재하는 방식이라고 여기면서 헌신하는 자세들이다. 이러한 헌신의 태도는 우리에게 가장 친숙하며 가장 중요한 실천들 가운데 함축되어 있다. 만일 우리가 어째서 이러한 실천들이 임의적이 아닌지를 묻는다면, 논의는 즉시 형이상학적이 된다. 그러므로 폭로의 인식론은 '실천들의 해석학'을 반드시 포함해야 한다. 간단히 말해서, 초월적인 물음은 한 사람의 믿음이나 의구심이 궁극적으로 어느 것에 근거하는지를 드러낸다.

소크라테스의 폭로 방법은 그의 사명의식에 근거한다. 즉 자신이 지혜롭다고 생각하는 사람들에게 그들이 그렇지 않음을 보여 주어야 한다는 것이다. 전형적인 소크라테스식 대화의 목표는 소크라테스의 대화 상대들이 실제로는 그들이 안다고 생각하는 '가장 중요한 것들'을(거룩함, 선함, 지식, 정의 등이 무엇인가를) 모르고 있음을 드러내 보이는 것이다. 소크라테스는 자신의 대화 상대들이 호된 테스트를 거치게 만들어서, 그들의 부족함을 찾아낸다. 이러한 인식론적 방법이 바로 키에르케고르의 연구서 「소크라테스를 계속 염두에 둔, 아이러니의 개념」(*The Concept of Irony, with Constant Reference to Socrates*)이다.[18] '진짜 중요한 것들'에 대해 그들이 진짜로는 지혜롭지 않음을 지혜자들에게 보여 주기 위해 소크라테스는 무지를 가장한다. 키에르케고르가 볼 때, 이러한 인식론의 아이러니는 어떠한 단 하나의 논의의 성격이라기보다는, 소크라테스라는 사람됨의 자질에 더 가깝다. 지식에 도전을 가하고, 아무런 대답도 제공하지도 않고, 그렇게 하면서 지혜롭게 해준다고 주장하는 것이 바로 소크라테스의 무지다. 키에르케고르가 볼 때, 소크라테스의 인식론적 산파술은 "무한 부정"(infinite negativity)이다. 즉 소크라테스는 스스로를 지혜롭다고 생각하는 자들의 허위 의견을 해체함으로써 진리를 위한 길을 마련하는 것이다.

니체 또한 확신적인 신앙들에 대해 의문을 제기하는 데 아이러니를 사용한다.[19] 소크라테스와 마찬가지로, 니체도 자신의 독자들에게 그들이 '가장

---

18) Søren Kierkegaard, The Concept of Irony, trans. Howard V. Hong and Edna H. Hong (Princeton, N. J.: Princeton University Press, 1989).

19) Friedrich Schlegel의 정의는 18세기 후반과 19세기에 유행했던 아이러니에 대한 낭만주의적 변형을 요약했다. "세계는 본질상 역설적이며, 오직 양가적(兩價的)인 태도만이 세계의 모순적인 전체성을 파악할 수 있다는 사실에 대한 인식"[Rene Wellek, A History of Modern Criticism (1750-1950) : The Romantic Age (New Haven, Conn.: Yale University Press, 1955), p. 14에서 재인용함].

중요한 것들'을 실제로는 모르고 있음을 보여 주고 싶어 한다. 말의 아이러니에서는 사람이 자신이 실제로 의미하는 바를 말하지 않지만, 내가 말하는 **형이상학적 아이러니**에서는 사람이 자신의 개념과 이론이 세계에 실질적으로 부합한다는 사실을 믿지 않는다. 인간은 하나님을 알거나 신으로 알기에는 '너무나 인간적'이다. 그러나 소크라테스와 달리, 니체는 세계와 인생의 근본적으로 비합리적인 성격에 설득 당했다. 이 점에서 그는 '너무나도 인간적인' 것에 대한 포스트모던 몰두를 예상했다. 포스트모더니티에서 인식론에 남은 것은 폐허 가운데 있는 합리성이다.

소크라테스와 니체는 이성의 한계에 관한 반어적 지혜, 궁극적으로는 정당화 된 참 믿음으로서의 지식이라는 그림을 해체하는 '지혜'만을 낳고 있다. 아이러니의 형태의 철학적 검토는 대신에 결코 끝나지 않는 비판이 된다.[20]

니체와 그를 따르는 현시대의 추종자들은 종교가 거짓 것을 위해 진리를 희생하는 상상의 투영이라고 믿는다. 즉, 모든 것은 은유적 투영이며 해석이라는 것이다. 니체는 기독교에 반대하는 예언자의 망토를 입고서, 자신을 진리의 변호자로 제시한다. 즉 세계는 선한 창조가 아니라 어떠한 본래적 구조나 최종 목적도 없이 계속해서 쟁투하는 세력들의 마당이라는 것이다. 충분히 아이러니하게도, 니체는 마치 진리가 무엇인지를(기독교는 진리가 **아니라는** 것을) 안다는 듯이 말한다. 절대적 회의론과 마찬가지로, 절대적인 의구심은 실천상 불가능하다. 니체와 그 부류에서 우리가 발견하는 것은 결국 따지고 보면 **또 하나의** 신앙 변증이다.

대부분의 근대 기독교 변증과 달리, 나는 우선적으로 불신앙을 폭로하는 데 관심이 없고, 대안으로서 움직여 나가는 믿음들을 폭로하는 데 관심이 있다. 감정을 상하게 할 위험은 어쩌면 클 것이다. 아무도 자신이 일관성이 없거나 우상 숭배적(혹은 형이상학적!)임이 드러나는 것을 좋아하지 않기 때문이다. 그렇지만, 이것이 이 폭로(expository) 작업의 목적이다. 즉 우리의

---

20) Kierkegaard의 분석에 비추어서, Socrates에게 그리고 어쩌면 모든 철학에서, 가장 심오한 아이러니는 철학이 인간 존재자 안에서 무한을 찾는다는 사실이라고 감히 제시해 볼 수 있을 것이다. 앞으로 살펴보게 되듯, Kierkegaard는 Socrates를 내재적 종교와 연결한다. 어쩌면, 아이러니는 내면의 성찰을 통해 초월을 찾고자 하는 접근 방식의 불가피한 결과일 것이다. Kierkegaard가 제기하는 물음은 철학자가 과연 내재성을 뛰어넘을 수 있는가, 즉 철학자가 과연 그 자신의 마음 이상을 알 수 있겠는가 하는 것이다.

가장 중요한 활동들이 은연중에 우리에게 갖게 만드는 근본적인 헌신의 방향을 명백하게 밝혀내는 것이다.

해석학적 인식론: 실재 읽기

폭로의 인식론은 우리 자신의 입장을 정립하는 긍정적인 순간(positive moment, 라틴어로 *ponere*, '내세우다')에 의해 균형을 잡아야 한다.

긍정적이라는 말은 또 다른 의미를 지닌다. 기독교의 핵심적인 믿음은 그 믿음이 보편적 이성에 근거하는 것이 아니라 특정한 역사상의 인물들과 사건들(계시)에 대한 증거에 근거한다는 의미에서 '실증적'(positive)이다. 십자가라는 스캔들은 최소한 부분적으로는 인식론적이다. 그리고 이 사실은 복음의 실증성(positivity)과 특이성(particularity)을 초래한다. 그렇지만 키에르케고르에 따르면, 사도와 천재의 차이점을 발생시키는 것이 바로 이 실증성이다. 신학적 진리 주장의 성격은 그 자원도 그 기준도 '오직 이성의 한계들 안에' 있는 내재(immanence)의 영역에 위치할 수 없는 것이다.

해석학이라는 제목 아래서 신학적 진리 주장을 논의하는 데는 여러 가지 이유가 있다. 첫째, 해석학은 객관주의와 상대주의 중에서 하나를 택해야 하는 것에 대한 가능한 대안이다. 객관주의는 우리가 합리성과 지식과 진리와 올바름의 성격을 결정할 때 호소할 수 있는 어떤 영구적인 틀이 있다는 신념이다. 객관주의자는 철학의 할 일은 실재와 합리성 모두의 객관적인 구조를 확인하고 변호하는 것이라고 말할 것이다. 이에 대한 나의 대항논제는 그와 같은 보편적인 틀이 없더라도, 우리에게는 이 일을 하는 데 비교적 적합한 여러 틀이 있다는 것이다.[21] 폴 리쾨르가 말하듯, 우리는 절대적 지식과 해석학 사이에서 하나를 선택해야 한다 우리 시대는 자료들 자체에 이론이 깔려 있음을, 이성의 '불순성'(impurity)을 인정한다. 자신의 생각은 문화적, 역사적, 언어적 조건으로부터 자유롭다고 주장하는 사람들의 말을 진지하게 받아들

---

21) 여기에서 내가 생각하는 것은 다양한 분야의 관점들만이 아니라 성경 담론의 다양한 문학 장르다. 그 장르들 각각은 세계를 경험하고 바라보는 한 가지 방식을 이룬다. Kevin Vanhoozer, "Language, Literary, Hermeneutics and Biblical Theology: What's Theological About a Theological Dictionary?" in *The New International Dictionary of Old Testament Theology and Exegesis*, ed. William A. VanGemeren (Grand Rapids, Mich.: Zondervan, 1997), vol. 1, chap. 1를 보라.

이기가 점점 더 어려워진다. 그렇지만, 우리는 이성의 해석학적 시대에도 신학적 진리 주장들을 전개할 수 있다.

둘째로, 해석학은 아마도 신학적 진리 주장의 성격에 가장 잘 부합하는 분야일 것이다. 왜냐하면, 진리에 대한 신학적 주장이란 성경의 증언에 관심을 기울이기 때문이며, 또한 **전체의 의미**를 다루기 때문이다. 따라서 해석학은 인식론에서 소홀히 다루어졌던 주제, 말하자면 이해를 회복할 수 있게 해준다.[22] 이 일은 '데카르트적 관점'을 포기하는 일을 포함한다. 데카르트적 관점에서는 초점이 개인 단독자의 개별적인 믿음에 있으며, 명제적인 지식을 획득하는 것을 목표로 한다.[23] 반면에, 린다 작제프스키(Linda Zagzebski)에 따르면, 이해는 "단독 명제적 대상을 향해 있는 상태가 아니다.…우리는 [명제] p를 실재의 전부에 대한 전체적인 패턴에 대한 우리의 이해의 일부분으로 이해한다."[24]

그러므로, 지식을 해석의 한 형태로 바라보는 것은 인식론에 대한 전통적 개념을 **확대하고 풍성하게 만드는** 것이다. 더욱이, 그러한 관점은 상상력 — 전체 패턴의 맥락에서 사물들을 묶어서 바라볼 수 있는 능력 — 을 재천명하게 만든다. 상상력에 대한 이와 같은 자의식적인 전유는 중요하다. 왜냐하면, 기독교 변증자에게 가장 위협적인 장애물은 이러저러한 주장이 아니라 오히려 종합적인 척하면서 일면적인(flattened-out) 자연주의로 생각을 몰고 가는 획일적인 세속 문화나 그 틀이기 때문이다. 정리하자면, 사유하는 해석학적 모델은 한 사람의 신학에, 부정적인 순간과 긍정적인 순간 둘 다(폭로하며,

---

22) Linda Trinkaus Zagzebski는 현대의 인식론이 이해와 지혜 둘 다를 소홀히 한다고 말한다. 이해가 언급될 때, 대개 따로 고립되는 한 명제의 의미에 대한 최소한의 파악과 동일시된다고 그녀는 말한다. 신학적 진리 주장을 전체의 의미에 대한 주장이라고 보는 나의 정의는 이러한 실수 둘 다를 수정할 수 있도록 해준다. 이 항목에서 초점은 이해에 있지만, 마지막 이전 항목인 "십자가의 인식론"에서 지혜의 주제로 되돌아갈 것이다. Zagzebski, *Virtues of the Mind: An Inquiry into the Nature of Virtue and the Ethical Foundations of Knowledge* (Cambridge: Cambridge University Press, 1996), pp. 43-51를 보라.

23) '데카르트적 관점'에 대한 서술과 비판을 보려면, Jonathan Kvanvig, *The Intellectual Virtues and the Life of the Mind*(Lanham, Md.: Rowman & Littlefield, 1992), pp. 181-182를 보라.

24) Zagzebski, *Virtues of the Mind*, p. 49. 이해가 파악하는 '전체'가 단순히 이론이나 명제에 대한 파악의 문제가 아니라 여러 다른 종류의 사실과 정황을 포함하고 있음을 첨가하는 것이 중요하다. 해석학은 또한 하나의 전체로서 화행을 바라보며 그 명제적 내용만을 바라보는 것이 아니라는 점에서 전체적(holistic)이다.

제안하는 순간)를 허용하며 또한 때가 되면 살펴보겠지만 비판적 점검을 허용하는 것이다.[25]

인식론적 개념으로서의 텍스트와 해석. 세계가 자연의 책이라고 불리는 것은 당연한 일이다. 자연주의를 받아들이는 사람들이 볼 때, 세계는 의미하지 않고 그냥 있을 뿐이다. 그러나 그리스도인들을 포함해서 그 외의 사람들이 볼 때, 세계는 해석해 달라고 외치고 있다. 니체는 통찰력 있게 인간 존재자들을 "호모 헤르메뉴틱스(homo hermeneutics), 언제나 필연적으로 해석해 나가는 유기체"라고 그렸다. 물론 그릇되게도 해석이 인식의 한 형태일 수 있음을 부인하지만 말이다.[26] 이성의 해석학적 시대에 지식은 패러다임과 인식의 틀에 대해 상대적인, 상황 의존적일 것이다. 물론 비판적인 실재론적 진술에서는, 그럼에도 불구하고 그 지식은 여전히 지식―즉, 실재에 내가 인지적으로 접촉할 수 있게 해주는 수단―이다.

그러나 마르틴 부버(Martin Buber)에 따르면, 세계에 해석학을 제공한 것은 기독교다. 기독교는 말씀과 세계에 대한 어떤 정확한 해석, 즉 **하나님**의 해석이 있다는 확신을 제공한다. 그리스도인들이 볼 때, 하나님의 말씀은 우리가 하나님과 세계와 자신에 대한 이해를 추구하면서 그것들을 바라보는 렌즈를 제공하는 기본 텍스트다. 성경의 증거와 더불어, 그리스도 안에 있는 하나님의 계시는 독특한 기독교적 세계관을 낳는다. 이 기본 텍스트는 '가장 중요한 것'을 이해하는 기술적(descriptive) 과제를 위한 개념을 그리고 그 개념을 삶으로 살아내는 지시적(prescriptive) 과제를 위한 명령을 제공한다.

세계관이란, 개별적이며 사회적이며 우주적인 실재에 대한 종합적 해석이다. 그것은 삶의 '의미'―그 기원, 본성, 운명―에 대한 종합적 해석이다. 이제 신학에 대한 또 하나의 정의를 제시해 보도록 하자. 신학은 **실재에 대한 기독교적 해석의 반성적이며 능동적인 표현**이다.[27] 실재에 대한 기독교적 해석

---

25) 여기에서 나는 폭로 신학을 의구심의 해석학에 그리고 긍정적 신학을 믿음의 해석학에 연결한다.
26) Karen L. Carr, *The Banalization of Nihilism: Twentieth-Century Responses to Meaninglessness* (Albany, N. Y.: SUNY Press, 1992), p. 28.
27) 이 사실은 진리에 대한 새로운 정의를 수반한다는 사실에 주목하기 바란다. 즉, 진리는 실재에 대한 하나님의 해석이다. 참고. 하나님의 지식의 대상으로서의 본질계에 대한 Kant의 암묵적 이해 [Immanuel Kant, *Critique of Pure Reason*, trans. Norman Kent Smith (London: Macmillan, 1933), p. 90].

은 성경에 대한 기독교 해석의 한 기능이다. 성경의 각 책은 복음에 대한 권위적인 증언으로 구별해 놓은 것이다. 그러므로 실재에 대한 기독교적 해석을 우리는 '정경적 의미'에 대한 철학이라고 부를 수 있을 것이다. 그 해석은 성경의 각 책의 총합―기독교적 방식의 지혜, 즉 그리스도의 지혜, 십자가의 지혜를 전달해 주면서 상호 연결된 다양한 부분의 총합―이다. 이스라엘과 예수 그리스도의 하나님에 대한 신앙은 그리스도인들로 하여금 최상의 해석 기준인 성경을 받들도록 만든다. 그렇지만, 이 정경적 기준을 철학적으로 확보하려는 모든 시도는 실패할 수밖에 없다. 그러므로 우리가 그리스도에 대해서는 절대적으로 헌신할 수 있지만, 단 하나의 개념적인 도식에 헌신할 필요는 없다. 왜냐하면, 객관적 진리가 반드시 객관주의를 수반하는 것이 아니기 때문이다. 해석학적 신학은 확실성을 확보하겠다고 염원하지도 않으며, 믿음에 대한 만족에 빠지지도 않는다. 해석학적 신학은, 성경에 의해 발생하는 우리의 가장 중요한 기독교적 실천과 활동이 우리로 하여금 궁극적으로 소중하게 여기도록 만드는 것에 대한, 제안된 다양한 해석에 대해 찬반의 판단을 제공한다.

그러므로 내가 동의할 수 있는 유일한 신앙주의(fideism)는 해석학적 신앙주의(hermeneutical fideism)가 될 것이다. 그것은 "생각하기를 피하기 위해 믿는 것"도 아니며, "다른 사람들 위에 군림하기 위해 믿는 것"도 아니며, "자신에 대한 비판을 최소화하기 위해 믿는 것"도 아닌, "이해하기 위해 믿는 것"이다.[28] 진리 주장을 전개하는 신학자로서 우리가 폭로하고 제안하는 것은 궁극적으로 한 사람의 신념과 행위의 근본 이유다. 해석학적 신학은 우리의 정경 텍스트와 공동체의 활동 및 실천들에 의해 발생하며, 그 가운데 구현된 지혜의 방식들에 대한 정당화에 관심을 기울인다.

상상력의 훈련: 기독교적 '프로네시스' 계발하기. "기독교는 실천(*praxis*)이며, 일종의 품성 형성 과업이다"(키에르케고르).[29] 이 점에 대한 주장을 요약

---

28) 이 글의 끝에 가서 나는 신앙주의(fideism)의 문제로 되돌아가서 옥스퍼드 소사전의 정의가 정확한지를 물을 것이다. 사전의 정의는 이렇다. "지식이 신앙적인 근본 행위에 기반을 두고 있다는 사고방식." 사도를 천재와 구별하는 Kierkegaard의 구별 때문에 우리는 사도가 우리에게 말하는 바를 믿는 것이 합리적인지를 묻지 않을 수 없다. 그럼에도 불구하고 신앙주의―종교적 진리가 증거나 이성적 사유의 과정이 아닌 신앙에 근거한다는 입장―가 합리적일 수 있을까?

29) Gouwens, *Kierkegaard as Religious Thinker*, p. 209에서 재인용함.

하면, 이렇다. 지금까지 나는 기독교적 세계관을 형성하고 변호하는 일이 마치 하나의 텍스트를 해석하는 일과 같다고 주장해 왔다. 우리는 다른 관점에서 발생하는 다른 해석이 있음을 충분히 의식하면서, 우리의 전제들을 드러내며, 하나의 해석을 기술해 나가는 방식을 제시한다. 그렇다면, 해석들의 부딪침에 대해서는 어떻게 대처해야 할까?

니체는 종교가 상상의 투영이기 때문에 불가피하게 허위라고 생각했다. 아이러니하게도, 창의성에 대한 자칭 수호자가 상상력에 대한 낮은 수준의 견해를 가지고 있음이 드러난다. 상상의 투영은 허구적 구성물이며, 사물이 존재하는 그대로의 방식에 부합하지 않는다는 것이다. 어떤 해석보다 다른 해석을 선호하는 그의 기준은 그 진실 가치(truth value)가 아닌 '생활 가치'(life-value)(그 가치가 삶을 고양하는가?)와 관련이 있었다. 이와 대조적으로, 나는 전망적 실재론(perspectival realism)을 주장한다. 즉, 정경에 의해 형성되며 지도를 받는 상상력은 진실의 기관(organ)일 수 있다는 것이다. **우리의 어떤 전망은—정확히 말하자면, 성경적인 '말씀의 전망'은—우리가 실재를 올바르게 상상할 수 있도록 할 수 있다.** 그러나 한 사람이 견지하는 세계관은 그 사람의 문화적이며 언어적인 자리와 관련된 문제일 뿐만 아니라 그 사람의 도덕적이며 영적인 자리와 관련된 문제이기도 하다. 즉, 하나의 세계관은 단순히 지적인 도구가 아니라, 궁극적으로 윤리의 더 나아가서 영성의 문제와 관련된 지적 전망의 산물이다.

바른 해석은 올바른 절차를 거치는 일뿐만 아니라 전체를 이해하려는 의욕과 올바른 인식 습관을 갖는 일에도 달려 있다.[30] 사물을 정확하게 인식하기 위해서는 훈련을 받을 필요가 종종 있다. 신학은 과거의 사실을 선언하며(직설법), 또한 그 사실로부터 초래되어야 할 바에 주목하게 만드는(명령법)

---

30) 이해를 지향하며, 올바른 해석을 지향하는 해석학 모델은 흔히 쉽게 인용되는 인식론적 규범들—몇 가지만 말하면, 개인적으로 부각되는 가치(personal discloser value, '이것은 내가 어떤 것을 유익하게 보도록 도와준다'라고 말하는 기준—역주), 경험과의 부합성(empirical fit, '이것은 내게 그리고 내 경험에 맞아 떨어진다'라고 말하는 기준—역주), 논리적 정합성/일관성 등—을 쉽게 동화시킬 수 있다. 과학에서와 마찬가지로, 해석학에서의 합리성이란, 한 사람의 해석을 자유롭고 공개적인 대화 가운데서의 비판적인 검증에 내어놓는 것이다. 이와 같이 기꺼이 자신의 해석을 비판적인 검증 작업에 내어놓는 일을 통해 해석학적 신학이 어떤 비합리적인 신앙주의에 빠지는 일을 막을 수 있는 것이다.

두 가지 일을 다 한다. 그러나 그 주장의 타당성은 이론과 실천 둘 다에 해당하는 문제다. 진리에 대한 신학적 주장을 전개한다는 것은 궁극적으로 실천적 사유, 아리스토텔레스의 '프로네시스'(phronesis, 實踐知)와 유사한 어떤 것을 요구한다. 그것은 복음의 진리 주장을 전개하는 사람으로서 우리에게 특정한 구체적 상황이 요구하는 바를 우리가 알 수 있도록 성경 이야기의 의의와 현시대적 상황의 의의를 파악하는 문제다. 진리에 대한 신학적 주장을 내거는 일은 도구적 이성의 산물도 사변적 이성의 산물도 아니며, 실천적 이성의 산물이다. 그 사유(思惟)는 도덕적 행위에 관해 생각하는 유형의 사유며, 도덕적 책임을 감당해야 하는 것에 관한 유형의 사유다.[31] 실로, 덕을 강조하는 최근의 몇몇 인식론자에 따르면, 합리성은 도덕적이 되는 일의 한 형태―지성에 적용된 윤리학의 한 형태―다. 이 점에 대해서는 아래에서 다시 살펴볼 것이다.[32]

이상의 사실은 이 단락에서의 나의 중심 테제로 이끈다.. 그것은, **포스트모더니티 가운데서의 신학은 지식보다는 오히려 지혜를 향해 다시 방향을 잡아야 한다**는 것이다. 나는 지혜가 모더니티와 마찬가지로 포스트모더니티가 분리한 것―형이상학과 도덕, 이론과 실천, 사실과 가치―을 통합하는 수단이라고 믿는다. 지혜는 어떤 것들을 인식하는 문제일 뿐만 아니라 한 사람의 지식이 결실을 맺게 하는 문제이기도 하다. 지혜는 당장의 문제에 진리를 적절하게 적용할 수 있는 능력에 해당한다. 지혜는 앎과 행함, 판단과 활동의 통합을 위한 효과적인 수단이다. 지혜로운 사람은 해당 상황에서 무엇을 해야 할지 안다. 즉, 지혜로운 사람은 이해를 한다. 이처럼 지혜는 보편적인 것과 특수한 것을 통합하는 방식을 제공한다. 진리와 형이상학은 이 견해에서는 '에피스테메'(episteme, 理論知) 혹은 이론적 사유와 연관해서가 아니라, 오히려

---

31) Paul Helm은 믿기 역시 실천 이성의 한 종(種)일 수 있다고 제안한다. "믿기의 실천은 어떤 선택된 목적을 획득하는 수단, 진리를 소유하는 수단으로 간주될 수도 있을 것이다" [Belief Policies (Cambridge: Cambridge University Press, 1994), p. 143]. 나는 이후에 인식론이 지닌 윤리적 차원을 더 탐구할 것이다.

32) 예를 들어, Linda Trinkaus Zagzebski, "The Place of Phronesis in the Methodology of Theology", in *Philosophy and Theological Discourse*, ed. Stephen T. Davis (New York: St. Martin's 1997), pp. 204, 223; James A. Montmarquet, *Epistemic Virtue and Doxastic Responsibility*(Lanham, Md.: Rowman & Littlefield, 1993)를 보라.

'프로네시스'와 관련해서 포스트모더니티로 복귀한다.

상상력을 훈련시키고, 경험을 기술하는 해석의 틀을 발생시키는 한, 성경은 기독교적 '프로네시스'를 계발하는 핵심적인 수단이다. 기독교 신학자의 과업은 어떤 상황에 처하더라도 그 가운데서 기독교적 방식의 합리적 우월성과 기독교적 지혜를 드러내는 일이다. 그러므로 진리에 대한 신학적 주장을 전개하려는 자는 그 기술과 그 요구 사항들이 창조 세계에 대해 지혜롭게 만들어 주는 것임을 보여 주어야 한다. 나는, 궁극적으로 신학자가 변호하는 바는 하나님의 실존성이 아니라 하나님의 **지혜**라고 주장한다.[33]

기독교의 진리 주장이 검증될 수 있을까? 아마도 '에피스테메'나 '테크네'(techne, 技術知)에 따르면, 검증될 수 없는 것이다. 어떤 신학적 진리 주장을 결론적으로 확실하게 검증할 수 있는 증명이나 과정은 전혀 존재하지 않는다. 이성이 궁극적으로 계시에 대한 판단자가 된다면, 키에르케고르가 말하듯, "하나님과 사도는 위층에 계신 학식 있는 자들이 그 문제를 결정할 때까지 문 곁에서 혹은 짐꾼의 숙소에서 기다려야 한다."[34] 그럼에도 불구하고, 실천 이성 혹은 '프로네시스'의 영역에서는 일종의 검증이 성립할 수도 있다. 우리는 전체에 대한 어떤 기독교적 비전에 비추어서, 우리가 잘 행할 수 있는 상황에서 성경적 지혜를 실증하거나 확증한다. 어떻게 잘 살아가는가에 관해 비기독교인들과 벌이는 논란은 대개 우리가 처한 상황에 대한 경쟁적인 기술을 향하게 마련이다. 신학자는 세계에 대한 성경적 전망을 제공한다. 진리에 대한 신학적 주장을 전개하려는 사람들은 위축된 상상력에서 나오는 열악한 묘사에는 어리석음이 따른다는 것을 보여 주어야 한다. 예를 들면, 성관계를 단순히 육체적 만남과 육체의 움직임으로 묘사하거나 정의를 다수의 의지로 묘사하는 일이다. 만일 신학이 기독교적 방식과 진리와 삶에 대한 우리의 지지 바탕에 깔린 지적 구조를 표출하는 담론이라면, 그 비임의성(nonarbitrariness)에 대한 '증명'은 뒤따라 나오는 것이다(즉, 그 담론이 이끌어 주는 논의에 따라 나온다). 자신의 억지 기준들(Procrustean beds)을

---

[33] 하나님의 실존성에 대한 믿음은 복음적 진리 주장의 필수적 요소일 수 있지만, 충분조건은 아니다. "귀신들도 믿고 떠느니라"(약 2:19). 다시 말해서, 명제들에 대한 동의는 아직 지혜가 아니다. 사람이 하나님에 대한 불신앙 때문에 유죄가 될 수 있는가에 대한 물음에 대해서는 다음에 논의한다.
[34] Kierkegaard, "On the Difference", p. 148.

걷어치우고 일어나 걷기 시작할 때에야 비로소 우리는 신학적 주장을 이해하고 추천하게 된다. 간단히 말해서, 지혜를 얻는다는 것은 기독교적 해석의 보상이다.

우리가 진리를 다른 사람에게 강요할 수는 없다. 이렇게 강요하는 것은 진리에 대한 십자군적인 주장 모델이다. 그리고 그런 일은 통하지 않는다. 신학적 지식은 궁극적으로 순종의 행위를 통해 획득되는 것이다(요 7:17). 다시 말하지만, 바른 행위에는 바른 상상력이 필요하다. '프로네시스'는 제대로 잘 보고 잘 행하는 것의 문제다. 오직 우리가 상황을 바르게 그릴 수 있을 경우에만 그 상황에 맞게 처신할 수 있다. 전체를 인식하는 기능인 상상력은 지혜의 핵심 요소다. 지혜로운 사람은 자신이 들어맞는 방식으로, 따라서 사람들로 하여금 번영하게 만드는 방식으로 (그리고 하나님께 영광이 되는 방식으로) 하나님과 세계와 다른 사람과 관계를 형성한다. "그가 하는 모든 일이 다 형통하리로다"(시 1:3). 이론, 세계관, 방식은 모두 한결같이 그것들이 발전하느냐 퇴보하느냐를 보면 검증될 수 있다. "그들의 열매로 그들을 알리라."

볼프하르트 판넨베르크는 다음과 같이 논한다. "개인적이든 공식적이든, 모든 해석은 그 주제의 진실성에 비추어 점검되는 것이다. 그 진실성은 어느 한 주해자에 의해 결정되는 것이 아니라 주해의 논쟁 과정에서 결정되는 것이다."[35] 참으로 타당한 말이다. 그렇지만, 기독교적 방식으로 진리에 대한 신학적인 주장을 따져 본다고 할 때, 그 궁극적 점검은 논쟁이 아니라 삶과 죽음에 대한 판가름(trial)이다. 기독교적 지혜는 결실을 이끌어낸다.[36]

십자가의 인식론: 지혜에 대한 증언

지금까지 나는 신학의 과제란 인간 존재자들이 그 자신의 유익을 위해서와 하나님의 영광을 위해 어떻게 실재에 합치할 수 있는지 혹은 어떻게 실재와 관련을 맺을 수 있는지 보여 준다는 목표를 가지고, 실재를 올바르게 읽는 것이라고 주장해 왔다. 그러나 우리가 실제로 이 해석학적 접근 방법에 인식

---

35) Wolfhart Pannenberg, *Systematic Theology* (Grand Rapids, Mich.: Eerdmans, 1991), 1:15.
36) 윤리학과 인식론 사이의 통합적 연결에 주목하라. 다음에서 보게 되듯, 지적인 덕은 진리를 유도하기 때문에 인식상으로 특권적인 것이다. 마찬가지로, 지혜는 열매를 유도하기 때문에 윤리적으로 특권적이다.

론이라는 이름을 붙일 수 있을까? 복음의 진리 주장을 이성적으로 정당화한다는 것이 가능한 일일까? 그렇게 하기에는 장애물이 막강한 것 같다. 결국, 과연 하나님이 그리스도 안에서 만물을 자신과 화목하게 하셨는지의 여부를 알 수 있는 위치에 있는 자가 누구일까? 그리고 다원주의 세계에서, 어째서 우리는 전체의 의미에 대해 다른 어느 것의 증언이 아니라 기독교적 증언에 귀 기울여야 할까?

나는 이 글을 시작하면서 기독교 신학이 현대 인식론의 곤경 가운데서 진리 주장을 전개하는 프로젝트에 무엇을 기여할 수 있는지 물었다. 물론 내가 제시하는 바는 특정한 조건과 매우 독특한 주제를 가진 특수 학문 분야인 신학이 우리의 지식을 단순한 의견으로부터 분류해 내거나 믿음을 정당화하는 일에 대해 일반 인식론에 무엇인가 할 말을 가지고 있다는 것이 아니다. 우리는 아테네(이성)와 예루살렘(믿음)을 안다. 그러나 인식론은 나다나엘처럼 의심이 많아서 "나사렛에서 무슨 선한 것이 나올 수 있느냐?"(요 1:46)라고 쉽게 물을 수 있다. 그에 대한 간단한 답변은 이것이다. "그렇다, 바로 예수 그리스도다."

예수님은 자신의 인격과 사역을 아주 명확하게 진리 개념과 연결한다. "내가 이를 위하여 태어났으며 이를 위하여 세상에 왔나니 곧 진리에 대하여 증언하려 함이로라"(요 18:37). 예수님에 대한 내러티브, 특히 그분의 재판에 대한 내러티브는 진리에 대한 주장들을 내걸고 전개하는 일에 포함된 것이 무엇인지에 대한 풍부한 진술을 제공해 준다.[37] 기독교 전통에서, 증언은 앎의 한 방법이다. 그리고 증언하는 자에 해당하는 헬라어—*martyr*—는 진리에 대해 '증언을 행한다'는 측면과 진리를 위해 '목숨을 바친다'는 두 측면

---

37) 다음에 이어지는 내용에서 내가 말하고자 하는 바는 성경 해석 연구가 일반 해석학에 대한 통찰을 낳듯이, 신학적 진리 주장을 전개하는 데 포함되는 내용에 대한 검토는 일반 인식론을 위한 유익을 제공한다는 것이다. 그 논의에 대한 신학의 기여는 우리가 건덕 인식론을 지지할 경우 가장 잘 드러난다는 것이 나의 주장이다. 물론 이것만이 그러한 접근 방식에 동의하는 유일한 이유는 아니지만 말이다. 건덕 인식론은 특히 복음적 진리 주장을 전개하는 데 잘 부합하는 것으로 여겨진다. 인식론이 고유하게 신학적인 덕성들에 의해 밝혀진다는 사실을 전제로 해서 말이다(이 점에 대해서는 그 다음을 보라). 예상할 수 있는 것은 Montmarquet가 말하듯, "인식에 관한 덕성들이 진리를 열망하는 사람이 소유하고자 원할 수 있는 특성들로 나타난다"면(*Epistemic Virtue*, p. viii), 그러한 인식에 관한 덕성들은 진리에 대한 열정을 가진 사람의 특성들에 의해 좀더 완벽하게 드러나게 되는 것이 아닐까?

을 다 포함한다. 순교는 궁극적으로 신학적 진리 주장을 전개하는 데 요구되는 것이라고 나는 주장한다. 왜냐하면, 그 명제만이 아니라 증언하는 전체 화행이 궁극적으로 지혜의 길에 관한 진리 주장들을 전달해 주기 때문이다. 순교자의 증언은 전통적인 정당화 모델들에 대한 포스트모던 비판에 대해 그리고 진리 개념을 향한 포스트모던 무관심에 대해 답변한다. 특히 나는 순교가 덕성에 기반을 둔 인식론에 기여하는 여러 측면에 관심을 기울이고자 한다. 마지막으로, 나는 소크라테스에 대한 재판과 예수님에 대한 재판을 대조함으로써 순교론적 접근 방법이 신학에만 독특한 것이 아니며 진리를 유도해 내지도 못한다는 반론에 대해 고찰하고자 한다. 왜냐하면, 열정적인 헌신만으로는 합리성에 대한 기준으로 불충분하기 때문이다("광신자들은 언제나 너희와 함께 있을 것이다"). 하지만, 어떻게 신학이 인식론에 자격을 주는지를 보여 주기에 앞서, 지적인 덕이라는 개념을 소개하는 것이 필요할 것이다.

덕을 중시하는 인식론과 진리에 대한 욕구. 건덕 인식론은 우리가 믿는 바에 대해서는 우리에게 책임이 있다는 통찰에서 시작한다고 말할 수 있다. 믿는 일은 우리가 하는 것이기 때문에, 평가의 대상이 된다. 즉 믿는 일은 옳을 수도 있고 그를 수도 있으며, 빈약하게 믿을 수도 있고 잘 믿을 수도 있다. 하나의 덕은 획득된 우수성이다. 그리고 "어떤 바람직한 목적을 낳고자 하며, 확실히 그 목적을 실현하고자 하는 특징적인 동기"를 포함한다.[38] 지적인 덕과 도덕적인 덕을 제일 처음 구별한 사람은 아리스토텔레스였다.[39] 지적인 덕은 두 가지 중요한 점에서 도덕적인 덕과 다르다. (1) 지적인 덕은 진리에 대한 일반적인 동기에서 비롯된다. 그리고 (2) 지적인 덕은 이 동기의 목적들을 확실히 획득하는 습관들을 계발한다.

건덕 인식론은 믿는 일에 있어서 규범적 요소를 밝혀내려는 목적을 가지고 있다. 즉 믿는 일, 믿음을 **올바른 것**으로 만드는 일이 무엇인지를 밝히고자 한다. 대략적으로 말해서, 그 기본적인 생각은 진리란 지적인 덕에 속하는 행

---

38) Zagzebski, *Virtues of the Mind*, p. 137.
39) 참고. 그의 *Nicomachean Ethics* 6. 그러나 건덕 인식론자들이 지적인 덕은 도덕적인 덕과는 종류가 다르다는 아리스토텔레스의 주장을 논박한다는 점에 주목하는 것이 중요하다. Zagzebski와 Montmarquet는 모두, 예를 들어 합리성이 도덕적이 되는 한 방식이며, 도덕성과 마찬가지로 합리성은 *phronesis*에 의해 지배되어야 한다고 주장한다. Zagzebski, Virtues of the Mind, pp. 137-158 그리고 Montmarquet, *Epistemic Virtue*, chap. 2을 보라.

위를 통해 획득된다는 것이다.[40] 지적인 덕성—열려 있는 마음, 양심 있음, 불편부당성—은 지식과 진리에로, 즉 "실재와의 인지적 접촉"으로 유도한다.[41] 그것은 진리를 획득하려는 욕구와 더불어 시작한다. 작제프스키에 따르면, "진리에 대한 동기는 에피스테메적인 선(善)의 구성 요소다."[42] 지적인 덕을 지적인 기술(skill)과 혼동하지 않는 것이 중요하다. 지적인 기술은 능력이며, 지적인 덕은 탁월성이다. 더욱이, 하나의 덕은 품성의 특징이다. 그것은 우선적으로 덕 있는(virtuous) 사람들을 모방함으로써 익혀지는, 심오하며 지속적인 획득된 우수성이다.[43] 그러므로, 에피스테메적인 덕성들은 "주제와는 상관없이, 일반적으로 진리에 대한 발견으로 유도하는" 품성상의 특성들이다.[44]

이처럼 덕이야말로 어떤 행위의 옳음(윤리학)이나 어떤 신념의 옳음(인식론)을 결정해 주는 가장 유용한 기준이라는 지성적 덕의 개념은, 절차와 수단이 아니라 사람에 초점을 맞춘다.[45] 다시 말해서, 어떤 신념은 지적인 덕을 갖춘 사람에 의해 견지될 때 정당화된다는 것이다. "그러므로 '인식의 측면에서 책임성 있는' 사람은 진리에 도달하고 오류를 피하려고 (자신의 최선을 다하거나 이성적으로 열심히) 노력할 것이다."[46] 그렇게 될 때, 하나의 신념을 **올바른 것**으로 만드는 부가적 사실인 정당화(justification)는 그 일차적

---

40) Montmarquet는 다음과 같은 정의를 제공한다. "S가 p를 믿는 데 있어서 인식상으로 덕스러운 한, S는 p를 믿는 데 있어서 정당화된다"(Epistemic Virtue, p. 99).
41) Zagzebski, *Virtues of the Mind*, p. 168. 다음과 같은 그녀의 지식에 대한 정의를 주목하라. "지적인 덕성의 행위에서 발생하는 실재와의 인지적 접촉 상태"(p. 270). 또한 덕이 어떤 결과를 성취하는 적성(예를 들면, 참된 신념에 도달하는 적성)을 가리키는 하나의 '성공'의 언어임도 주목하라.
42) Zagzebski, "Place of Phronesis", p. 209.
43) Zagzebski는 덕성이 과연 규칙이나 절차를 따르는 일을 통해 습득될 수 있는지를 의심한다. 그보다는 덕을 소유한 사람들을 견습하는 것이 더 좋으며, 차선책으로는 그러한 사람들에 대한 내러티브를 읽는 것이 더 낫다고 말한다(같은 책, p. 181).
44) Montmarquet, Epistemic Virtue, p. 19.
45) 참고. Ernst Sosa, "The Raft and the Pyramid: Coherence Versus Foundations in the Theory of Knowledge", in *Studies in Epistemology, Midwest Studies in Philosophy* 5 (Notre Dame, Ind.: University of Notre Dame Press, 1980)와, 인식론자들이 신념의 속성(예를 들면, 토대주의)이나 합리적 절차(예를 들면, 정합주의)에 대해서보다는 지적인 덕성, 한 사람의 특성에 초점을 맞추어야 한다는 제안에 대한 이전의 진술들을 보려면, "Knowledge and Intellectual Virtue", *Monist* 68 (1985): 226-245를 보라.
46) Montmarquet, *Epistemic Virtue*, p. 21.

인—지적인 덕을 가진 사람들의 내면적인—특성으로부터 발생하는 이차적인 특성이 된다.[47]

나의 목적상, 건덕 인식론은 특별히 괄목할 만한 한 가지 생각을 부각한다. 그것은 인식론이 마음의 일이라는 것이다. 모든 것은 진리에 대한 욕구에서 시작된다. 앞으로 살펴보겠지만, 이 욕구 자체는 합리적이지 못하지만, 흔히 말하듯 천재는 90퍼센트가 열정이다. 분명 하나님에 대한 지식에 이르게 될 때, 진리에 대한 열정이 요구되는 것이다. 그 지식은 전인적(全人的)인 문제이기도 하다. "네 마음(heart)을 다하고 목숨(soul)을 다하고 뜻(mind)을 다하여 주 너의 하나님을 사랑하라"(마 22:37). 성경에 어떤 발아적인 인식론이 함축되어 있는 한, 그 인식론은 머리만 다루지 않고 한 사람의 인격적 존재의 핵심을 다룬다. "사람이 마음으로 믿어 의에 이르고"(롬 10:10). 이처럼, 건덕 인식론은 오랫동안 무시되어 왔던 요소들을 지식과 진리와 합리성에 관한 대화 가운데 허입(許入)해 주는 장점을 가지고 있다.

십자가의 인식론과 영광의 인식론. '에피스테메'의 덕 개념과 공존하는 것이 바로 '에피스테메'의 악덕의 개념 혹은 지적인 죄(noetic sin)의 개념이다. 언제나 붙어 다니는 이론지적인 악덕의 하나는 자신의 논증이나 결론을 지나치게 높게 생각하는 경향인 지적 교만이다. 특히 신학자들은 루터를 따라서 소위 '영광의 인식론'이라고 말할 수 있는 것을 경계해야 한다. 그것은 인간 존재자들이 천성적으로 가지고 있는 논리적 추론의 힘과 지적 작업을 통해서 하나님에 대한 지식을 (그리고 따라서 복음의 진리 주장에 대한 지식을) 달성할 수 있다고 믿는 신념이다.[48] 천재와 사도 사이의 차이점에 대한 키에르케고르의 조심스러운 구분도 마찬가지로 영광의 인식론에 대한 그리고 사람이 "이성으로 하나님을 찾을" 수 있다는 생각에 대한 공격으로 볼 수 있을 것이다.[49] 천재의 영광은 오직 내재의 영역에서만 빛을 발한다. 그리고

---

47) 어떤 인격적 특성이 진리로 유도하는지 우리가 어떻게 알까? 예를 들어, 어째서 요행스럽게 맞추기는 인식에 관한 덕이 아닌가? Zagzebski는 추측은 참 신념을 낳는 데 있어서 믿을 만한 절차가 아니기 때문이라고 믿는다. 더욱이, "추측이 믿을만 하지 못하다는 사실에 대한 자각은 나의 책임 영역에 들어 있는 것이다"("Place of Phronesis", p. 209). 어떠한 절차가 믿을 만한 것일까? 이것은 "믿는 자의 성격과, 믿는 자 및 알려질 수 있는 세계 사이의 '부합'에 의해 결정된다(p. 210). Montmarquet도 이에 동의한다. 인식에 관한 덕성은, 세계에 주어진 조건들 가운데서, 진리를 욕망하는 사람이 모방하고자 하는 자질이다(*Epistemic Virtue*, p. 30).

그것도 당분간일 뿐이다. 천재는 인류가 발전해 나가면서 어떻게 해서든 마침내 배우게 될 것을 먼저 발견한 사람일뿐이다.

영광의 인식론은 자기 초월을 위한 전략이다. 그 전략에 의해서, 인식하는 자는 신념에서 그릇된 종류의 지지를 말소하는 어떤 과정(정당화)을 수단으로 자신의 주관성(subjectivity)을 극복한다. 예를 들어, 근대 철학은 전성기에 이성을 신의 관점과 동일시하는 경향이 있었다. 좀더 숨을 죽인 포스트모더니즘의 영광의 인식론은 상호주관성의 심하게 제약된 초월성으로 만족한다. 즉, 개인이 할 수 없는 일을 공동체(사회)들은 성취할 수 있다는 것이다['마을이 있어야 한다'(It takes a village…, 미국에는 공동체가 중요하다는 힐러리 클린턴의 책 제목에서 따온 말—역주)]. 그러나 공동체의 여론이, 우리의 신념이란 대중의 의견 이상의 것이라는 가능성을 물리칠 만한 충분한 보험이 될 수 있을까? 널리 믿어지는 사실은 증거의 질이나 그 증거를 테스트하는 절차가 신념을 정당화한다는 것이다. 그러나 증거와 정당화 절차들을 누가 그리고 무엇이 보증할까?

폴 헬름(Paul Helm)은 믿음의 정책들(belief policies)은 증거에 의해 (혹은 정당화 절차에 의해) 결정되는 것이 아니라, 오히려 선택의 문제이기 때문에 의지의 연약성과 자기기만의 가능성에 종속된다고 제안한다.[50]('belief policy'란 헬름이 만들어 낸 말로, 사람들이 무엇을 언제 믿어야 할지를 결정하는 데 도움을 얻기 위해 채택하는 원칙을 가리킨다. 예를 들어, "그대보다 더 나이 든 사람이 하는 말은 무엇이든지 믿으라", "그대가 직접 경험한 것만을 믿으라" 등—역주) 의지박약의 일례는 "믿을 만한 훌륭한 이유가 있을 때 사람이 믿지 않는 경우"를 들 수 있다고 헬름은 말한다.[51] 그러므로 오류를

---

48) "십자가의 인식론"은 Luther의 "십자가 신학"에 함축되어 있다. 자신의 *Heidelberg Disputation*(1518)에서, 그는 스콜라주의의 자연신학을 그리스도 예수의 삶과 사역과 특히 죽으심 가운데서의 하나님의 자기 계시를 통해 하나님을 알고자 하는 그 자신의 시도를 대조한다. 그 두 인식론에 대한 Luther의 대조는, 하나님을 아는 방식으로서, 철학과 신학 사이의 차이점을 지적하는 방식이다. 다음에서 전개하는, Luther의 그 용어에 대한 내 자신의 채택은 약간 다른 점에 그 강조점을 두고 있다. 즉, (겸손을 포함하여) 신학적 덕성과 제자도의 인식론의 중요성이다.

49) 인식에 관한 덕성 개념은 이 구별을 하는 또 다른 방식을 하나 제공한다. 천재는 지적 재능을 가진 사람이다. 한 사람의 사도가 된다는 것—신빙성 있는 권위를 믿으며 책임 있게 증언하는 자가 된다는 것—은 지적 재능의 문제라기보다는 지적인 (그리고 도덕적인) 덕성의 문제이다.

50) Helm, *Belief Policies*.

피하기 원하는 것으로는 충분하지 않다. 사람은 자신의 생각보다 훨씬 더 진리를 사랑해야 한다. 블레즈 파스칼(Blaise Pascal)은 모든 사람은 서로 다른 정도로 진리에 대한 반감을 가지고 있다고 지적한다. "왜냐하면, 그것이 자기애(self-love)와 분리될 수 없기 때문이다."[52] 사람은, 예를 들어, 증거를 무시함으로써 덕의 독특한 결핍을 드러낸다. 더 나아가서, 몽마르케이(Montmarquet)에 따르면, 그러한 무시는 복이 아니라 비난을 초래한다.

건덕 인식론은 로마서 1:18-23과 같은 친숙한 단락들을 읽어내는 데 매력적인 렌즈들을 제공한다. 사도 바울은 '자신의 사악함으로 진리를 억누르는'(롬 1:18) 사람들에 대해 말한다. 비록 불신자들이 변명할 수 없도록 하나님에 대해 알 수 있는 것이 명백하지만, 핵심적인 증거는 지적인 이유들 때문만이 아니라 분명 도덕적인 이유들 때문에 무시되고 있다. 거짓된 신념들은 오류에서 뿐만이 아니라 '우리가 마땅히 했어야 할 일들을 하지 않은 채 방치해 둠'으로 인해 발생한다. 루터가 말한 '의인이며 동시에 죄인됨'(*simul iustus et peccator*)은 중요한 인식론적 함의들을 지니는 것 같다. 더욱이, 그 말은 철학자들과 마찬가지로 신학자들에게 적용되는 말이다.

믿음을 정당화한다는 것은 비인격적인 지적 절차가 아니라 오히려 사람에 대해 상대적인 과정이다. 서로 다른 여러 사람은 대조적인 평가 스타일을 가지고 작업을 한다. 예를 들어, 자발적으로 믿는 자들은 더 낮은 정당화 문턱을 가지고 있다. 헬름은 어떤 믿음의 정책의 채택을 개인에게 그 책임이 있는 행위로 본다.[53] 섹스투스 엠피리쿠스(Sextus Empiricus)의 회의주의를 살펴본 후에, 헬름은 다음과 같은 믿음의 정책을 작성한다. "동요나 불안으로부터 그대를 지켜 주는 것만을 믿으라."[54] 자, 하나님에 대한 믿음(belief)이 평안을 주는지 아니면 불안을 주는지는 개방된 문젯거리다. 니체와 같은 많

---

51) 같은 책, p. 148. Helm은 자기의 진술을 덕에 기반을 둔 인식론에 명백하게 연결하지는 않는다. (그렇지만, p. 4를 보라.) 그러나 그 연관성은 쉽게 찾을 수 있다. 예를 들어, 자기기만은 윤리적인 면에서의 무시로, 일종의 지적인 악덕이다. 지적인 덕성에 대한 Zagzebski의 진술의 맥락에서 Helm의 믿음의 정책에 대한 진술을 다시금 생각해 보면 흥미로울 것이다. 불행스럽게도, 둘 가운데 어느 저자도 상대방을 알지 못하는 것 같다.
52) Zagzebski, *Virtues of the Mind*, p. 147에서 재인용함.
53) Helm, *Belief Policies*, p. 164.
54) 같은 책, pp. 159-160.

은 사람이 볼 때, 창조주이자 구속자로서의 하나님이라는 개념은 상당히 마음을 불편하게 만드는 것이다[참고. 장 폴 사르트르(Jean-Paul Sartre)의 "하나님이냐 인간의 자유냐"]. 믿음의 정책들의 의지적인 구성 요소는, 어째서 기독교의 진리 주장들에 대한 매우 비타협적인 저항이, 지적 논의의 평면에서가 아니라 윤리적인 층위에 있는지를 설명해 준다고 볼 수 있다. 불신자들은 때때로 터무니없게도 신학적 진리를 거부한다. 그러나 공정하게 말해서 우리는 아마도 복음의 진리 주장을 거부하는 가장 큰 단 한 가지 이유는 그리스도인들 자신이라는 점을, 그리스도인들이 그 주장을 전개하는 방식 때문임을 인정해야 할 것이다. 철학적인 분야에서는 아니라 할지라도 최소한 대중들 가운데서 빈번하게 일어나는 기독교 신앙에 대한 반론은 어떤 그리스도인들이나 교회가 행해 온 일에 대한 진술이다. 행위는 말보다 더 큰 목소리로 반박하는 것이다.

만일 정당화가 어느 정도는 믿음의 정책을 채택하는 문제라면 그리고 개인과 집단이 자신의 선택을 결정함에 있어서 진리에 대한 관심 이외의 다른 관심을 허용한다면, 신학자는 오직 이성만을 대표하는 척하는 헛된 영광의 인식론을 채택하는 데 조심해야 할 것이다. 십자가의 인식론은 포스트모더니티가 지금껏 만들어 낸 어떤 것보다도 인간의 이데올로기와 믿음의 정책에 대해 훨씬 더 파괴적이다. 하나님이 십자가 위에서 고난당하고 죽는 자로서 자신을 계시하신다는 사실은 오직 이성에 기반을 두고 하나님에 대해 생각하려는 시대에 대한 확연한 배격은 아니라 할지라도, 암묵적인 수정이다. "하나님께서 이 세상의 지혜를 미련하게 하신 것이 아니냐"(고전 1:20).[55] 바로 이런 이유 때문에, 개혁주의 교회들의 신앙 고백서는 신학적 형성물들이 본래적으로 교정 가능한 것임을 인정하는 것이다. 신앙 고백서 그 자체는 오직 상대적이며 잠정적인 권위만을 가지고 있을 뿐이다. 신앙 고백서는 하나님 말씀 아래 있으며, 따라서 하나님 말씀에 따라 교정된다. 하나님에 대해 알 수 있는 바를 공동체의 말과 개념이 지시하려는 경향에 대한, 본유적인 우상파괴성, 본래적인 파수꾼이 존재한다. 십자가의 인식론은 바로 그 체질에

---

55) 최소한 십자가는 "가장 완전한 존재자"로서의 하나님과 관련한 완전 개념에 대한 의미심장한 수정을 대표한다.

이데올로기 비판을 통합하는 것이다.

인식론과 순교자론: 증언의 합리성. 내가 제시하는 바는 복음의 진리 주장을 전개한다는 것은 지식을 드러내 보이기보다는 지혜를 보여 주는 일에 해당한다. 따라서 복음의 진리 주장의 전개는 우리가 지혜를 납득시키기 위해서 그리고 그 지혜를 '실행'하기 위해서, 특정한 명제들만이 아니라 어떤 종류의 실천을 정당화해야 할 것(명제들과 실천의 옳음을 입증해야 한다는 것)을 요구한다. 간단히 말해서, 신학적 진리 주장에 대한 전개는 '자신의 십자가를 지는'(덕스러운) 실천을 요구한다. 이것이 바로 실천 이성의 시험(probationary)의 순간—신학적 진리 주장이 심의되고 검증되는 순간—이다. 건덕 인식론이 기독교의 제자도와 순교에 연결된 믿음과 소망과 사랑이라는 특별히 신학적인 덕목들과 조우하게 될 때, 그 인식론에는 무슨 일이 벌어질까?

이 항목에서 나는 인식론도 윤리학도 특권화하지 않으면서 명제와 사람, 절차와 실천 둘 다를 보존하려는 풍성한 지식 개념을 위해, 증언과 고난이라는 이중적인 의미를 지닌 '순교자'라는 범주를 재천명하고자 한다. **증언은 복음 진리를 다른 사람들이 알게(믿고 이해하게) 되는 자리에 두는 길이다.**

포스트모던 환경에서, 더 이상 명제적으로 진리 주장들을 정당화하는 일은 충분치가 않다. 십자가의 인식론은 단지 증거주의적(evidentialist)일 수 없다. 명제 하나를 진술하는 것만으로는 불충분하다. 반드시 어떤 주장을 해야 하며, 궁극적으로는 자신을 내걸어야 한다. 여기에는 두 가지 이유가 있다. 첫째, 이 주장의 진실성은 오직 명제적 내용의 문제에 국한된 것이 아니다. 걸려 있는 것은 삶의 한 방식으로서의 진리 개념 자체이며, 따라서 (개인적으로나 사회적으로나) 진리는 중요한 문제라는 생각이 걸려 있는 것이다. 무감각한 시대에, 아이러니한 무관심의 상황에서 필요한 것은 우리가 그것을 위해 살고 죽을 수 있는 진리다(키에르케고르). 둘째로, 순교자는 에피스테메적인 덕들과 연결된 몇 가지 품성적 특성을 드러내 준다. 비록 정당화가 지적인 덕의 활동으로부터 발생한다 할지라도, 순교는 정당화된 참 믿음의 규범적 요소로 기여할 수 있을 것이다. 실로 순교는 에피스테메적인 책임을 끝까지 밀고 나간 예라고 말할 수 있다. 다시 말해서, 믿음(belief)은 에피스테메적인 덕을 지닌 사람—자신이 하는 말이 무엇인지를 알고 있으며, 그 말을 위해 기꺼이 고난당하고자 하는 사람—에 의해 견지될 때 정당화된다는 말이다.

예수님과 그분의 삶에 대한 판가름. "내가 곧 길이요 진리요 생명이니, 나로 말미암지 않고는 아버지께로 올 자가 없느니라"(요 14:6)라는 예수님의 신학적 진리 주장이 그분에 대한 재판으로 직접 이끈 것으로 여겨진다.[56] 진리에 대한 예수님의 열정은 결국 그분의 수난과 죽음을 초래했다. 위르겐 몰트만이 말하듯, "기독교 신앙의 중심에는 **열정적인 그리스도의 수난**(the passion of the passionate Christ)이 있다."[57] 예수님은 자신의 주장을 내건 뒤에, 그 주장을 위해 목숨을 거셨다. 이 두 가지 내걸음은 그분의 사명에 핵심적인 것이었다. 그리고 그 사명은 부분적으로 인식론적—하나님에 관한 그리고 구원에 관한 진리를 알리는—이었다.

우리가 어떻게 자신이 "길이요 진리요 생명"이라는 예수님의 주장을 '판가름'(try)할까? 'to try'라는 말은 흥미롭게도 이중적인 의미를 가지고 있다. 이 점에 대해서는 나중에 검토할 것이다. 여기에서는 다만 판가름되는 대상이 예수님의 생애 전체임을 지적하고자 한다. 재판에 대한 기사들은 이 점을 명확히 밝히고 있다. 복음서들에 진술된 예수님에 대한 몇 차례의 재판은 (독자인) 우리로 하여금 재판장의 역할이나 배심원의 역할을 맡아서 예수님의 생애 전체에 대해 판단을 내리도록 요구한다. 그렇게 하면서, 그 이야기는 독자의 실천적 지혜를 시험한다.

법적 관계: 공로가 속하는 운용 질서(율법)와 내재의 영역(종교 A). 진리에 대한 판가름에는 어떤 사법 절차들이 포함된다. 그 절차들은 올바른 법적 판단

---

56) 여기에서 나는 예수님에 대한 고소의 역사적 재구성들을 깊이있게 취급할 수 없다. 그 고소가 신성모독(종교적 고발)이었는가, 소요(정치적 고발)였는가, 아니면 자신이 성전이며 성전의 모든 의미와 성전이 행하는 모든 것을 행한다는 주장에 대한 것이었는가? 이 경우는 종교적인 고발과 정치적인 고발 둘 다가 될 것이다[Bruce Chilton, *The Temple of Jesus* (University Park: Pennsylvania University Press, 1992)를 보라]. Socrates에 대한 죄목이 그 종교적 동기에 대한 것인지 아니면 정치적 동기에 대한 것인지에 대해서도 유사한 양가성이 존재한다[Thomas C. Brickhous and Nicholas D. Smith, *Plato's Socrates* (Oxford: Oxford University Press, 1994), chaps. 5-6을 보라]. 우리가 어느 정도 확실하게 말할 수 있는 것은 예수님과 Socrates에 대한 죄목들은 그들 각각의 사명을 좌절시키기 위한 시도들이었다는 것이다.

57) Jürgen Moltmann, *The Way of Jesus Christ: Christology in Messianic Dimensions* (Minneapolis: Fortress, 1993), p. 151.

을 내리는 데 필요한 것이다. 그러한 판단을 내린다는 것은 법의 이름으로 말한다는 것이다. 그러나 어느 법의 이름일까? 어떤 종류의 권위가 이러한 사법 절차들을 합법화하는 것일까? 모더니티에, 칸트와 같은 철학자들은 흔쾌히 이성에 대해 법률적인 맥락에서 언급했다. 포스트모더니티에 들어와서는 더 이상 그렇지 않다. 포스트모던 비판에 따르면, 이성은 눈을 가리고 있는 것이 아니라 편향되어 있다. 그러므로 어려움이 생긴다. 우리는 치우치지 않은 재판장이 없이 판가름을 내려야 하는 것이다. 위르겐 하버마스와 같은 몇몇 철학자는 불편부당(不偏不黨)한 소통 과정이라는 규제적 개념에 호소한다. 그러나 예수님의 재판에 대한 기사는 말을 할 수 있는 이상적인 형편과는 거리가 먼 것이다. 반대로, 그 기사는 증거의 존재와 사법적 절차들의 존재에도 불구하고, 어떻게 종교적 정치적 이해관계와 관점이 참여자들의 판단에 영향을 주는지 잘 보여 준다. 재판정에 의한 진리에 대한 그 판가름은 희화적인 것이다. 그러므로 나는 한 사람이 자신의 지적 의무를 감당하는 일에는 절차들을 따르는 일 이상이 포함된다고 주장하고자 한다.[58]

사실 예수님은 여러 다른 '공중' 앞에서 한 차례 이상 판가름을 받았고, 그리하여 한 차례 이상의 사법적 절차에 복속되었다.[59] 가야바와 산헤드린 앞에서, 예수님은 율법과 예언서들 따라 (비록 사실상 궁극적으로 가장 무게를 지녔던 것은 성경이라기보다는 전통이었지만) 재판을 받았다. 빌라도 앞에서, 예수님은 다른 기준인 명확히 정치적인 기준에 따라 판가름을 받았다. 물론 그 절차는 여전히 정의를 수행한다는 목적을 지닌 것이었지만 말이다. 헤롯 앞에서 있었던 예수님에 대한 세 번째 판가름은 좀더 별난 기준들에 따라서 집행된 것 같다. 그리스도를 사칭하는 사람이 여럿이라는 점을 의식하면서 헤롯은 "무엇이나 이적 행하심을 볼까" 바라고 있었다(눅 23:8). 군중 앞

---

58) Zagzebski는 인식론에 대한 전통적 견해가 "정당화를 참 신념에 덧붙여서 지식의 요소 및 한 사람이 자신의 인식적인 의무를 행한다는 생각 둘 다와 동일시한다"라고 지적한다(Virtues of the Mind, p. 31). 그녀는 즉시 의무론적 이론들이 도덕성의 본성을 망라하지 못하고 있음을 지적한다. 덕 이론과 결과주의는 유사한 인식론적 접근방법들과 마찬가지로 도덕성에 대한 다른 접근 방식들을 대표한다.
59) 다시 말하지만, 여기서는 내가 예수님의 재판의 역사적 차원(예를 들면, 산헤드린이 했듯이, 그렇게 한밤중에 예수님에 대해 재판할 수 있는 권위를 가지고 있었는가에 대한 문제)을 들여다 볼 여유가 없다.

에서 벌어진 네 번째 '판가름'은 거의 사법적 절차 없이 집행되었다. 그 판가름은 군중의 의견에 의한 판가름이었다. 그리고 군중은 예수님보다 바라바를 택함으로써 실천적 지혜가 결핍되었음을 보여 주었다. 흥미롭게도, 복음서 기자들은 예수님에 대한 **모든** 재판 동안 이루어졌던 조롱을 부각한다. 예수님이 "유대인의 왕"이라고 높여진 것은 사실이지만, 전적으로 그릇된 이유에서 그렇게 불렸다. 그러므로 예수님의 정체에 대한 군병들의 반어적인 호칭은 정당화된 참 믿음으로 간주될 수 없다. 결국 따져볼 때, 이 사법 절차들 가운데 어느 것 하나도 참된 판단을 내림으로써 그 에피스테메적인 의무를 충족했다고 말하기 어렵다.

인식론의 맥락에서, '재판정'은 우선 절차를 가리킨다. 그 절차에 의해 믿음은 바르다고 여겨진다. 여기에서 합리성은 마땅한 과정의 문제 혹은 한 사람의 에피스테메적인 의무를 행하는 문제로 나타난다. 작제프스키는 현대의 거의 모든 인식론이 "행위에 기반을 둔" 도덕 이론을 그 모델로 취하고 있음을 지적한다.[60] 그러나 개별 믿음을 정당화하는 데 이런 식으로 초점을 맞춤으로써 대부분의 현대 인식론에서 이해와 지혜를 무시하게 되었다. 이 문제도 있지만, 한 가지 문제가 더 있다. 그것은 이성의 사법 절차들이 어느 정도 내재(內在)의 영역에, 즉 키에르케고르가 '종교 A'라고 일컫는 것에 국한되는가 하는 것이다. 전통적인 인식론은 얼마나 성공적으로 예수님이 당하신 다섯 번째 판가름, 즉 그분이 십자가 위에서 온 세상 앞에서 당해야 했던 판가름을 처리할 수 있을까? 의미심장하게도, 칼 바르트는 예수님의 부활을 "성부(聖父)의 언도"라는 제목 아래 논의한다.[61] 인간 이성의 본래적인 한계들을 생각해 볼 때, 이성만으로 복음의 참됨 주장에 공정을 기할 수 있을까?[62]

신용 관계: 증언이 속하는 운용 질서(증거)와 신앙의 영역(기독교). 그렇다면, 십자가의 인식론은 신앙중심주의적(fideistic)일까? 그렇다. 믿음이 하나님에

---

60) Zagzebski, *Virtues of the Mind*, pp. 1-15.
61) 상당수의 주석가는 제4복음서에서 결국 판가름의 대상이 되는 것은 세상임을 진술한다. 구약 성경에서처럼, 그리스도 안에서 하나님은 일종의 우주적인 법적 소송을 집행하신다. 그리고 사람들이 하나님의 말씀에 반응하는 방식이 그들 자신에 대한 하나의 판결을 초래한다("그를 믿는 자는 심판을 받지 아니하는 것이요, 믿지 아니하는 자는 하나님의 독생자의 이름을 믿지 아니하므로 벌써 심판을 받은 것이니라." 요 3:18).

대한 지식을 낳는다는 의미에서는 그렇다. 아니다. 내 말은 사람이 비합리적으로 혹은 증거에 반하여 믿는 일이 정당할 수 있다고 말하는 것이 아니라는 의미에서는 아니다. 내 견해로, 신앙주의는 우리가 어떤 형태의 증거를—정확히 표현하자면, 사도적 증언을—받아들이는 것이 합리적이며, 지적으로 덕스러운 지식을 낳는 행위인지를 결정하게 되는 믿음의 정책의 문제다. 내가 여기에서 약술하고자 하는 십자가의 인식론은 복음의 진리 주장과 관련해서 그 인식론이 인간 이성의 자립적 힘에 대해 어떤 인식적 겸손을 보여 주며, 신뢰의 필요성에 대한 **사리에 맞는** 경우를 제공해 준다는 의미에서 신앙주의적이다.[63] 다른 각도에서 볼 때, 십자가의 인식론은 증거(evidence)로서의 역할을 포기하는 것이 아니라 증언(testimony)을 포함하도록 그 역할을 확대한다. 그러나 증언을 신뢰한다는 것은 단지 인식상의 의무 이상의 것이다. 앞으로 살펴보게 되듯, 그것은 인식적 덕의 문제다. 미리 약간 언급하자면, 십자가의 인식론에서, 믿음(faith)은 첫째 되는 신학적인 덕일 뿐만 아니라 최상의 인식적인 덕이기도 하다.

증언(순교라는 말의 첫 번째 의미)은 예수님의 재판 내러티브 가운데 중심적 위치를 차지한다. 실로 요한복음 전체는 독자들에게 "예수가 하나님의 아들 그리스도이심"(요 20:31)을 스스로 판단하도록 설득하려는 목적을 가진 하나님의 진리 주장에 대한 긴 증언이다. 제4복음서는 예수님을 위해 여러 증인이 퍼레이드를 벌인다. 세례 요한은 예수님이 세상의 구주라는 사실을 '증거한다'(요 1:7-8; 3:26). 더욱이 예수님이 행하시는 일들은 자신의 기원에 대한 증언을 이룬다(요 5:36). 마찬가지로, 예수님의 기적은 자신의 정체성과 사명을 확증해주는 "표적"(*semeia*)이다. 진리의 영은 그리스도에 대해 증거하는 '대변인'이다(요 15:26). 물론 예수님에 대한 재판에 등장하는 거짓 증인도 여럿 있다. 그럼에도 불구하고, 거짓 증언의 가능성과 함께 증거

---

62) 내가 지금 복음의 진리 주장을 살펴보고 있음을 독자는 명심해야 한다. 나는 다음과 같은 Helm의 말에 동의한다. "대부분의 신앙주의 형태를 한 사람의 믿음 전체에 걸쳐서 믿음의 정책으로서 일관되게 주장하기란 매우 어렵다"(Helm, *Belief Policies*, p. 192). 그러므로 나는 합리적 절차가 대부분의 영역에서는 유익하지 못함을 제시하는 것이 아니라 다만 '가장 중요한 것들'을 판단함에 있어서 그 절차의 역할을 문의하는 것이다.
63) Helm은 "두 번째 질서" 혹은 "신앙주의에 대한 이유들과 논증들을 제공하는" 합리적 신앙주의자에 대해 말한다(같은 책, p. 210).

의 중심적 성격은 내가 "신용 관계"라고 일컫는 바에 대한 좀더 신중한 분석을 요청한다.

플라톤 및 로크와는 반대로, 증언은 단순한 견해가 아니라 증거를, 더 나아가서 일종의 지식을 낳는다. 코디(C. A. J. Coady)의 책, 「증언: 철학적 연구」(*Testimony: A Philosophical Study*)는 지식의 한 양식으로서의 증언이 주로 지배적인 개인주의적 이데올로기 때문에 근대에 인기를 상실했었다고 주장한다. "개인주의 이데올로기의 등장이 철학적인 중심 관심사로서 인식론이 부상하게 된 일과 동시에 일어났다는 점은 결코 우연이 아닐 것이다. 그 일치는 우리의 지적 문제가 서로 간에 의존되어 있다는 사실의 중요성에 그림자를 드리웠다고 볼 수 있다."[64] 코디의 논제는 간단하면서도 대범하다. "타인의 말에 대한 우리의 신뢰는 진지한 인지 활동이라는 생각 그 자체에 있어서 근본적이다."[65] 그러한 신뢰는 실재와의 인지적 접촉을 행하는 우리의 능력에 있어서도 근본적일 것이다.[66]

데이비드 흄(David Hume)은 우리가 언제나 증언을 좀더 기본적인 형태의 다른 증거(예를 들면, 관찰)로 환원할 수 있다고 주장한다. 증언에 대한 흄의 비판적인 태도를 상당수의 근대 철학자들이 공유하고 있다. 그들은 우리가 증언을 믿기에 앞서 충분한 이성을 필요로 한다는 데 동의한다.[67] 흄도, 하비(Harvey)도, 증거 자체를 우리가 들은 것을 믿는 충분한 근거로 여기지 않는다. 실로 그들은 오직 증거에만 기반을 두고서 무엇인가를 믿는 사람을 인식상 무책임한 사람이라고 여긴다. 주요 난점은 증언이 믿음(belief)에 대한 '충분한 증거'를 이루지 못한다는 그들의 가정에 있는 것 같다. 이것은 두 가지 점에서 문제다. 첫째, 그 가정에 대한 근거는 무엇인가? 둘째, 무엇이 충분한 증거에 해당하는가라는 물음에 대한 분명한 답변이 있는가?

증거하기(testifying)—증언하기(giving testimony)—는 하나의 화행이다.

---

64) C. A. J. Coady, *Testimony: A Philosophical Study* (Oxford: Clarendon, 1992), p. 13.
65) 같은 책, p. vii.
66) 여기에서 나는 지식을 "지적인 덕의 행위에서 비롯되는, 실재와의 인지적 접촉 상태"로 보는 Zagzebski의 정의를 의식하고 있다(*Virtues of the Mind*, p. 270).
67) W. K. Clifford, "The Ethics of Belief", in *Lectures and Essays* (London: Macmillan, 1886), 및 Nicholas Wolterstorff, *John Locke and the Ethics of Belief* (Cambridge: Cambridge University Press, 1996)를 보라.

우리는 A가 p를 말하기 때문에, 그리고 A가 그렇게 말할 만한 위치에 있기 때문에 p를 받아들이도록 초청 받는다. 다시 말해서, A의 p라는 진술은 ᴾ를 받아들일 만한 근거로 제공되는 것이다. 증언하는 법적 행위는 오직 "어떤 일상적인 현상을 채택하며, 그것을 엄숙하게 만든다."[68] (증언을 엄숙하게 만든다는 것은, 증언이란 것이 사실 사람들이 언제나 행하는 일상적인 행위지만, 법정에서 "오직 진실을 말하겠습니다"라고 선서함으로써, 그 일상적인 행위가 더욱 진지하고 엄숙하게 된다는 말이다—역주) 토마스 리드(Thomas Reid)는 약속하기와 같은 다른 화행들과 더불어서 증언을 "지성의 사회적 작용"으로 분류하며, 철학이 그 작용의 의의를 간과해 왔다고 불평한다.[69] 언어처럼, 증언은 본질적으로 사회적이다. 코디는 마찬가지로 타자의 세계를 신뢰하는 것은 우리의 실제 인지 과정과 절차들에 함축되어 있다고 주장한다.[70] 그러므로 증언을 믿는 것은, 말을 하는 그 사람을 믿는 것이다. 이렇게 믿는다고 해서 맹목적인 신앙으로 이끌려 간다고 볼 필요는 없다. "우리가 잘 속는다는 점은 의문의 여지가 없지만, 그렇다 할지라도 우리가 다른 사람이 전달하는 말을 '의심할 하등의 이유'가 없을 수도 있다. 즉, 우리는 단지 속임수나 혼동이나 실수로 보이는 표준적인 경고 표시가 없음을 확인하는 것이다."[71] 의미심장하게도, 예수 그리스도 사건에 대한 사도적 증언에는 그러한 경고 표시가 전혀 존재하지 않는 것 같다.

프라이스(H. H. Price)의 "원칙 A"—"그대가 그 사실을 의심할 만한 하등의 이유가 없는 한, 혹은 이유가 생겨나기 전까지는 다른 사람에게 전해들은 말을 믿으라"—는 토마스 리드의 "곧이들음의 원칙"(principle of credulity)에 대한 일종의 재진술이다.[72] 타인의 말을 신뢰하는 것은 사회적으로 편리한 것이며, 사회적으로 필수불가결한 것이다. 신뢰(trust)는 타인이 하는 말을 의지하는 것이 진리실에로 유도해 주기 때문에 지적인 덕이다. 우리가 타인들로부터 얻는 지식은 추론적인 것이 아니라 정당하게 기본적인 것이다.

---

68) Coady, *Testimony*, p. 26.
69) Thomas Reid, *Essays on the Intellectual Powers of Man*, ed. Baruch Brody (Cambridge, Mass.: M. I. T Press, 1969), essay 1, chap. 8.
70) 우리는 이것을 하나님에 대한 신앙이 언어를 보증한다는 George Steiner의 제안에 연결할 수 있을 것이다[*Real Presence*(Chicago: University of Chicago Press, 1989)].
71) Coady, *Testimony*, p. 47.

다시 말해서, 많은 경우, 믿는 수밖에 다른 도리가 없다. (들은 말 이외에는) 그 신념에 대한 다른 근거가 전혀 없는 것이다.

그러나 신뢰가 복음적 진리 주장에 대한 논의에서 중요하다는 다른 이유들이 있다. 이미 제시했듯이, 하나님에 대한 지식이 자립적인 인간 이성의 범위를 넘어설 수 있음을 인정할 만한 마땅한 이유들이 있다. 의미심장하게도, 작제프스키는 지성과 관련된 덕들에 대한 자신의 목록에 "진실한 권위에 대한 의존"을 넣고 있다.[73] 진리에 대한 열정을 가진 사람은 하나님의 계시를 믿을 만한 권위로 여길 것임에 틀림없다. 물론 하나님의 계시를 성경과 동일시하는 데는 '프로네시스'가 요구된다. 신뢰는 "언제 타인들을 의지할지를 아는" 덕이며, "자율성의 반대 측면"이다.[74] 몽마르케이는 두 개의 제목 아래서 그 덕들을 통일한다. 하나는 정직(honesty, 진리 자체에 대한 존중)이며, 다른 하나는 자비심(charity, 진리에 대한 잠재적 원천으로 모자람이 없는 자로서 타인에 대한 존중)이다. 신앙(faith)이 하나님에 대한 적절한 존중을 포함하는 지성의 덕인지의 여부는 여전히 검토되어야 한다. 어쨌든, 나는 사도적 증언에 대한 믿음(belief)은 인식상의 덕을 가진 사람의 합리적인 반응임이 당연하다는 점을 정립했다.

흄은 증언을 일인칭 관찰로 국한한다("자신의 경험만을 믿으라"). 그러나 다른 맥락에서, 그는 자연법에 호소한다. 자연법은 수많은 사람의 관찰에서 추론한 것이다. 여기에서 그는 자신의 개인적인 경험이 아닌 인류의 공통 경험 개념에 의존해야 한다. 이것은 큰 문젯거리다. 왜냐하면, '인류의 공통 경험'이라는 개념—흄이 기적에 대한 보도를 평가하는 기준—은 결국 증언 즉 다른 사람들이 자신의 경험 가운데 공통적인 것이라고 보도한 바에 의존하기 때문이다. 그러므로 기적에 대한 보도를 흄이 불신하는 것은 실천적으로

---

72) H. H. Price, Belief(London: Allen & Unwin, 1969), chap. 5. Reid는 다른 사람을 믿는 우리의 성향은 경험에 의해서 확인될 수 있을 것이라고 인정한다. 예를 들어, 내 경험에 기초해서, 나는 내가 "*National Enquire*"에서 읽은 것보다는 "Time"에서 읽은 것을 더 믿을 것이다.
73) Zagzebski, *Virtues of the Mind*, p. 98.
74) 같은 책, p. 160. 곧이들음(credulity)은 잘 속는 것(gullibility)과 혼동되어서는 안 된다. 우선, 우리는 우리에게 길을 보여 주고, 진리를 제공함에 있어서 믿을 만한 사람을 신뢰할 때, 합리적이다. 그러므로 가장 신뢰받는 사람은 잘 알고 있음을 보여 주거나 지혜로움을 보여 주는 사람이다. 둘째로, 일종의 지적인 덕으로서 곧이들음은 홀로 성립하는 것이 아니라 언제나 다른 지적인 덕에 의해 조절되어야 한다.

모순이다. 유일한 탈출구는 타인의 경험을 자신의 개별적인 경험에 비추어 검토하는 것일 것이다. 그러나 이런 식의 검토는 가장 열악한 종류의 유아론적(唯我論的) 상대주의에 빠질 수밖에 없다. 하지만 증언에 대한 의존은 "개인적인 관찰에 의해 정당화될 수 있는 것은 그 어떤 것이든지 넘어선다."[75] 그래서 코디는 증언이 환원될 수 없는 지식 형태라고 결론을 내린다.

    신용 관계의 틀(fiduciary scheme)에서 정당화는 어떤 증인에 의해 주어진 증거(evidence)에 '기초'하는 일이 아니라 그 증거를 신뢰하는 일과 관계되어 있다. 증언은 스스로 인지하지 못했거나 인지할 수 없었던 사람에게 다른 사람의 과거와 현재의 인식(perception)을 얻을 수 있게 만들어 준다. 따라서 명제적 진리—역사 속에서 일어난 일에 대한 하나의 보도—는 증언의 한 요소다. 코디가 말하듯, 보고는 "아마도 주장의 지배적인 형태일 것"이다.[76] 그렇지만, 나의 논의는 더 광범위한 삶의 방식의 일부로서 보았을 때, 증언의 전체 화행은 이루어지는 주장의 타당성을 증명해 주는 일괄적인 한 꾸러미의 일부분이다. 적어도 복음의 진리 주장과 같은 지혜의 방식에 관한 주장과 관련해서, 증인의 삶과 증거 그 자체는 불가분리적으로 서로 엮여 있다. 하나의 신학적 진리 주장을 펼친다는 것은 그 말하는 자가 그 자신의 말에 대해서와 타인에 대해서와 세계에 대해서와 어쩌면 하나님에 대해 어떤 입장을 취하도록 요구하는, 일종의 자신을 담은 화행을 하는 것이다. 증언하는 자는 소통 행위 일반에 대한 하버마스의 타당성 조건을 받아들여야 할 뿐만 아니라, '이것은 사람이 그것을 위해 살고 죽을 준비가 되어 있는 그러한 진리다'라는 부가적인 타당성 주장을 받아들여야 한다(하버마스의 타당성 조건은 그가 내세운 타당한 소통 행위를 위한 조건들을 가리킨다. 그 가운데 하나가 '신실함'이다. 즉, 말하는 자가 자신이 말하는 바에 신실하지 않으면, 그의 진술은 타당성을 갖지 못한다는 것이다—역주)

    반복하자면, 현재의 포스트모더니티의 인식론적 분위기에서, 명제들을 정당화하는 일로는 충분하지 않다. 입증에 필요한 것은 명제만이 아니라 증언의 전체적인 화행이다. 인식론에 대한 이러한 확대적 진술은 우리에게 인

---

75) Coady, *Testimony*, p. 93.
76) 같은 책, p. 154.

식의 절차뿐 아니라 실천을, 인식상의 의무에 대한 실행뿐 아니라 인식상의 덕성에 대한 실행을 고려할 것을 요구한다.

증언과 '믿을 수 없는' 보고들. 흄과 그 부류에 속하는 여타의 사람들은 화행의 특정한 상황들을 고려함이 없이, 어떤 유형의 증언 행위를 판단에서 배제해 버리는 기준을 좋아하는 것 같다. 하비는 다음과 같은 콜링우드(R. G. Collingwood)의 말에 동의한다. "역사가가 어떤 권위의 증언을 받아들이고 그 증언을 역사적 진실로 취급하는 한, 그는 명백히 역사가의 이름을 상실하는 것이다."[77] 증언은, 십계명 가운데 끝에서 두 번째 금령이 우리에게 보여 주듯이 거짓 증언이 있기 때문에 점검되어야 한다. "네 이웃에 대하여 거짓 증거하지 말라"(출 20:16).

물론 어떠한 증인도 한 사건에 대대 사진을 찍은 것과 같은 완벽한 묘사를 전해 주지 못한다. 오히려, 우리는 선택하며, 자신이 해석한 것을 보도한다. 여기에서 대부분의 근대주의자들과 포스트모던주의자들은 서로 동의한다. 판단의 요소가 불가피하게 있을 수밖에 없다는 것이다. 브래들리(F. H. Bradley)가 지적했듯이, 이러한 판단은 당사자의 문화와 세계관에 영향을 받는 다른 판단과 신념을 전제로 한다. 비판적인 역사가의 과제는 낡은 세계관에 부착된 것들을 제거하여 그 엄밀한 알맹이—만일 오늘날의 사람이 그 자리에 있었다면, 그 사람은 무엇을 관찰했을 것인가?—를 회복하겠다는 목표를 가지고 증인을 엄정하게 심문하는 것이다. 이러한 식으로, 하비는 "역사가가 증인에게 권위를 부여한다"라고 말한다.[78]

브래들리는 "유사성이 없는 것"에 대한 모든 증언은 배격되어야 한다고 주장한다.[79] 그 증인의 경험이 우리의 경험과 같지 않다면, 그 증언은 증거로 취급되지 않는다. 비판적 역사는 현재의 지식과 경험을 기준으로 다른 사람의 판단을 재고하는 일을 포함한다.[80] 이것은 아무리 줄여서 말한다 할지라도, 상당히 율법주의적인 '역사적 지식의 도덕성'이다. 이것은 법리적 성격

---

77) R. G. Collingwood, *The Idea of History* (Oxford: Oxford University Press, 1946), p. 256.
78) Harvey, *Historian and the Believer*, p. 42.
79) F. H. Bradley, "The Presuppositions of Critical History", in *Collected Essays* (Oxford University Press, 1935). Harvey는 명확히 인정을 하면서, Bradley의 글을 인용한다.
80) Bradley는 다음과 같이 말한다. "내가 개진하는 견해는 이것이다. 즉, 각 사람의 현재 입장은 과거의 모든 사건에 대한 그의 신념을 결정해야 한다는 것이다"(같은 책, p. 2).

을 띠며, 신용에 속하는 것을 배제해서 오류를 피하고자 하는 욕구와 진리를 얻겠다는 욕구를 특권화하는 도덕성이다. 과거의 어떤 증인이 사물을 지금 우리가 보는 방식과 다르게 '보았다'는 사실이 반드시 증언의 결격 사유가 되는 것일까? 이것은 단순히 **증언 자체가 하나의 해석**임을 인정하는 것이 아닐까? 그리고 증인의 판단과 해석의 틀은 처음 본 그대로의 인식에 대한 단순한 보도로서의 하나의 주장에 대한 우리의 평가에 필수불가결한 것이지 않은가? 예를 들어, 구약 성경에 대한 인식이 없이 "예수가 그 그리스도다"라는 주장을 우리가 과연 평가할 수 있을지 의문이다. 우리는 결코 직접 예수가 그 그리스도라고 관찰할 수 없을 것이다. 그 주장은, 마찬가지로 복음의 진리 주장도, 경험적 관찰이기보다는 하나의 판단에 더 가깝다. 그렇다면, 우리는, 인류의 공통 경험이나 보편적 자연법을 우리의 비판적인 기준으로 취급함으로써, 먼 눈과 먼 귀를 가지고 증언을 듣고 보려고 선택하는 것이다.

증언에는 '단순한 관찰'과 '세계관' 모두가 들어 있다. 그 두 가지는 시험의 대상이 되어야 한다. 그리고 우리는 우리가 반대할 수 있는 것이 무엇인지 그리고 그 이유가 무엇인지에 대해 명확해야 한다. 코디는 다음과 같이 말한다. "우리가 상당히 많은 이해를 갖지 않는 한, 우리는 도무지 행하거나, 선택하거나, 해석할 수 없다. 실제 이야기는 상당히 복잡하며 다층적이다. 전적으로 수동적인 이해의 모습도, 활발한 능동적 조작의 모습도 부적합하다."[81] 증언에는 사실(사건들에 대한 보고)과 해석(그 사건들의 의미 기술)이 포함된다. 그렇다면, 무엇이 훨씬 더 경이로운 일일까? 죽은 자가 다시 살아난 일일까 아니면 하나님이 죄인들을 용서하시는 분으로 묘사되는 사실일까?

지식을 낳기 위해 증언이 모든 것을 다 망라할 필요는 없다. 증언에 대한 비판적 사실주의는 다양한 관점 혹은 목소리의 가치를 인정하며, 진지한 해석을 통해 독자가 증인들이 증거하는 바에 인지적으로 접촉할 수 있음을 주장한다.

증인으로서의 신학자. "십자가는 하나의 논증(argument)인가?"[니체, 「적그리스도」(The Antichrist), 섹션 53]. 증인은 믿음(belief)을 획득하고 나서 그 믿음을 전하고자 시도하는 사람이다. 증인이 그 증인의 믿음의 원천(믿음

---

81) Coady, *Testimony*, p. 268.

이 획득되는 메커니즘)일 수도 아닐 수도 있지만, 증언은 분명 그 결과다. 믿을 만한 혹은 권위 있는 증인은 합리성의 통로가 된다. 신학자의 소명의 한 가지 중요한 측면은 진리에 대해 증언하는 것이다. 그 증언은 복음의 진리 주장에 대해서만이 아니라 진리 개념 자체에 대한 것이기도 하다.[82] 더욱이, 진리에 대해 증언하는 것은 생활 방식을 포함한다. 증언, 특히 순교자는 기꺼이 그 주장을 내걸 뿐만 아니라 자신을 내걸고자 함으로써 복음의 진리 주장의 의미를 드러낸다. **증언을 한다는 것은 결국 인식상의 의무가 아니라 인식의 덕의 문제다.**[83]

키에르케고르의 견해에서, 기독교의 문제점은 증인은 별로 없으면서 선생이 너무나 많다는 것이다. 선생이 볼 때, 기독교는 본질적으로 가르침(doctrine)이다. 이것은 우리를 겨우 '에피스테메'와 '테오리아'(*theoria*, 이론상의 지식)에까지만 데려다 주지, '프로네시스'—길과 진리와 생명—에까지 데려다 주지는 않는다. 키에르케고르가 볼 때, 증인은 사적인 언어를 말하지 않고, 공적인 언어를 말한다는 점에 주목하는 것이 중요하다. 비록 키에르케고르가 내면성(진리에 대한 한 사람의 주관적 열정)에 대한 자신의 강조를 결코 포기하지 않지만, 그는 내면의 함축성을 외면으로 발전시킨다. 한 사람의 삶은 그 자신의 메시지에 부응해야 한다. 정치는 열정을 따라가야 한다. 증인은 더 광범위한 사회를 위해 사적/열정적 영역과 공적/정치적 영역을 그 자신의 인격 안에서 통합한다. 이렇게 해서, 사적 책임과 공적 책임은 충족된다. 인격적인 모순이 없는 증인은 자신을 공적으로 내건다. 따라서, 그 '증인'은 '개인'의 가장 충만한 표현이다. 그렇지만, 사유화(privatization)로 이끄는 식의 표현은 아니다.

증언은 진리 주장에 대한 그 증인의 신실성만이 아니라 흔히 진실 자체의 핵심을 드러내는 실천이다. "자신과 언어와 세계는 상호 함축적인 관계 가운데 공존한다."[84] 의미와 진리에 관한 물음—다른 모든 것에 관한 물음과 마찬

---

82) 자신이 진리라는 예수님의 주장(요 14:6)에 비추어 볼 때, 이 점은 특히 그렇다. 명제들과 마찬가지로 사람들도 진리를 지닌 자가 될 수 있을까? 만일 관련된 진리가 어떤 '길과 삶'이 의지하는 바에 대한 문제라면, 아마도 그럴 것이다.
83) 인식에 관한 덕에 대한 나의 진술은 주로 Zagzebski에게 빚지고 있는데, 나는 그녀가 이 주장에 대해 어떻게 말할지 확신할 수 없다. 그녀는 용기가 지적인 덕의 하나임을 인정하지만, 그녀의 책 가운데는 증언에 대한 논의가 전혀 없으며, 색인에도 '곧이들음'에 대한 항목이 전혀 없다.

가지로 하나님에 관한 물음—은 실제로 우리가 살아가는 방식과 연결될 것이다. 그러므로 한 사람의 활동적인 증언은 복음의 진리 주장의 의미만이 아니라 마찬가지로 그리스도인들에 의해 해석된 대로의 세계의 지적 구조를 다른 사람에게 보여 줄 수 있다. 그 진리를 행하는 것은 그 진리가 무엇이며, 세계가 실제로 무엇과 같은가를 보여 주는 한 가지 방식이다.

기독교적 방식으로 살아가는 것은 다른 사람들로 하여금 한 상황이 대변하는 요구들을 더 잘 인식할 수 있는 감수성을 형성할 수 있게 도와준다. 아리스토텔레스는 도덕 교육이란 어린아이가 부끄러운 것을 마땅히 부끄러워해야 한다는 것을 배우는 일에서 시작한다고 말한다. 마찬가지로 우리는 기독교 교육이란 한 사람의 제자가 어째서 우리가 복음에 대해 부끄러워할 필요가 없는지를 배울 때 시작된다고 말할 수 있을 것이다. 나의 논지는 기독교의 제자도가 어떤 인식상의 덕들, 특히 곧이곧대로 믿는 신뢰와 겸손의 신학적 덕을 형성하도록 유도하며, 다시 이러한 덕들은 하나님이 그리스도 안에서 세상을 자신과 화목하게 하셨다는 진리를 인식하게 만들어 준다는 것이다.

소통 행위로서의 순교. "순교자들은 진리를 손상했다"(니체, 「적 그리스도」). 기독교의 증인은 말하는 자일 뿐만 아니라 고통받는 자이기도 하다. 이것은 키에르케고르의 작품의 지속적인 주제였다. 정통성도 '기독교 문화권'도 충분하지 않다. 기독교 진리는 열심 혹은 내면성을 요구한다. 그렇지만, 주관성이 키에르케고르의 이야기의 전부인 것도 아니다. 그의 후기 저작들 가운데는, 제자도가 더욱더 중요해진다. '세상에 대해 죽는다는 것'은 세상으로부터 물러나는 것이 아니라 세상적인 문제들에 의해 지배당하지 않으면서 그리스도를 따른다는 의미다. 한 사람의 그리스도인됨은 "그가 당한 반대에 의해" 식별되는 것이다.[85] 제자도는 불가피하게 고난으로 인도한다.

키에르케고르는 '진리를 위한 고난' 혹은 '교리를 위한 고난'에 대해 말한다. 진리는 수난을 당해야 한다. 그리스도가 당한 박해는 우연이 아니었다. 그리스도의 십자가는 진리에 대한 열심에 포함된 바를 상징한다. 제자가 고난받으려고 찾아 나서는 것이 아니라 세상이 불가피하게 진리를 박해하는

---

84) James Fodor, *Christian Hermeneutics: Paul Ricoeur and the Refiguring of Theology* (Oxford: Clarendon, 1995), p. 11.
85) Gouwens, *Kierkegaard as Religious Thinker*, p. 214에서 재인용함.

것이다. 어째서 이래야 할까? 왜냐하면 진리는 궁극적으로 이 세상에 속한 것이 아니기 때문이다. 진리는 내재적인 것이 아니라 종말론적이다. 그래서 진리는 세상적인 틀에 담겨질 수 없다.

복음의 진리 주장의 형식과 내용 둘 다는 '기독교 문화권'이라는 생각과 타인에게 진리를 강요하는 그 제국주의적인 어조에 역으로 작용한다. 그러므로 신학적 진리 주장을 내거는 사람들은 억압할 것을 예상하지 말고 오히려 압제당할 것을 예상해야 한다. 신학적 진리 주장을 권력 의지의 표출과 연결하는 것은 기독교적 증거에 모순된다. 기독교 진리와 연결된 힘은 (증거 능력과 더 나은 논증의 힘을 제외하고는) 강제력과 전혀 상관이 없다. 그리고 폭력과도 전혀 상관이 없다. 십자가의 힘은 하나님의 약함이며 지혜다(고전 1:23-25). 십자가의 인식론의 관점에서 볼 때, 진리는—합리성까지도—취약하게 노출된 것이다.

그리스도의 수난은 키에르케고르가 볼 때 기독교적 증언의 패턴이다. 키에르케고르가 "진리는 주관성이다"라고 선언할 때, 그가 말하는 바는 포스트모더니티의 언어가 아니라 복음의 언어다. 키에르케고르가 말하는 주관성은 사람들로 하여금, 마치 그들의 삶이 진리에 의존되어 있듯이, 진리를 말하도록 요청하는 지적인 덕이다. 진리가 주관성이라고 말하는 것은 'passion'에 대해 말하는 또 하나의 방식이다. 즉 그것은 인식상의 덕으로서의 열정(passion, 진리에 대한 불타는 열망)에 관해 말하는 것이며, 그리스도의 수난(passion, 진리를 위한 확실한 고난)에 관해 말하는 것이다. 그리스도의 수난은 오늘날 우리가 어떻게 진리 주장을 내걸어야 하는가에 대한, 고난당하는 증인으로서 하나의 모델이다: "그리스도는 진리다. 그러나 진리가 **된다**는 것은 진리가 무엇인가에 대한 유일의 참된 설명이다."[86] 진리에 대해 증기하는 증인의 삶은 그 믿는 행위의 옳음을, 그리하여 그 신앙의 올바름을 나타낸다. 오직 인격적 증거—말과 신앙과 삶의 통합—만이 궁극적으로 기독교적 방식의 지혜를 정당화할 수 있다. 조지 말란추크(George Malantschuk)의 언급은 적절하다. "키에르케고르의 주관성은 진리와 개인적인 것의 혼합이다. 반면에 니체의 주관성은 자의적인 것과 개인적인 것의 혼합이다. 키에르케고

---

86) 같은 책, p. 218.

르가볼 때 개인을 결정하며 변모시키는 것이 진리다. 그러나 니체가 볼 때는, 진리가 어떻게 될 것인지를 결정하는 자가 곧 개인이다."[87]

순교는 진리를 드러내는 행동의 강력한 형식일 수 있다. 기독교의 순교자들은 하나님의 사랑과 예수 그리스도의 주되심(lordship)에 대해 증언한다. 이 두 가지는 기독교적 삶의 방식을 뒷받침하는 두 가지 확신이다. 그 자체를 뒷받침하는 궁극적인 헌신들에 대해 특히 투명하게 드러내는 하나의 실천으로서, 순교는 기독교의 형이상학의 양태만이 아니라 기독교적 도덕의 양태도 드러낸다. 코디는 우리 자신의 지적 능력에 의해서만이 아니라 다른 사람들에 의해서도 실재에 대해 파악하게 된다고 적절히 진술한다. 기독교의 순교자는 "예수가 주님이시다" 혹은 "하나님이 사랑이시다"라고 말하는 것이 무슨 의미인지를 선언할 뿐만 아니라 드러낸다. 진실로 더 나아가서 순교자들이 없이는 이러한 명제들이 더 이상 의미 없을 것이라고 말할 수 있을 것이다. 순교는 키에르케고르가 일컫는 "간접적 소통"의 한 형태인 듯하며, 따라서 포스트모더니티의 인식론적 곤경에 대한 적절한 대답이다. 복음의 진리 주장은 정확히 그 주장이 올바른 사상들에 대해서와 살아가는 방식에 대해서 관심을 가지기 때문에, 직접적 소통(이론적 지식)을 통해서가 아니라 간접적으로 '증언하기'라는 화행의 확대주의적 범주를 통해 가장 잘 전개된다.

물론 만일 우리가 한 사람의 증언에 함의된 헌신들이 임의적인지 아닌지의 여부를 묻는다면, 우리는 형이상학을 행하기 시작하는 것이다. 그러나 이것이 정확히 나의 요점이다. 즉, 순교는 "간접적인 형이상학"의 한 형태라는 것이다.[88] 그러므로 신실한 기독교적 증언에는 하나님을 밝히는 일과 죽음을 향한 특정한 방식이 포함된다. 사랑 안에서 진리를 말하는 일은 증언하는 일과, 즉 어떻게 한 사람의 기독교 순교자가 되느냐를 배우는 일과 연결되어 있다.

철저한 심문: 열심과 진리. "한 사람의 덕성은 그를 위해서가 아니라 우리와 사회를 위해서 가능한 그 결과들에 따라 선하다고 일컬어지는 것이다.…

---

87) George Malantschuk, "Kierkegaard and Nietzsche", in *A Kierkegaard Critique*, ed. H. A. Johnson and Niels Thulstup (New York: Harper, 1962), p. 124.

88) 나의 제안을 볼 때, 진리를 진실성으로 혹은 대응을 신실함으로 환원하는 것으로 보는 것은 나의 제안에 대한 오해일 것이다. 화행들은 다양한 종류의 타당성 조건을 가진다. 그리고 신실함은 그 조건들 가운데 단지 하나일 뿐이다. 나의 제안이 진리에 대한 순교자를 어리석은 광신자로부터 구별할 수 없다는 반론에 대해 다음에 고찰할 것이다.

당신들이 어떤 덕을 가지고 있을 때…당신들은 그 덕의 희생물이다"[니체, 「즐거운 과학」(*The Gay Science*)]. 증인/순교자는 진리를 위한 열정/수난을 가지고 있다고 나는 주장했다. 이 사실은 어떤 인식론적 의의를 지닐까? 우리는 건덕 인식론이 정당화를 비인격적인 과정들에 부속된 어떤 것이라기보다는 사람들의 내면적인 특성으로부터 나타나는 것으로 생각한다는 것을 살펴보았다. 헬라인들은 정확히 주관성을 뛰어넘고 열정이 지닌 비합리적인 힘에 맞서기 위해 철학과 인식론에 대한 관심을 발전시키지 않았던가? 열정에 자랑스러운 지위를 허락함으로써, 내가 지금 포스트모던주의의 상대주의자들의 손에 빠져 들어가는 것은 아닐까? 그와 반대로, 나는 열정이 진리를 향한 아이러니와 무관심의 특징을 지닌 시대에 복음의 진리 주장을 내걸기에 완벽하게 적합한 인식상의 덕이라고 생각한다. 나는 열정이 진리로 이끌기 때문에, 또한 순교로 이끄는 인식상의 (그리고 윤리적인) 덕이라고 주장할 것이다.

"여기에 내가 섭니다." "믿음에 굳게 서라"(고전 16:13). 그가 재판을 받는 상황에서 말했다고 주장되는, "여기에 내가 섭니다"라는 루터의 간단한 말은 겸손과 확신이라는 두 가지 중요한 지성적 덕목을 보여 준다. **여기**에 내가 섭니다. 이것은 겸손에 대한 고백, 한 사람의 사상의 상황적 조건에 대한 인정이다.[89] 하나의 지성적 덕으로서의 겸손은 어떤 분야에서 나 자신보다는 인식의 측면에서 더 특권을 가지고 있는 다른 사람들을 생각해야 한다는 점을 인정한다. 겸손은 나로 하여금 믿을 만한 권위를 지닌 사람들의 증언을 신뢰하도록 만든다. 그것은 또한 내가 더 나은 논증들에 의해서 (혹은, 루터의 경우처럼, 하나님의 말씀에 의해서) 수정받을 자세를 가지고 있어야 한다는 의미다. 겸손은 아마도 십자가의 인식론의 가장 뚜렷한 특성일 것이다.[90] 인식적인 겸손은 영광의 인식론, 즉 이론적 논증을 통해 하나님을 찾겠다는 프

---

[89] 성육신, 특히 그리스도의 *kenosis*는 하나님의 진리 주장까지도 "종의 형체를 가지사 사람들과 같이"(빌 2:7) 상황화 되었음을 보여 준다.

[90] 흥미롭게도, (Luther가 영광의 신학의 배후에 있는 철학자라고 일컫는) Aristotle는 겸손을 하나의 악덕으로 생각한 것으로 나타난다(Zagzebski, *Virtues of the Mind*, p. 88를 보라). 그러나 Zagzebski는 그렇게 부정적이지 않다. "그러나 만일 겸손이 그에 의해서 한 사람이 그 자신의 적성에 대한 정확한 평가를 하게 만드는 덕이라고 한다면, 지성적인 겸손은 마땅히 과대망상적 성향과 자신의 능력에 대한 왜소한 느낌 사이의 한 수단으로 해석될 수 있을 것이다"(p. 220).

로젝트나 이성을 통해 정황과 무관한 신적 조망을 획득할 수 있다고 생각하는 프로젝트를 포기하게 한다. 지성적인 겸손은 내가 그리고 나의 전 공동체가 자신의 주장의 잠정성을 인정해야 함을 의미한다('우리는 여기에, 한국에, 21세기의 서막에 서 있다'). 따라서, 겸손을 강조한다는 것은 해석 전통들의 교정가능성을 강조하는 것이다. 그렇지만, 겸손은 하나의 지성적 덕이다. 그 덕을 소유한 사람들은 자신의 이데올로기적 투영물이 아니라 진리를 파악하는 데, 하나님을 아는 데, 더 좋은 기회를 지니고 있다.

"여기에 내가 섭니다." 루터의 이 말은 인식상의 두 번째 덕인 지적 용기, 자신의 확신에 대한 용기를 드러내는 것으로 이해될 수 있다. 때로 우리는 말 그대로 하나의 주장을 내걸기 위해 일어서야 한다. 서서, 다른 사람들의 고려의 대상이 되도록 해야 한다. 루터의 일어섬은 진리에 대한 그의 확신과 헌신의 표시였다.

우리는 진리가 모든 이를 위해 존재하기 때문에 진리를 위해 선다. 사적인 개별자로서 루터는 공적인 진리에 대한 열심을 가지고 있었다. 모든 가능한 진리 주장들 가운데 복음의 진리 주장은 현저하게 공적이다: 그 진리 주장은 온 세상을 위한 복된 소식이다. 그러므로 사람은 기독교적 지혜를 위해 일어섬으로써, 사람들이 기꺼이 그 지혜를 진지하게 받아들이고 그 지혜의 길을 따르고자 하는 곳이면 어느 상황 어느 사회든지 변화시킬 수 있는 그 능력을 선포한다.

진리에 대한 하나의 판단 기준으로서의 인내(약 1:12). "나를 파괴하지 않는 것이 나를 더 강하게 만들어 주는가?"(니체). 각각 passion의 한 측면이 되는 이 두 가지 덕목은 자신이 다른 사람으로부터 받은 무엇인가에 대해 증언하며 그것을 위해 수난을 당하는 순교자의 덕이라고 나는 생각한다. 그러나 어째서, passion―이 맥락에서는 수난을 가리킴―이 진리로 이끄는가? 그리고 예수님의 수난과 소크라테스의 수난의 차이점, 기독교 순교자들과 광신도는 말할 것도 없고 진리를 위해 기꺼이 죽고자 하는 다른 사람들의 차이점은 무엇인가? 이것은 중요한 물음이다. 나의 논제는, **겸손과 확신 이 둘이 함께 사람으로 하여금 궁극적으로 의지할 수 있는 것을 믿도록 이끌어 주기 때문에, 겸손과 확신이 인식상의 덕들이며 따라서 진리로 이끌어준다**는 것이다. 기독교 순교자의 신앙 정책은 "아무리 터무니없다 할지라도 여러분이 들은 것은 무엇이든지 믿으라"는 것이 아니라 "훌륭한 권위를 지니며, 자신의 삶(과 죽음)을 포함하는 그들의 증언이 실천적 지혜에 대한 믿을 만한 지표가 되는 사람들이 하나님에 대해 하는 말을 믿으라"는 것이다. 만일 내가 다시 루터에게 호소한다면, 이렇게 말할 수 있을 것이다. 기독교의 진리를 적절하게 진술하는 일에는 '오라티오'(*oratio*, 기도), '메디타티오'(*meditatio*, 해석) 그리고 '텐타티오'(*tentatio*, 고난을 통한 시험의 경험)가 포함된다. 간단히 말해서, 겸손, 확신, 합리성 사이의 연결은 인내에 대한 비판적인 검증 가운데서 발견될 수 있는 것이다.

복음의 진리 주장을 내건다는 것은 사람이 자신의 매일의 생활 가운데서 그리스도를 드러낸다는, 아니 다시 표현하자면, 이 주장을 위해 모든 것을 **포기한다**는 뜻이다. 특히 신학자들은 그리스도를 닮아감에 있어서 자신을 낮춰야 하며, 비판을 피해 믿음이라는 이름 뒤에 숨어서도, 교회 권위의 뒤에 숨어서도 안 된다.[91] 신학적 진리 주장들에 대한 혹독한 검증을 막기 위해 어떤 식의 특별한 권한을 인정해서는 안 될 것이다. 복음의 진리 주장을 위해 자신을 쏟아 붓는다는 것은 이론적으로나 실천적으로 그리스도의 길을 지적으로 이해 가능하도록 만든다는 뜻이다. 그것은 성령의 권능 가운데서, 인간의 성찰과 인간 실존의 중대한 시험에 부응하고 그 시험을 통과할 수 있도록 말씀을 구현하는 삶을 살아간다는 의미다.

겸손과 확신을 드러내는 일은 합리성에 대한 오류가능 이론과 유사하다. 그 이론에 따르면, 정당화는 비판적 검증 과정을 포함한다. 인식상의 겸손은, 포스트모던 상대주의자처럼 다원성과 차이점을 수용한다는 의미에서가 아니라 그것을 견뎌낸다는 의미에서 관용적임을 의미한다. 이것이 부분적으로 진리를 위해 수난을 당한다는 말이 의미하는 바다. 인식적으로 덕스러운 사람은 신념에 대한 비판적인 검증을 견딘다. 덕스러운 신자/증인은 모든 시험 가운데 가장 큰 시험을 통과하고자 노력한다. 그것은 바로 시간의 테스트다.[92] 궁극적으로, 기독교 신학의 진리 주장을 전개한다는 것은 인내 테스트에 임한다는 것이다. 현재 우리는 이 인내 테스트에 대해 겨우 입증을 시작하

---

91) 이것은 신적 영광에 대한 혹은 "하나님과 동등됨"에 대한 예수님의 포기(빌 2:6)의 인식론에 대한 적용일 수 있다.

고 있을 뿐이다.

이 일어섬에 함축된 증언은 진리는 세상이 진리를 향해 내던지는 모든 것을 흡수하기에 충분할 만큼 강하다는 것이다. 인내는 지속을 의미하는 것이 아니다. 왜냐하면, 진리는 단순히 비판적 검증을 통과하여 살아남는 문제가 아니기 때문이다. 그와 반대로, '인내한다'는 의미는 '굳건해진다'는 의미다. 그것은 시간이 지나도 그대로 있다는 것이 아니라 더 강해진다는 것이다. 진리는 견뎌내는 것이며, 계발시키는 것이다. 굳건한 믿음은 굳세게 서 있는 믿음이다(골 2:5; 약 1:3). 따라서 지식은 피라미드가 아니며, 떠다니는 뗏목도 아니며, 더 깊이 그 뿌리를 내리고 그 가지가 더욱 많은 열매를 맺는 나무다.

예수님이 여러 판가름을 당할 때 그러셨듯이, 예수님의 제자들도 종종 서서 판가름을 받아야 한다. 지금까지 살펴보았듯이, 이것이 바로 덕이 습득되는 방식이다. 즉, '프로네시스'를 가진 사람이 비슷한 상황에서 스승을 본받아 행할 일을 행함으로써 익혀지는 것이다. 적어도 부분적으로, 기독교의 제자도는 지적인 측면만이 아니라 고유하게 도덕적인 덕들에 있어서도 일종의 견습이다.

예수님과 소크라테스. "이 사상과 이 소행이 사람으로부터 났으면 무너질 것이요, 만일 하나님께로부터 났으면 너희가 그들을 무너뜨릴 수 없겠고…"(행 5:38-39).

확실히 지금까지 내가 너무나 많은 것을 증명했다. 모든 신앙은 그 순교자를 가지고 있다. 그렇지만, 우리가 포스트모던 상대주의자들과 편을 같이 하지 않는 한, 모든 신앙이 다 참될 수는 없다. 그렇다면, 십자가의 인식론은 소위 거짓 지식으로부터 참 지식을 분별해 내는 데 실제로 어느 정도 도움을 주는가? 특히, 어째서 우리는 소크라테스와 같은 천재를 따라서는 안 되고 오히려 바울과 같은 사도를 따라야 하는가?[93]

기억할 수 있다시피, 소크라테스는 인식론적 사명을 띠고 파송 받았던 사

---

92) 인내는 Alistair MacIntyre의, 전통들이란 시간을 통과하면서 가장 잘 검증된 것들이라는 제안과 형식상으로 유사하다는 느낌이 있다. 겸손을 부각하는 것은 '한 사람의 신념들 (혹은 자신)을 비판적 검증에 기꺼이 복종시키는 일'을 인식에 관한 덕인 진리로 이끌어 주는 덕으로 보는 것이다.
93) 여기에서 '사도'는 '사명을 띠고 보내진 사람'을 뜻한다. 비록 예수님이 다른 사람들을 파송하셨지만, 그분 역시 성부에 의해 보냄 받은 자였다(참고. 요 15-17장).

람이다. 그 사명은 어떤 신에 의해 위임된 일이었다(물론 철학자들은 그 사실을 되새기기를 좋아하지 않는다). 진짜로 소크라테스는 재판을 받으면서 자신이 "아테네인들에게 보내어진 신의 선물"이라고 주장했다.[94] 그의 과업은 사람들을 지혜롭게 만드는 것이었다. 예수님과 마찬가지로, 소크라테스는 자신이 파송 받은 사명에 대한 일편단심의 열정 때문에 심판 받게 되었다. 물론 다시 예수님처럼, 그는 자신이 결코 아무런 잘못을 저지르지 않았으며 결코 신들에 대해 거슬리는 행위를 한 적이 없다고 주장했지만 말이다.[95] 또한 다시 예수님처럼, 소크라테스는 자기의 사명을 위해 죽기를 택했다. 키에르케고르까지도 소크라테스의 열정에 감복했다.

그렇다면, 예수님의 순교는 소크라테스의 순교와 혹은 어떤 광신자의 죽음과 어떻게 다를까? 소크라테스는 무엇을 위해 죽었을까? 우선, 그는 자신의 개인적인 무결함(integrity)을 주장하기 위해 죽었다. 그는 자신의 확신들에 대한 용기를 가지고 있었다. 그러나 키에르케고르는 소크라테스가 진리를 위해 즉 어떤 긍정적인 메시지를 위해 죽은 것이 아니라, 오히려 하나의 원칙을 위한 형식적인 항의를 하기 위해 죽었다고 바르게 보고 있다. 다시 말해서, 소크라테스는 부정성(negativity)을 위해 죽었다. 그리고 그가 자신의 제자들에게 남긴 지혜는 주로 역시 부정적인 것이었다(변증법, 비판적 사고). 한편으로, 그는 자신이 지혜롭지 않을 때, 자신이 지혜롭다고 생각하는 악으로부터 벗어나는 삶을 살았다. 다른 한편으로, 그는 긍정적 진실을 성취하지는 않았다. 그는 하나의 해답을 위해서가 아니라, 하나의 물음을 위해 죽었다. 결국 소크라테스는 반쪽 순교자인 셈이다. 그러나 그의 죽음은 한 천재의 죽음이었다. 그 죽음은 증인의 죽음이 아니었으며, 사도의 죽음도 아니었음이 확실하다.[96]

소크라테스는 또한 자신이 이 세상에 살아 있는 것보다 죽어서 더 나쁘지 않을 것이라는 흐릿한 신념 가운데서 죽었다. 토머스 브릭하우스(Thomas

---

94) Plato, *Apology* 30d7-e1.
95) 같은 책, 37b2-5.
96) 의미심장하게도, 비록 그의 *daimonion*이 그에게 무엇을 하지 말아야 할지를 말하지 않지만, Socrates는, 그가 가장 지혜로운 사람이라고 선포했던 애초의 델파이 신탁 이외에 다른 어떤 긍정적인 계시도 받지 않았다.

Brickhouse)와 니콜라스 스미스(Nicholas Smith)는 다음과 같이 진술한다. "비록 소크라테스가 이 지극히 중요한 문제에 대해 지혜롭다고는 결코 주장하지 않지만, 그는 모든 사람이 죽어서 더 잘 될 것이라고 생각할 만한 훌륭한 이유가 있다고 믿었다."[97] 소크라테스가 영생에 대해 바르게 생각하고 있음이 사실이라 할지라도, 그가 영생에 대한 지식을 가지고 있었다고 말할 수는 없을 것이다. 키에르케고르가 보듯, 초월과 내재의 차이점은 예수님과 소크라테스 모두 "영생이 있다"고 말할 때, 오직 예수님만이 그렇게 말할 권위를 가지고 있다는 점이다. 오직 예수님만이 알고 계신다. 이는 예수님만이 신뢰할 만한 권위에 근거해서 그렇게 말할 수 있는 권위를 가지고 계시기 때문이다.[98] 마지막으로, 소크라테스는 늙은 나이에 농담을 하면서 죽는다.

결국 따지고 볼 때, 소크라테스가 나눠 주는 삶과 죽음에 대한 지혜는 권위를 결여하고 있다. 간단히 말해서, 그의 증언은 비(非)사도적이다. 그것은 내재의 영역에, 인간의 이성이 자립적으로 알 수 있는 바에, 제한된 자랑스러운 항의다. 그러므로 좀더 면밀하게 검토해 보자면, 소크라테스의 죽음이 과연 열정/수난과 연결된 인식상의 덕(곧이 믿음, 겸손, 확신)을 드러내고 있는지에 대해 의문을 제기할 만한 이유가 있다. 소크라테스는 자신을 따르는 사람들에게 자신의 모범을 따르기에 충분할 만한 이유를 제공하지 않는다. 그러므로 과연 그가 잘 살고, 잘 죽은 사람의 실례인지에 대해서는 의문을 가질 만하다.

소크라테스와 대조적으로, 예수님은 한창 때에 다른 사람들의 손에서 고뇌 가운데 죽으셨다. 부당한 형벌을 받아들이고, 권위에 근거해서 자신이 받았던 (하나님 나라에 관한) 메시지를 위해 기꺼이 죽음으로써, 예수님은 자신의 주장의 힘을 보고 **느낄 수 있는** 위치에 자신의 삶과 죽음을 관찰했던 사람들을 두셨다. 그러므로 예수님의 순교는 진리로 인도할 뿐만 아니라 초월로 인도하는 것이었다. 예수님이 사셨고 죽으셨던 방식인 십자가는, 그분의 주장의 진실성을 다른 사람들에게 전달해 주었으며 그들을 납득시켰다. 십

---

97) Brickhouse and Smith, *Plato's Socrates*, p. 202.
98) 그리스도는 자신의 생각을 전달했던 천재가 아니었다. Kierkegaard가 지적하듯이, "영생이 있다"는 진술이 심원한 것이 아니다. 그것이 핵심이 아니다. 중요한 것은 그 말을 했던 자가 하나님으로부터 보냄을 받은 자라는 사실이다("On the Difference", pp. 156-157).

자가 밑에서 백부장은 예수님이 어떻게 죽으시는가를 보고 나서, "이 사람은 진실로 하나님의 아들이었도다"(막 15:39)라고 고백했다.[99]

하나의 반론: 인식상의 광신자. 하나의 주장을 한다는 것은 어떤 상태에 대한 증인으로 행동한다는 것이다. 나의 논제는 사람이 증언하는 방식은 언급되는 내용을 평가하는 중요한 부분이라는 것이다. 그러나 광신자들도 예수님이 보여 준 것과 똑같은 종류의 열정/수난을 가지고 있다고 주장될 수 있지 않을까? 만일 지적인 덕이 진리에 대한 사랑으로부터 비롯되는 것이라면, 우리는 광신자도 인식상의 덕을 지닌 사람이라고 말해야 하지 않을까?

결정을 내려야 할 첫 번째 사실은 과연 광신자가 진짜로 그 자신의 생각들의 진실성이 아닌 진리를 열망하고 있는가 하는 것이다. 한 사람이 자신의 생각에 대해서만 열정적이라는 것은 겸손과 개방적인 마음이라는 인식상의 덕이 결여된 것이다. 진리에 대한 이러한 종류의 사랑은 **아가페**보다는 **에로스**에 해당한다. 그러나 논의를 위해 인식상의 광신자가 진정으로 진리를 열망한다고 가정해 보자. 언급되어야 할 첫 번째 사실은 진리에 대한 열망만으로는 그 사람을 인식상으로 덕스럽다고 말하기에 충분하지 않다는 것이다. 신실함만으로는 부족하다. 왜냐하면, 신실함만으로는 꼭 진리로 인도되는 것이 아니기 때문이다. 사람은 신실하면서도 틀렸을 수 있다. 둘째로, 인식상의 광신자는 종종 순교자가 아니다. '천국의 문'(Heaven's Gate) 종파의 멤버들을 예로 들어 보자. 아무도 그들을 박해하지 않았다. 그들은 순교자들이 아니었다. 그들의 고난은 자초한 것이었다. 죽음을 선택함으로써, 그들은 그저 자신의 혼동만을 보여 주었을 뿐이다.

세 번째로, 그리고 가장 중요하게는, 진리에 대한 광신자의 열정은 다른 지적인 덕목의 도움을 받지 않는다. 이것은 매우 중요한 지적이다. 비록 진리에 대한 열정이 하나의 덕일 수는 있지만, 다른 인식상의 덕에 의해 견제 받

---

99) 예수님의 수난은 다른 사람들—온 세상—을 위한 것이었다. "예수님은 다른 사람들과의 연대 가운데서, 많은 사람을 위하여 대리로 그리고 고통당하는 온 창조 세계를 위해 미리 앞서서 고난을 당하신다"(Moltmann, Way of Jesus Christ, p. 152). 물론 모든 각 사람이 예수님의 죽음 가운데 있는 진리를 볼 수 있는 것은 아니다. 왜냐하면, 많은 사람은 요구되는 인식에 관한 (그리고 영적인) 덕들은 말할 것도 없고 올바른 상상이 결여되어 있기 때문이다. 인식하는 자들이 신적 실재에 대한 인지적 접촉을 할 수 있게 해주는 덕들을 습득하기 위해서는 훈련뿐만이 아니라 성화가 인식자들에게 필요하다.

지 않을 경우, 그 열정은 진리로 이끌어 주지 못한다. 광신자는, 인식론적으로 말해서, 한 가지 지적인 덕의 과잉 탓에 무너져 내린 비극적인 영웅이다.[100] 몽마르케이가 지적하듯, 진리를 얻고자 하는 열정은 다른 인식상의 덕에 의해 규제를 받아야 한다.[101]

그러므로 광신은 진리에 대한 **규제되지 않은** 열정이라고 가장 잘 묘사할 수 있을 것이다. 다르게 말해서, 인식상의 광신자는 자신의 인격에 지적인 덕을 통합하고 통일하는 데 실패한 사람이다. 간단히 말해서, 광신자는 최고의 규제적 덕인 '프로네시스'를 결여하고 있다. 덕목들에 균형을 제공해 주는 것이, 말하자면 언제 하나의 믿음을 보전하고 언제 포기해야 할지를 판단하는 것이 '프로네시스'의 의무다. 인식적 덕을 가진 사람은 마찬가지의 상황에서 '프로네시스'를 가진 사람이 믿을 것을 믿어야 한다.[102] 그것이 규제되지 않은 열정이며, 그러므로 궁극적으로 오직 어리석음일 수 있다는 점에서 광신은 명백히 인식적인 악덕이다.

인식적이며 신학적인 덕. 예수님의 수난에서, 우리는 인격화된 하나님의 지혜, 육신을 입은하나님의 '프로네시스'를 본다. 예수님은 자신의 순교에서, 소크라테스와 광신도들이 보여 주지 못하는 인식적 덕을 드러내신다. 특히 예수님은 광신에 대한 해독제, 말하자면 겸손을 인격화하신다. 그분의 가르침은 그분이 받아들인 바가 무엇인지를 증언한다. 그리고 그분의 삶은 바로 이 메시지를 위해 쏟아 부어진 삶이다.

만일 우리가 사도적 증언을 신뢰함으로써 초월적 실재에 인지적으로 접촉하고자 한다면, 나는 인식상의 겸손이 꼭 필요한 지적인 덕이라고 제시한다. 내가 주장했듯이, 그러한 신뢰는 뚜렷이 합리적이다. 왜냐하면, 곧이들음

---

100) 도덕적인 비극과의 유비는 유익할 수 있을 것이다. 자기 아내에 대한 Othello의 사랑은 극한으로 나갈 경우 질투(하나의 악덕)가 된다.
101) Montmarquet, *Epistemic Virtue*, p. 25.
102) 언뜻 보기에 phronesis를 인식하는 기준에 문제점이 있는 것 같다. Zagzebski는 훌륭한 지성적 실천이 비록 자명한 것은 아니라 할지라도 최소한 널리 인정될 수 있는 것이라고 생각하는 것 같다. 아마도 이 분야에 좀더 많은 작업이 필요할 것이다. 그러나 Zagzebski의 언급은 적절하다. "어떤 신학적 명제를 믿어야 할지를 결정한다는 것은 흔히 힘든 문제다. 그러나 phronesis에 대한 호소가 무엇을 믿어야 할지를 결정하는 어려운 일을 쉽게 만들어준다는 사실이 신학의 방법론의 적합성에 대한 하나의 조건이 아닌 한, 결코 이것은 phronesis에 대한 호소에 대한 반대는 아니다"("Place of Phronesis", p. 221).

(credulity)은 하나의 지적인 덕이기 때문이다. 증인은 곧이들음으로써 믿음을 획득한다. 그러나 증인은 겸손을 통해, 즉 비판적인 검증 가운데 자신을 기꺼이 내어놓음으로써, 다른 사람들에게 자신을 맡긴다. 그리스도인들은 일단의 명제들에 대해서만이 아니라 하나의 길에 대해 증거한다. 그리고 이 길은 반드시 소크라테스 식의 심문을 받아야 하며, 어쩌면 박해까지 받아야 할 것이다.[103] 오직 그러한 판가름을 통해서, 이 길은 어리석고 오도(誤導)하는 길이 아닌 지혜롭고 믿을 만한 길이라고 여겨질 수 있을 것이다.

비판적 검증을 견디는 예수님의 능력은 건덕 인식론자들이 전형적으로 언급하는 품성적인 특성들로부터만이 아니라 마찬가지로 믿음과 소망과 사랑이라는 신학적인 덕성들로부터 비롯하는 것이다. 소망: 예수님은 자신의 아버지에 대한 그리고 새 생명에 대한 하나님의 약속에 대해 암묵적으로 신뢰했기 때문에, 자신의 보냄 받은 사명을 완수하실 수 있었다. 다시, 예수님의 부활은 동시대의 증인들에게 복음의 진리 주장이 궁극적으로 하나님 자신에 의해 직접 변호될 것을 바라도록 일깨운다. 사랑: 예수님의 수난을 불러일으키고 그뿐만 아니라 그 수난을 견딜 수 있게 해주었던 것은 다른 사람들에 대한, 심지어 자신을 대적했던 자들에 대한 예수님의 사랑이었다. 바울이 썼다시피, "사랑은 모든 것을 참으며…모든 것을 견딘다"(고전 13:7).

십자가의 인식론은 겸손하면서 동시에 희망적이다. 약속하기와 마찬가지로, 증언하기는 말하는 자가 말과 세계의 마침내 이루어질 부합(fit)에 헌신하는 화행이다. 아무리 풍성한 인식론이라 할지라도 복음의 진리 주장을 입증하지는 못할 것이다. 그렇지만, 십자가가 우리로 하여금 내재의 층위를 넘어서게 하지 못한다고까지 말할 필요는 없다.[104] 그와 반대로, 제4복음서는 십자가 자체가 그리스도의 영화됨의 순간(그분이 '올리어지심')이라고 제시한다. 결국 최종적인 분석은, 십자가는 하나님의 초월성에 대한 간접적인 소통이라고 말해야 한다는 것이다. 예수님의 부활은 증언인 동시에 약속이다. 그

---

[103] Moltmann은 다음과 같이 설명한다. "고대 교회는 자신의 순교자들을 알았으며, 그래서 또한 증인들의 순교를 신학적으로 어떻게 해석하는지를 알았다"(*Way of Jesus Christ*, p. 197). 또한 다음 성경 구절들을 보라. 고후 4:10, 빌 3:10, 골 1:24.

[104] 이는 Thiselton이 제시하는 것과 같다. Anthony Thiselton, *Interpreting God and the Postmodern Self* (Edinburgh: T. & T. Clark, 1995), p. 147.

것은 하나님이 그리스도 안에서 만물을 자신과 화목하게 하셨다는 사실에 대한 증언이며, 동시에 만물이 진정으로 화목하게 될 것이라는 약속이다. 십자가는 궁극적으로 세계 역사 전체의 의미에 대한 묵시적 증언이다.

몰트만은 순교자들이 "자신의 몸으로 종말 때의 고난을 예견한다.…그들은 새로운 창조 세계에 대해 증언한다"라고 말한다.[105] 따라서 부활에 대해 증언한다는 것은 참여의 형태로 하나님 나라의 약속에 동참한다는 것이다. 따라서 소크라테스와 달리, 기독교의 순교자는 구체적인 맥락에서 소망에 대해 증언하는 것이다. 이 또한 '프로네시스'에 해당하는 문제다. 즉, 모든 상황에서 그리스도의 지혜에 대해서만이 아니라 그분의 부활에 있는 소망에 대해 증거하는 식으로 살아가는 방법을 아는 것이다.

바르트는 부활을 성부의 "언도"라고 말했다. 어쩌면 여기에 오늘날의 말씀 봉사자들을 위한 교훈이 또한 있는 것 같다. 우리가 겸손과 확신을 가지고 주장을 펼칠 수 있으며, 판가름과 비판적 검증을 견디어 냄으로써 그 주장이 사리에 맞음과 지혜를 보여 줄 수 있을 것이다. 그러나 그 주장을 타당한 것으로 입증하는 일은 궁극적으로 하나님께 달려 있다. 하나님이 예수를 죽은 자 가운데서 일으켜 세우셨다. 사도들은 이 사실에 대한 증인일 뿐이었다(행 2:32). 진리에 대한 판가름에는 어떠한 세상적인 해결의 여지도 존재하지 않는 것이다. 오늘날의 교회는 목격에 의해서가 아니라, 그 약속과 그 권능을 입증하는 실존적 증언에 의해서 계속해서 부활에 대해 증거한다.

그러므로 신학적 진리 주장을 전개하는 사람들은 칼을 흔들 필요가 없다. 진리는 승리할 것이다. 그러나 그 승리는 그 대적들을 완전히 굴복시킴으로써 얻어지지 않는다. 올리버 오도노반(Oliver O'Donovan)이 말하듯, "교회는 장차의 세계에 대해 철학화하지 않는다. 교회는 이 분 안에서 임하는 그 나라의 역사를 실증한다.…이것은 상호 섬김으로 혹은 순교로 이끌어 줄 수 있다."[106]

나는 증언하기가 신학적 진리 주장을 내거는, 인식론적으로 올바른 길이라고 주장한다. 어떤 점에서 포스트모더니티는 아직 소크라테스를 넘어서지

---

105) Moltmann, *Way of Jesus Christ*, p. 204.
106) Oliver O'Donovan, *The Desire of the Nations: Rediscovering the Roots of Political Theology* (Cambridge: Cambridge University Press, 1999), p. 217, 어순은 약간 바뀌었음.

못했다. 그 둘 다 역사라는 특수한 절대적 의의에 대해 공정을 기하지 못하는 내재의 철학이다. 나는 순교가 평범 가운데 있는 비범—인간 역사의 영원한 소생(蘇生)—에 관한 주장에 가장 적합한 형태라고 본다.

결론: 해석자—순교자로서의 신학자

기독교 신학자의 소명은 한 사람의 해석자이자 순교자—진리를 말하는 자, 진리를 행하는 자, 진리를 당하는 자(truth-sufferer)—가 되라는 것이다. 진리는 포스트모던 수동성이 아니라 복음적 열정/수난을, 계산이 아니라 인격적 수용을 요구한다. 신학자는 기독교적 지혜에 초점을 맞추도록, 자신의 됨됨이 가운데에 기독교 문화의 핵심을 구현해야 한다. 기독교적 '진리' 주장을 한다는 것은 궁극적으로 십자군 운동을 벌이는 것도, 순례를 하는 것도, 더 나아가서 선교 여행을 하는 것도 아니며, 오히려 **순교자적** 행위를 하는 것이다. 진정한 신학은 머리로 잘 따지는 기술(합리성)에 대한 것일 뿐만 아니라 잘 살아가는 일(지혜)과 잘 죽는 일(순교)에 대한 것이다. 순교는 진리에 대한 열정/수난에 의해 동기화된 지적인 덕의 행위(예를 들면, 겸손과 확신)를 불러일으키는 간접적인 인식론의 한 형태다.

그러므로 우리가 묻는 신학의 진리에 대한 물음은 우리의 제자됨과 순교의 효율성에 대한 물음과 긴밀하게 연결되어 있는 것이다. 진리를 변호하는 일과 신실하게 살아가는 일 사이에는 연결된 끈이 존재한다. 오늘날 기독교 선교가 맞이하는 도전, 신학적 진리 주장을 내거는 데 대한 도전은 다름 아닌 한 사람의 삶 가운데서 예수 그리스도의 길을 펼쳐 내는 일이다. 그것은 하이데거의 (혹은 소크라테스의) 죽음을 향한 존재가 아니라 **부활을 향한** 독특한 기독교적 **존재**다. 이것은 인식론적 토대주의의 문제가 아니라 기독교적 지혜의 순일성과 독특성에 대한 증명이다. 그러한 입증은 물론 오직 기꺼이 순교자가 되고자 하는 사람에 의해서만 이루어진다. 신학적 진리 주장을 내거는 일은 희생을 치르는 일이다. 참되게 하나님을 가리키는 일은 기독교적 지혜의 길에 대해 신실한 증거를 하는 것이다. 그것은 기독교적 형이상학을 구현하는 증언이다.

기독교 선교에 기여하는 인식론은 사람이 자신의 인식상의 의무를 다하는 일을 의미할 뿐만 아니라 지적인 덕을 드러내고 인식상의 탁월성을 추구하는 일을 의미한다. 진리 주장을 하는 것은 인격과 절차를 포함하는, 관계적이며 명제적인 일이다. 신학이 인식론에 거꾸로 제공해 주는 것은 인식적 덕에 대한 확대된 집합(믿음, 소망, 사랑 및 겸손)이며, 진리를 위해 무엇이든지 견딜 각오가 되어 있는 순교자/증인이라는 모델이다. 겸손하게 그렇지만 소망하면서 신학적 진리를 주장하는 것은 결국 우리의 이웃에게 하나의 진리가 되는 것이다.[107]

---

[107] 나는 "신학은 어디로 가고 있는가?"라는 토론 그룹을 이뤘던, 에딘버러 대학교 박사과정 학생들과 Fergus Kerr에게 이 글의 초고에 대해 그들이 해주었던 논평들과 제안들에 대해 고마움을 표한다.

인명 색인

Abraham, William 197, 208, 215, 222
Adams, A. K. M. 407, 433
Alston, William 82, 241, 246, 255-256, 261, 264, 266, 268, 271-274, 283, 291, 294, 492
Altieri, Charles 284
Anselm 144, 397-398
Aquinas, Thomas 29, 101, 114-116, 125, 129, 132, 137-138, 142, 151-153, 161, 182
Aristotle 27-29, 63, 78, 116, 124, 151-152, 244, 267, 382, 395, 506, 510, 528, 531
Armstrong, Neil 80
Arnold, Matthew 458-459
Ashton, John 383, 385
Augustine 78, 101, 113, 130, 177, 264, 384, 386, 408, 427, 429-431, 467-468, 370, 473, 475, 479, 482-483
Austin, J. L 54, 228, 233, 254, 257, 272

Bach, Johann Sebastian 473, 486

Bacon, Francis 354
Baillie, John 148, 191, 197, 204, 215
Bakhtin, Mikhail 281
Barber, Pierre 433
Barbour, Ian 474
Barnes, Michael 94
Barr, James 200-203, 204, 213, 231
Barrett, C. K. 378, 380-381, 386, 436
Barth, Karl 49, 51, 95, 119, 125, 146, 190, 194, 196, 200-201, 205, 212-213, 220, 223, 228, 230, 232, 240, 286, 302, 312-314, 316, 324-327, 334-335, 337, 364, 397, 484, 519, 540
Barthes, Roland 307, 346, 354-357, 385, 456, 475-476
Bartholomew, Craig 58, 236, 239, 241, 416, 444
Barton, John 202-203, 214-215, 220, 225, 308, 348, 387, 395
Baudrillard, Jean 450, 478
Baumer, Franklin 466

Berkeley, George 273
Bekhof, Louis 151, 153, 183
Berkouwer, G. C. 209, 302, 324
Black, Max 474
Bloesch, Donald 205-207, 484
Borges, Jorge Luis 288
Braaten, Carl 106
Bradley, F. H. 525
Bradshaw, Timothy 97
Braudel, Fernand 466
Braun, Willi 368
Brickhouse, Thomas, 517 536
Briggs, Charles 190
Brown, Raymond 379, 384-386, 430-433, 436, 443
Brueggemann, Walter 40-41
Brümmer, Vincent 111, 113, 126-130, 136, 142-143
Brunner, Emil 155
Buber, Martin 301, 335, 503
Bultmann, Rudolf 49, 51, 173, 193, 225, 312, 314, 321-322, 348, 357, 367, 379, 384, 431, 460, 493, 498
Bunyan, John 71
Burke, Edmund 332

Calvin, John 41-42, 60, 149, 190, 195, 207, 233, 320, 324, 331, 383, 408, 431, 468
Caputo, John 476-477
Chaplin, Charlie 110
Childs, Brevard 284, 304, 391, 402, 422, 425, 440
Clark, Kenneth 457
Clayton, Philip 110, 134, 162, 172-173, 178
Clifford, W. K. 390, 393, 395, 521
Clines, David J. A. 345, 349, 351
Coady, C. A. J. 392-393, 521-524, 526, 530
Cobb, John 74, 118, 158
Collingwood, R. G. 389, 525
Copernicus 344
Creel, Richard 116
Culpepper, R. Alan 364, 367-368, 382-383, 387
Cupitt, Don 37-39, 58, 165, 479-480

Davidson, Donald 167, 322, 336
Davies, Margaret 152, 372, 379
Demarest, Bruce 69, 91, 97, 150-151, 154, 199, 230
Derrida, Jacques 33-34, 308-309, 321, 327, 336, 338, 360, 364, 377, 407
Descartes, René 29, 164, 344
Dilthey, Wilhelm 99, 454
DiNoia, James 75, 84, 89, 104
Dodd, C. H. 277, 379
Dooyeweerd, Herman 455, 468-470, 473, 498
Dretske, Fred 168
Duff, R. A. 264
Dunn, James D. G. 204, 206, 443
Dupuis, Jacques 141

Ebeling, Gerhard 322, 407
Eco, Umberto 308, 350, 361-362, 475
Eddy, Paul 89, 107
Eliot, T. S. 457, 470-471
Eslinger, Lyle 365-366

Farley, Edward 131-132, 136, 192, 216-219, 227
Farrer, Austin 172, 230
Faust 239, 248, 297
Fee, Gordon 293, 327, 332
Feuerbach, Ludwig 19, 45, 110, 165, 309, 346
Fiddes, Paul 118, 133, 127
Finney, Charles 182
Fiorenza, Elisabeth Schüssler 358
Fiorenza, Francis 392
Fish, Stanley 211, 272, 306, 319, 356-357, 359, 418-419
Foucault, Michel 385, 409, 411
Fowl, Stephen 292, 416, 419-420, 422, 426, 445

인명 색인 | 545

Frei, Hans 51, 213, 311-321, 325, 397-398, 403, 418
Freud, Sigmund 456, 461

Gandhi, Mahatma 69
Gibbon, Edward 467
Gibbs, Robert 72, 249, 251, 266
Giddens, Anthony 411
Gilby, Thomas 115
Gilkey, Langdon 85, 94, 117, 222
Goethe, Johann Wolfgang von 239-240, 293
Goldingay, John 47, 51
Greene-McCreight, Kathryn 402, 408, 418, 422, 427
Grenz, Stanley 289-290
Grice, Paul 252, 272

Habermas, Jürgen 137, 253, 324, 518, 524
Hare, R. M. 160
Hart, Trevor 58
Hartshorne, Charles 117-118, 124, 133, 135
Hartt, Julian 455, 481
Harvey, Van 30, 497, 521, 525
Hauerwas, Stanley 305-306, 320, 405
Hegel, G. W. F. 94-96, 101, 106, 464
Helm, Paul 231, 506, 513-514, 520
Henry, Carl F. H. 197, 314, 450-452, 468
Heppe, Heinrich 150, 153, 162
Hesse, Mary 475
Hick, John 73, 84-85
Hodgson, Peter 28, 74, 94-96, 192, 218
Hoekema, Anthony 150-151, 153, 168
Hume, David 521-523
Hunsinger, George 200, 224, 313, 315, 321

Irenaeus 215, 248, 379, 425, 436
Iser, Wolfgang 352

Jauss, Hans Robert 243, 347
Jeanrond, Werner 304, 353, 360, 363, 452
Jenson, Robert 77-80, 82, 100

Jodock, Darrell 210, 213-215
John of Damascus 114
Jonah 282-283, 285
Jones, L. Gregory 416, 420, 422, 445
Josipovice, Gabriel 389
Jowett, Benjamin 304-06, 310, 312, 320, 334, 338, 415
Jüngel, Eberhard 179, 181

Kallenberg, Brad 171, 178
Kant, Immanuel 29, 83-84, 260, 344-347, 349, 357, 453, 470, 503, 518
Kaufman, Gordon 85, 87
Keller, Helen 183-184
Kelsey, David 47-53, 58, 210-212, 225, 318
Kermode, Frank 359
Kierkegaard, Søren 54, 490-493, 499-501, 503, 507, 512, 516, 519, 527-530, 535-536
Kim, Jaegwon 162, 165, 169, 172
Knitter, Paul 70-71, 84, 88, 107
Kuhn, Thomas 112, 345, 474
Küng, Hans 19, 71, 73, 75, 87-89
Kuyper, Abraham 336, 458, 468-470, 473

LaCugna, Catherine Mowry 121
LaFargue, Michael 363-364
Lanser, Susan 181, 281
Leo XIII 191
Lessing, Gotthold 76
Lévinas, Emmanuel 35-37, 72-73, 78, 271, 295, 395
Lewis, C. S. 30-32, 59, 60, 230, 244, 338
Lewis, Gordon 199
Lindbeck, George 73, 82, 213, 314, 318, 320, 329, 338, 402, 422-423, 440
Locke, John 389, 521
Lovejoy, Arthur 466
Luther, Martin 320, 339, 430, 483, 513, 531-533
Lyotard, Francois 477-478

Macquarrie John, 240
Malantschuk, George 529
Marion, Jean-Luc 123
Marx, Karl 461-462
McConville, J. Gordon 276-279
McFague, Sallie 43-45, 58, 111, 121-122, 126, 142
McGrath, Alister 87, 120, 191, 219-220
McIntyre, John 111, 126, 128, 135-136
McKim, Donald 190, 209, 213
Mesters, Carlos 358
Michaels, J. Ramsey 430
Milbank, John 87, 97, 103, 304, 310, 337, 413
Moltmann, Jürgen 75, 120, 158-159, 517, 537, 539
Montmarquet, James 506, 509-512, 514, 538
Moore, Stephen D. 350, 369-371, 439
Morgan, Robert 308, 348, 387, 395, 403
Müntzer, Thomas 325
Murphy, Nancey 54, 166, 169

Murray, John 150, 177
Newlands, George 117-119
Nietzsche, Friedrich 307, 362, 450, 473, 476, 496-500, 505, 530, 532
Nineham, Dennis 381, 389, 393
Noble, Paul 284, 304, 425

Oden, Thomas 156
Origen 417

Packer, J. I. 197-199, 340
Panikkar, Raimundo 69-70, 74, 90-94, 97, 102
Pannenberg, Wolfhart 51, 80, 88, 101, 106, 193, 225, 493, 508
Pascal, Blaise 42, 267, 514
Paul 37, 65, 154, 179, 182, 212, 315, 327, 405, 412, 427, 514
Peacocke, Arthur 159, 165, 170-171, 173- 176, 185, 216
Perry, Edmund 85-86
Pinnock, Clark 112, 134, 146, 155-156, 207, 216, 224, 227
Placher, William 71, 313, 315, 318, 321
Plantinga, Alvin 236, 323-324, 412
Plato 44, 112, 521, 535
Polanyi, Michael 443
Pratt, Mary Louise 180, 281
Price, H. H. 522
Proust, Marcel 354

Rahner, Karl 73
Ramm, Bernard 203-204, 221, 232, 473
Reat, N. Ross 85-86
Reid, Thomas 522
Richard of St. Victor 144
Richards, I. A. 350
Ricoeur, Paul 60, 77-79, 99, 102, 160, 232, 243, 245, 256-257, 260, 267, 277-278, 288, 329, 334-335, 353-354, 390, 392, 395-396, 454-456, 482, 501
Rookmaaker, Hans 457
Rorty, Richard 211, 356, 360
Ryle, Gilbert 263

Saussure, Ferdinand de 475
Sava, A. F. 434
Schaeffer, Francis 466
Schleiermacher, Friedrich 51, 147, 157, 213
Schrenk, Gottlob 380-381
Schweitzer, Albert 372
Scott, Nathan 309, 457, 480
Searle, John 81, 177, 229, 261,
Seitz, Christopher 224, 402, 422, 444
Shakespeare, William 408, 449
Shostakovich, Dimitri 396
Smalley, Stephen 380-381
Smith, D. Moody 380
Smith, Nicholas 517, 536
Smith, Wilfred Cantwell 73-74, 85, 88
Smith, William Robertson 190

Socrates 235, 490, 496-500, 510, 517, 534-536, 538-540
Solzhenitsyn, Alexander 396
Soskice, Janet Martin 143
Spengler, Oswald 464-465
Sperber, Dan 236, 247, 251, 253, 264, 288
Steiner, George 236, 307-309, 361, 373,
Stell, Stephen 328-329
Stout, Jeffrey 349-350
Strawson, Peter 245
Strong, Augustus 127, 141, 151
Stroud, W. 433
Surin, Kenneth 89

Tanner, Kathryn 88, 104, 318-319, 325-326, 418
Taylor, Mark 307, 362, 390, 413
Tertullian 235-236
Thiselton, Anthony 242, 257, 275-276, 416, 539
Tillich, Paul 145-147; 157, 159, 401, 471-472
Torrance, T. F. 29, 312
Toynbee, Arnold 465
Tracy, David 28, 74, 123, 303, 311, 312-319, 338, 478-479

Van Leeuwen, Raymond 253
Van Til, Cornelius 467, 498
Vanhoozer, Kevin 15-16, 39, 52, 54, 61, 63, 142, 174, 194, 203, 243, 246, 250, 258, 292, 310, 329, 335, 396, 409, 424, 475, 501

Verne, Jules 265
Von Wright, G. H. 180, 264

Walton, Izaak 75-76, 107
Warfield, B. B. 49, 51, 192, 197-199, 212, 216
Warner, Martin 383-384
Watson, Francis 241, 302, 315, 321, 325, 328, 416, 422
Weber, Max 456, 467
Westcott, B. F. 386, 394, 441
Whitehead, Alfred North 117, 214
Wiles, Maurice 81
Williams, Raymond 98, 454, 456-457, 461-463
Williams, Rowan 93, 98, 495, 498
Wilson, Deirdre 236, 247, 251, 253, 264, 288, 295
Wittgenstein, Ludwig 52-53, 318, 323, 419
Wolterstorff, Nicholas 56, 113-114, 176, 241, 243, 255-256, 278, 288, 336, 423, 425, 440, 444, 521
Wright, G. E. 193, 227-228

Yoder, John 324

Zagzebski, Linda 502, 506, 510-512, 514, 518-519, 521-522, 527, 538
Zizoulas, John 119
Zwingli, Ülrich 324

주제 색인

계시(revelation)
　말씀하시는 대 행하시는(saying versus doing) 194, 211, 231
　인격적 대 명제적(personal versus propositional) 195, 198, 222, 231
관계, 관계성(relation, relationality) 129-130
　언약적 대 인과적(covenantal versus causal) 103
교리(doctrine)
　의 본성(nature of) 191
　지혜로서의(as wisdom) 63
구원사(salvation history)
　두 박자 리듬의(two-beat rhythm of) 277
　와 동일성 테제(and identity thesis) 216-220
　와 악의 문제(and problem of evil) 131, 218
군림(overstanding) 351

내러티브(narrative)
　발화수반행위의(illocutionary act of) 282, 290
　성경적 내러티브에서의 예일 학파 대 시카고 학파(Yale versus Chicago on biblical) 310-325
　실재적인(realistic) 313

다원주의(pluralism)
　종교(religious) 69-107
　진리와(truth and)
담론의 언약(covenant of discourse) 237
　과 소통 가담자(and communicants) 257-258
　발화수반행위로서의(as illocutionary act) 283-285
　소통 행위로서의(as communicative action) 276-277
　에 대한 의무(obligations in) 297
대화(dialogue) 75
　상호종교적인(interreligious) 84-85
　와 충성과 개방의 딜레마(and loyalty-

openness dilemma) 103
독자(reader)
　의 역할(role of) 266, 271, 342-373
　의 책임(responsibility of)
　의 탄생(birth of) 307, 348, 354

로고스 중심주의(logocentrism) 377

목격, 증언, 증인(witness)
　과 그리스도의 수난(and Christ's passion) 528-529
　세계관과(worldview and) 525
　순교자, 증언(martyr, testimony)을 보라
　으로서의 광신자(fanatic as) 537
　으로서의 신학자(theologian as) 526-528
　으로서의 저자(author as) 375-400
　으로서의 해석자(interpreter as) 304-309, 441-443, 445-446, 487

몸(body)
　과 정체성 형성(and identity construction) 409-410, 413
　신학적 의미와(theological meaning of) 412
　텍스트와의 유비(analogy with text) 413-414

문자적 의미(sensus literalis) 45

문화(culture)
　대중(mass) 481
　복음주의로서의(as evangelical) 486
　신학과(theology and) 449-487
　의 개념(concept of) 450, 455-458
　의 텍스트성(textuality of) 475
　의 해석학(hermeneutics of) 458
　자연과(nature and) 453-455
　종교(religion) 469-473
　포스트모던(postmodern) 477-478

발화수반행위, 발화수반적(illocution, illocutionary) 224, 231
　내러티브(narrative) 180, 281
　대 말하기(versus speaking) 290
　대 발화효과행위들(versus perlocutions) 185, 264, 272-275, 291-295, 331, 338
　문학 장르와(literary genres and) 283
　성부의 발화수반행위로서의 예수(Jesus as the Father's) 229, 233
　와 규범적인 입장(and normative stance) 256, 259
　의 병발성(supervenience of) 261
　전가된(imputed) 260, 266, 269
　정경적(canonical) 287-288
　정의된(defined) 255
　추론된, 도출된(inferred), 269
　필리오쿠에와의 병행(and parallel with filioque) 294

발화효과행위들(perlocutions)
　성령과(Holy Spirit and) 182, 288-294, 331
　이해와(understanding and) 272
　정의된(defined) 254

범재신론(panentheism) 118.주12, 133-134, 145, 185
　정신과 육체 관계의 유비(analogy with mind-body relation) 162-166, 170-172
　정의된(defined) 159
　병발성(supervenience) 160-162
　과 정신과 육체 관계(and mind-body relation) 162, 166-170
　발화효과행위들과(perlocutions and) 273
　의 개념(concept of) 160, 173

사랑(love)
　과분함으로서의(as excess) 123
　관계로서의(as relation) 118-123, 126, 129, 130
　선의로서의(as good-will) 115-116, 127-128, 131-132, 138-141
　속성으로서의(as attribute) 110, 114, 127

삼위일체(Trinity)
　관계로서의(as relation) 119
　소통의 패러다임으로서의(as paradigm of communication) 248
　의 정체성(identity of) 99-103, 106
　와 타종교들(and other religions) 86, 90-

97
와 하나님의 사랑(and love of God) 119-120
또한 하나님, 성령, 예수 그리스도(God, Holy Spirit, Jesus Christ)를 보라
섭리(providence)
　글로 표현된(put into writing) 258, 284
　와 성경론(and doctrine of Scripture) 216-217
　와 유효한 부르심(and effectual call) 177-179
　와 하나님의 사랑(and love of God) 130-131
　하나님의 소통 행위로서의(as divine communicative action) 137
상상(imagination)
　과 성경적 세계관들(and biblical worldviews) 508
　과 성경 해석(and biblical interpretation) 59
　과 진리(and truth) 505, 537 주.99
　과 신학(and theology) 58
　과 예언적 패러다임(and prophetic paradigm) 201-203
　대 구술(versus dictation) 216
　독자에 대한 효과로서의(as effect on reader) 211
　성령과(Holy Spirit and) 202
　연성적인(soft) 202, 208
　영감(inspiration) 208-209
　와 프로네시스(and phronesis) 507
　의 개념(concept of) 505
　의 투영(projections of) 505
　포용주의 대 배타주의(inclusivism versus exclusivism) 71, 85
성경(Bible)
　계시의 매개로서의(as medium of revelation) 206
　성령의 도구로서의(as instrumentality of Spirit) 289
　의 기능적 권위(functional authority of) 196, 204
　의 영감(inspiration of) 201
　의 인성(humanity of) 207-208
　의 장르(genres of) 202, 485
　의 통일성(unity of) 418
　인간 종교의 기록으로서의(as record of human religion) 200, 214
　하나님의 소통 행위로서의(as divine communicative action) 56, 57, 195, 230, 287, 292, 422, 425, 443
　또한 정경(canon)을 보라
성경(Scripture)
　론(doctrine of) 189-234
　섭리와(providence and) 195
　성령과(Holy Spirit and) 288-294
　신학에서의 활용(use in theology) 48
　영성 함양 및 계발과(spiritual formation and) 293
　의 모델들(models of) 47
　의 무오류성(inerrancy of) 190
　의 문자적 의미(literal meaning of) 45, 310, 318-323
　의 조망 방식(construals of) 48, 209-214
　의 통상적 의미(plain sense of) 319, 325
　프로네시스와(phronesis and) 507
　하나님과(God and) 49-53, 60, 190, 212-215, 330
성경 원리(Scripture principle) 189-191, 195
　공인된 견해의(received view of) 197-205
　비판(critique of) 216-219
　하나님의 화행들로 정의된(defined in terms of divine speech acts) 228-231
성경의 의미(sensus scripturalis) 60
성경 해석(biblical interpretation)
　과 독자반응 비평(and reader-response criticism) 347-359, 363-371
　과 문예 비평(and literary criticism) 358, 376
　과 비평의 두 도그마(and two dogmas of criticism) 305
　과 신앙의 규범(and Rule of Faith) 416-

422
　과 역사 비평(and historical criticism)
　　190, 304, 357, 376, 392, 415
　과 이데올로기 비평(and ideological
　　criticism) 39, 358
　바라보는 것과 따라가면서 보는 것
　　(looking at versus looking along) 31,
　　59
　성령과(Holy Spirit and) 288-294
　신학과(theology and) 415
　영성 함양 및 계발과(spiritual formation
　　and) 292, 417
　의 목적(goal of) 415
　일반적인 해석의 표준으로서의(as norm
　　for interpretation in general) 335
　전제들과(presuppositions and) 347
　포스트모던(postmodern) 405-406
　화행들과(speech acts and), 281-288
성령(Holy Spirit)
　과 발화효과행위들(and perlocutions)
　　230-231, 287, 338
　과 병발하는 은혜(and supervenient
　　grace) 176
　과 성경 영감(and biblical inspiration)
　　201-202
　과 창조적 상상력(and creative
　　imagination) 329
　과 타종교들(and other religions) 94-95
　과 하나님의 소통 행위(and divine
　　communicative action) 138, 288-293
　과 해석학(and hermeneutics) 301-341
　과 헬렌 켈러의 유비(and analogy with
　　Helen Keller) 184
　들으시는 주님으로서의(as Lord of the
　　hearing) 284, 330
　말씀과(Word and) 182-183, 287, 292-
　　294, 327-330, 340, 487
　말씀의 효과로서의(as efficacy of the
　　Word) 293
　의 은사(gift of) 437-438
　의 조명(illumination of) 339-340
　의 증거(witness of) 327, 520

세계관(worldview) 503-504
소통, 커뮤니케이션(communication)
　과 적실성(and relevance) 251-253, 269,
　　287, 295
　발화수반행위들과(illocutionary acts and)
　　273-275
　언약으로서의(as covenantal) 257
　의도적 행위로서의(as intentional action)
　　249-251
　의 파송적 모델(missional model of) 248-
　　249
　정의된(defined) 138, 286
소통 행위(communicative action) 56
　글이 된 섭리로서의(as providence put
　　into writing) 444
　대 도구적 행위(versus instrumental
　　action) 180, 269
　로서의 순교(martyrdom as) 528-529
　와 성경(and Scripture) 224, 230-231
　와 이해(and understanding) 138, 273
　와 자연적 의미(and natural sense) 424
　와 하나님의 사랑(and love of God) 136-
　　137
　의 목적(purpose of) 138
　의 분석(analysis of) 243-266
　의 성공(success of) 269
　의 언약적 맥락(covenantal context of)
　　257, 266
　의 위엄성(dignity of) 267
　하나님의, 신적(divine) 23, 57, 60-62,
　　227-230
　또한 화행들(speech acts)을 보라
소통 행위의 목적으로서의 어울림
　(communion as goal of
　communicative action) 138-139, 297,
　446
순교자, 순교(martyr, martyrdom)
　소통 행위로서의(as communicative
　　action) 528-529
　의 개념(concept of) 510, 516
　의미와(meaning and) 397
　진리와(truth and) 535-542

형이상학과(metaphysics and) 530
신성에 대한 감각(sensus divinitatis) 42
신앙공동체의 감각(sensus fidelium) 50
신앙의 규범(Rule of Faith) 402, 416-421, 426-427, 429
신학(theology)
　과 과학(and science) 147, 164, 173
　과 언어 이론(and literary theory) 303-309
　과 인식론(and epistemology) 489-542
　과 철학(and philosophy) 236-237, 294, 496
　근대(modern) 27
　무대 비평으로서의(as theatre criticism) 449
　문화 해석으로서의(as cultural interpretation) 452
　실재에 대한 표현으로서의(as rendering of reality) 503
　여성(feminist) 121
　은유적(metaphorical) 44, 126
　의 진리 주장(truth claims of) 495, 533
　종교(of religions) 83-98
　증인으로서의(as witness) 527-529
　진리에 대한 열심으로서의(as passion for truth) 496
　하나님 중심적인 성경 해석으로서의(as god-centered biblical interpretation) 23, 61, 503

아이러니(irony) 367-369, 499
언어(language)
　규칙이 지배하는 사회적 행위로서의(as rule-governed social behavior) 267
　생물학적 기능으로서의(as biological function) 235-236
　언약으로서의(as covenantal) 238, 247, 291
　와 의미론과 기호학 사이의 구별(and distinction between semantics and semiotics) 245
　와 조종(and manipulation) 275

　의 설계 계획(design plan of) 54, 138, 247
　의 시민들(citizen of) 266
　의 쓰임의 원리(Use Principle of) 246
　의 코드 모델(code model of) 244
　작업실로서의(as toolbox) 52
　제1철학으로서의(as first philosophy) 32
　하나님에 의한 보증으로서의(as underwritten by God) 236
　하나님의 선물로서의(as gift of God) 333
　학제적으로서의(as interdisciplinary) 235
언어의 시민(citizen of language) 언어(language)를 보라
예수 그리스도(Jesus Christ) 44, 119
　궁극적인 창발로서의(as ultimate emergent) 175
　발화수반행위로서의(as illocutionary act) 277
　성경의 주제 대상으로서의(as subject matter of Scripture) 209, 233, 287-298
　의 십자가(cross of) 277
　의 정체성(identity of) 328, 368, 510-520
　의 죄없으심(impeccability of) 141
　의 판가름(trial of) 517-519, 534
　잘못된 해석(misinterpreting) 367
　창조의 실마리로서의(as clue to creation) 239
　하나님의 지혜로서의(as wisdom of God) 538
　하나님의 진리 주장(as God's truth claim) 493, 520
오직 성경으로(sola scriptura) 306, 321-325, 427
유신론(theism)
　개방성(openness) 134, 138, 154
　고전적(classical) 112-115, 125-127, 138, 145, 212
　과정(process) 117-118, 157, 214
유효한 부르심(effectual call) 138, 145-186
　과 소통적 접속점(and communicative joint) 178
　과 중생(and regeneration) 153

대 복음을 통한 부르심(versus evangelical
    call) 151, 156, 168, 181, 185
  소통 행위로서의(as communicative act)
    177, 182
  인과적 효과로서의(as causal effect) 152
은유(metaphor)
  실재를 묘사함으로서의(as reality-
    depicting) 143
  와 하나님 사랑의 모델들(and models of
    God's love) 126, 143
  왕권(royal) 217-218, 220, 227, 233
은혜(grace)
  간섭적(intervenient) 164
  병발하는(supervenient) 174, 185
  선행하는(prevenient) 155-156, 173
  임발적(advenient) 179, 183
  자연과(nature and) 165
  초자연적 원인으로서의(as supernatural
    cause) 152
  합발적(convenient) 158
의도, 의도성(intention, intentionality)
  도출된 저자(inferring authorial) 267-
    269, 426
  와 문자적 의미(and literal sense) 261
  와 소통 행위(and communicative action)
    248-251, 425
  정의된(defined) 264
의미(meaning)
  규정적(determinate) 242 주.2, 403 주.3,
    476
  기준으로서의(as norm) 402
  문자적(literal) 263, 425, 439, 443
  의도적 행위로서의(as intentional action)
    258
  의 비결정성(indeterminacy of) 349, 390
  의 형이상학(metaphysics of) 344
  정경적(canonical) 443
  하나님에 의한 보증으로서의(as
    underwritten by God) 308
  해석의 결과로서의(as product of
    interpretation) 356
  또한 소통 행위, 발화수반행위

(communicative action, illocution)를
    보라
이데올로기(ideology)
  독자의(of reader) 351
  문화적(cultural) 462
  텍스트의(of text) 351
이해(understanding)
  대 군림하기(versus overstanding) 361
  믿음과(belief and) 504
  전체 지식으로서의(as knowledge of
    wholes) 502
  정의된(defined) 266
  제자됨으로서의(as discipleship) 324,
    331, 337
인식론(epistemology) 489-542
  근대(modern) 28-30
  덕(virtue) 490, 510-512, 522, 531, 537-
    538
  신용 관계(fiduciary) 519-521, 524
  십자가의(of the cross) 515, 519, 529,
    531-534, 539
  영광의(of glory) 513, 531
  재판정(judiciary) 519
  폭로의(expository) 498-499
  해석학적(hermeneutical) 501-504

자선의 원리(principle of charity) 322, 336
자연적 의미(natural sense)
  대 통상적 의미(versus plain sense) 404
  신학적(theological) 444
  정의된(defined) 404, 412
  포스트모더니티와(postmodernity and)
    406
  해석의 기준으로서의(as interpretative
    norm) 426-427
장르(genre, genres)
  발화(speech) 224-225
  발화수반행위들과(illocutions and) 281-
    285
  성경의(biblical) 225, 234
  인지 수단으로서의(as cognitive
    instruments) 281

의 기능(function of) 281

저자(author)
  발화수반행위와(illocutions and) 267-270
  소통 행위자로서(as communicative agent) 260-261, 274
  와 비평의 첫 세대(and first age of criticism) 345
  의 개념(concept of) 378-383, 388
  의 권리(rights of) 386-387
  의미의 효과로서의(as effect of meaning) 345-346
  의 죽음(death of) 250, 258, 307, 346-347, 356, 376, 384, 476
  해석과(interpretation and) 376-378
  또한 의도(intention)를 보라
정경(canon)
  과 병발성(and supervenience) 171-172
  과 유효한 부르심(and effectual call) 152, 159, 168, 179
  과 하나님과 세계의 관계(and God-world relation) 148, 171
  대 인격적 관계(versus personal relations) 129
  발화수반행위들과(illocutions and) 284
  소통적(communicative) 184
  원인, 인과성, 인과적 접속점(cause, causality causal joint) 162
  의 기능(function of) 420
  정신적(mental) 164, 167-170
  하나님의 소통 행위로서의(as divine communicative act) 284-288
  하향식(top-down) 171
정체성(identity)
  내러티브(narrative) 79, 99-101
  자존적 대 본위적(idem versus ipse) 77, 99-101, 103
정체성 테제(identity thesis) 성경 원리 (Scripture principle)를 보라
제1신학(first theology) 19, 27, 29-65
제1철학(first philosophy) 28-29
제1철학으로서의 미학(aesthetics as first philosophy) 37
제1철학으로서의 윤리학(ethics as first philosophy) 35
종교 다원주의(religious pluralism) 69-107
증언(testimony) 375-400, 489-542
  나의 목격(I-witness) 383, 387, 398
  순교자, 목격자(martyr, witness)를 보라
  지식의 수단으로서의(as means of knowledge) 394, 509, 521-524
  해체와(deconstruction and) 378
  화행으로서의(as speech act) 392, 521-522, 524
지식(knowledge)
  광신자의(of the fanatic) 537
  명제적(propositional) 516, 524
  바라보는 것 대 맛보는 것(seeing versus tasting) 32
  사도 대 천재의(of apostle versus genius) 501, 534-535
  의 도덕성(morality of) 497, 525
  의 수단으로서의 증언(testimony as means of) 392
  절대적 대 적정한(absolute versus adequate) 334
  표상 대 구성(representation versus construction) 344
  해석학과(hermeneutics and) 474
지혜(wisdom) 489-542
  생활방식에 함축으로서의(as implicit in life) 495, 516
  소크라테스의(of Socrates) 498-500, 535
  와 신학(and theology) 63, 495, 504-508, 542
  와 웰빙(and well-being) 508
  전체 이해로서의(as holistic understanding) 492
  하나님의(of God) 507
진리(truth) 489-542
  기독교 문화권과(Christendom and) 529
  수사학과(rhetoric and) 275
  순교와(martyrdom and) 510, 528-530, 539-541

위한 동기, 욕구(motivation for) 511-512
의 개념(concept of) 492-493, 542
의 위기(crisis of) 450, 490-491
의 일반성(universality of) 490 주.2
의 판단 기준으로서의 인내(endurance as criterion of) 532-534
주관성으로서의(as subjectivity) 529
텍스트를 통해 매개됨으로서의(as textually mediated) 321

타자, 타자성(other, otherness) 72-73, 103, 308-309, 336-338
　으로서의 저자(author as) 378
텍스트(text)
　고난받는 목격자로서의(as suffering witness) 396
　닫힌 대 열린(closed versus open) 350
　대 구두 담론(versus oral discourse) 278
　소통 행위로서의(as communicative act) 276-282
　신비평(in New Criticism) 347
　저자 없는(as authorless) 278
　정의된(defined) 263
　텍스트의 세계(world of the) 354

포스트모더니티(postmodernity)
　에서의 하나님과의 대화(God-talk in) 317
　와 급진적 해석학(and radical hermeneutics) 477
　와 바디 피어싱(and body-piercing) 409-410
　와 의미할(and will to meaning) 39
　와 자연적(and the natural) 405
　와 하나님의 사랑(and love of God) 124
　진리와(truth and) 491
풍유와 점성술의 비유(allegory and parable with astrology) 408
프로네시스(phronesis)
필리오쿠에(filioque) 294, 331

하나님(God)
　과의 바른 관계(rightness with) 64
　과 복음의 진리 주장(and evangelical truth claim) 493
　과 성경(and Scripture) 209-215, 284-288, 422, 425
　과 세계의 관계(and relation to world) 111-119, 121, 126, 133, 137, 145, 148, 154, 158, 176
　삼위일체로서의(as triune) 83, 99-103
　삼위일체적 소통 행위자(작인)으로서의(as triune communicative agent) 139, 228-230, 239-240, 248, 288, 424
　소통 작인, 소통 행위자로서의(as communicative agent) 56-57, 137, 138-139, 176-179, 184, 223, 228, 422
　에 대한 언급(referring to) 81-82
　완전한 존재로서의(as perfect being) 43, 124
　의 개방성(openness of) 111, 134, 140, 154
　의 불감성(impassibility of) 114-116, 142
　의 사랑(love of) 81, 95, 103, 109-144
　의 자유(freedom of) 142, 287
　의 정체성(identity of) 77-83, 99-103, 106-107
　의 주권(sovereignty of) 131-134
　의 죽음(death of) 306
　의 초월성과 내재성(transcendence and immanence of) 128, 163, 185
　또한 섭리(providence)를 보라
하나님의 말씀(Word of God)
　과 성령(and Spirit) 324-332, 340
　생각(정보)과 행위로서의(as thought and deed) 248
　성경과 구분되는(as distinct from Scripture) 193, 220, 223
　성경과 동일시되는(as identical with Scripture) 189, 195, 227, 285
　하나님의 (의사)소통 행위로서의(as God in communicative action) 195, 204-205, 221-223, 228, 239, 285,

합리성(rationality)
　대화로서의(as conversation) 318
　비판으로서의(as criticizability) 334
해석(interpretation)
　객관성(objectivity in) 345
　과도한 해석과(overinterpretation and) 270
　귀속하는 발화수반행위로서의(as ascribing illocutions) 268-269
　대 활용(versus using) 360
　덕목들과(virtues and) 293, 336, 440
　두터운 기술로서의(as thick description) 268, 270, 287, 425, 434, 439, 444
　목격자, 증언, 증거로서의(as witnessing) 399, 441, 445
　발화효과행위들과(perlocutionary effects and) 270-271
　신실용주의자(neopragmatist) 356
　신학적으로서의(as theological) 307, 401-447
　실연으로서의(as performance) 289, 453, 482-484
　얇은 기술로서의(as thin description) 432
　의 기준(norms of) 345, 443, 446
　의 만찬(feast of) 341
　의 명령(mandates of) 272
　의 목적 대 기준(aims versus norms of) 426, 438-440
　의 문화(culture of) 452-453
　의 윤리학(ethics of) 351
　의 편향성 원리(bias principle of) 335
　의 황금률(Golden Rule of) 363
　이데올로기적(ideological) 39, 356, 407
　적실성과(relevance and) 269
　정의를 행하기로서의(as doing justice) 269
　제자도로서의(as discipleship) 337
　진정성 기준(criteria for genuine) 261, 282, 312, 483
　폭력으로서의(as violence) 362
해석하는 공동체(interpretative community)
　로서의 교회(church as) 296, 308, 318-320, 403, 416, 447, 482, 484
　의 권위(authority of) 221, 356, 405-406, 419, 439
해석학(hermeneutics)
　겸손의(of humility) 333
　과학과(science and) 475
　급진적인(radical) 477
　기독론과(christology and) 311
　문화와(culture and) 449-487
　믿음의(of faith) 486
　삼위일체적(Trinitarian) 327, 336
　상호발화행위와(interlocution and) 257
　순전한(mere) 238, 244, 276
　신학적(theological) 60, 304, 308-309, 467, 401-447
　안셀무스주의자의(Anselmian) 397-398
　역사와(history and) 454
　의구심의(of suspicion) 389
　인식론과(epistemology and) 501-502
　일반 대 특별(general versus special) 301, 334-336, 415-416
　저작성과(authorship and) 376-379, 386, 391
　정의된(defined) 455
　포스트모더니티와(postmodernity and) 34-40
　하나님의 사랑과(love of God and) 130
해체(deconstruction) 303, 333
　대항신학으로서의(as countertheological) 307
　무위화로서의(as undoing) 359
　요한복음 4장의(of John 4) 368-371
　의 윤리(ethics of) 337-338
형이상학(metaphysics)
　과정(process) 117-118
　백색 신화로서의(as white mythology) 33
　순교의(of martyrdom) 530
　정의된(defined) 495 주.11, 498
　허구로서의(as fictions) 38
화행들(speech acts) 235-298
　과 성경(and Scripture) 56, 189-234

과 저자의 의도(and authorial intention) 251
소환(summoning) 177-178
약속의(promising) 228, 255-256, 276
와 유효한 부르심(and effectual call) 176
증거, 증언하기(testifying) 400, 489, 510, 521-522, 524, 529
파송 선언문으로서의(as mission statements) 248, 263
하나님의 임재 양식으로서의(as mode of God's presence) 221
또한 소통 행위, 발화수반행위, 발화효과 행위들(communicative action, illocution, perlocution)을 보라
환원주의(reductionism) 32 주.6, 55

옮긴이

김재영은 총신 대학교와 미국 카버넌트 신학교를 졸업한 후 컬럼비아 신학교와 에모리 대학교, 트리니티 복음주의 신학교, 칼빈 신학교 등에서 조직신학과 역사신학, 윤리학을 공부했다. 현재 L.A.에 있는 국제신학교(International Theological Seminary)에서 조직신학, 실천신학 교수다. 역서로 「IVP 성경난제주석」, 「현대인을 위한 교회사」, 「신론」, 「그리스도의 위격」, 「이 텍스트에 의미가 있는가」, 「현대를 위한 구약윤리」(확대개정판)(이상 IVP), 「성경신학적 설교 어떻게 할 것인가」(성서유니온선교회), 「세상의 포로 된 교회」(부흥과개혁사), 「미국제 영성에 속지 말라」(규장) 등이 있다.

제일신학

초판 발행 2007. 8. 10
개정판 발행 2017. 9. 22

지은이 케빈 밴후저
옮긴이 김재영
펴낸이 신현기
펴낸곳 한국기독학생회출판부
등록번호 제 313-2001-198호(1978. 6. 1)
주소 04031 서울시 마포구 동교로 156-10
대표 전화 02-337-2257 | 팩스 02-337-2258
영업 전화 02-338-2282 | 팩스 080-915-1515
홈페이지 http://www.ivp.co.kr | E-mail ivp@ivp.co.kr
ISBN 978-89-328-1494-0
판권 ⓒ 한국기독학생회출판부 2007, 2017

책값은 표지 뒤에 있습니다.
무단 전재와 복제를 금합니다.